CIMON

PROJECT LIBRARY I

BM 성안당

Copy & Complete Your Project

Prologue

이 책은 CIMON을 사용하여 직접 수행했던 프로젝트의 소스를 프로젝트 내용별로 구분하여 정리한 책입니다. 책의 제목이 말해주듯이 소스 프로젝트에서 필요한 부분을 복사한 다음 현재 자신이 하고 있는 프로젝트에 붙여넣기 하면 그대로 프로젝트가 완성될 수 있게 구성하였습니다.

책에 나와있는 소스는 가능한 자세하게 설명하기 위해 노력하였습니다. 그리고 사용자 개개인의 프로젝트에 쉽게 적용할 수 있도록 프로젝트 이름으로 태그를 구분하여 정리하였습니다. 책에 나와있는 소스 내용은 부록 CD에서 복사하여 사용할 수 있습니다.

HMI(Human Machine Interface)를 공부할 때, 또는 자신이 프로젝트를 실행할 때 미리 완료했던 예제가 있다는 것은 공부하는 사람에게나 프로젝트를 실행하는 사람에게나 커다란 힘이 될 수 있습니다.

책에 나와있는 실제의 프로젝트들이 HMI의 툴을 사용하는 사용자에게 특히 CIMON을 사용하는 사용자에게 HMI 프로젝트의 분야에서 자유로움을 느낄 수 있게 도움을 줄 수 있을 거라 확신합니다. CIMON을 사용하여 HMI 프로젝트를 하는 모든 이에게 프로젝트 길라잡이가 될 수 있기를 바랍니다.

마지막으로 이 책을 준비하고 출판할 수 있도록 많은 도움을 주신 성안당 여러분께 진심으로 감사를 드립니다.

저자 드림

Contents

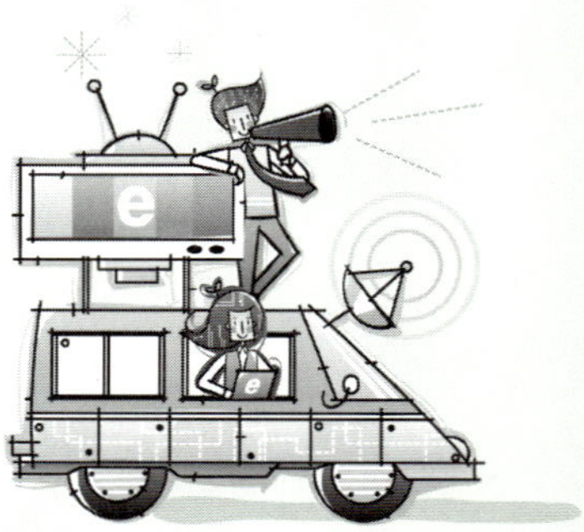

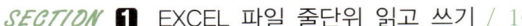

Welcome

부 록

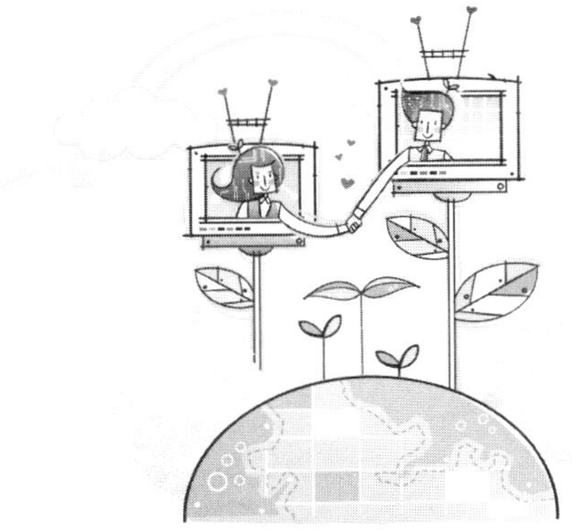

Copy And Complete Your Project

CIMON
PROJECT LIBRARY

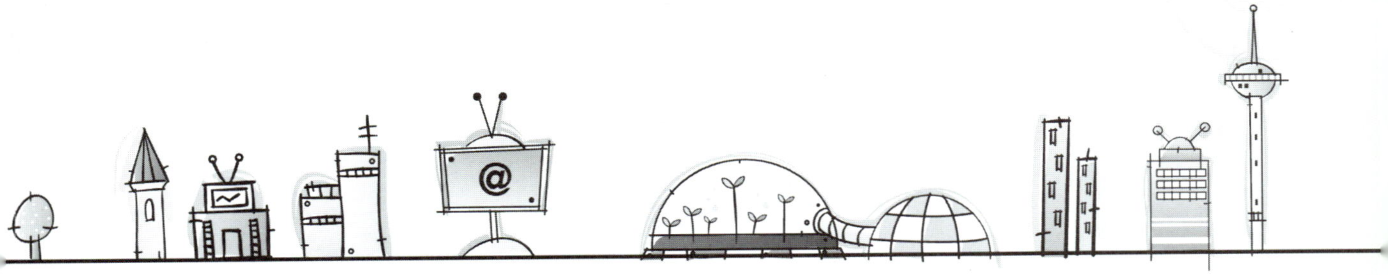

SECTION 01

EXCEL 파일 줄단위 읽고 쓰기

CIMON에서 EXCEL 파일의 내용 중 지정한 셀값을 읽어오고, CIMON에서 EXCEL 파일의 지정한 셀에 태그값을 써넣는 예제이다.

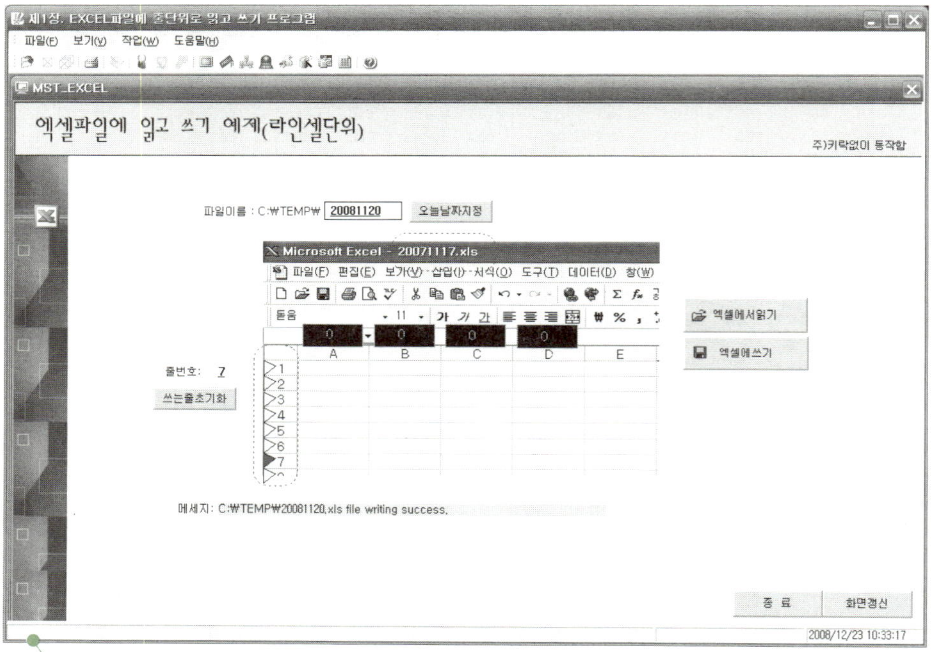

사용한 태그 이름

EXCEL.ROWNO	'엑셀 줄 번호 지정에 사용
EXCEL.FILENAME	'엑셀 파일 이름
EXCEL.MESSAGE	'진행 상황 메시지 표시용
EXCEL.D0001	'데이터 태그
EXCEL.D0002	'데이터 태그
EXCEL.D0003	'데이터 태그
EXCEL.D0004	'데이터 태그

1 엑셀 파일에서 CIMON으로 읽어오기 스크립트

```
Sub do_excel_reading_line()

Dim ExcelApp  As Object
Dim ExcelFile  As Object
Dim Sheet1    As Object
Dim Cell      As Object

On Error Goto Errstep

'message
SetTagVal "EXCEL.MESSAGE","Excel file open...!"

'파일 이름 확인
If GetTagVal("EXCEL.FILENAME") = "" Then
      SetTagVal "EXCEL.MESSAGE", "파일 이름 입력 후 다시 하십시오."
      PlaySound "sound_fail"
      Exit Sub
End If

'excel object creation
Set ExcelApp = CreateObject("Excel.Application")

'기본 파일 경로 지정
file_path$ = "C:\TEMP\"

'파일 경로를 포함한 파일 이름 생성(파일 이름 format : YYYYMMDD)
file_name$ = file_path$ + GetTagVal("EXCEL.FILENAME") + ".xls"

'지정한 파일 이름이 있는지 확인
If (FileExists(file_name$) = True) Then
      '지정한 파일이 있으면 파일 열기(excel file open)
      Set ExcelFile = ExcelApp.Workbooks.Open(file_name$)
      'message
      SetTagVal "EXCEL.MESSAGE","Excel file open success."
Else
      '지정한 파일이 없으면 종료(excel application quit)
      ExcelApp.Quit
      'message
      SetTagVal "EXCEL.MESSAGE","There is no excel file."
      PlaySound "sound_fail"

      'exit
      Exit Sub
End If
```

```
'엑셀 시트 지정(Rule-시트 이름에 관계없이 시트의 순서를 기준으로 읽음)
Set Sheet1 = ExcelFile.Worksheets(1)

'사용자가 화면에서 지정한 줄번호 읽기
row_no# = GetTagVal ("EXCEL.ROWNO")

'줄번호 지정이 되어 있지 않을 때 초깃값 지정
If row_no# = 0 Then row_no# = 1

'엑셀의 셀값 읽은 후 CIMON 태그에 값 쓰기(CIMON ← EXCEL)
SetTagVal "EXCEL.D0001", Sheet1.Range("A" + CStr(row_no#))
SetTagVal "EXCEL.D0002", Sheet1.Range("B" + CStr(row_no#))
SetTagVal "EXCEL.D0003", Sheet1.Range("C" + CStr(row_no#))
SetTagVal "EXCEL.D0004", Sheet1.Range("D" + CStr(row_no#))

'엑셀 종료
ExcelApp.Quit

'message
SetTagVal "EXCEL.MESSAGE", file_name$ + ". Excel file reading success."
PlaySound "sound_success"

'exit
Exit Sub

Errstep:
'message
SetTagVal "EXCEL.MESSAGE", "엑셀 파일 읽기 도중 오류가 발생되었습니다."
PlaySound "sound_fail"

End Sub
```

2 엑셀 파일의 셀에 CIMON에서 태그값 쓰기 스크립트

```
Sub do_excel_writing_line()

Dim ExcelApp  As Object
Dim ExcelFile As Object
Dim Sheet1    As Object
Dim Cell      As Object

On Error Goto Errstep
```

```
'message
SetTagVal "EXCEL.MESSAGE","writing to excelfile start."

'파일 이름 확인
If GetTagVal("EXCEL.FILENAME") = "" Then
      SetTagVal "EXCEL.MESSAGE", "파일 이름 입력 후 다시 하십시오."
      PlaySound "sound_fail"
      Exit Sub
End If

'excel object creation
Set ExcelApp = CreateObject("Excel.Application")

'기본 파일 경로 지정
file_path$ = "C:\TEMP\"

'파일 경로를 포함한 파일 이름 생성(파일 이름 format : YYYYMMDD)
file_name$ = file_path$ + GetTagVal("EXCEL.FILENAME") + ".xls"

'지정한 파일 이름이 있는지 확인
If (FileExists(file_name$) = True) Then
      '지정한 파일이 있으면 파일 열기(excel file open)
      Set ExcelFile = ExcelApp.Workbooks.Open(file_name$)
Else
      '지정한 파일이 없으면 종료(excel application quit)
      Set ExcelFile = ExcelApp.Workbooks.Add
      '저장 : 엑셀 파일 다른 이름으로
      ExcelFile.SaveAs file_name$
End If

'message
SetTagVal "EXCEL.MESSAGE", file_name$ + ". open."
Sleep(1000)

'엑셀 시트 지정
Set Sheet1 = ExcelFile.Worksheets(1)

'태그에 있는 줄번호 읽기
row_no# = GetTagVal ("EXCEL.ROWNO")

'줄번호 지정이 되어 있지 않을 때 초깃값 지정
If row_no# = 0 Then row_no# = 1

'CIMON의 태그값을 엑셀 파일에 쓰기(CIMON → EXCEL)
Sheet1.Range("A" + CStr(row_no#)).Value = GetTagVal("EXCEL.D0001")
```

```
Sheet1.Range("B" + CStr(row_no#)).Value = GetTagVal("EXCEL.D0002")
Sheet1.Range("C" + CStr(row_no#)).Value = GetTagVal("EXCEL.D0003")
Sheet1.Range("D" + CStr(row_no#)).Value = GetTagVal("EXCEL.D0004")

'엑셀 파일 저장
ExcelFile.Save

'엑셀 종료
ExcelApp.Quit

'줄번호 자동 증가 후 태그값 갱신
SetTagVAl "EXCEL.ROWNO", row_no# + 1

'message
SetTagVal "EXCEL.MESSAGE", file_name$ + ". Excel file writing success."
PlaySound "sound_success"

'exit
Exit Sub

Errstep:
'message
SetTagVal "EXCEL.MESSAGE", "엑셀 파일 쓰기 도중 오류가 발생되었습니다."
PlaySound "sound_fail"

End Sub
```

3 파일 이름 태그에 오늘 날짜 쓰기 스크립트

```
Sub do_format_date()

'날짜/시간 문자열 생성
new_date$ = Format$(Now(),"YYYYMMDD")
new_time$ = Format$(Now(),"HH:MM:SS")

'날짜 문자열 태그에 쓰기
SetTagVal "EXCEL.FILENAME", new_date$

'message
SetTagVal "EXCEL.MESSAGE","file format completed."

End Sub
```

4 프로그램 분석

```
SetTagVal "EXCEL.D0001", Sheet1.Range("A" + CStr(row_no#))
SetTagVal "EXCEL.D0002", Sheet1.Range("B" + CStr(row_no#))
SetTagVal "EXCEL.D0003", Sheet1.Range("C" + CStr(row_no#))
SetTagVal "EXCEL.D0004", Sheet1.Range("D" + CStr(row_no#))
```

● 의미　　엑셀 파일의 셀 내용을 읽어 CIMON의 태그에 쓰기

```
Sheet1.Range("A" + CStr(row_no#)).Value = GetTagVal("EXCEL.D0001")
Sheet1.Range("B" + CStr(row_no#)).Value = GetTagVal("EXCEL.D0002")
Sheet1.Range("C" + CStr(row_no#)).Value = GetTagVal("EXCEL.D0003")
Sheet1.Range("D" + CStr(row_no#)).Value = GetTagVal("EXCEL.D0004")
```

● 의미　　CIMON 태그의 내용을 읽어서 엑셀 파일의 셀에 쓰기

```
If (FileExists(file_name$) = True) Then
```

① Syntax　　FileExists(filespec)
파일 존재 유무를 True 또는 False 값으로 return

② 의미　　file_name$의 파일 존재 유무 검색

SECTION

02 EXCEL 파일 블록 단위 읽고 쓰기

CIMON에서 EXCEL 파일의 내용 중 지정한 셀을 블록 단위로 값을 읽어오고, CIMON에서 EXCEL 파일의 지정한 셀에 블록 단위로 태그값을 써넣는 예제이다.

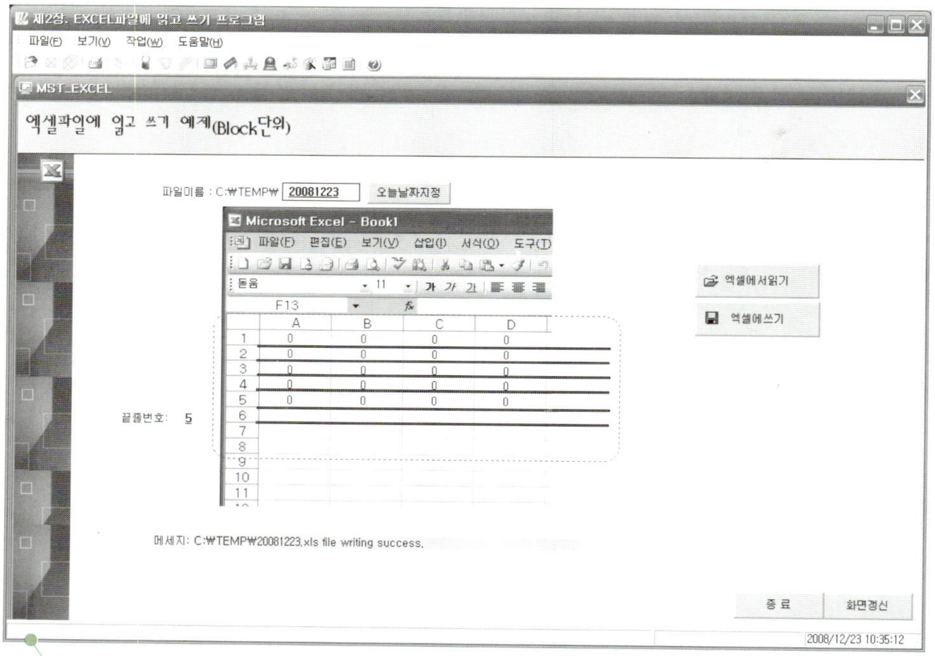

사용한 태그 이름

EXCEL.ROWNO 　'엑셀의 줄번호
EXCEL.FILENAME 　'엑셀 파일 이름
EXCEL.MESSAGE 　'진행 상황 메시지

EXCEL.A.D0001 　'엑셀의 A셀 데이터용
EXCEL.A.D0002
EXCEL.A.D0003
EXCEL.A.D0004
EXCEL.A.D0005
EXCEL.A.D0006
EXCEL.A.D0007
EXCEL.A.D0008
EXCEL.A.D0009

EXCEL.B.D0001 　'엑셀의 B셀 데이터용
EXCEL.B.D0002
EXCEL.B.D0003
EXCEL.B.D0004
EXCEL.B.D0005
EXCEL.B.D0006
EXCEL.B.D0007
EXCEL.B.D0008
EXCEL.B.D0009

```
EXCEL.C.D0001    '엑셀의 C셀 데이터용    EXCEL.D.D0001    '엑셀의 D셀 데이터용
EXCEL.C.D0002                            EXCEL.D.D0002
EXCEL.C.D0003                            EXCEL.D.D0003
EXCEL.C.D0004                            EXCEL.D.D0004
EXCEL.C.D0005                            EXCEL.D.D0005
EXCEL.C.D0006                            EXCEL.D.D0006
EXCEL.C.D0007                            EXCEL.D.D0007
EXCEL.C.D0008                            EXCEL.D.D0008
EXCEL.C.D0009                            EXCEL.D.D0009
```

1 엑셀 파일에서 CIMON으로 읽어오기 스크립트

```
Sub do_excel_reading_block()

Dim ExcelApp  As Object
Dim ExcelFile As Object
Dim Sheet1    As Object
Dim Cell      As Object

On Error Goto Errstep

'message
SetTagVal "EXCEL.MESSAGE","Reading start."

'파일 이름 확인
If GetTagVal("EXCEL.FILENAME") = "" Then
    SetTagVal "EXCEL.MESSAGE", "파일 이름 입력 후 다시 하십시오."
    PlaySound "sound_fail"
    Exit Sub
End If

'excel object creation
Set ExcelApp = CreateObject("Excel.Application")

'기본 파일 경로 지정
file_path$ = "C:\TEMP\"

'파일 경로를 포함한 파일 이름 생성(파일 이름 format : YYYYMMDD)
file_name$ = file_path$ + GetTagVal("EXCEL.FILENAME") + ".xls"

'지정한 파일 이름이 있는지 확인
If (FileExists(file_name$) = True) Then
    '지정한 파일이 있으면 파일 열기(excel file open)
    Set ExcelFile = ExcelApp.Workbooks.Open(file_name$)
```

```
        SetTagVal "EXCEL.MESSAGE"," file open success."
Else
        '지정한 파일이 없으면 종료(excel application quit)
        ExcelApp.Quit
        SetTagVal "EXCEL.MESSAGE","There is no excel file."
        PlaySound "sound_fail"
        Exit Sub
End If

'message
SetTagVal "EXCEL.MESSAGE", file_name$ + " file open."

'엑셀 시트 지정(Rule-시트 이름에 관계없이 시트의 순서를 기준으로 읽음)
Set Sheet1 = ExcelFile.Worksheets(1)

'사용자가 화면에서 지정한 줄번호 읽기
row_no# = GetTagVal ("EXCEL.ROWNO")

'줄번호 지정이 되어 있지 않을 때 초깃값 지정
If row_no# = 0 Then row_no# = 1

'엑셀의 셀값 읽은 후 CIMON 태그에 값 반복해서 쓰기(CIMON ← EXCEL)
For i = 1 to row_no#
        SetTagVal "EXCEL.A.D" + Format (i,"000#"), Sheet1.Range("A" + CStr(i))
        SetTagVal "EXCEL.B.D" + Format (i,"000#"), Sheet1.Range("B" + CStr(i))
        SetTagVal "EXCEL.C.D" + Format (i,"000#"), Sheet1.Range("C" + CStr(i))
        SetTagVal "EXCEL.D.D" + Format (i,"000#"), Sheet1.Range("D" + CStr(i))
Next i

'엑셀 종료
ExcelApp.Quit

'message
SetTagVal "EXCEL.MESSAGE", file_name$ + " file reading success."
PlaySound "sound_success"

'exit
Exit Sub

Errstep:
'message
SetTagVal "EXCEL.MESSAGE", "엑셀 파일 쓰기 도중 오류가 발생되었습니다."
PlaySound "sound_fail"

End Sub
```

2 엑셀 파일의 셀에 CIMON에서 태그값 쓰기 스크립트

```
Sub do_excel_writing_block()

Dim ExcelApp  As Object
Dim ExcelFile  As Object
Dim Sheet1     As Object
Dim Cell       As Object

On Error Goto Errstep

'message
SetTagVal "EXCEL.MESSAGE","Writing start."

'파일 이름 확인
If GetTagVal("EXCEL.FILENAME") = "" Then
      SetTagVal "EXCEL.MESSAGE", "파일 이름 입력 후 다시 하십시오."
      PlaySound "sound_fail"
      Exit Sub
End If

'excel object creation
Set ExcelApp = CreateObject("Excel.Application")

'기본 파일 경로 지정
file_path$ = "C:\TEMP\"

'파일 경로를 포함한 파일 이름 생성(파일 이름 format : YYYYMMDD)
file_name$ = file_path$ + GetTagVal("EXCEL.FILENAME") + ".xls"

'지정한 파일 이름이 있는지 확인
If (FileExists(file_name$) = True) Then
      '지정한 파일이 있으면 파일 열기(excel file open)
      Set ExcelFile = ExcelApp.Workbooks.Open(file_name$)
Else
      '지정한 파일이 없으면 추가
      Set ExcelFile = ExcelApp.Workbooks.Add
      '엑셀 파일 다른 이름으로 저장
      ExcelFile.SaveAs file_name$
End If

'message
SetTagVal "EXCEL.MESSAGE", file_name$ + " open."
Sleep(100)
```

```
'엑셀 시트 지정
Set Sheet1 = ExcelFile.Worksheets(1)

'태그에 있는 줄번호 읽기
row_no# = GetTagVal ("EXCEL.ROWNO")

'줄번호 지정이 되어 있지 않을 때 초깃값 지정
If row_no# = 0 Then row_no# = 1

'반복해서 CIMON의 태그값을 엑셀 파일에 쓰기(CIMON → EXCEL)
For i = 1 to row_no#
        Sheet1.Range("A" + CStr(i)).Value = _
                                        GetTagVal("EXCEL.A.D" + Format (i,"000#"))
        Sheet1.Range("B" + CStr(i)).Value = _
                                        GetTagVal("EXCEL.B.D" + Format (i,"000#"))
        Sheet1.Range("C" + CStr(i)).Value = _
                                        GetTagVal("EXCEL.C.D" + Format (i,"000#"))
        Sheet1.Range("D" + CStr(i)).Value = _
                                        GetTagVal("EXCEL.D.D" + Format (i,"000#"))
Next i

'엑셀 파일 저장
ExcelFile.Save

'엑셀 종료
ExcelApp.Quit

'message
SetTagVal "EXCEL.MESSAGE", file_name$ + " file writing success."
PlaySound "sound_success"

'exit
Exit Sub

Errstep:
'message
SetTagVal "EXCEL.MESSAGE", "엑셀 파일 쓰기 도중 오류가 발생되었습니다."
PlaySound "sound_fail"

End Sub
```

3 프로그램 분석

```
For i = 1 to row_no#
    SetTagVal "EXCEL.A.D" + Format (i,"000#"), Sheet1.Range("A" + CStr(i))
    SetTagVal "EXCEL.B.D" + Format (i,"000#"), Sheet1.Range("B" + CStr(i))
    SetTagVal "EXCEL.C.D" + Format (i,"000#"), Sheet1.Range("C" + CStr(i))
    SetTagVal "EXCEL.D.D" + Format (i,"000#"), Sheet1.Range("D" + CStr(i))
Next i
```

● 의미 엑셀 파일의 셀 내용을 읽어 CIMON의 태그에 반복하여 쓰기

```
For i = 1 to row_no#
    Sheet1.Range("A" + CStr(i)).Value = _
                                GetTagVal("EXCEL.A.D" + Format (i,"000#"))
    Sheet1.Range("B" + CStr(i)).Value = _
                                GetTagVal("EXCEL.B.D" + Format (i,"000#"))
    Sheet1.Range("C" + CStr(i)).Value = _
                                GetTagVal("EXCEL.C.D" + Format (i,"000#"))
    Sheet1.Range("D" + CStr(i)).Value = _
                                GetTagVal("EXCEL.D.D" + Format (i,"000#"))
Next i
```

❶ 언더바 (Underbar) 줄 바꿈

위의 명령은 다음과 같다.

Sheet1.Range("A" + CStr(i)).Value = GetTagVal("EXCEL.A.D" + Format (i,"000#"))

❷ 의미 CIMON 태그의 내용을 읽어서 엑셀 파일의 셀에 반복하여 쓰기

SECTION

03 TXT 파일 내용 읽기

공백으로 분리되어 있는 txt 데이터 파일을 CIMON에서 읽고 그리드에 삽입하는 예제이다.

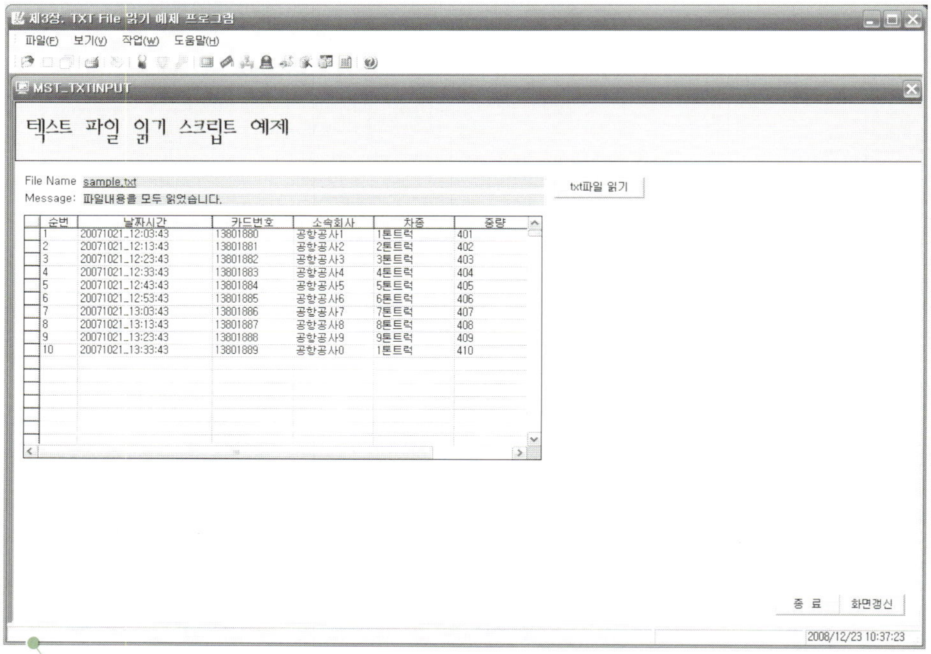

읽을 텍스트 파일 내용

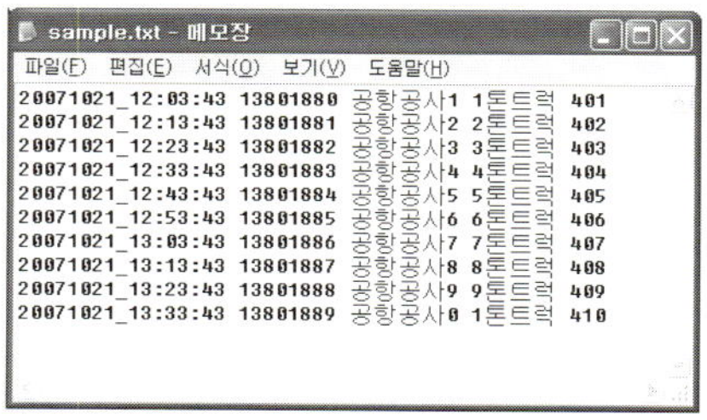

사용한 태그 이름

TXT_INPUT.FILENAME 　'파일 이름
TXT_INPUT.MESSAGE 　'진행 상황 메시지

1 텍스트 파일에서 CIMON으로 읽어오기 스크립트

```
Sub do_filetxt_input()

On Error Goto Errstep

'비밀 번호 파일 위치
UFILENAME = "SAMPLE.TXT"

'파일 번호 지정
UFileNum = FreeFile

'파일 열기
Open UFILENAME For Input As UFileNum

'파일 내용의 끝까지 읽기
Do Until EOF(UFileNum)

    '파일에서 한줄 읽기
    Line Input #UFileNum, lnbuffer

    '읽은 한줄에서 공백 제거
    lnbuffer = Trim(lnbuffer)

    '읽은 줄 카운팅
    GUL = GUL + 1

    '읽은 내용이 있을 때
    If lnbuffer <> "" Then
        '/그리드 1번째 칸/ 일련 번호 삽입
        함수 사용 방법wcGridSetData("Object 이름", col, row, 데이터)
        wcGridSetData "GRID",1,GUL,GUL

        '/그리드 2번째 칸/ 읽은 한줄에서 공백 위치 검사 후 공백 위치 전까지의 문자열만 삽입
        bposition = InStr(lnbuffer, " ")
        wcGridSetData "GRID",2,GUL,Left(lnbuffer, bposition - 1)

        '공백 위치부터 끝까지 문자를 취한 다음 공백 제거
        lnbuffer = Mid(lnbuffer, bposition)
        lnbuffer = Trim(lnbuffer)
```

```
            '/그리드 3번째 칸/ 공백 검색 후 공백 전까지 문자열만 삽입
            bposition = InStr(lnbuffer, " ")
            wcGridSetData "GRID",3,GUL,Left(lnbuffer, bposition - 1)

            '공백 위치부터 끝까지 문자를 취한 다음 공백 제거
            lnbuffer = Mid(lnbuffer, bposition)
            lnbuffer = Trim(lnbuffer)

            '/그리드 4번째 칸/ 공백 검색 후 공백 전까지 문자열만 삽입
            bposition = InStr(lnbuffer, " ")
            wcGridSetData "GRID",4,GUL,Left(lnbuffer, bposition - 1)

            '공백 위치부터 끝까지 문자를 취한 다음 공백 제거
            lnbuffer = Mid(lnbuffer, bposition)
            lnbuffer = Trim(lnbuffer)

            '/그리드 5번째 칸/ 공백 검색 후 공백 전까지 문자열만 삽입
            bposition = InStr(lnbuffer, " ")
            wcGridSetData "GRID",5,GUL,Left(lnbuffer, bposition - 1)

            '공백 위치부터 끝까지 문자를 취한 다음 공백 제거
            lnbuffer = Mid(lnbuffer, bposition)
            lnbuffer = Trim(lnbuffer)

            '/그리드 6칸 삽입/ 마지막 라인은 그대로 삽입
            wcGridSetData "GRID",6,GUL,lnbuffer
        End If
Loop

'message
SetTagVal "TXT_INPUT.MESSAGE", "파일 내용을 모두 읽었습니다."
PlaySound "sound_success"

'exit
Exit Sub

Errstep:
'message
SetTagVal "TXT_INPUT.MESSAGE", "파일 내용 읽기 중 오류가 발생되었습니다."
PlaySound "sound_fail"

End Sub
```

② 프로그램 분석

```
lnbuffer = Trim(lnbuffer)
```

❶ Syntax　Trim(Expression)

❷ 의미　lnbuffer의 문자열 중에서 공백 제거

```
bposition = InStr(lnbuffer, " ")
```

❶ Syntax　InStr([Index], Source$, Search$)

Index	검색 시작 위치
Source$	문자열 원본
Search$	검색 문자열

❷ 의미　lnbuffer의 문자열 중 " "의 문자열(공백)이 위치한 곳 찾기

```
lnbuffer = Mid(lnbuffer, bposition)
```

❶ Syntax　Mid(string, start, [length])

❷ 의미　lnbuffer의 문자열 중 앞에서 InStr 함수로 찾은 위치(bposition)부터 끝까지의 문자열 받음

```
PlaySound "sound_success"
```

● 의미　sound_success.wav 파일 연주

SECTION

04 TXT 파일로 보고서용 태그의 보고서 출력

태그 편집 시 보고서용 데이터 생성(☑보고서용 데이터 생성) 항목을 체크해 두면 해당 프로젝트 경로에 ReportTag.dat라는 파일로 보고서용 데이터가 생성된다. 이 보고서용 데이터가 저장되어 있는 파일로부터 우리가 원하는 데이터를 얻고 텍스트 파일에 자동으로 날짜.txt 이름으로 저장하는 예제이다. 날짜가 바뀌면 Manager 스크립트가 자동으로 새로운 날짜에 저장을 하게 하고 날짜가 바뀌지 않으면 현재 날짜에 데이터를 추가한다.

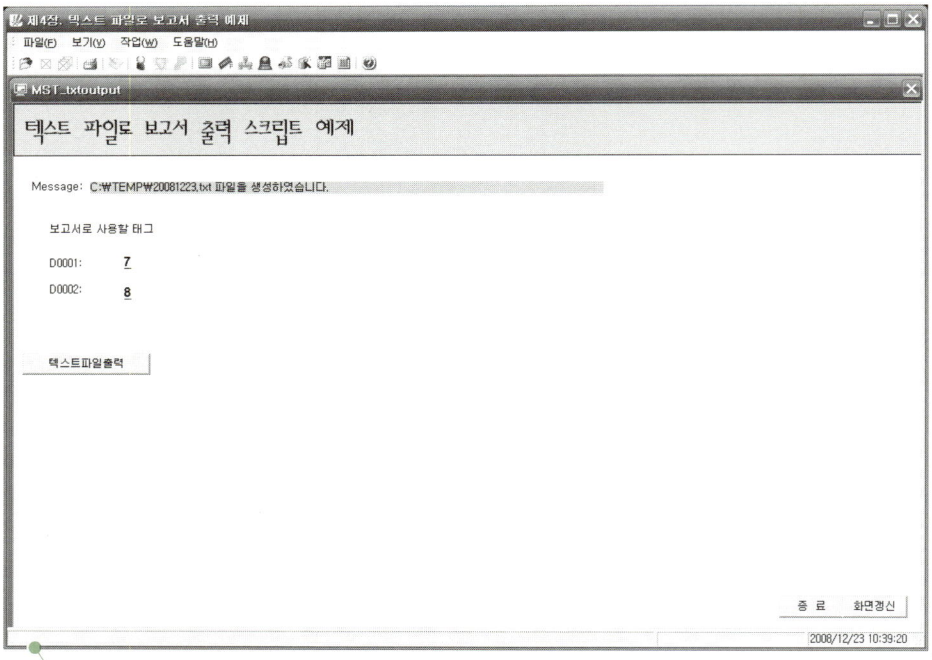

출력 결과 화면

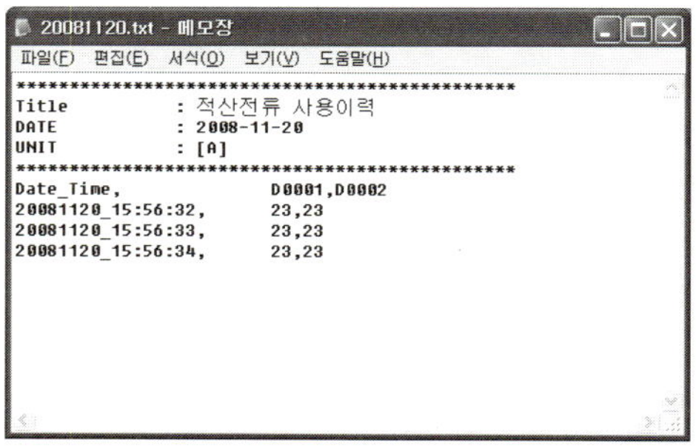

20081120.txt - 메모장
파일(F) 편집(E) 서식(O) 보기(V) 도움말(H)
****
Title : 적산전류 사용이력
DATE : 2008-11-20
UNIT : [A]
****
Date_Time, D0001,D0002
20081120_15:56:32, 23,23
20081120_15:56:33, 23,23
20081120_15:56:34, 23,23

사용한 태그 이름

REPORT.MESSAGE	'보고서 생성 진행 상황 메시지
REPORT.FILENAME	'보고서 파일 이름
REPORT.D0001	'보고서용 태그
REPORT.D0002	'보고서용 태그

① 태그 편집 시 설정할 내용

태그 편집 시 보고서용 데이터 생성 항목을 체크해야 보고서용 데이터를 사용할 수 있다.

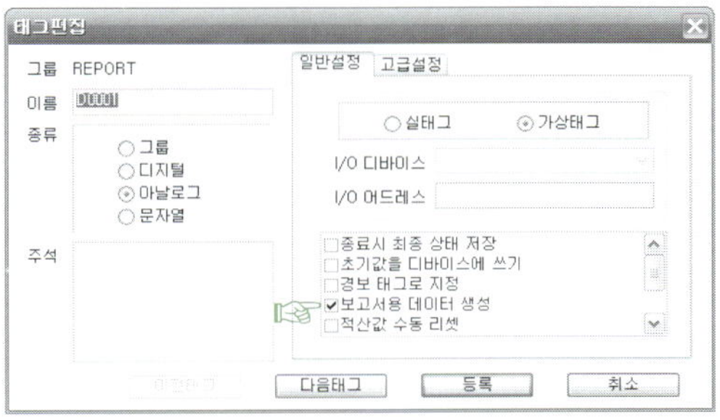

② 텍스트 파일로 출력하기 위한 Manager 스크립트

```
Sub do_filetxt_manager()

'경로 지정
file_path$ = "C:\TEMP\"

'시스팀 날짜로 파일 이름 지정
file_new$  = Format$(Now(),"YYYYMMDD")

'파일 이름 생성
file_name$ = file_path$ + file_new$ + ".txt"

'태그에 파일 이름 쓰기
SetTagVal "REPORT.FILENAME", file_name$

'생성한 파일의 존재 유무 확인 후 생성 또는 추가 스크립트 호출
If (FileExists(file_name$) = True) Then
            RunScript ("do_filetxt_append")
ElseIf (FileExists(file_name$) = False) Then
            RunScript ("do_filetxt_output")
End If

End Sub
```

③ 텍스트 파일 생성용 스크립트

```
Sub do_filetxt_output()

'저장할 연월일시간 정보
new_info$ = Format$(Now(),"YYYYMMDD") + "_" + Format$(Now(),"HH:MM:SS")

'manager가 호출 전 써놓은 파일 이름 읽기
file_name$ = GetTagVal ("REPORT.FILENAME")

'file open for saving
Open file_name$ for Output As #1

'file print
Print #1, "*************************************************"
Print #1, "Title" ;Tab(15);" : 적산 전류 사용 이력"
Print #1, "DATE"  ;Tab(15);" : "; Date
Print #1, "UNIT"  ;Tab(15);" : [A]"
Print #1, "*************************************************"
Print #1, "Date_Time"; ","; Tab(25);"D0001"; "," ; "D0002"
Print #1, new_info$; ","; Tab(25);_
                          Trim(TlogVal ("REPORT.D0001","0일","적산값")) ; "," ; _
                          Trim(TlogVal ("REPORT.D0002","0일","적산값"))

'file close
Close #1

'message
SetTagVal "REPORT.MESSAGE", file_name$ + " 파일을 생성하였습니다."
PlaySound ("sound_success.wav")

End Sub
```

④ 텍스트 파일 추가용 스크립트

```
Sub do_filetxt_append()

'저장할 연월일시간 정보
new_info$ = Format$(Now(),"YYYYMMDD") + "_" + Format$(Now(),"HH:MM:SS")
```

```
'manager가 호출 전 써놓은 파일 이름 읽기
file_name$ = GetTagVal ("REPORT.FILENAME")

'file open for append
Open file_name$ for Append As #1

'file print
Print #1, new_info$; ","; Tab(25);_
                    Trim(TlogVal ("REPORT.D0001","0일","적산값")) ; "," ; _
                    Trim(TlogVal ("REPORT.D0002","0일","적산값"))

'file close
Close #1

'message
SetTagVal "REPORT.MESSAGE", file_name$ + "파일에 " + new_info$ + " 정보를 추가하였습니다."
PlaySound ("sound_success.wav")

End Sub
```

5 프로그램 분석

```
file_name$ = file_path$ + file_new$ + ".txt"
```

● 기본 의도 　파일 이름의 확장자는 txt이다. 파일 출력에서는 Tab을 사용하여 글자 간격 띄우기를 하여 공백을 사용하고 있고 보고서값 사이의 구분자로 콤마(,)를 사용하고 있다. 각각의 항목을 공백으로 구분하지 않고 콤마로 구분하는 것은 csv 파일에 대응하기 위해서이다. 즉, txt라는 확장자를 csv로 고치면 엑셀에서 구분자 콤마를 사용하여 열 수 있게 하기 위해서이다.

```
If (FileExists(file_name$) = True) Then
```

❶ Syntax 　FileExists(filespec)
파일 존재 유무를 True 또는 False값으로 Return

❷ 의미 　file_name$의 파일이 있으면 의미의 조건문

```
Print #1, "Title" ;Tab(15);" : 적산 전류 사용 이력"
```

❶ Tab control 칸 띄우기
이어서 쓰기

❷ 의미 첫 번째 칸에 "Title"이라고 쓰고 줄을 바꾸지 말고 이어서(;) " : 적산 전류 사용 이력" 쓰기

```
Print #1, "Date_Time"; ","; Tab(25);"D0001"; "," ; "D0002"
```

● 의미 첫 번째 칸에 "Date Time"이라고 쓰고 이어서(;) ,를 쓰고 줄을 바꾸지 말고(;) 처음부터 25칸 띄우고 "D0001"를 쓰고 이어서(;) ,를 쓰고 이어서(;) "D0002" 쓰기

```
Print #1, new_info$; ","; Tab(25);_
                    Trim(TlogVal ("REPORT.D0001","0일","적산값")) ; "," ; _
                    Trim(TlogVal ("REPORT.D0002","0일","적산값"))
```

❶ CIMON 함수 TlogVal("태그 이름", "시각값", "값 종류")

❷ 의미 첫 번째 칸에 new_info$의 값을 쓰고 이어서(;) ,를 쓰고 줄을 바꾸지 말고 25칸 띄우고 REPORT.D0001 태그의 오늘 적산값을 찾아서 공백을 제거한 뒤 값을 쓰고 이어서(;) ,를 쓰고 이어서(;) REPORT.D0002 태그의 오늘 적산값을 찾아서 공백을 제거한 뒤 값 쓰기
명령어가 3줄로 되어 있으나 줄바꿈 신호(underbar_)가 있어 1줄과 같은 의미

6 프로그램 시나리오

❶ 기본 개념 시나리오

사장 1명, 부장 1명, 대리 2명으로 구성되어 있는 회사가 있다.

[사장]은 회사를 경영하기 위해 자금을 조달하고, 일을 하기 위해 영업을 하고, 직원 급여를 지급한다. 일을 할 때에는 부장을 불러 업무 지시를 한다.

[부장]은 사장의 지시를 받아서 사장으로부터 받은 업무를 정리한 뒤 업무를 처리할 대리를 결정하고 결정된 대리에게 업무 처리에 필요한 모든 자료를 주면서 업무 처리를 하게 한다. 가능하면 대리에게 자료를 만들거나 판단하게 하지 않게 부장이 처리한다. 그래야 업무를 처리하는 대리들로부터 "부장은 자리나 지키고 일이나 시키는 사람"이라는 소리를 듣지 않는다.

[담당 대리]는 부장으로부터 받은 자료를 가지고 업무 처리 내용을 신속히 실무 처리한다.

do_filetxt_manager / do_filetxt_output / do_filetxt_append의 스크립트의 관계 설정

❷ 개요

여기에 세 개의 스크립트가 있다. 이들 스크립트 사이에는 기본적인 관계가 설정되어 있고 그 관계 설정에 의해서 각자 움직이게 된다. 이런 스크립트 사이의 관계 설정의 이야기를 인간의 글로 옮기면 소설, 컴퓨터의 언어로 옮기면 프로그램이다. 여기에서는 이들의 관계를 프로그램으로 옮기고자 한다.

❸ 프로그램 시나리오

시나리오에서 프로그래머는 사장이다. 따라서 파일을 저장하거나 첨부할 일이 생기면 사장은 부장에 해당되는 매니저(do_filetxt_manager)를 호출하여 파일 처리 업무를 지시한다. 이 매니저는 파일을 생성할지 아니면 기존 파일에 첨부해야 할지를 결정하여 파일을 생성해야 하면 파일 생성 담당 대리(do_filetxt_output)를 호출하고, 파일이 있어 첨부를 해야 하면 파일 첨부 담당 대리(do_filetxt_append)를 호출하여 업무 처리를 하게 한다.

SECTION

05 경로 자동 생성 및 제품 이력 기록

일련 번호가 있는 제품의 각 생산 공정 이력을 저장하는 예제이다. 그날 생산한 제품은 년, 월, 일 그리고 일련 번호(예 2008-11-11-002)를 갖고 그 제품은 3공정을 통해 생산이 되는 데 10초 간격으로 그 일련 번호를 갖는 제품이 어떤 공정에 몇 도의 온도에 있었는지를 저장한다. 자동차 부품 생산 공정, 표면 처리 공정에 활용할 수 있다.

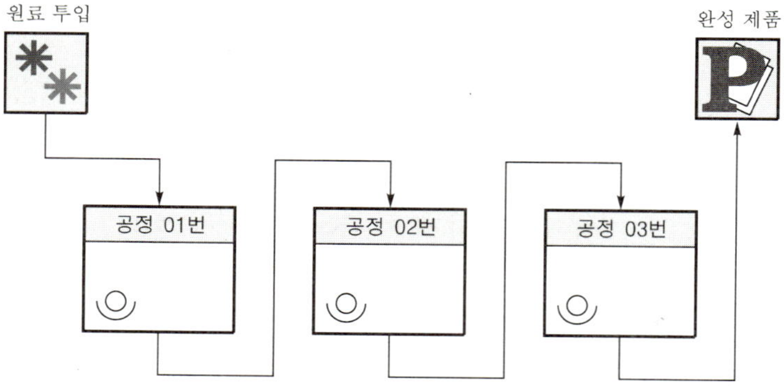

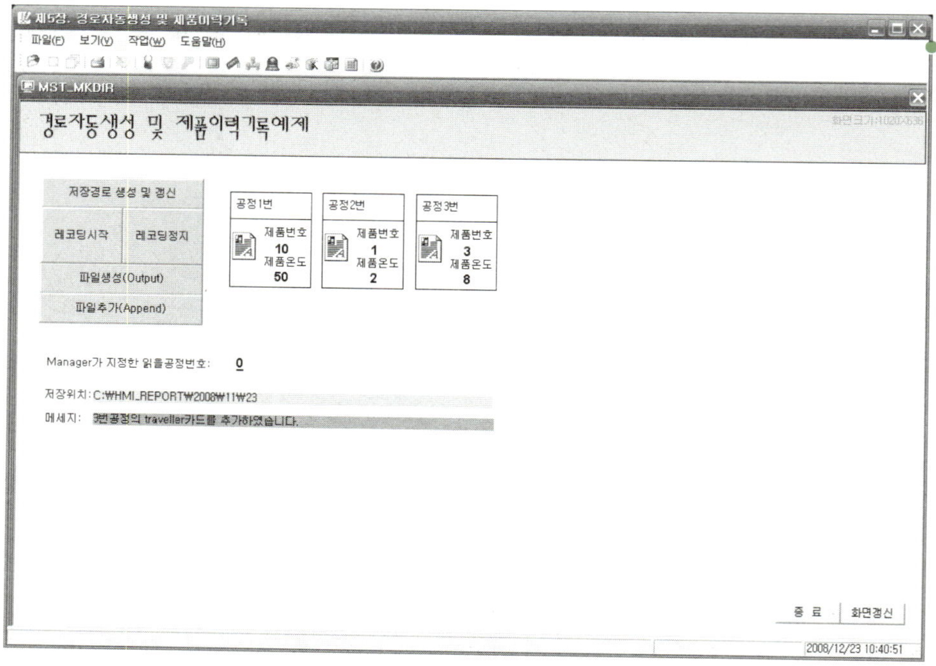

출력 결과 화면

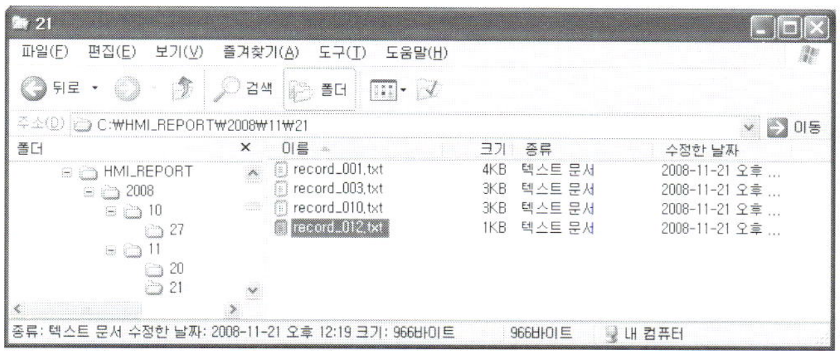

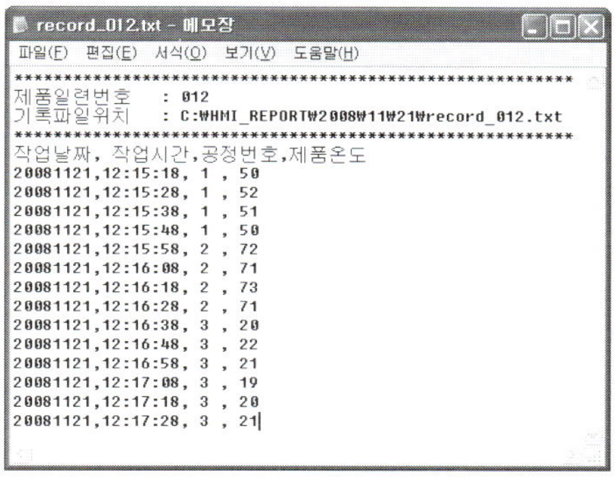

사용한 태그 이름

PATH.PATH	'파일 저장 경로
PATH.MESSAGE	'진행 상황 메시지
제품정보.공정01.제품번호	'공정 1번
제품정보.공정01.제품온도	
제품정보.공정02.제품번호	'공정 2번
제품정보.공정02.제품온도	
제품정보.공정03.제품번호	'공정 3번
제품정보.공정03.제품온도	

1 스크립트 호출 구조

매니저(do_txts_manager)에게 공정 번호를 알려주면 매니저는 파일을 생성해야 하는지 아니면 추가해야 하는지를 검색하여 생성 또는 추가를 실행하게 한다. 레코더(do_recorder)는 주기적으로 파일 처리를 전담하고 있는 매니저를 호출한다. 사용자는 레코드의 실행 또는 정지를 결정한다.

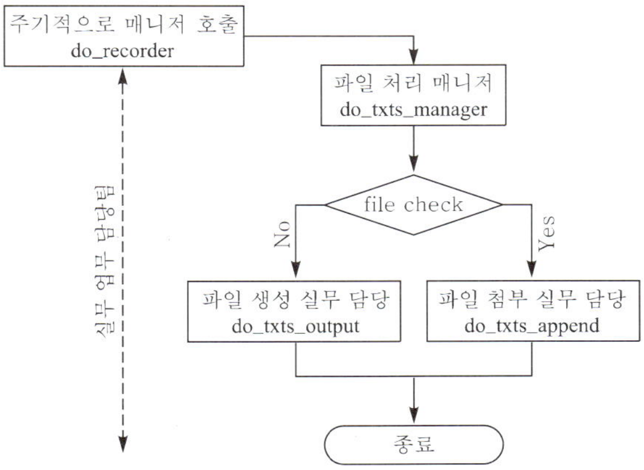

2 자동 경로 생성 스크립트

```
Sub do_MKDir()

On Error Resume Next
```

```
'경로 지정
file_path$     = "C:\HMI_REPORT\"

'시스템의 연월일
issue_year$   = Format$(Now(),"YYYY")
issue_month$ = Format$(Now(),"MM")
issue_day$    = Format$(Now(),"DD")

'경로 포맷(C:\HMI_REPORT\2007\05\05\)
path_year$    = file_path$ + issue_year$
path_month$  = file_path$ + issue_year$ + "\" + issue_month$
path_day$     = file_path$ + issue_year$ + "\" + issue_month$ + "\" + issue_day$

'1. 기본 경로 생성
MkDir file_path$

'지정한 경로로 이동
ChDir file_path$

'2. 연도 경로 생성, 이미 존재하고 있으면 다음으로 진행
MkDir path_year$

'연도 경로로 이동
ChDir path_year$

'3. 월 경로 생성, 이미 존재하고 있으면 다음으로 진행
MkDir path_month$

'월 경로로 이동
ChDir path_month$

'4. 일 경로 생성, 이미 존재하고 있으면 다음으로 진행
MkDir path_day$

'경로 정보 태그에 쓰기
SetTagVal "PATH.PATH", path_day$

'message
SetTagVal "PATH.MESSAGE", path_day$ + "의 경로 생성을 완료하였습니다."
PlaySound "sound_success"

End Sub
```

3 레코더 스크립트

```
Sub do_recorder()

Dim dt,ut

'1초값 지정
dt = 1000

'사용자 지연 시간(예 10초)
ut = dt * 10

'반복적으로 manager 호출
While 1
        RunScript ("do_txts_manager")
        Sleep (ut)
WEnd

End Sub
```

4 텍스트 파일 매니저 스크립트

```
Sub do_txts_manager()

'날짜가 바뀐 경우 자동으로 저장 경로 생성
file_path$ = "C:\HMI_REPORT\" + Format$(Now(),"YYYY") + "\" + _
                                Format$(Now(),"MM")   + "\" + _
                                Format$(Now(),"DD")

'경로 생성
If GetTagVal ("PATH.PATH") <> file_path$ Then
    RunScript ("do_MKDir")
    PlaySound ("drumroll.wav")
    Exit Sub
End If

'각각 3개 공정 중 기록할 공정 번호 지정 및 호출
For i = 1 to 3

    '기록할 공정 번호 지정해 줌
    SetTagVal "제품정보.공정번호", I
```

```
        '기록할 공정의 traveller 카드에 적혀 있는 제품 번호 읽기
        product_no# = GetTagVal ("제품정보.공정" + Format (i,"0#") + ".제품번호")

        '읽은 공정 번호의 제품 번호로 기록할 파일 이름 생성
        (형식-C:\HMI_REPORT\2007\04\20\record_001.txt)
        file_name$ = GetTagVal ("PATH.PATH") + "\record_" + Format(product_no#,"00#") + ".txt"

        '공정 번호가 정상일 때에만 생성 또는 첨부 스크립트 호출
        If product_no# > 0 And product_no# < 100 Then
                '기존에 파일이 있으면 첨부 스크립트 호출
                If (FileExists(file_name$) = True) Then RunScript ("do_txts_append")
                '기존에 생성된 파일이 없으면 생성 스크립트 호출
                ElseIf (FileExists(file_name$) = False) Then
                        RunScript ("do_txts_output")
                End If
        End If

        'delay
        Sleep (1500)

Next I

'기록할 공정 번호 초기화
SetTagVal "제품정보.공정번호", 0

End Sub
```

5 텍스트 파일 생성 스크립트

```
Sub do_txts_output()

'manager가 지정해준 공정 번호 읽기-공정 번호를 기록하는 데 사용한다.
process_no# = GetTagVal ("제품정보.공정번호")

'지정된 공정의 기록 카드에 있는 제품 온도 읽기-제품 온도를 기록하는 데 사용한다.
product_temp# = GetTagVal ("제품정보.공정" + Format (process_no#,"0#") + ".제품온도")

'지정된 공정의 기록카드에 있는 제품 번호 읽기-기록할 파일 이름 생성에 사용한다.
product_no# = GetTagVal ("제품정보.공정" + Format (process_no#,"0#") + ".제품번호")

'고유의 제품 번호기 기록할 파일 이름(형식-C:\HMI_REPORT\2007\04\20₩001.txt)
If product_no# > 0 Then
```

```
        file_name$ = GetTagVal ("PATH.PATH") + "\record_" + Format(product_no#,"00#") + ".txt"
Else
        PlaySound "sound_fail"
        Exit sub
End If

'날짜, 시간 정보
new_date$ = Format$(Now(),"YYYYMMDD")
new_time$ = Format$(Now(),"HH:MM:SS")
'file open for saving
Open file_name for Output As #1

        '파일 헤더 인쇄
        print_string$ = "********************************************"
        Print #1, print_string$

        print_string$ = "제품 일련 번호    : " + Format(product_no# ,"00#")
        Print #1, print_string$

        print_string$ = "기록 파일 위치    : " + file_name$
        Print #1, print_string$

        print_string$ = "********************************************"
        Print #1, print_string$

        print_string$ = "작업 날짜, 작업 시간, 공정 번호, 제품 온도"
        Print #1, print_string$

        'recording(시간 정보, 공정 번호, 제품 온도)
        Print #1, new_date$; ","; new_time$; ","; process_no#; ","; product_temp#

'file close
Close #1

'message
SetTagVal "PATH.MESSAGE" , CStr(process_no#) + "번 공정의 traveller 카드를 생성하였습니다."
PlaySound ("sound_success.wav")

End Sub
```

6 텍스트 파일 추가 스크립트

```
Sub do_txts_append()

'manager가 지정해준 공정 번호 읽기 - 공정 번호를 기록하는 데 사용한다.
process_no# = GetTagVal ("제품정보.공정번호")

'지정된 공정의 기록 카드에 있는 제품 온도 읽기 - 제품 온도를 기록하는 데 사용한다.
product_temp# = GetTagVal ("제품정보.공정" + Format (process_no#,"0#") + ".제품온도")

'지정된 공정의 기록 카드에 있는 제품 번호 읽기 - 기록할 파일 이름 생성에 사용한다.
product_no# = GetTagVal ("제품정보.공정" + Format (process_no#,"0#") + ".제품번호")

'고유의 제품 번호기 기록할 파일 이름(형식-C:₩HMI_REPORT₩2007₩04₩20₩001.txt)
If product_no# > 0 Then
	file_name$ = GetTagVal ("PATH.PATH") + "\record_" + Format(product_no#,"00#") + ".txt"
Else
	PlaySound "sound_fail"
	Exit sub
End If

'날짜, 시간 정보
new_date$ = Format$(Now(),"YYYYMMDD")
new_time$ = Format$(Now(),"HH : MM : SS")

'file open for saving
Open file_name for Append As #1

	'recording(시간 정보, 공정 번호, 제품 온도)
	Print #1, new_date$; ","; new_time$; ","; process_no#; ","; product_temp#

'file close
Close #1

'message
SetTagVal "PATH.MESSAGE" , CStr(process_no#) + "번 공정의 traveller 카드를 추가하였습니다."
PlaySound ("sound_success.wav")

End Sub
```

7 프로그램 분석

```
On Error Resume Next
```

- 의미 경로를 생성하다가 이미 경로가 생성되어 있으면 오류가 발생한다. 이때 발생하는 에러는 무시하고 다음 경로 생성을 계속하기 위해서 추가한 코드이다.

SECTION

06 HMI에서 주기적으로 PLC에 자료 전송

HMI에서 통신하고 있는 하위에 있는 디바이스 중 특정 디바이스에 데이터를 주기적으로 전송할 경우가 있다. HMI가 온도 컨트롤러와 PLC를 통신하고 있을 때 PLC에서 온도 컨트롤러의 온도값을 알 필요가 있는 경우 HMI가 온도 컨트롤러의 온도값을 읽어 PLC에 전송해 주면 PLC가 직접 통신을 하지 않고도 온도값을 알 수 있다. 이런 경우 주기적으로 온도값을 PLC에 전송해 주는 예제이다.

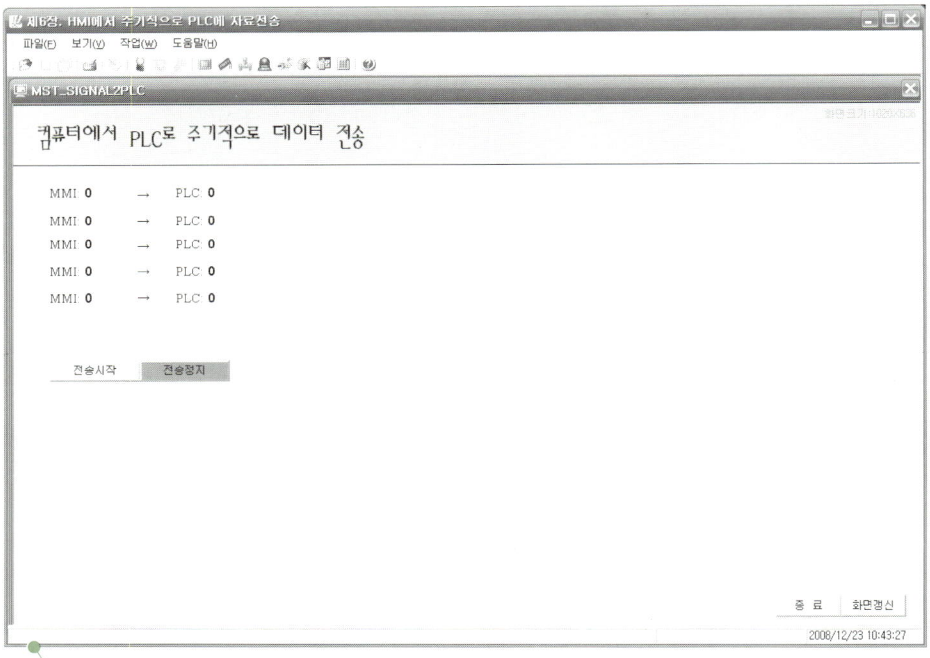

사용한 태그 이름

PC2PLC.LAMP ‘동작 중 직접 표시하는 상태 점멸용
PC2PLC.RUN ‘동작 정지 표시

PC2PLC.D0001 ‘전송할 소스 태그
PC2PLC.D0002
PC2PLC.D0003
PC2PLC.D0004
PC2PLC.D0005

PLC.D0001 ‘전송 타켓 태그
PLC.D0002
PLC.D0003
PLC.D0004
PLC.D0005

1 스크립트 호출 구조

주기적으로 전송이 필요할 때 프로그래머는 시작 매니저를 호출한다. 그러면 시작 매니저는 실무 실행 담당 스크립트를 호출하여 실무를 하게 하고 결과를 경과 상태 램프로 알려준다. 전송이 필요하지 않을 때에는 정지 매니저를 호출하여 정지시키게 하고 경과 상태 램프를 정지로 바꿔놓아 정지 상태를 알 수 있게 한다. HMI 실행 도중 항상 자료를 전송해야 할 경우에는 Main 스크립트에서 직접 시작 매니저 스크립트를 실행시킬 수 있다.

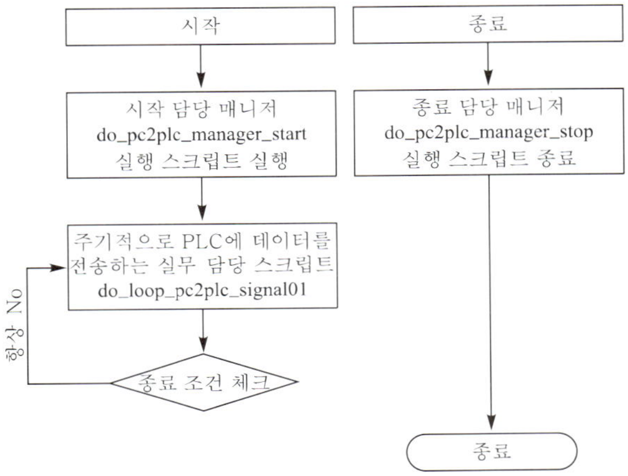

2 시작 매니저 스크립트

```
Sub do_pc2plc_manager_start()

'pc에서 plc로 전송하는 스크립트 실행
RunScript ("do_loop_pc2plc_signal01")

'표시용 신호 SET
SetTagVal "PC2PLC.RUN", 1
PlaySound "sound_success"

End Sub
```

3 종료 매니저 스크립트

```
Sub do_pc2plc_manager_stop()

'pc에서 plc로 전송하는 스크립트 정지
StopScript ("do_loop_pc2plc_signal01")

'표시용 신호 RESET
SetTagVal "PC2PLC.RUN", 0
PlaySound "sound_fail"

End Sub
```

4 전송 실무 담당 스크립트

```
Sub do_loop_pc2plc_signal01()

Dim dt

'초깃값 지정
dt = 20

'무한 루프
While 1
    For i = 1 to 5

        '태그 이름 생성
        PLCtag$    = "PLC.D" + Format (i, "000#")
        CIMONtag$ = "PC2PLC.D" + Format (i, "000#")

        '태그값을 읽고 PLC로 전송
        SetTagVal PLCtag$, GetTagVal (CIMONtag$)

        'delay
        Sleep (dt)

    Next I

    '진행 중 알림 램프 On/Off
    SetTagVal "PC2PLC.LAMP",1 : Sleep(500)
    SetTagVal "PC2PLC.LAMP",0 : Sleep(500)
WEnd

End Sub
```

5 프로그램 분석

Sleep(dt)

● 의미

반복적으로 HMI에서 하위 디바이스에 값을 전송할 때 Delay 시간을 주지 않으면 무한 루프에 빠져 컴퓨터 리소스 사용이 100%가 되어 결국 컴퓨터 다운 현상이 발생된다. HMI가 디바이스에 데이터 전송을 처리하기 위해서 통신 프레임 Send 이후 Receive하도록 되어 있는데, Delay 시간이 없을 경우 Receive하는 데 시간을 주지 않고 무한 루프에 의해서 바로 Send가 실행되어 결국 다운되는 현상이 발생한다. 따라서 Send 다음에는 반드시 Delay 시간이 필요하다. 시리얼 통신의 경우 Delay 최소 시간은 20ms 정도이다. 따라서 예제에서도 20ms를 사용하였다.

```
SetTagVal "PC2PLC.LAMP",1 : Sleep(500) : SetTagVal "PC2PLC.LAMP",0 : Sleep(500)
```

● 의미 　명령어 라인 구분자. 위 명령어 라인은 다음과 같은 의미이다.

SetTagVal "PC2PLC.LAMP",1

Sleep (500)

SetTagVal "PC2PLC.LAMP",0

Sleep (500)

SECTION

07 예약 기능

미래의 특정 날짜, 시간에 원하는 스위치를 자동으로 켜고 싶을 때 타이머를 사용한다. 이런 타이머 기능을 사용하면 겨울철 출근 1시간 전에 히터 또는 예열 기능의 기기를 미리 켤 수 있다. 여기 예제에서는 히터 3대를 원하는 날짜에 자동으로 켜는 예제이다.

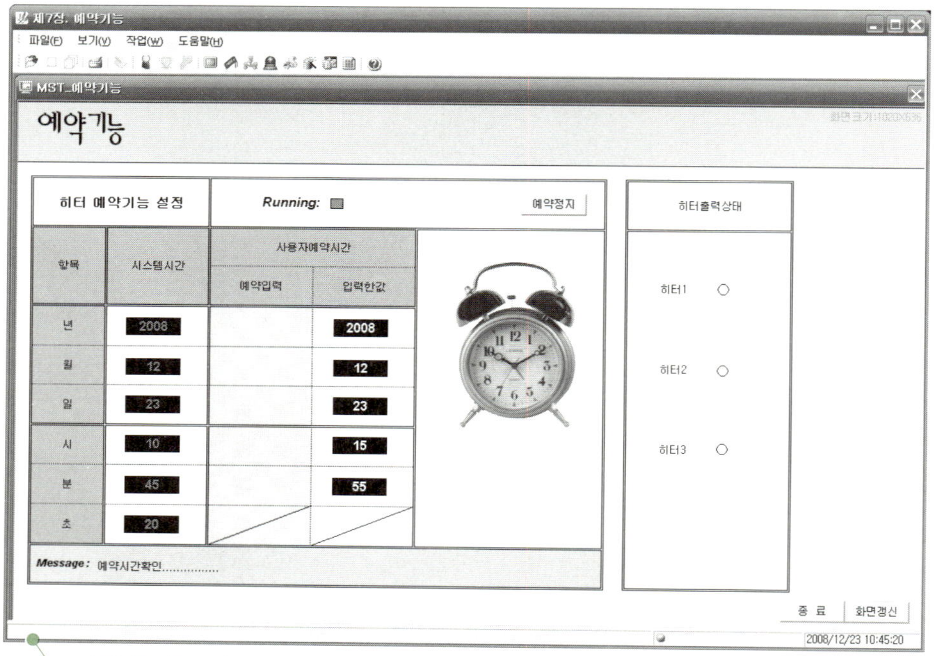

사용한 태그 이름

RESERVAtion.예약기능실행중	'상태 표시용
RESERVAtion.MESSAGE	'메시지용
RESERVAtion.SYSTEM_YEAR	'시스템-년
RESERVAtion.SYSTEM_MONTH	'시스템-월
RESERVAtion.SYSTEM_DATE	'시스템-일
RESERVAtion.SYSTEM_TIME	'시스템-시간
RESERVAtion.SYSTEM_MINUTE	'시스템-분
RESERVAtion.SYSTEM_SECOND	'시스템-초
RESERVAtion.USER_YEAR	'사용자 입력-년
RESERVAtion.USER_MONTH	'사용자 입력-월
RESERVAtion.USER_DATE	'사용자 입력-일
RESERVAtion.USER_TIME	'사용자 입력-시간
RESERVAtion.USER_MINUTE	'사용자 입력-분
PLC.H01	'출력용 히터
PLC.H02	
PLC.H03	

1 스크립트 흐름

프로그래머는 예약 기능을 시작하고 싶을 때에는 시작 매니저를 호출하고, 강제 종료를 하고 싶을 때에는 종료 매니저를 호출한다. 각 시작·종료 매니저는 호출을 당하면 자기 업무를 충실하게 성공적으로 완료시킨다.

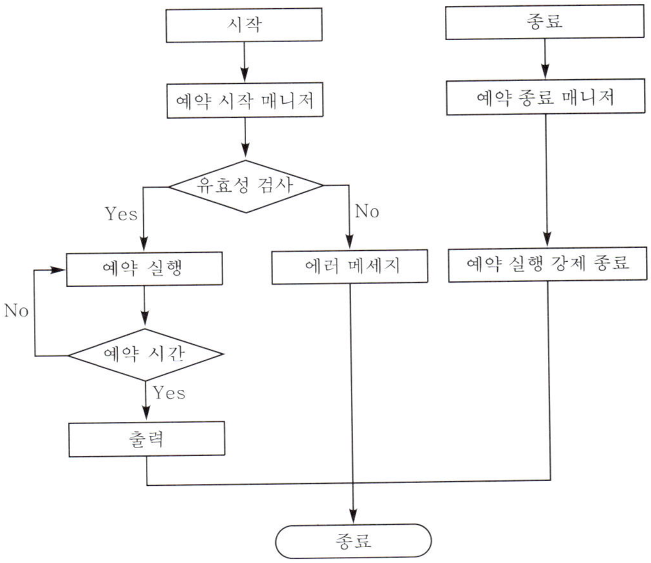

2 시작 매니저 스크립트

```
Sub do_reserve_manager_start()

Dim dateSys    As Date
Dim dateUser   As Date
Dim timeSys    As Date
Dim TimeUser   As Date
Dim dt

'설정 : 초깃값
dt = 500

'message
SetTagVAl "RESERVAtion.MESSAGE","예약 기능 실행 시간의 유효성 검사를 시작합니다."
Sleep (dt)

'시스템 날짜/사용자 입력 날짜의 년, 월, 일 날짜값
dateSys  = DateSerial(Val(Format(Date$,"YYYY")),_
                      Val(Format(Date$,"MM")),_
                      Val(Format(Date$,"DD")))
```

```
dateUser = DateSerial(Val(GetTagVal("RESERVAtion.USER_YEAR")),_
                      Val(GetTagVal("RESERVAtion.USER_MONTH")),_
                      Val(GetTagVal("RESERVAtion.USER_DATE")))

'시스템 시간/사용자 입력 시간(초는 무시)의 시간값
timeSys  = TimeValue(Time)
timeUser = TimeSerial(Val(GetTagVal("RESERVAtion.USER_TIME")),_
Val(GetTagVal("RESERVAtion.USER_MINUTE")), 0)

'예약 날짜의 유효성 검사 - 어제까지의 날짜 예약의 경우 에러 처리
If dateUser < dateSys Then
    'message
    SetTagVAl "RESERVAtion.MESSAGE","기간이 이미 지나버린 날짜를 예약하였습니다. 다시 입력하십시오."
    PlaySound "sound_fail"
    Sleep (dt)
    'exit
    Exit Sub

'예약 시간 유효성 판단 - 오늘날의 경우 시간만 체크함. 현재까지의 날짜, 시간 검사 통과된 것은 모두 유효하다.
ElseIf (dateUser = dateSys) And (timeUser < timeSys) Then
    'message
    SetTagVAl "RESERVAtion.MESSAGE","이미 지나버린 시간을 예약하였습니다. 다시 입력하십시오."
    PlaySound "sound_fail"
    Sleep (dt)
    'exit
    Exit Sub
End If

'스크립트 시작
RunScript ("do_reserve_run")
PlaySound ("sound_success.wav")

End Sub
```

3 종료 매니저 스크립트

```
Sub do_reserve_manager_stop()

'message
SetTagVAl "RESERVAtion.MESSAGE","예약 기능을 강제 종료하였습니다."
```

```
'flag reset
SetTagVal "RESERVAtion.예약 기능 실행 중", 0

'스크립트 강제 정지
StopScript ("do_reserve_run")
PlaySound ("sound_success.wav")

End Sub
```

4 예약 실무 담당 스크립트

```
Sub do_reserve_run()

'flag set
SetTagVal "RESERVAtion.예약 기능 실행 중", 1
```

참고 예약 실행이 실행되면 시간 유효성 검사를 하지 않기 때문에 무한 루프 전에 사용자 예약 정보를 읽음

```
'사용자 입력 날짜 읽기
dateUser = DateSerial (Val (GetTagVal ("RESERVAtion.USER_YEAR")),_
                       Val(GetTagVal("RESERVAtion.USER_MONTH")),_
                       Val(GetTagVal("RESERVAtion.USER_DATE")))

'사용자 입력 시간 읽기
timeUser = TimeSerial(Val (GetTagVal ("RESERVAtion.USER_TIME")),_
                      Val(GetTagVal("RESERVAtion.USER_MINUTE")), 0)

'무한 루프
While 1

    'message
    SetTagVAl "RESERVAtion.MESSAGE","날짜 읽기.." : Sleep (200)

    '시스템 날짜/사용자 입력 날짜의 년, 월, 일 날짜값
    dateSys  = DateSerial(Val(Format(Date$,"YYYY")),_
                          Val(Format(Date$,"MM")),_
                          Val(Format(Date$,"DD")))
    'message
    SetTagVAl "RESERVAtion.MESSAGE","시간 읽기.." : Sleep (200)

    '시스템 시간의 시간값
    timeSys  = TimeValue(Time)
```

```
        'decoration
        For i = 1 to 20
                tail$ = tail$ + "."
                SetTagVAl "RESERVAtion.MESSAGE","예약 시간 확인." + tail$
                Sleep (200)
        Next i
        tail$ = ""

        '예약 날짜, 시간에 도달했는지 판단 후 조건이 충족되면 예약 출력 후 종료
        If (dateUser <= dateSys) And (timeUser < timeSys) Then
                'message
                SetTagVAl "RESERVAtion.MESSAGE","예약 시간이 되어 예약 내용을 출력합니다."

                '예약 내용 출력
                For i = 1 to 3
                        '태그 이름 생성
                        tag_name$ = "PLC.H" + Format (i,"0#")
                        '태그값 쓰기
                        SetTagVal tag_name$, 1
                        'delay
                        Sleep (1000)
                Next i

                '1분 지연, 분단위로 입력하기 때문에 다시 실행했을 때 겹치지 않게 하기 위함이다.
                For i = 1 to 60
                        'message
                        SetTagVAl "RESERVAtion.MESSAGE","종료" + Str(60 - i) + "초 전입니다."
                        Sleep(1000)
                Next i

                'message
                SetTagVAl "RESERVAtion.MESSAGE","예약 기능이 완료되었습니다."
                PlaySound ("완료되었습니다.wav")

                'flag reset
                SetTagVal "RESERVAtion.예약기능실행중", 0

                'exit
                Exit Sub
        End If

WEnd

End Sub
```

5 날짜, 시간 포맷 스크립트

```
Sub do_reserve_system_dateformat()

'무한 루프
While 1
    '시스템에서 년, 월, 일, 시, 분, 초 읽기
    SetTagVal "RESERVAtion.SYSTEM_YEAR",
                  Format(Year(Date$),   "000#")
    SetTagVal "RESERVAtion.SYSTEM_MONTH",
                  Format(Month(Date$), "0#")
    SetTagVal "RESERVAtion.SYSTEM_DATE",
                  Format(Day(Date$),     "0#")
    SetTagVal "RESERVAtion.SYSTEM_TIME",
                  Format(Hour(Now()),    "0#")
    SetTagVal "RESERVAtion.SYSTEM_MINUTE",
                  Format(Minute(Now()),"0#")
    SetTagVal "RESERVAtion.SYSTEM_SECOND",
                  Format(Second(Now()),"0#")

    'delay
    Sleep (1000)
WEnd

End Sub
```

6 프로그램 분석

```
dateSys   = DateSerial(Val(Format(Date$,"YYYY")),_
                Val(Format(Date$,"MM")),_
                Val(Format(Date$,"DD")))
```

● Syntax DateSerial(year, month, day)
년, 월, 일에 해당하는 날짜값

```
timeSys   = TimeValue(Time)
```

● Syntax TimeSerial(hour, minute, second)
시, 분, 초에 해당하는 시간값

```
RunScript ("do_reserve_run")
```

● 의미 스크립트 내에서 다른 스크립트 실행

```
StopScript ("do_reserve_run")
```

● 의미 스크립트 내에서 다른 스크립트 정지

```
SetTagVal "RESERVAtion.SYSTEM_TIME",
                  Format(Hour(Now()),   "0#")
SetTagVal "RESERVAtion.SYSTEM_MINUTE",
                  Format(Minute(Now()),"0#")
SetTagVal "RESERVAtion.SYSTEM_SECOND",
                  Format(Second(Now()),"0#")
```

● Syntax

Now()	날짜값
Hour(time)	시간값
Minute(time)	분값
Second(time)	초값

페이지 환경 설정
페이지 열기시 동작 정의
RunScript ("do_reserve_system_dateformat")
페이지 닫기 시 동작 정의
StopScript ("do_reserve_system_dateformat")

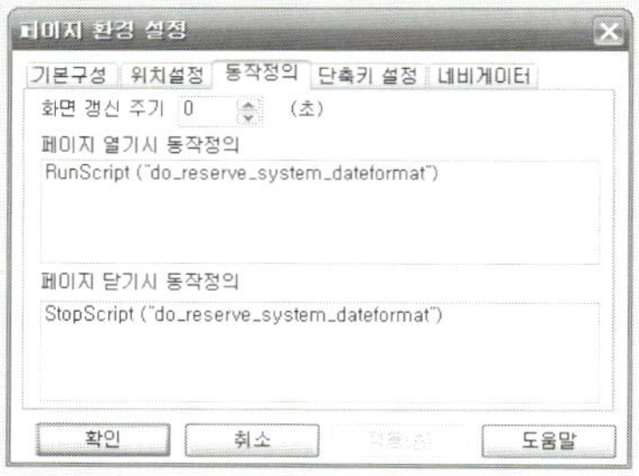

● 의미 현재 시간을 1초 단위로 갱신

SECTION

08 RING COUNT 방식의 적산 방법

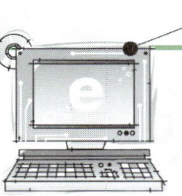

Ring Count 방식의 적산 예제이다. 정류기 30대 전체의 전류 출력(출력1, 출력2)을 적산하여 적산치가 목표값에 도달하면 출력 시그널을 1초간 출력하고 다시 처음부터 적산을 시작한다.

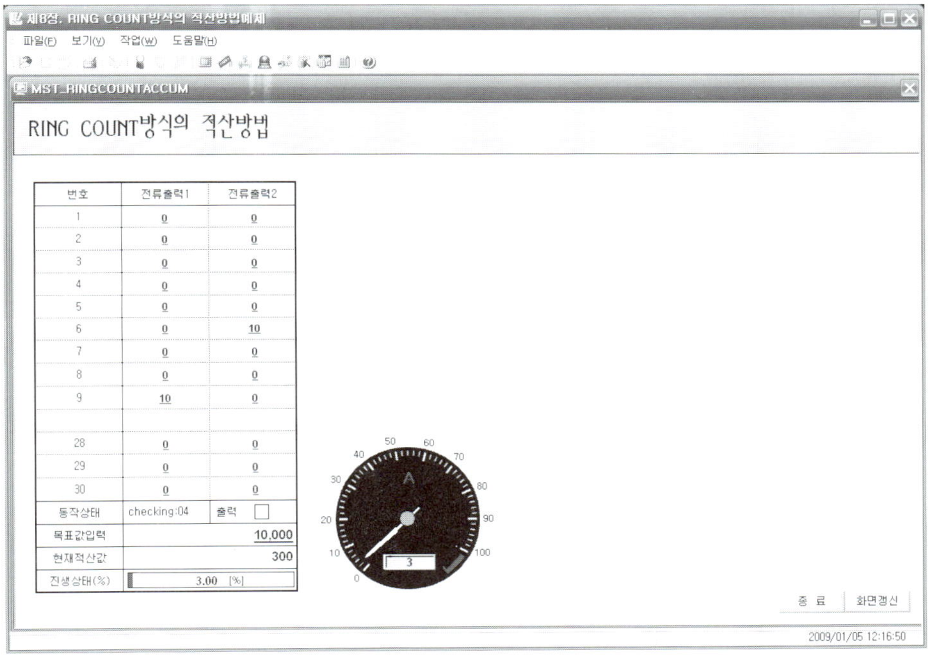

1 적산 스크립트

```
Sub do_accum_ringcount()

Dim ACCUM_MEM01(30)
Dim ACCUM_MEM02(30)
Dim iEA
Dim ACCUM_SOURCE
Dim ACCUM_USER
Dim ACCUM_TARGET
Dim CC_30BY30

'개수 지정
iEA = 30

'계속 반복 ***********************************************
While 1
    '메모리 초기화
    For i = 1 to iEA
        ACCUM_MEM01(i) = 0 : ACCUM_MEM02(i) = 0
    Next i

    '30대 전류값 읽기(출력1, 출력2)
    For i = 1 to iEA
        ACCUM_MEM01(i) = GetTagVal ("RECTIFIER.ST" + Format(i,"0#") + ".STATUS0.MN02")
        ACCUM_MEM02(i) = GetTagVal ("RECTIFIER.ST" + Format(i,"0#") + ".STATUS0.MN03")
    Next i

    '30대의 1초간의 전류 합계(출력1, 출력2)
    CC_30BY30 = 0
    For i = 1 to iEA
        CC_30BY30 = CC_30BY30 + ACCUM_MEM01(i) + ACCUM_MEM02(i)
    Next i

    '전류 적산값 갱신
    ACCUM_SOURCE = GetTagVal ("RECTIFIER.ACCUM_SOURCE") + CC_30BY30
    SetTagVal "RECTIFIER.ACCUM_SOURCE", ACCUM_SOURCE

    '사용자 입력 목표값 얻기
    ACCUM_USER = GetTagVal ("RECTIFIER.ACCUM_USER")

    '진행 상황 표시
    If ACCUM_SOURCE > 0 And ACCUM_USER > 0 Then
```

```
        ACCUM_PCT = ((ACCUM_SOURCE / ACCUM_USER) * 100)
        SetTagVal "RECTIFIER.ACCUM_PCT", ACCUM_PCT
    Else
        SetTagVal "RECTIFIER.ACCUM_PCT", 0
    End If

    '목표값 도달 시 신호 출력, 리셋
    If (ACCUM_SOURCE > ACCUM_USER) THEN
        PlaySound "sound_success"
        SetTagVal "RECTIFIER.ACCUM_PCT", 100
        SetTagVal "RECTIFIER.ACCUM_OK",1
        Sleep (1000)
        SetTagVal "RECTIFIER.ACCUM_OK",0
        SetTagVal "RECTIFIER.ACCUM_SOURCE",0
        SetTagVal "RECTIFIER.ACCUM_PCT", 0
    Else
        For k = 1 to 10
            SetTagVal "RECTIFIER.MESSAGE", "checking:" + Format (k, "0#")
            Sleep (100)
        Next k
    End If

WEnd
'*****************************************************

End Sub
```

SECTION

09 그리드를 활용한 래시피 관리 예제

그리드를 활용한 래시피 관리 예제이다. 래시피 파일은 파일에 저장하여 읽고 편집한다.

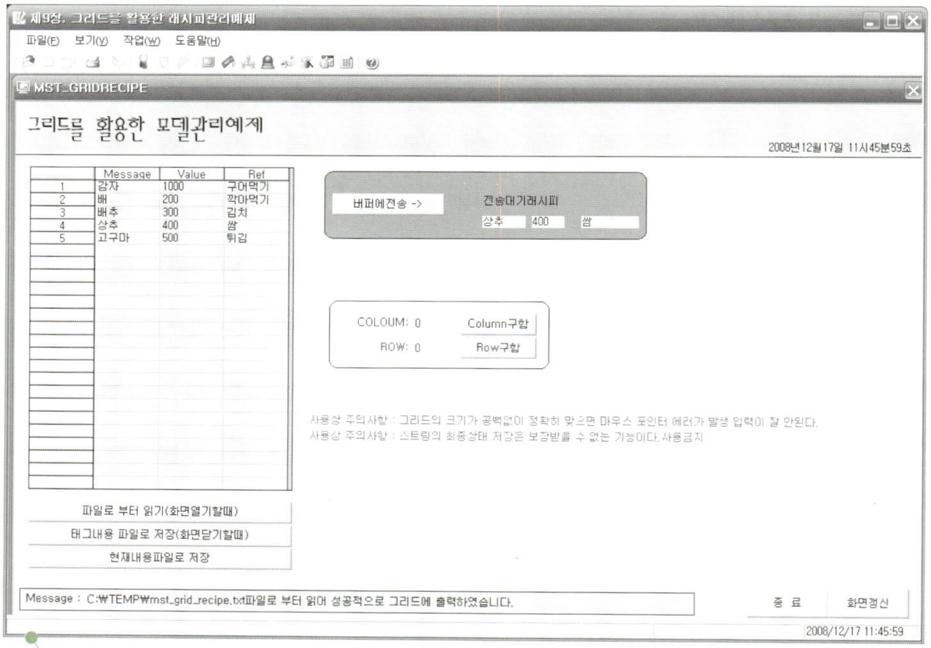

사용한 태그 이름

BUFFER.D000 '버퍼 태그
BUFFER.REF00
BUFFER.MSG00

GRID.C '칸정보
GRID.R '줄정보

MODEL.D001 '래시피 태그
MODEL.D002
MODEL.D003
MODEL.D004
MODEL.D005

MODEL.MSG01
MODEL.MSG02
MODEL.MSG03
MODEL.MSG04
MODEL.MSG05
MODEL.REF01
MODEL.REF02
MODEL.REF03
MODEL.REF04
MODEL.REF05
MODEL.MESSAGE '메시지 태그

① 동작 흐름도

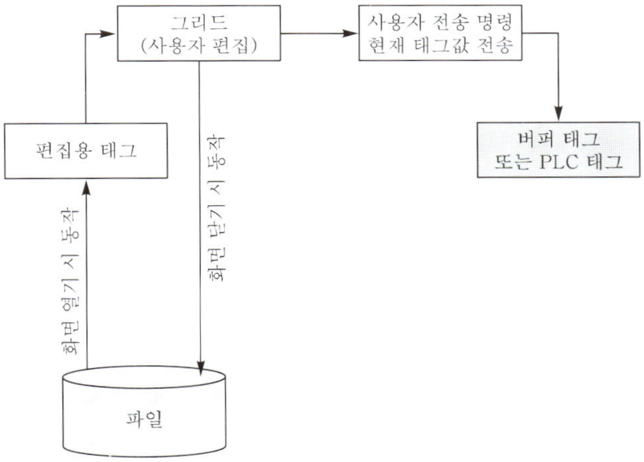

② 래시피 파일로부터 읽어 래시피 태그에 넣기

```
Sub do_Read_GridRecipeFile()

'그리드용 래시피 파일 지정
file_name$ = "mst_grid_recipe.txt"

'파일 번호 지정
UFileNum = FreeFile

'file open for reading
Open file_name$ for Input As #1

'줄수 지정 : 현재 5줄 X 3개칸
For i = 1 to 5

    For j = 1 to 3
        '한 줄 읽기
        Line Input #UFileNum, lineBuffer

        If j = 1 Then
            '태그명 생성/태그값 설정
            tag_name01$ = "MODEL.MSG" + Format (i,"0#")
            SetTagVal tag_name01$,lineBuffer
        End If
```

```
        If j = 2 Then
            '태그명 생성/태그값 설정
            tag_name01$ = "MODEL.D" + Format (i,"00#")
            SetTagVal tag_name01$,lineBuffer
        End If

        If j = 3 Then
            '태그명 생성/태그값 설정
            tag_name01$ = "MODEL.REF" + Format (i,"0#")
            SetTagVal tag_name01$,lineBuffer
        End If
        Next j

Next i

'file close
Close #1

'message
PlaySound "sound_success"
SetTagVal "MODEL.MESSAGE",file_name$ + "파일로부터 읽어 성공적으로 그리드에 출력하였습니다."

End Sub
```

3 래시피 파일에 저장

```
Sub do_Save_GridRecipeFile()

'그리드용 래시피 파일 지정
file_name$ = "mst_grid_recipe.txt"

'file open for printing
Open file_name$ for Output As #1

'줄수 지정 : 현재 5줄 X 3개칸
For i = 1 to 5
    '생성 : 태그명
    tag_name01$ = "MODEL.MSG"   + Format (i,"0#")
    tag_name02$ = "MODEL.D"     + Format (i,"00#")
    tag_name03$ = "MODEL.REF" + Format (i,"0#")
```

```
        '태그값
        uVal01$ = GetTagVal (tag_name01$)
        uVal02  = GetTagVal (tag_name02$)
        uVal03$ = GetTagVal (tag_name03$)

        '인쇄 – 파일에 출력
        Print #1, Trim(uVal01$)
        Print #1, Trim(uVal02)
        Print #1, Trim(uVal03$)
Next i

'file close
Close #1

'message
PlaySound "sound_success"
SetTagVal "MODEL.MESSAGE",file_name$ + "파일에 성공적으로 저장하였습니다."

End Sub
```

4 그리드 현재 줄 전체를 버퍼로 이동

```
Sub do_Send_GridLinetoBuffer()

'그리드의 현재 줄을 구함
uRow = wcGridGetPos ("GRID",1,1)

'>>> 1칸의 내용 버퍼로 이동
uStr$ = wcGridGetData ("GRID",1,uRow)
SetTagVal "BUFFER.MSG00", uStr$

'>>> 2칸의 내용 버퍼로 이동
uVal = wcGridGetData ("GRID",2,uRow)
SetTagVal "BUFFER.D000", uVal

'>>> 3칸의 내용 버퍼로 이동
uStr$ = wcGridGetData ("GRID",3,uRow)
SetTagVal "BUFFER.REF00", uStr$

'message
PlaySound "sound_success"
SetTagVal "MODEL.MESSAGE","성공적으로 버퍼로 전송하였습니다."

End Sub
```

5 그리드 현재 줄번호 구함

```
Sub do_GridGetPos_Row()

SetTagVal "GRID.R",wcGridGetPos ("GRID",1,1)

End Sub
```

6 그리드 현재 칸번호 구함

```
Sub do_GridGetPos_Column()

SetTagVal "GRID.C",wcGridGetPos ("GRID",1,0)

End Sub
```

7 프로그램 분석

wcGridGetPos("Object이름", Command, col/row)

● 의미

Grid Object의 (위치)정보를 알려준다.

[Command]

- 0 : Column 또는 Row의 개수
- 1 : 현재 선택된 Column 또는 Row의 위치
- 2 : 현재 화면에 보이는 최상위 Column 또는 Row의 위치

[col/row]

- 0 : Column
- 1 : Row

SECTION

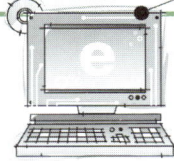

10 한영전자 온도 컨트롤러 NX4-03 RS485 통신 프로그램 예제

CIMON 한영전자 온도 컨트롤러 NX4-03 RS485 통신 예제이다. 이 예제를 다른 프로젝트에 복사하여 사용할 때에는 ① I/O 디바이스를 설정했던 파일 "NX4.dvx"을 복사하여 자신의 프로젝트 경로에 넣고 ② 어드레스가 기록되어 있는 태그 파일 "프로젝트이름.dbx", 여기에서는 "NX4_04.dbx" 파일을 열어 NX4 경로 전체를 복사하여 자신의 프로젝트 데이터베이스 편집 창에 붙여넣기 하고 ③ 화면의 오브젝트를 복사하여 자신의 프로젝트 화면에 삽입하면 된다.

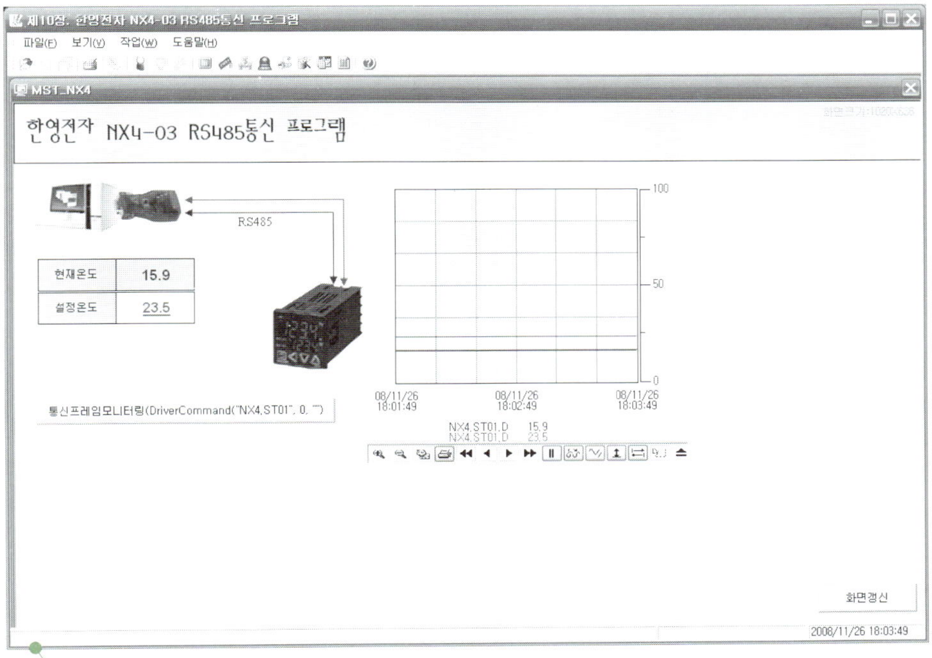

사용한 태그 이름

NX4.ST01.D001　'현재 온도
NX4.ST01.D301　'설정 온도

1 시스템 구성 및 통신 설정

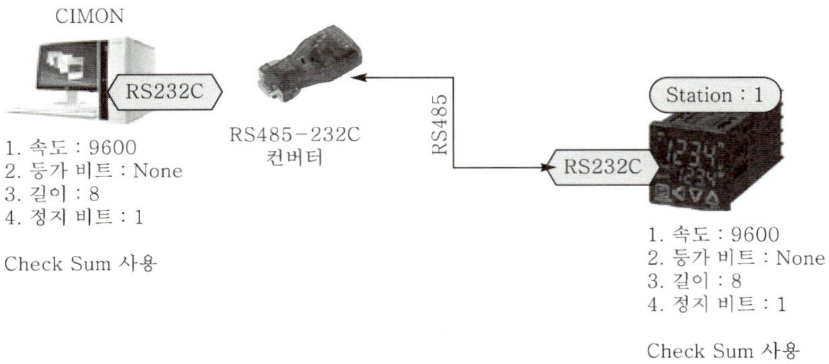

❶ CIMON에서 I/O 디바이스 설정

아래와 같이 직접 설정하거나 또는 NX4.dvx 파일을 현재 경로로 복사하면 된다.

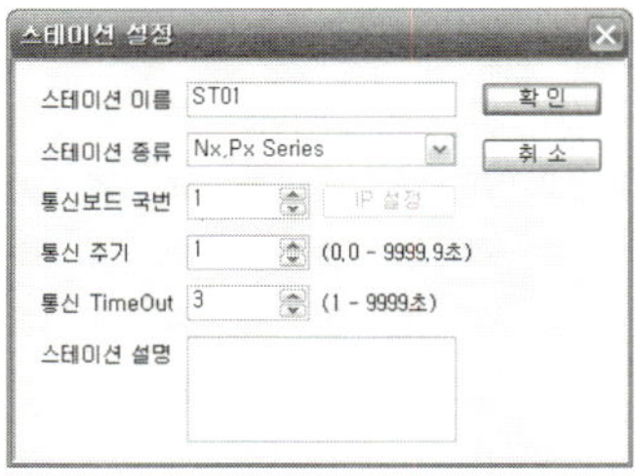

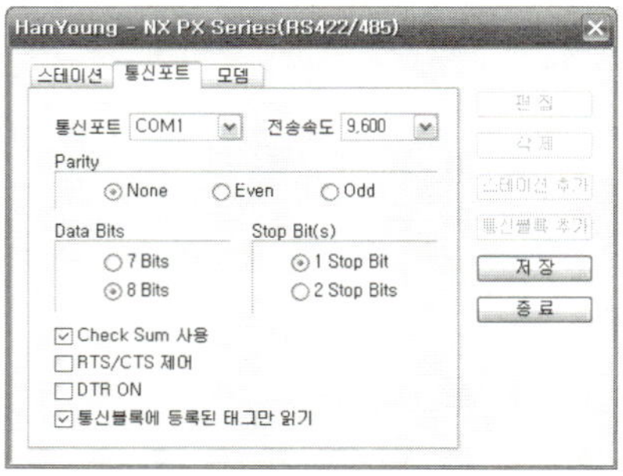

❷ CIMON에서 태그 생성

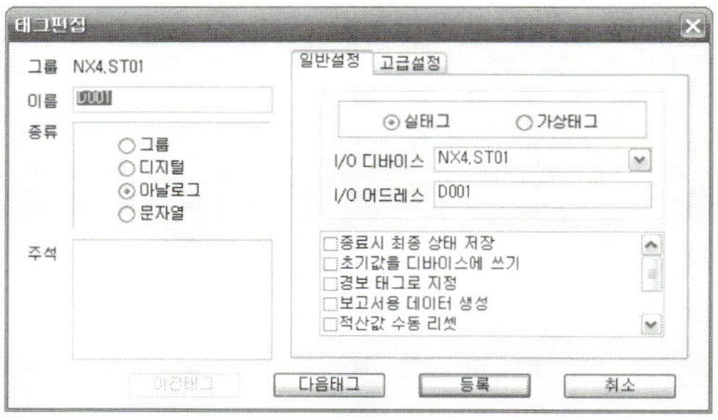

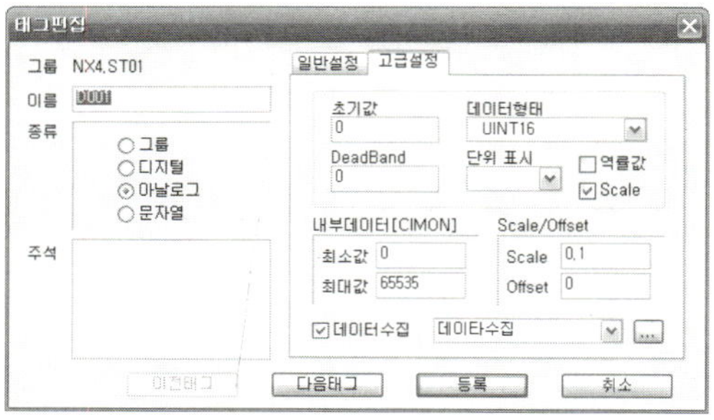

한영 온도 컨트롤러와 CIMON의 스케일 차이는 10배이다. 고급 설정 스케일 항목에 0.1의 의미는 CIMON에서 10.1을 입력하면 101이 한영 온도 컨트롤러로 전송된다는 의미이다. 고급 설정에서 스케일 0.1에 Offset이 없다고 공백으로 두면 위 스케일 0.1도 버려진다. Offset이 없으면 0을 입력한다.

한영 온도 컨트롤러로부터 현재 온도값을 읽고 싶을 때에는 D001번을, 설정 온도값을 설정할 때에는 D301번을 참조하면 된다. 이런 메모리 번지 내용은 뒷부분에 있는 한영에서 제공한 메모리 맵을 참조하여 알 수 있다.

❸ 한영 온도 컨트롤러 설정

매뉴얼 보고 속도, 등가 비트, 길이, 정지 비트, Check sum 사용 여부를 설정한다.

❷ 한영 온도 컨트롤러 메모리 맵

한영 온도 컨트롤러의 매뉴얼을 그대로 복사해 놓았다. 참고하고자 하는 메모리를 참조하시오.

Register	내 용	
0001~0099	읽기 전용(Read Only)영역과 User 영역으로 구성	
	0001(NPV)	현재의 PV값
	0002(NSV)	현재 운전 중인 SV값
	0003(NRSV)	현재 운전 중인 Remote SV값
	0005(MVOUT)	현재 출력치
	0006, 0007(CH1OUT, CH2OUT)	HC-Type 시 출력치
	0008(PIDNO)	현재 운전 중인 PID 번호
	0009(ALMSTS)	현재의 경보 상태 (Bit 정보)
	0010(STEPNO)	Program 운전 시 현재의 Step 번호
	0011(BRSEGTM)	Program 운전 시 현재의 Step의 잔여 시간
	0014, 0015(H1CM, H2CM)	Heater Cut값
	0016(ADESTS)	입력 처리 Error 정보 (Bit 정보)
	0017(ERRSTS)	입력 및 처리 AT Error 정보 (Bit 정보)
	0018(MODSTS)	현 운전 상태 정보 (Bit 정보)
	0050~0099	사용자 영역 (Read / Write 기능)
0100~0199	운전 상태 확인/전환부	
	0100(OPMODE)	0 : Local, 1 : Program, 2 : Remote
	0101(PROG)	0 : Reset, 1 : Program Run
	0102(ZOM)	0 : Zone Off, 1 : Zone On
	0103(FUZY)	0 : Fuzzy Off, 1 : Fuzzy On
	0104(ARW)	0 : ARW Off, 1 : ARW On
	0105(DISL)	DI 선택
0200~0299	프로그램 작성부	
0300~0399	SV 설정 및 PID 설정부	
0400~0499	Alarm 관련 파라미터 설정부	
0500~0599	전송 및 Remote 관련 파라미터 설정 및 통신 관련 파라미터 확인부 (0510~0516 : Read Only부)	
0600~0699	입출력 관련 파라미터 설정부	

③ 한영 온도 컨트롤러 통신 파라미터 설정

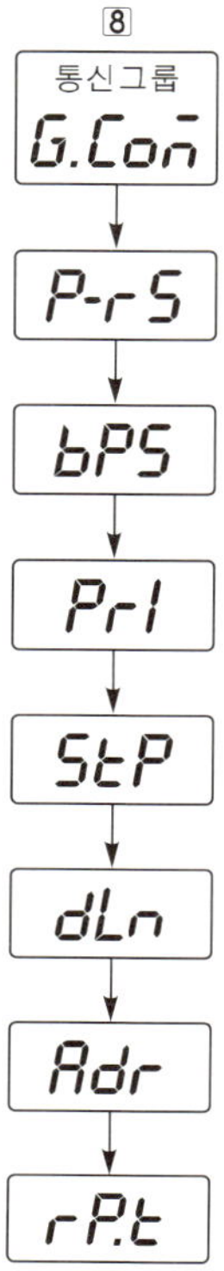

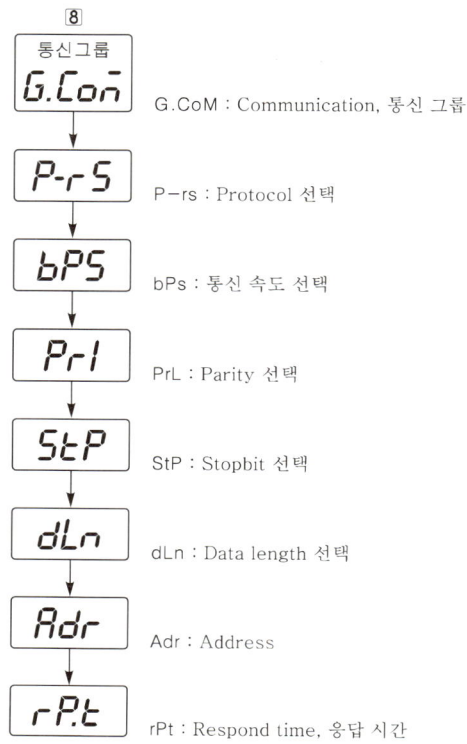

G.CoM : Communication, 통신 그룹

P−rs : Protocol 선택

bPs : 통신 속도 선택

PrL : Parity 선택

StP : Stopbit 선택

dLn : Data length 선택

Adr : Address

rPt : Respond time, 응답 시간

SECTION

11 한영전자 온도 컨트롤러 NX4-03 RS485 사용자 정의 통신 프로그램 예제

한영전자 온도 컨트롤러 NX4-03 RS485 통신을 프로토콜을 보면서 직접 사용자가 프레임을 만들어 통신하는 예제이다. 이 사용자 정의 프로토콜을 사용하기 위해서는 드라이브 파일을 CIMON 설치 기본 경로에 복사하고 등록한 다음 사용할 수 있다.

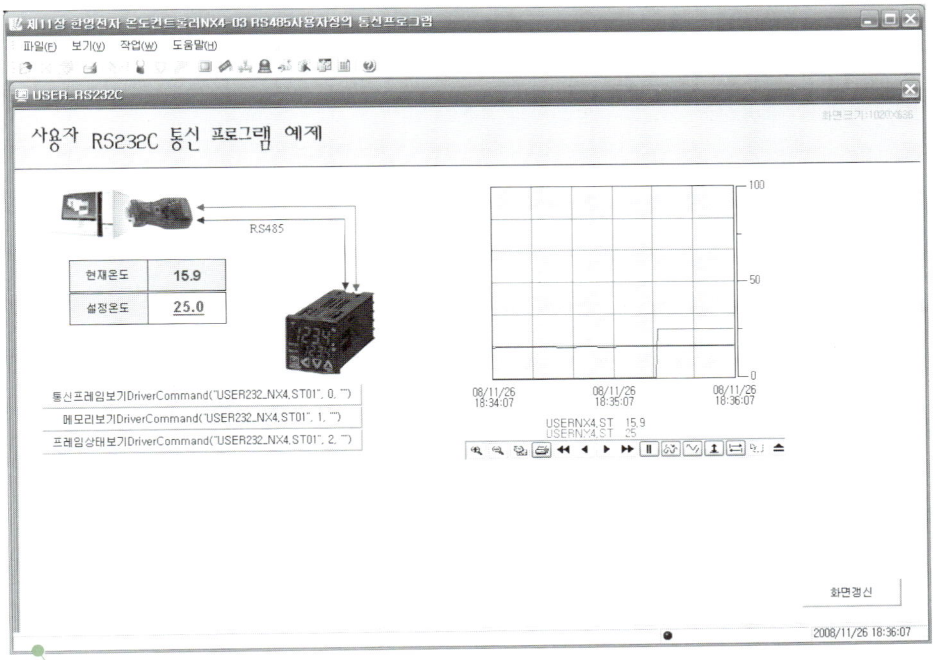

사용한 태그 이름

USERNX4.ST01.D001 '현재 온도
USERNX4.ST01.D002 '현재 설정된 온도
USERNX4.ST01.D022 '설정 온도 쓰기

1 사용자 프로토콜 사용 준비

CIMON에서 사용자 정의 프로토콜을 사용하기 위해서는 아래의 파일을 CIMON 설치했던 경로에 복사하시오. 기본적으로 설치되는 경로는 C:\Program Files\CIMON이다. 여기에 파일을 복사하고 Patch.exe 파일을 실행시키면 'I/O 디바이스 드라이버 추가'라는 창이 나타나며 이때 확인을 눌러 추가를 한다. 이렇게 하면 사용자 정의 프로토콜 드라이브를 사용할 수 있다.

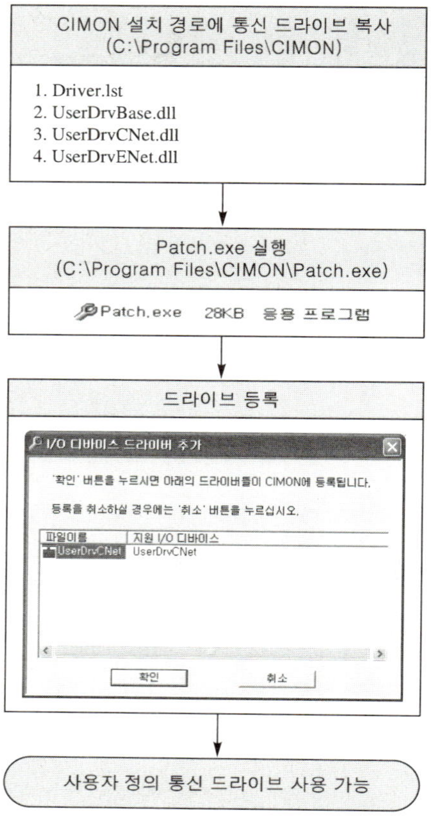

Driver.lst 파일을 복사한 후 붙여넣기 하고 확장자를 txt로 바꿔 열어보면 구분자가 콤마로 되어 있고 마지막에 위치한 단어가 I/O 디바이스 종류를 선택할 때 표시되는 문자이다.

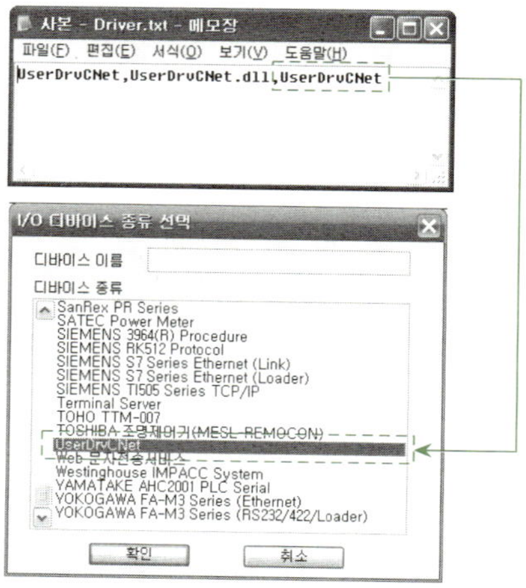

❷ 시스템 구성 및 통신 설정

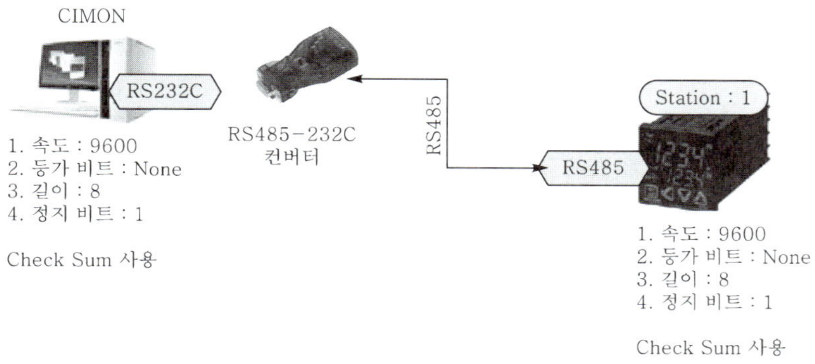

❶ CIMON에서 I/O 디바이스 설정

아래와 같이 직접 설정하거나 또는 USER232_NX4.dvx 파일을 현재 경로로 복사하면 된다.

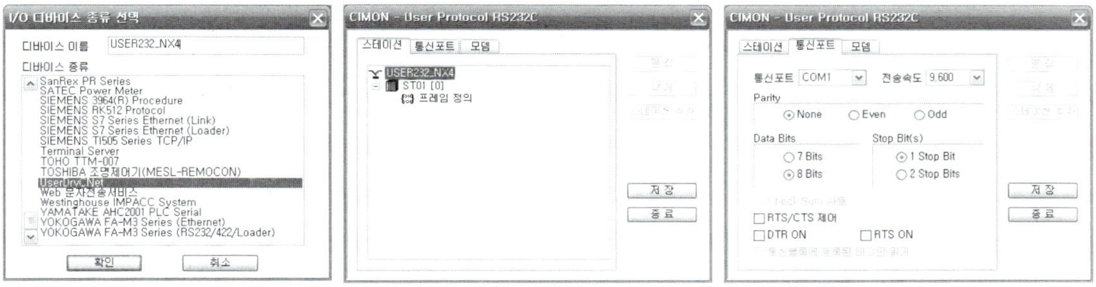

❷ CIMON에서 태그 생성

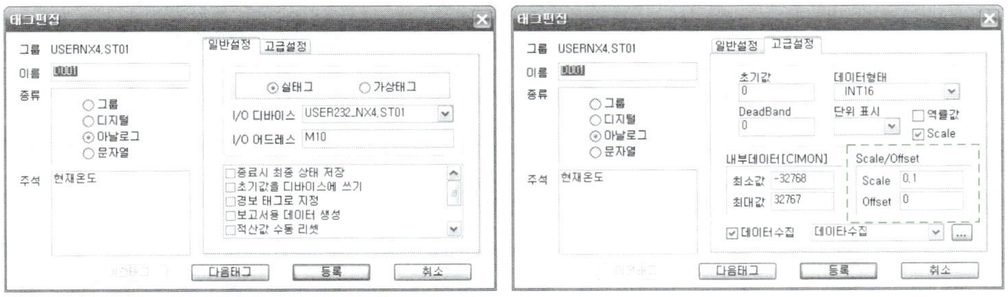

통신 프레임을 작성할 때 현재 온도는 CIMON 사용자 정의 프로토콜을 사용할 때 생성한 내부메모리 M10을 사용하고, 온도 쓰기할 메모리는 M30에 저장되어 있는 값을 전송하게 통신 프로그램을 작성한다. 이 메모리는 자유롭게 변경할 수 있고 I/O 어드레스를 변경하면 통신 프레임도 변경해야 한다.

③ 통신 프레임 작성

❶ 한영에서 제공하는 프로토콜 중 읽기 부분 송신, 수신 프레임

읽기 송신

읽기 프레임 송신　　　의미:국번1번의 메모리 1번부터 2개를 읽기. 즉, D001, D002번 읽기

STX	주소		읽기 명령			구분	읽을 개수		구분	읽기 시작 번지				BCC		CR	LF
h2	0	1	D	R	S	,	0	2	,	0	0	0	1			hD	hA
	BCC 범위, SUM 방식																

통신 헥사값

02	30	31	44	52	53	2C	30	32	2C	30	30	30	31	**	**	0D	0A

읽기 수신

읽기 프레임 수신

STX	주소		읽기 명령			구분	읽을 개수		구분	1번째 수신 데이터				구분	2번째 수신 데이터				BCC		CR	LF
h2	0	1	D	W	S	,	0	2	,	0	3	0	0	,	0	0	0	1			hD	hA
	BCC 범위, SUM 방식																					

통신 헥사값

02	30	31	44	52	53	2C	4F	4B	2C	30	30	41	31	2C	30	30	46	41	**	**	0D	0A

hA1=161, 현재 온도 16.1℃　　hFA=250, 설정 온도 25.0℃

㉮ 읽기용 송신 프레임

㈏ 읽기용 수신 프레임

❷ 한영에서 제공하는 프로토콜 중 쓰기 부분 송신, 수신 프레임

쓰기 송신

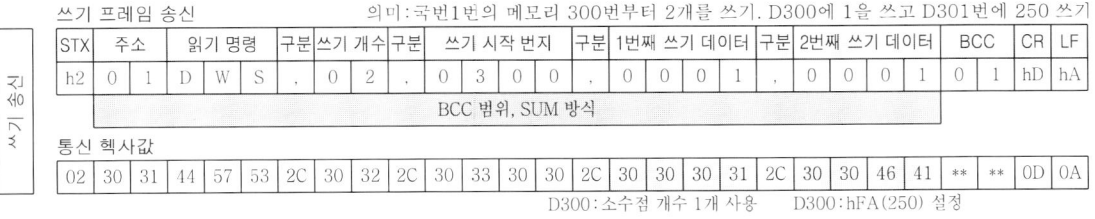

쓰기 프레임 송신 　　　의미 : 국번1번의 메모리 300번부터 2개를 쓰기. D300에 1을 쓰고 D301번에 250 쓰기

STX	주소		읽기 명령			구분	쓰기 개수		구분	쓰기 시작 번지				구분	1번째 쓰기 데이터				구분	2번째 쓰기 데이터				BCC		CR	LF
h2	0	1	D	W	S	,	0	2	,	0	3	0	0	,	0	0	0	1	,	0	0	0	1	0	1	hD	hA

BCC 범위, SUM 방식

통신 헥사값

02	30	31	44	57	53	2C	30	32	2C	30	33	30	30	2C	30	30	30	31	2C	30	30	46	41	**	**	0D	0A

D300 : 소수점 개수 1개 사용　　D300 : hFA(250) 설정

쓰기 수신

쓰기 프레임 수신

STX	주소		읽기 명령			구분	읽을 개수		BCC		CR	LF
h2	0	1	D	W	S	,	O	K			hD	hA

BCC 범위, SUM 방식

통신 헥사값

02	30	31	44	57	53	2C	4F	4B	**	**	0D	0A

㉮ 쓰기용 송신 프레임

㉯ 쓰기용 수신 프레임

4 사용자 프로토콜 사용 시 알아둘 내용

프레임 삽입 가능한 개수는 10개이다. 따라서 10 이상의 프레임은 통신할 수 없다.

5 한영 온도 컨트롤러 메모리 맵

한영 온도 컨트롤러의 매뉴얼을 그대로 복사해 놓은 [section 10] 마지막 부분을 참조하시오.

SECTION

12 Master-K 로더 통신 예제

Master-K의 로더 포트를 이용하여 CIMON과 통신하는 예제이다.

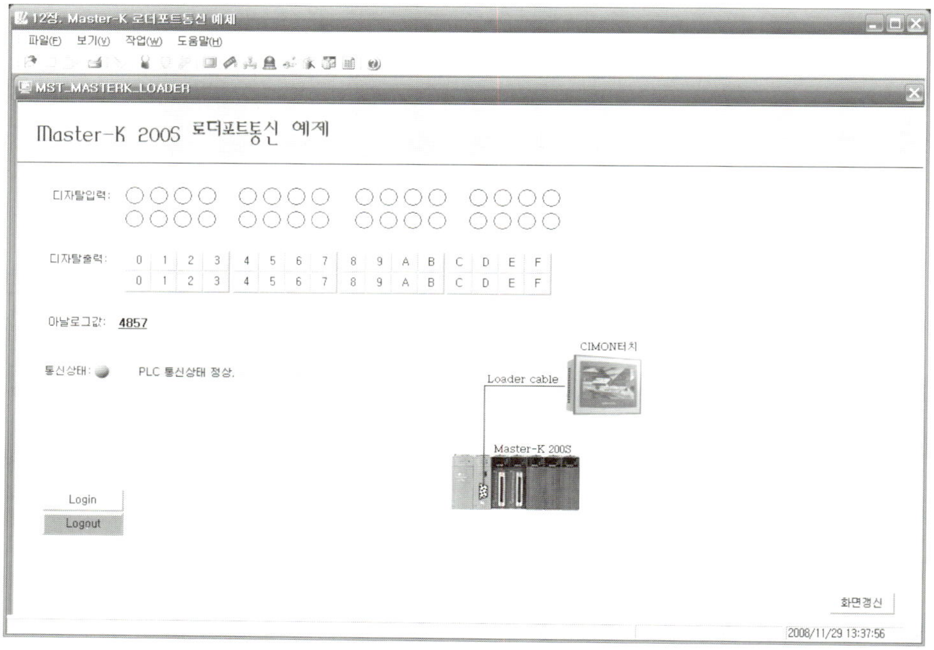

1 시스템 구성

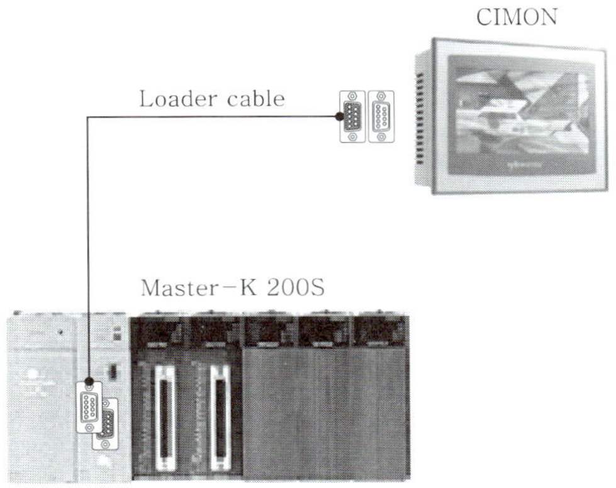

2 통신 케이블 제작

표준 RS232C 케이블이다.

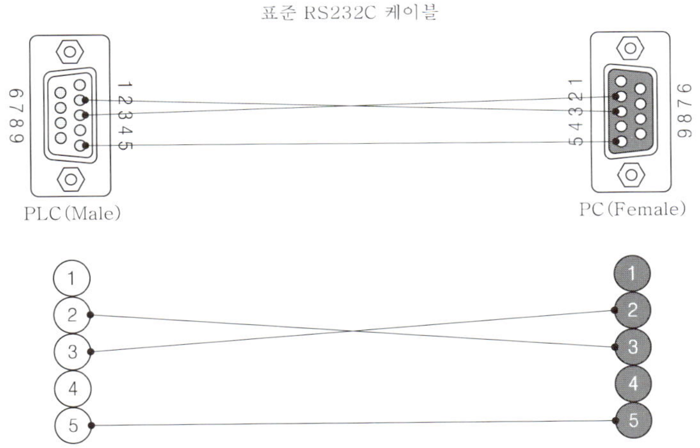

3 PLC의 통신 속성 설정

PLC의 통신 속성 설정 내용은 로더 통신의 경우 없다.

4 CIMON의 통신 속성 설정

'MASTER-K S Series Loader Port'를 선택한다. 통신 포트만 설정할 수 있고 나머지는 설정할 수 없는 기본값이다.

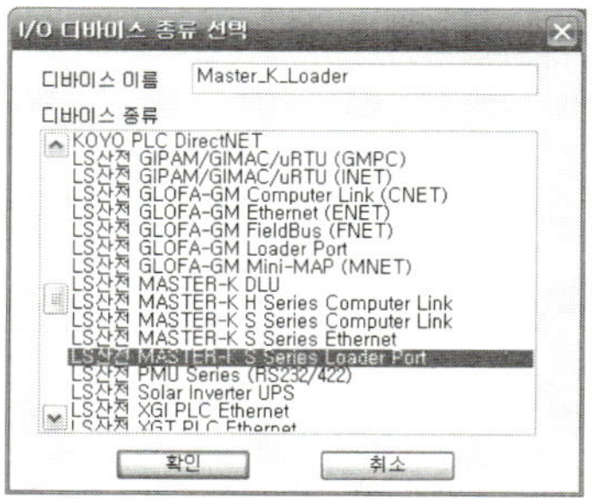

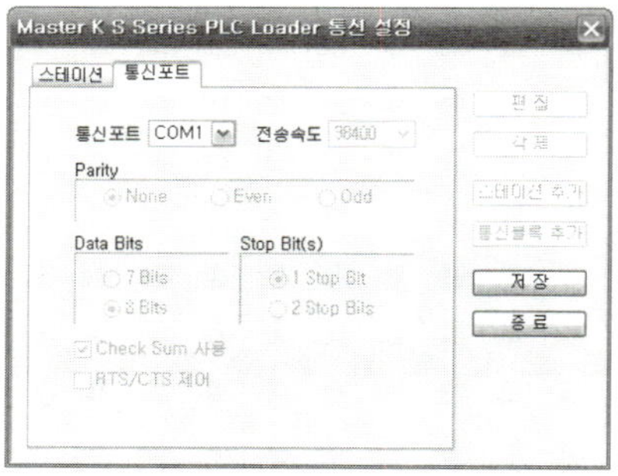

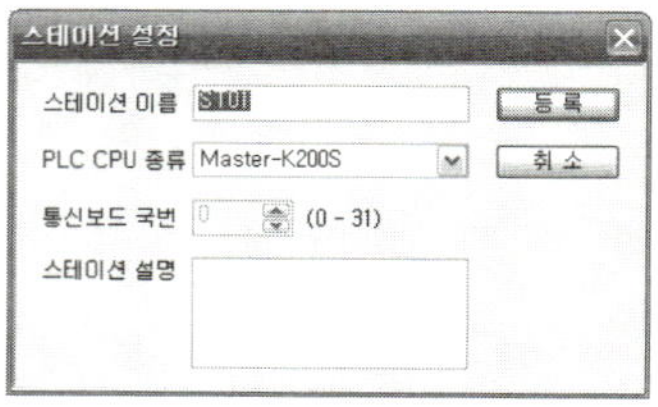

5 Main 스크립트

```
Sub Main()

'통신 상태 점검 스크립트 호출
RunScript ("do_check_MasterK_Loader_commst")

End Sub
```

6 통신 상태 점검하는 스크립트

```
Sub do_check_MasterK_Loader_commst()

'통신 체크
While 1
    '통신 상태 점검
    ck# = CommStatus("MK200S_ComputerLink.ST01")

    '결과 표시
    If ck# = 0 Then
        SetTagVal "MASTERK.COMMST.통신상태", 0
        SetTagVal "MASTERK.COMMST.MESSAGE", "PLC 통신 상태 정상."
```

```
        ElseIf ck# = 1 Then
                SetTagVal "MASTERK.COMMST.통신상태", 1
                SetTagVal "MASTERK.COMMST.MESSAGE", "PLC 통신 상태 오류."
        End If

        'delay
        Sleep (200)
WEnd

End Sub
```

7 태그 동작 스크립트

```
Sub do_switch_P0B()

'초깃값 지정 : 태그명
tag_name$ = "MASTERK.DIO.IN07"

        '확인1 : 로그인 이전에는 실행 금지
        If GetUserLevel() > 10 Then Exit Sub

        '확인2 : 스위치가 Off 상태이면 실행 금지
        If GetTagVal(tag_name$) = 0 Then Exit Sub

'Action
SetTagVal "MASTERK.DIO.가상태그01",1
PlaySound "sound_success"

End Sub
```

8 프로그램 분석

```
Sub Main()
```

- 의미 　Visual Basic이 실행 시작할 때 자동 실행되는 예약 함수. 따라서 CIMON이 실행될 때 특별한 실행 명령어 없이 이름 자체로 시작된다.

9 CIMON과 Master-K 사용 시 미리 주의할 사항

PLC 출력이 예를 들어 P90일 때 입력 조건의 터치 스위치 번호는 L태그를 사용하여 L90번을 사용하고 내부 조건은 M태그를 사용하여 M90을 사용한다면 프로그램 오타 검증 시 쉽게 오타를 발견할 수 있다. 그래서 터치에서 오는 태그는 모두 L태그, 내부 조건 태그는 모두 M태그를 사용하여 PLC 프로그램을 작성할 수 있다. 그러나 L태그는 링크 태그로 CIMON에서 모두 지원하지 않는다. 따라서 이렇게 프로그램을 하면 나중에 모두 M태그로 바꿔야 하는 경우가 있다. CIMON에서는 L태그를 사용하지 않을 것을 강력히 추천한다.

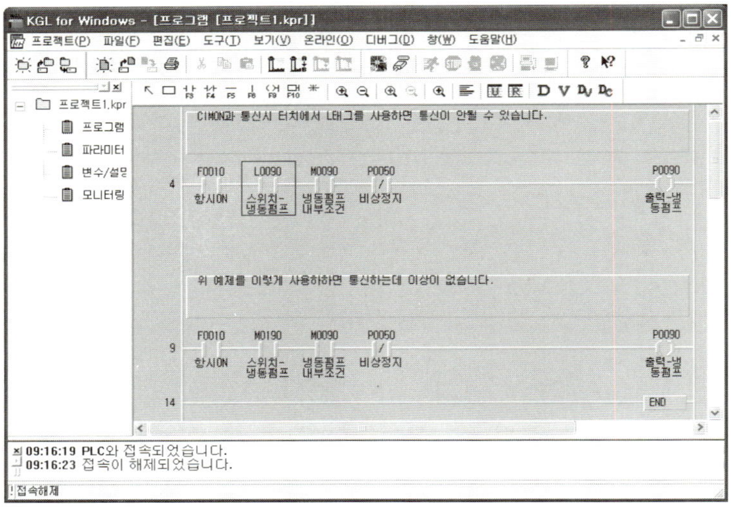

SECTION

13 Master-K 로더 포트 CNET 통신 예제

Master-K의 로더 포트로 지원되는 로더 통신, CNET 통신 중 CNET 포트를 이용하여 CIMON과 통신하는 예제이다. 로더 포트 하나에 핀번호를 달리해서 CNET을 지원하기 때문에 별도의 통신 카드를 사용하지 않아도 CIMON과 통신을 할 수 있다.

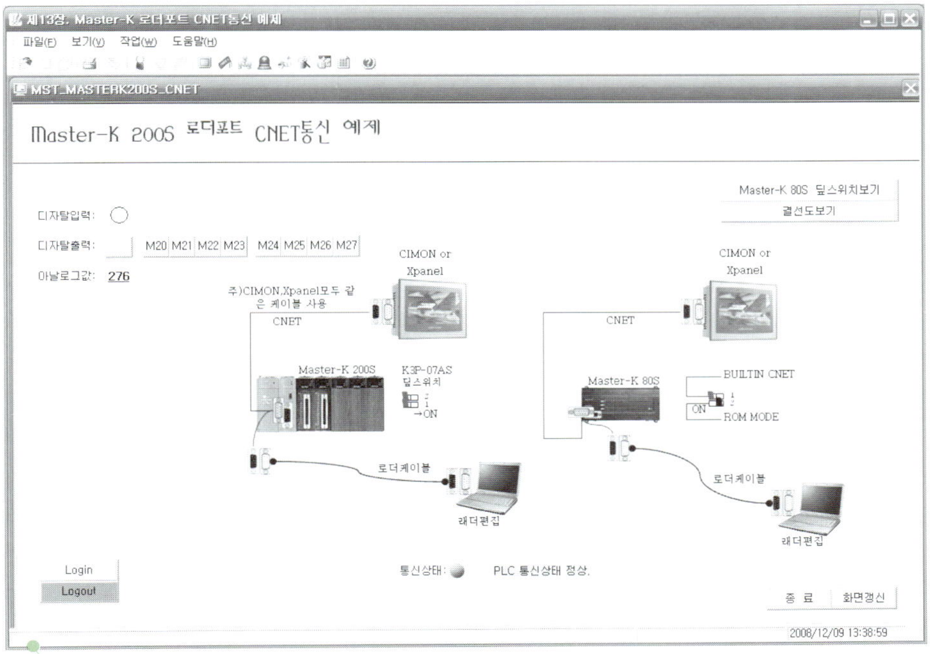

사용한 태그 이름

MASTERK.COMMST.MESSAGE	'통신 상태 메시지
MASTERK.COMMST.통신상태	'통신 상태 표시
MASTERK.DIO.IN07	'디지털 태그
MASTERK.DIO.M020	
MASTERK.AIO.D001	'아날로그 태그

1 시스템 구성

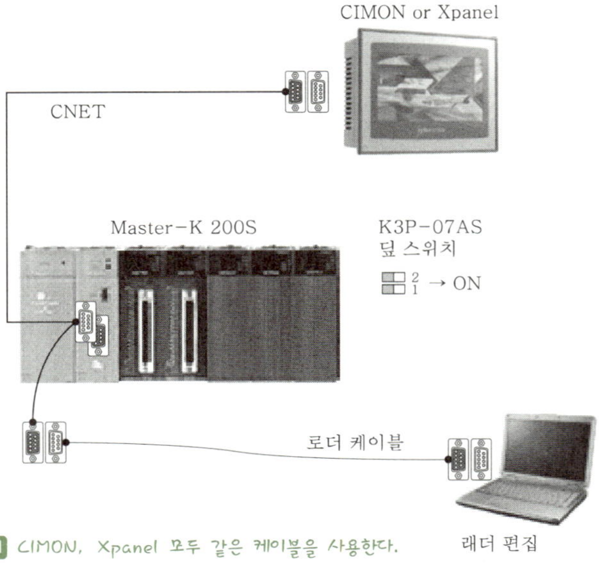

주의 CIMON, Xpanel 모두 같은 케이블을 사용한다.

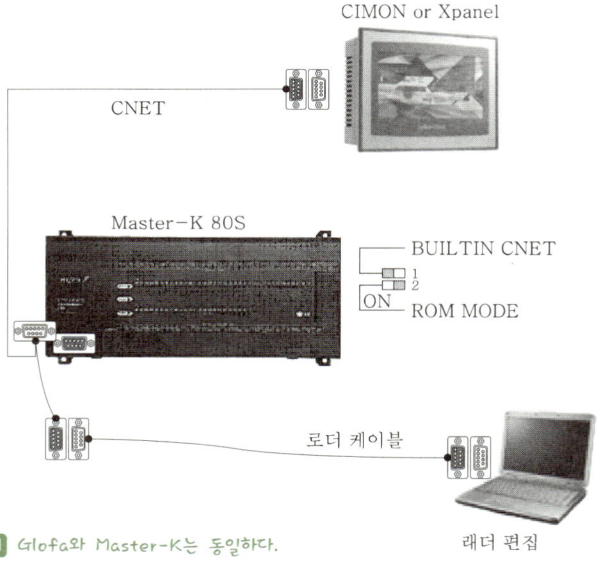

주의 Glofa와 Master-K는 동일하다.

❷ 통신 케이블 제작

아래 그림처럼 케이블을 제작한다. 약 10cm 길이의 포트는 로더 편집할 때 사용하고 있던 표준 RS232C 케이블을 그대로 사용할 수 있게 하기 위해서 짧게 만든 것이고 약 1~10m 길이의 포트는 CIMON TOUCH와 통신하기 위해서 만든 것이다. 이렇게 만든 케이블은 CIMON과 통신하고 Xpanel과도 그대로 통신하는 데 사용할 수 있다.

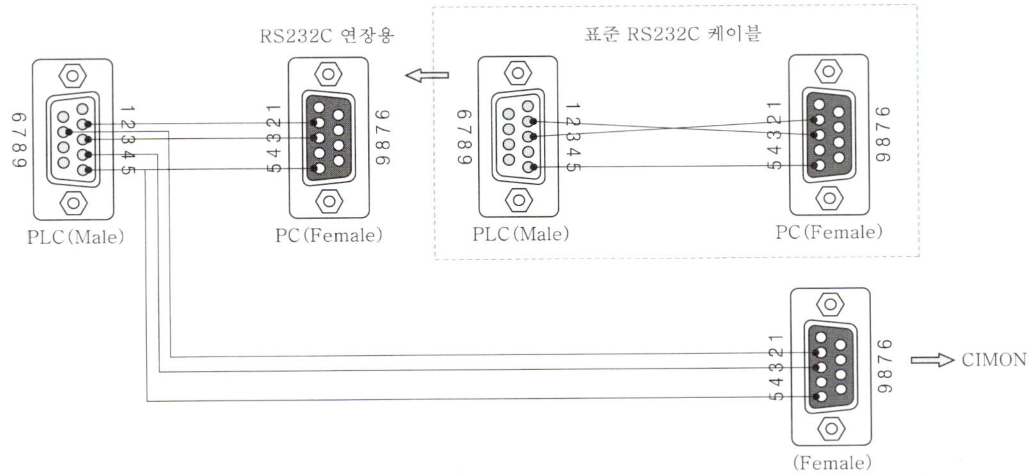

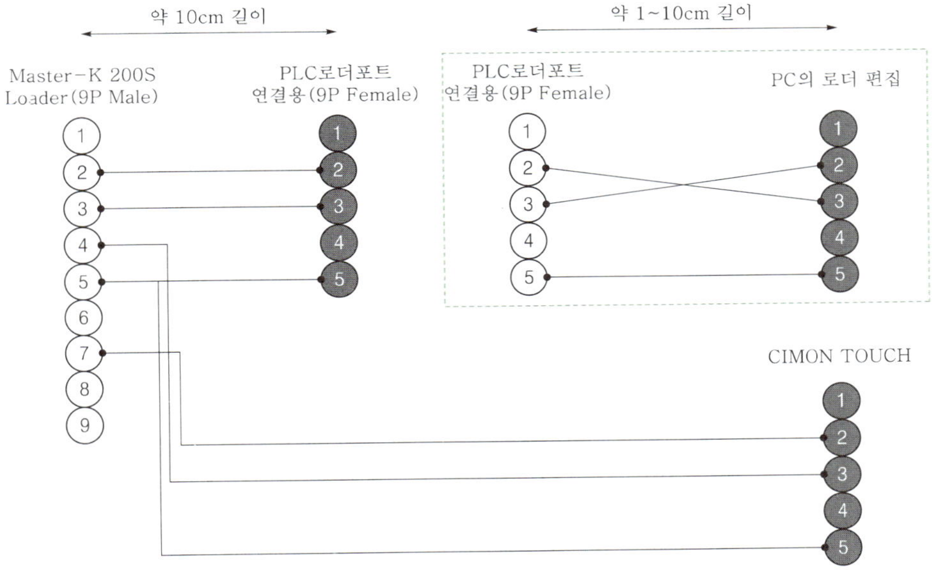

3 PLC의 통신 속성 설정

PLC의 래더 편집 프로그램의 파라미터 편집창에서 다음과 같이 설정 후 다운로드한다.

파라미터 설정창에서 통신 속성을 설정하고 다운로드 한 다음 PLC 전원을 끄고 다시 켤 때 적용된다.

통신 속성 설정 내용은 다음과 같게 설정하고 CIMON에서도 여기와 같게 설정해야 한다. 여기에서 통신 속성을 변경했다면 통신 상대인 CIMON도 같게 변경하면 된다.

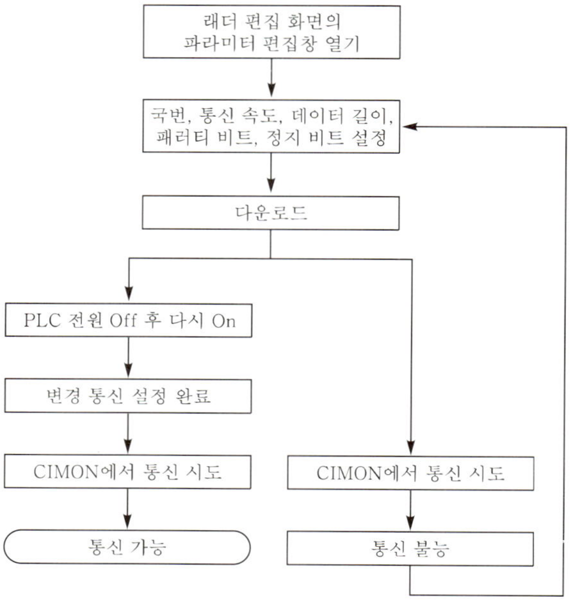

주의 다운로드 후 PLC 파워를 Off → On해야 적용된다.

❶ 국번 : 0번

❷ 속도 : 19200bps/슬레이브(속성은 N, 8, 1고정, 변경 못함)

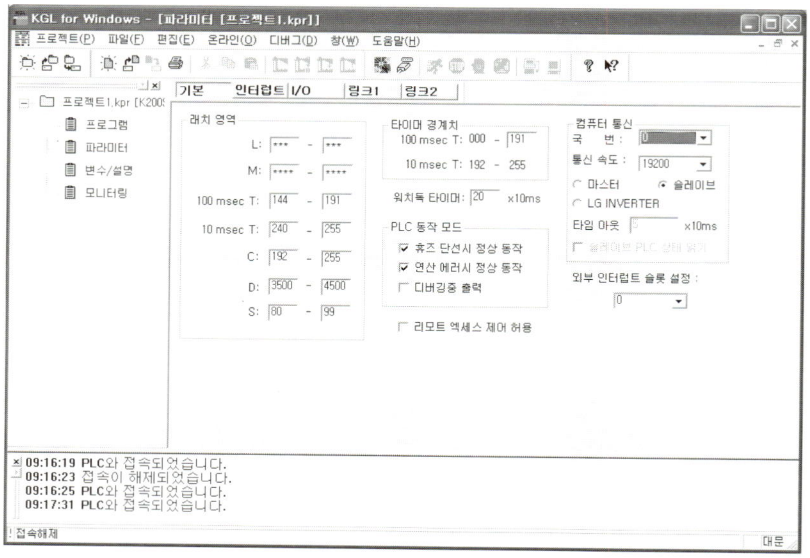

주의 PLC는 Slave로 동작한다. 따라서 마스터로 설정하면 CIMON과의 통신은 되지 않는다.

4 CIMON의 통신 속성 설정

로더 포트를 통해서 통신을 하지만 실제로는 CNET로 통신하기 때문에 'MASTER-K S Series Loader Port'를 선택하면 안 된다. 'MASTER-K S Series Computer Link'를 선택해야 한다. PLC에서 설정했던 국번 : 0, 속도 : 19200bps를 설정하고 고정되어 있는 나머지값 패러티 : 없음, 길이 : 8비트, 정지 비트 : 1비트를 선택한다.

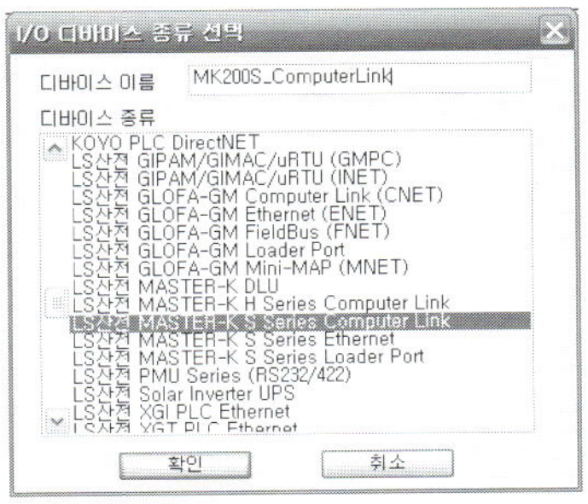

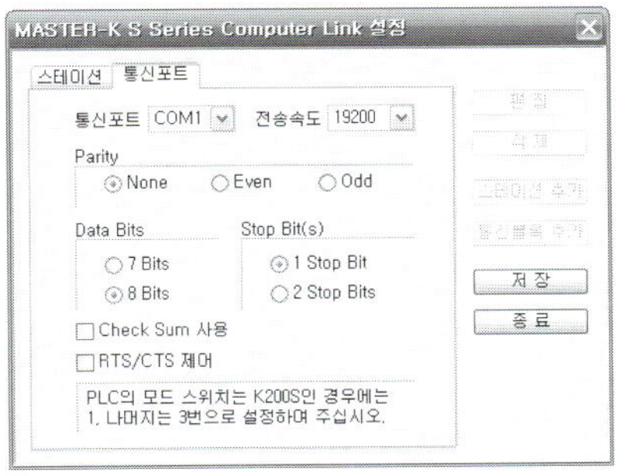

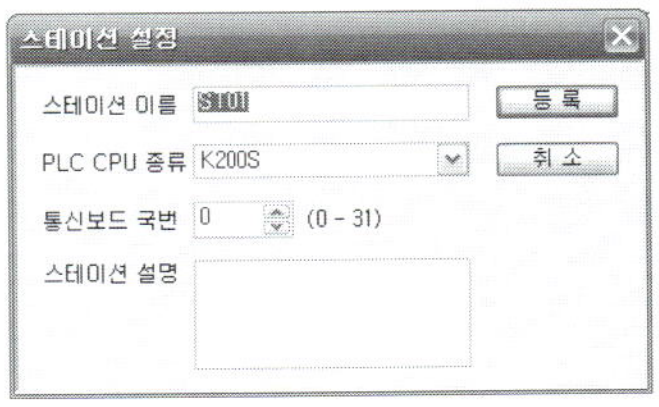

5 CIMON과 Master-K 사용 시 미리 주의할 사항

PLC 출력이 예를 들어 P90일 때 입력 조건의 터치 스위치 번호는 L태그를 사용하여 L90번을 사용하고 내부 조건은 M태그를 사용하여 M90을 사용한다면 프로그램 오타 검증 시 쉽게 오타를 발견할 수 있다. 그래서 터치에서 오는 태그는 모두 L태그, 내부 조건 태그는 모두 M태그를 사용하여 PLC 프로그램을 작성할 수 있다. 그러나 L태그는 링크 태그로 CIMON에서 모두 지원하지 않는다. 따라서 이렇게 프로그램을 하면 나중에 모두 M태그로 바꿔야 하는 경우가 있다. CIMON에서는 L태그를 사용하지 않을 것을 강력히 추천한다.

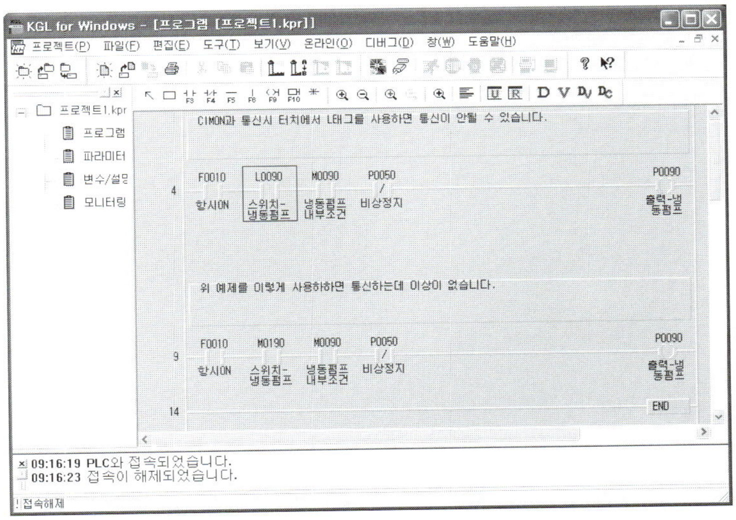

SECTION

14 Master-K CNET 통신 G6L-CUEB RS232C 통신 예제

Master-K G6L-CUEB RS232C 통신 카드를 사용하여 CIMON과 통신하는 예제이다.

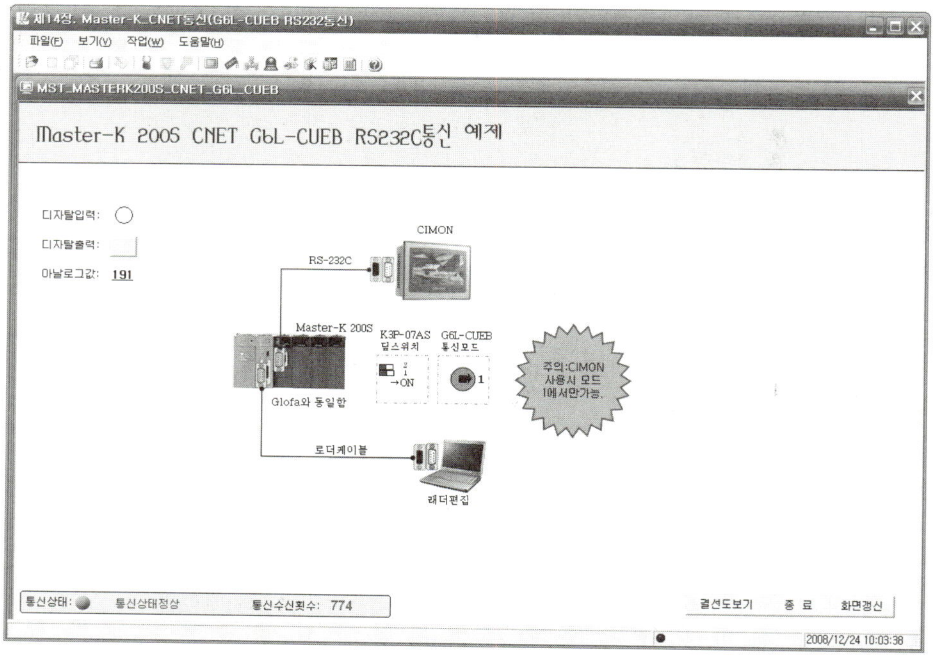

① 시스템 구성

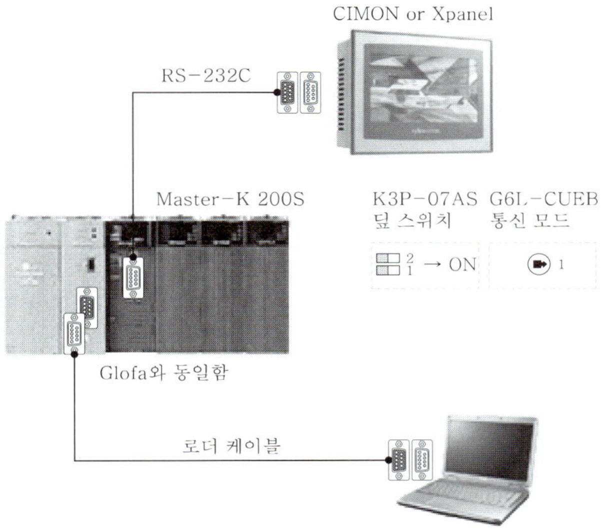

주의 CIMON 사용 시 모드1에서만 가능하다.

② 통신 케이블 제작

아래 그림처럼 케이블을 제작한다(통신 카드 매뉴얼 참조).

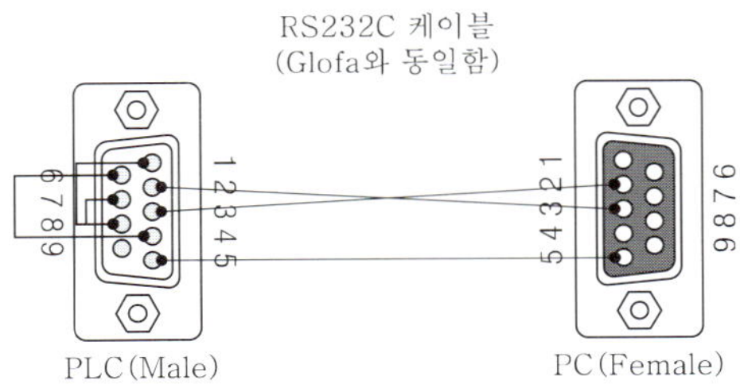

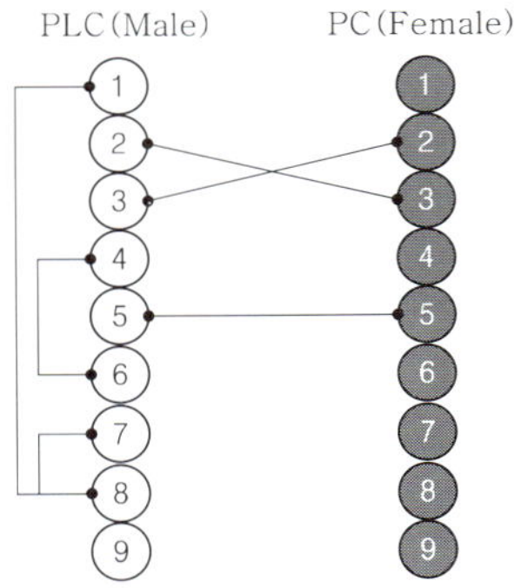

주의 표준 RS232C 케이블이 아니다.

3 PLC의 통신 속성 설정

PLC의 래더 편집 프로그램의 파라미터 편집창에서 설정하지 않고 프레임 편집기 프로그램에서 다음과 같이 설정 후 다운로드한다.

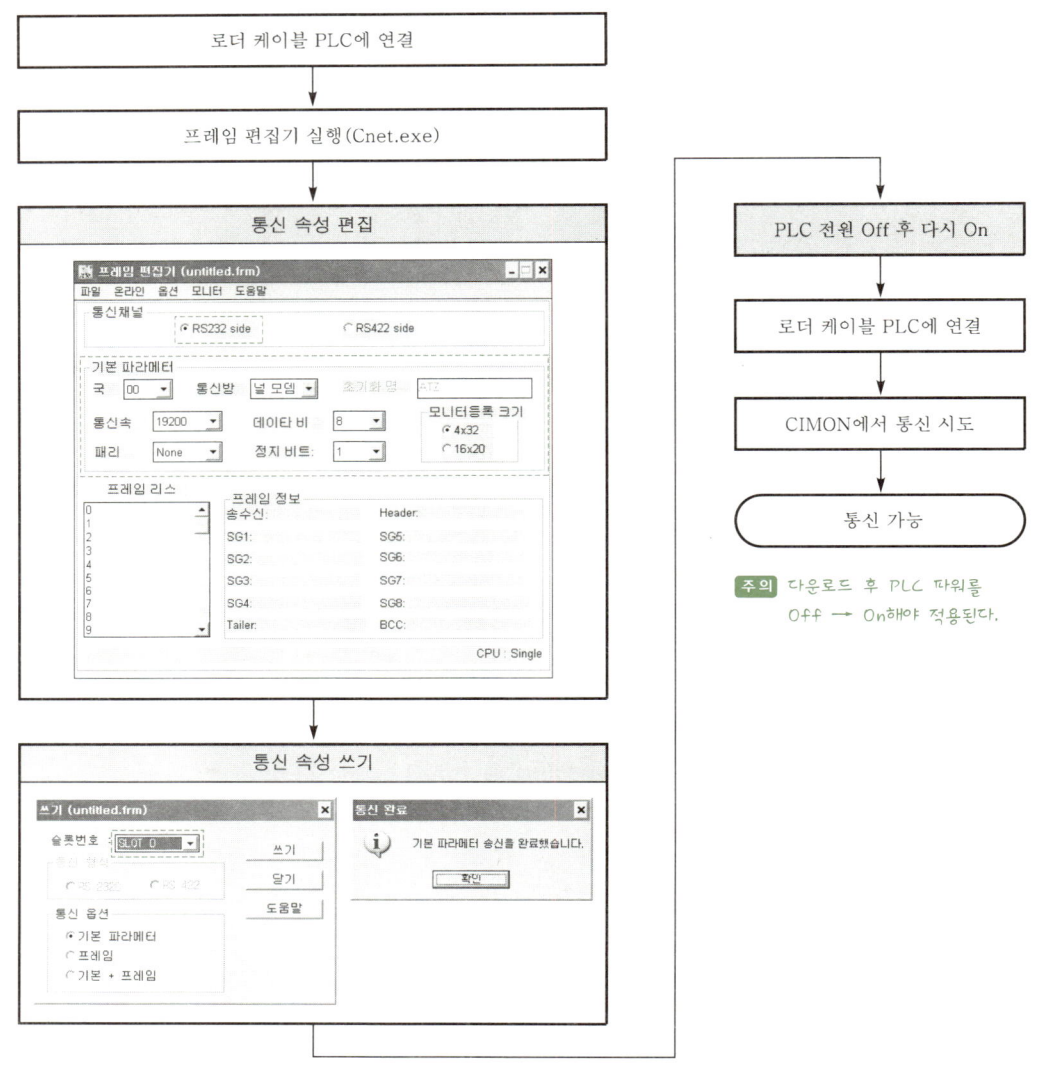

로더 케이블 PLC에 연결

↓

프레임 편집기 실행(Cnet.exe)

↓

통신 속성 편집

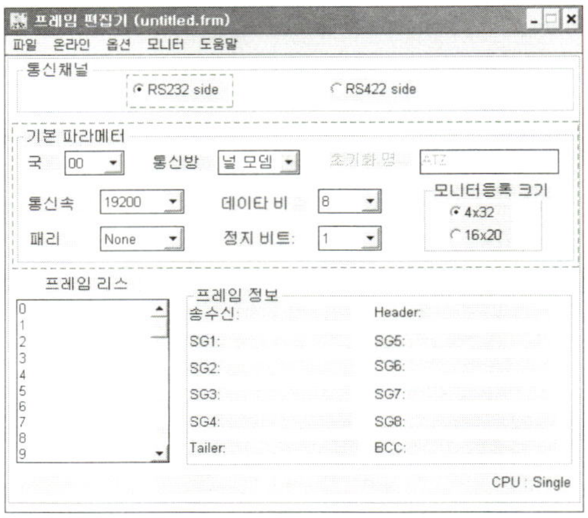

↓

통신 속성 쓰기

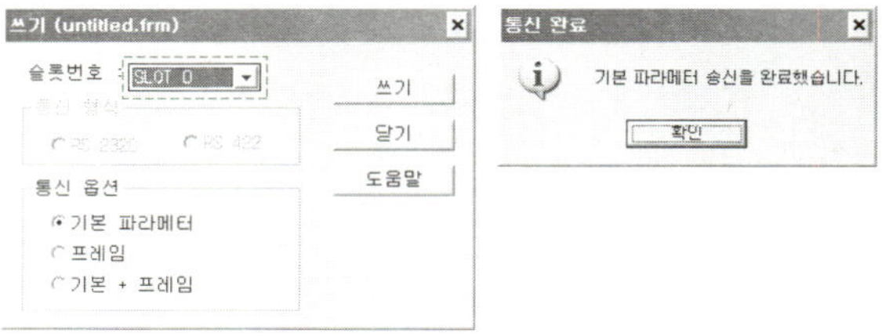

↓

PLC 전원 Off 후 다시 On

↓

로더 케이블 PLC에 연결

↓

CIMON에서 통신 시도

↓

통신 가능

주의 다운로드 후 PLC 파워를 Off → On해야 적용된다.

4 CIMON의 통신 속성 설정

통신 드라이브는 'MASTER-K S Series Computer Link'를 선택하고 스테이션에서 CPU 종류를 선택한다.

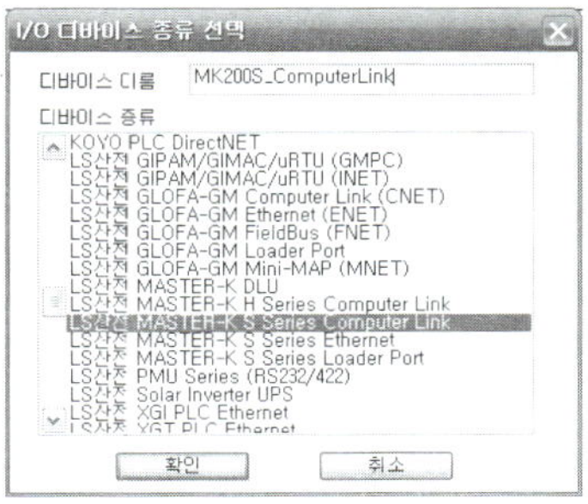

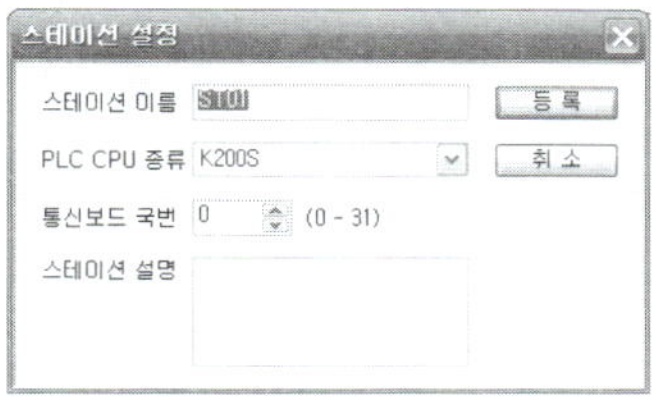

5 CIMON과 Master-K 사용 시 미리 주의할 사항

PLC 출력이 예를 들어 P90일 때 입력 조건의 터치 스위치 번호는 L태그를 사용하여 L90번을 사용하고 내부 조건은 M태그를 사용하여 M90을 사용한다면 프로그램 오타 검증 시 쉽게 오타를 발견할 수 있다. 그래서 터치에서 오는 태그는 모두 L태그, 내부 조건 태그는 모두 M태그를 사용하여 PLC 프로그램을 작성할 수 있다. 그러나 L태그는 링크 태그로 CIMON에서 모두 지원하지 않는다. 따라서 이렇게 프로그램을 하면 나중에 모두 M태그로 바꿔야 하는 경우가 있다. CIMON에서는 L태그를 사용하지 않을 것을 강력히 추천한다.

SECTION

15 Master-K CNET 통신 G6L-CUEC RS422 통신 예제

Master-K G6L-CUEC RS422 통신 카드를 사용하여 CIMON과 통신하는 예제이다.

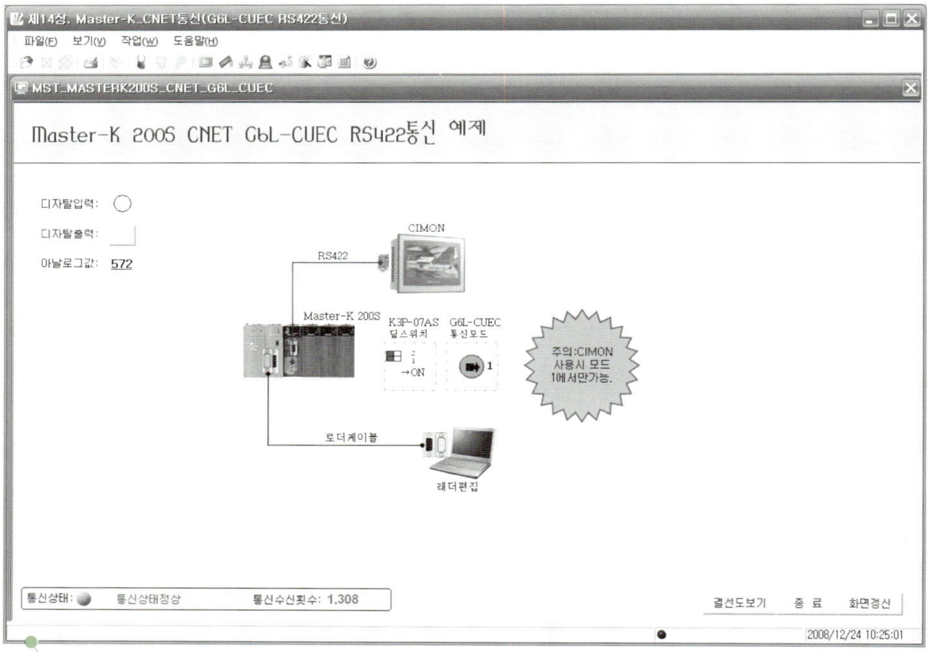

사용한 태그 이름

MASTERK.COMMST.MESSAGE 　'통신 상태 메시지
MASTERK.COMMST.통신상태 　'통신 상태 표시

MASTERK.DIO.IN07 　'디지털 태그
MASTERK.DIO.M020

MASTERK.AIO.D001 　'아날로그 태그

1 시스템 구성

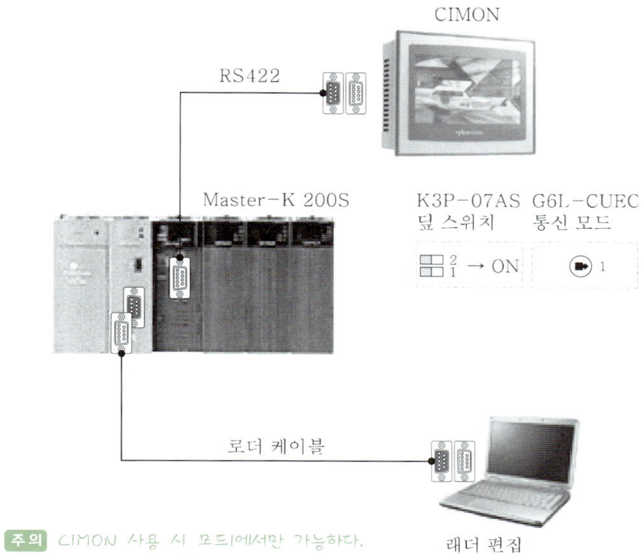

2 통신 케이블 제작

표준 RS422 와이어링이다.

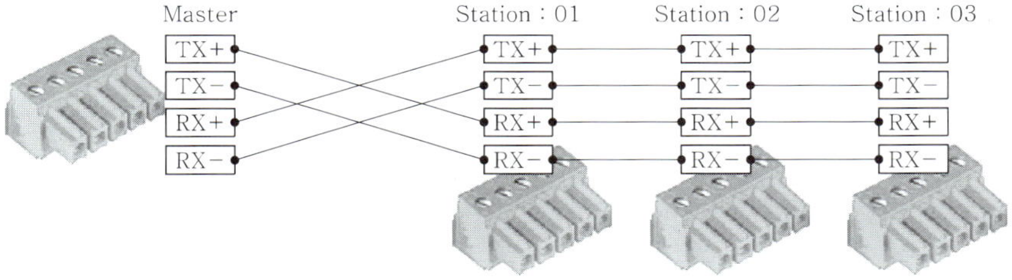

3 PLC의 통신 속성 설정

PLC의 래더 편집 프로그램의 파라미터 편집창에서 설정하지 않고 프레임 편집기 프로그램에서 다음과 같이 설정 후 다운로드한다.

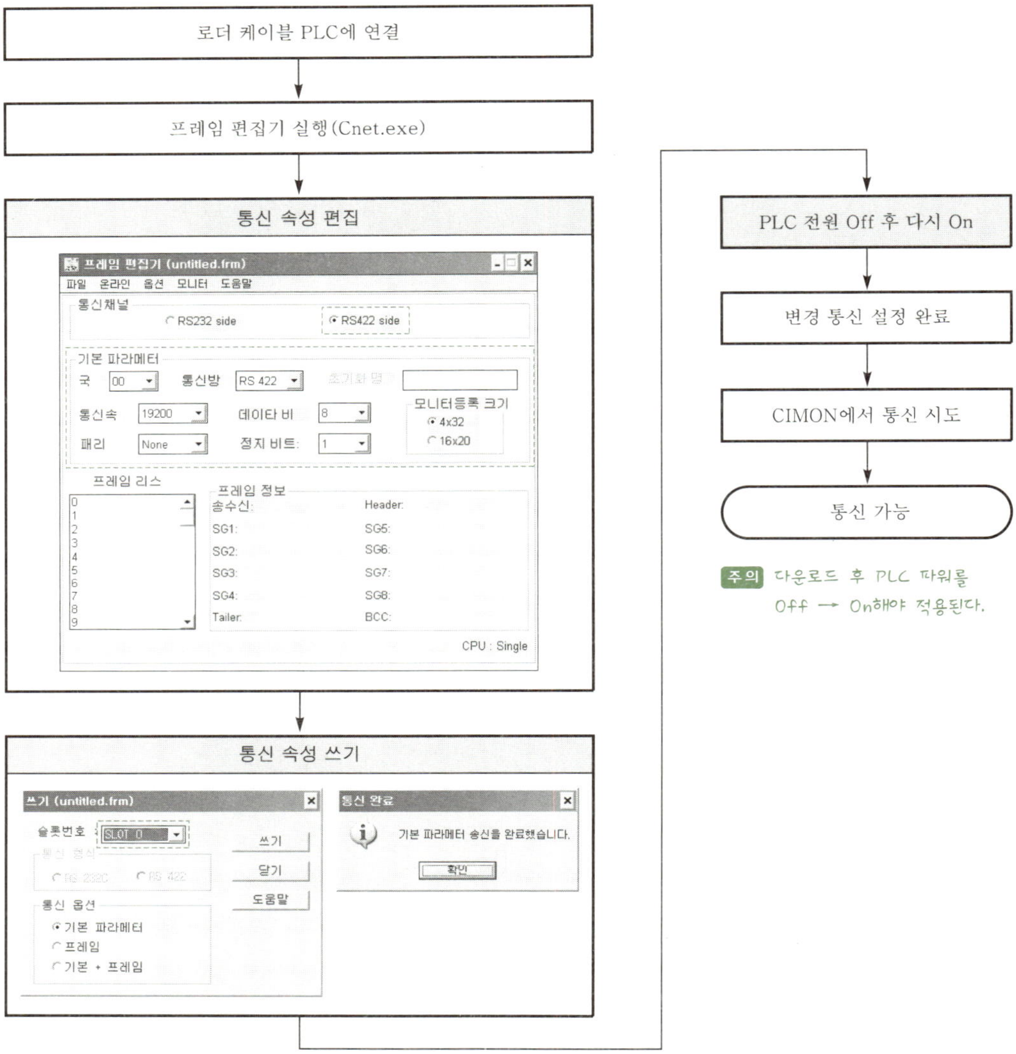

4 CIMON의 통신 속성 설정

'MASTER-K S Series Computer Link'를 선택한다.

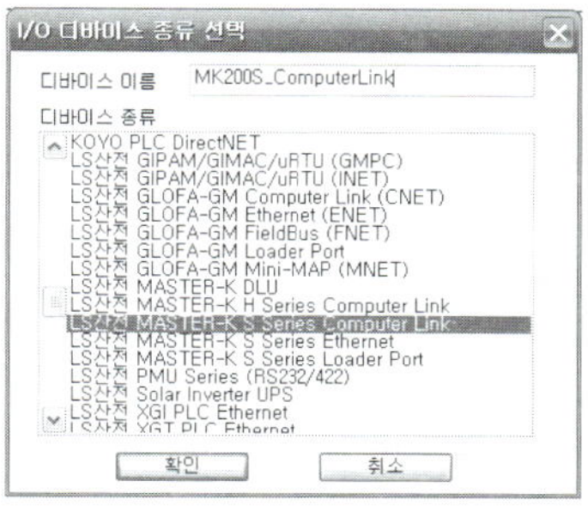

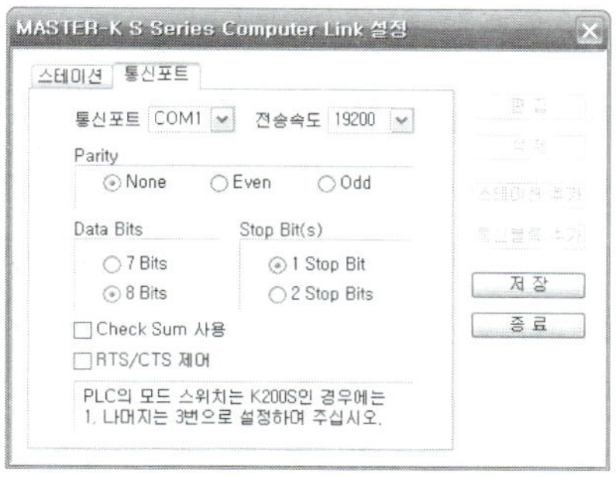

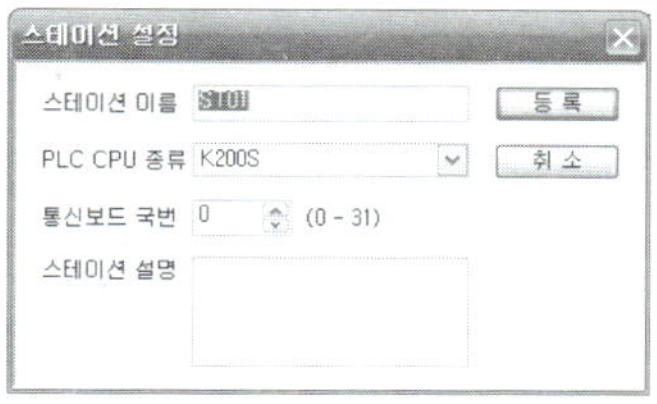

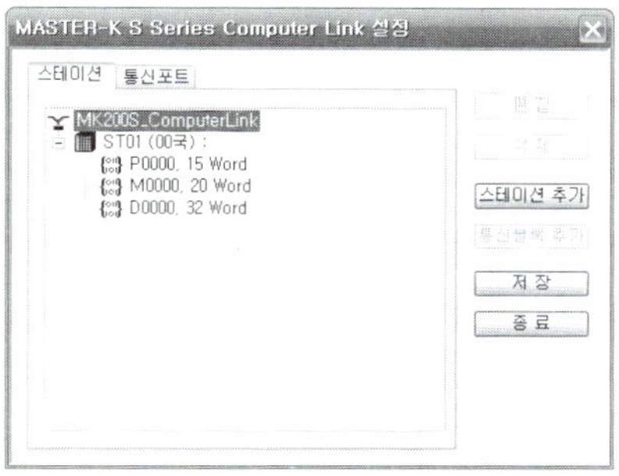

5 CIMON과 Master-K 사용 시 미리 주의할 사항

PLC 출력이 예를 들어 P90일 때 입력 조건의 터치 스위치 번호는 L태그를 사용하여 L90번을 사용하고 내부 조건은 M태그를 사용하여 M90을 사용한다면 프로그램 오타 검증 시 쉽게 오타를 발견할 수 있다. 그래서 터치에서 오는 태그는 모두 L태그, 내부 조건 태그는 모두 M태그를 사용하여 PLC 프로그램을 작성할 수 있다. 그러나 L태그는 링크태그로 CIMON에서 모두 지원하지 않는다. 따라서 이렇게 프로그램을 하면 나중에 모두 M태그로 바꿔야 하는 경우가 있다. CIMON에서는 L태그를 사용하지 않을 것을 강력히 추천한다.

SECTION

16 GLOFA 로더 통신 예제

Glofa 로더 포트를 통해서 CIMON과 통신하는 예제이다.

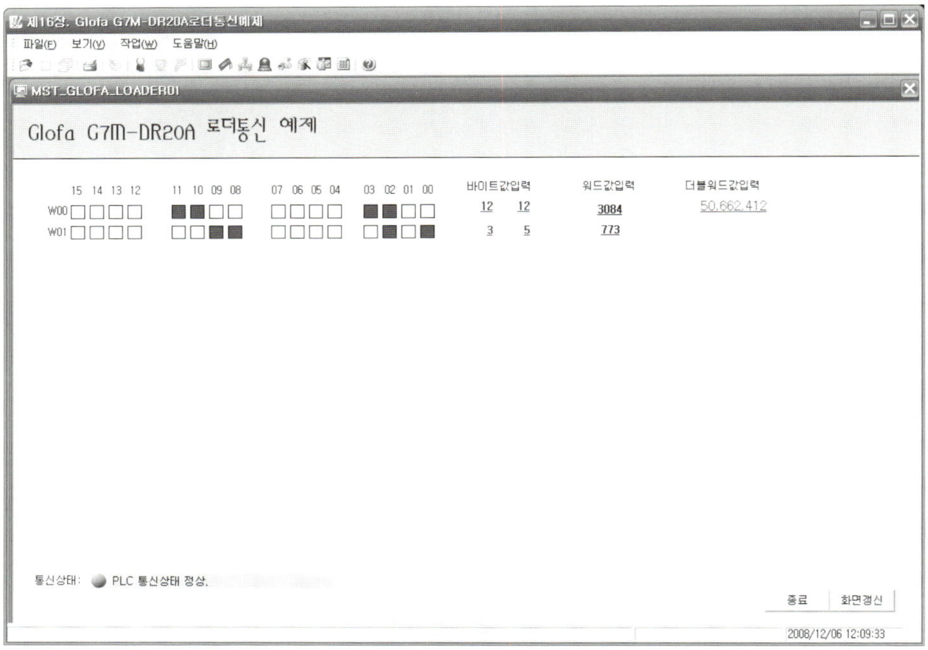

1 시스템 구성

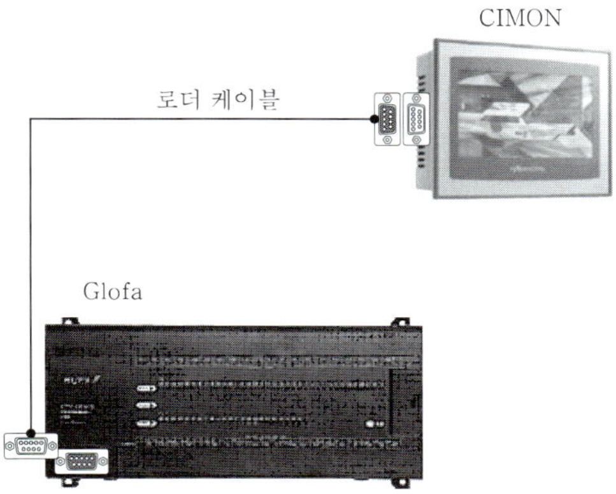

2 통신 케이블 제작

표준 RS232C 통신 케이블이다.

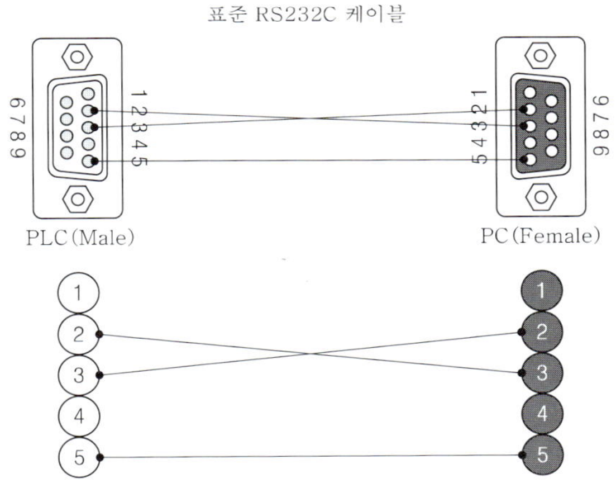

3 PLC의 통신 속성 설정

PLC에서 통신 속성으로 설정할 내용은 없다.

4 CIMON의 통신 속성 설정

통신 드라이브는 'GLOFA-GM Loader Port'를 선택한다.

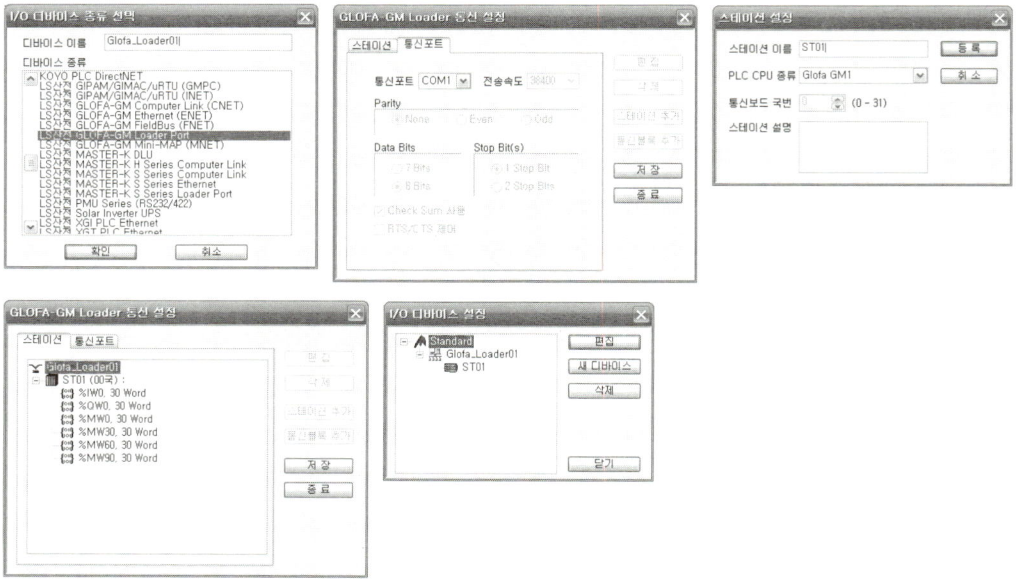

5 CIMON의 태그 편집

❶ 입력 태그

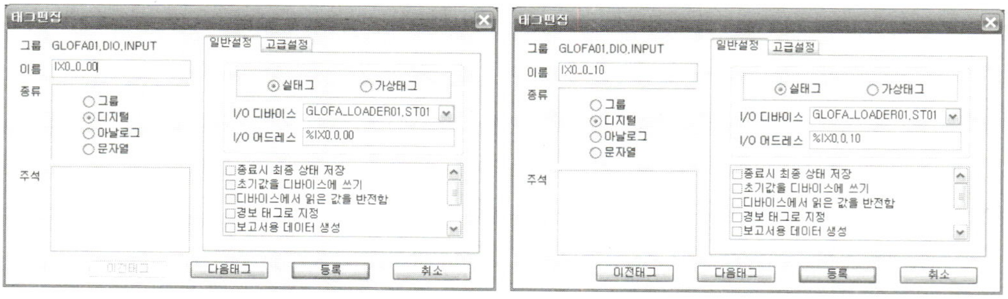

❷ 출력 태그

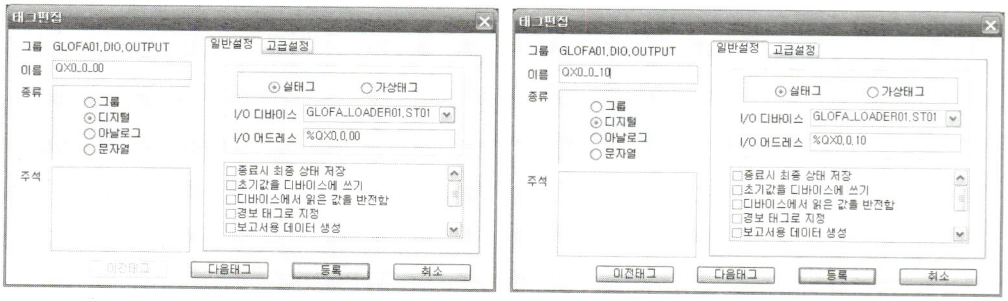

❸ 비트 태그

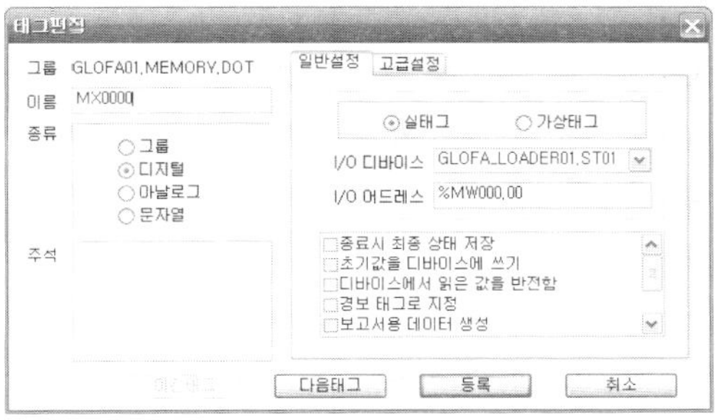

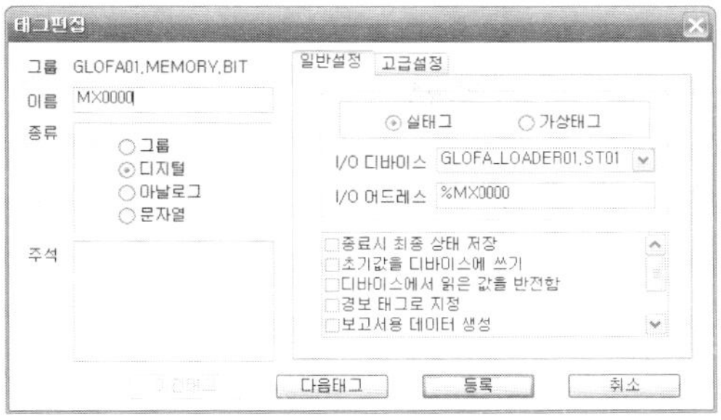

❹ 바이트 태그 : 데이터 형태 INT8

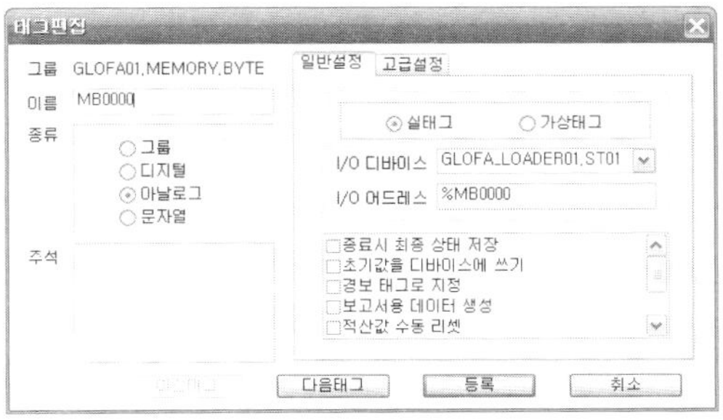

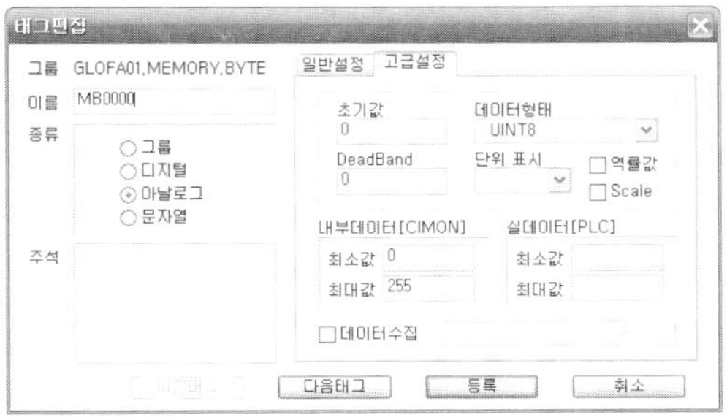

❺ 워드 태그 : 데이터 형태 INT16

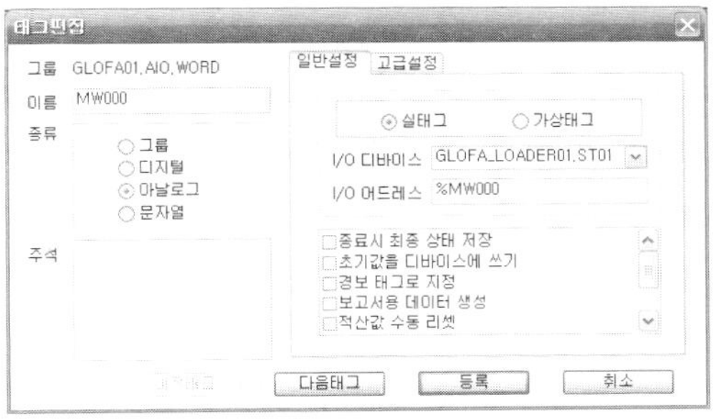

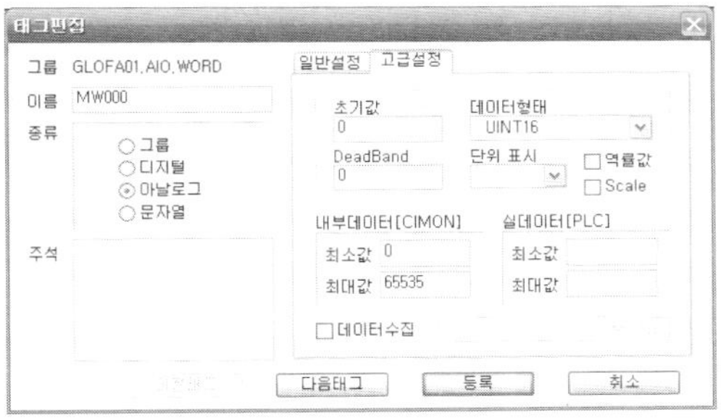

❻ 더블 워드 태그 : 데이터 형태 INT32

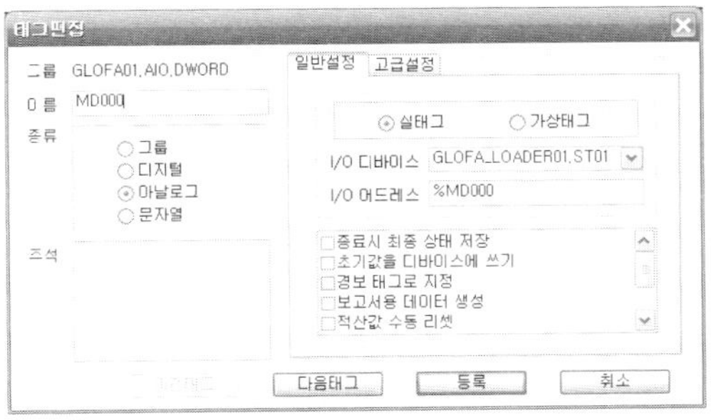

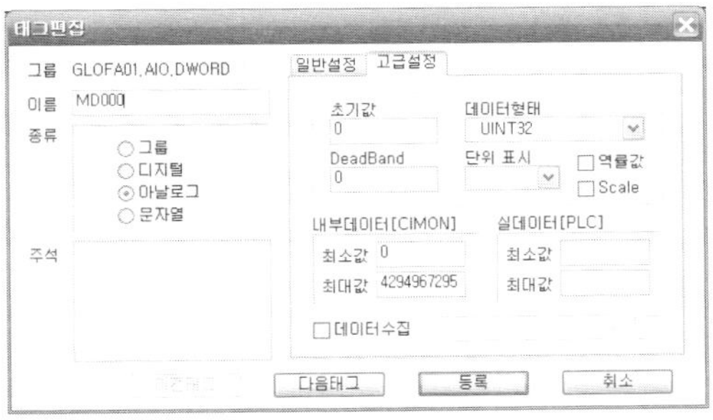

6 Main 스크립트

```
Sub Main()

'통신 상태 점검 스크립트 호출
RunScript ("do_check_glofaLoader01_commst")

End Sub
```

7 통신 상태 점검하는 스크립트

```
Sub do_check_glofaLoader01_commst()

'통신 체크
While 1
	'통신 상태 점검
	ck# = CommStatus("Glofa_Loader01.ST01")

	'결과 표시
	If ck# = 0 Then
		SetTagVal "GLOFA01.COMMST.ST01", 0
		SetTagVal "GLOFA01.COMMST.MESSAGE", "PLC 통신 상태 정상."
	ElseIf ck# = 1 Then
		SetTagVal "GLOFA01.COMMST.ST01", 1
		SetTagVal "GLOFA01.COMMST.MESSAGE", "PLC 통신 상태 오류."
	End If

	'delay
	Sleep (200)
WEnd

End Sub
```

8 태그 동작 스크립트

```
Sub do_switch_01()

'초깃값 지정 : 태그명
tag_name$ = "DIO.스위치001"
```

```
    '확인1 : 로그인 이전에는 실행 금지
    If GetUserLevel() > 10 Then Exit Sub

    '확인2 : 스위치가 Off 상태이면 실행 금지
    If GetTagVal(tag_name$) = 0 Then Exit Sub

'Action
SetTagVal "DIO.가상태그01",1
PlaySound "sound_success"

End Sub
```

SECTION

17 그리드 사용 예제

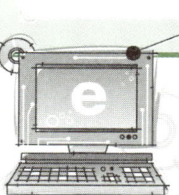

CIMON에서 그리드를 이용하여 구분자(콤마)로 구분되어 있는 텍스트 파일의 데이터 파일을 읽어 그리드에 구분하여 삽입하고 내용을 편집한 다음 지정한 파일에 쓰는 예제이다. 데이터 포맷용으로 활용할 수 있다.

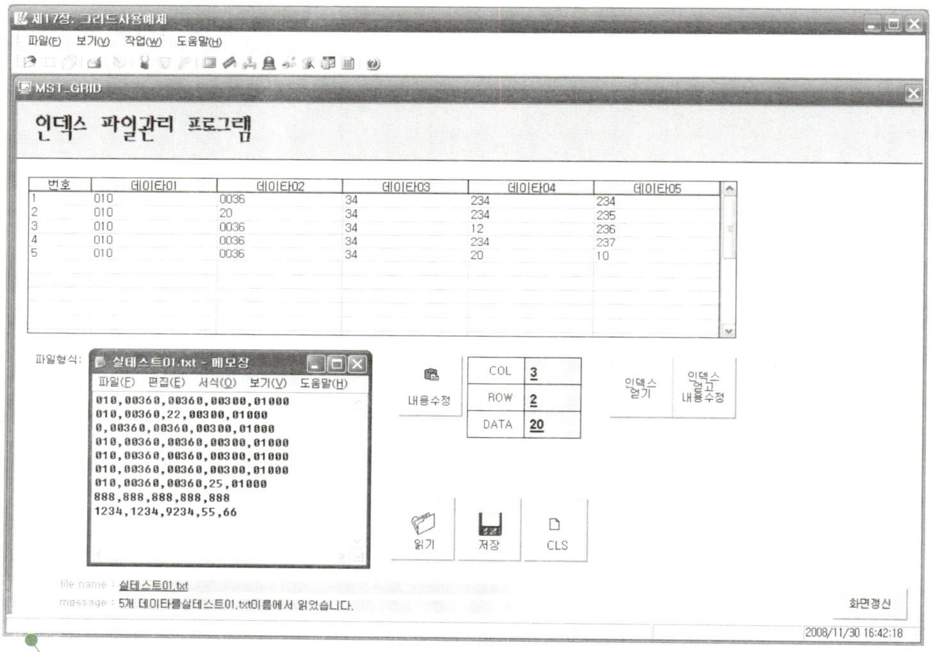

사용한 태그 이름

INDEX.FILENAME	'파일 이름
INDEX.DATA	'데이터 입력용
INDEX.MESSAGE	'메시지
INDEX.COL	'칸번호
INDEX.ROW	'줄번호

1 시스템 구성

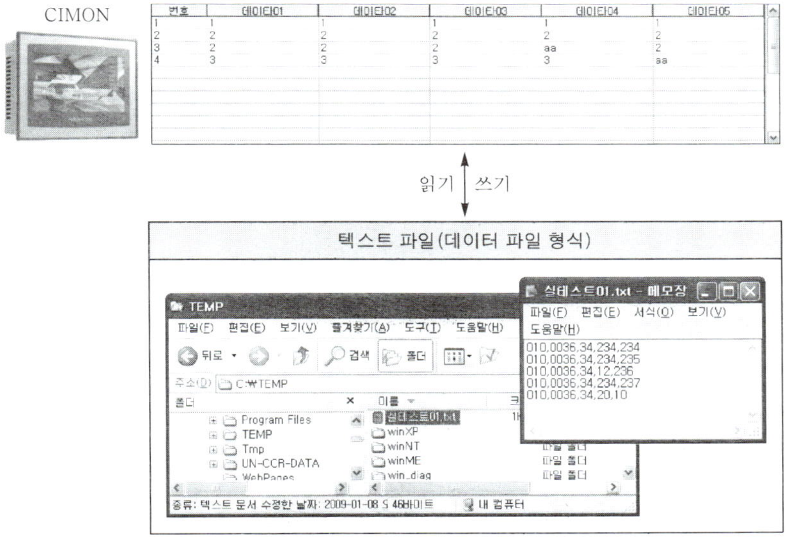

2 Gird에 내용 삽입 스크립트

```
Sub do_grid_insert()

'사용 방법 : wcGridSetData(Object 이름, col, row, 데이터)
wcGridSetData "GRID", GetTagVal ("INDEX.COL"), GetTagVal ("INDEX.ROW"),
GetTagVal ("INDEX.DATA")

End Sub
```

3 현재 Column/Row 구하기 스크립트

```
Sub do_gridGetPos_ColRow()

'Column 구함(Object, 1, 0)
SetTagVal "INDEX.COL",wcGridGetPos ("GRID",1,0)

'Row 얻기(Object, 1, 1)
SetTagVal "INDEX.ROW",wcGridGetPos ("GRID",1,1)

End Sub
```

4 Grid 내용 초기화

```
Sub do_grid_clear()

'모든 그리드 내용 초기화
For i = 1 To 10
        '사용 방법 : wcGridSetData(Object 이름, col, row, 데이터)
        wcGridSetData "GRID", 1, i, ""
        wcGridSetData "GRID", 2, i, ""
        wcGridSetData "GRID", 3, i, ""
        wcGridSetData "GRID", 4, i, ""
        wcGridSetData "GRID", 5, i, ""
        wcGridSetData "GRID", 6, i, ""
Next i

'message
SetTagVal "INDEX.MESSAGE", "Grid가 초기화 되었습니다."
PlaySound ("sound_success.wav")

End Sub
```

5 텍스트 파일을 Grid로 읽어오기 스크립트

```
Sub do_grid_input_txtfile2grid()

On Error Goto Errstep

'파일 이름 읽기
file_name$ = GetTagVal ("INDEX.FILENAME")

'파일 이름 공백 확인
If file_name$ = "" Then
    'message
    SetTagVal "INDEX.MESSAGE", "파일 이름이 없습니다."
    PlaySound ("sound_fail.wav")
    Exit Sub

'입력한 파일 존재 검사
ElseIf (FileExists(file_name$) = False) Then
    SetTagVal "INDEX.MESSAGE", file_name$ + "파일이 없습니다."
    Sleep(1000)
```

```
        SetTagVal "INDEX.MESSAGE", "현재 경로에서 파일을 찾습니다."
        SetTagVal "INDEX.FILENAME", "실테스트01.txt"
        Sleep(1000)
        file_name$ = "실테스트01.txt"
        If (FileExists(file_name$) = False) Then
            SetTagVal "INDEX.MESSAGE", "현재 경로에도 파일이 없어 종료합니다."
            Sleep(1000)
            PlaySound ("sound_fail.wav")
            Exit Sub
        End If
End If

'file open
Open file_name$ for Input As #1

'파일 열기
line_count# = 0
Do While Not EOF(1)

        '한 줄 읽기
        Line Input #1, buffer$
        '공백 제거
        buffer$ = Trim(buffer$)
        인덱스 증가
        line_count# = line_count# + 1

        '1칸 - 읽은 줄번호 삽입
        '사용 방법 : wcGridSetData(Object이름, col, row, 데이터)
        wcGridSetData "GRID", 1, line_count#, line_count#

        '2칸
        '구분자 콤마(,) 위치 찾기
        bk_pos# = InStr(buffer$, ",")
        '앞에서 구분자 이전까지만 그리드에 삽입
        wcGridSetData "GRID", 2, line_count#, Left$(buffer$, bk_pos# - 1)

        '구분자 다음부터 끝까지 문자열 얻고 공백 제거
        buffer$ = Mid$(buffer$, (bk_pos# + 1), (Len(buffer$) - bk_pos# + 1))
        buffer$ = Trim(buffer$)

        '3칸
        '구분자 콤마(,) 위치 찾기
        bk_pos# = InStr(buffer$, ",")
```

```
        '앞에서 구분자 이전까지만 그리드에 삽입
        wcGridSetData "GRID", 3, line_count#, Left$(buffer$, bk_pos# - 1)

        '구분자 다음부터 끝까지 문자열 얻고 공백 제거
        buffer$ = Mid$(buffer$, (bk_pos# + 1), (Len(buffer$) - bk_pos# + 1))
        buffer$ = Trim(buffer$)

        '4칸
        '구분자 콤마(,) 위치 찾기
        bk_pos# = InStr(buffer$, ",")
        '앞에서 구분자 이전까지만 그리드에 삽입
        wcGridSetData "GRID", 4, line_count#, Left$(buffer$, bk_pos# - 1)

        '구분자 다음부터 끝까지 문자열 얻고 공백 제거
        buffer$ = Mid$(buffer$, (bk_pos# + 1), (Len(buffer$) - bk_pos# + 1))
        buffer$ = Trim(buffer$)

        '5칸
        '구분자 콤마(,) 위치 찾기
        bk_pos# = InStr(buffer$, ",")
        '앞에서 구분자 이전까지만 그리드에 삽입
        wcGridSetData "GRID", 5, line_count#, Left$(buffer$, bk_pos# - 1)

        '구분자 다음부터 끝까지 문자열 얻고 공백 제거
        buffer$ = Mid$(buffer$, (bk_pos# + 1), (Len(buffer$) - bk_pos# + 1))
        buffer$ = Trim(buffer$)

        '6칸
        '뒤에서 구분자 이전까지만 그리드에 삽입
        wcGridSetData "GRID", 6, line_count#, buffer$

Loop

'file close
Close #1

'message
SetTagVal "INDEX.MESSAGE", CStr(line_count#) + "개 데이터를" + file_name$ + "이름에서 읽었습니다."
PlaySound ("sound_success.wav")

'exit
Exit Sub

Errstep:
```

```
'message
SetTagVal "INDEX.MESSAGE", file_name$ + "이(가) 없습니다."
PlaySound ("sound_fail.wav")

End Sub
```

6 Gird 내용을 텍스트 파일에 출력하는 스크립트

```
Sub do_grid_output_grid2txtfile()

On Error goto Errstep

'1번째 칼럼 읽어 데이터 확인
data$ = wcGridGetData ("GRID",1,1)

'확인
If data$ = "" Then
    'message
    SetTagVal "INDEX.MESSAGE", "파일 출력할 검색된 데이터가 하나도 없습니다."
    PlaySound ("sound_fail")
    Exit Sub
End If

'결과를 저장할 파일 이름
file_name$ = GetTagVal ("INDEX.FILENAME")

'파일 이름 공백
If file_name$ = "" Then
    'message
    SetTagVal "INDEX.MESSAGE", "파일 이름이 없습니다."
    PlaySound ("sound_fail.wav")
    Exit Sub
'파일 존재
ElseIf (FileExists(file_name$) = True) Then
    SetTagVal "INDEX.MESSAGE", file_name$ + "파일이 이미 있어 갱신합니다."
    Sleep (1000)
End If

'초기화 : 데이터 개수
row_ck# = 0
```

```
'마지막 데이터 확인하기 위해 그리드의 첫 번째 칼럼의 데이터 읽기
Do
        row_ck# = row_ck# + 1
        '읽기 : 1번째 칼럼
        data$ = wcGridGetData ("GRID",1,row_ck#)
Loop While (data$ <> "")

'file open
Open file_name$ for Output As #1

'그리드에 있는 내용을 텍스트 파일로 출력
For i = 1 To row_ck#

        '초기화
        data$ = ""

        '1번째 칼럼읽기
        data$ = wcGridGetData ("GRID",1,i)

        '확인
        If data$ = "" Then
                Exit For
        Else
                '초기화
                data$ = ""

                '1줄을 2칸부터 1칸씩 읽기
                For j = 2 to 6
                        If j = 2 Then                     data$ =           wcGridGetData ("GRID",j,i) + ","
                        If j >= 3 And j <= 5 Then data$ = data$ + wcGridGetData ("GRID",j,i) + ","
                        If j = 6 Then                     data$ = data$ + wcGridGetData ("GRID",j,i)
                Next j
        End If

        '파일출력
        Print #1, data$

        'message
        SetTagVal "INDEX.MESSAGE", Format(i,"000#") + "번째를 파일 출력합니다."

Next I

'file close
Close #1
```

```
'message
SetTagVal "INDEX.MESSAGE",CStr(row_ck#-1) + "개 데이터를 " + file_name$ + "이름으로 출력
하였습니다."
PlaySound ("sound_success.wav")

'exit
Exit Sub

Errstep:
'message
SetTagVal "INDEX.MESSAGE","처리 도중 에러가 발생하였습니다."
PlaySound ("sound_fail.wav")

End Sub
```

SECTION

18 숫자 음성 서비스 예제

숫자를 음성으로 읽어주는 예제 프로그램이다.

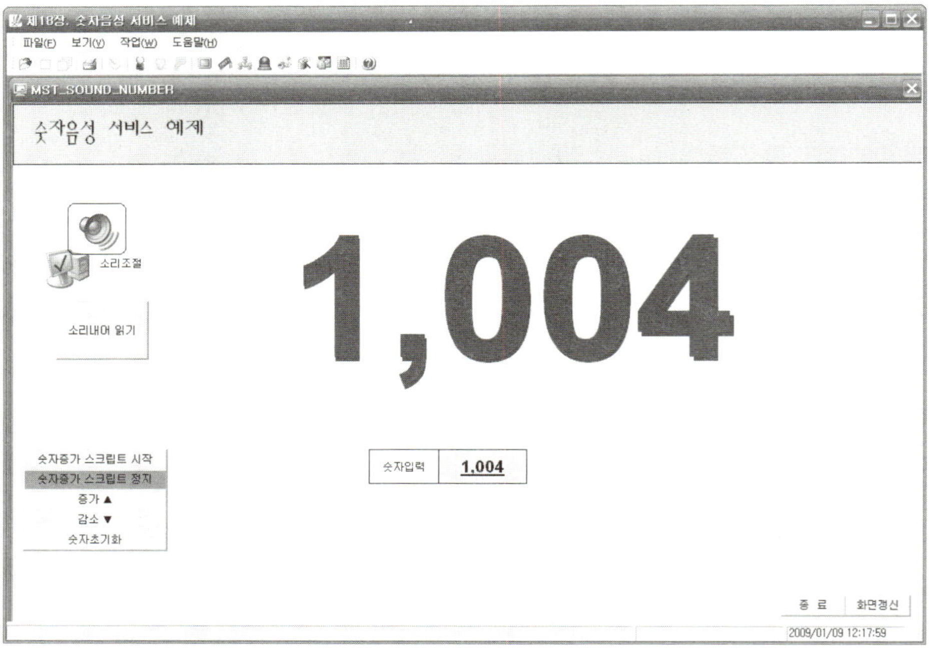

1 숫자를 읽어주는 스크립트

```
Sub do_sound_number()

'flag set
SetTagVal "SYS.FLAG",1
'현재 숫자값 읽기
SNo# = GetTagVal ("SOUND.AIO.D001")

'최댓값 이하일 때 처리
If SNo# > 10000 Then
    PlaySound "sound_fail"
    'flag reset
    SetTagVal "SYS.FLAG",0
    Exit Sub
ElseIf Sno# = 0 Then
    PlaySound  ("00")
    'flag reset
    SetTagVal "SYS.FLAG",0
    Exit Sub
End If

'10000 처리
If Sno# = 10000 Then
    PlaySound  ("10000")
    'flag reset
    SetTagVal "SYS.FLAG",0
    Exit Sub
End If

'숫자의 문자화(10000까지)
Source$ = Format(Sno#,"000#")

'1000 단위 ***********************************
S$ = Left$ (Source$,1)
If S$ <> "0" Then
    If S$ = "1" Then
        PlaySound ("1000")
    ElseIf S$ = "2" Then
        PlaySound ("2000")
    ElseIf S$ = "3" Then
        PlaySound ("3000")
    ElseIf S$ = "4" Then
        PlaySound ("4000")
    ElseIf S$ = "5" Then
        PlaySound ("5000")
    ElseIf S$ = "6" Then
        PlaySound ("6000")
    ElseIf S$ = "7" Then
        PlaySound ("7000")
    ElseIf S$ = "8" Then
        PlaySound ("8000")
    ElseIf S$ = "9" Then
        PlaySound ("9000")
    End If
End If
'방금 읽은 첫 번째 칸 삭제
Source$ = Mid$(Source$,2)

'100 단위 ***********************************
S$ = Left$ (Source$,1)
If S$ <> "0" Then
    If S$ = "1" Then PlaySound ("100")
    If S$ = "2" Then PlaySound ("200")
    If S$ = "3" Then PlaySound ("300")
    If S$ = "4" Then PlaySound ("400")
    If S$ = "5" Then PlaySound ("500")
    If S$ = "6" Then PlaySound ("600")
    If S$ = "7" Then PlaySound ("700")
    If S$ = "8" Then PlaySound ("800")
    If S$ = "9" Then PlaySound ("900")
End If
'방금 읽은 첫 번째 칸 삭제
Source$ = Mid$(Source$,2)

'10 단위 ***********************************
S$ = Left$ (Source$,1)
If S$ <> "0" Then
    If S$ = "1" Then PlaySound ("10")
    If S$ = "2" Then PlaySound ("20")
    If S$ = "3" Then PlaySound ("30")
    If S$ = "4" Then PlaySound ("40")
```

```
        If S$ = "5" Then PlaySound ("50")
        If S$ = "6" Then PlaySound ("60")
        If S$ = "7" Then PlaySound ("70")
        If S$ = "8" Then PlaySound ("80")
        If S$ = "9" Then PlaySound ("90")
End If
'방금 읽은 첫 번째 칸 삭제
Source$ = Mid$(Source$,2)

'1단위 *********************************
S$ = Left$ (Source$,1)
If S$ <> "0" Then
        If S$ = "1" Then PlaySound ("01")
        If S$ = "2" Then PlaySound ("02")
        If S$ = "3" Then PlaySound ("03")
        If S$ = "4" Then PlaySound ("04")
        If S$ = "5" Then PlaySound ("05")
        If S$ = "6" Then PlaySound ("06")
        If S$ = "7" Then PlaySound ("07")
        If S$ = "8" Then PlaySound ("08")
        If S$ = "9" Then PlaySound ("09")
End If

'음성 처리 완료 시간
Sleep (2000)

'flag reset
SetTagVal "SYS.FLAG",0

End Sub
```

2 외부 프로그램 호출 스크립트

```
Sub do_shell_soundcontrol()

'sndvol32.exe 실행
id = Shell ("C:\WINDOWS\SYSTEM32\sndvol32.exe",ebNormalFocus)

End Sub
```

3 숫자 자동 증가시키는 스크립트

```
Sub do_INCP()

While 1
        '현재 숫자값 읽고 1증가
        SetTagVal "SOUND.AIO.D001",(GetTagVal ("SOUND.AIO.D001") + 1)

        '숫자 읽기 완료 대기 시간
        Sleep (5000)
WEnd

End Sub
```

4 프로그램 분석

```
id = Shell ("C:\WINDOWS\SYSTEM32\sndvol32.exe",ebNormalFocus)
```

Syntax 외부 프로그램 실행 명령

SECTION 19 RANDOM 함수 사용 예제

Random 함수 사용 예제이다.

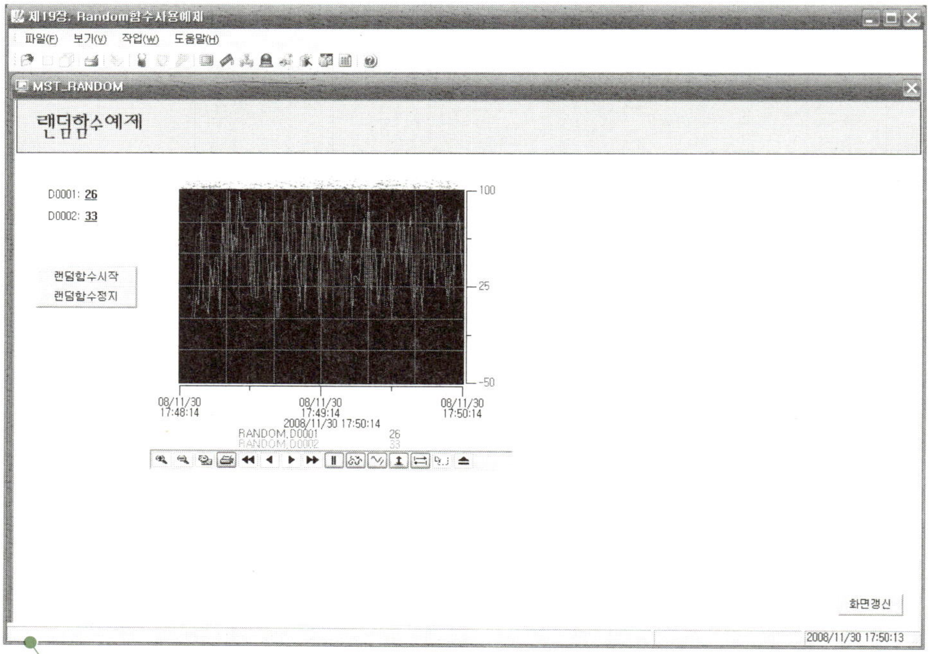

사용한 태그 이름

RANDOM.D0001 '데이터

RANDOM.D0002 '데이터

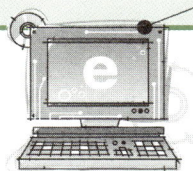

1 랜덤 함수 사용한 스크립트

```
Sub do_randomize()

'호출 : 랜덤 함수
Randomize

'무한 루프
While 1
	'태그값 쓰기 : 랜덤 함수로부터 구한 값
	SetTagVal "RANDOM.D0001", Random(-50,100)

	'태그값 쓰기 : 랜덤 함수로부터 구한 값
	SetTagVal "RANDOM.D0002", Random(-50,100)

	'delay
	Sleep(500)
Wend

End Sub
```

SECTION

20 CICON LOADER 통신 예제

KDT PLC Loader 통신 예제이다.

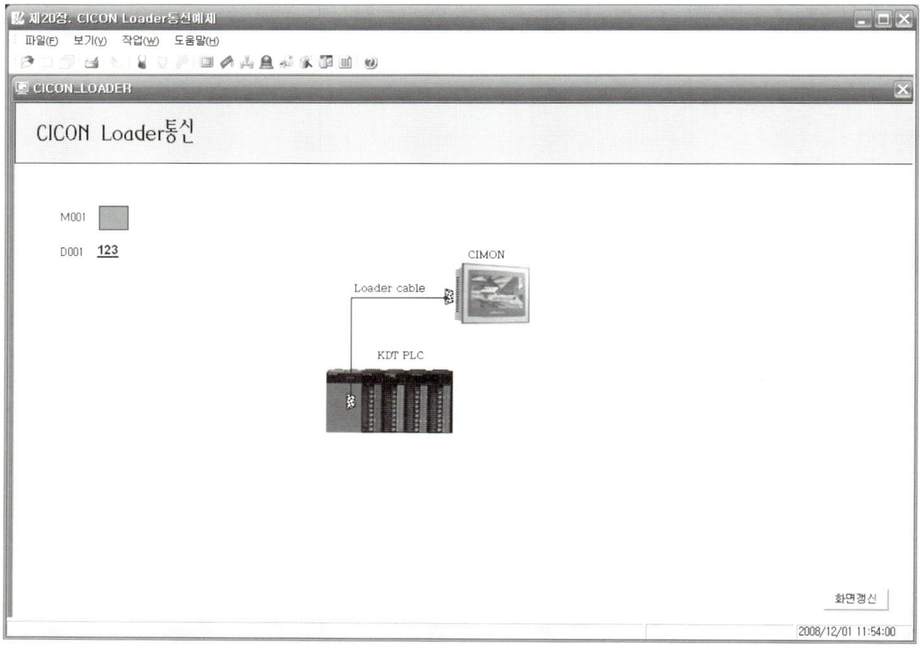

1 시스템 구성

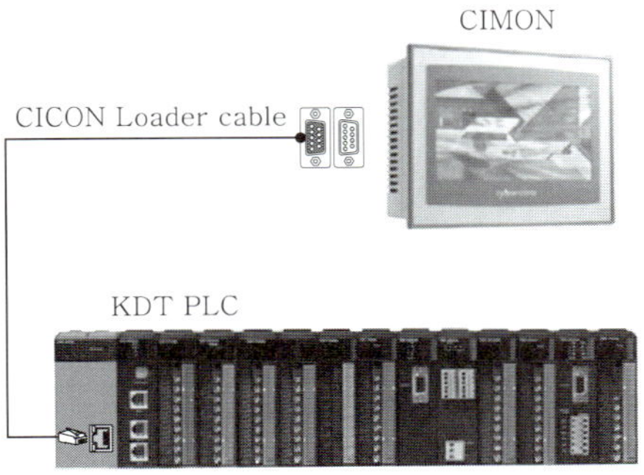

2 통신 케이블 제작

커넥터가 9P로 되어 있지 않아 전용 로더 케이블을 사용하거나 젠더를 만들어 표준 RS232C 케이블과 연결하여 사용한다.

❶ CICON Loader용 젠더 제작

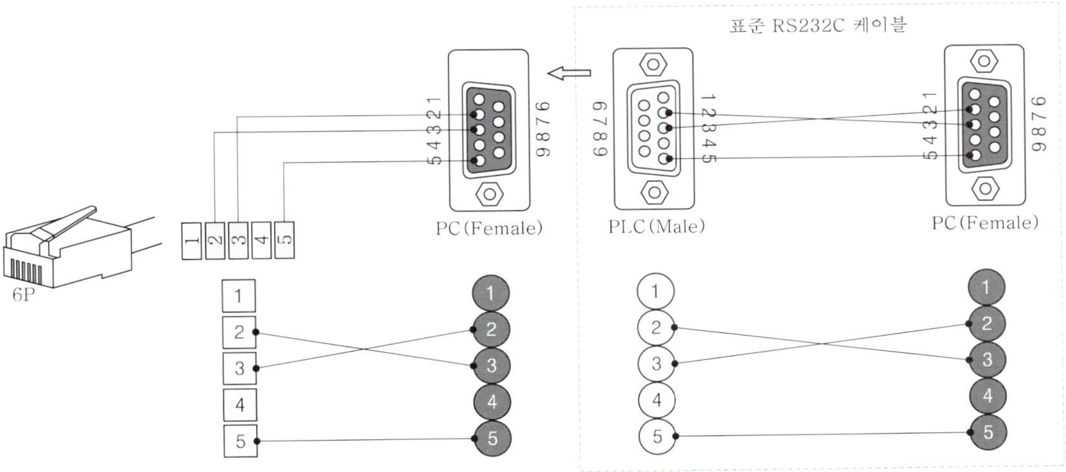

❷ CICON Loader 케이블 제작

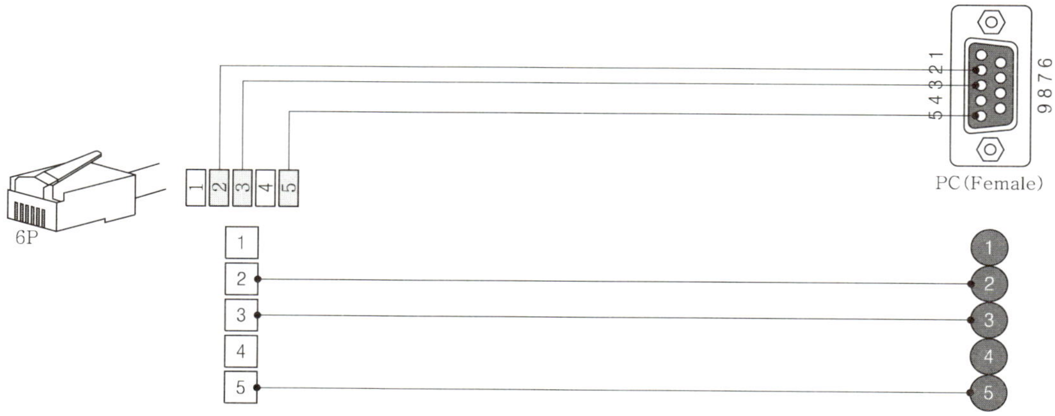

❸ PLC의 통신 속성 설정

PLC에서 로더 통신하기 위해서 설정해야 할 내용은 없다.

❹ CIMON의 통신 속성 설정

'㈜케이디티시스템즈 CIMON-PLC Loader'를 선택한다.

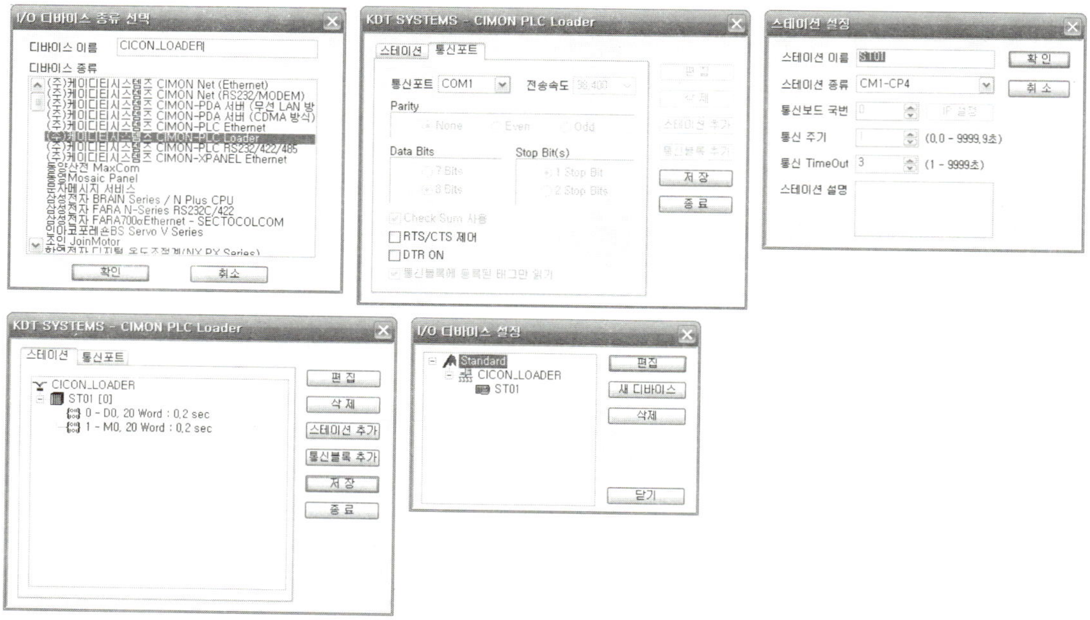

5 CIMON의 태그 편집

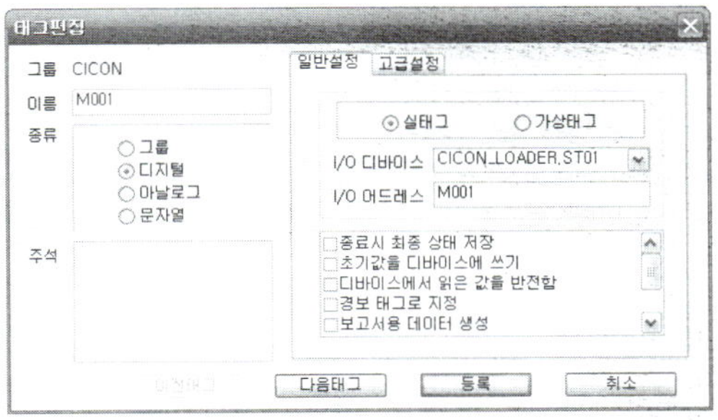

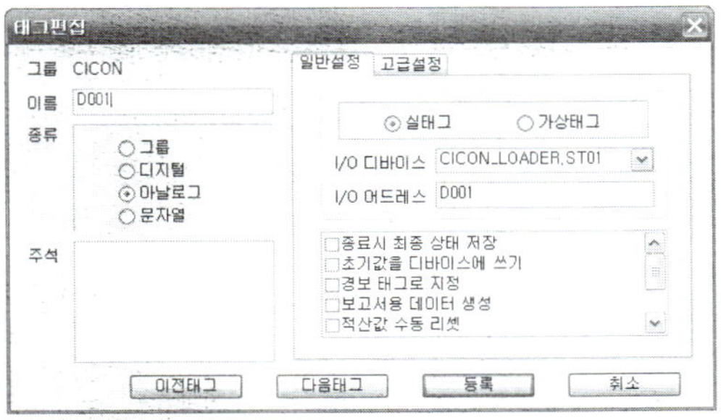

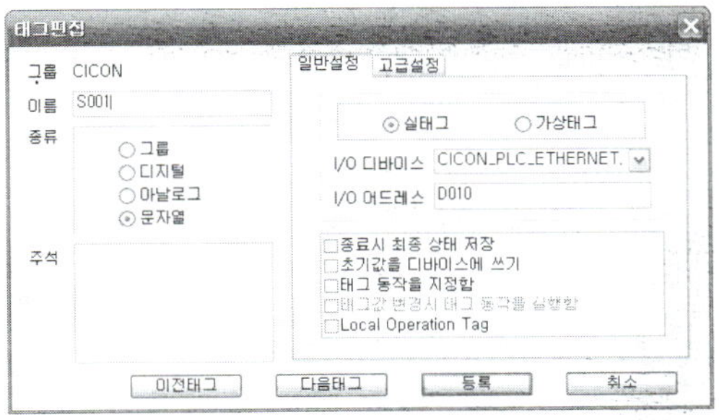

SECTION

21 CICON RS232C 통신 예제

KDT PLC RS232C 통신 예제이다.

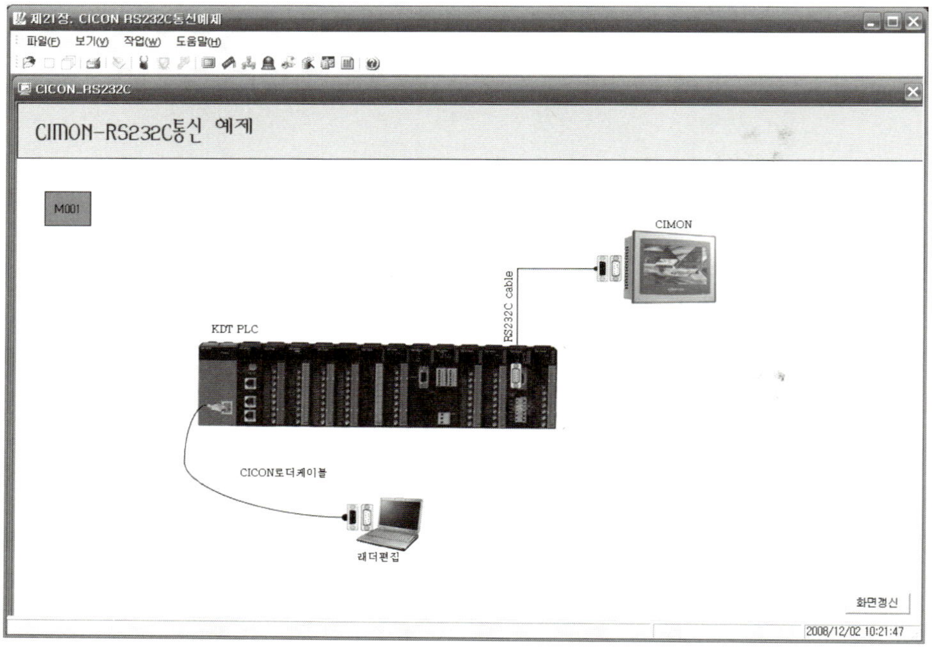

1 시스템 구성

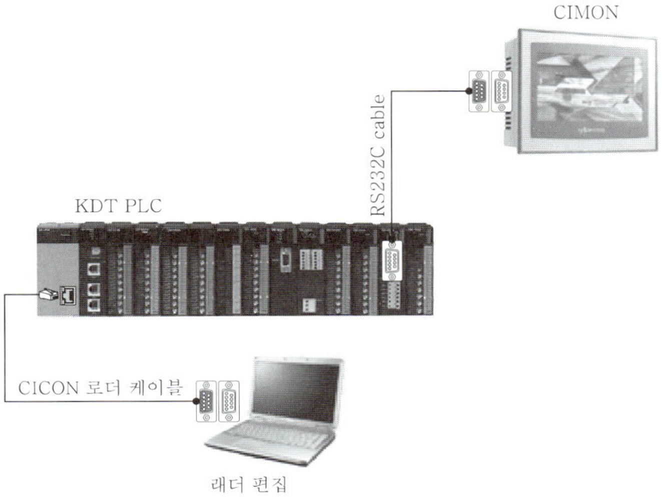

2 통신 케이블 제작

표준 RS232C 케이블이다.

표준 RS232C 케이블

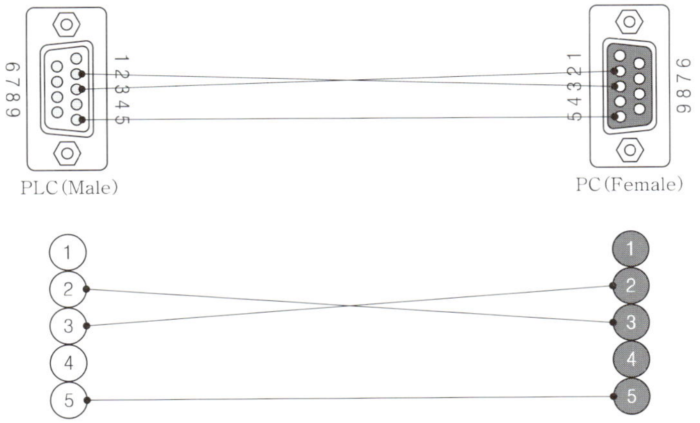

③ PLC의 통신 속성 설정

❶ PLC 래더 편집 프로그램 CICON에서 편집한다. 여기에서는 채널 1번 RS232C를 설정한다.

참고 RS232C는 채널 1번, RS422/485는 채널 2번으로 고정되어 있다.

❷ 설정 내용

㉮ 슬롯 번호

㉯ 프로토콜 : HMI 프로토콜

㉰ 국번 : 0국

㉱ 통신 파라미터 : 19200, N, 8, 1

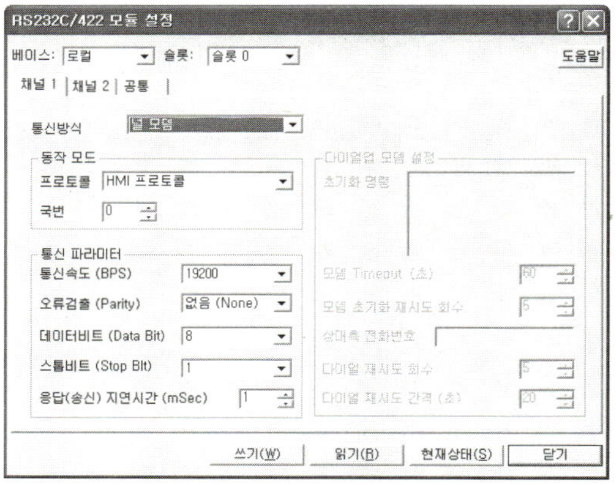

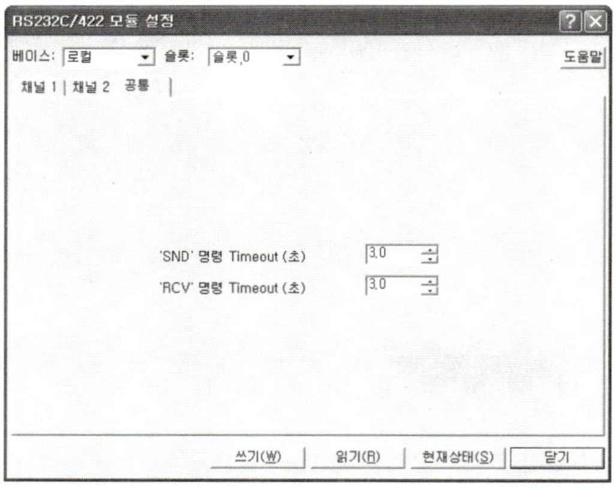

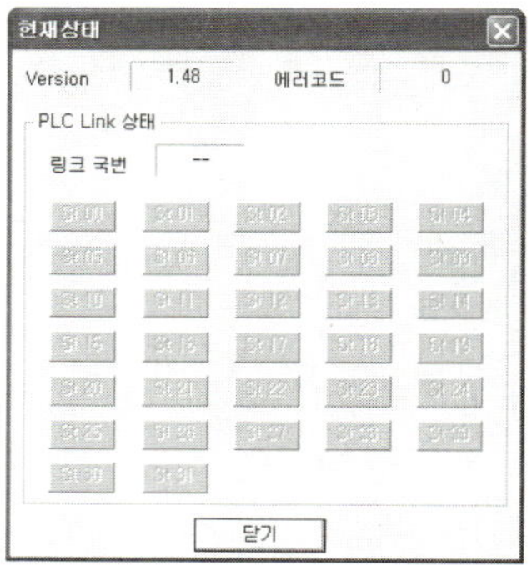

④ CIMON의 통신 속성 설정

'㈜케이디티시스템즈 CIMON-PLC RS232/422/485'를 선택한다.

❶ 국번 : 0국

❷ 통신 파라미터 : 19200, N, 8, 1

❸ CPU선택

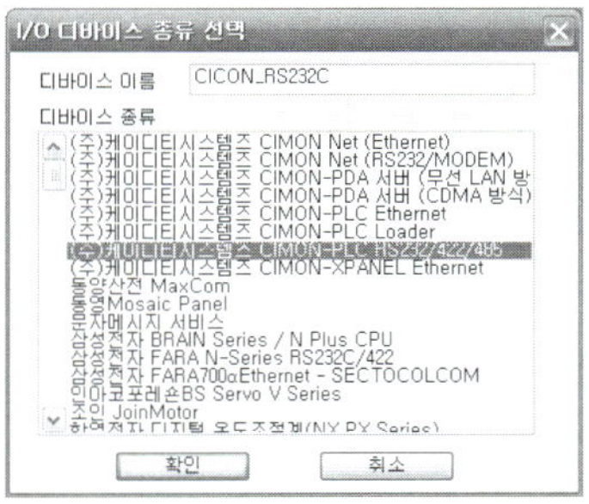

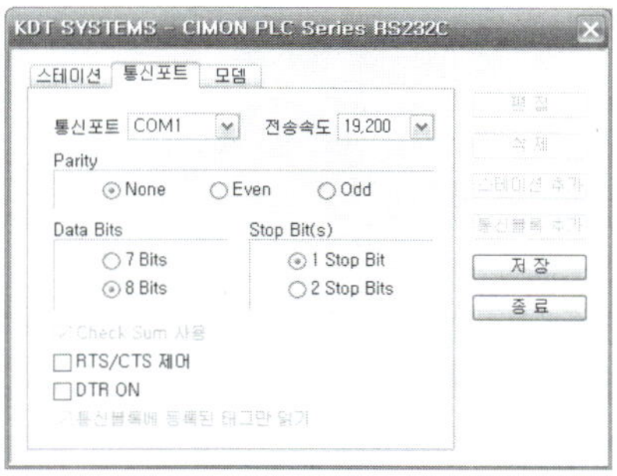

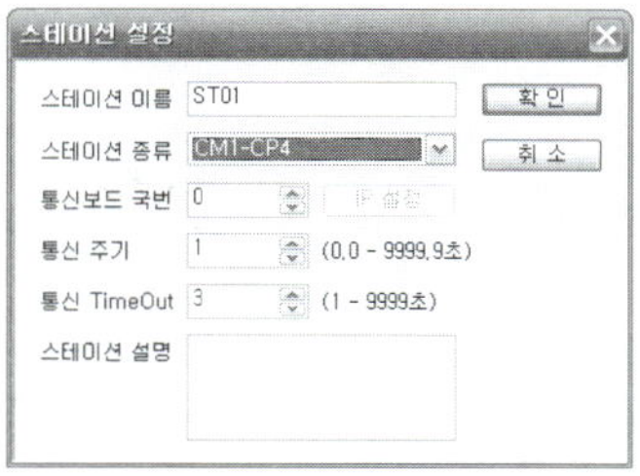

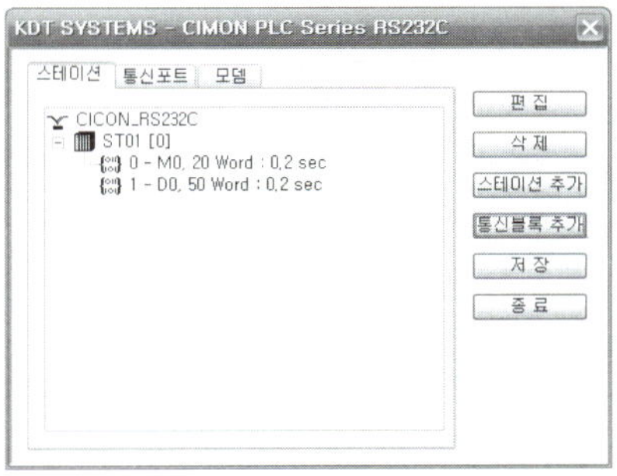

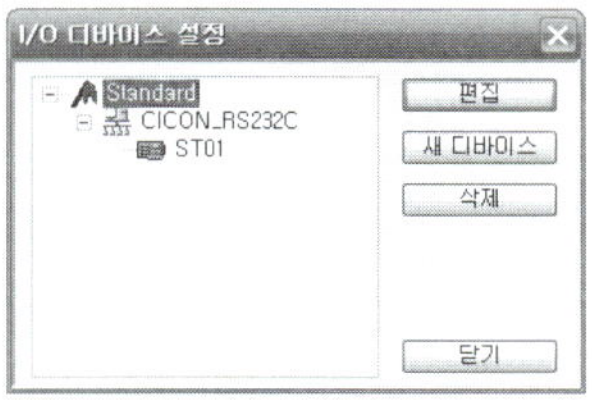

5 CIMON의 태그 편집

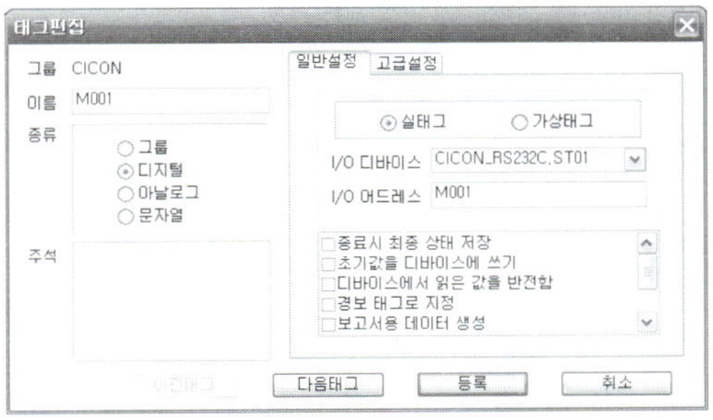

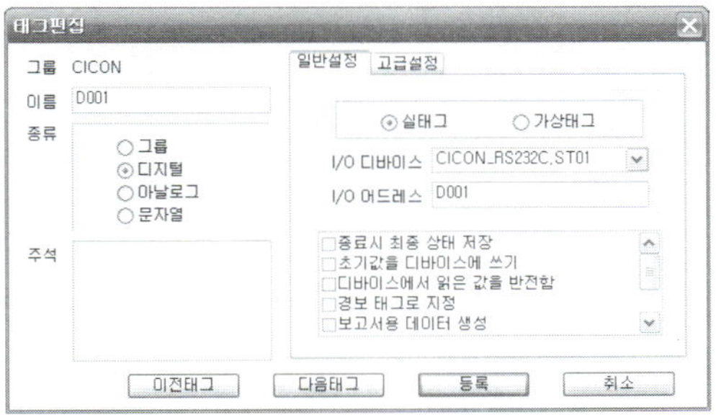

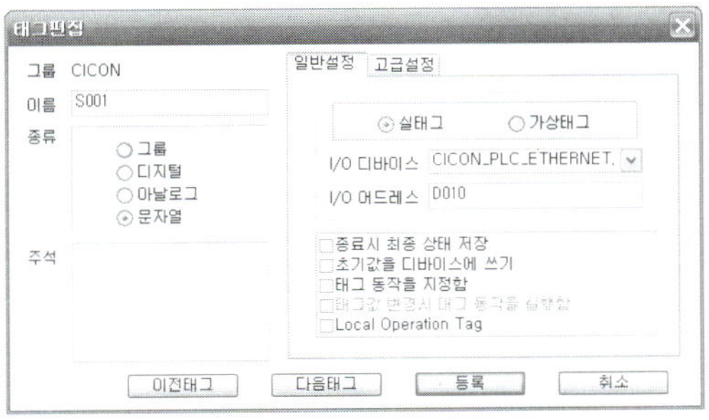

SECTION

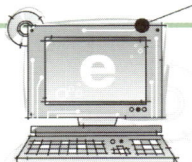

22 CICON RS485 통신 예제

KDT PLC RS422/485카드 통신 예제이다.

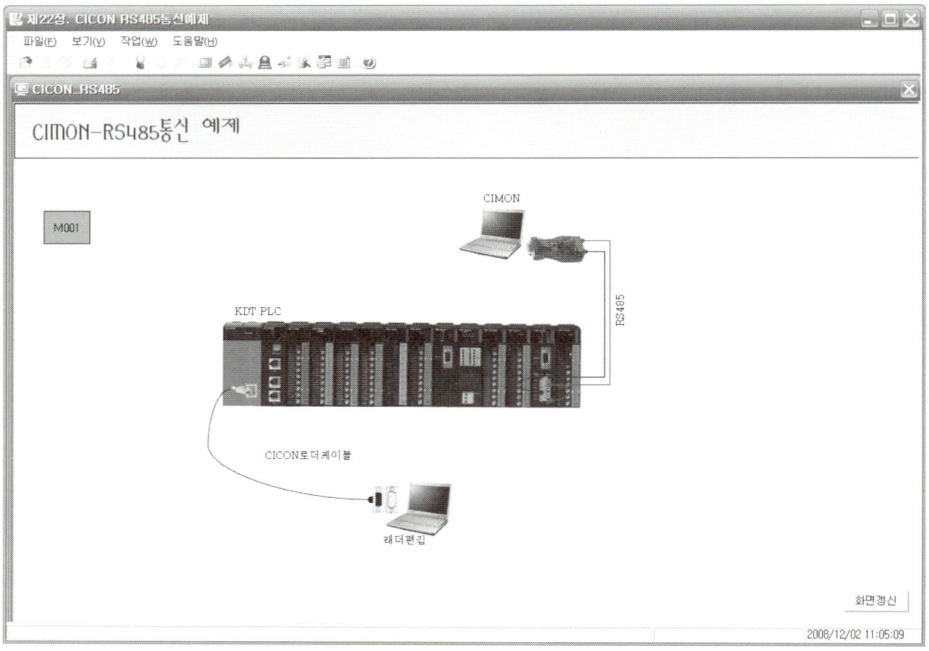

① 시스템 구성

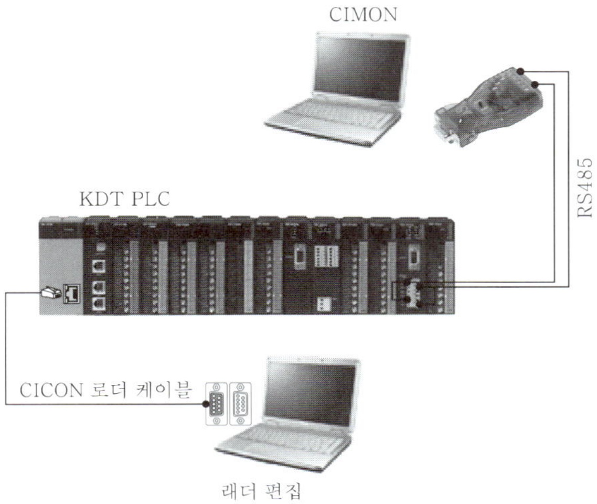

② 통신 케이블 제작

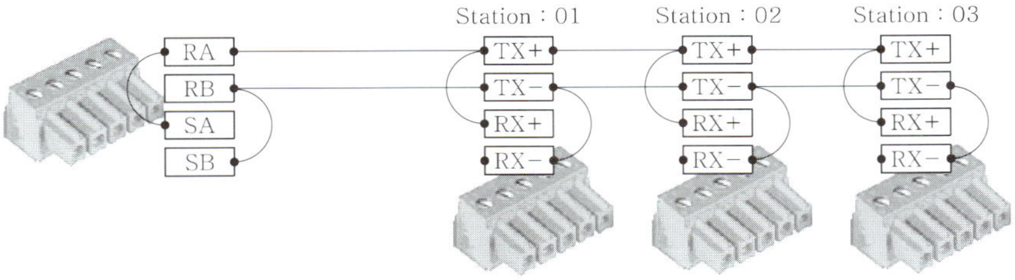

③ PLC의 통신 속성 설정

❶ PLC 래더 편집 프로그램 CICON에서 편집한다. 여기에서는 채널 2번 RS485를 설정한다.

참고 RS232C는 채널 1번, RS422/485는 채널 2번으로 고정되어 있다.

❷ 설정 내용

㉮ 슬롯 번호

㉯ 프로토콜 : HMI 프로토콜

㉰ 국번 : 1국

㉱ 통신 파라미터 : 19200, N, 8, 1

㉲ 통신 방식 : RS485

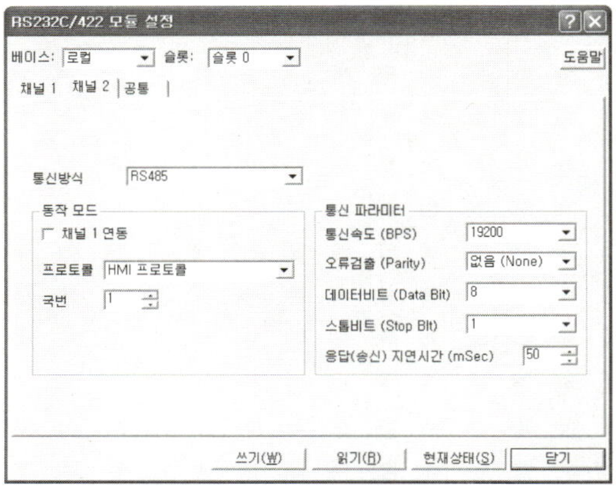

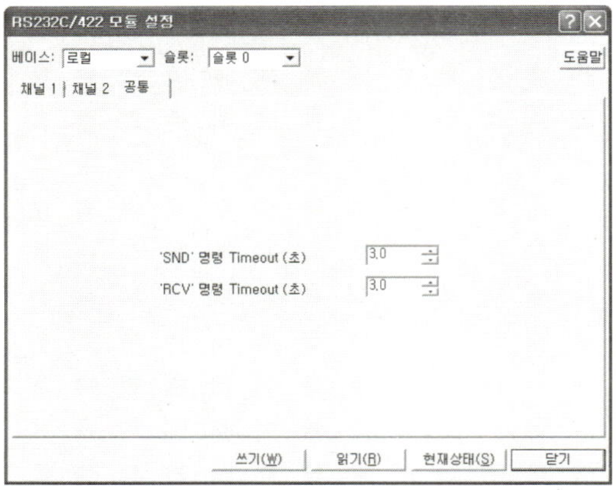

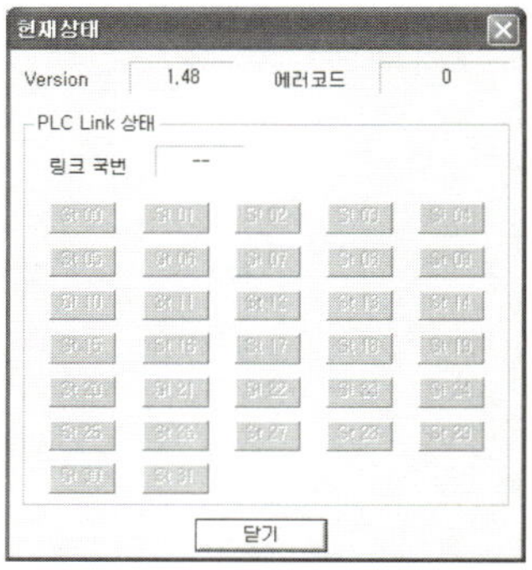

4 CIMON의 통신 속성 설정

'㈜케이디티시스템즈 CIMON-PLC RS232/422/485'를 선택한다.

❶ 국번 : 1국

❷ 통신 파라미터 : 19200, N, 8, 1

❸ CPU 선택

참고 RS422 설정과 동일하다.

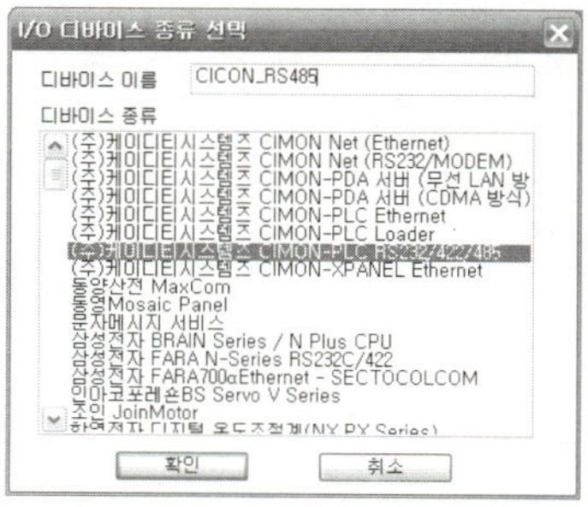

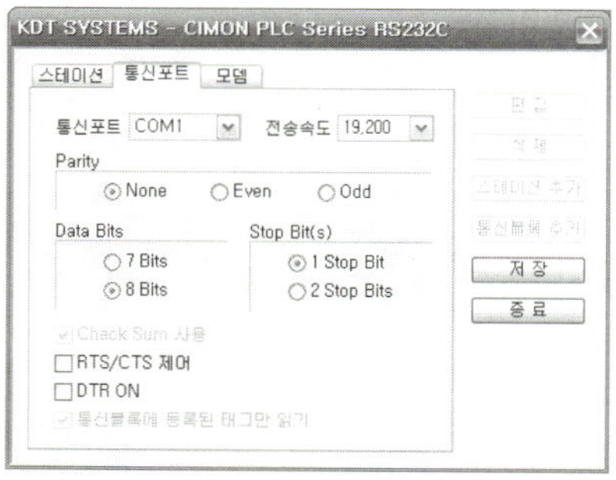

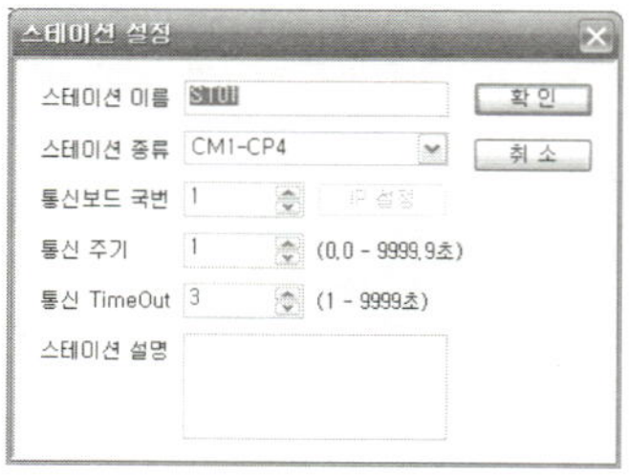

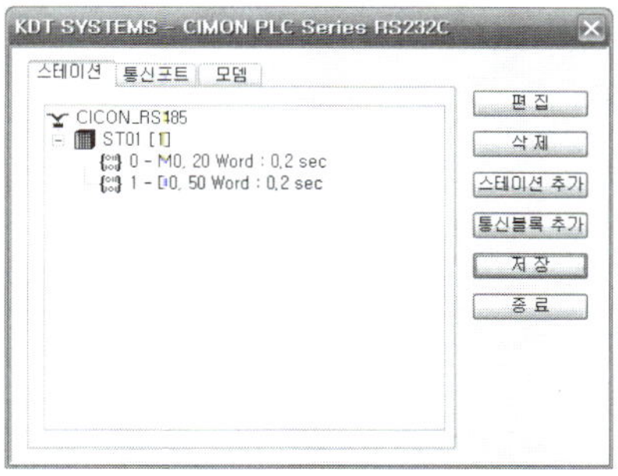

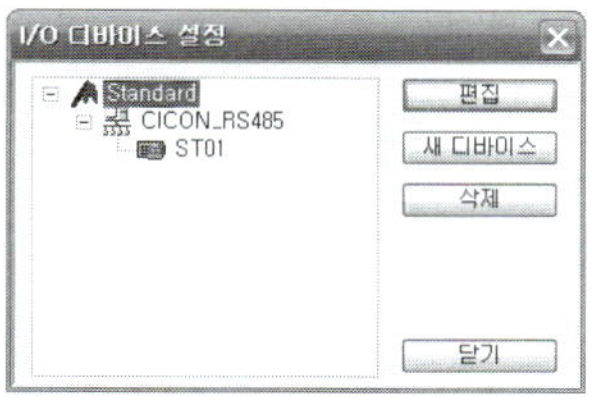

5 CIMON의 태그 편집

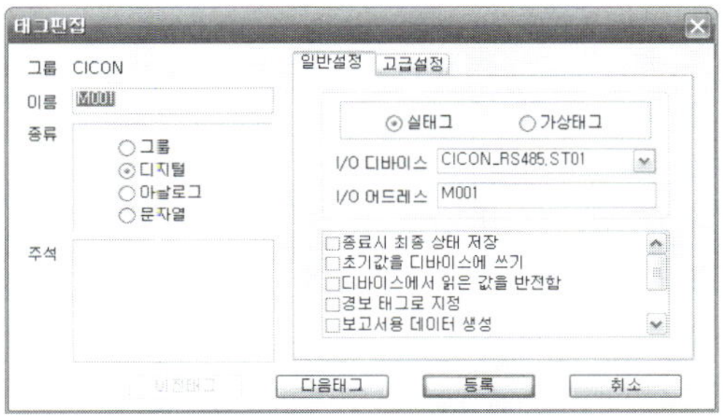

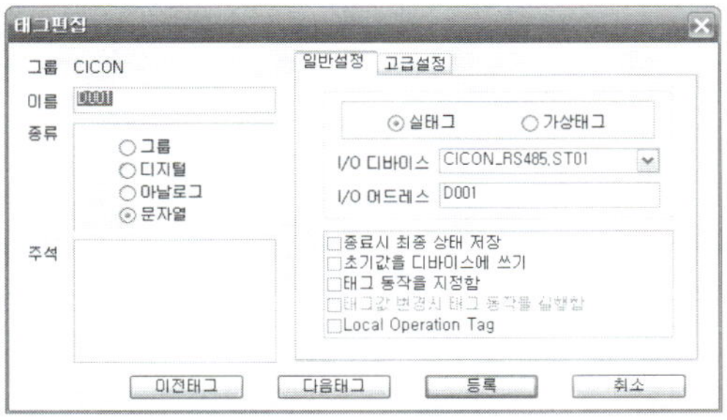

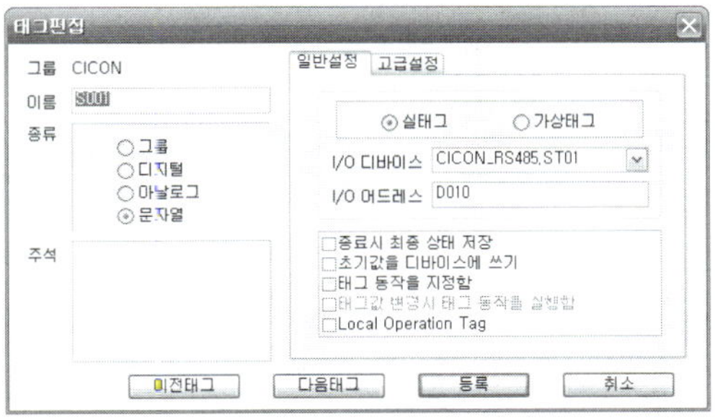

SECTION

23 CICON ETHERNET 통신 예제

CIMON ↔ CICON Ethernet 통신 예제이다. 이 예제의 통신 설정을 다른 프로젝트에서 복사하여 활용할 때에는 dvx 파일이 디바이스 설정 파일이므로 dvx 파일을 복사한 후 자신의 프로젝트 경로에 삽입하면 사용할 수 있다. CIMON_D에서 I/O 디바이스 설정을 할 때 dvx 파일을 설정하는 것이다. 여기 예제에서는 CICON_PLC_Ethernet.dvx 파일이다.

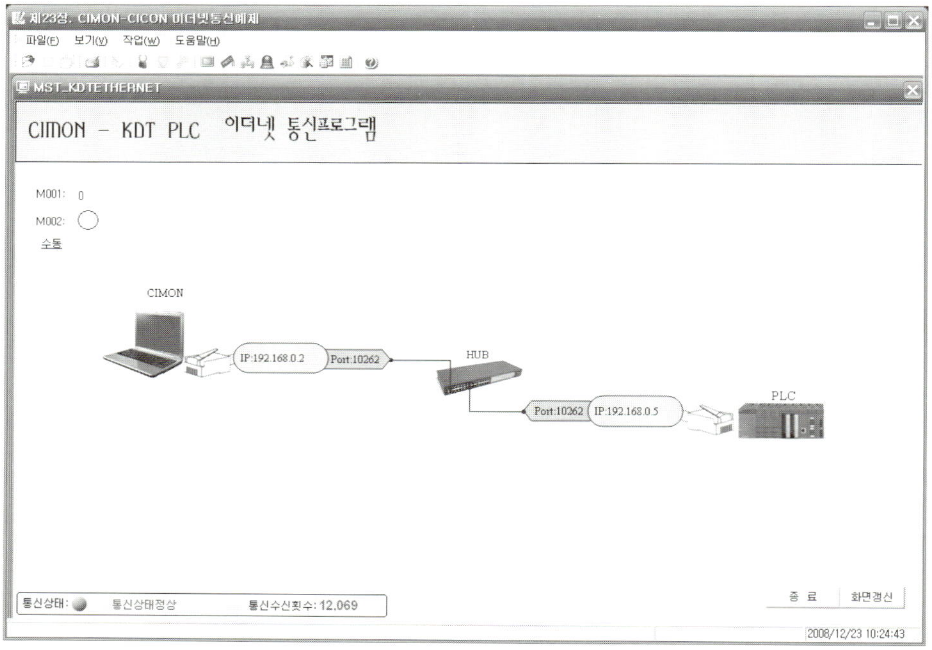

1 시스템 구성

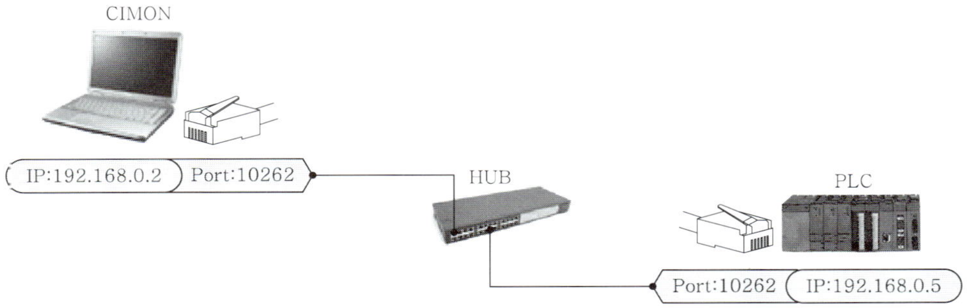

2 LAN 케이블

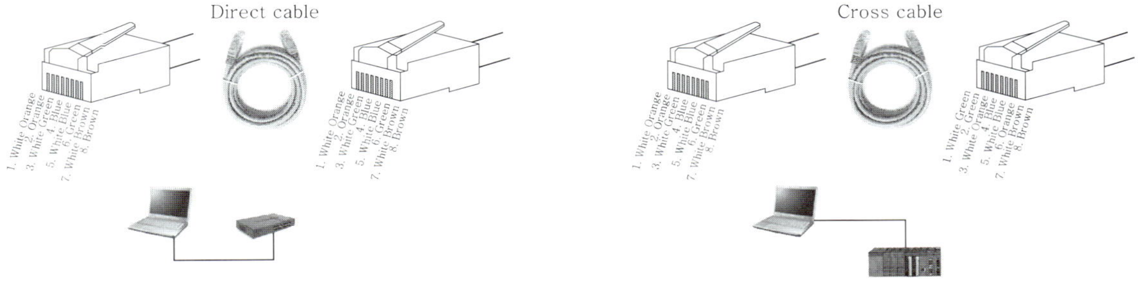

압착/손잡이에 다음을 잘라서 붙이면 편리하다.

	Direct cable(PC-HUB)	
White Orange		White Orange
Orange		Orange
White Green		White Green
Blue		Blue
White Blue		White Blue
Green		Green
White Brown		White Brown
Brown		Brown
A		A

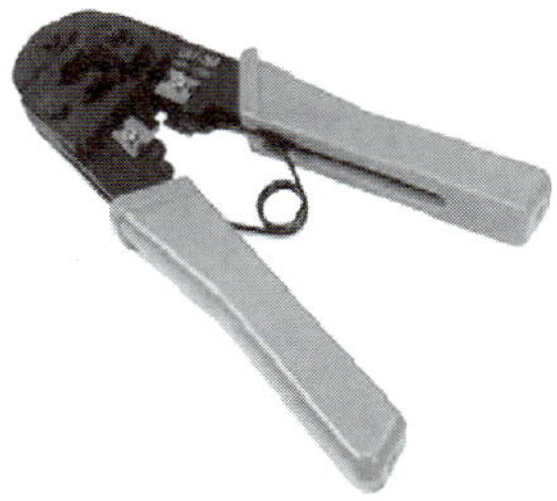

	Cross cable(PC-PC)	
White Orange		White Green
Orange		Green
White Green		White Orange
Blue		Blue
White Blue		White Blue
Green		Orange
White Brown		White Brown
Brown		Brown
A		B

3 PC의 IP 설정

PC의 네트워크에서 PC의 IP를 설정한다.

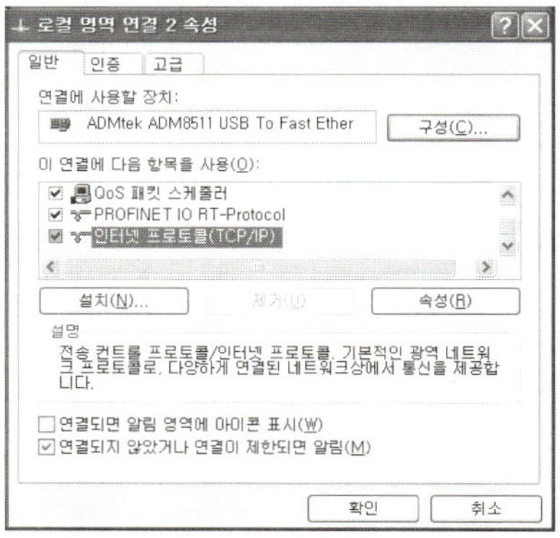

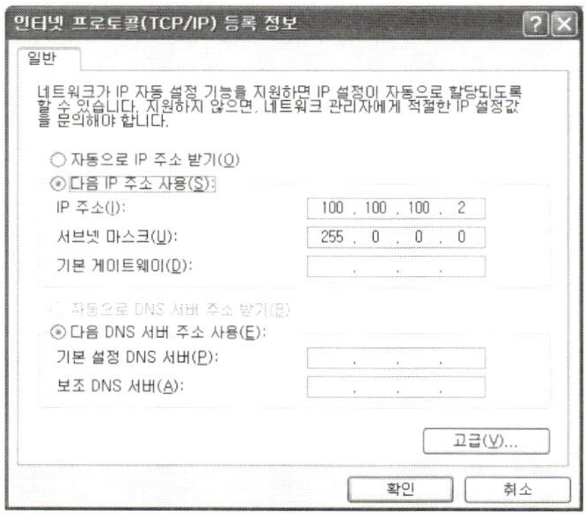

4 PLC의 IP 설정

PLC에 IP를 설정한다. 쓰기 클릭으로 PLC 설정은 완료되며 현재 상태를 클릭하여 확인할 수 있다.

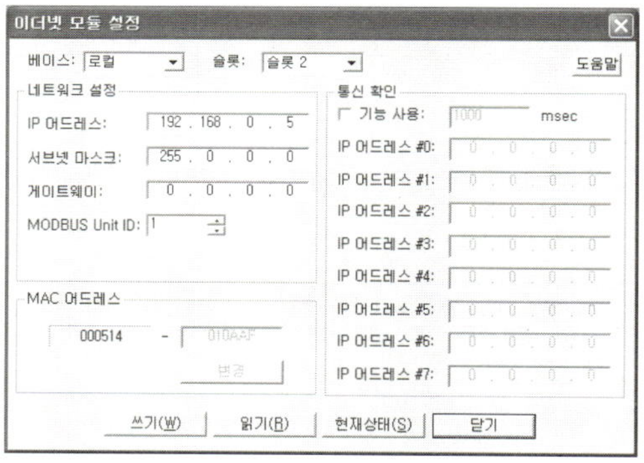

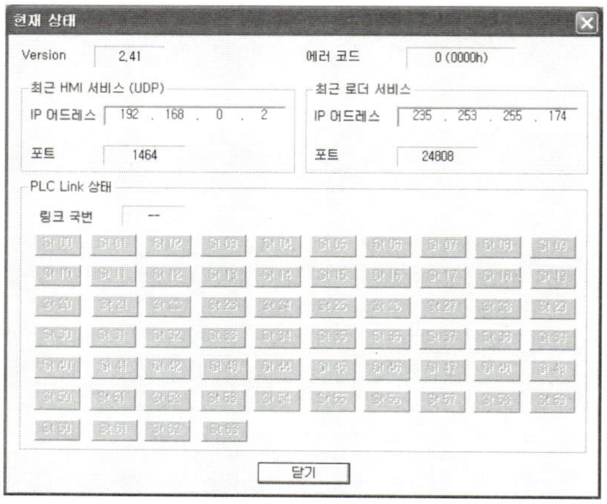

5 PLC와 PC의 연결 테스트

PC와 PLC 사이의 열결 상태를 확인하기 위해 다음과 같이 Ping Test를 한다.
Ping Test가 정상이면 물리적인 작업은 완료된 상태이다.

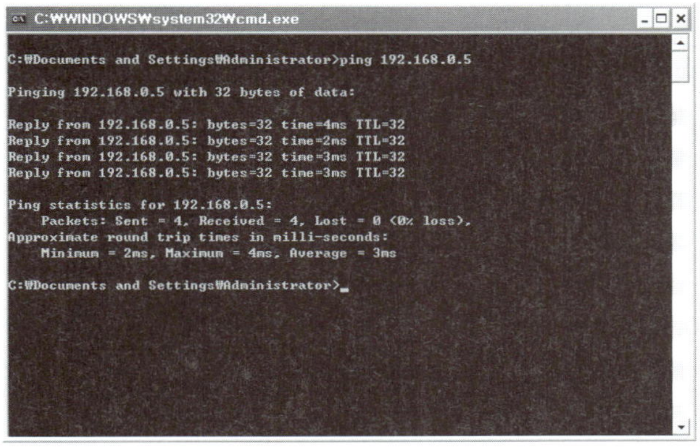

6 CIMON의 통신 속성 설정

CIMON에서 이더넷 설정은 아래와 같이 직접 설정하거나 또는 CICON_PLC_Ethernet.dvx 파일을 현재 경로로 복사하면 된다.

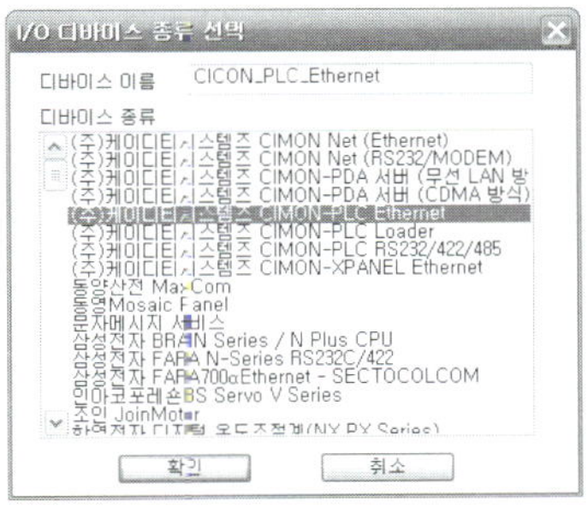

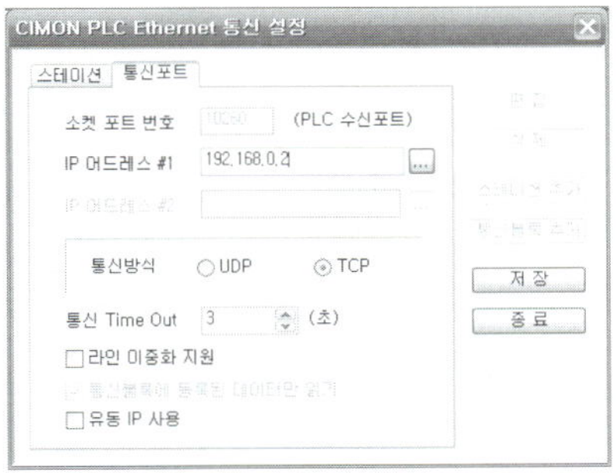

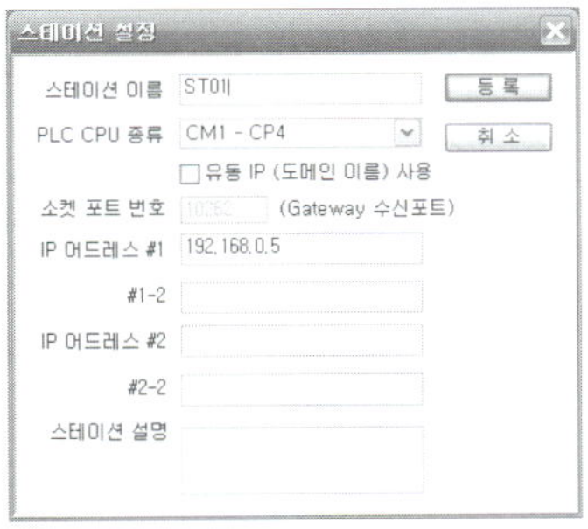

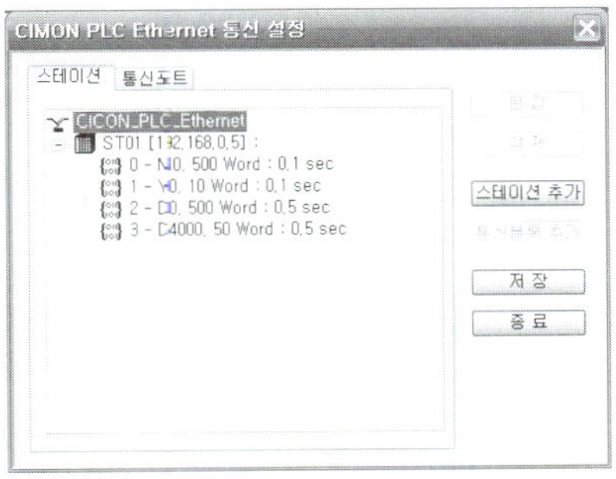

7 CIMON의 태그 편집

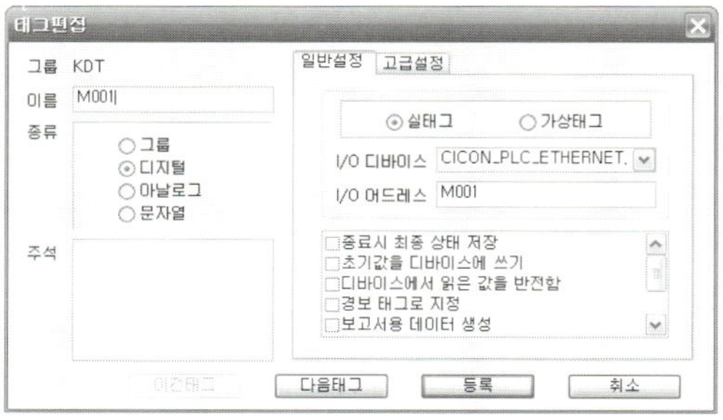

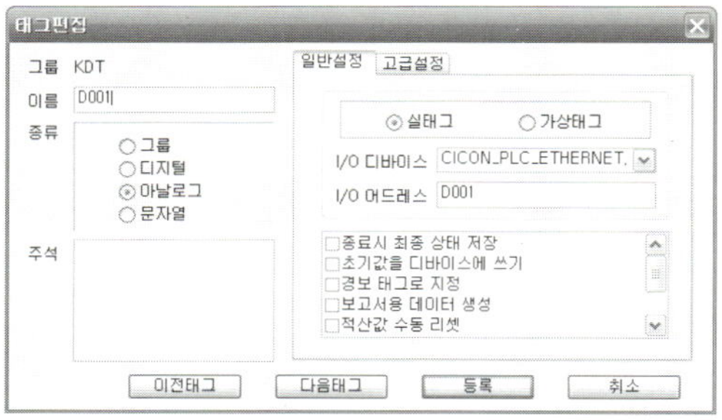

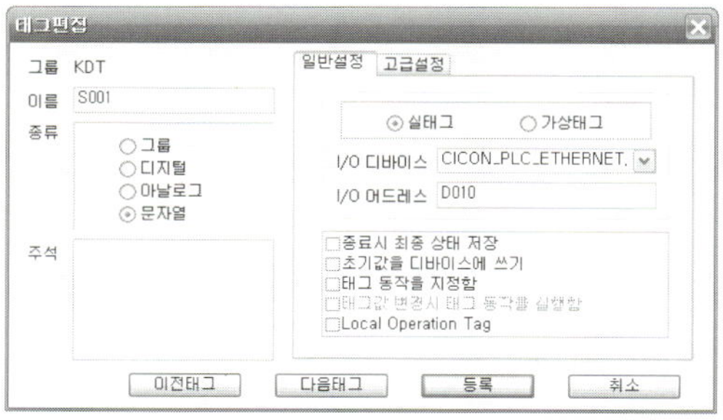

8 이더넷 통신 작업 시 준비 내용

이더넷 작업 시 해킹 문제 대응을 위해서 IP, MAC Address를 전산실 등에 사전 등록한 다음 등록된 Address만 통신을 허용하도록 하는 경우가 많다. 따라서 이더넷으로 작업을 할 때에는 미리 이런 내용을 정리해 두는 것이 좋다.

NO	IP Address	MAC Address	디바이스
1	192.168.28.113	00:05:14:01:0A:AF	ACE1라인
2	192.168.8.191	00:40:8C:90:FE:09	ACE2라인
3	192.168.8.195	00:19:DB:66:AF:A5	ACE3라인

SECTION

24 CIMON-XPANEL 통신 예제

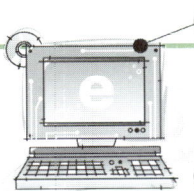

CIMON과 Xpanel의 이더넷 통신 예제이다.

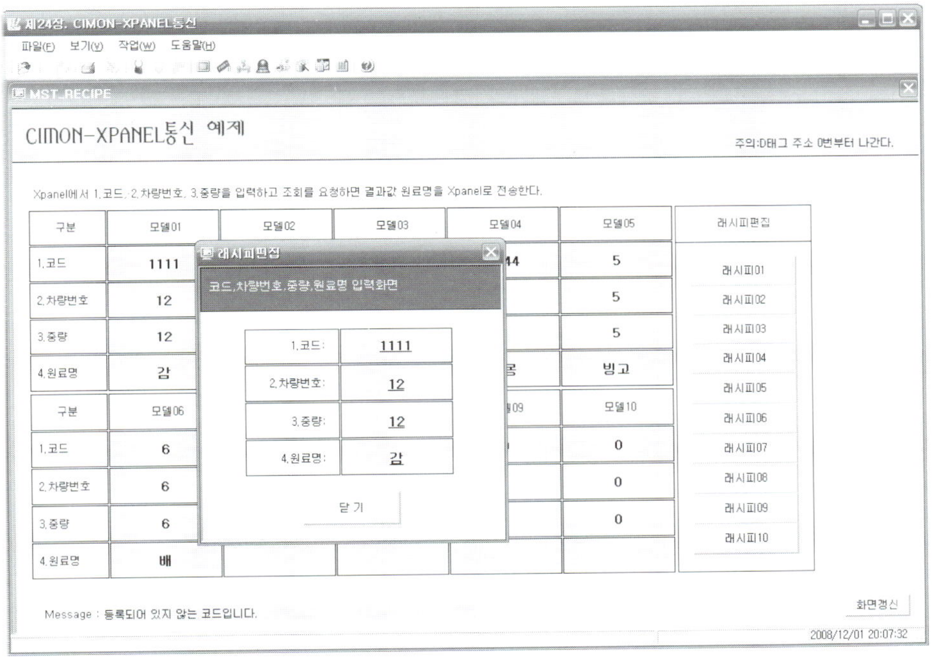

1 시스템 구성

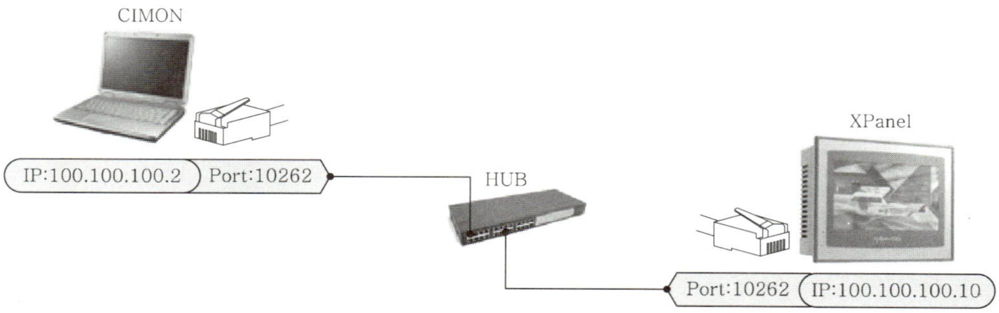

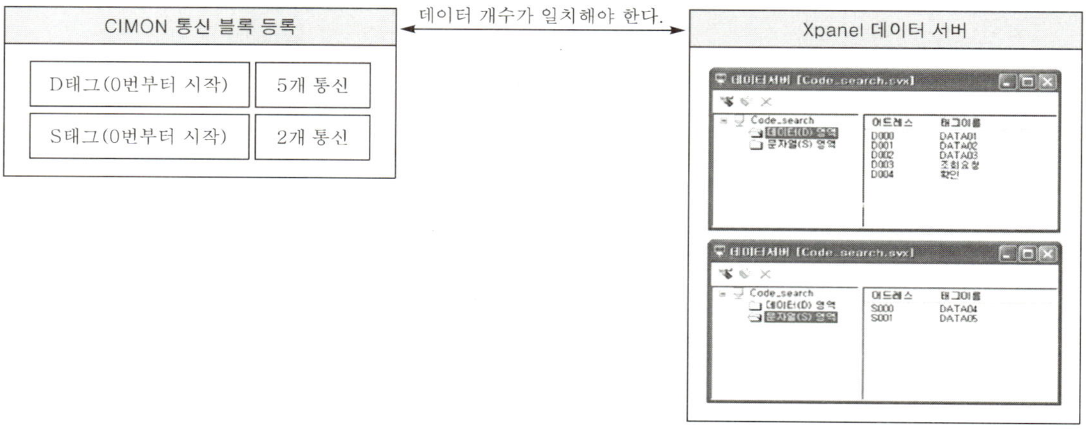

2 LAN 케이블

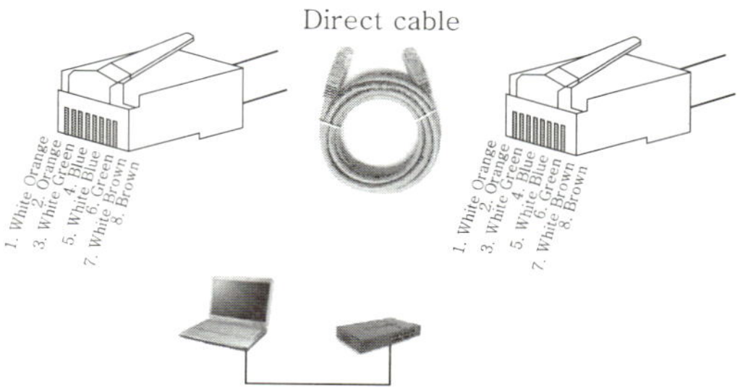

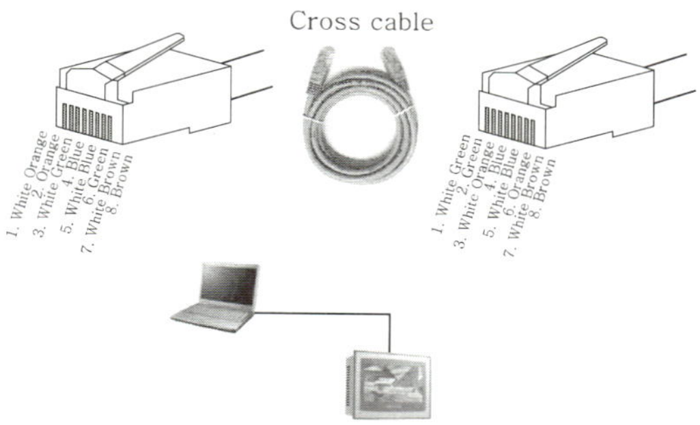

압착기 손잡이에 다음을 잘라서 붙이면 편리하다.

	Direct cable(PC-HUB)	
White Orange		White Orange
Orange		Orange
White Green		White Green
Blue		Blue
White Blue		White Blue
Green		Green
White Brown		White Brown
Brown		Brown
A		A

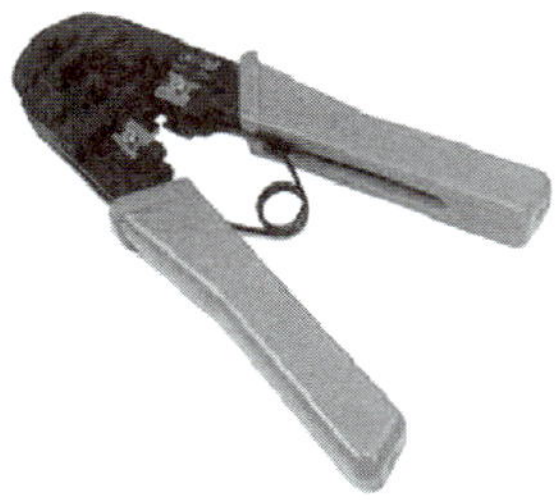

	Cross cable(PC-PC)	
White Orange		White Green
Orange		Green
White Green		White Orange
Blue		Blue
White Blue		White Blue
Green		Orange
White Brown		White Brown
Brown		Brown
A		B

3 Xpanel 설정

Xpanel Designer의 도구/데이터 서버에서 등록한다. 이때 주의할 것은 CIMON의 통신 블록의 개수와 동일해야 한다. 아래 그림처럼 등록한다.

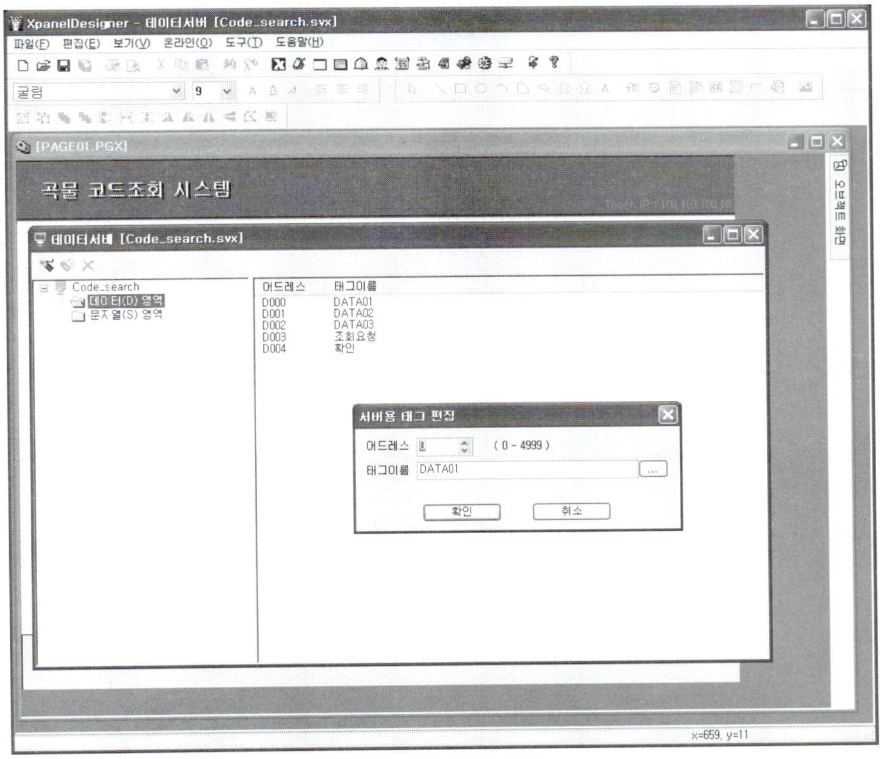

4 CIMON의 통신 속성 설정

'㈜케이디티시스템즈 CIMON-XPANEL Ethernet'를 선택한다.

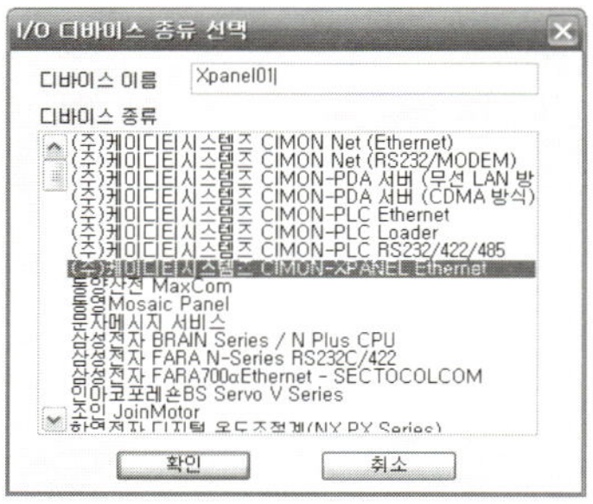

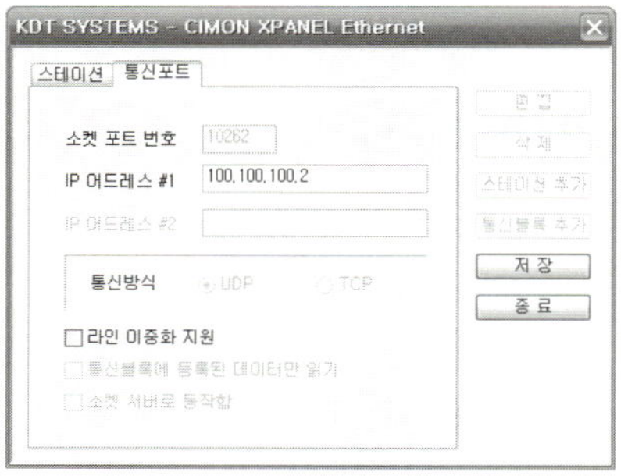

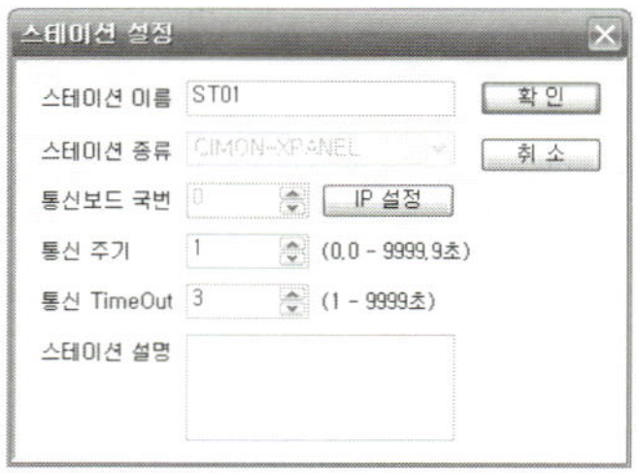

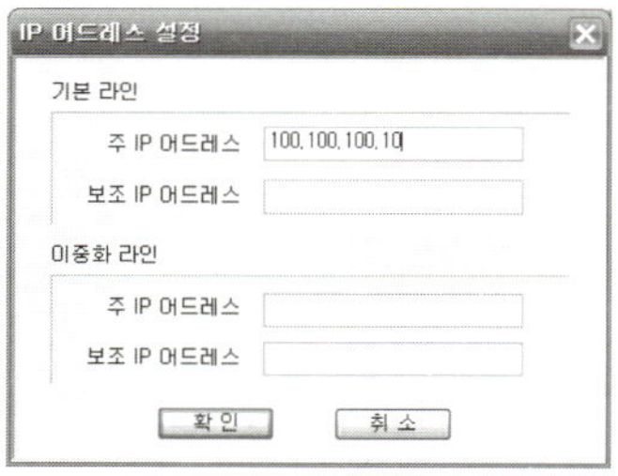

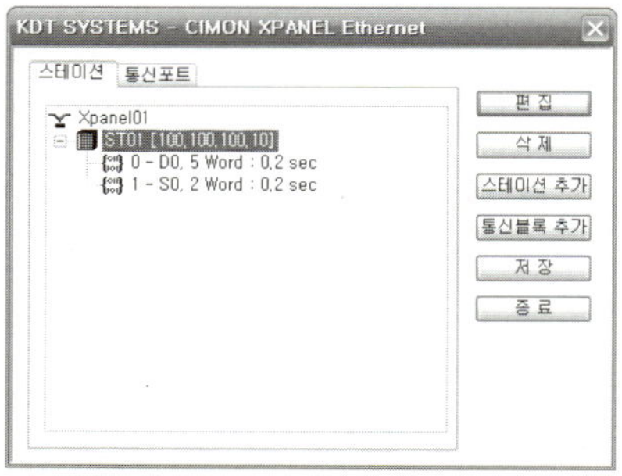

5 CIMON의 태그 편집

어드레스 접두어는 D와 S가 있으며 0번부터 시작한다.

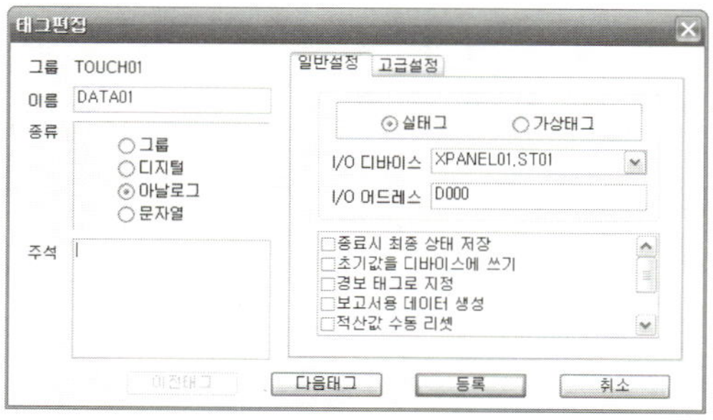

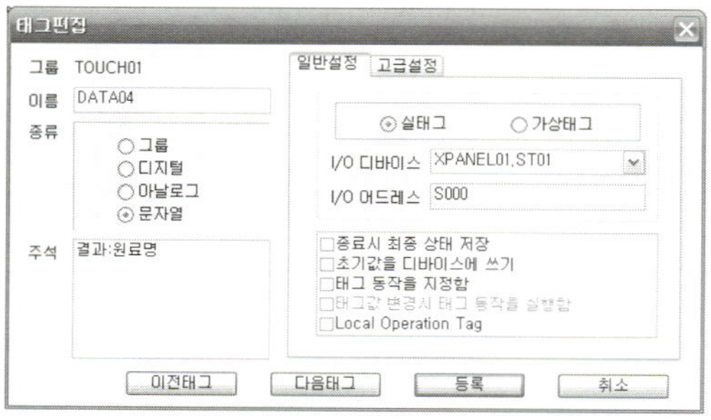

6 스크립트 흐름

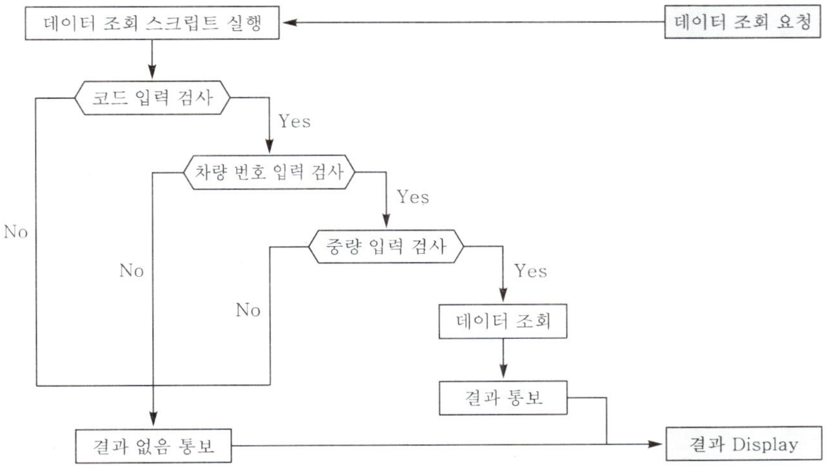

7 래시피 검사 스크립트

```
Sub do_search_result()

Dim model_val
Dim TOUCH01,TOUCH02,TOUCH03
Dim DATA01,DATA02,DATA03

'태그값이 0으로 변할 때에는 종료
tag_name$ = "TOUCH01.조회요청"
If GetTagVal(tag_name$) = 0 Then Exit Sub

'DATA01 입력 검사
model_val = GetTagVal ("TOUCH01.DATA01")
If (model_val = "" or model_val = "0") then
        SetTagVal "TOUCH01.DATA01","0"
        SetTagVal "TOUCH01.DATA05","코드를 입력(0보다 큰수)한 후 다시 하십시오."
        PlaySound "sound_fail"
        Exit Sub
End If
'DATA02 입력 검사
model_val = GetTagVal ("TOUCH01.DATA02")
If (model_val = "" or model_val = "0") then
        SetTagVal "TOUCH01.DATA02","0"
        SetTagVal "TOUCH01.DATA05","차량 번호를 입력한 후 다시 하십시오."
```

```
            PlaySound "sound_fail"
            Exit Sub
End If
'DATA03 입력 검사
model_val = GetTagVal ("TOUCH01.DATA03")
If (model_val = "" or model_val = "0") then
            SetTagVal "TOUCH01.DATA03","0"
            PlaySound "sound_fail"
            SetTagVal "TOUCH01.DATA05","중량을 입력한 후 다시 하십시오."
            Exit Sub
End If

'message
SetTagVal "TOUCH01.DATA05","검색을 시작합니다."
Sleep (1000)

'조회할 항목 읽기
TOUCH01 = GetTagVal ("TOUCH01.DATA01")
TOUCH02 = GetTagVal ("TOUCH01.DATA02")
TOUCH03 = GetTagVal ("TOUCH01.DATA03")

'10개의 래시피 중에서 검사
For i = 1 to 10
      DATA01  = GetTagVal ("RECIPE.MODEL" + Format (i, "0#") + ".DATA01")
      DATA02  = GetTagVal ("RECIPE.MODEL" + Format (i, "0#") + ".DATA02")
      DATA03  = GetTagVal ("RECIPE.MODEL" + Format (i, "0#") + ".DATA03")
      DATA04$ = GetTagVal ("RECIPE.MODEL" + Format (i, "0#") + ".DATA04")

      If TOUCH01 = DATA01 And TOUCH02 = DATA02 And TOUCH03 = DATA03 Then
            '결과값 4번에 전송
            SetTagVal "TOUCH01.DATA04",DATA04$
            SetTagVal "TOUCH01.확인",1

            'message
            SetTagVal "TOUCH01.DATA05","조회를 성공적으로 완료하였습니다."
            PlaySound "sound_success"
            Exit Sub
      End If
Next i

'조회에서 나오지 않았을 때
PlaySound "sound_fail"
SetTagVal "TOUCH01.DATA02",0
SetTagVal "TOUCH01.DATA03",0
```

```
SetTagVal "TOUCH01.DATA04","XXXX"
SetTagVal "TOUCH01.DATA05","등록되어 있지 않는 코드입니다."

End Sub
```

8 프로그램 분석

OpenPageEx("페이지 이름", "태그 이름 목록")

❶ 의미 지정된 페이지를 지정된 태그로 화면에 표시한다.

❷ 태그 이름 목록 페이지 편집 시에 $1, $2, ... $n으로 지정한 항목을 태그 또는 문자열로 대치시킨다. 여러 개의 태그는 콤마(,)로 구분하여 입력한다.

RunScriptEx ("do_openpageEx", 1, "RECIPE.MODEL01")

❶ 의미 0 : 지정된 스크립트가 현재 실행 중이면 아무런 동작도 수행하지 않는다.
1 : 지정된 스크립트가 현재 실행 중이면 스크립트가 종료될 때까지 기다린 후, 지정된 매개 변수로 스크립트를 실행시킨다.

❷ 매개 변수 스크립트에 전달되는 파라미터로 해당 스크립트에서 GetParameter 함수를 호출하여 값을 전달받을 수 있다. 스크립트에 매개 변수를 전달하여 실행한다.

SECTION

25 CICON MODBUS TCP 통신 예제

CICON MODBUS TCP 통신 예제이다.

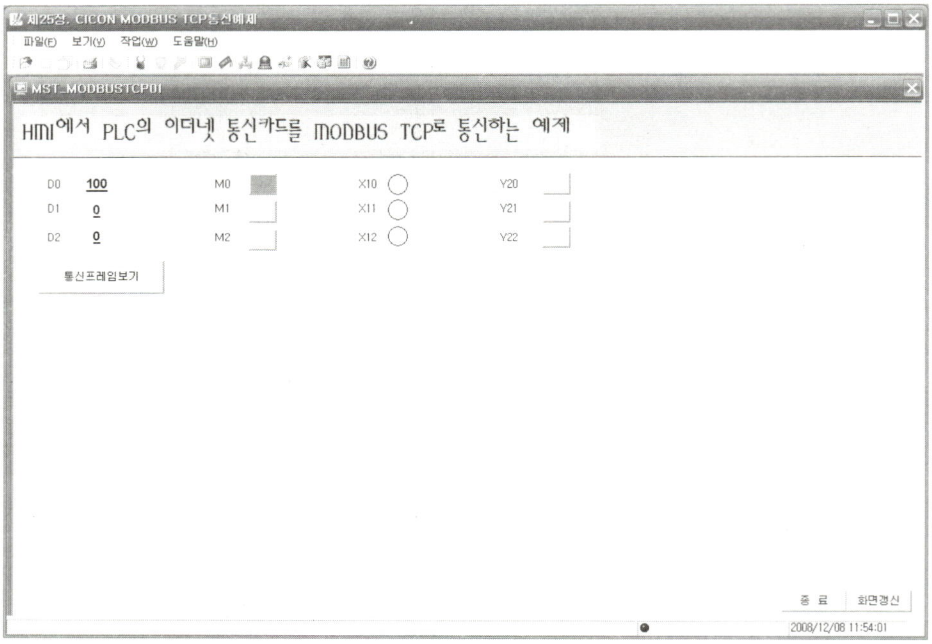

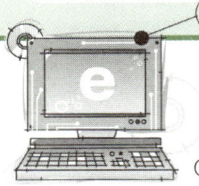

① 시스템 구성

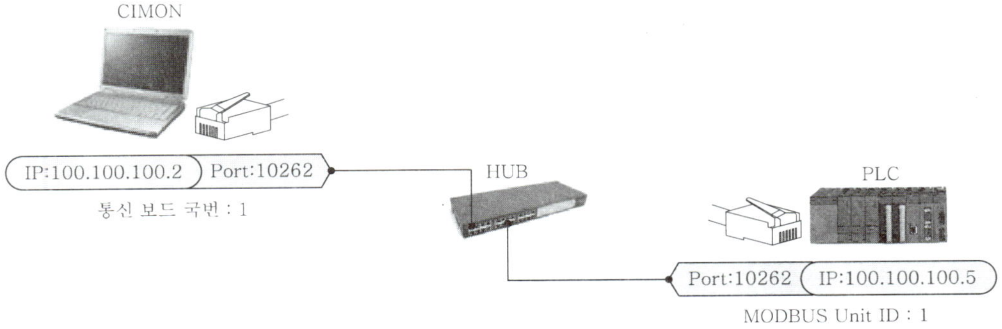

② LAN 케이블

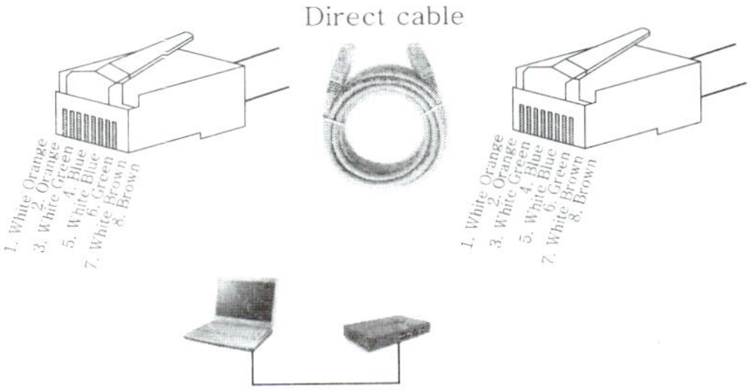

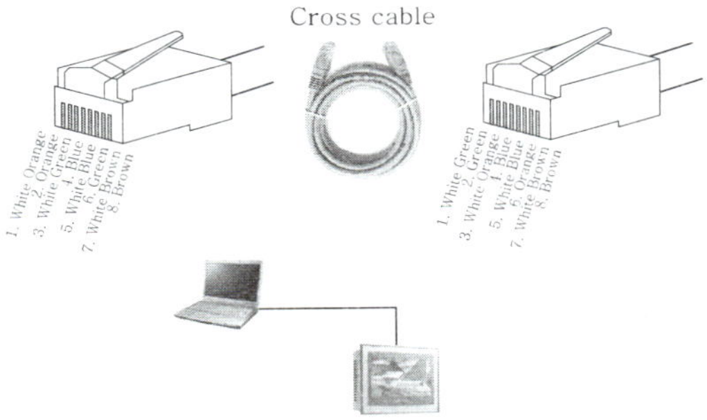

압착기 손잡이에 다음을 잘라서 붙이면 편리하다.

White Orange	Direct cable(PC–HUB)	White Orange
Orange		Orange
White Green		White Green
Blue		Blue
White Blue		White Blue
Green		Green
White Brown		White Brown
Brown		Brown
A		A

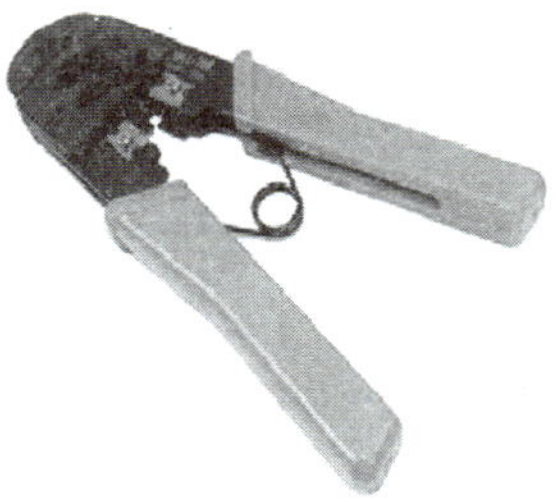

White Orange	Cross cable(PC–PC)	White Green
Orange		Green
White Green		White Orange
Blue		Blue
White Blue		White Blue
Green		Orange
White Brown		White Brown
Brown		Brown
A		B

③ PC의 IP 설정

PC의 네트워크에서 PC의 IP를 설정한다.

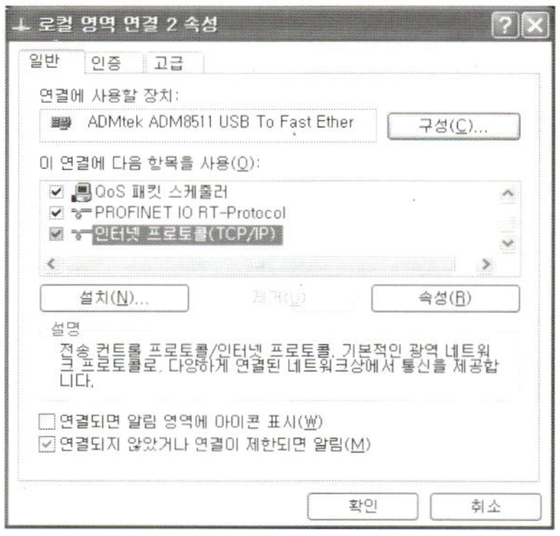

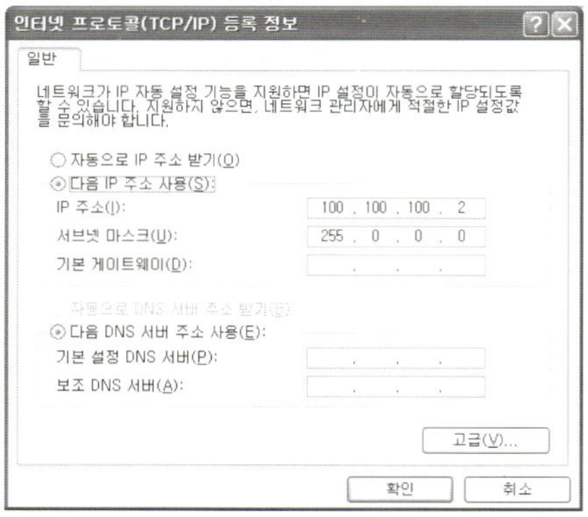

④ PLC의 IP/Modbus Unit ID 설정

PLC에 IP와 Modbus Unit ID를 설정한다. 쓰기 클릭으로 PLC 설정은 완료되며 현재 상태를 클릭하여 확인할 수 있다.

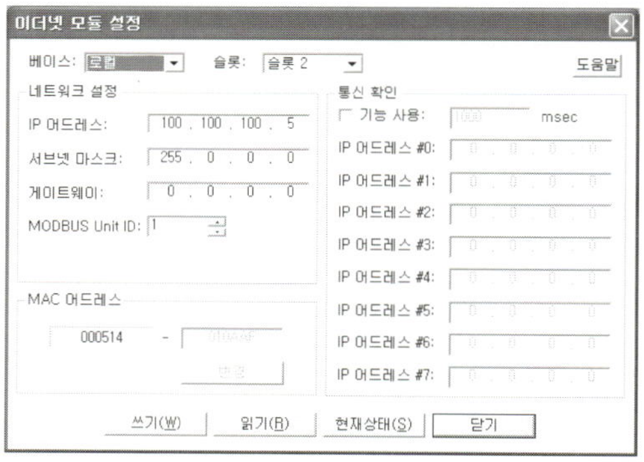

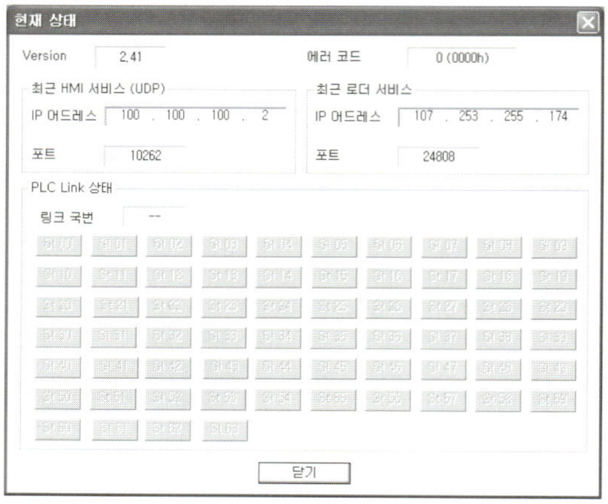

5 PLC와 PC의 연결 테스트

PC와 PLC 사이의 열결 상태를 확인하기 위해 다음과 같이 Ping Test를 한다.
Ping Test가 정상이면 물리적인 작업은 완료된 상태이다.

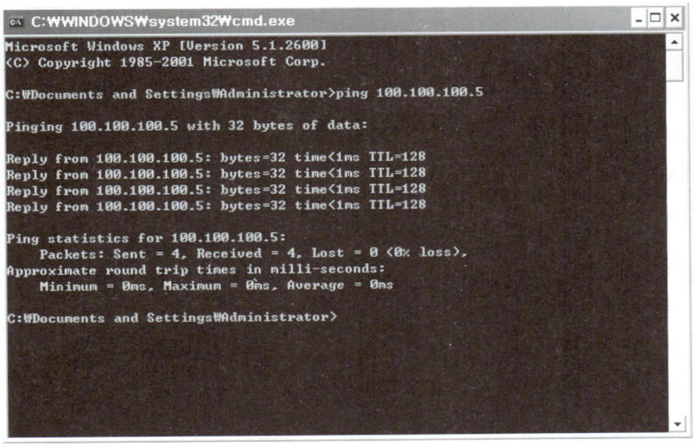

6 사용할 Modicon Address 맵

CIMON에서 제공하는 Modicon Address Map을 참조하시오.

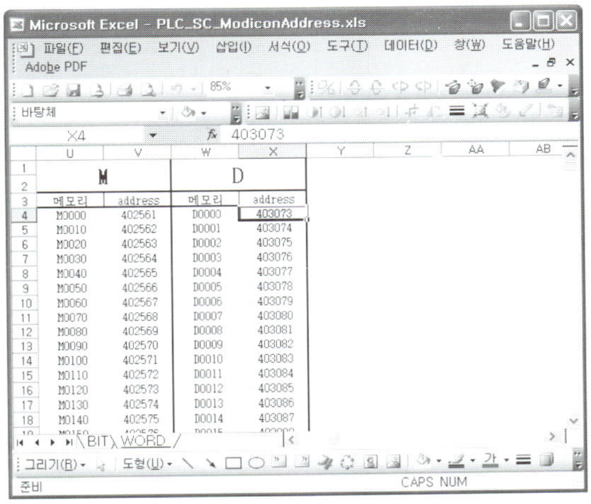

7 CIMON의 통신 속성 설정

'MODICCN Modbus TCP'를 선택한다.

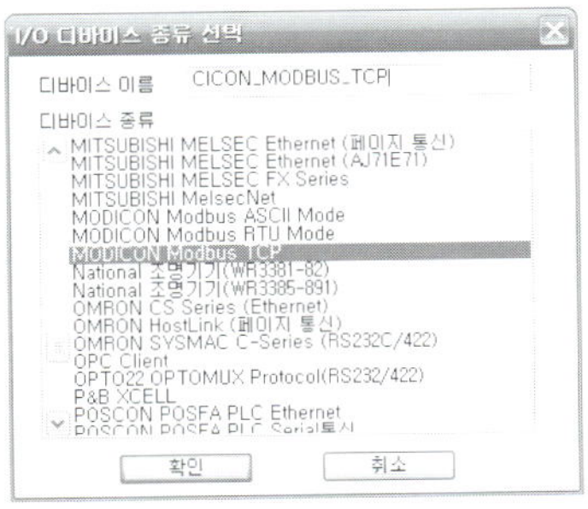

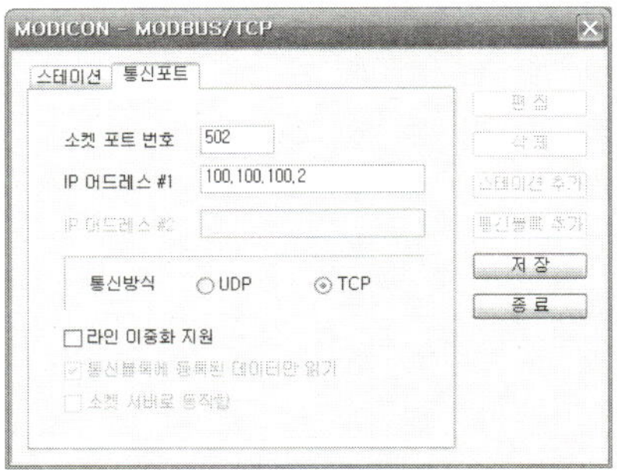

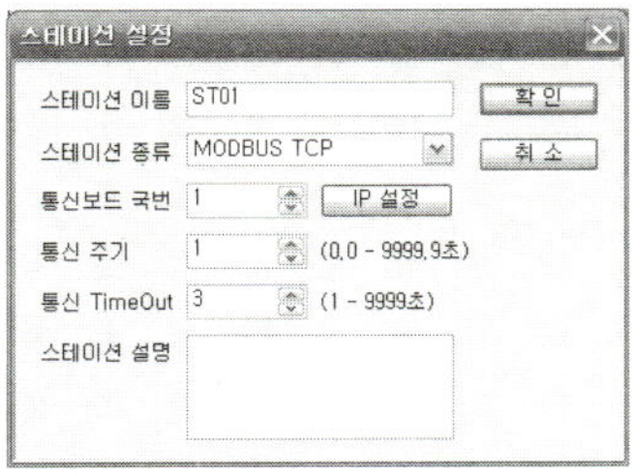

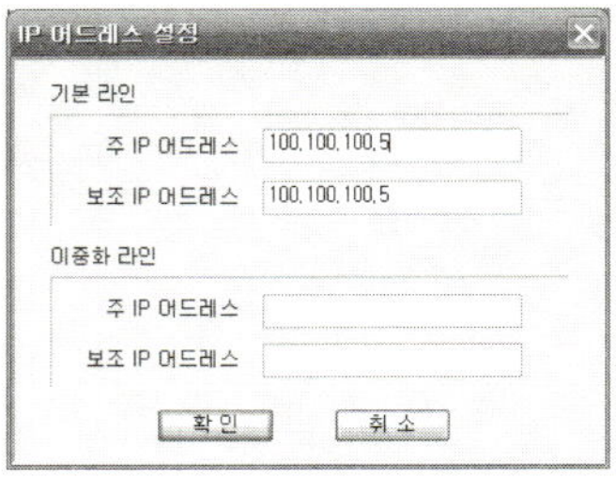

❶ 통신 블록 등록 : D000번이 403073번에 해당하므로 읽기 어드레스 헤더4, 그리고 번지수 03073을 등록한다.

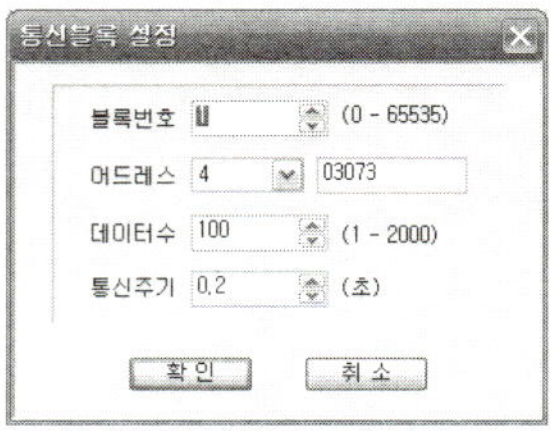

❷ 통신 블록 등록 : X000번이 100001번에 해당하므로 읽기 어드레스 헤더1, 그리고 번지수 00001을 등록한다.

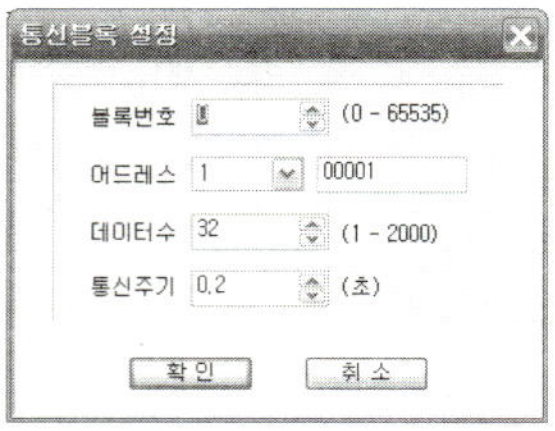

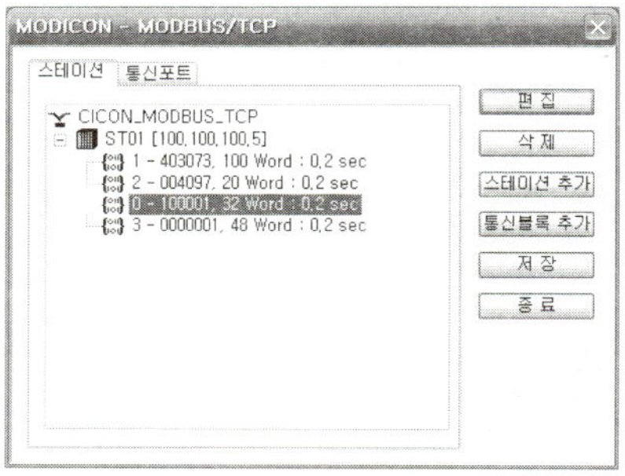

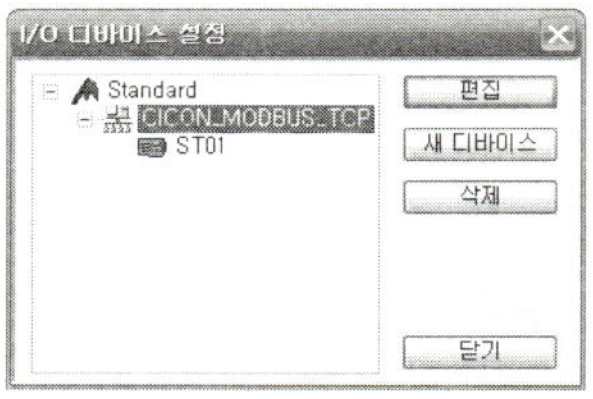

❽ CIMON의 태그 설정

❶ D000을 통신할 때 번지수 403073번을 등록한다.

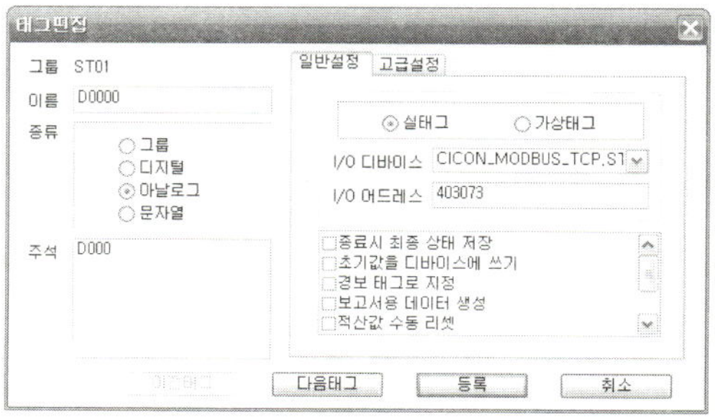

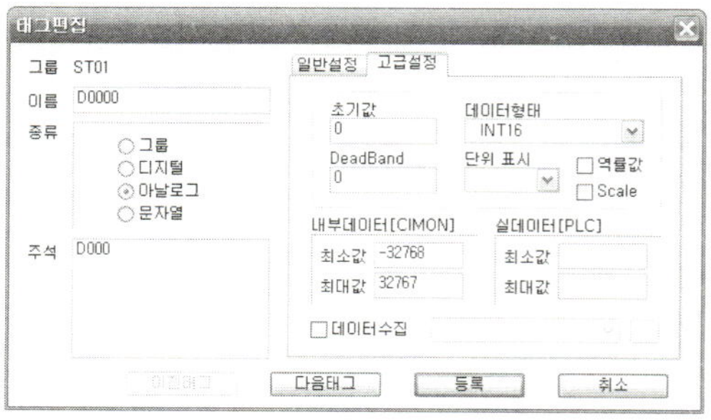

❷ M000을 통신할 때 번지수 004097번을 등록한다.

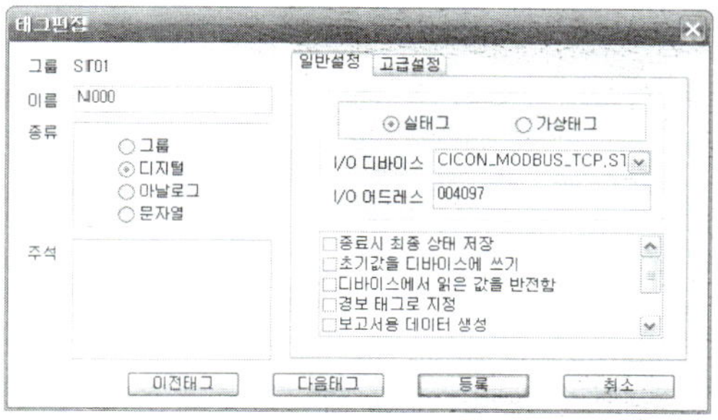

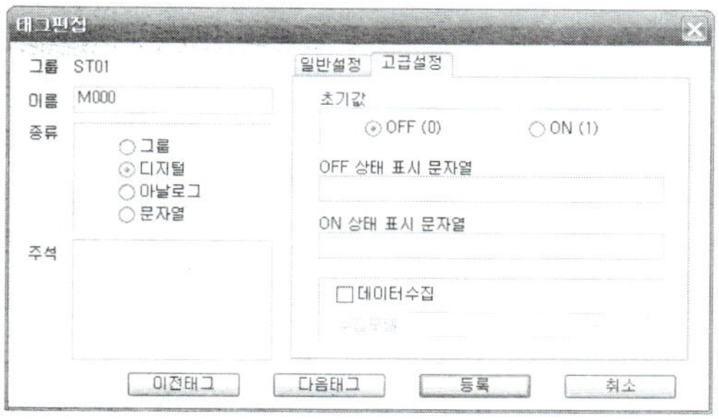

❾ CIMON과 PLC 통신 결과 확인

❶ CIMON에서 D0에 100을 쓰고 PLC에서 확인한다.

❷ CIMON에서 M0를 On하고 PLC에서 확인한다.

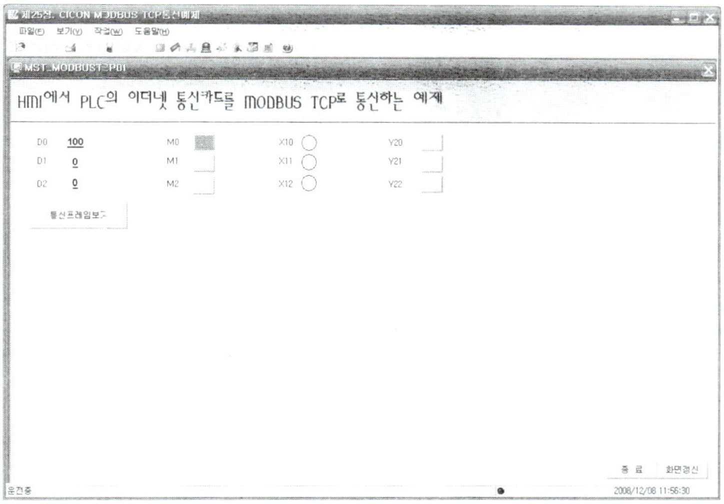

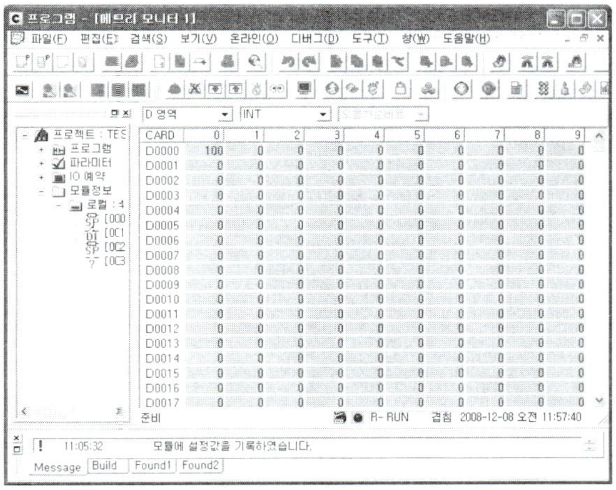

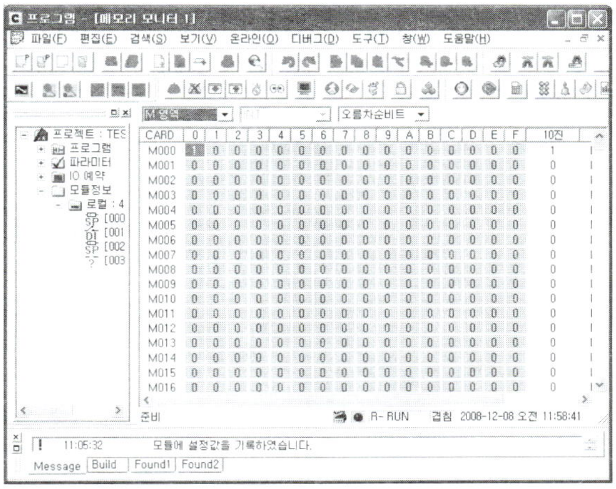

SECTION

26 OPC SERVER(HMI) 사용 예제(LabVIEW)

CIMON OPC Server로부터 데이터를 읽어 LabVIEW에서 그래프 처리하는 예제이다.

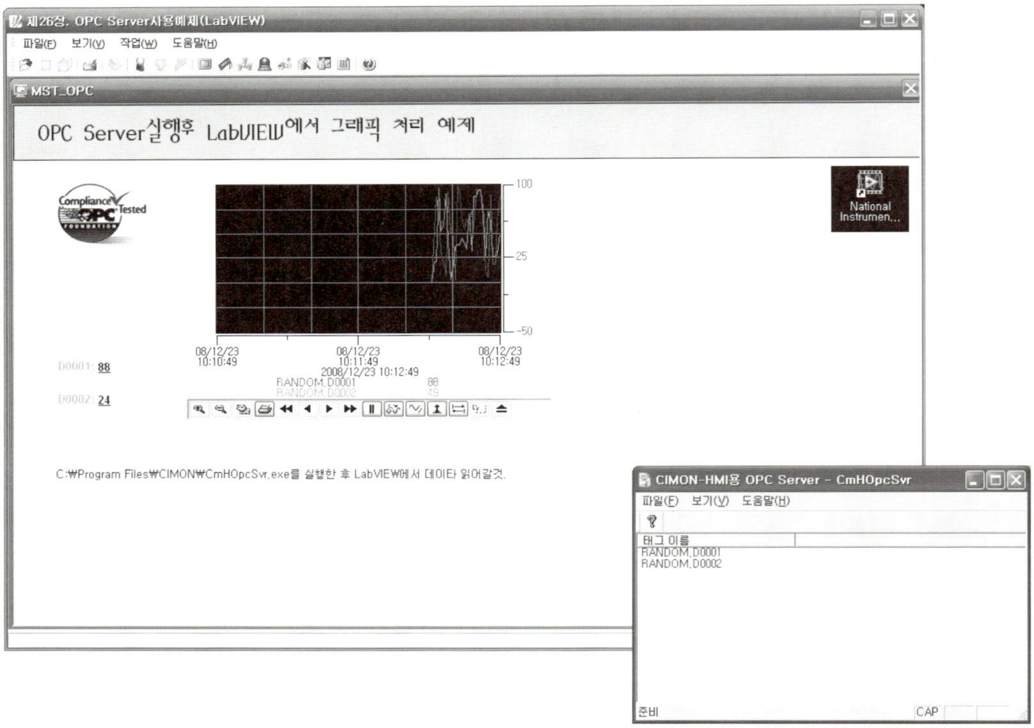

1 CIMON에서 OPC Server 사용하기 위한 준비

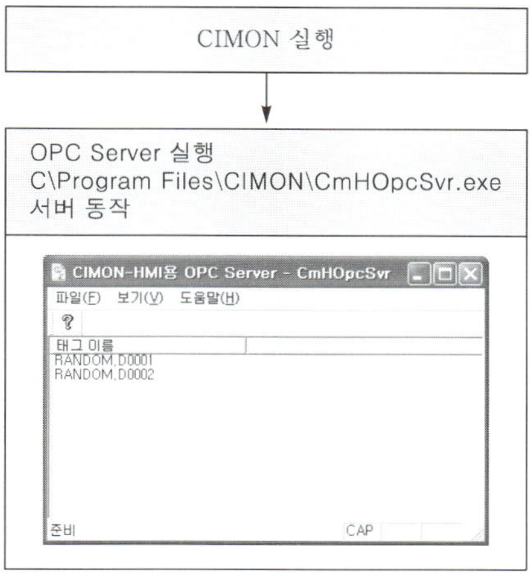

2 데이터 흐름

3 LabVIEW 사용 예제

❶ 화면 디자인

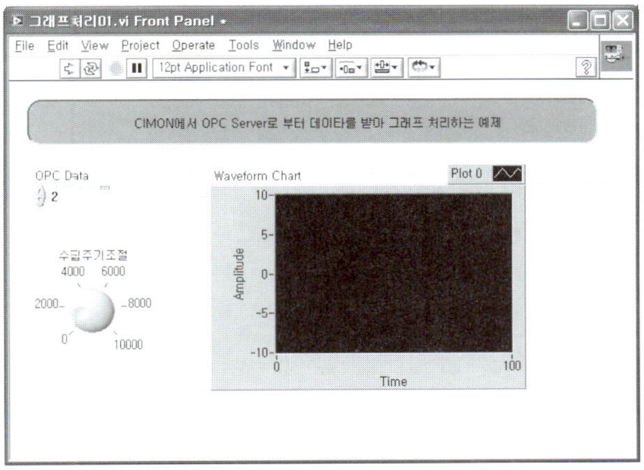

❷ Control 삽입 후 Properties 편집

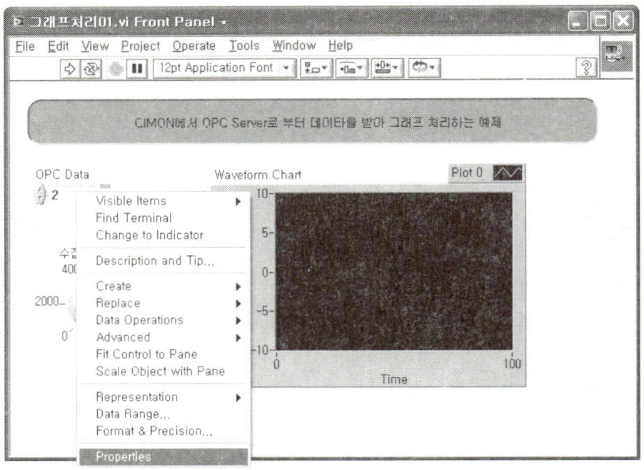

❸ Data Binding(DataSocket, DSTP Server)

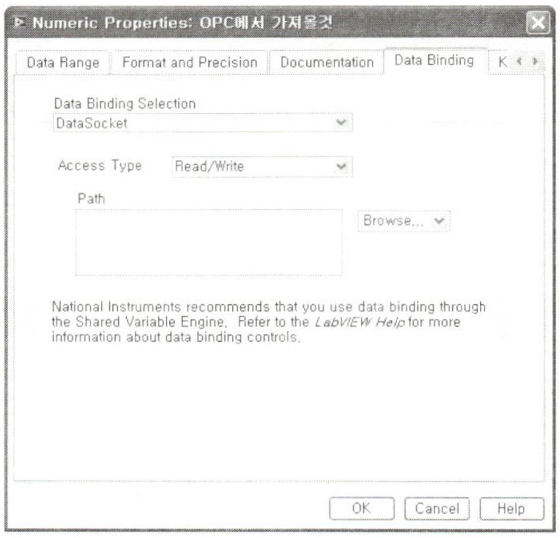

❹ 태그 선택

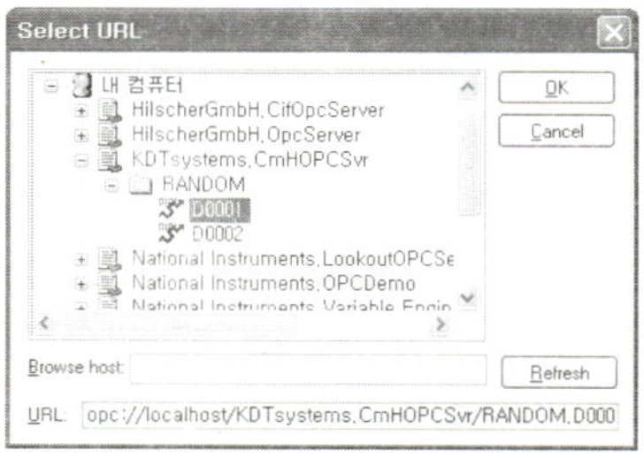

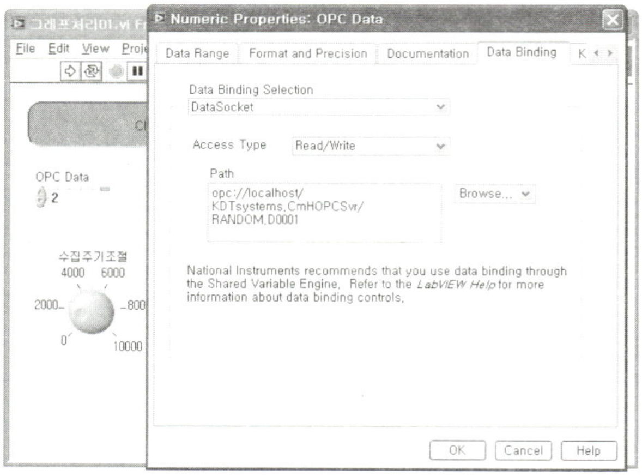

❺ 프로그래밍

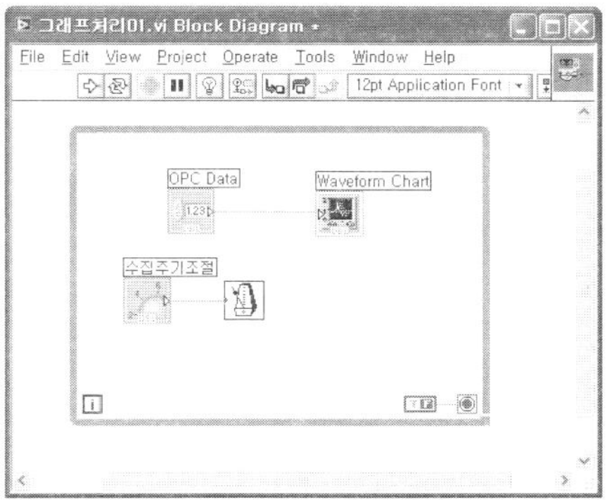

❻ 실행 화면

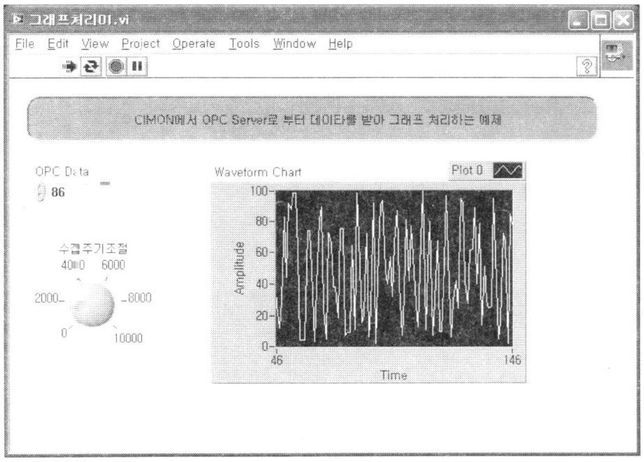

SECTION

27 CICON RS422 통신 예제

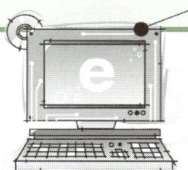

KDT PLC RS422/485 카드 통신 예제이다.

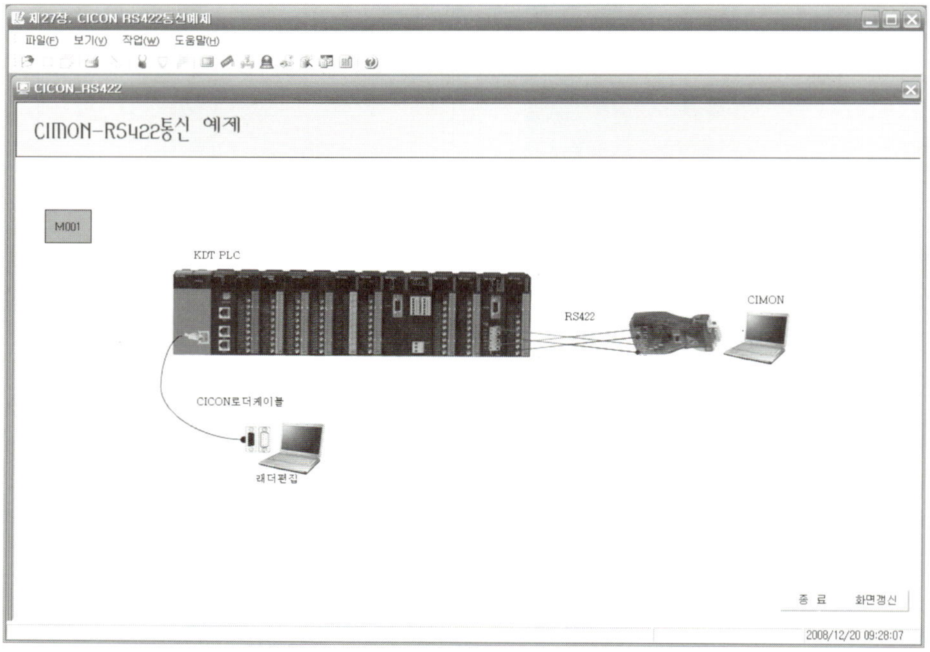

1 시스템 구성

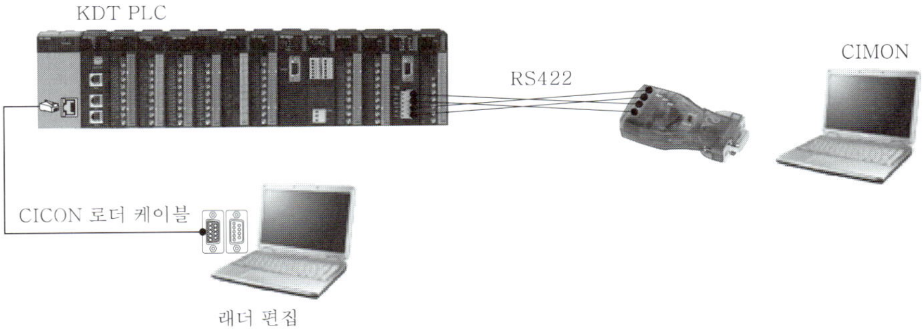

2 통신 케이블 제작

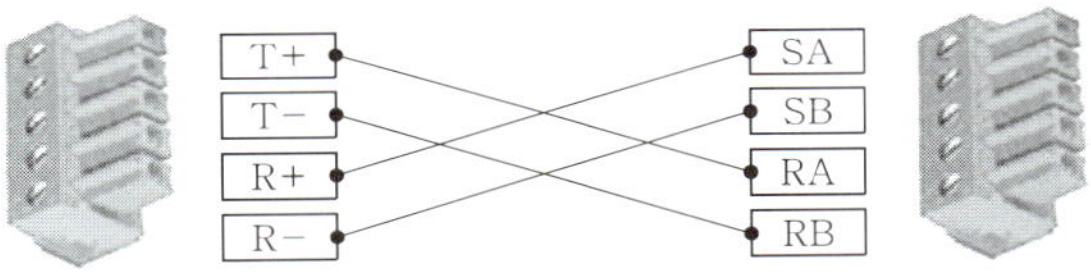

3 PLC의 통신 속성 설정

❶ PLC 래더 편집 프로그램 CICON에서 편집한다. 여기에서는 채널 2번 RS422을 설정한다.

참고 참조 RS232C는 채널 1번, RS422/485는 채널 2번으로 고정되어 있다.

❷ 설정 내용

㉮ 슬롯 번호

㉯ 프로토콜 : HMI 프로토콜

㉰ 국번 : 1국

㉱ 통신 파라미터 : 19200, N, 8, 1

㉲ 통신 방식 : RS422

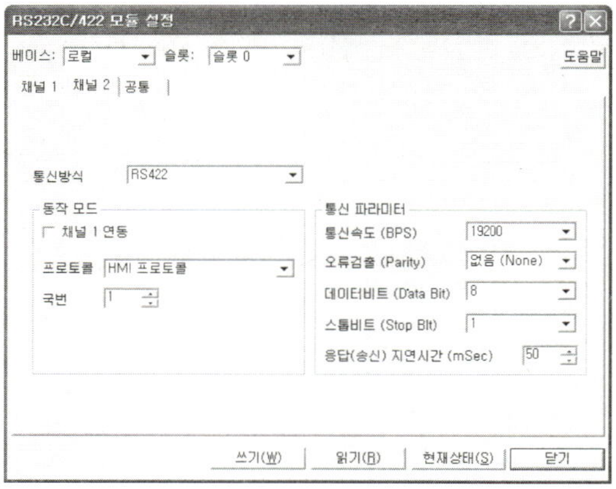

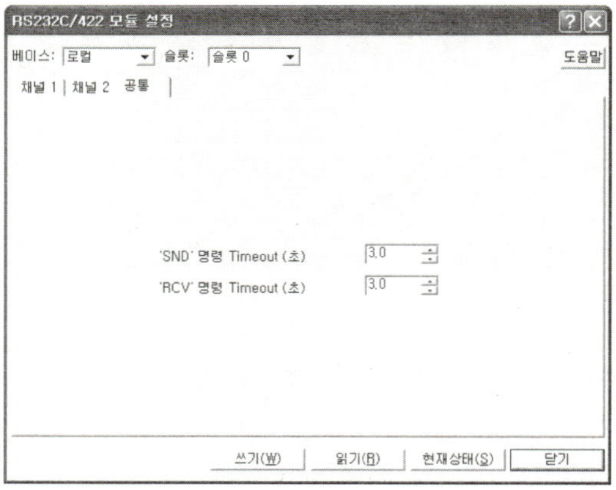

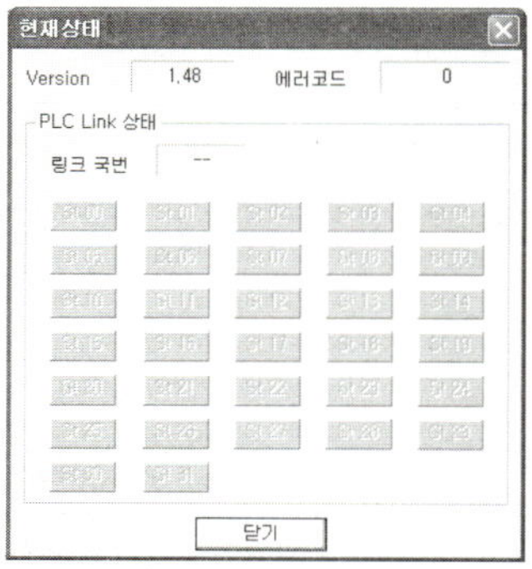

4 CIMON의 통신 속성 설정

'㈜케이디티시스템즈 CIMON-PLC RS232/422/485'를 선택한다.

❶ 국번 : 1국

❷ 통신 파라미터 : 19200, N, 8, 1

❸ CPU선택

참고 RS485 설정과 동일하다.

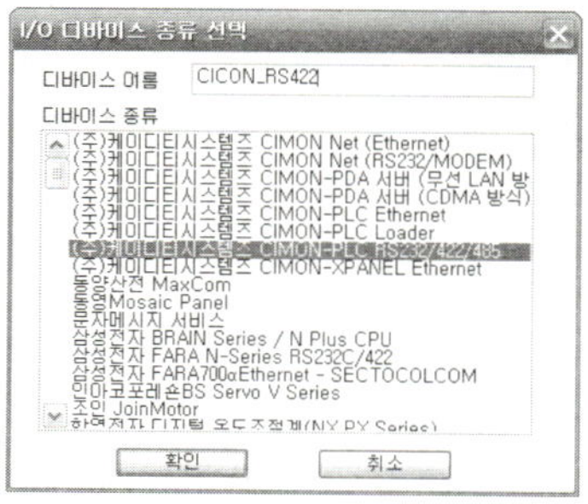

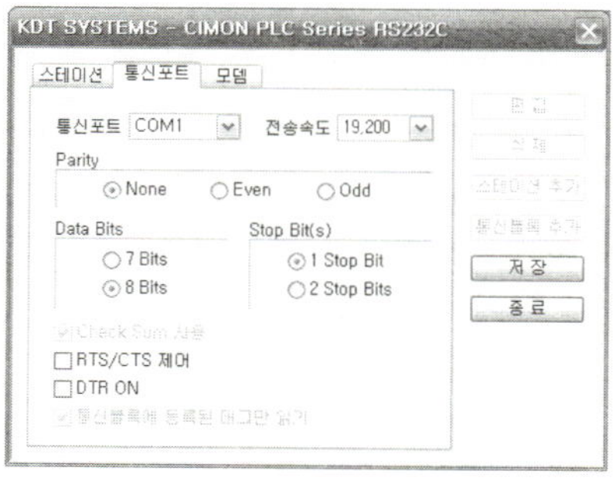

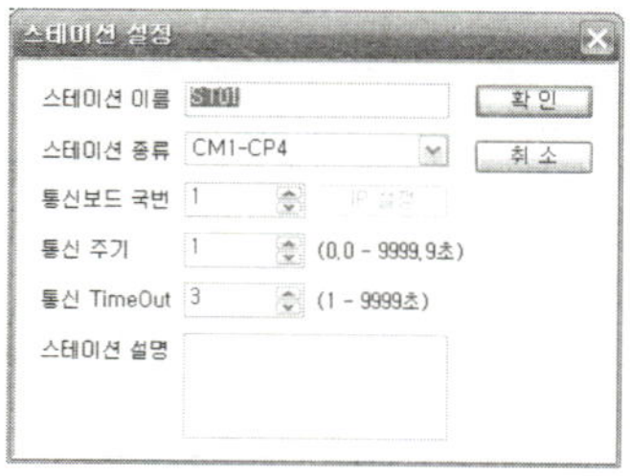

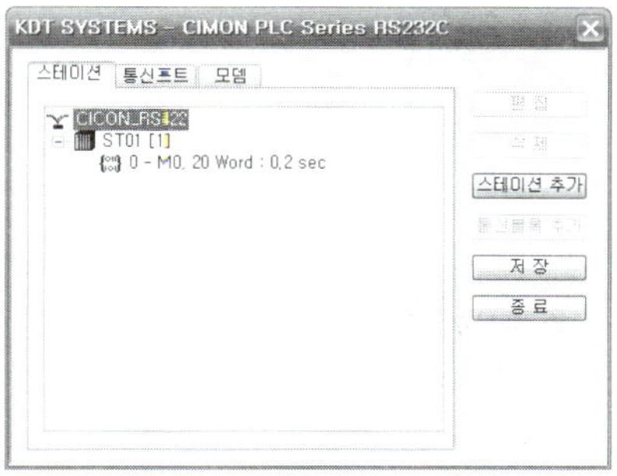

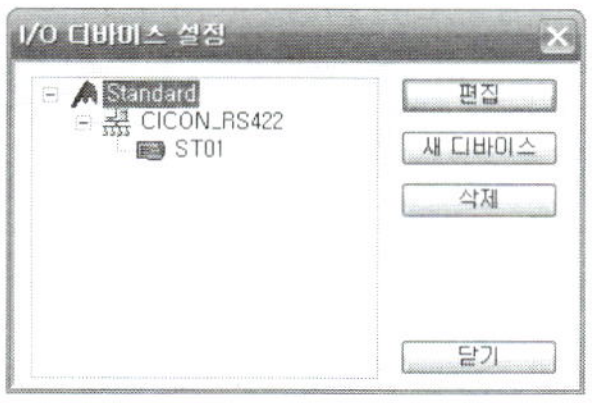

5 CIMON의 태그 편집

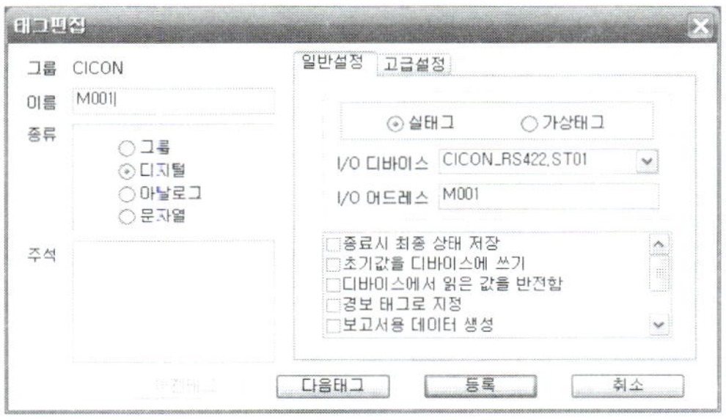

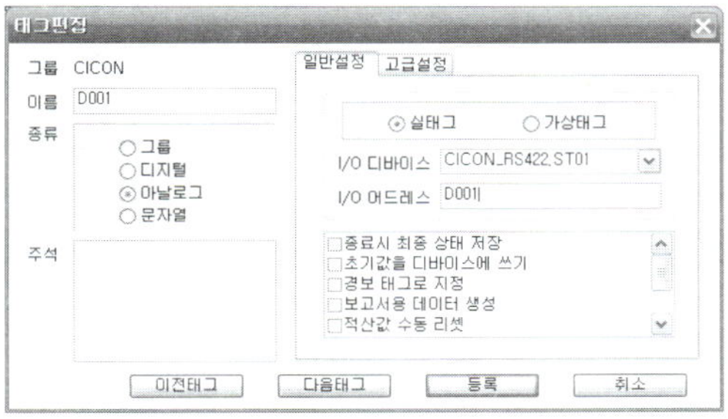

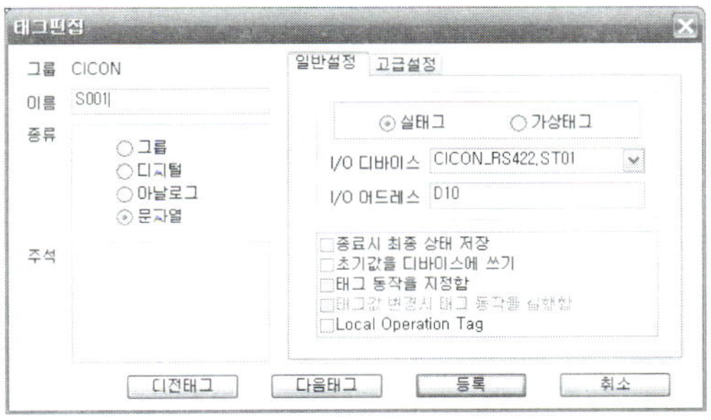

SECTION

28 FEP 서버 활용 예제

PLC와 CIMON1의 시리얼 통신으로 구성된 시스템에서 CIMON2에서도 CIMON1과 같은 화면을 사용하고자 할 때 CIMON1에서 FEP 서버를 설정하고 CIMON2에서 CIMON1으로 접속해서 사용할 수 있는 예제이다.

[FEP 서버 컴퓨터]

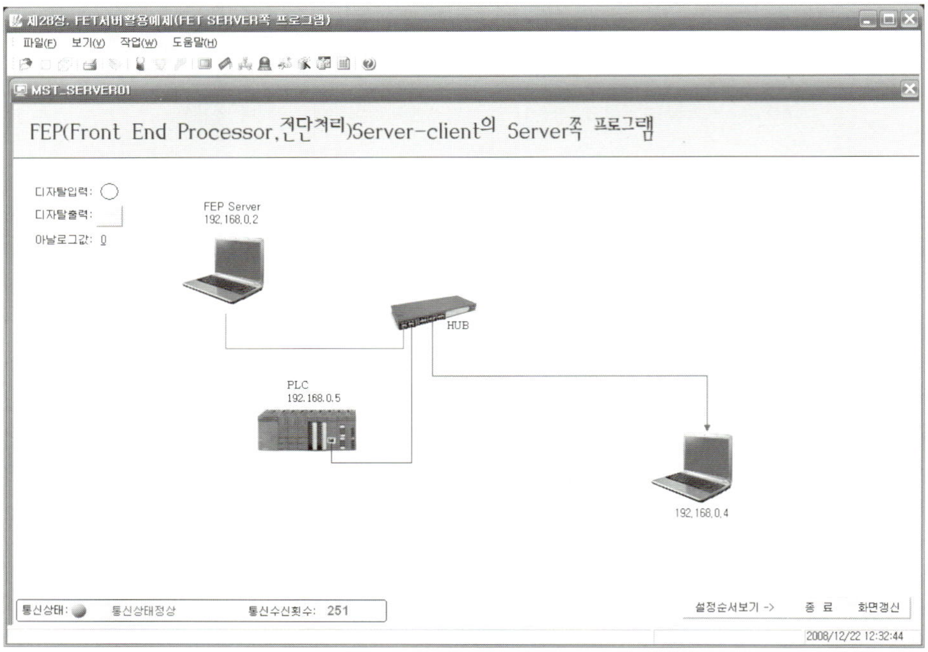

[노드 1번 컴퓨터]

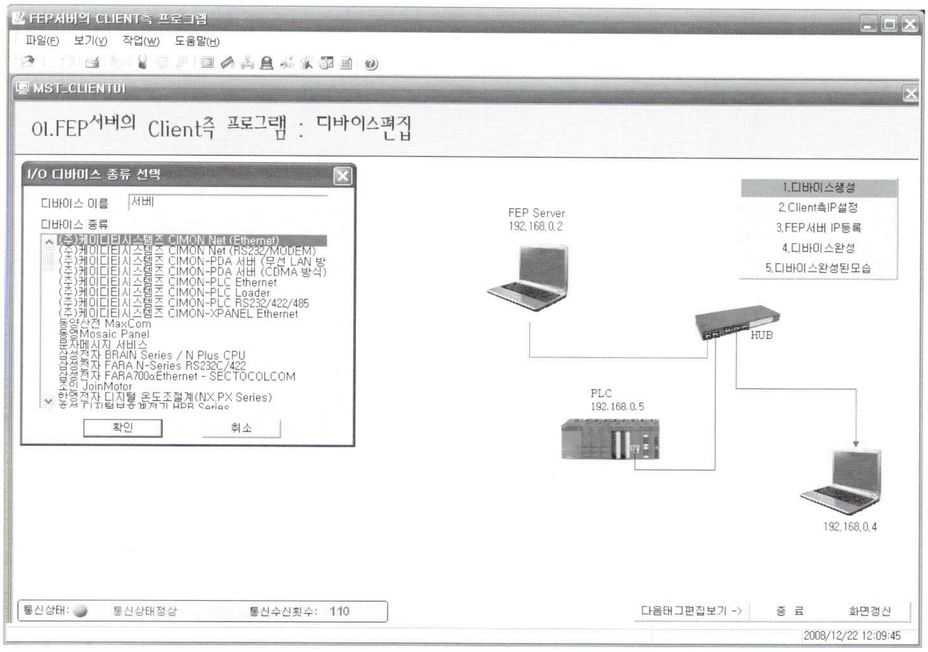

1 시스템 구성도

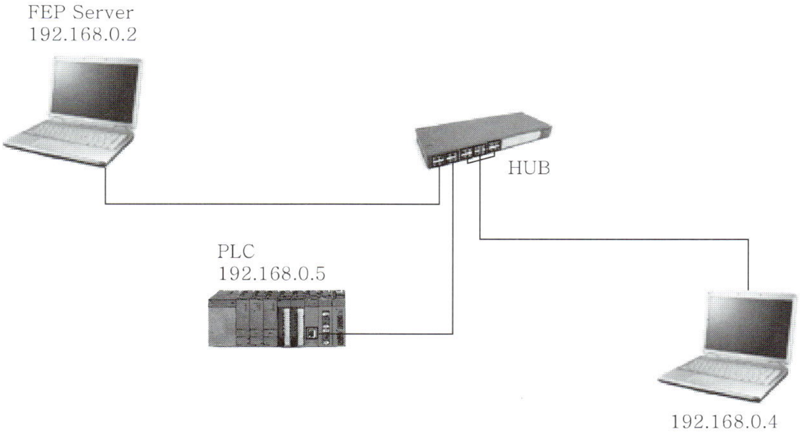

2 LAN 케이블

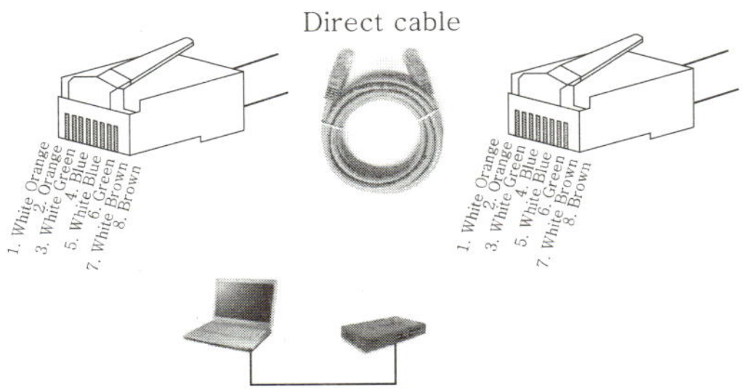

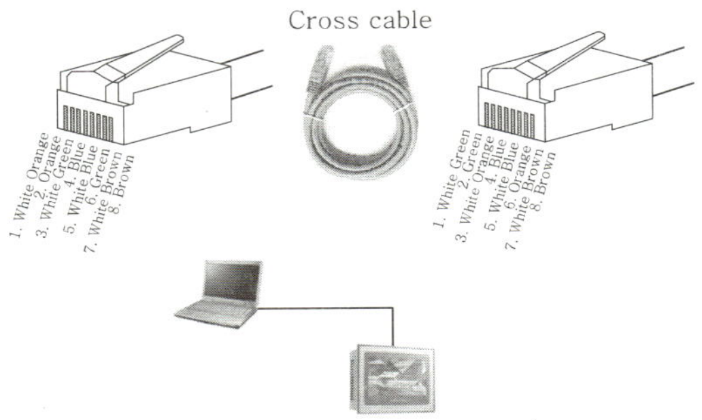

3 FEP 서버 컴퓨터 IP 설정

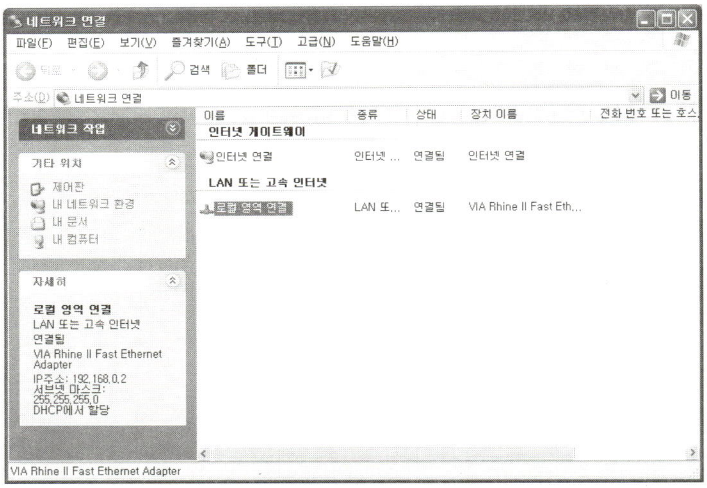

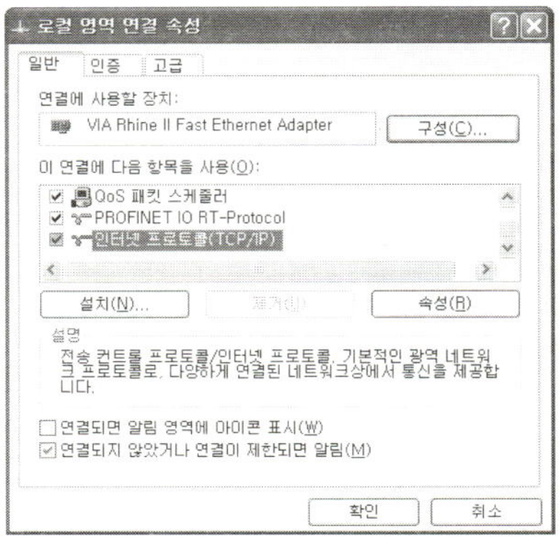

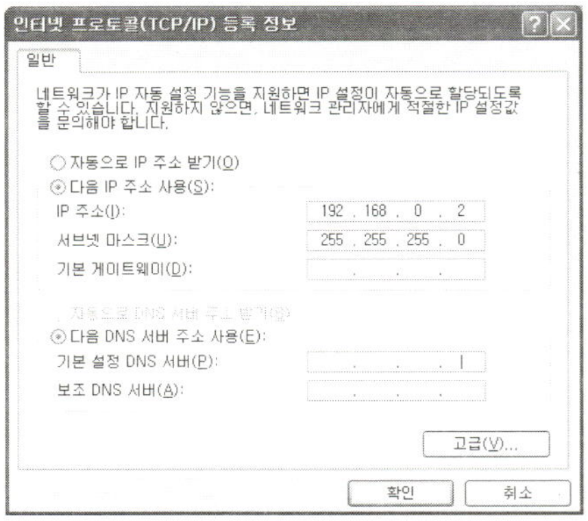

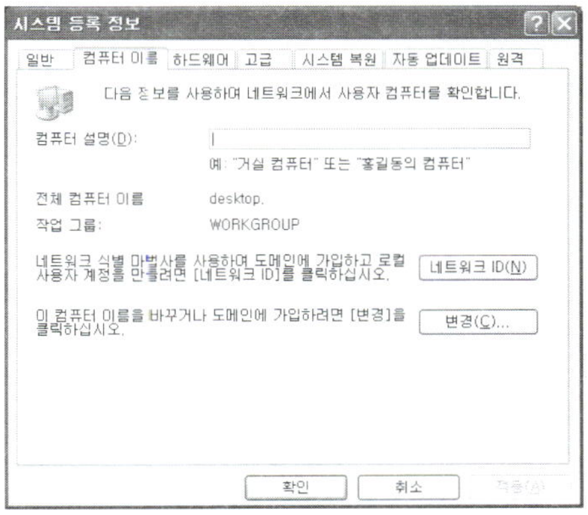

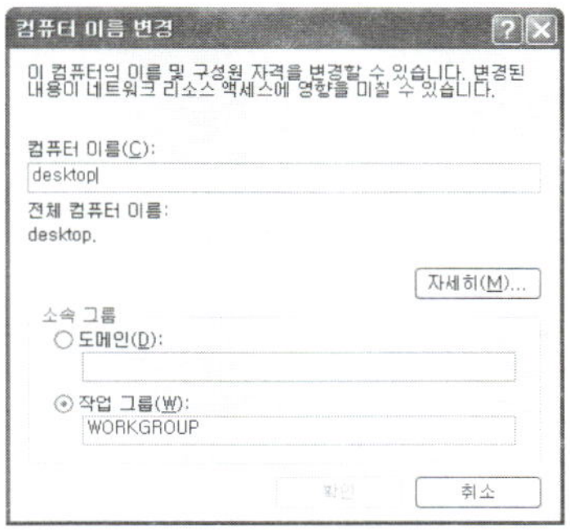

4 FEP 서버 컴퓨터 네트워크 설정

도구/네트워크(서버 IP, 노드 IP 설정)에서 설정한다.

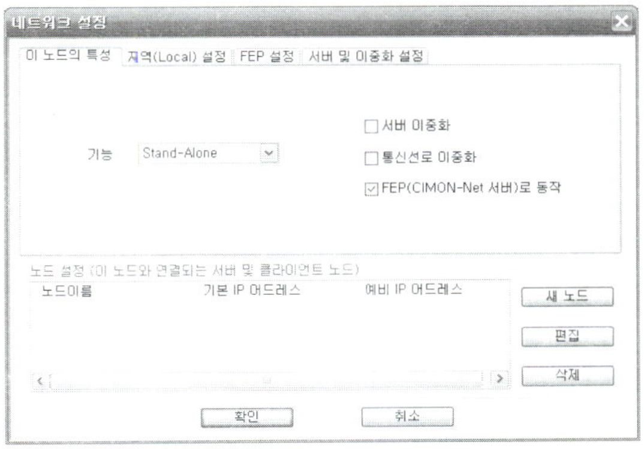

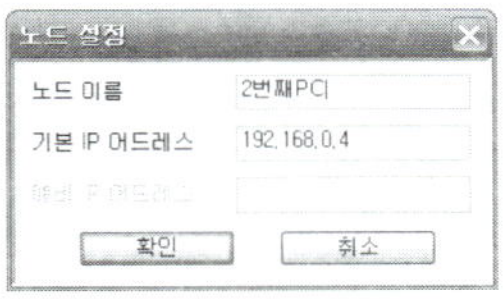

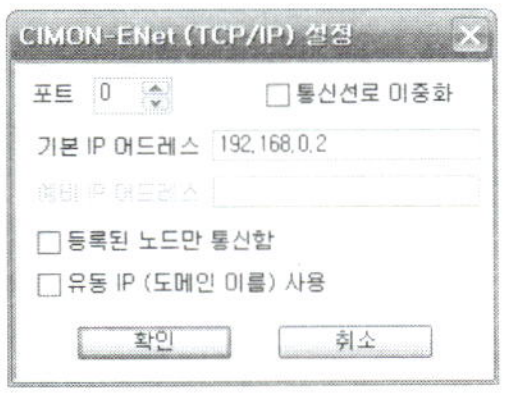

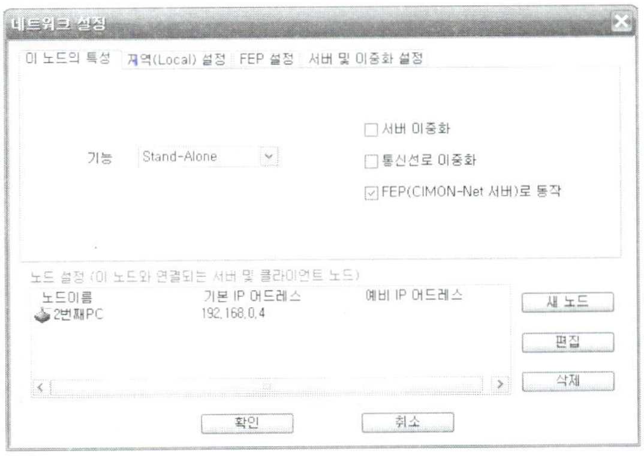

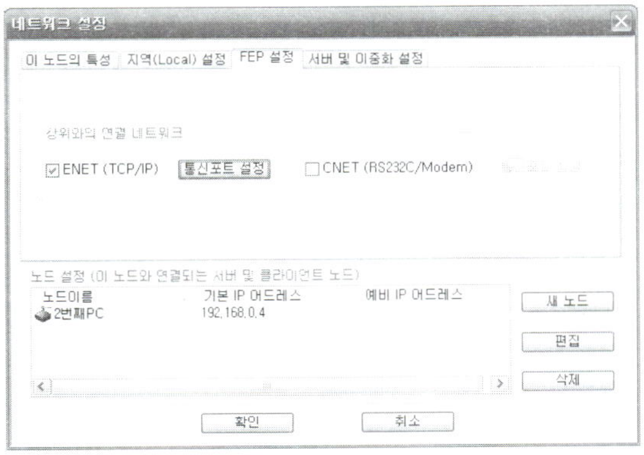

5 노드1 컴퓨터 디바이스 설정

'㈜케이디티시스템즈 CIMON Net(Ethernet)' 디바이스를 선택한다.

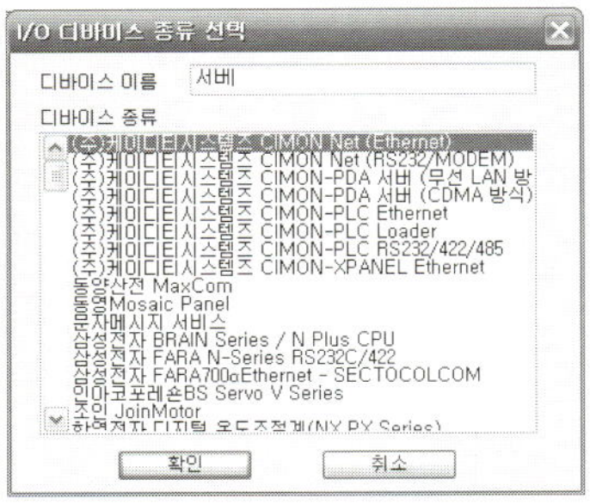

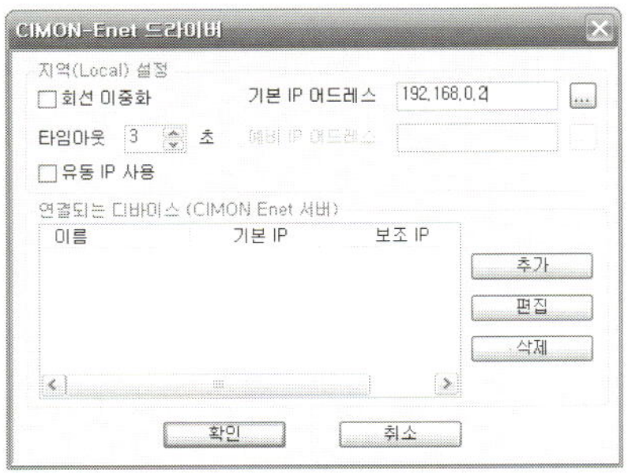

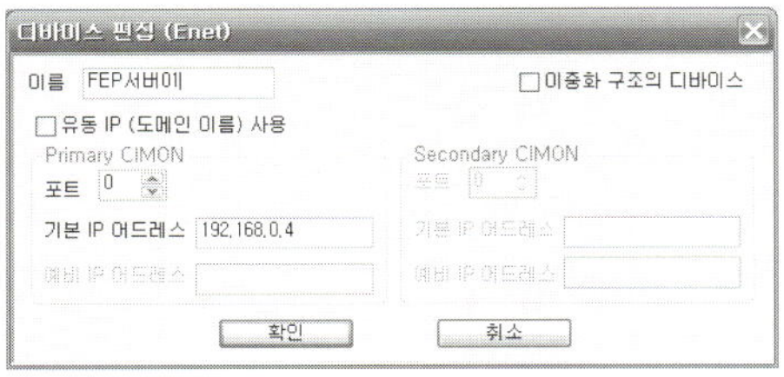

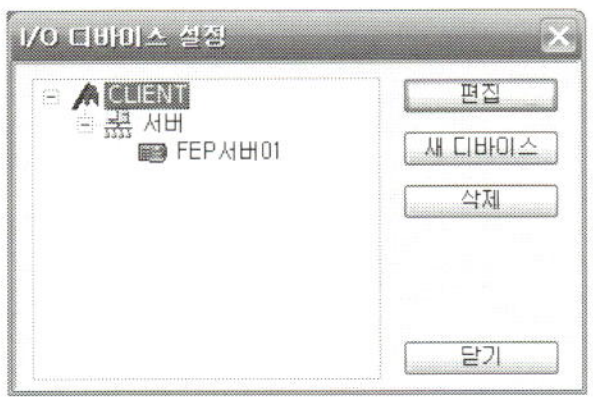

6 노드1 컴퓨터 태그 설정

어드레스에 전체 경로를 적어줘야 인식한다.

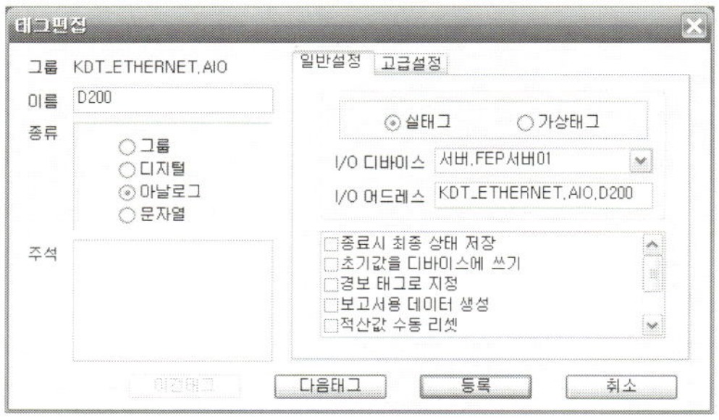

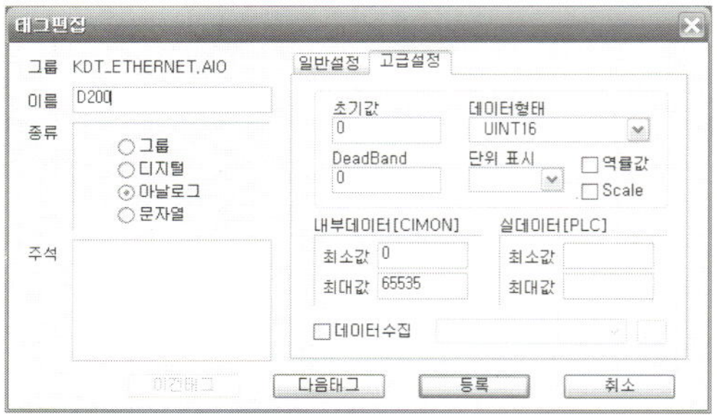

7 Ethernet 사용 시 주의 사항

보안 차단 프로그램이 동작 중에 있으면 접속이 불가능하다. 보안 해제 또는 인식 후 사용하시오.

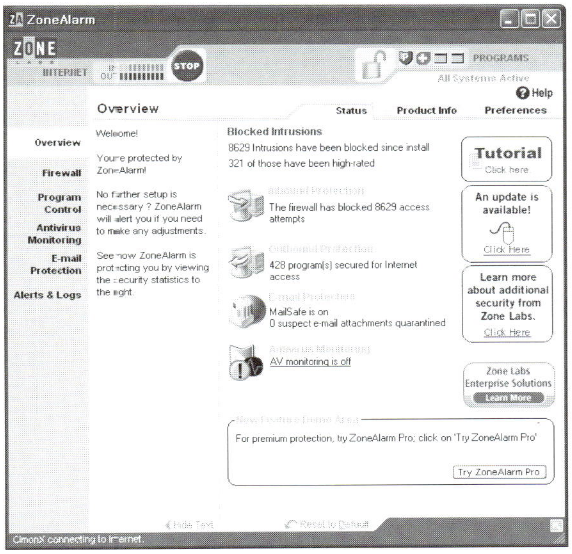

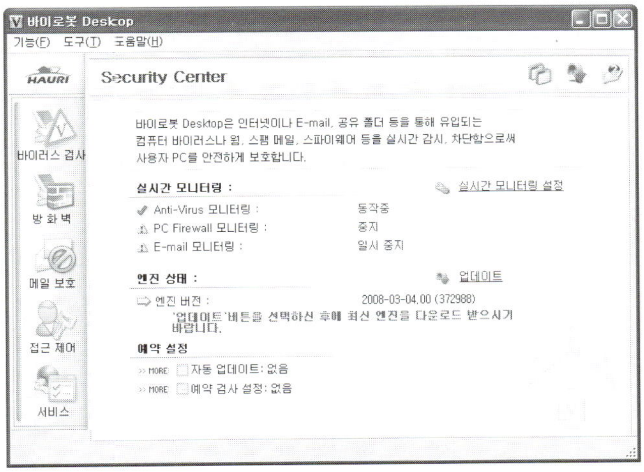

SECTION 29

ETHERNET 동시 오픈 테스트 예제

PLC Ethernet 통신 카드 동시 오픈 테스트 예제이다.

PC1번에서의 실행 화면이다. PC2번에서도 같은 프로젝트 파일을 복사하여 IP 변경 후 테스트해 보기 바란다.

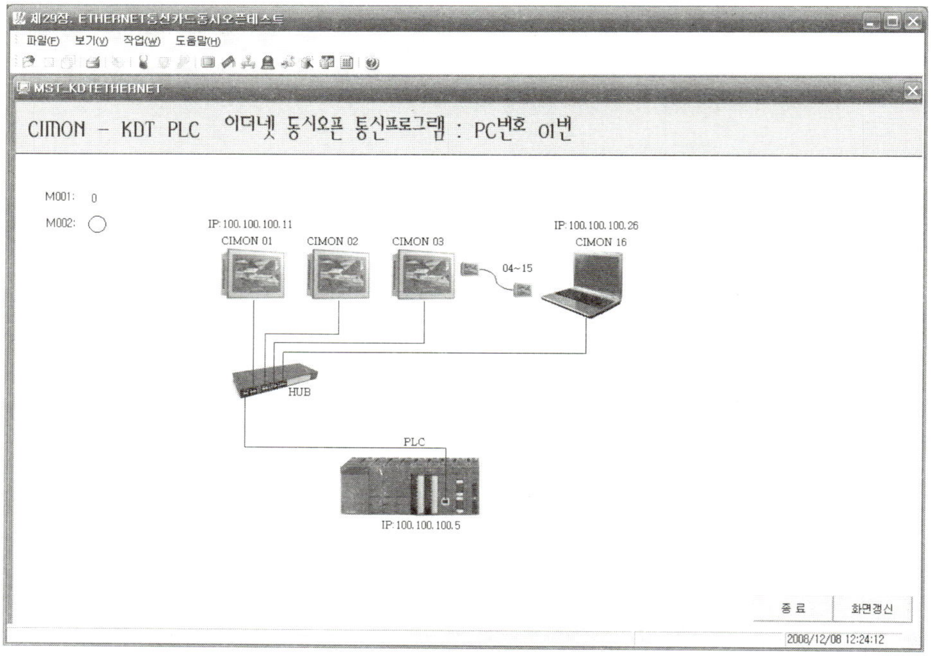

① 시스템 구성도

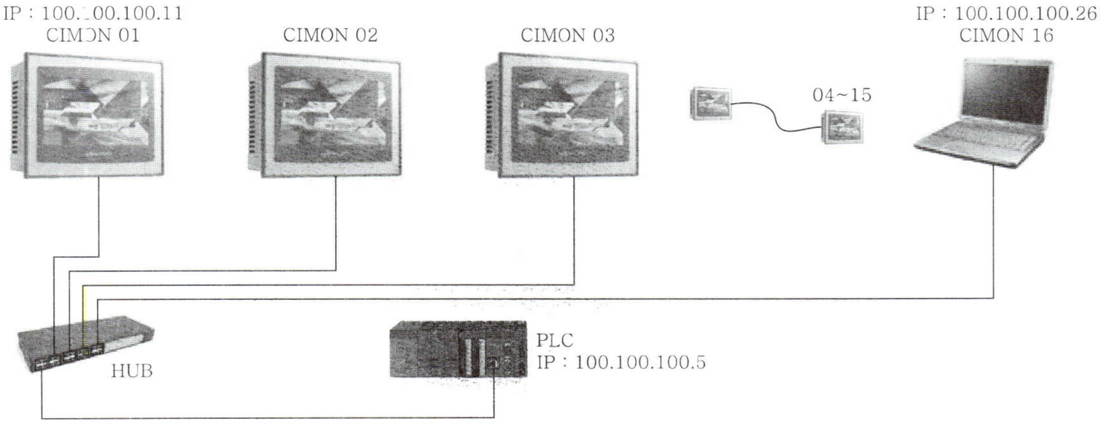

② LAN 케이블

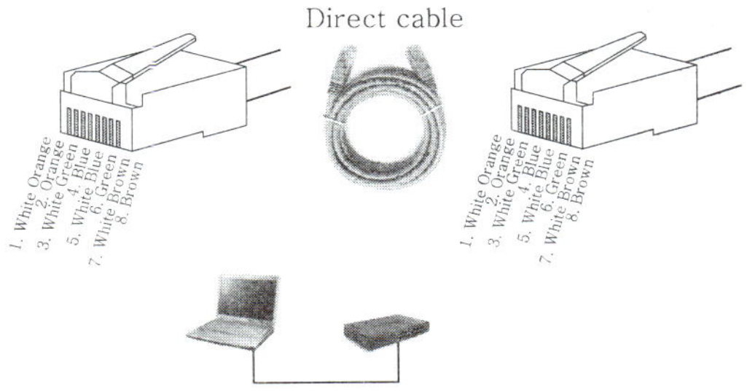

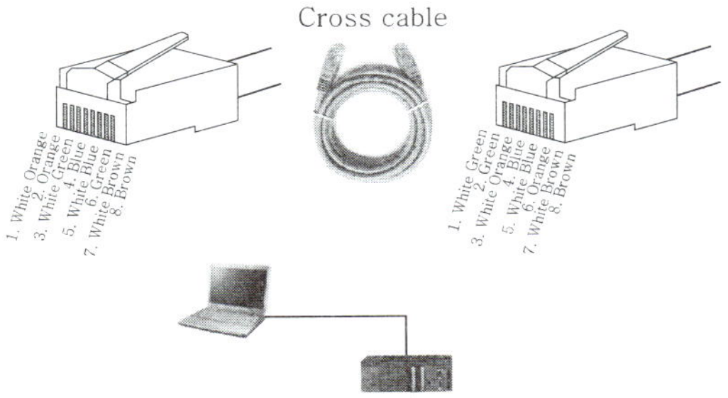

압착기 손잡이에 다음을 잘라서 붙이면 편리하다.

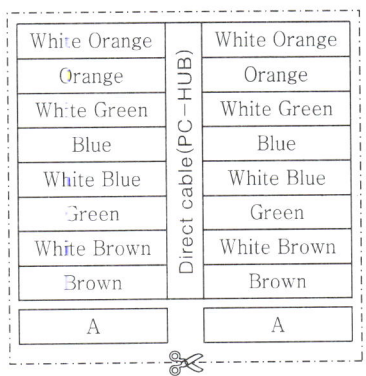

	Direct cable(PC−HUB)	
White Orange		White Orange
Orange		Orange
White Green		White Green
Blue		Blue
White Blue		White Blue
Green		Green
White Brown		White Brown
Brown		Brown
A		A

	Cross cable(PC−PC)	
White Orange		White Green
Orange		Green
White Green		White Orange
Blue		Blue
White Blue		White Blue
Green		Orange
White Brown		White Brown
Brown		Brown
A		B

3 PC의 IP 설정

PC의 네트워크에서 PC의 IP를 설정한다.

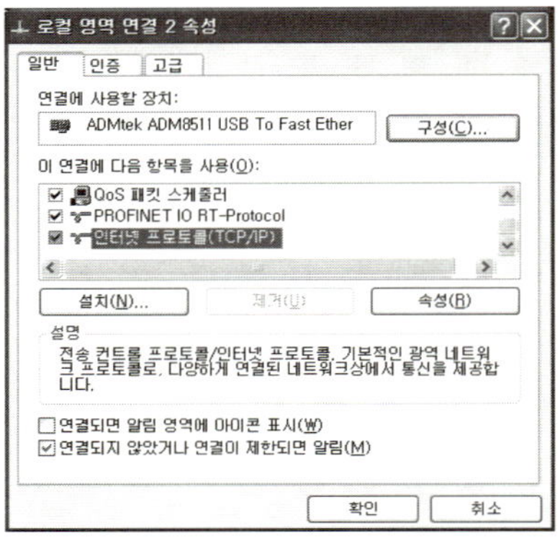

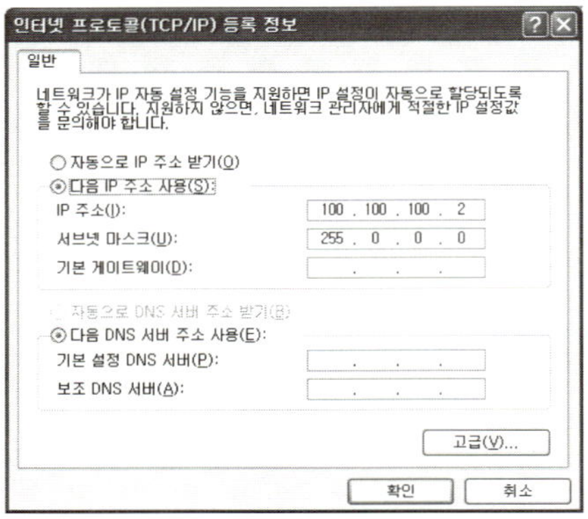

4 PLC의 IP 설정

PLC에 IP를 설정한다. 쓰기 클릭으로 PLC 설정은 완료되며 현재 상태를 클릭하여 확인할 수 있다.

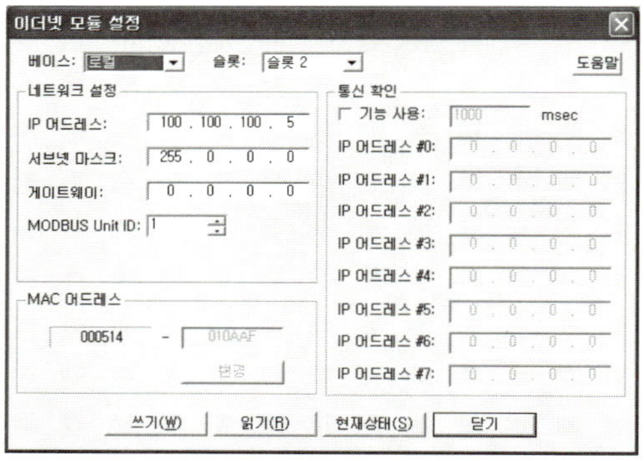

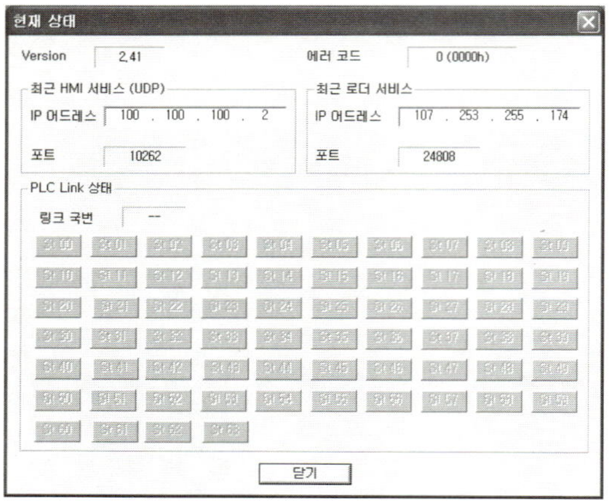

5 PLC와 PC의 연결 테스트

PC와 PLC 사이의 연결 상태를 확인하기 위해 다음과 같이 Ping Test를 한다. Ping Test가 정상이면 물리적인 작업은 완료된 상태이다.

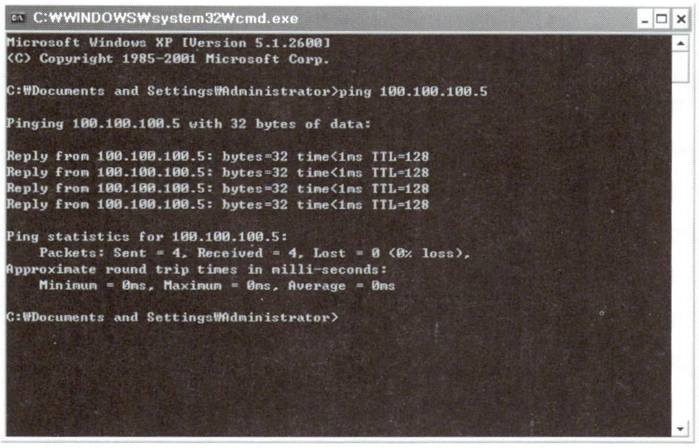

6 CIMON의 통신 속성 설정

CIMON에서 이더넷 설정은 아래와 같이 직접 설정하거나 또는 CICON_PLC_Ethernet.dvx 파일을 현재 경로로 복사하면 된다.

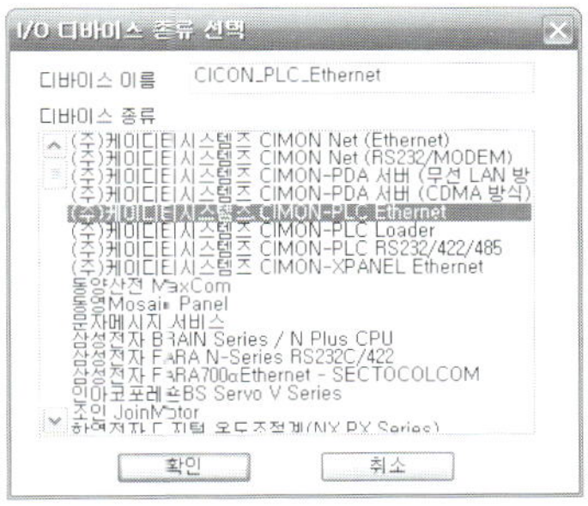

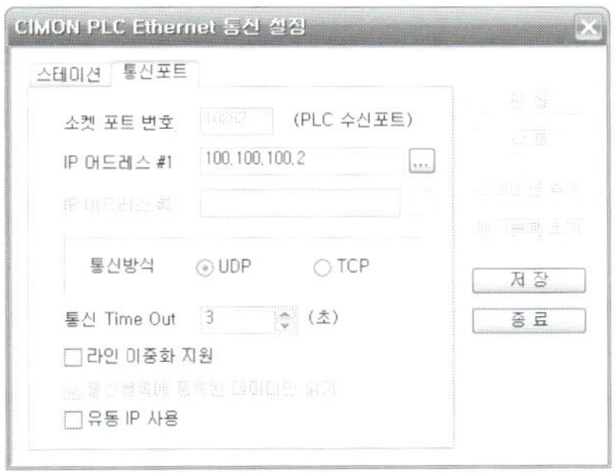

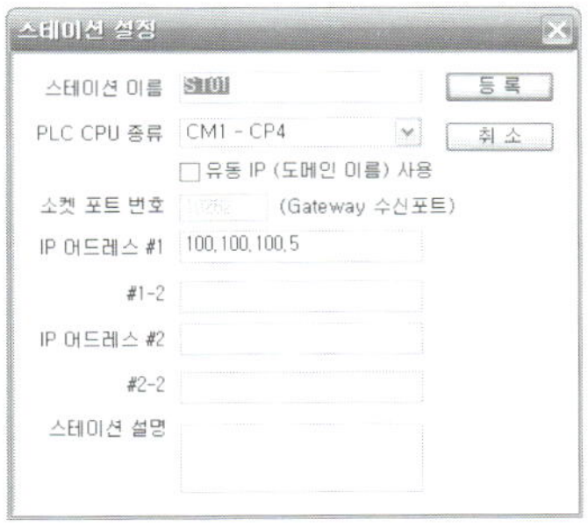

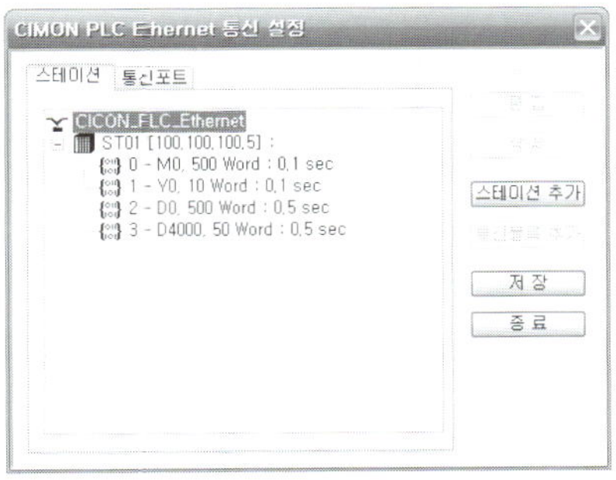

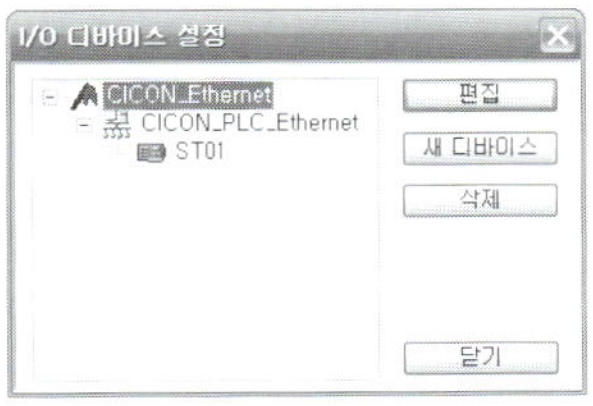

7 CIMON의 태그 편집

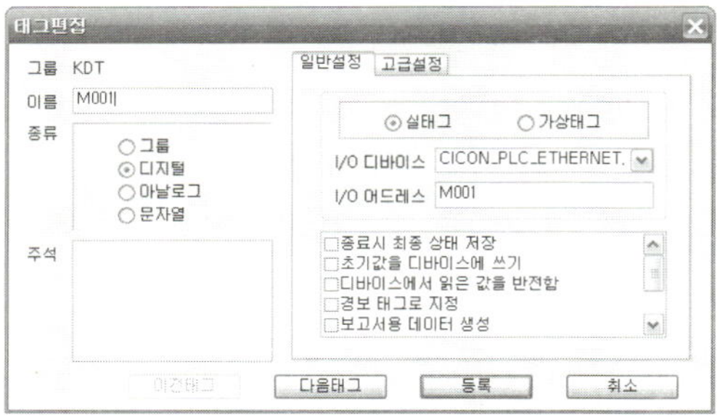

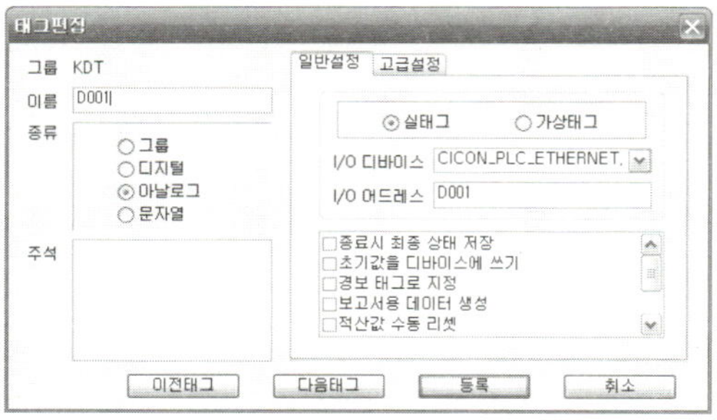

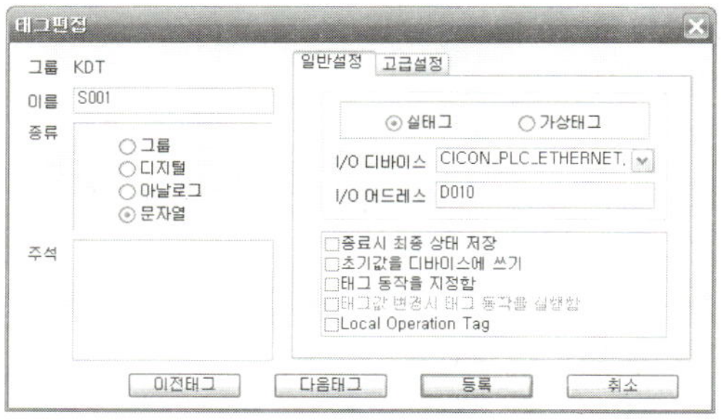

SECTION

30 자동 실행 도구 사용 예제

CIMON 무한 태그에서 지원하는 자동 실행 도구 사용 예제이다.

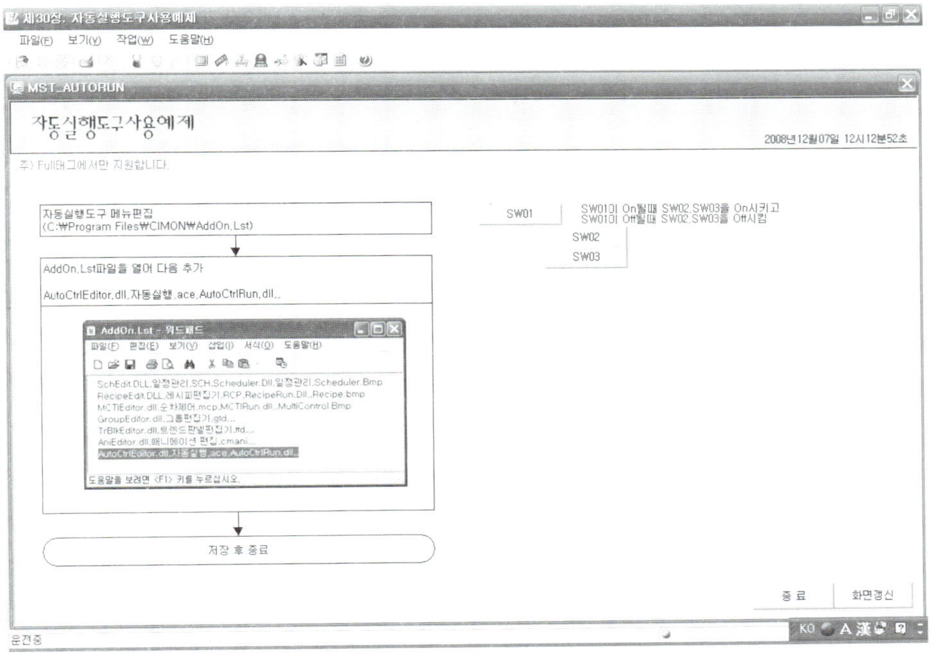

1 자동 실행 도구 사용하기 위한 준비

도구/자동 실행이 없으면 다음과 같이 도구를 추가한다.

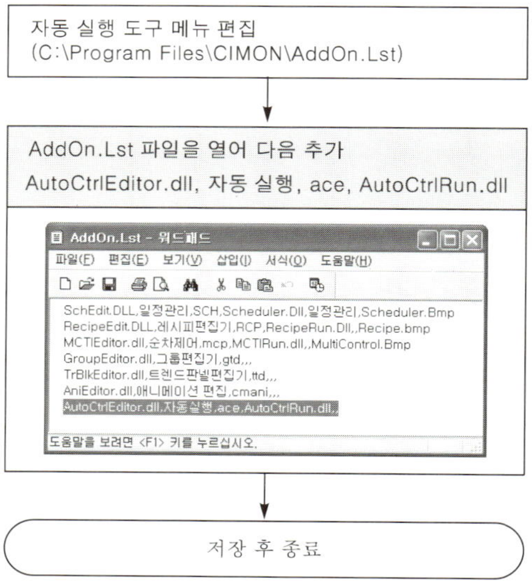

2 자동 실행 내용 추가

도구/자동 실행에서 자동 실행할 내용을 추가한다.

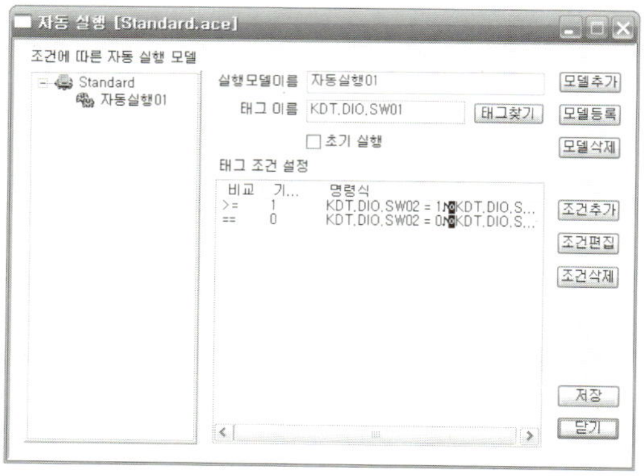

SECTION

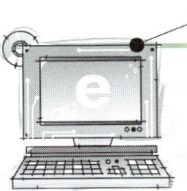

31 태그 동작 사용 예제

태그 동작 사용 예제이다.

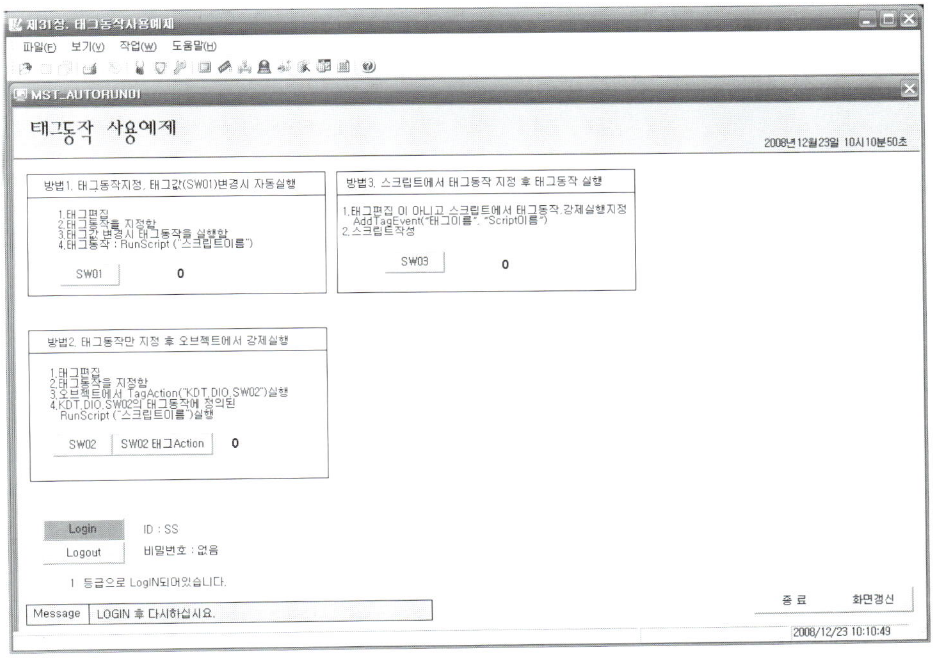

1 태그 동작 사용 방법 1

❶ 태그 편집 시 '태그 동작을 지정함'에 체크, '태그값 변경 시 태그 동작을 실행함'에 체크

❷ 태그 동작 탭에 삽입 한 다음 자동으로 실행하는 방법

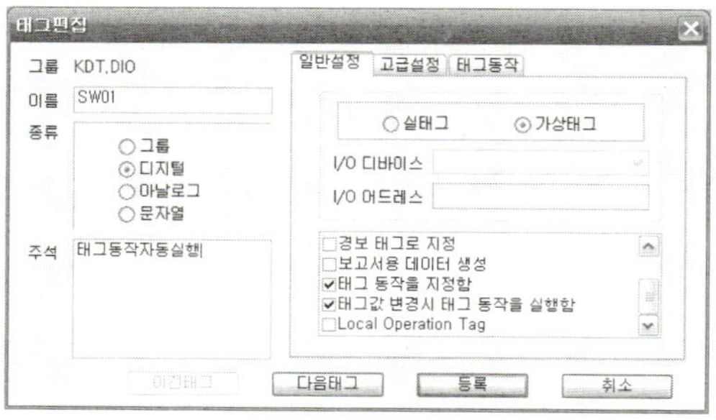

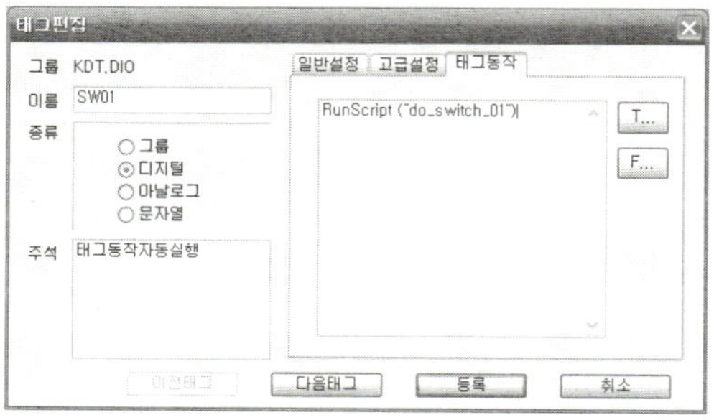

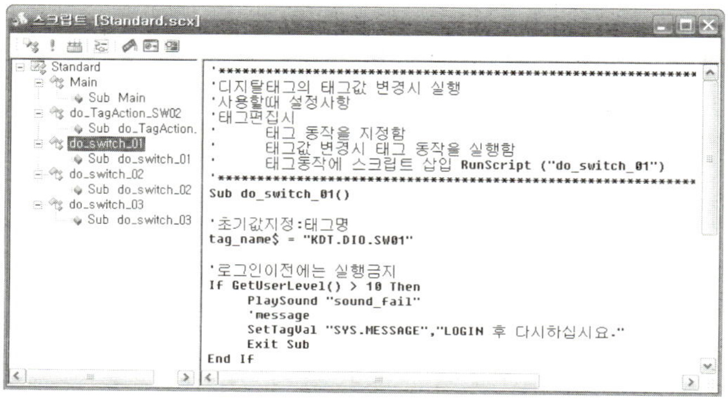

2 태그 동작 사용 방법 2

❶ 태그 편집 시 '태그 동작을 지정함'에 체크, '태그값 변경 시 태그 동작을 실행함'에 체크 안함

❷ 동작을 텝에서 태그 동작 삽입

❸ 오브젝트에서 명령식 스크립트 실행

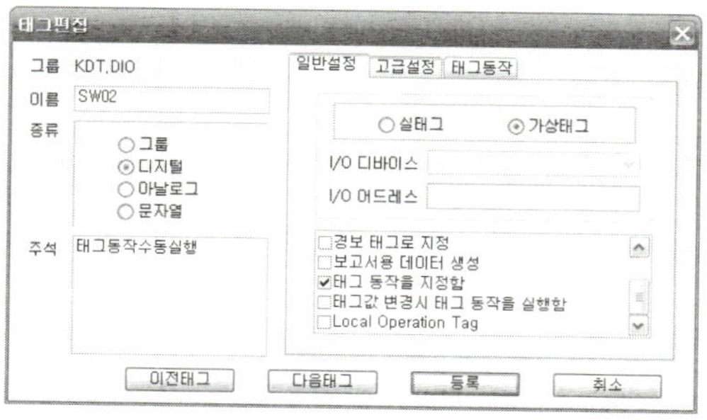

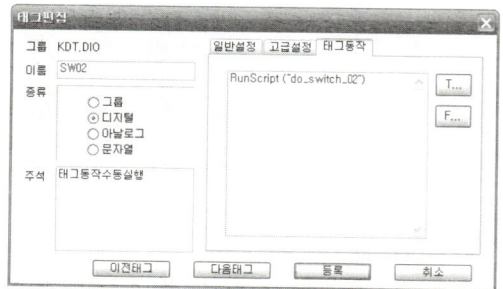

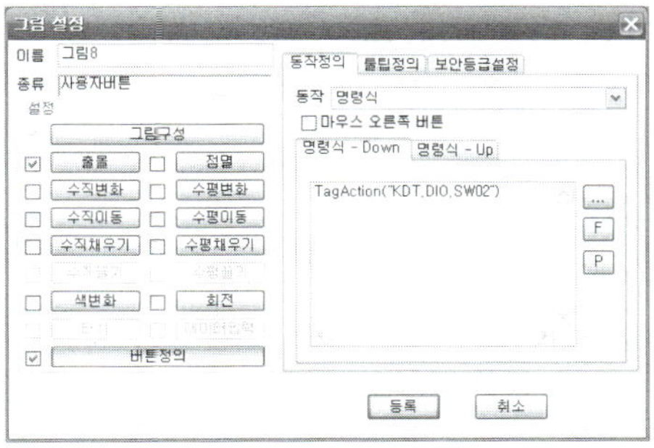

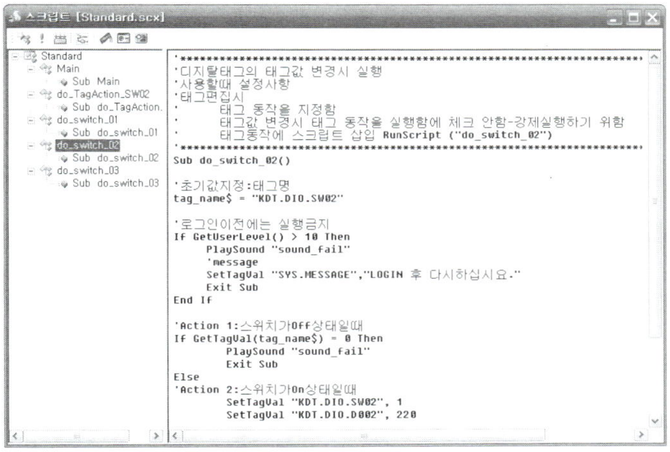

③ 태그 동작 사용 방법 3

❶ 스크립트에서 태그 동작을 지정(이때 태그값 변경 시 태그 동작을 실행함이 자동으로 지정됨)

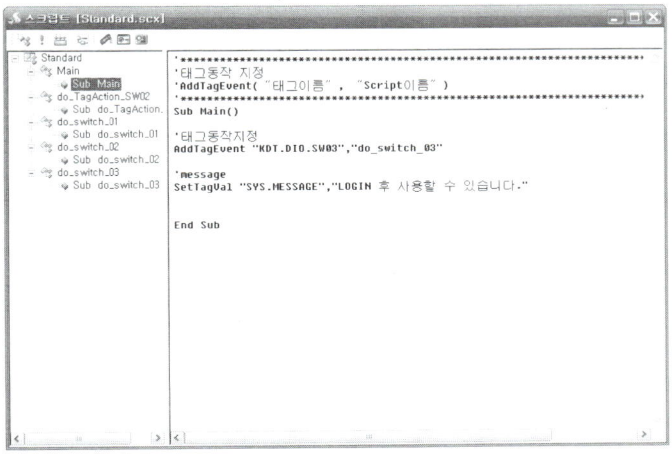

❷ 스크립트 작성

참고 Main 함수에서 태그 동작을 지정하는 것이 편리하다.

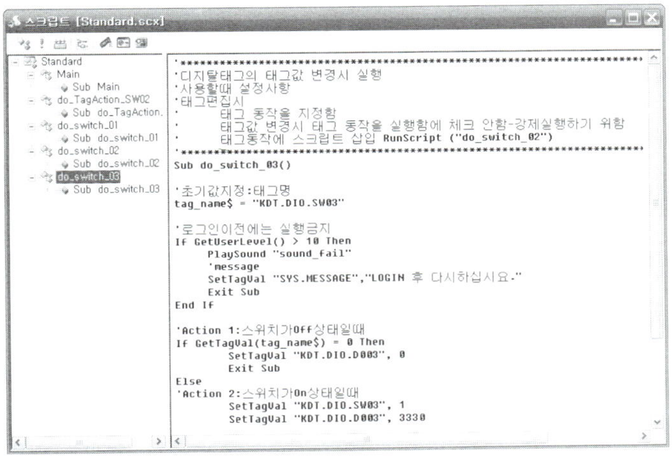

4 Main 스크립트

```
Sub Main()

'태그 동작 지정
AddTagEvent "KDT.DIO.SW03","do_switch_03"

'message
SetTagVal "SYS.MESSAGE","LOGIN 후 사용할 수 있습니다."

End Sub
```

5 TagAction 실행 스크립트

```
Sub do_TagAction_SW02()

'태그의 태그 액션 실행
TagAction("KDT.DIO.SW02")

End Sub
```

6 프로그램 분석

AddTagEvent()

● 의미　지정된 태그의 값이 변경될 때마다 지정된 스크립트를 실행한다. 한번만 설정되면 Remove Tag Event 함수로 해제시키기 전까지 태그값이 변경되면 지정된 스크립트를 실행시킨다.

SECTION

32 문법 사용 예제

Visual Basic Script, CIMON 함수 사용의 예제이다.

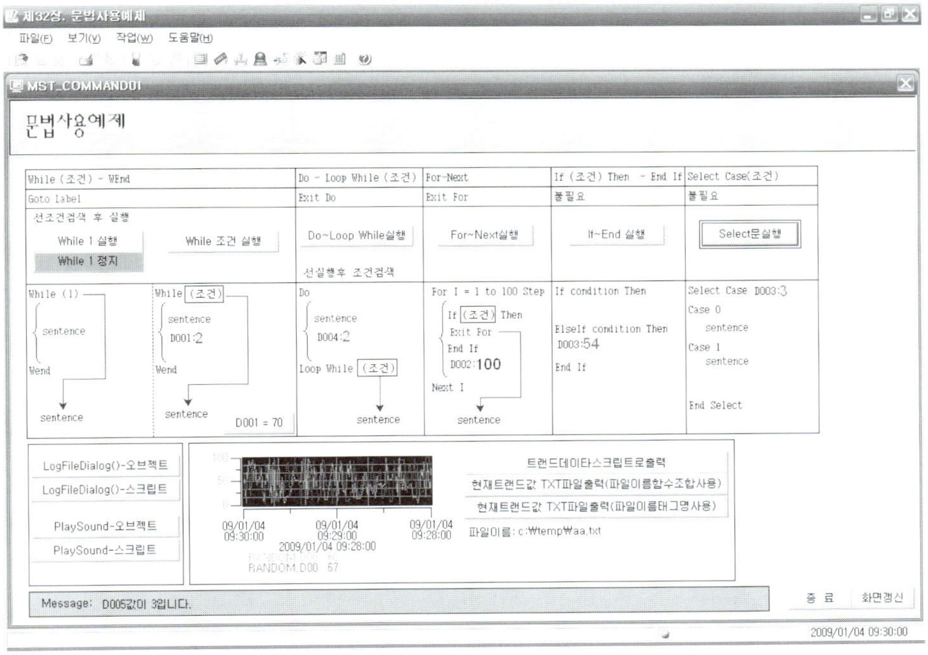

1 조건없는 무한 반복 While 문스크립트

```
Sub do_while1()

'선 조건 검색 후 실행 반복
While 1
	SetTagVal "PLC.D001", GetTagVal ("PLC.D001") + 1
	For i = 1 to 10
		SetTagVal "SYS.MESSAGE", "While 1문 실행 중:" + Format (i,"0#")
		Sleep (100)
	Next i
	PlaySound "sound_success"
WEnd

End Sub
```

2 조건있는 While 문스크립트

```
Sub do_whilecondition()

SetTagVal "SYS.FLAG2",1

'선 조건 검색 후 실행 반복
While GetTagVal ("PLC.M001") = 1
	SetTagVal "PLC.D001", GetTagVal ("PLC.D001") + 1
	For i = 1 to 10
		SetTagVal "SYS.MESSAGE", "While 조건문 실행 중:" + Format (i,"0#")
		Sleep (100)
	Next i
	PlaySound "sound_success"
	'실행 도중 조건 검색
	For i = 1 to 10
		SetTagVal "SYS.MESSAGE", "Do While 조건문을 반복 도중에 검색합니다:"
				+ Format(i,"0#")
		If GetTagVal ("PLC.M001") = 0 Then Goto ULAST
		Sleep (1000)
	Next i
WEnd

ULAST:
SetTagVal "SYS.FLAG2",0
```

```
SetTagVal "SYS.MESSAGE", "조건 PLC.M001이 OFF되어 While 조건문을 종료합니다."
PlaySound "sound_fail"

End Sub
```

③ Do~While 문스크립트

```
Sub do_do_loopwhile()

SetTagVal "SYS.FLAG4",1

'선 실행 후 조건 검색 반복
Do
        SetTagVal "SYS.MESSAGE", "Do While 미리 실행합니다."
        SetTagVal "PLC.D004", GetTagVal ("PLC.D004") + 1
        PlaySound "sound_success"
        '실행 도중 조건 검색
        For i = 1 to 10
                SetTagVal "SYS.MESSAGE", "Do While 조건문을 반복 도중에 검색합니다:"
                        + Format(i,"0#")
                If GetTagVal ("PLC.M004") = 0 Then Exit Do
                Sleep (1000)
        Next i
Loop While GetTagVal ("PLC.M004") = 1

SetTagVal "SYS.FLAG4",0
SetTagVal "SYS.MESSAGE", "Do ~Loop While 문을 종료합니다."
PlaySound "sound_fail"

End Sub
```

④ For~Next 스크립트

```
Sub do_for_next()

SetTagVal "SYS.FLAG3",1

'반복 구간
For i = 1 to 100 Step 1
```

```
        If GetTagVal ("PLC.M002") = 1 Then
                SetTagVal "SYS.MESSAGE", "For~Next 반복문을 이탈합니다."
                SetTagVal "SYS.FLAG3",0
                PlaySound "sound_fail"
                Sleep (2000)
                'For문 중간에 이탈
                Exit For
        End If
        SetTagVal "PLC.D002", i
        Sleep (50)
Next i

SetTagVal "SYS.FLAG3",0
PlaySound "sound_success"
SetTagVal "SYS.MESSAGE", "For~Next 반복문을 정상 종료합니다."

End Sub
```

5 If 스크립트

```
Sub do_if()

If      GetTagVal ("PLC.D003") >= 0   And GetTagVal ("PLC.D003") <= 10 Then
                SetTagVal "SYS.MESSAGE", "D003값이 1~10 사이에 있습니다."
ElseIf GetTagVal ("PLC.D003") >= 11 And GetTagVal ("PLC.D003") <= 20 Then
                SetTagVal "SYS.MESSAGE", "D003값이 11~20 사이에 있습니다."
ElseIf GetTagVal ("PLC.D003") >= 21 And GetTagVal ("PLC.D003") <= 30 Then
                SetTagVal "SYS.MESSAGE", "D003값이 21~30 사이에 있습니다."
ElseIf GetTagVal ("PLC.D003") >= 31 Then
                SetTagVal "SYS.MESSAGE", "D003값이 31 이상입니다."
End If

PlaySound "sound_success"

End Sub
```

❻ Set, Get 오브젝트와 스크립트 실행

❶ 오브젝트에서 실행 : PLC.D001 = 70

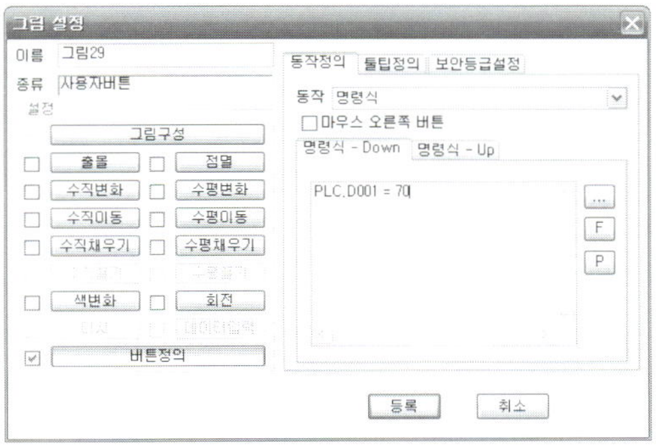

❷ 스크립트에서 실행 : SetTagVal "SYS.FLAG3",1

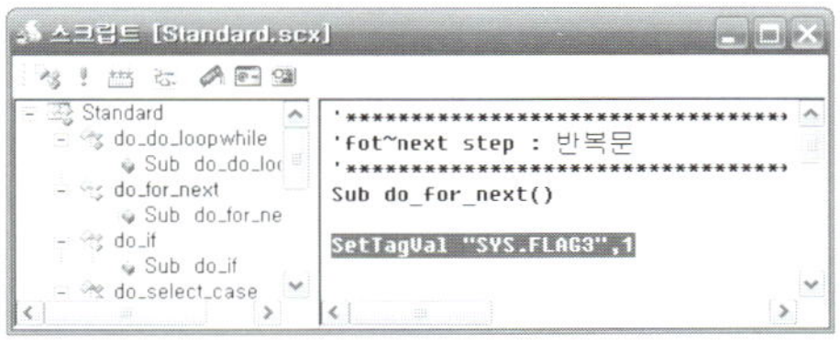

❸ 오브젝트에서 값 참조할 때 : 태그 이름 사용

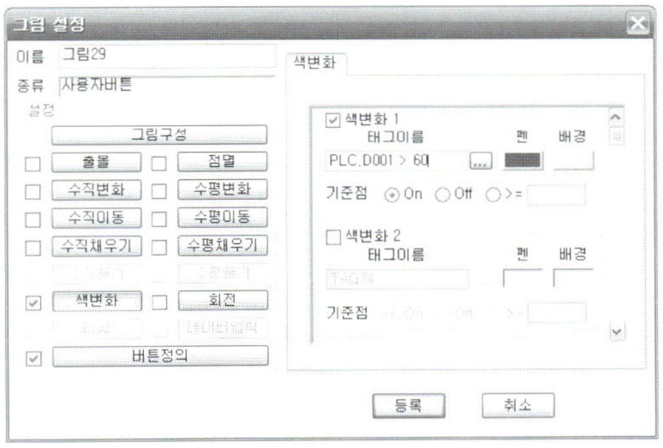

❹ 스크립트에서 값 참조할 때 : GetTagVal ("PLC.M002")

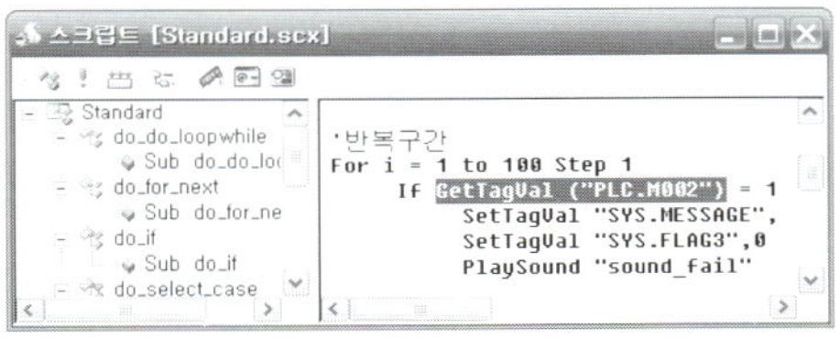

❼ Play Sound 오브젝트와 스크립트 실행

❶ 오브젝트에서 실행 : PlaySound ("sound_success")

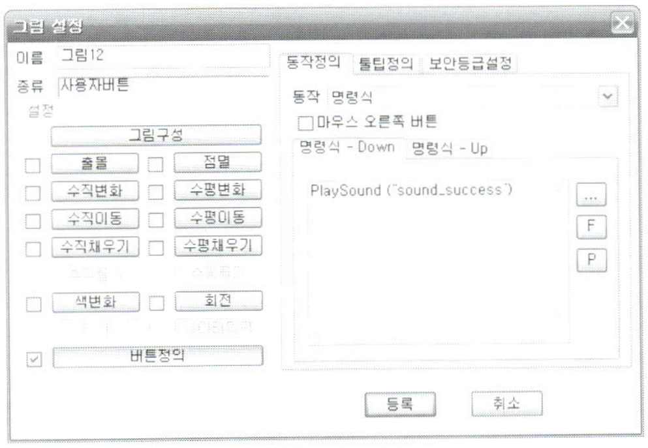

❷ 스크립트에서 실행 : PlaySound "sound_success"

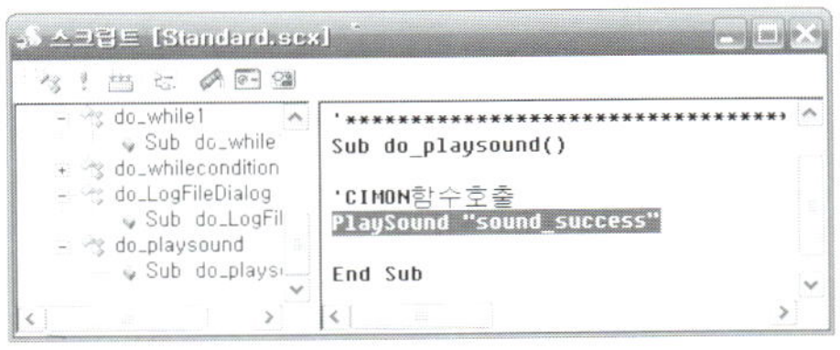

8 LogFileDialog 오브젝트와 스크립트 실행

❶ 오브젝트에서 실행 : LogFileDialog()

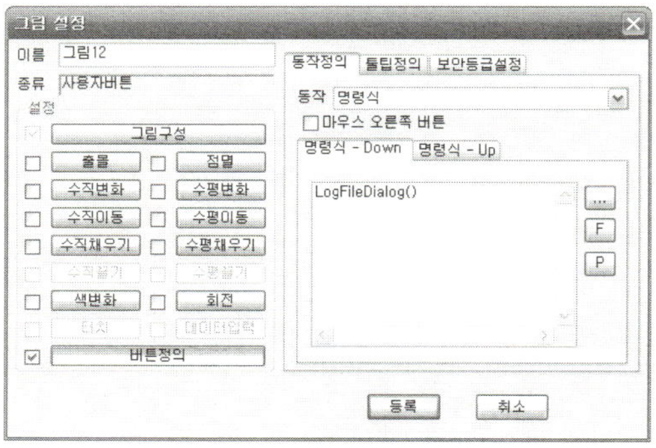

❷ 스크립트에서 실행 : LogFileDialog

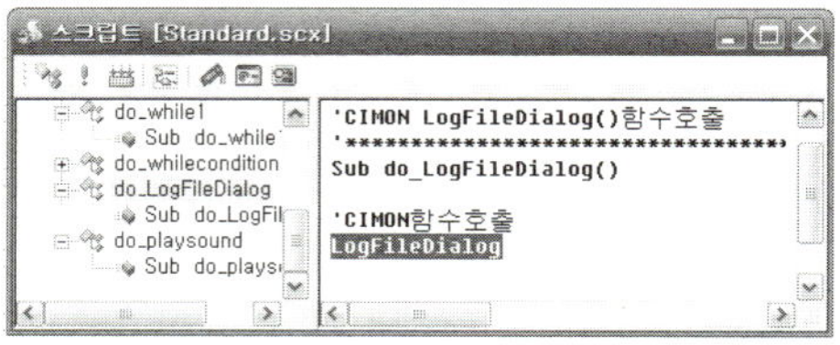

9 TrendToText 오브젝트와 스크립트 실행

❶ 오브젝트 사용1 : 함수 사용 직접 지정

TrendToText("TREND01", "C:\TEMP\"
+ TimeStr(44) + ".txt")

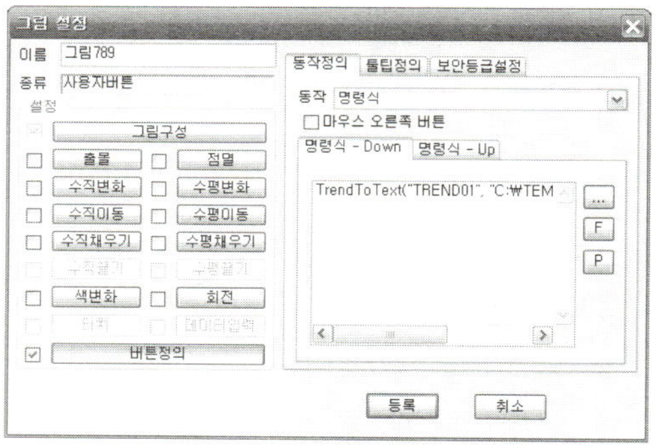

❷ 오브젝트 사용2 : 태그 이름 사용

TrendToText("TREND01", GRAPH.FILENAME)

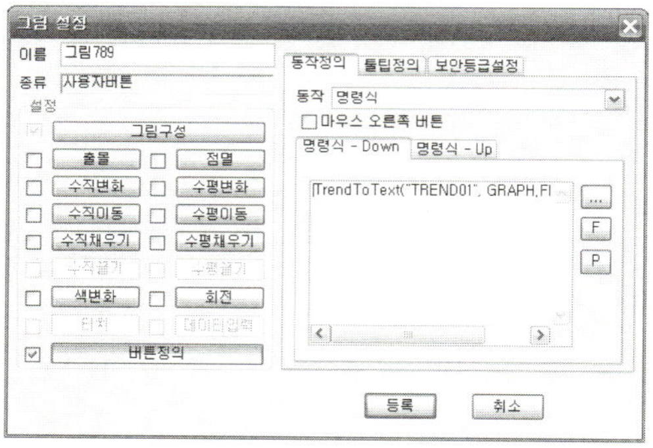

❸ 스크립트 사용 : RunScript ("do_TrendToText"), TrendToText trendname$, file_name$

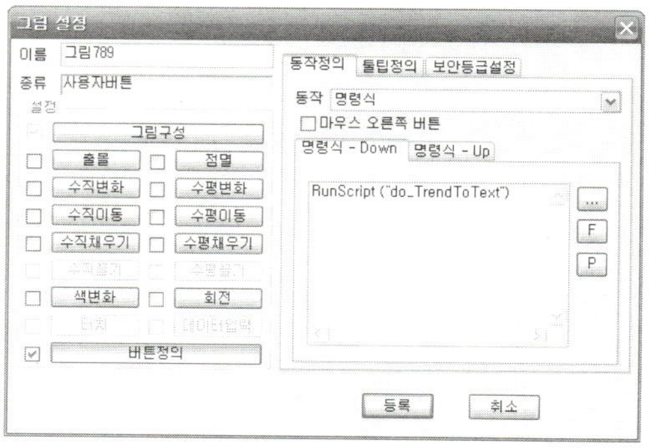

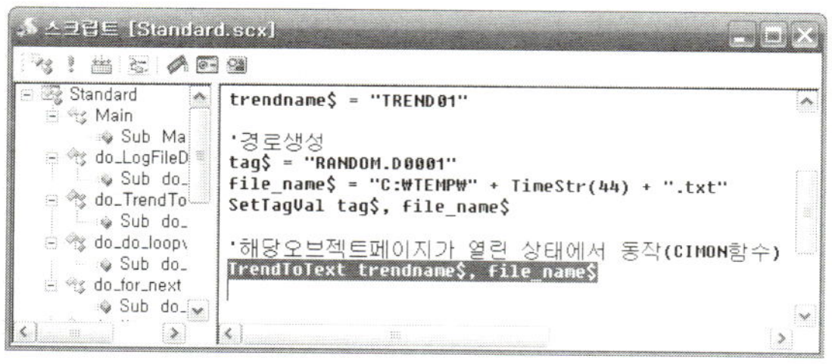

10 프로그램 분석

While 1 ~ WEnd

- 의미 조건이 1인 동안 While ~ WEnd를 반복 실행, 한번 이 구문으로 들어가면 무한 루프에 들어간다. 따라서 이 구문에 Sleep이 들어 있지 않으면 컴퓨터 리소스 100% 사용할 오류에 빠지기 쉽다.

Exit Do

- 의미 반복 문 Do ~ While Loop의 실행 도중 반복 문 이탈하는 데 사용된다.

Exit For

- 의미 반복문 For ~ Next의 실행 도중 반복문 이탈하는 데 사용된다.

SECTION

33 ST TREND 사용 예제

ST Trend 사용 예제이다.

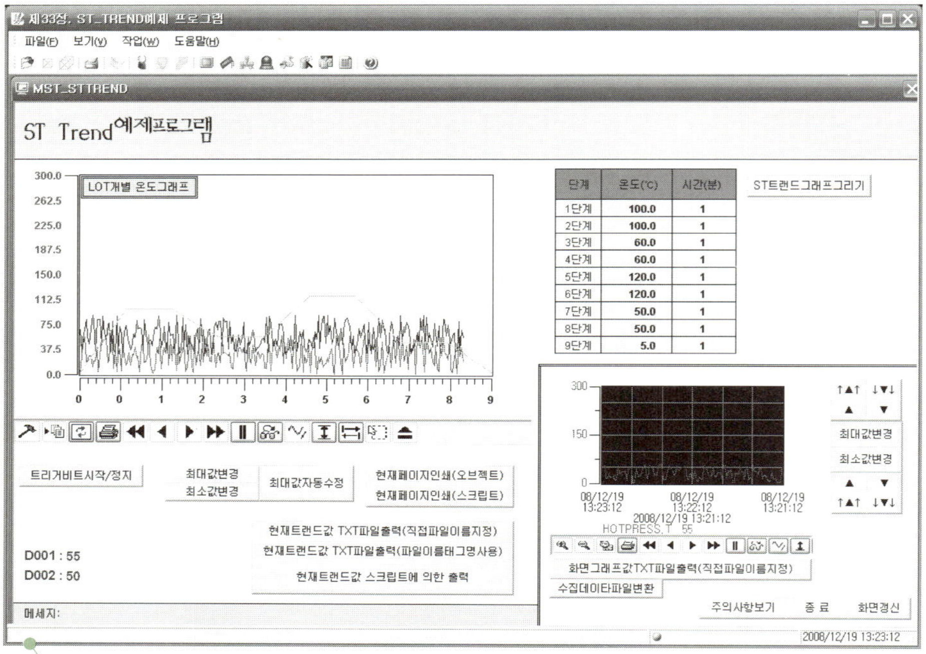

사용한 태그 이름

HOTPRESS.FILENAME ‘데이터 출력 파일 이름
HOTPRESS.TRIGGER ‘시작, 종료 트리거 태그
SYS.MESSAGE ‘진행 상황 메시지

HOTPRESS.TMP.ST01.D001 ‘데이터 태그
HOTPRESS.TMP.ST01.D002
HOTPRESS.TMP.ST01.D006
HOTPRESS.TMP.ST01.D007
HOTPRESS.TMP.ST01.D008
HOTPRESS.TMP.ST01.D009
HOTPRESS.TMP.ST01.D010
HOTPRESS.TMP.ST01.D011
HOTPRESS.TMP.ST01.D100
HOTPRESS.TMP.ST01.D101
HOTPRESS.TMP.ST01.D202
HOTPRESS.TMP.ST01.D203
HOTPRESS.TMP.ST01.D204
HOTPRESS.TMP.ST01.D205
HOTPRESS.TMP.ST01.D206
HOTPRESS.TMP.ST01.D207
HOTPRESS.TMP.ST01.D208
HOTPRESS.TMP.ST01.D209
HOTPRESS.TMP.ST01.D210
HOTPRESS.TMP.ST01.D211

HOTPRESS.TMP.ST01.D212
HOTPRESS.TMP.ST01.D213
HOTPRESS.TMP.ST01.D214
HOTPRESS.TMP.ST01.D215
HOTPRESS.TMP.ST01.D216
HOTPRESS.TMP.ST01.D217
HOTPRESS.TMP.ST01.D218
HOTPRESS.TMP.ST01.D219
HOTPRESS.TMP.ST01.D220
HOTPRESS.TMP.ST01.D223

1 시스템 흐름도

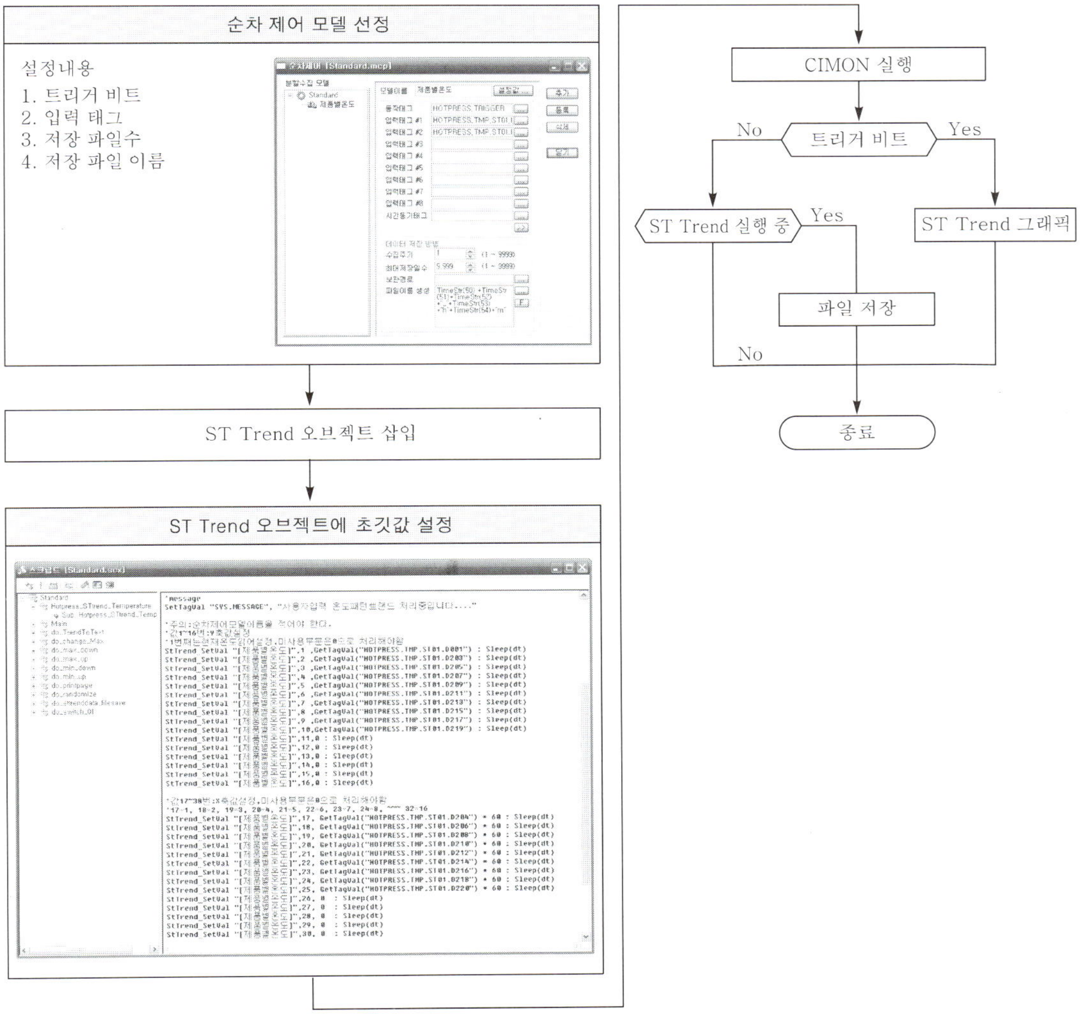

❷ 순차 제어 설정

● 파일 이름 생성

TimeStr(50) +TimeStr(51)+TimeStr(52)+"_"
+TimeStr(53)+"h"+TimeStr(54)+"m"

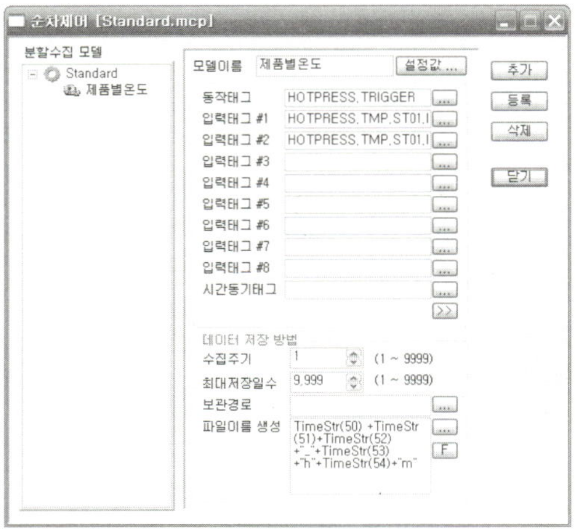

❸ 기본 패턴 설정 스크립트

```
Sub Hotpress_STtrend_Temperature()

Dim PX

'초깃값 지정
dt = 50

'message
SetTagVal "SYS.MESSAGE", "사용자 입력 온도 패턴 트렌드 처리 중입니다...."

'값 1~16번 : Y축값 설정
'1번째는 현재 온도 읽어 설정, 미사용 부분은 0으로 처리해야 한다.
StTrend_SetVal "[제품별온도]",1 ,GetTagVal("HOTPRESS.TMP.ST01.D001") : Sleep(dt)
StTrend_SetVal "[제품별온도]",2 ,GetTagVal("HOTPRESS.TMP.ST01.D203") : Sleep(dt)
StTrend_SetVal "[제품별온도]",3 ,GetTagVal("HOTPRESS.TMP.ST01.D205") : Sleep(dt)
StTrend_SetVal "[제품별온도]",4 ,GetTagVal("HOTPRESS.TMP.ST01.D207") : Sleep(dt)
StTrend_SetVal "[제품별온도]",5 ,GetTagVal("HOTPRESS.TMP.ST01.D209") : Sleep(dt)
StTrend_SetVal "[제품별온도]",6 ,GetTagVal("HOTPRESS.TMP.ST01.D211") : Sleep(dt)
StTrend_SetVal "[제품별온도]",7 ,GetTagVal("HOTPRESS.TMP.ST01.D213") : Sleep(dt)
StTrend_SetVal "[제품별온도]",8 ,GetTagVal("HOTPRESS.TMP.ST01.D215") : Sleep(dt)
StTrend_SetVal "[제품별온도]",9 ,GetTagVal("HOTPRESS.TMP.ST01.D217") : Sleep(dt)
StTrend_SetVal "[제품별온도]",10,GetTagVal("HOTPRESS.TMP.ST01.D219") : Sleep(dt)
StTrend_SetVal "[제품별온도]",11,0 : Sleep(dt)
```

```
StTrend_SetVal "[제품별온도]",12,0 : Sleep(dt)
StTrend_SetVal "[제품별온도]",13,0 : Sleep(dt)
StTrend_SetVal "[제품별온도]",14,0 : Sleep(dt)
StTrend_SetVal "[제품별온도]",15,0 : Sleep(dt)
StTrend_SetVal "[제품별온도]",16,0 : Sleep(dt)

'값 17~38번 : X축값 설정, 미사용 부분은 0으로 처리해야 한다.
'17=1, 18=2, 19=3, 20=4, 21=5, 22=6, 23=7, 24=8, ~~~ 32=16
StTrend_SetVal "[제품별온도]",17, GetTagVal("HOTPRESS.TMP.ST01.D204") * 60 : Sleep(dt)
StTrend_SetVal "[제품별온도]",18, GetTagVal("HOTPRESS.TMP.ST01.D206") * 60 : Sleep(dt)
StTrend_SetVal "[제품별온도]",19, GetTagVal("HOTPRESS.TMP.ST01.D208") * 60 : Sleep(dt)
StTrend_SetVal "[제품별온도]",20, GetTagVal("HOTPRESS.TMP.ST01.D210") * 60 : Sleep(dt)
StTrend_SetVal "[제품별온도]",21, GetTagVal("HOTPRESS.TMP.ST01.D212") * 60 : Sleep(dt)
StTrend_SetVal "[제품별온도]",22, GetTagVal("HOTPRESS.TMP.ST01.D214") * 60 : Sleep(dt)
StTrend_SetVal "[제품별온도]",23, GetTagVal("HOTPRESS.TMP.ST01.D216") * 60 : Sleep(dt)
StTrend_SetVal "[제품별온도]",24, GetTagVal("HOTPRESS.TMP.ST01.D218") * 60 : Sleep(dt)
StTrend_SetVal "[제품별온도]",25, GetTagVal("HOTPRESS.TMP.ST01.D220") * 60 : Sleep(dt)
StTrend_SetVal "[제품별온도]",26, 0 : Sleep(dt)
StTrend_SetVal "[제품별온도]",27, 0 : Sleep(dt)
StTrend_SetVal "[제품별온도]",28, 0 : Sleep(dt)
StTrend_SetVal "[제품별온도]",29, 0 : Sleep(dt)
StTrend_SetVal "[제품별온도]",30, 0 : Sleep(dt)
StTrend_SetVal "[제품별온도]",31, 0 : Sleep(dt)
StTrend_SetVal "[제품별온도]",32, 0 : Sleep(dt)

'message
SetTagVal "SYS.MESSAGE", "사용자 입력 온도 패턴 트렌드 처리 완료"
PlaySound "sound_success"

End Sub
```

❹ 트리거 오브젝트 설정

트리거 오브젝트는 비트 태그이다.

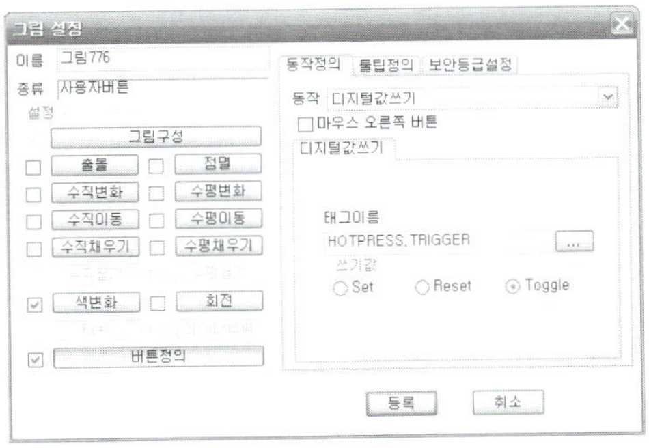

5 ST 트렌드 데이터 파일 출력 오브젝트

TrendToText("제품별온도TREND",
HOTPRESS.FILENAME)

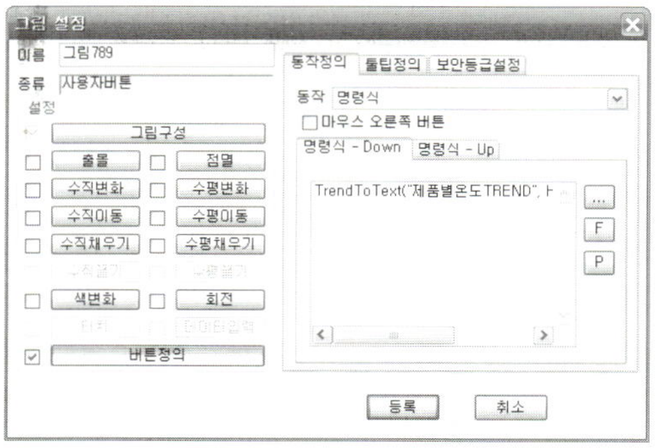

6 최댓값 변경 오브젝트

TrendSetPenVal("제품별온도TREND", 0, 3, 100)

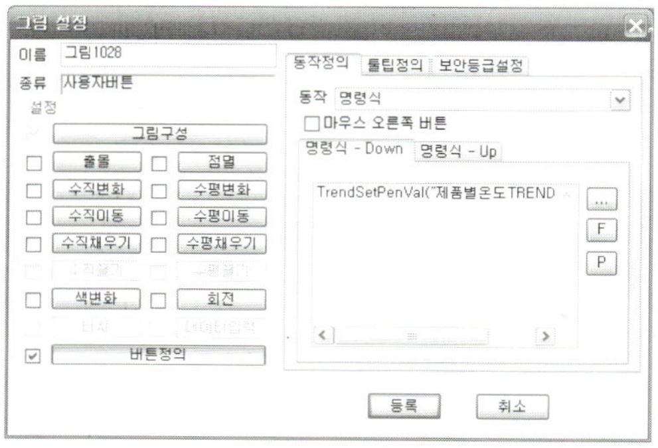

7 최솟값 변경 오브젝트

TrendSetPenVal("제품별온도TREND", 0, 2, 10)

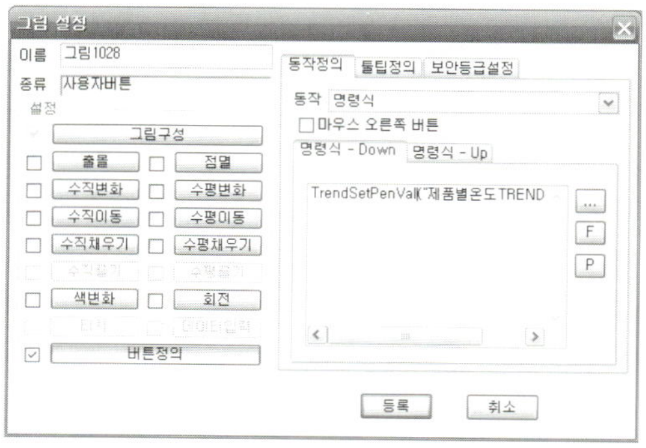

8 XY 트렌드 데이터 파일 출력 오브젝트

TrendToText("트렌드01", "c:\temp\Trend1.txt")

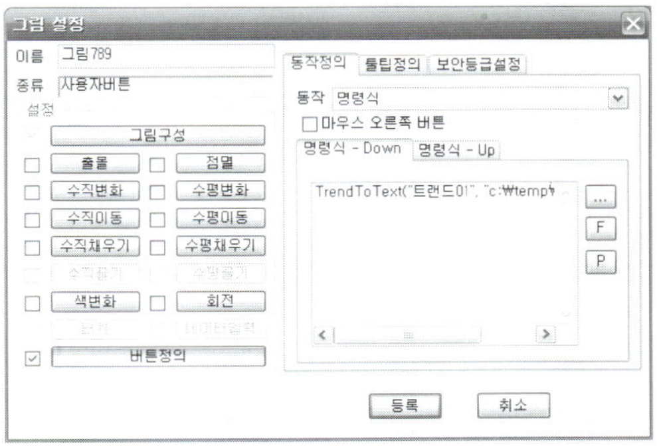

9 수집 데이터 파일 출력 오브젝트

LogFileDialog()

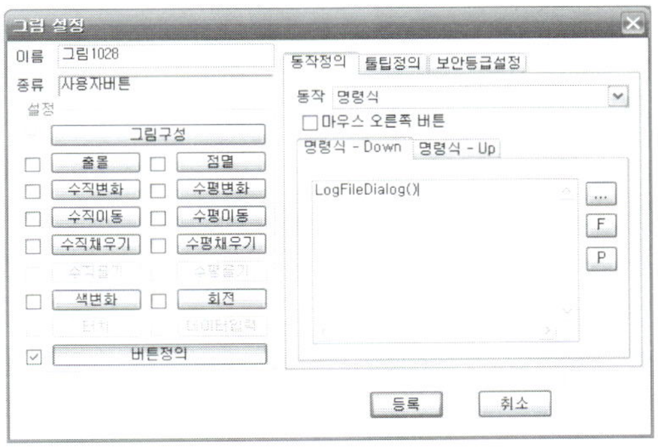

10 현재 페이지 인쇄 오브젝트

PrintPage("MST_STTREND")

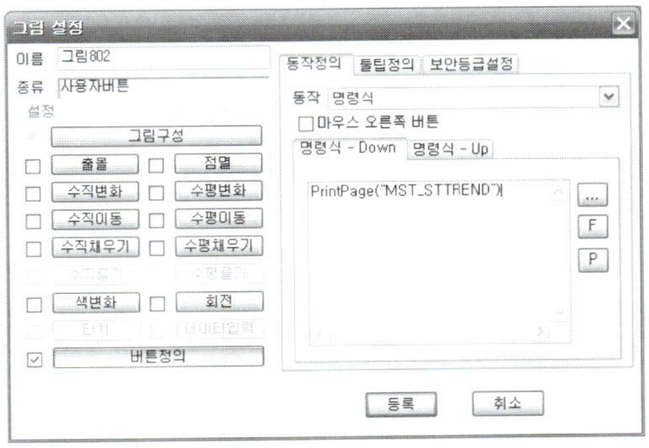

11 현재 페이지 인쇄 스크립트

```
Sub do_printpage()

'화면 인쇄
PrintPage("MST_STTREND")

End Sub
```

12 트렌드 데이터를 텍스트 파일로 출력하는 스크립트

```
Sub do_TrendToText()

'경로 생성
tag$ = "HOTPRESS.FILENAME"
file_name$ = "C:\TEMP\" + TimeStr(44) + ".txt"
SetTagVal tag$, file_name$

'해당 오브젝트 페이지가 열린 상태에서 동작(CIMON 함수)
TrendToText "제품별온도TREND", file_name$
'message
SetTagVal "SYS.MESSAGE", file_name$ + "파일로 출력하였습니다."
PlaySound "완료되었습니다.wav"

End Sub
```

13 ST 트렌드 데이터를 그래프 그리는 동안 실시간 파일 저장 스크립트

```
Sub do_sttrenddata_filesave()

'최대 60, 최소 50 스케일 자동 변경(주의 : 이름에 대괄호 없음)
TrendSetPenVal "제품별온도TREND", 0, 3, 60
TrendSetPenVal "제품별온도TREND", 0, 2, 50

'파일 이름 생성
file_name$ = "C:\TEMP\" + "st" + Format$(Now(),"yyyymmdd_hhmmss") + ".txt"

'file open for printing
Open file_name$ for Output As #1
```

```
'file print
Print #1, "**************************************************"
Print #1, "Title"         ;Tab(15);" : ST Trend Data"
Print #1, "Date"          ;Tab(15);" : "; Format$(Now(),"yyyy-mm-dd")
Print #1, "Print time" ;Tab(15);" : "; Format$(Now(),"hh:mm:ss")
Print #1, "**************************************************"

While (GetTagVal ("HOTPRESS.TRIGGER") = 1)

        timeVal$ = Format$(Now(),"yyyymmdd_hhmmss")
        v1 = GetTagVal ("HOTPRESS.TMP.ST01.D001")
        v2 = GetTagVal ("HOTPRESS.TMP.ST01.D002")

        Print #1, Trim(timeVal$);",";v1;",";v2
        Sleep (500)
WEnd

Print #1, "**************************************************"

'file close
Close #1

'message
PlaySound ("sound_success.wav")
SetTagVal "SYS.MESSAGE", file_name$ + "파일로 출력하였습니다."
PlaySound "완료되었습니다.wav"

End Sub
```

14 프로그램 분석

```
TrendToText "제품별온도TREND", file_name$
```

의미 현재 화면에 표시된 트렌드 오브젝트("Trend Object 이름")의 데이터를 텍스트 형식으로 '파일 경로 이름'의 파일로 저장한다.

```
TrendSetPenVal "제품별온도TREND", 0, 3, 60
```

의미 현재 화면에 표시된 트렌드 오브젝트의 스케일 최댓값을 60으로 설정한다.

```
TrendSetPenVal "제품별온도TREND", 0, 2, 50
```

● 의미　　현재 화면에 표시된 트렌드 오브젝트의 스케일 최솟값을 50으로 설정한다.

```
PrintPage("Page이름")
```

● 의미　　지정된 Page 화면을 프린터로 출력한다.

SECTION 34

CDMA(BSM_856) SMS 사용자 프로토콜 RS232C 통신 예제 (삼성 핸드폰)

삼성 핸드폰과 BSM_856 CDMA의 SMS 통신 예제이다.

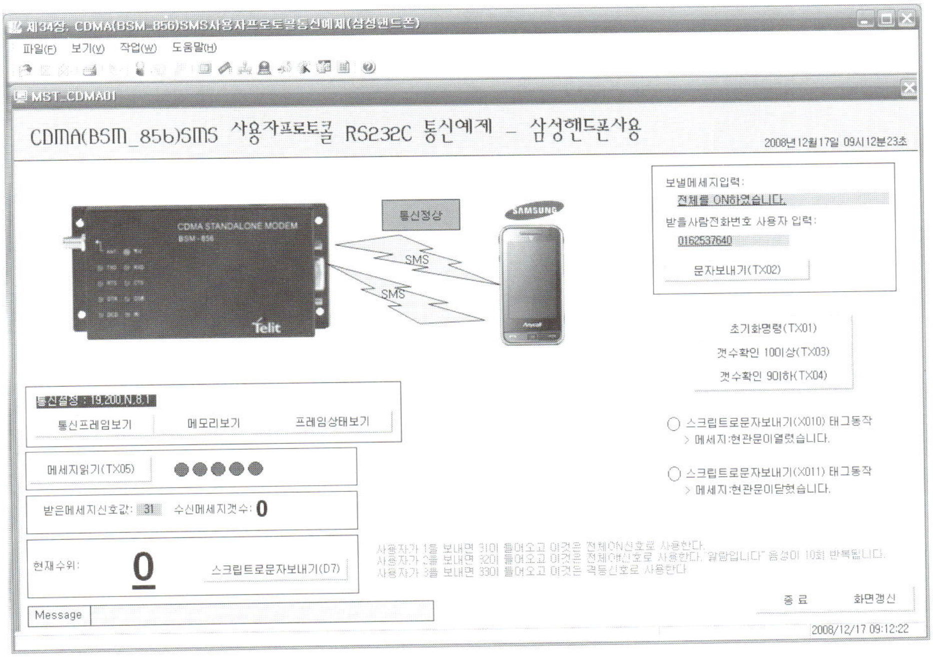

① 통신 케이블 제작

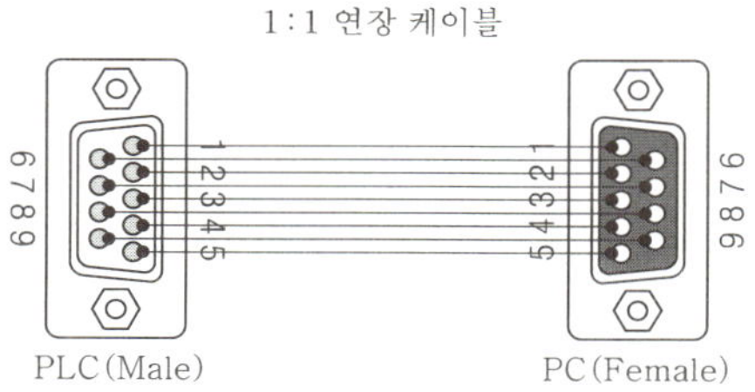

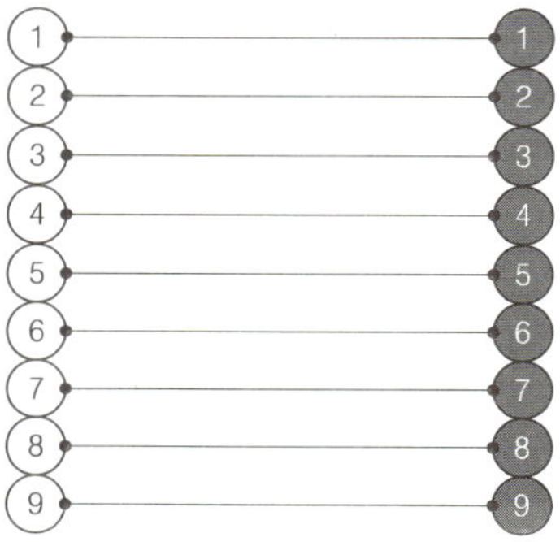

② CIMON 디바이스 설정

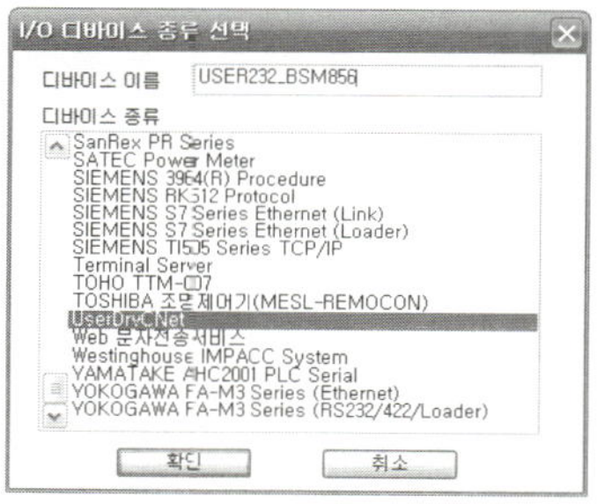

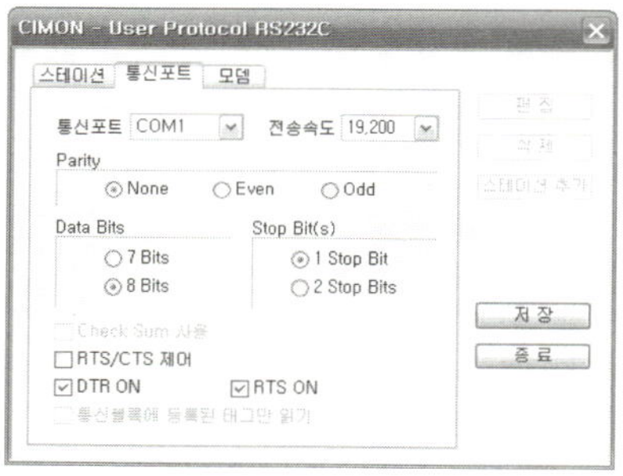

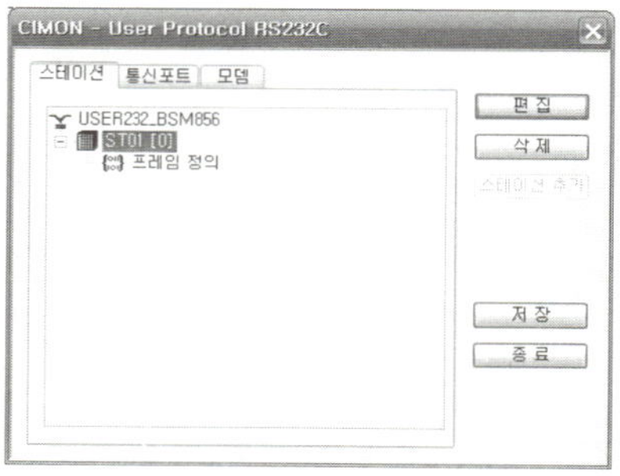

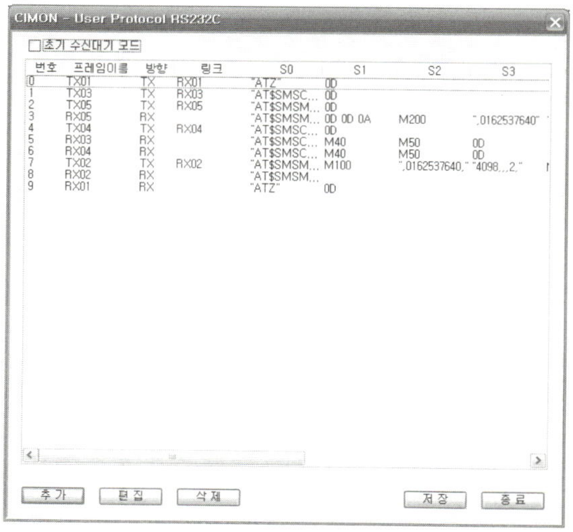

③ 초기화 명령

❶ 오브젝트 설정

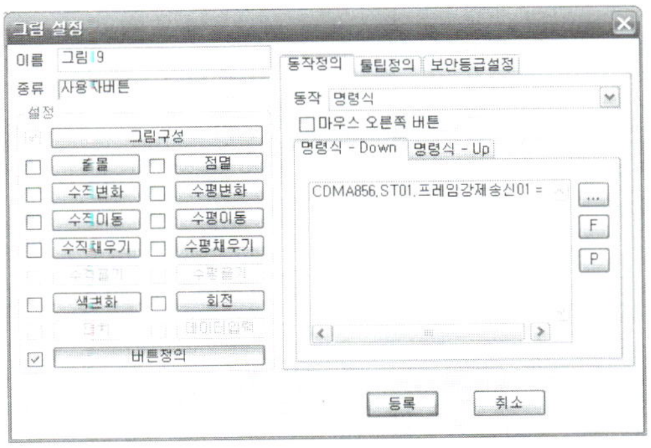

❷ 송신 태그 설정

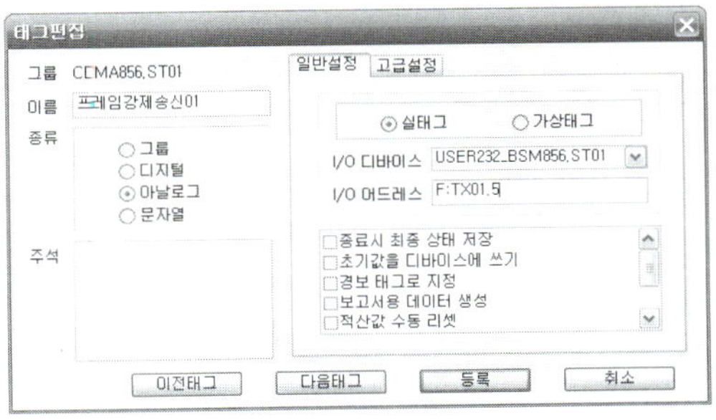

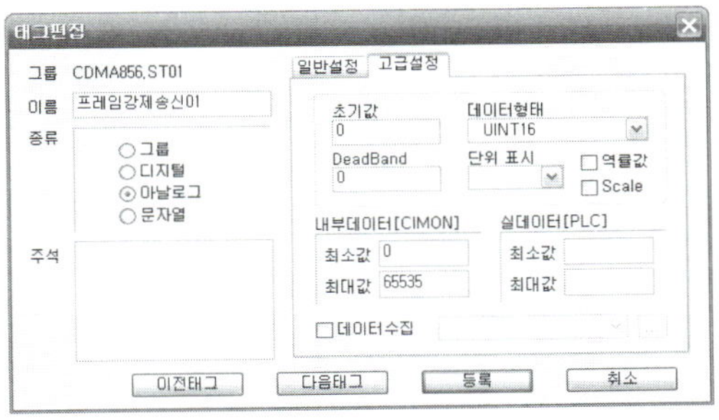

❸ 송신 프레임 작성

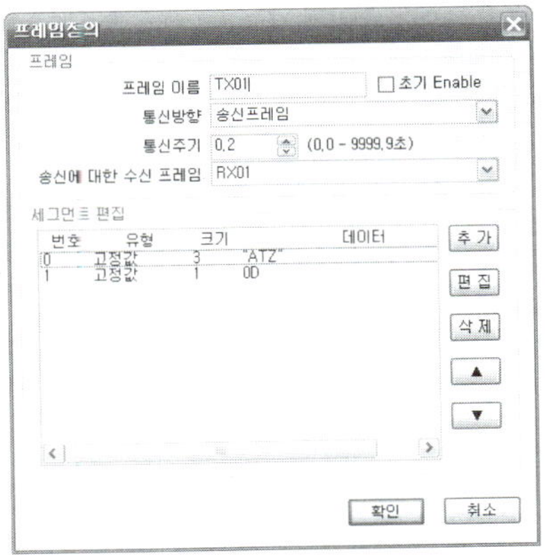

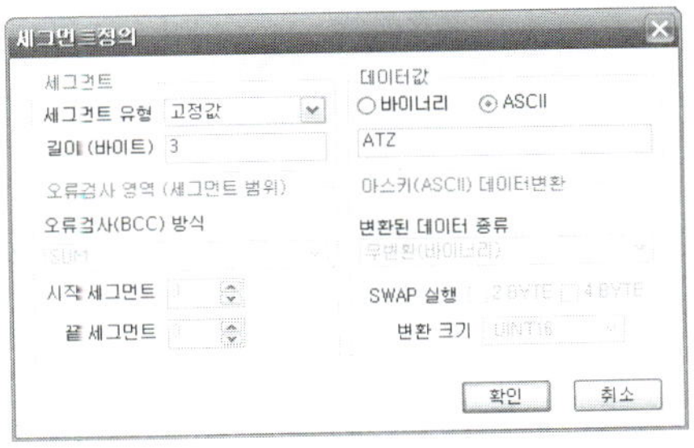

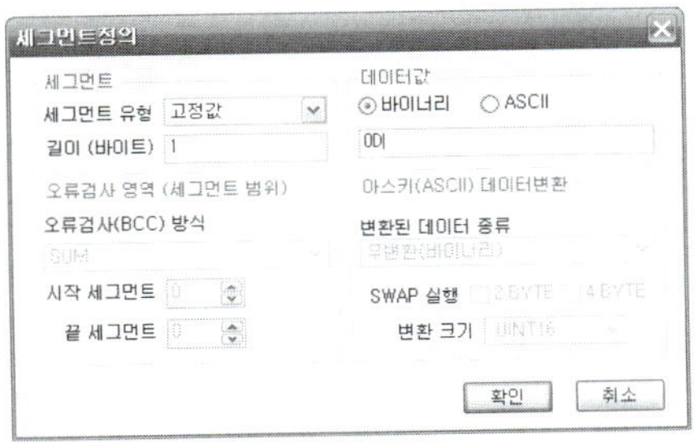

❹ 수신 프레임 작성

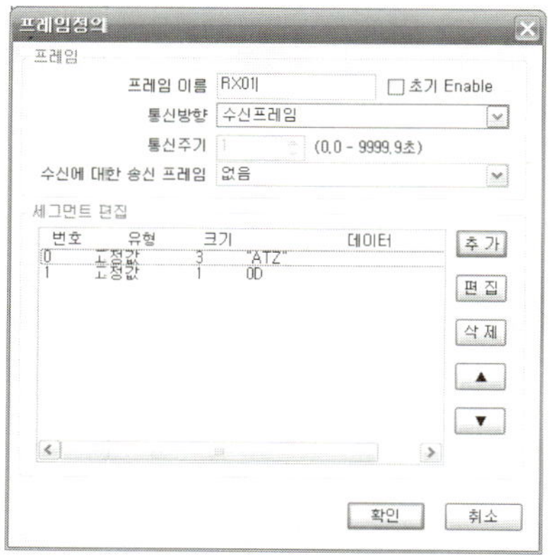

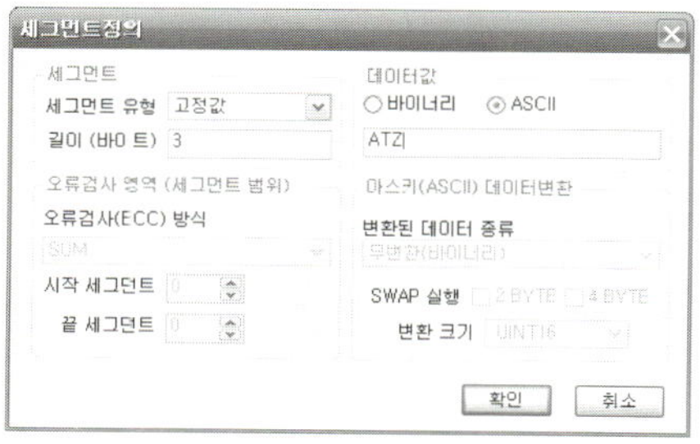

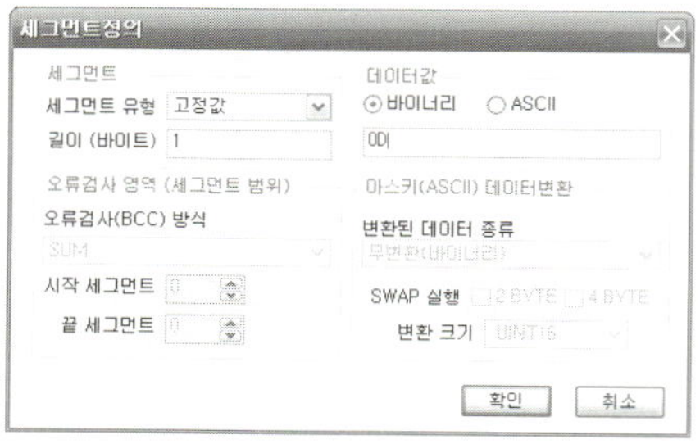

❺ 프레임 강제 송신 실행 후 프레임 모니터링

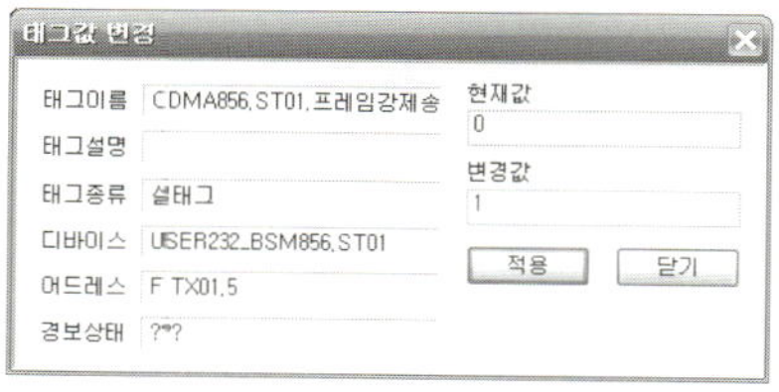

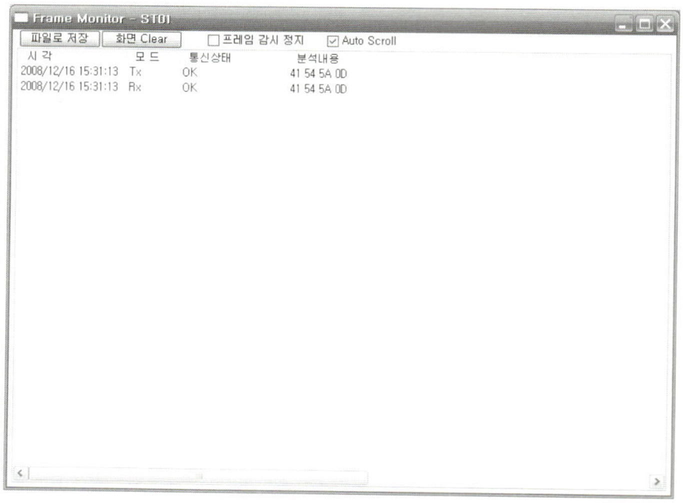

4 9개 이하의 메시지 개수 확인

❶ 오브젝트 설정

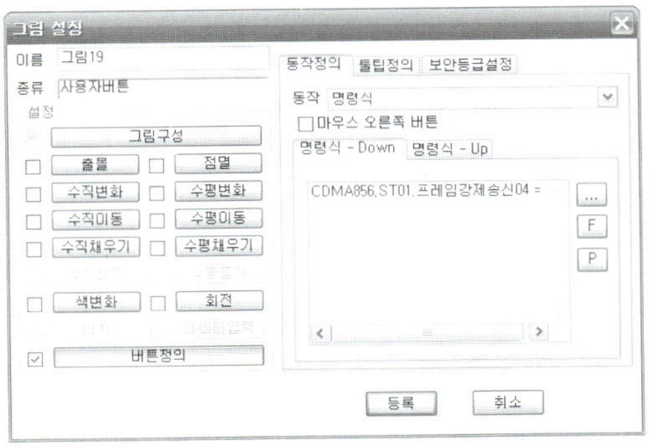

❷ 송신 태그 설정

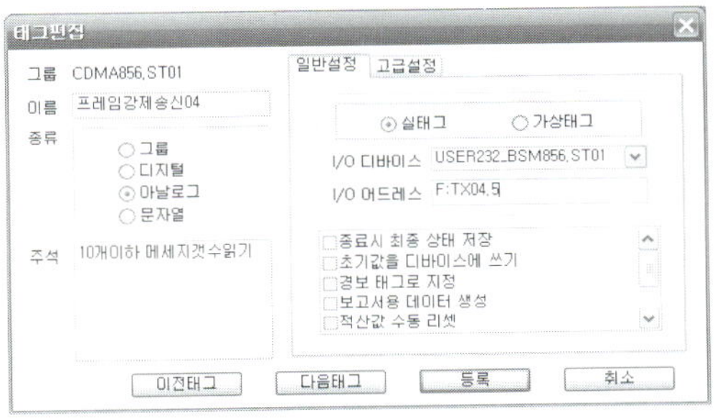

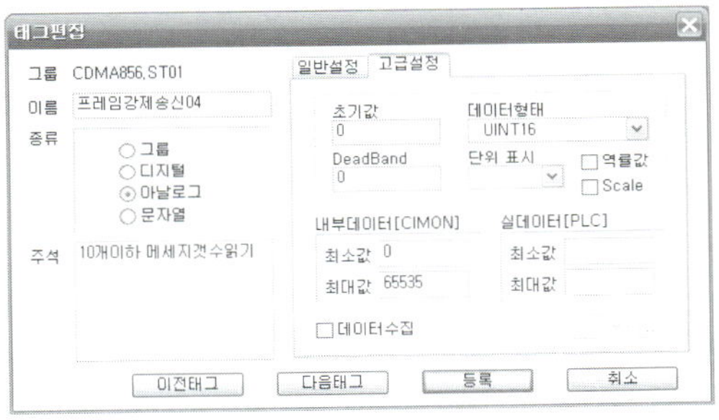

❸ 송신 프레임 작성

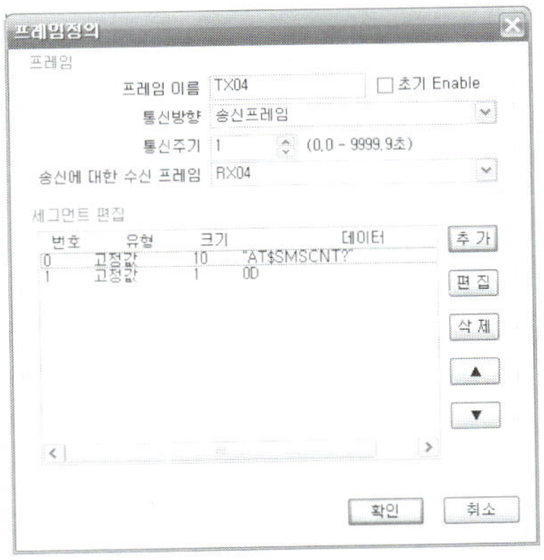

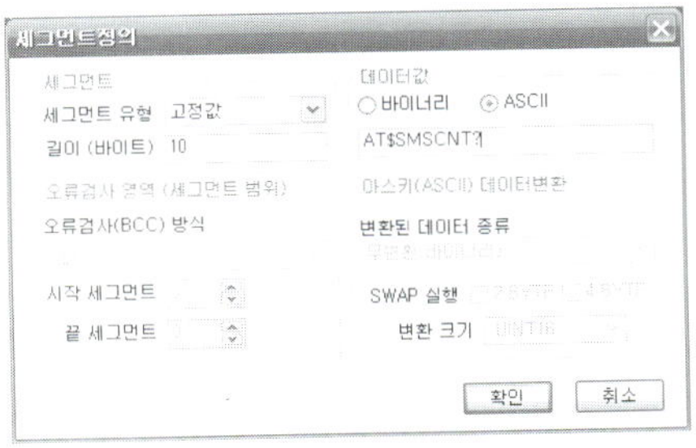

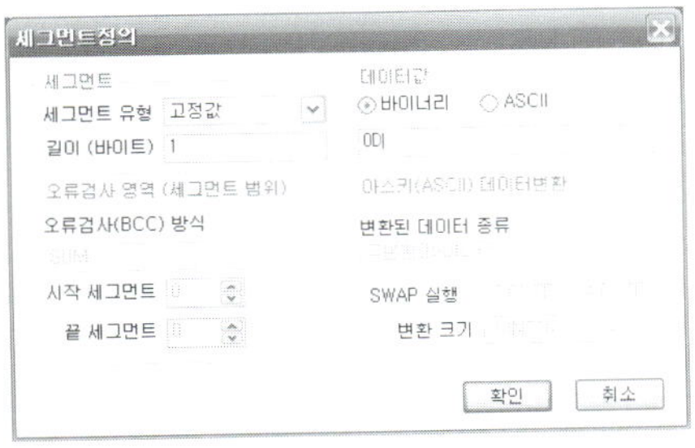

❹ 수신 프레임 작성

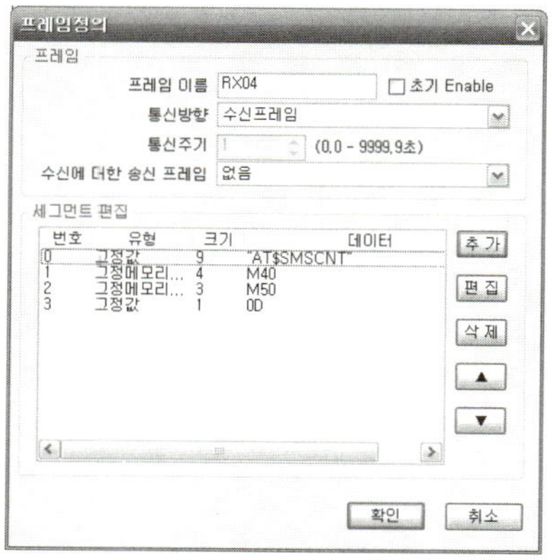

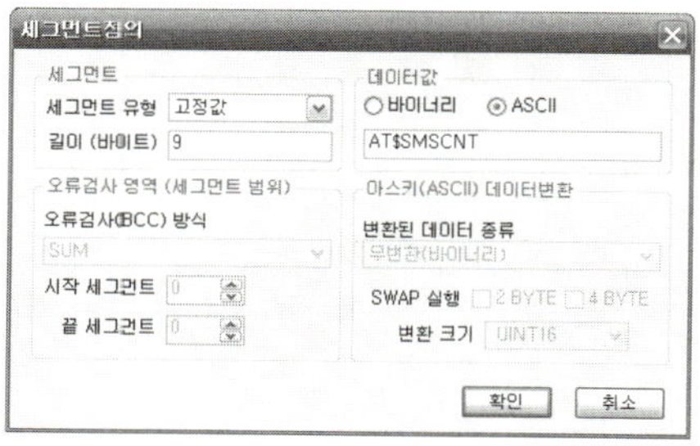

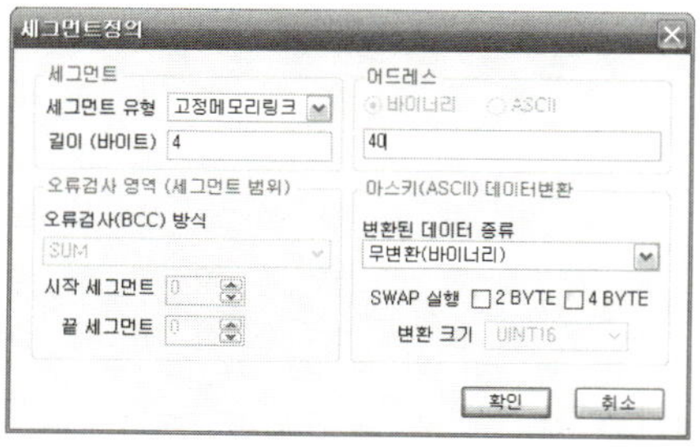

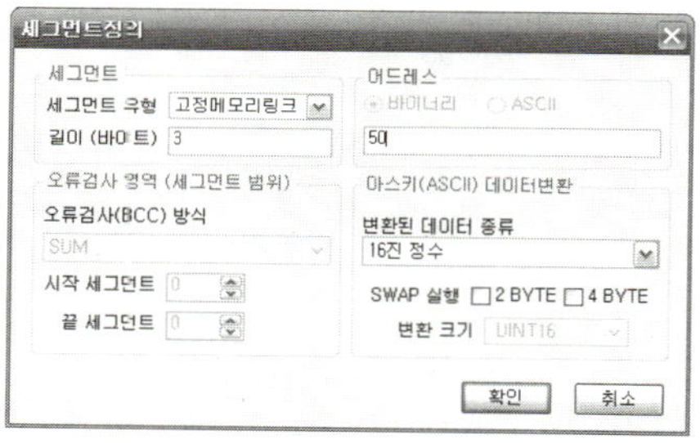

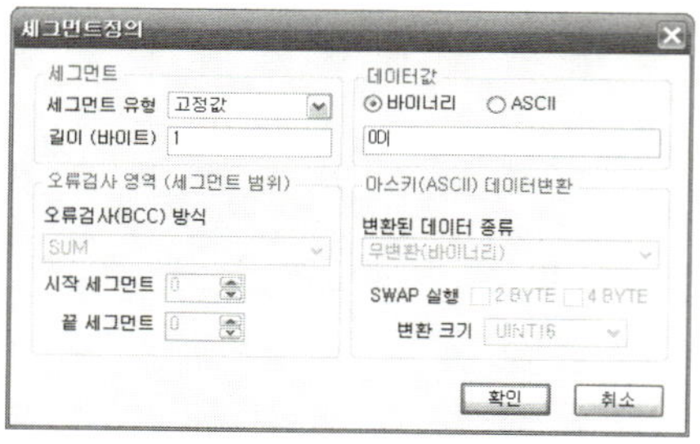

❺ 프레임 강제 송신 실행 후 프레임 모니터링

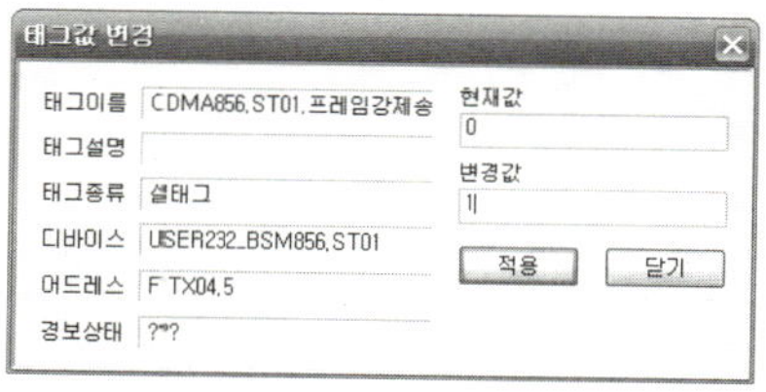

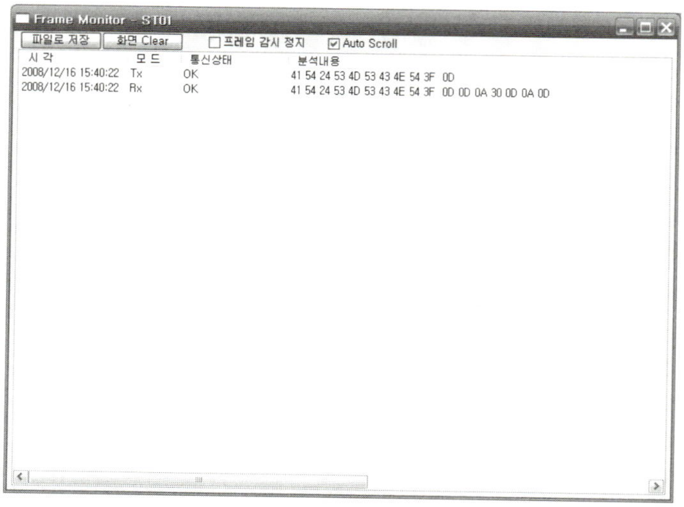

⑥ 수신값 태그 설정

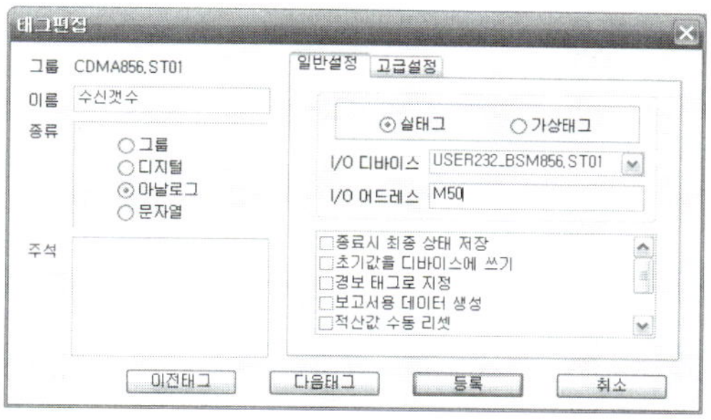

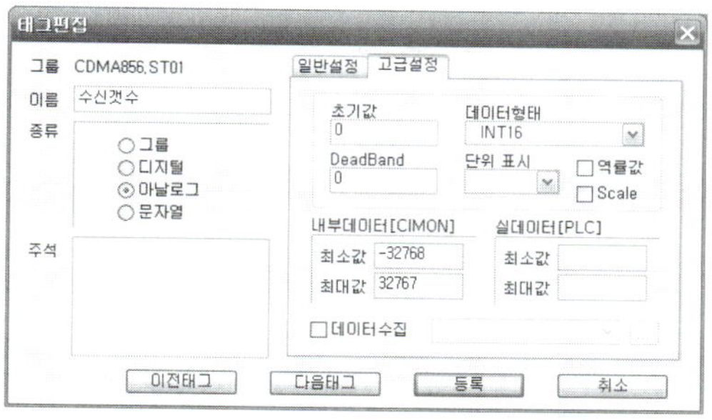

5 문자 보내기

① 오브젝트 설정

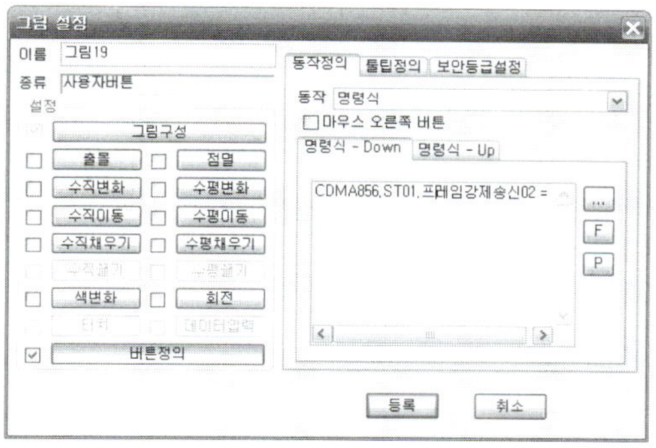

② 송신 태그 설정

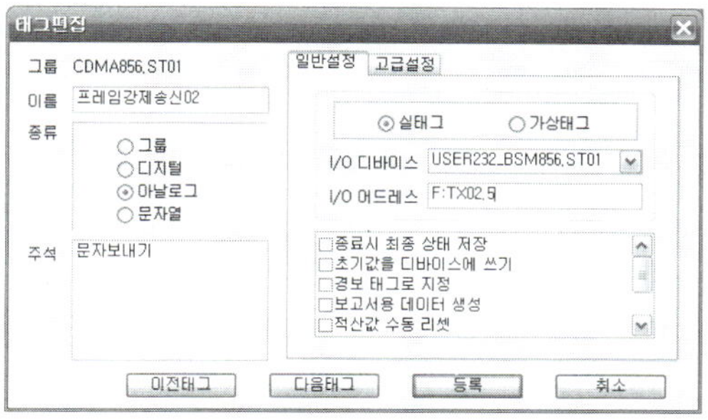

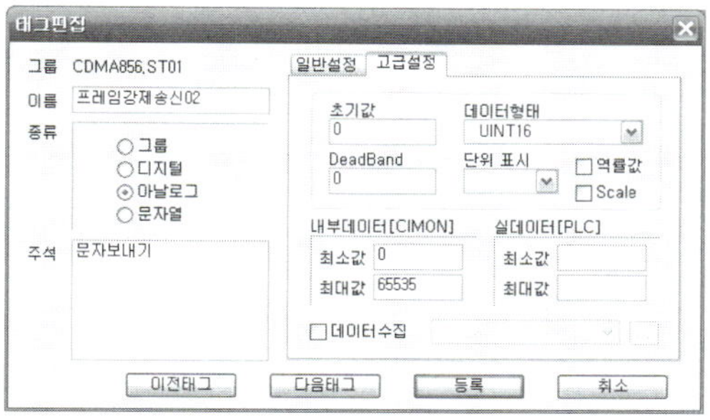

❸ 송신 프레임 작성

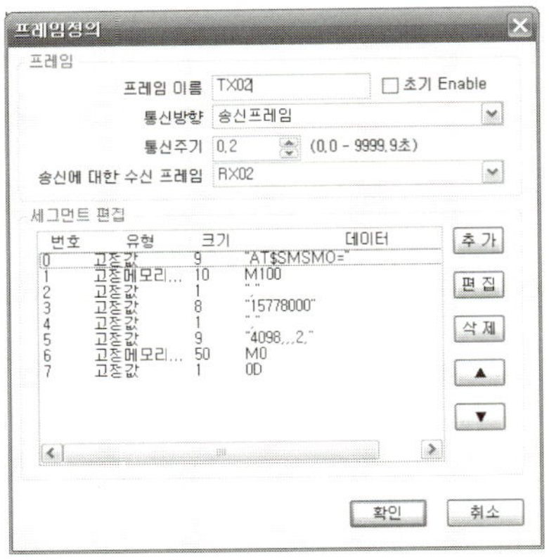
프레임정의
프레임
프레임 이름 TX02
초기 Enable
통신방향 송신프레임
통신주기 0.2 (0.0 - 9999.9초)
송신에 대한 수신 프레임 RX02
세그먼트 편집
번호 유형 크기 데이터
0 고정값 9 "AT$SMSMO="
1 고정메모리... 10 M100
2 고정값 1 ","
3 고정값 8 "15778000"
4 고정값 1 ","
5 고정값 9 "4098,,,2,"
6 고정메모리... 50 M0
7 고정값 1 0D
추 가
편 집
삭 제
확인
취소

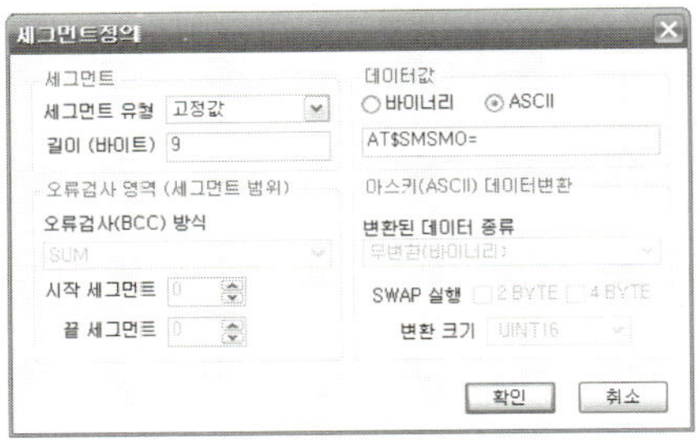
세그먼트정의
세그먼트 유형 고정값
길이 (바이트) 9
데이터값 바이너리 ASCII
AT$SMSMO=
확인
취소

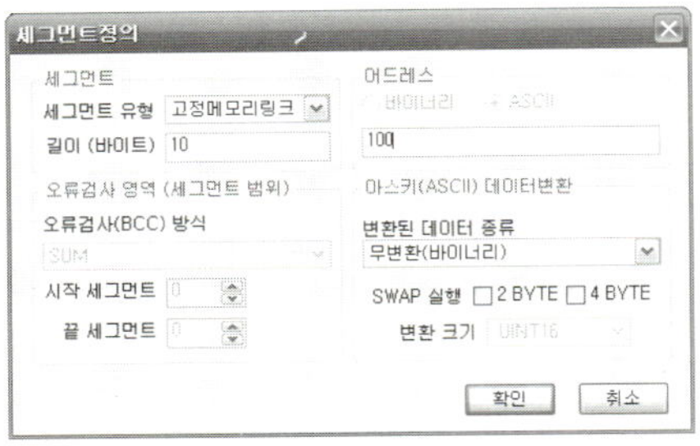
세그먼트정의
세그먼트 유형 고정메모리링크
길이 (바이트) 10
어드레스
100
변환된 데이터 종류 무변환(바이너리)
확인
취소

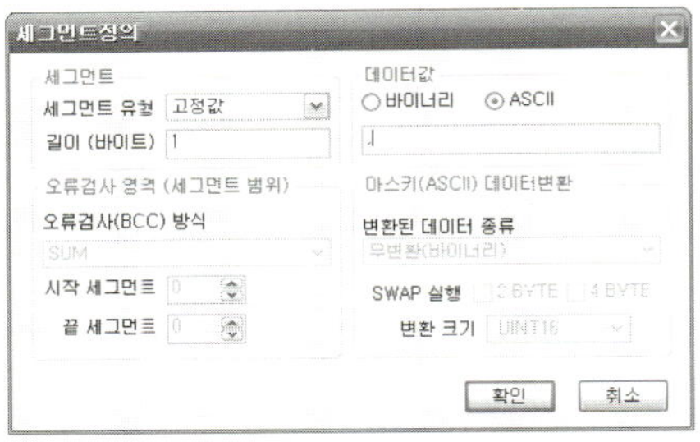
세그먼트정의
세그먼트 유형 고정값
길이 (바이트) 1
,

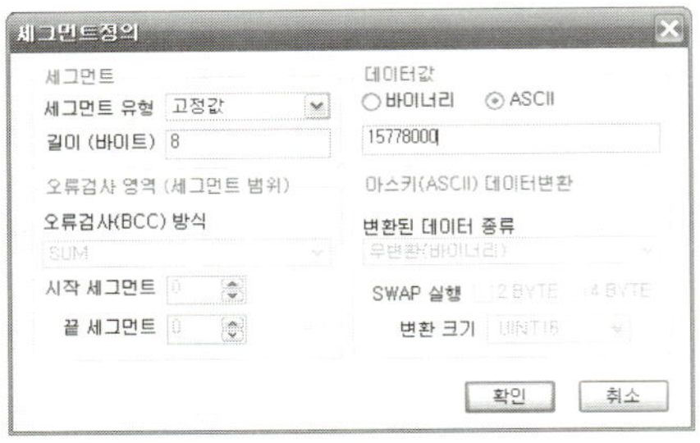
세그먼트정의
세그먼트 유형 고정값
길이 (바이트) 8
15778000

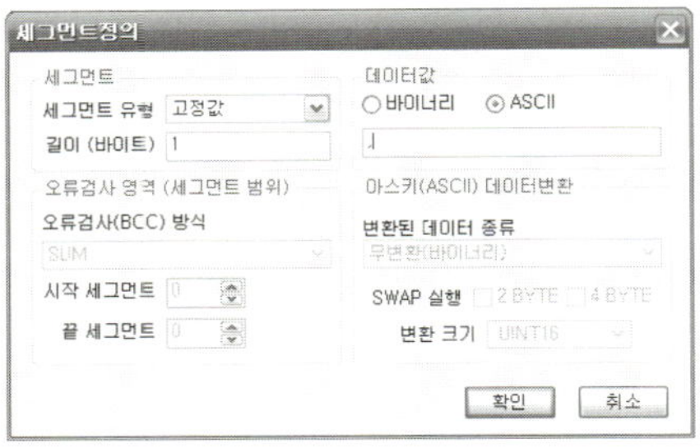
세그먼트정의
세그먼트 유형 고정값
길이 (바이트) 1
,

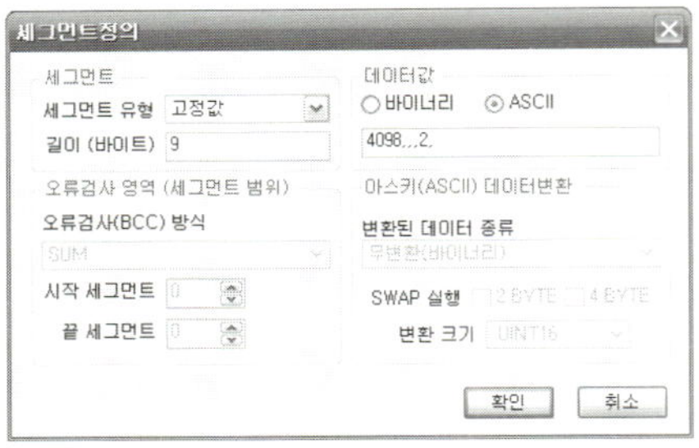
세그먼트정의
세그먼트 유형 고정값
길이 (바이트) 9
4098,,,2,

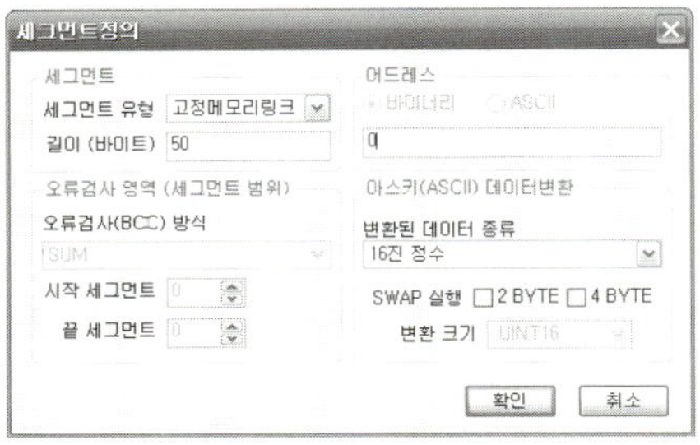
세그먼트정의
세그먼트 유형 고정메모리링크
길이 (바이트) 50
0
변환된 데이터 종류 16진 정수

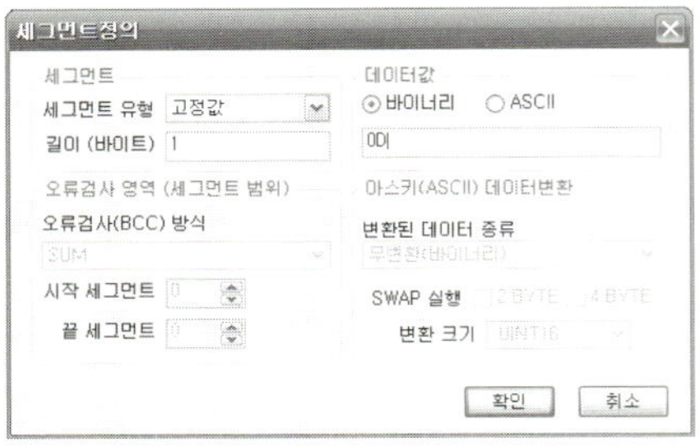
세그먼트정의
세그먼트 유형 고정값
길이 (바이트) 1
데이터값 바이너리 ASCII
0D

❹ 수신 프레임 작성

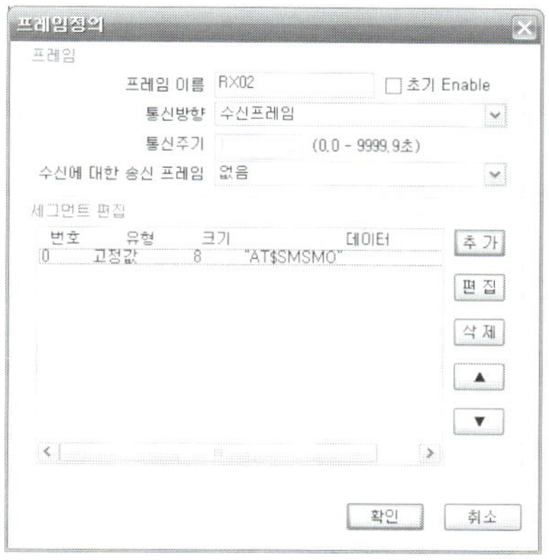

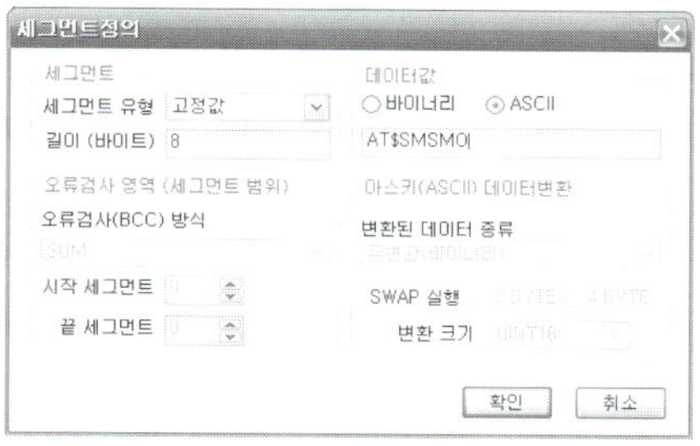

❺ 프레임 강제 송신 실행 후 프레임 모니터링

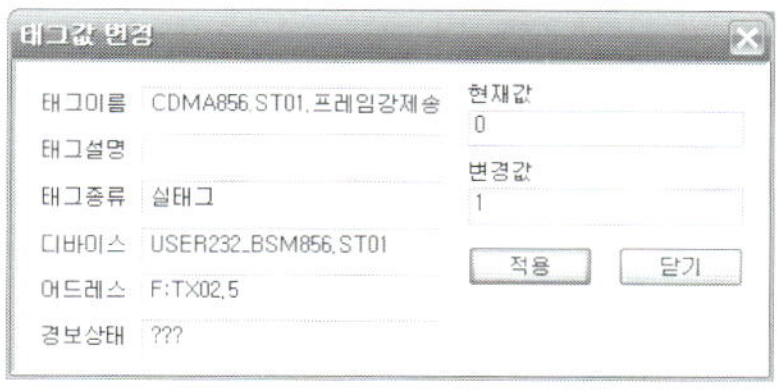

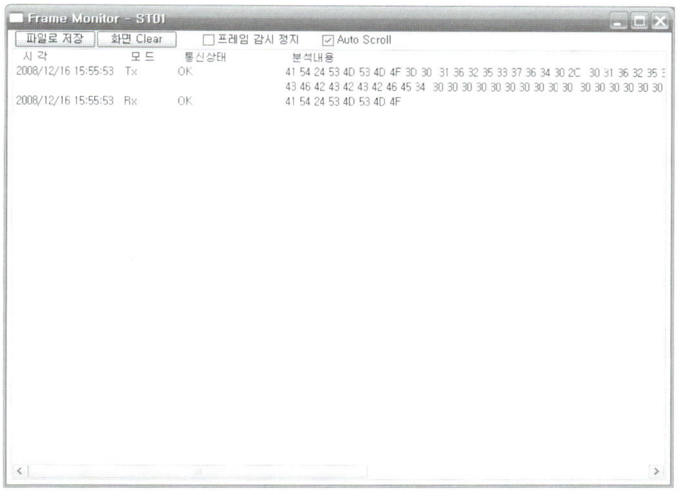

❻ 문자 읽기

❶ 오브젝트 설정

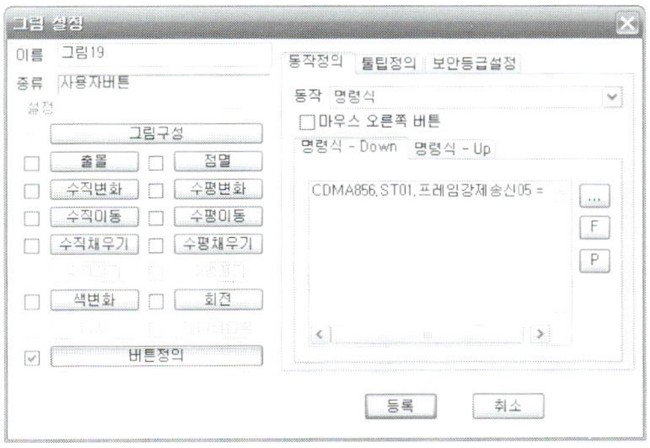

❷ 송신 태그 설정

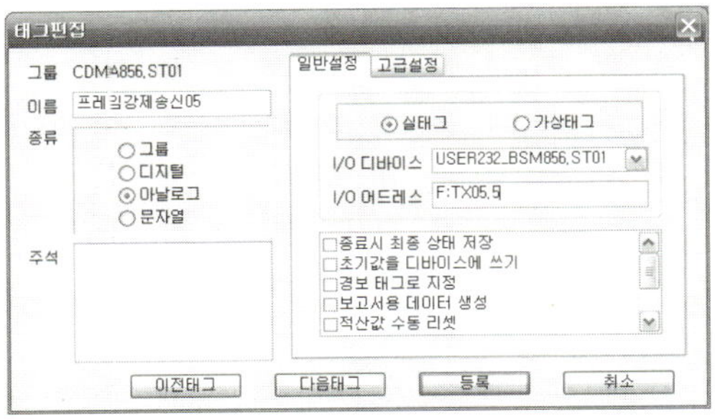

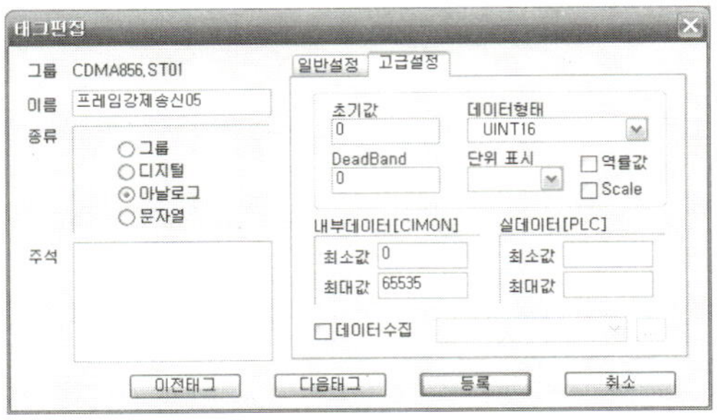

❸ 송신 프레임 작성

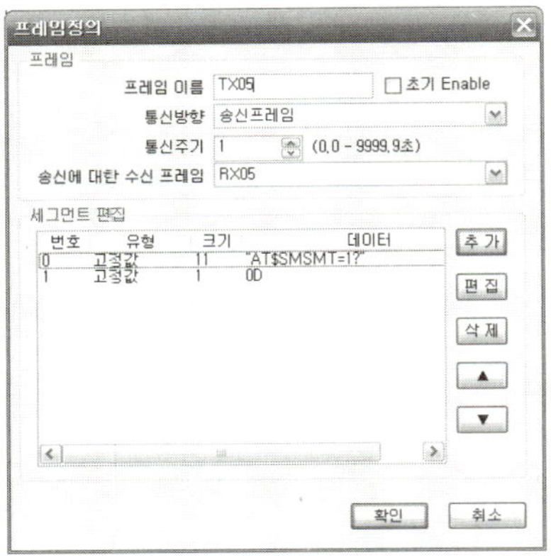

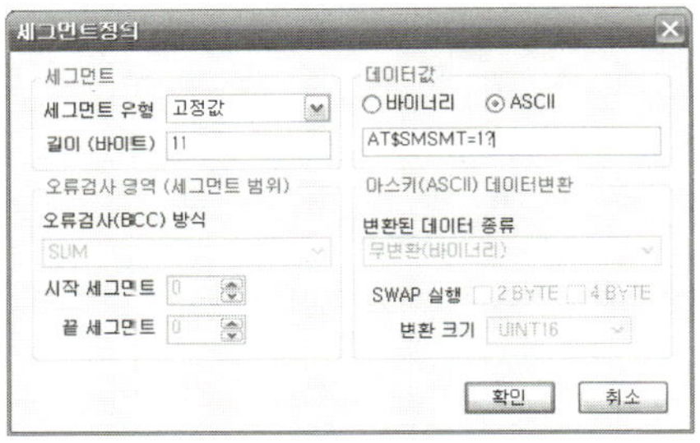

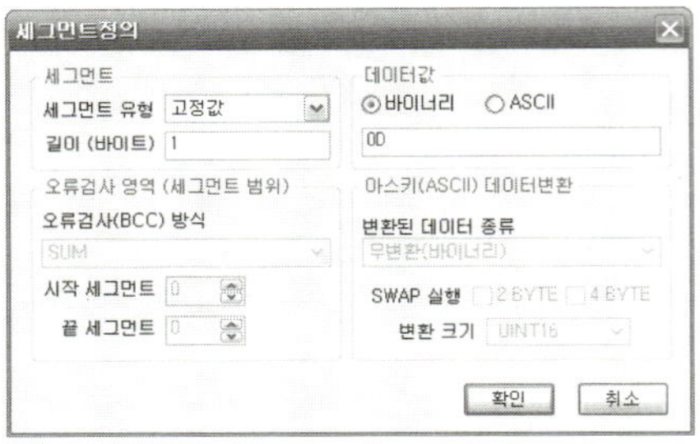

❹ 수신 프레임 작성(삼성 핸드폰일 때)

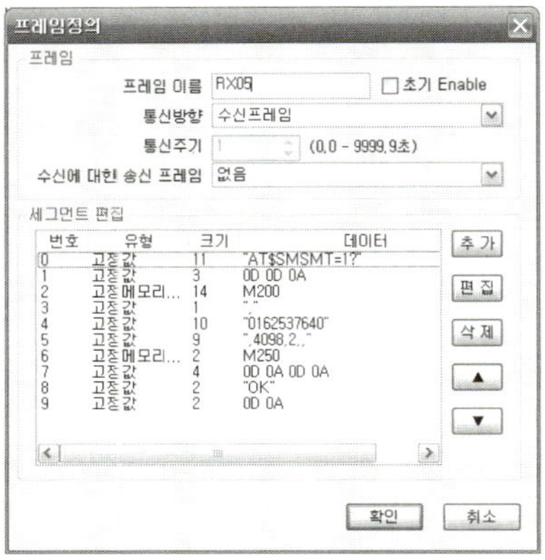

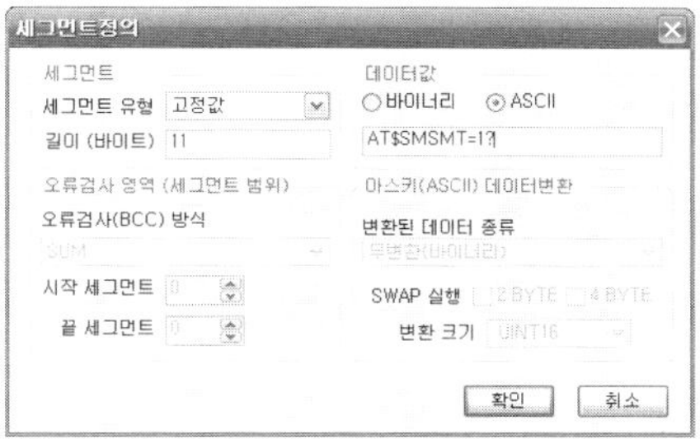
세그먼트정의
세그먼트
세그먼트 유형 고정값
길이 (바이트) 11
데이터값
바이너리 ASCII
AT$SMSMT=1?
오류검사 영역 (세그먼트 범위)
오류검사(BCC) 방식
아스키(ASCII) 데이터변환
변환된 데이터 종류
시작 세그먼트
끝 세그먼트
SWAP 실행
변환 크기
확인
취소

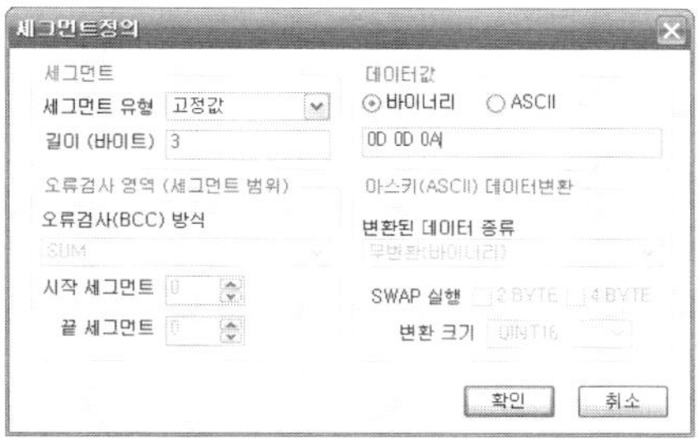
세그먼트정의
세그먼트
세그먼트 유형 고정값
길이 (바이트) 3
데이터값
바이너리 ASCII
0D 0D 0A
오류검사 영역 (세그먼트 범위)
오류검사(BCC) 방식
아스키(ASCII) 데이터변환
변환된 데이터 종류
시작 세그먼트
끝 세그먼트
SWAP 실행
변환 크기
확인
취소

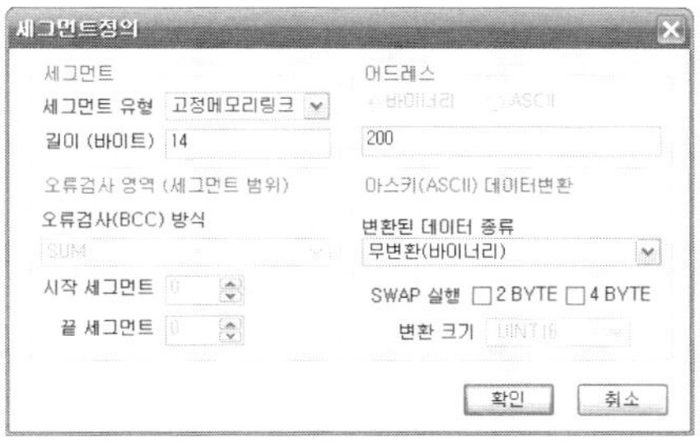
세그먼트정의
세그먼트
세그먼트 유형 고정메모리링크
길이 (바이트) 14
어드레스
200
오류검사 영역 (세그먼트 범위)
오류검사(BCC) 방식
아스키(ASCII) 데이터변환
변환된 데이터 종류
무변환(바이너리)
시작 세그먼트
끝 세그먼트
SWAP 실행 2 BYTE 4 BYTE
변환 크기
확인
취소

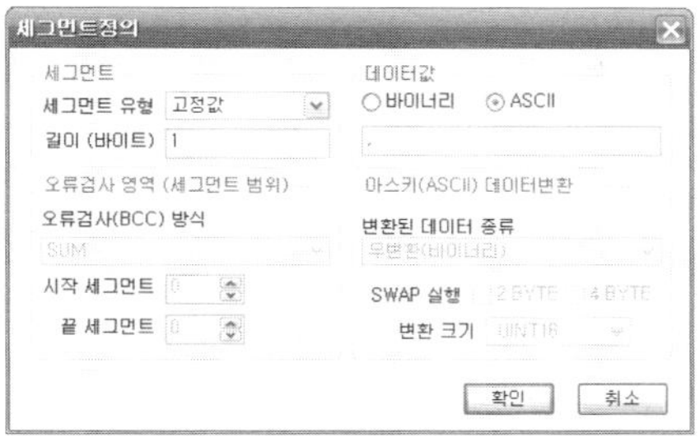
세그먼트정의
세그먼트
세그먼트 유형 고정값
길이 (바이트) 1
데이터값
바이너리 ASCII
오류검사 영역 (세그먼트 범위)
오류검사(BCC) 방식
아스키(ASCII) 데이터변환
변환된 데이터 종류
시작 세그먼트
끝 세그먼트
SWAP 실행
변환 크기
확인
취소

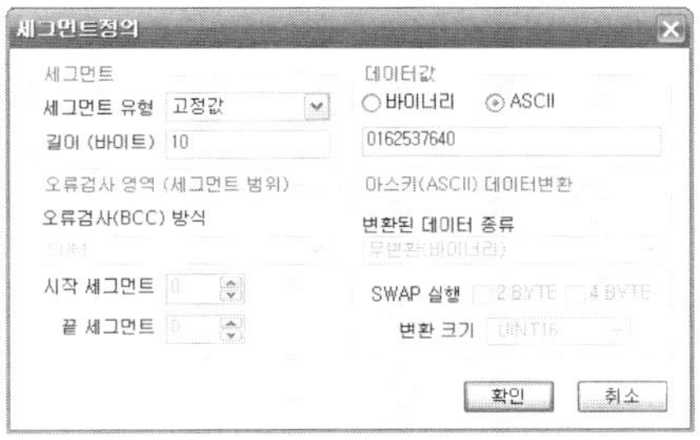
세그먼트정의
세그먼트
세그먼트 유형 고정값
길이 (바이트) 10
데이터값
바이너리 ASCII
0162537640
오류검사 영역 (세그먼트 범위)
오류검사(BCC) 방식
아스키(ASCII) 데이터변환
변환된 데이터 종류
시작 세그먼트
끝 세그먼트
SWAP 실행
변환 크기
확인
취소

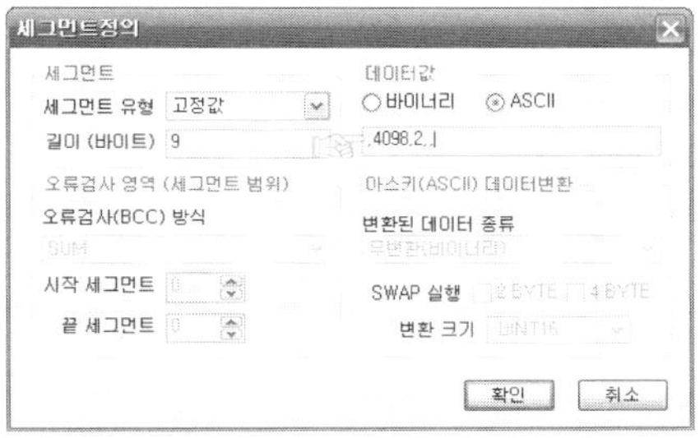
세그먼트정의
세그먼트
세그먼트 유형 고정값
길이 (바이트) 9
데이터값
바이너리 ASCII
,4098,2,,
오류검사 영역 (세그먼트 범위)
오류검사(BCC) 방식
아스키(ASCII) 데이터변환
변환된 데이터 종류
시작 세그먼트
끝 세그먼트
SWAP 실행
변환 크기
확인
취소

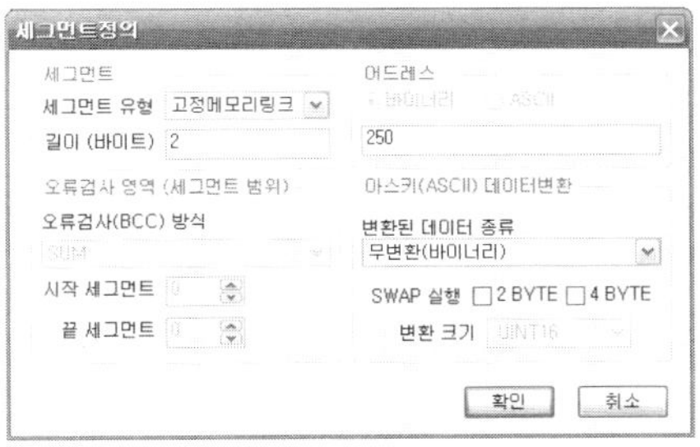
세그먼트정의
세그먼트
세그먼트 유형 고정메모리링크
길이 (바이트) 2
어드레스
250
오류검사 영역 (세그먼트 범위)
오류검사(BCC) 방식
아스키(ASCII) 데이터변환
변환된 데이터 종류
무변환(바이너리)
시작 세그먼트
끝 세그먼트
SWAP 실행 2 BYTE 4 BYTE
변환 크기
확인
취소

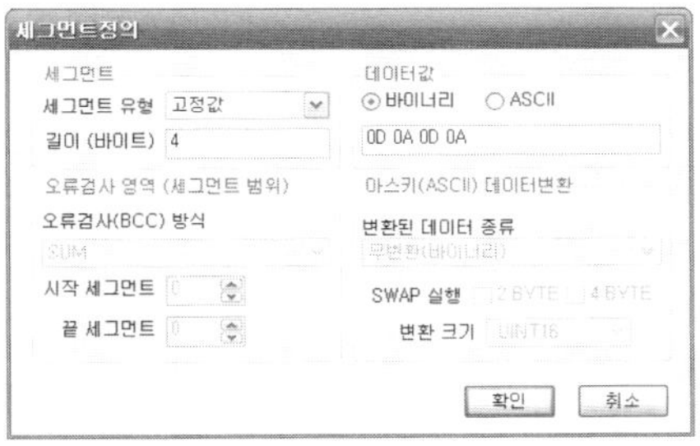
세그먼트정의
세그먼트
세그먼트 유형 고정값
길이 (바이트) 4
데이터값
바이너리 ASCII
0D 0A 0D 0A
오류검사 영역 (세그먼트 범위)
오류검사(BCC) 방식
아스키(ASCII) 데이터변환
변환된 데이터 종류
시작 세그먼트
끝 세그먼트
SWAP 실행
변환 크기
확인
취소

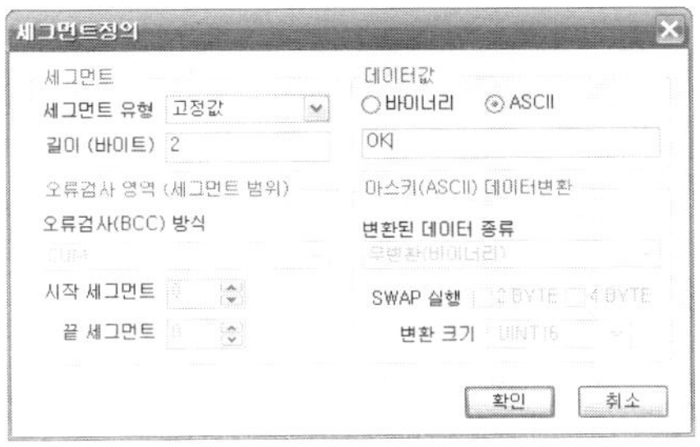
세그먼트정의
세그먼트
세그먼트 유형 고정값
길이 (바이트) 2
데이터값
바이너리 ASCII
OK
오류검사 영역 (세그먼트 범위)
오류검사(BCC) 방식
아스키(ASCII) 데이터변환
변환된 데이터 종류
시작 세그먼트
끝 세그먼트
SWAP 실행
변환 크기
확인
취소

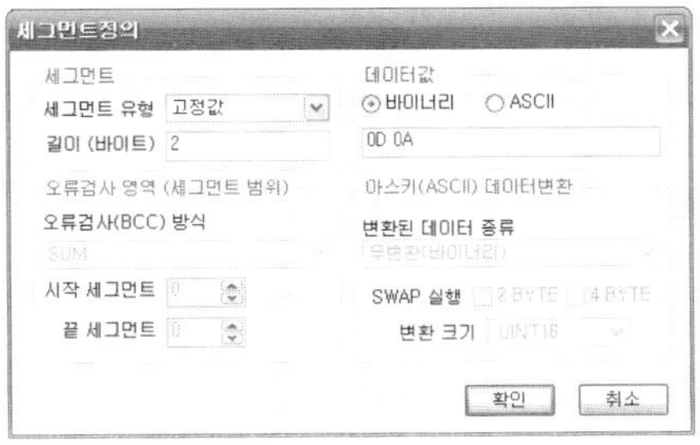
세그먼트정의
세그먼트
세그먼트 유형 고정값
길이 (바이트) 2
데이터값
바이너리 ASCII
0D 0A
오류검사 영역 (세그먼트 범위)
오류검사(BCC) 방식
아스키(ASCII) 데이터변환
변환된 데이터 종류
시작 세그먼트
끝 세그먼트
SWAP 실행
변환 크기
확인
취소

❺ 수신 프레임 작성(LG 핸드폰일 때)

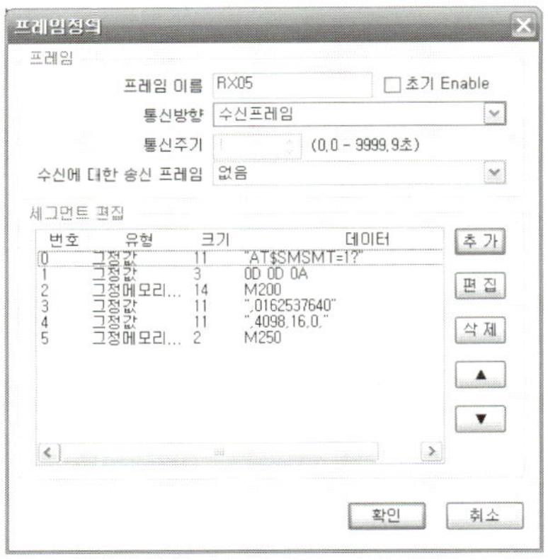

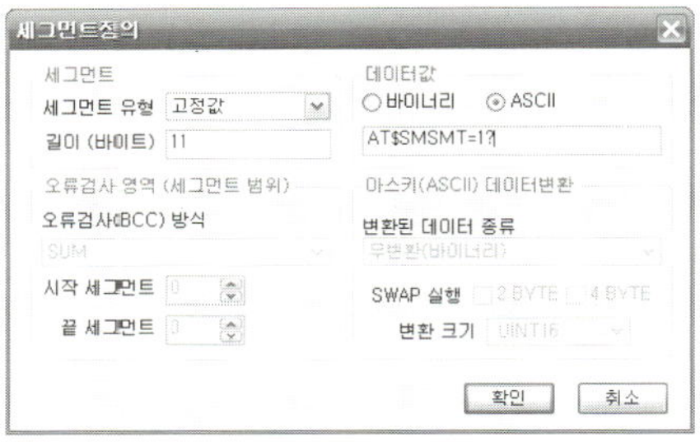

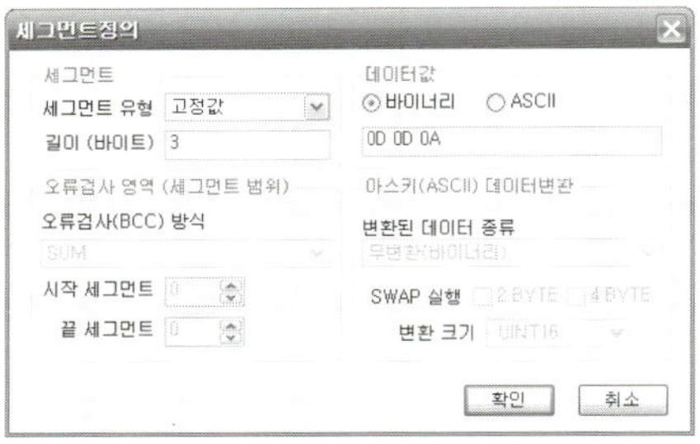

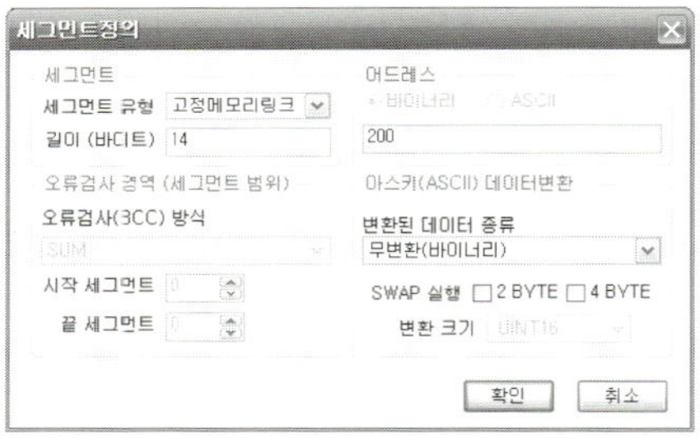

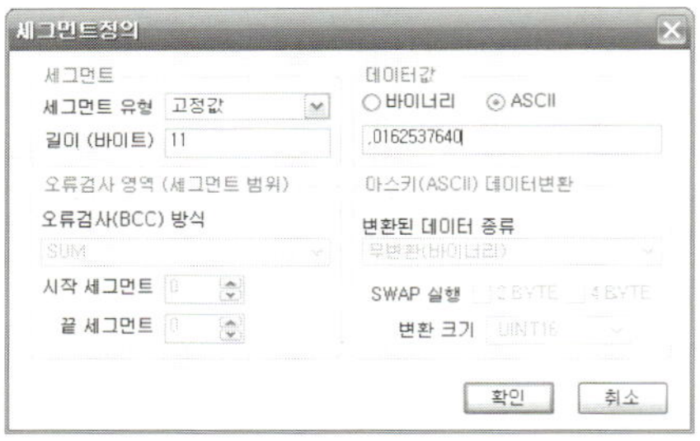

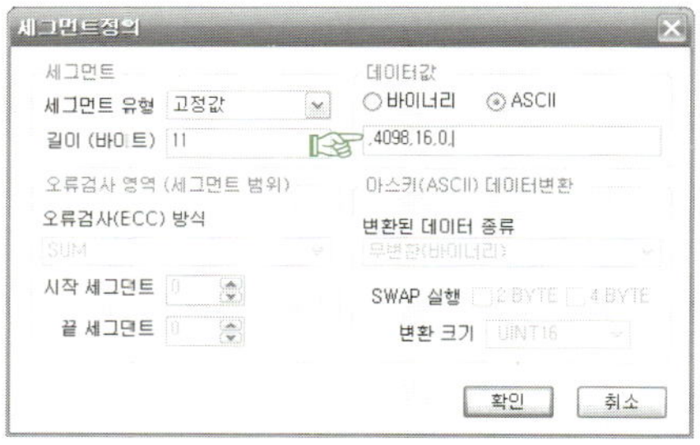

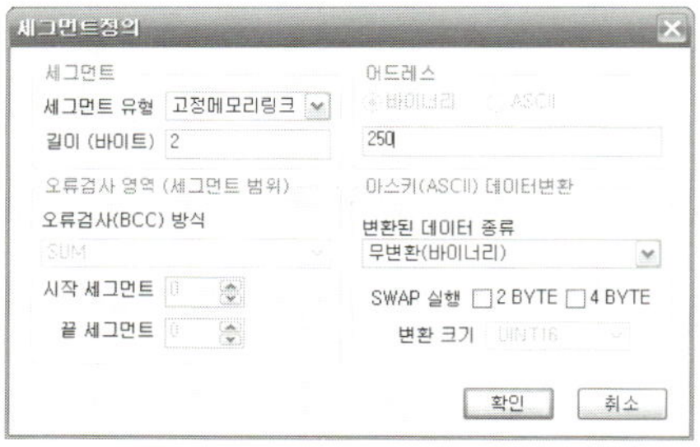

7 프로그램 분석

[삼성 핸드폰과 LG 핸드폰의 프레임 차이 알아내는 방법]

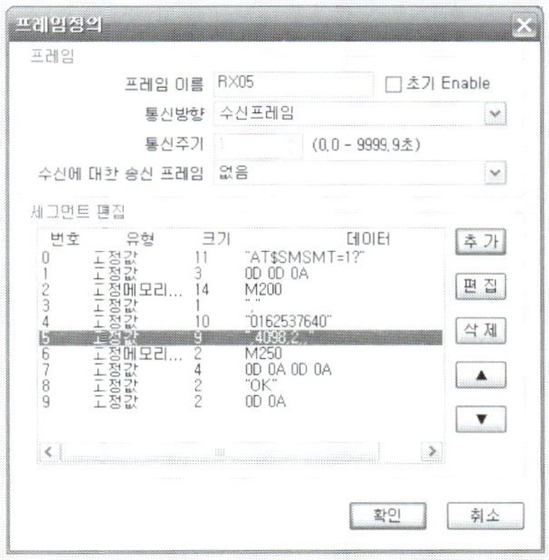

[변경 전 세그먼트]

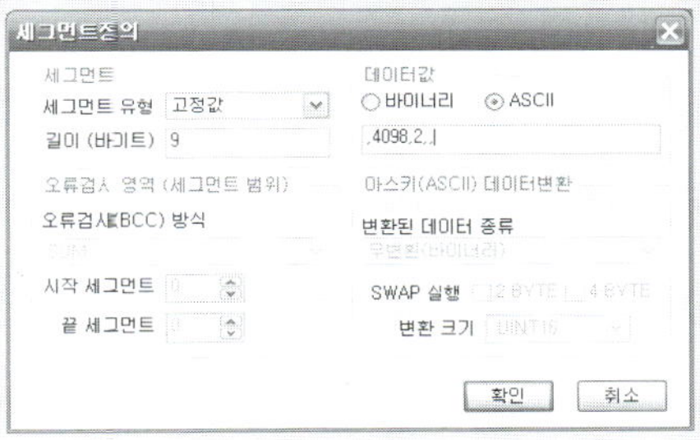

[변경 후 세그먼트(프레임 분석하기 위함)]

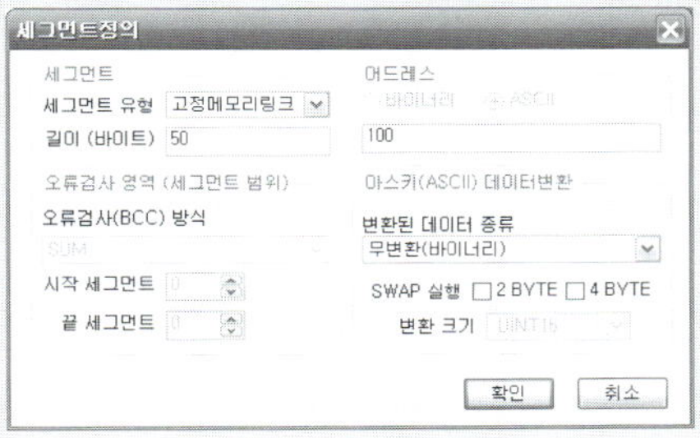

[프레임 읽기 모니터링 결과]

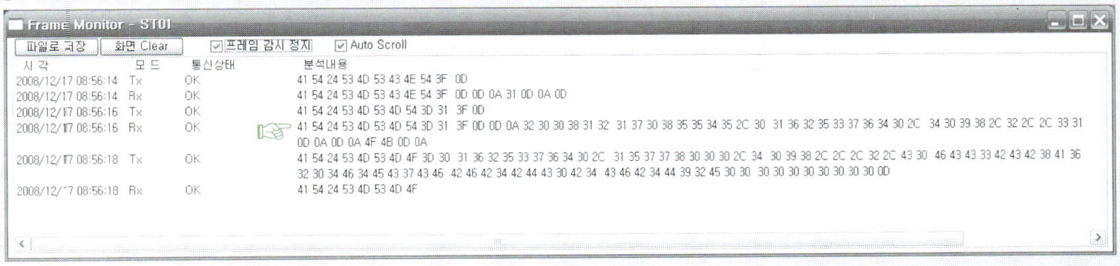

● 의미 삼성 핸드폰과 LG 핸드폰의 문자 읽기 수신 프레임이 같지 않다. 이 프레임 차이를 알아내기 위해서 모르는 부분의 세그먼트를 위 그림처럼 크게 잡고 읽기 프레임을 실행해 보면 프레임 모니터링에서 모니터링 할 수 있다. 이 프레임 모니터링 결과를 분석해 보면 프레임의 세그먼트를 알아낼 수 있다. 즉, 아스키값을 그대로 읽어 나머지 세그먼트로 추가하면 된다.

[통신 상태 표시 방법(CommStatus("User232_BSM856.ST01")) 활용]

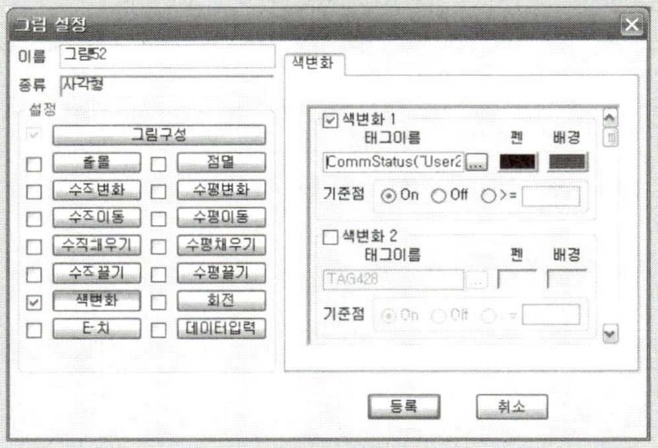

● 의미 CommStatus 함수로부터 직접 값을 받아 0이면 정상, 1이면 이상이므로 오브젝트에 직접 표시

SECTION 35

CDMA(BSM_856) SMS 사용자 프로토콜 RS232C 통신 예제 (LG 핸드폰)

LG 핸드폰과 BSM_856 CDMA의 SMS 통신 예제이다.

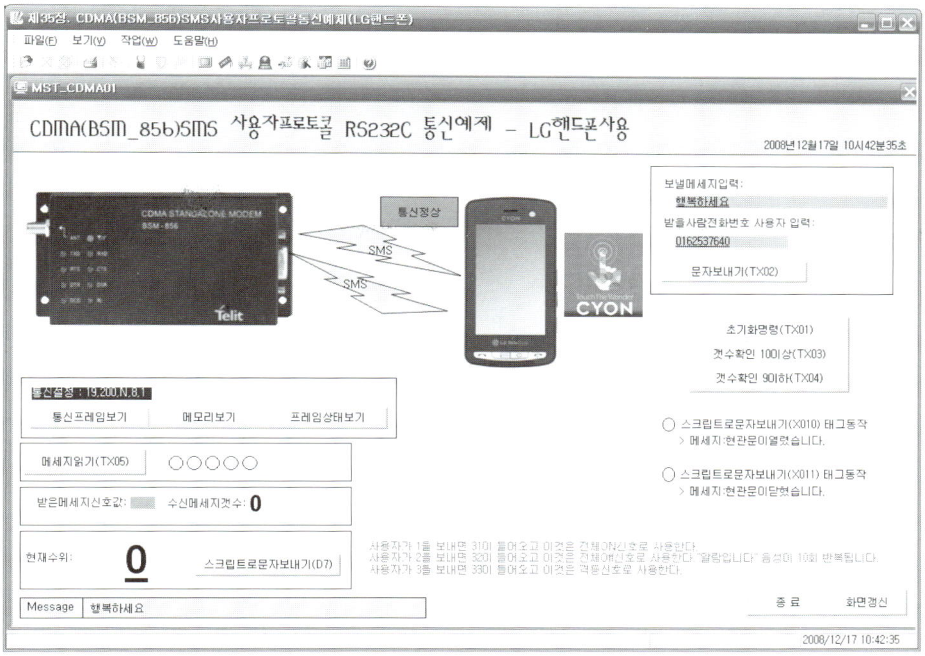

1 통신 케이블 제작

1:1 연장 케이블

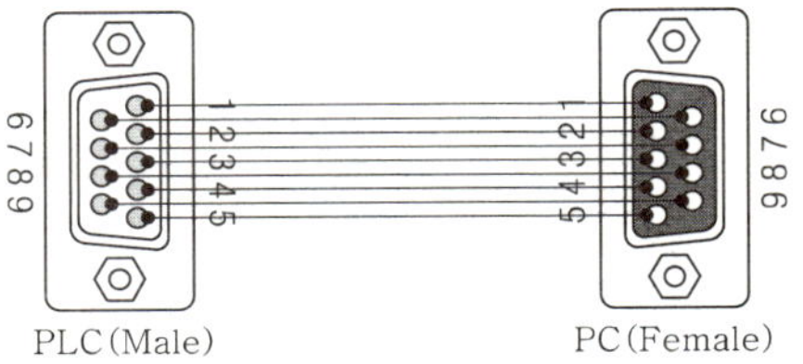

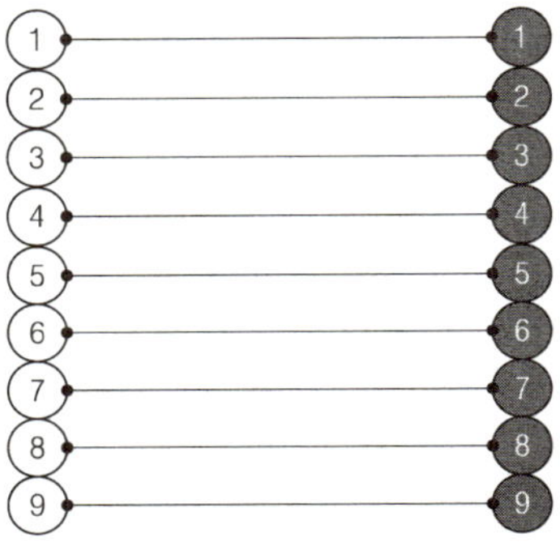

2 CIMON 디바이스 설정

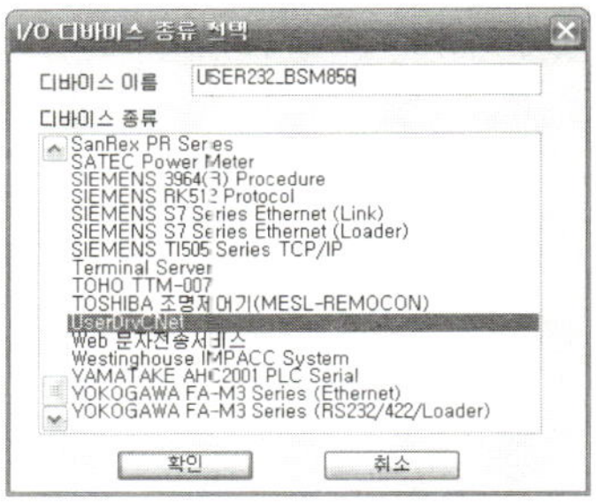

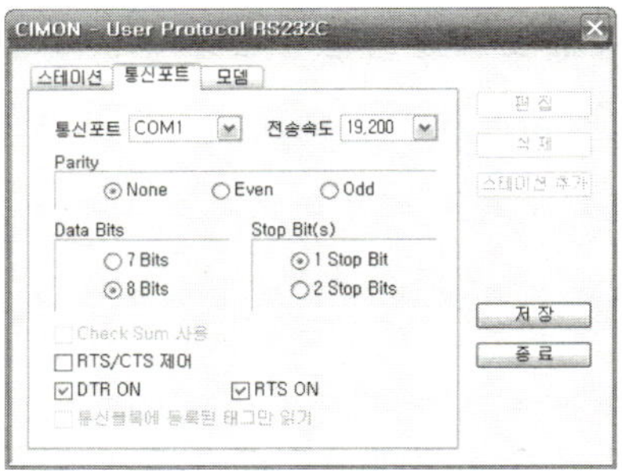

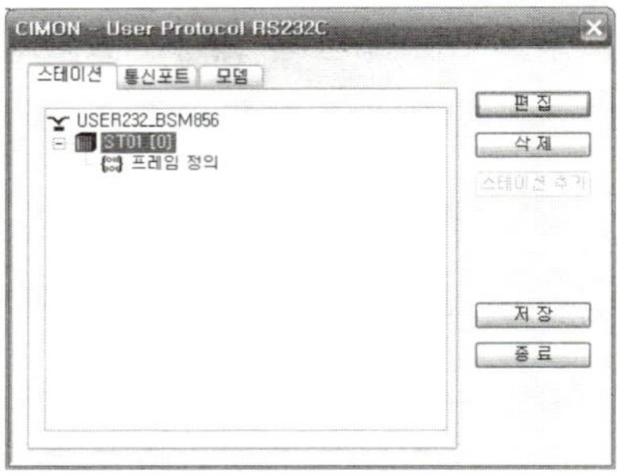

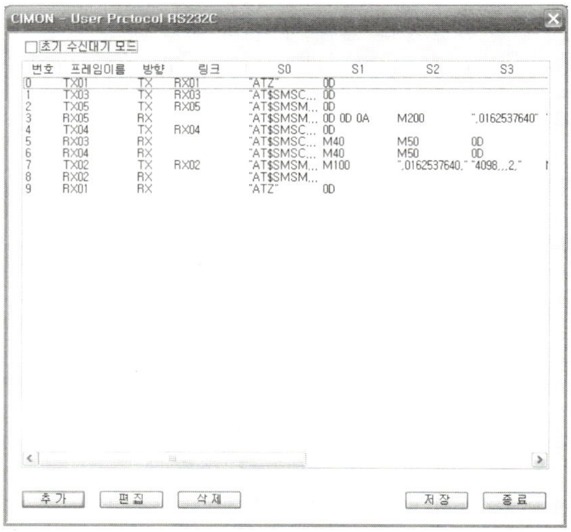

❸ 초기화 명령

❶ 오브젝트 설정

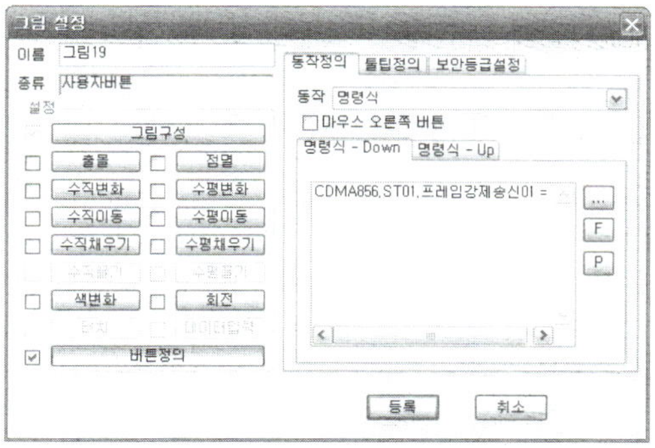

❷ 송신 태그 설정

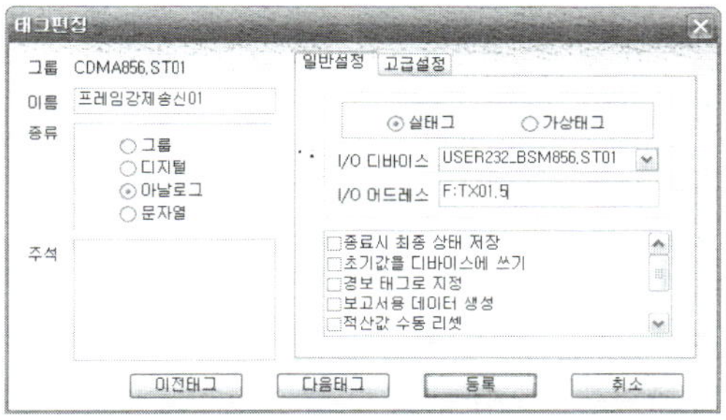

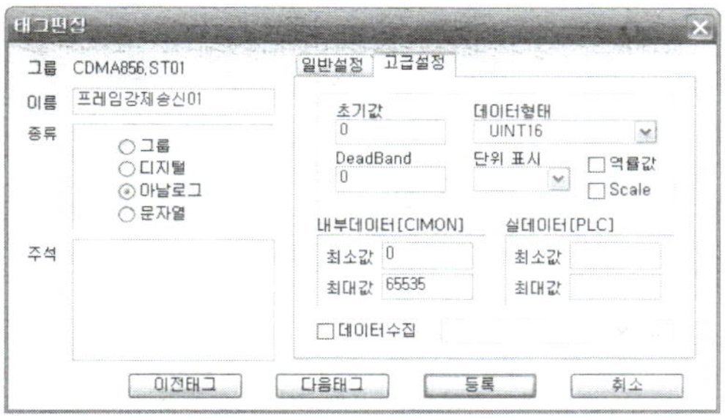

❸ 송신 프레임 작성

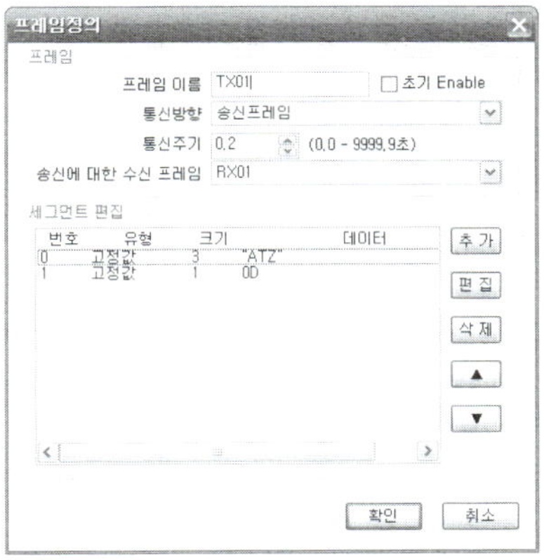

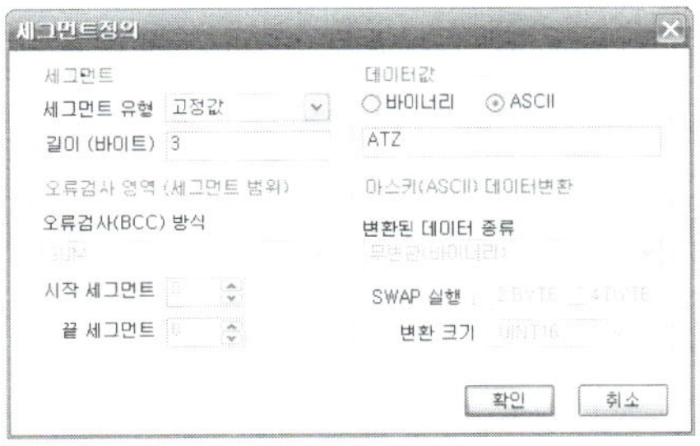

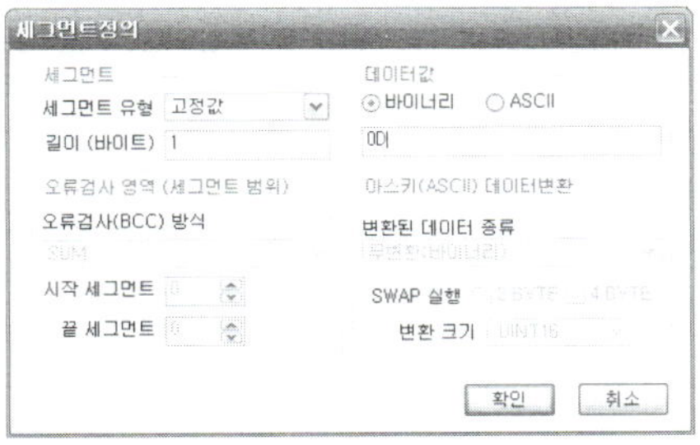

❹ 수신 프레임 작성

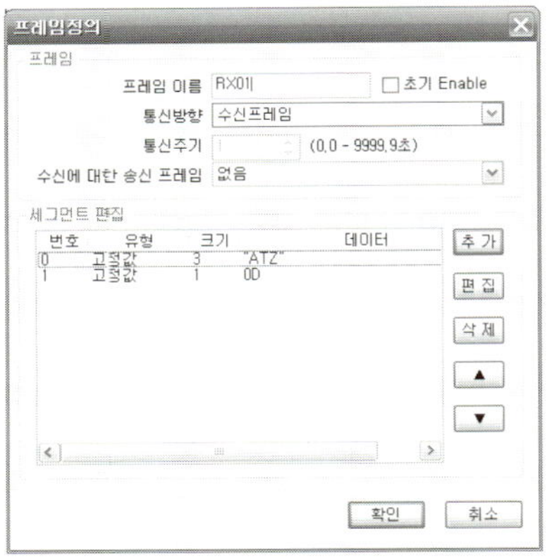

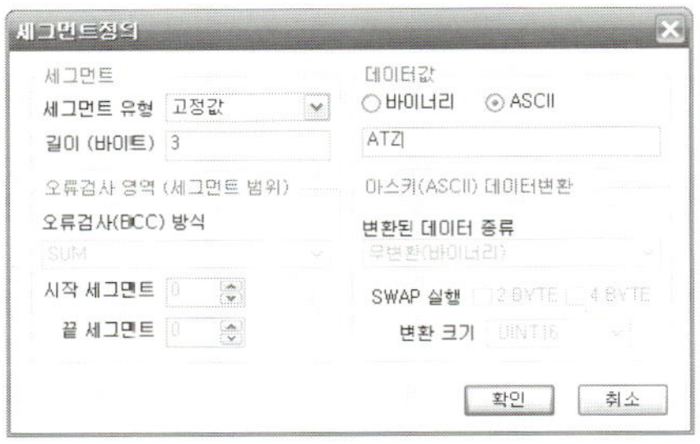

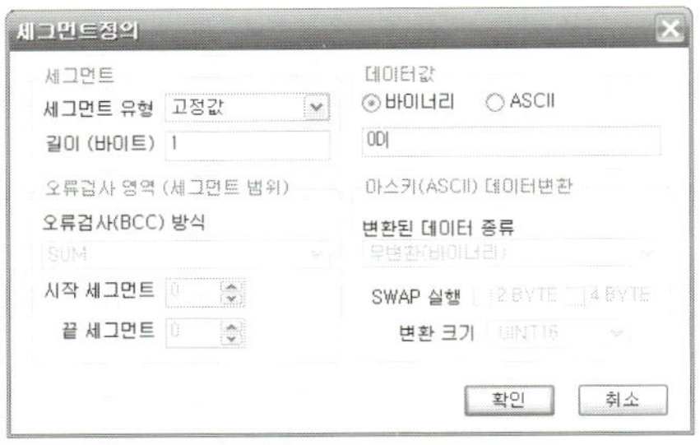

❺ 프레임 강제 송신 실행 후 프레임 모니터링

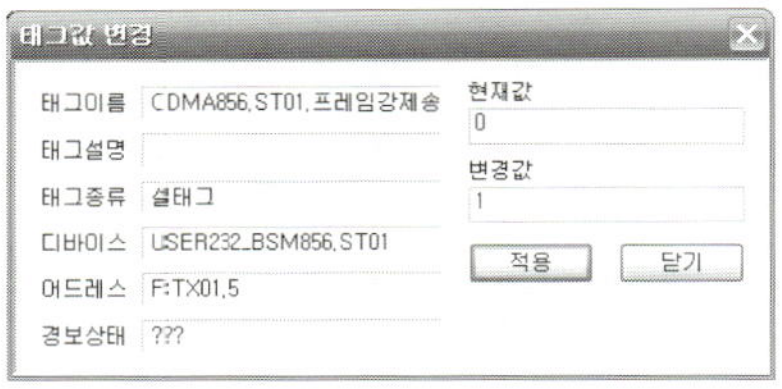

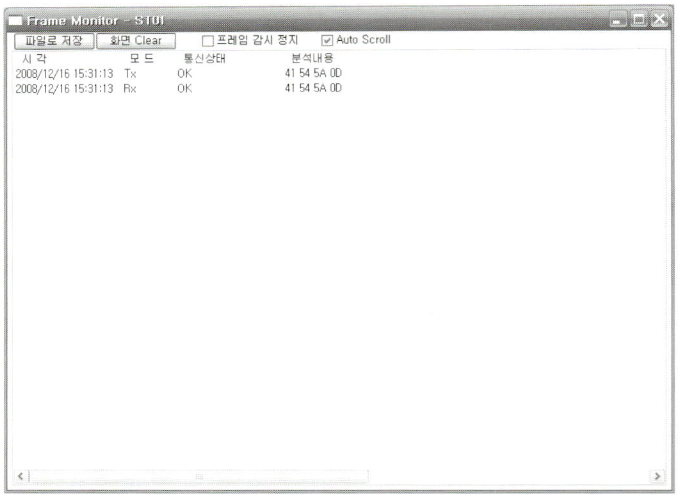

4 9개 이하의 메시지 개수 확인

❶ 오브젝트 설정

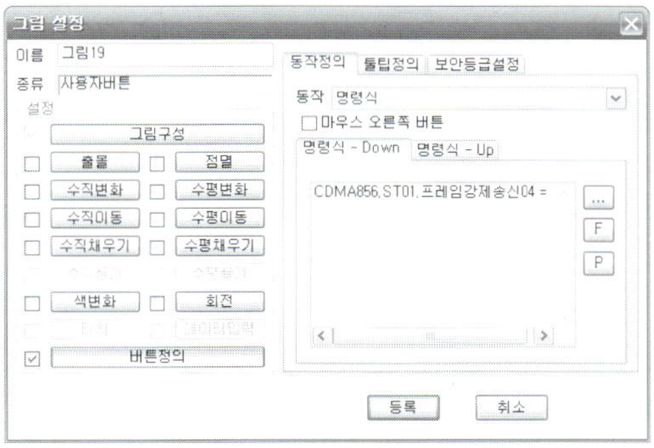

❷ 송신 태그 설정

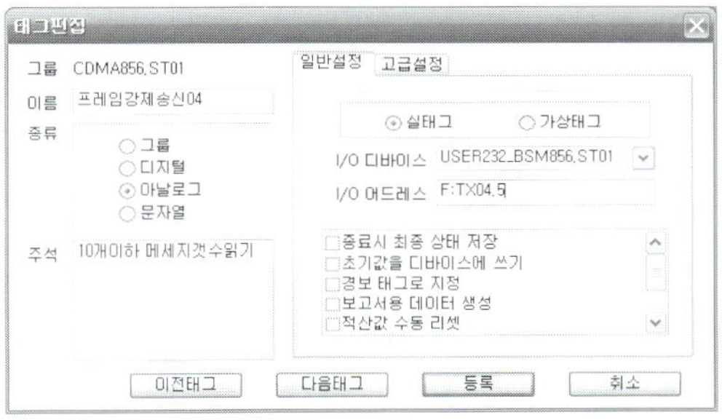

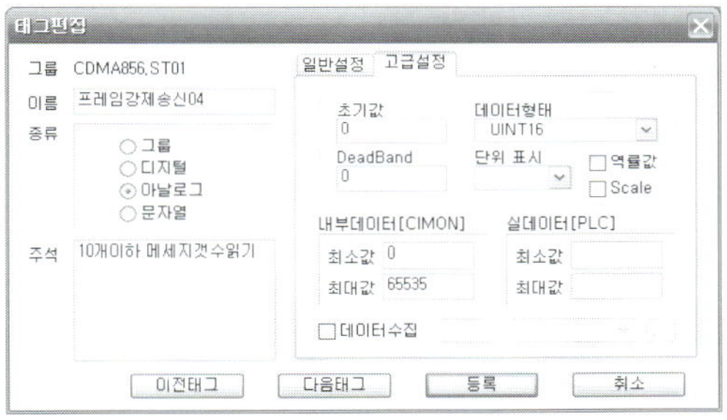

❸ 송신 프레임 작성

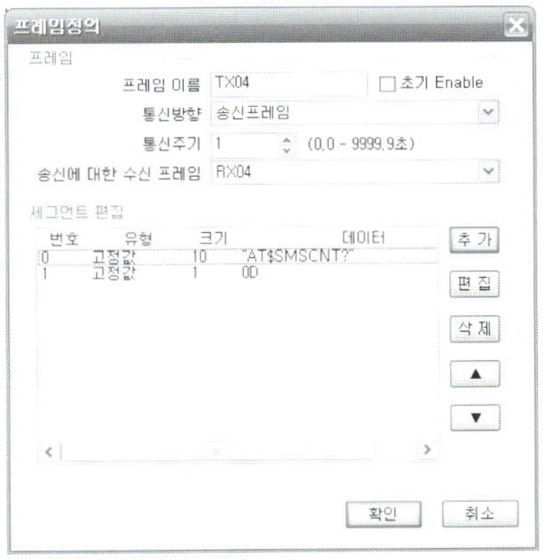

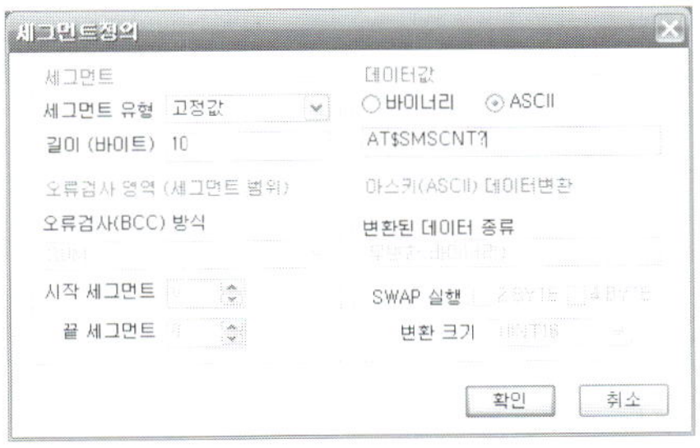

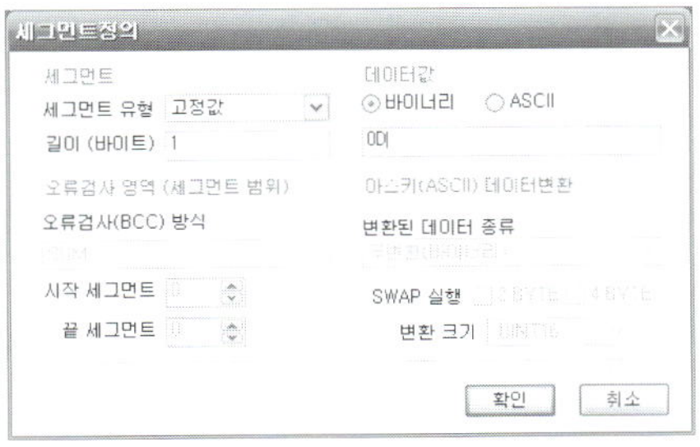

❹ 수신 드레임 작성

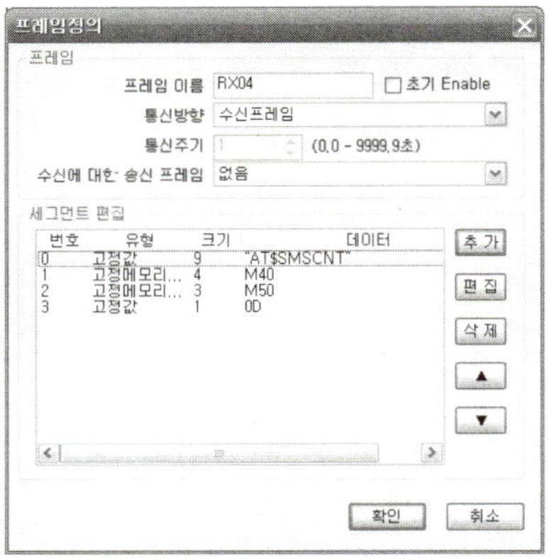

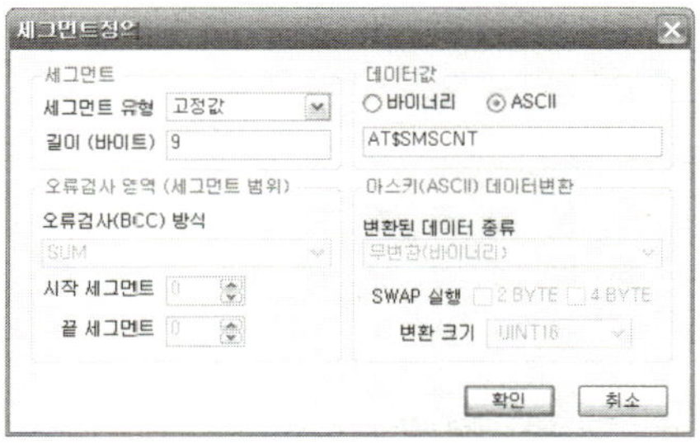

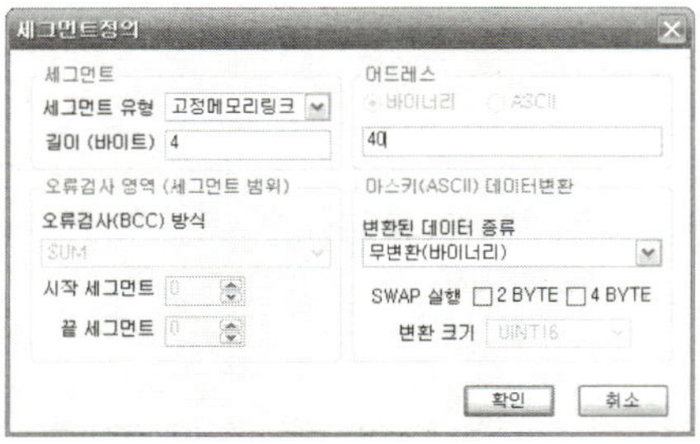

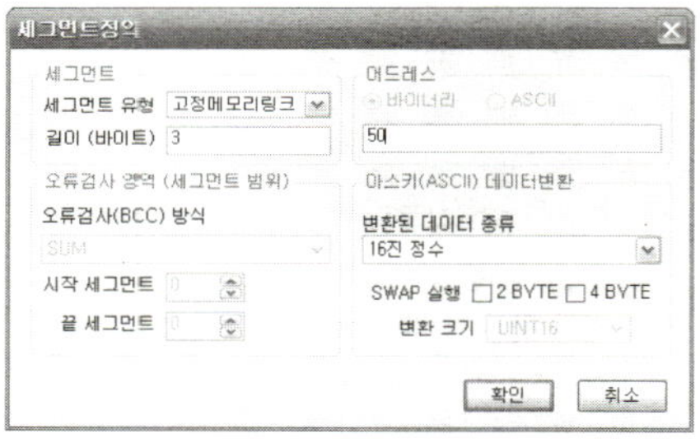

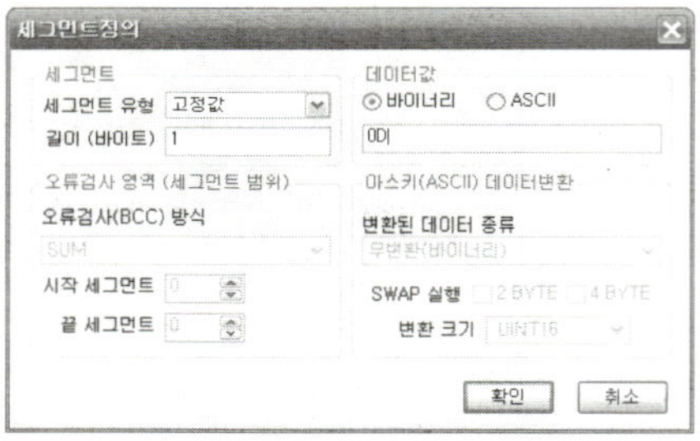

❺ 프레임 강제 송신 실행 후 프레임 모니터링

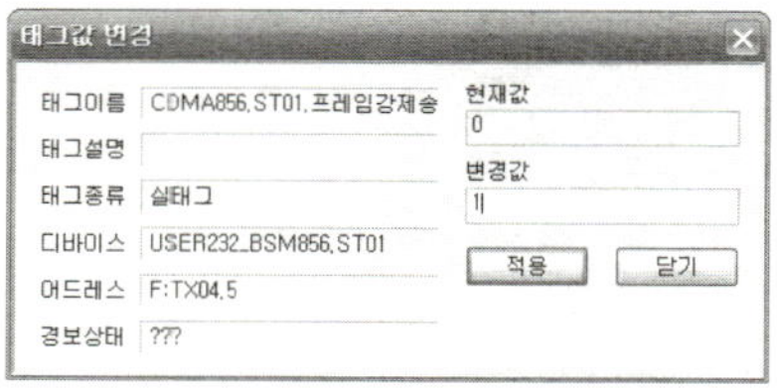

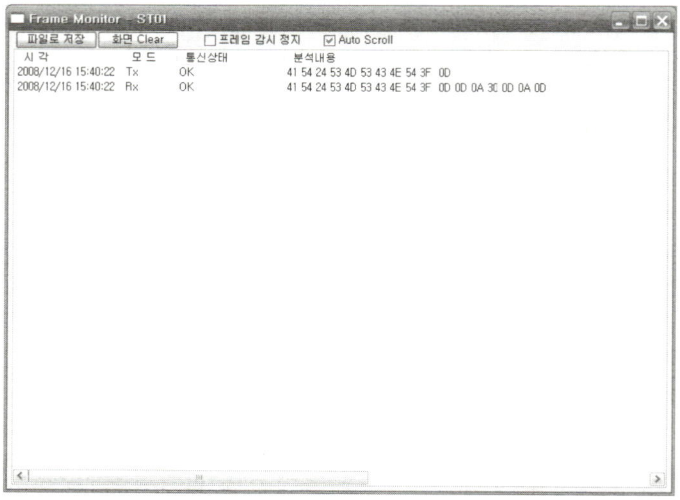

❻ 수신값 태그 설정

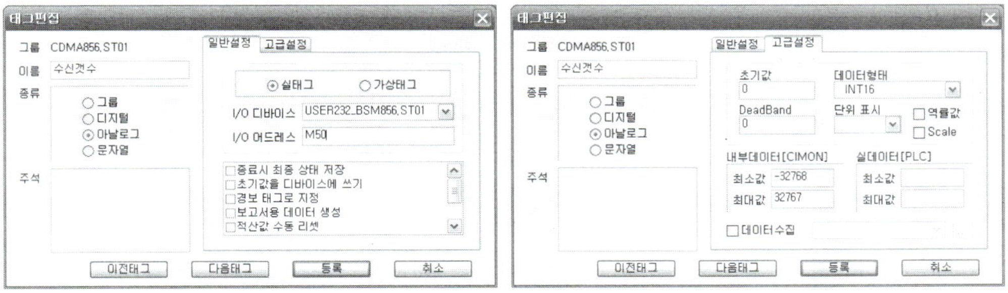

❺ 문자 보내기

❶ 오브젝트 설정

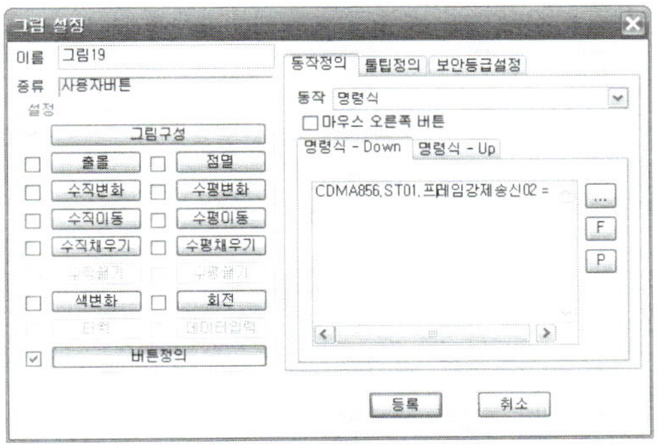

❷ 송신 태그 설정

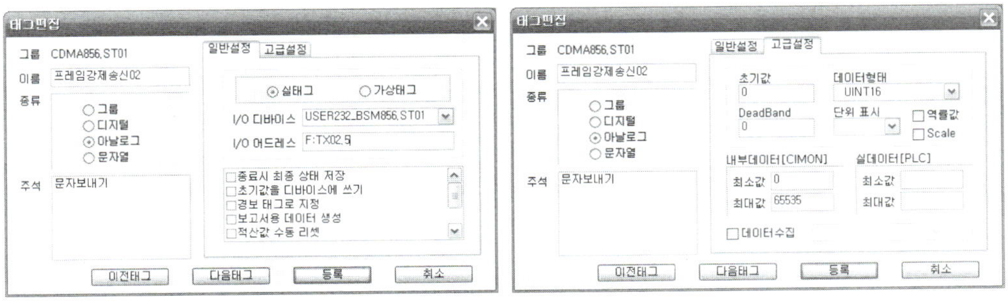

❸ 송신 프레임 작성

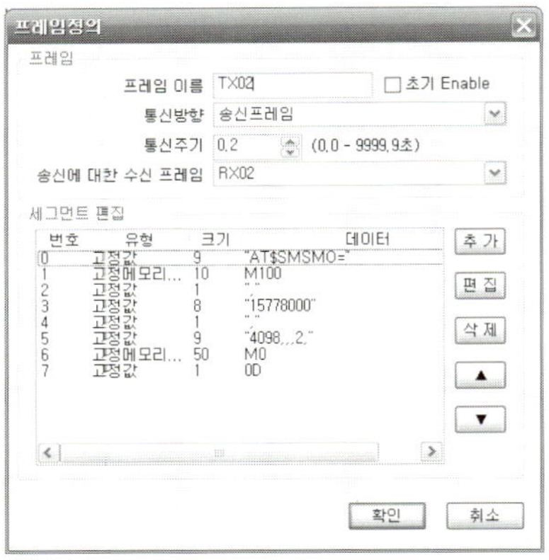
프레임정의
프레임
프레임 이름 TX02
초기 Enable
통신방향 송신프레임
통신주기 0.2 (0.0 - 9999.9초)
송신에 대한 수신 프레임 RX02
세그먼트 편집
번호 유형 크기 데이터
0 고정값 9 "AT$SMSMO="
1 고정메모리... 10 M100
2 고정값 1 ","
3 고정값 8 "15778000"
4 고정값 1 ","
5 고정값 9 "4098,,,2,"
6 고정메모리... 50 M0
7 고정값 1 0D
추 가
편 집
삭 제
확인
취소

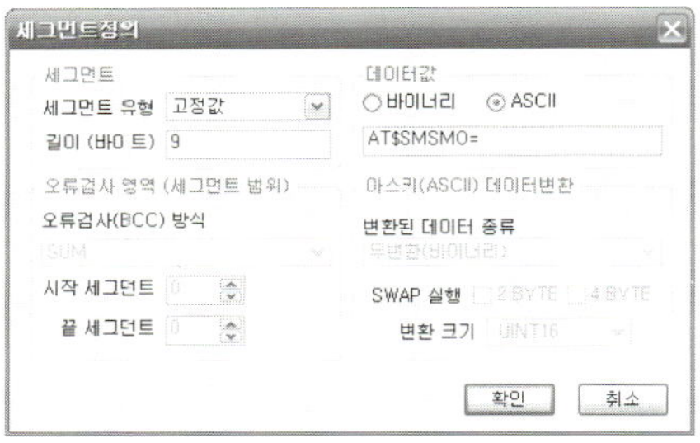
세그먼트정의
세그먼트
세그먼트 유형 고정값
길이 (바이트) 9
데이터값
바이너리 ASCII
AT$SMSMO=
오류검사 영역 (세그먼트 범위)
오류검사(BCC) 방식
시작 세그먼트
끝 세그먼트
아스키(ASCII) 데이터변환
변환된 데이터 종류
SWAP 실행
변환 크기
확인
취소

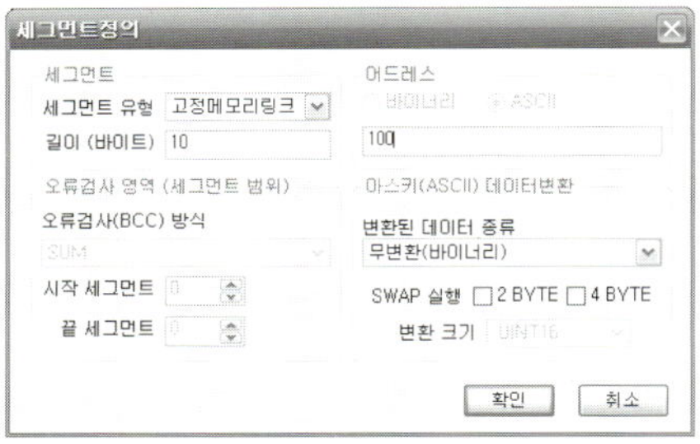
세그먼트정의
세그먼트
세그먼트 유형 고정메모리링크
길이 (바이트) 10
어드레스
100
오류검사 영역 (세그먼트 범위)
오류검사(BCC) 방식
시작 세그먼트
끝 세그먼트
아스키(ASCII) 데이터변환
변환된 데이터 종류
무변환(바이너리)
SWAP 실행 2 BYTE 4 BYTE
변환 크기
확인
취소

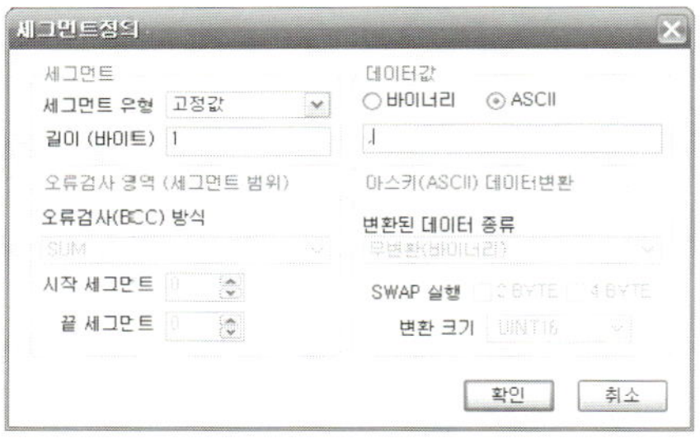
세그먼트정의
세그먼트
세그먼트 유형 고정값
길이 (바이트) 1
데이터값
바이너리 ASCII
,
오류검사 영역 (세그먼트 범위)
오류검사(BCC) 방식
시작 세그먼트
끝 세그먼트
아스키(ASCII) 데이터변환
변환된 데이터 종류
SWAP 실행
변환 크기
확인
취소

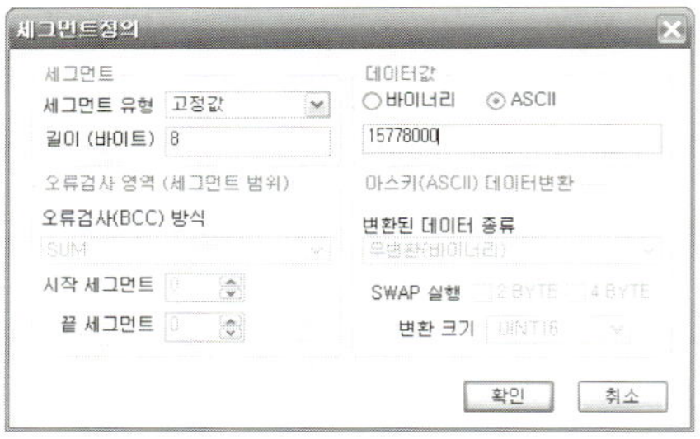
세그먼트정의
세그먼트
세그먼트 유형 고정값
길이 (바이트) 8
데이터값
바이너리 ASCII
15778000
오류검사 영역 (세그먼트 범위)
오류검사(BCC) 방식
시작 세그먼트
끝 세그먼트
아스키(ASCII) 데이터변환
변환된 데이터 종류
SWAP 실행
변환 크기
확인
취소

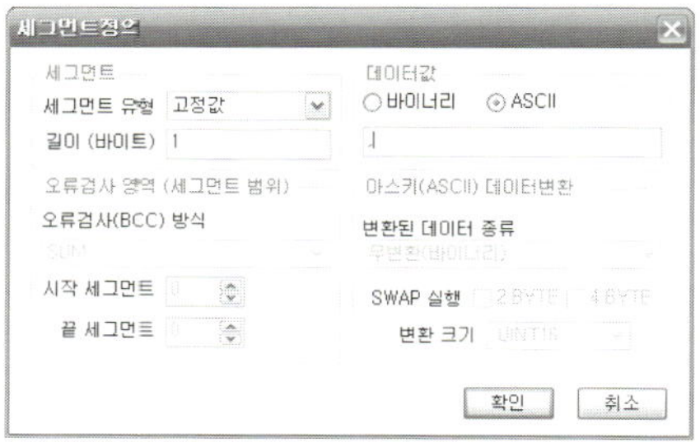
세그먼트정의
세그먼트
세그먼트 유형 고정값
길이 (바이트) 1
데이터값
바이너리 ASCII
,
오류검사 영역 (세그먼트 범위)
오류검사(BCC) 방식
시작 세그먼트
끝 세그먼트
아스키(ASCII) 데이터변환
변환된 데이터 종류
SWAP 실행
변환 크기
확인
취소

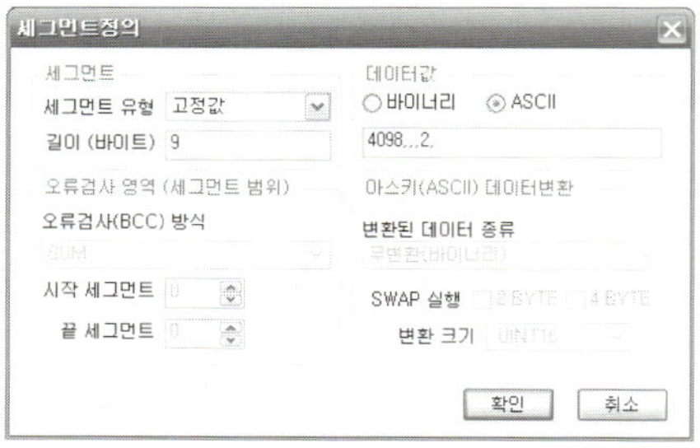
세그먼트정의
세그먼트
세그먼트 유형 고정값
길이 (바이트) 9
데이터값
바이너리 ASCII
4098,,,2,
오류검사 영역 (세그먼트 범위)
오류검사(BCC) 방식
시작 세그먼트
끝 세그먼트
아스키(ASCII) 데이터변환
변환된 데이터 종류
SWAP 실행
변환 크기
확인
취소

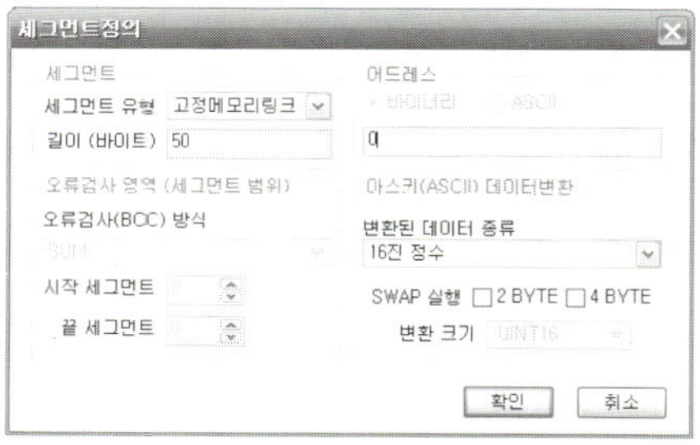
세그먼트정의
세그먼트
세그먼트 유형 고정메모리링크
길이 (바이트) 50
어드레스
0
오류검사 영역 (세그먼트 범위)
오류검사(BCC) 방식
시작 세그먼트
끝 세그먼트
아스키(ASCII) 데이터변환
변환된 데이터 종류
16진 정수
SWAP 실행 2 BYTE 4 BYTE
변환 크기
확인
취소

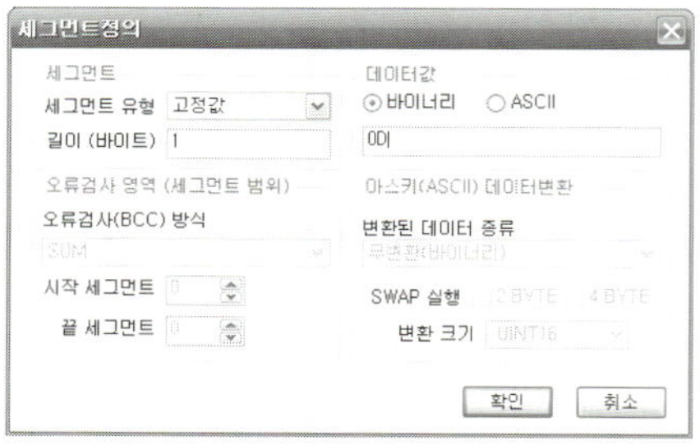
세그먼트정의
세그먼트
세그먼트 유형 고정값
길이 (바이트) 1
데이터값
바이너리 ASCII
0D
오류검사 영역 (세그먼트 범위)
오류검사(BCC) 방식
시작 세그먼트
끝 세그먼트
아스키(ASCII) 데이터변환
변환된 데이터 종류
SWAP 실행
변환 크기
확인
취소

④ 수신 프레임 작성

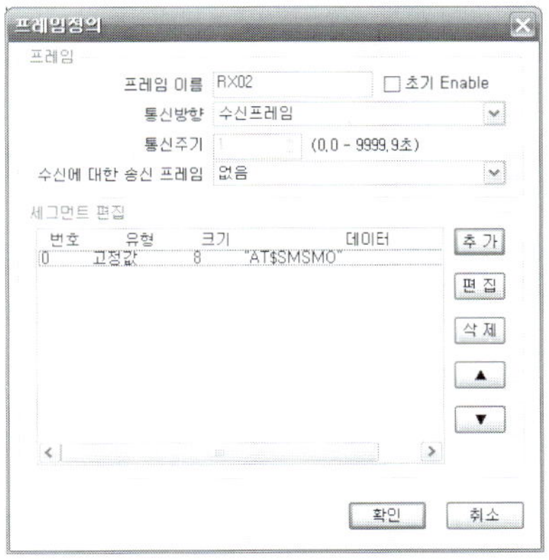

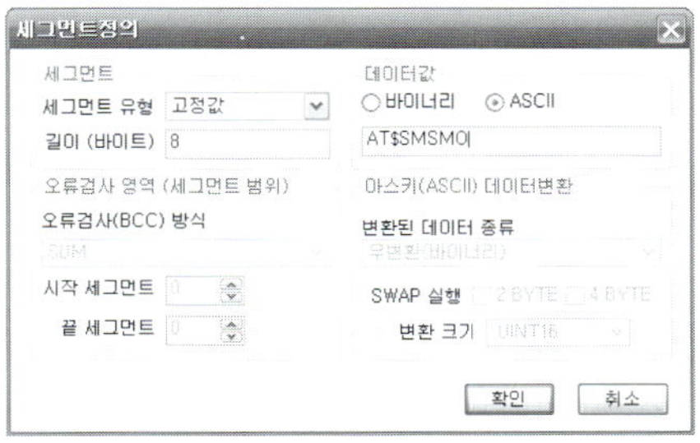

⑤ 프레임 강제 송신 실행 후 프레임 모니터링

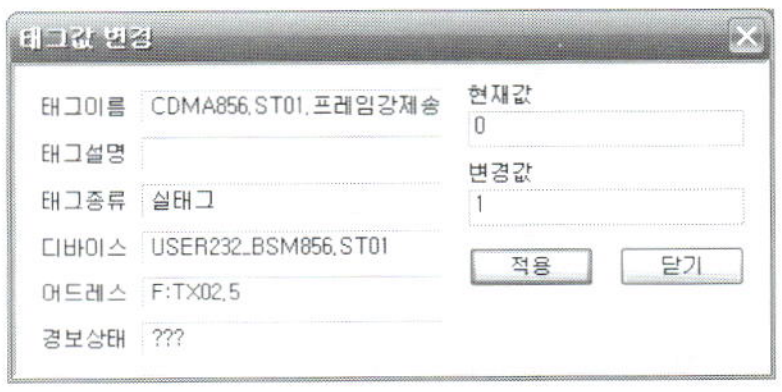

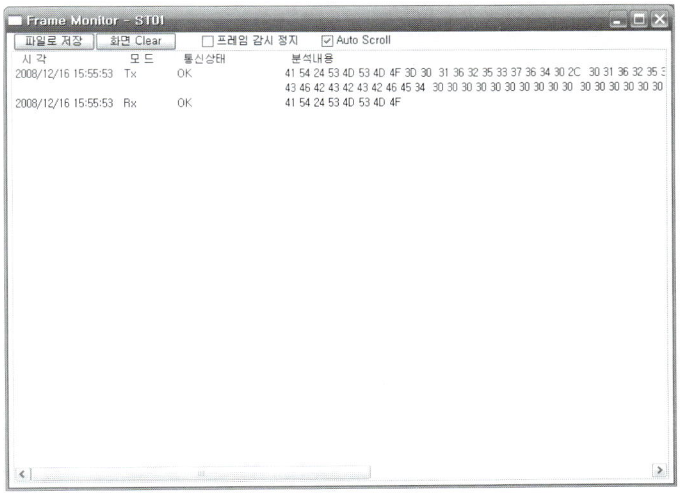

⑥ 문자 읽기

① 오브젝트 설정

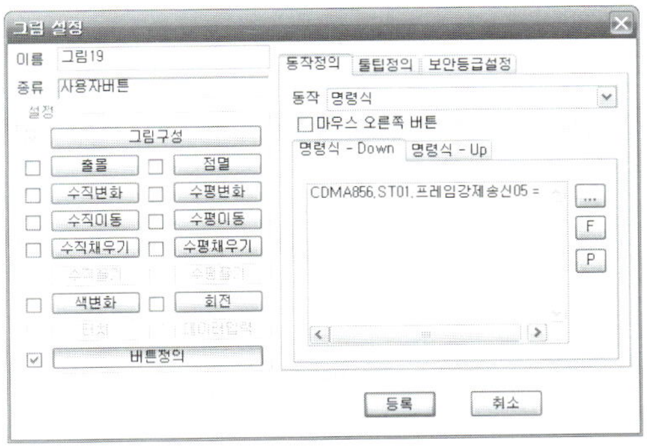

❷ 송신 태그 설정

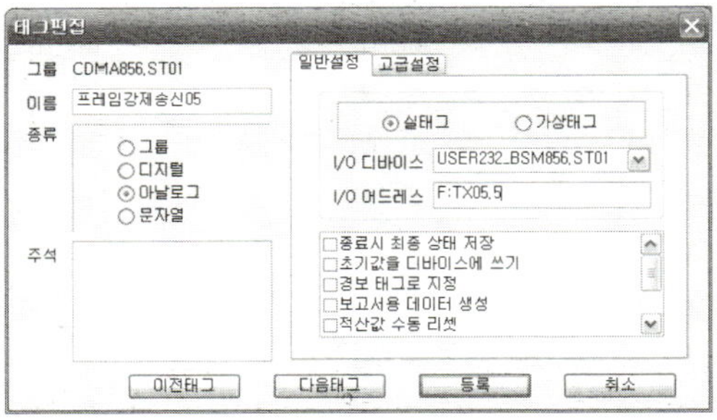

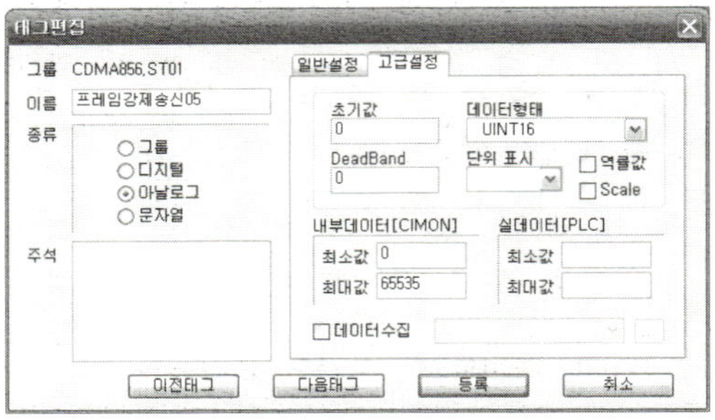

❸ 송신 프레임 작성

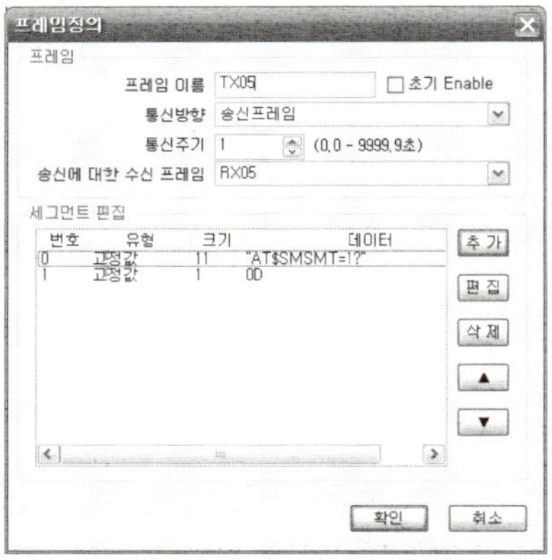

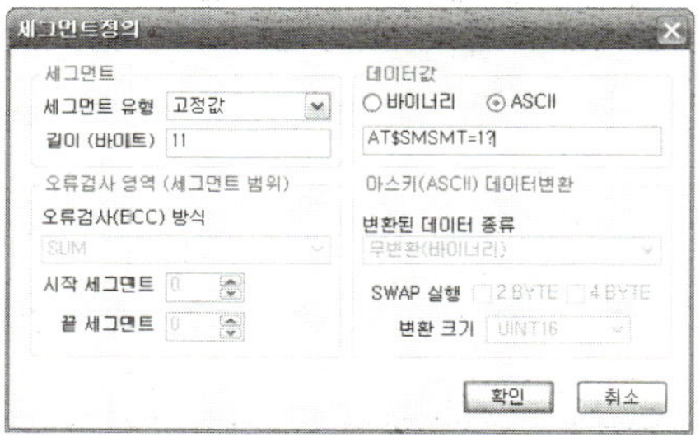

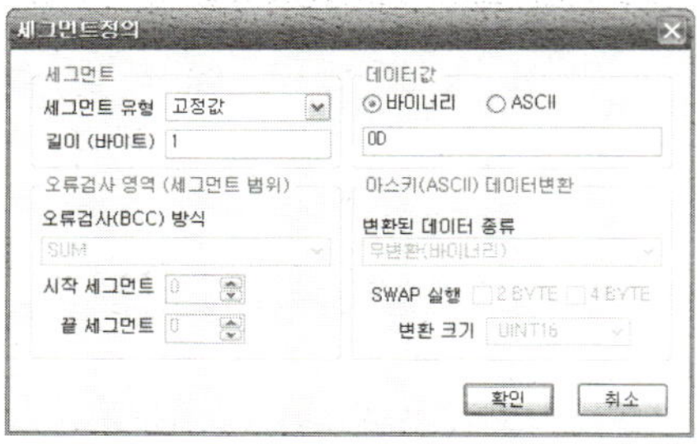

❹ 수신 프레임 작성(삼성 핸드폰일 때)

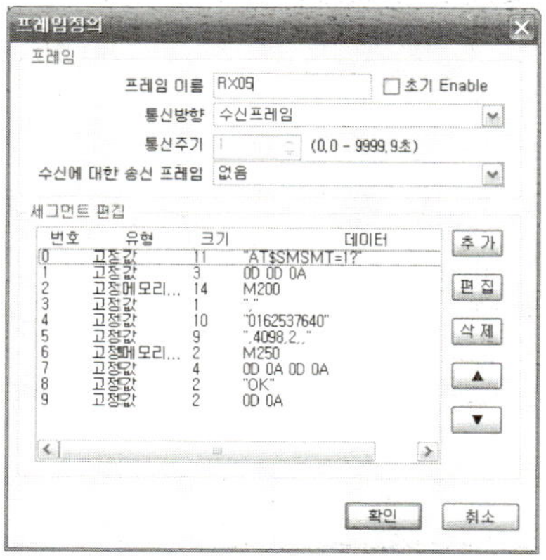

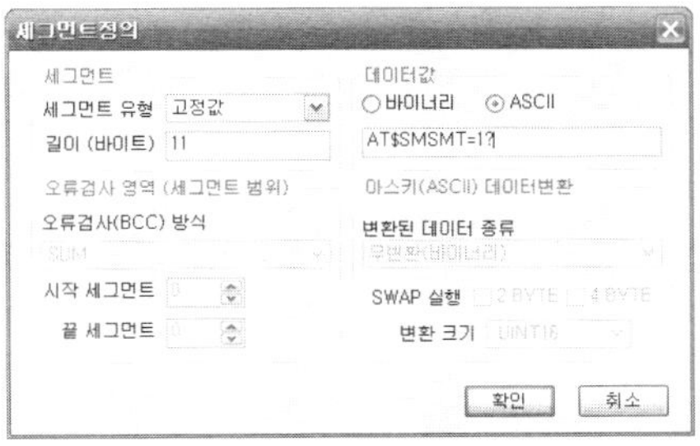
세그먼트정의
세그먼트 유형 고정값
길이 (바이트) 11
데이터값 ○바이너리 ⊙ASCII
AT$SMSMT=1?
확인 취소

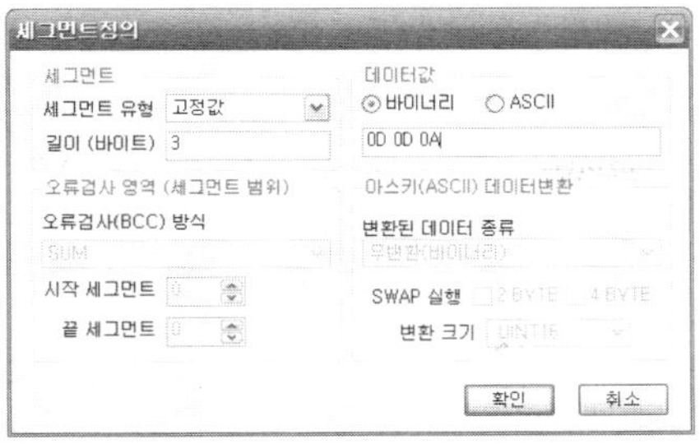
세그먼트정의
세그먼트 유형 고정값
길이 (바이트) 3
데이터값 ⊙바이너리 ○ASCII
0D 0D 0A
확인 취소

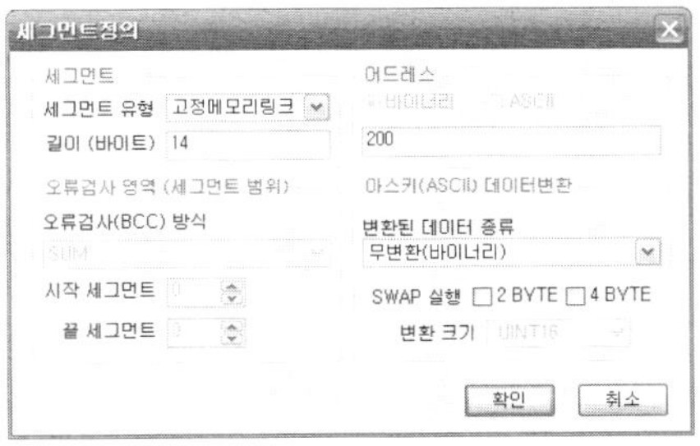
세그먼트정의
세그먼트 유형 고정메모리링크
길이 (바이트) 14
어드레스
200
변환된 데이터 종류 무변환(바이너리)
SWAP 실행 2 BYTE 4 BYTE
확인 취소

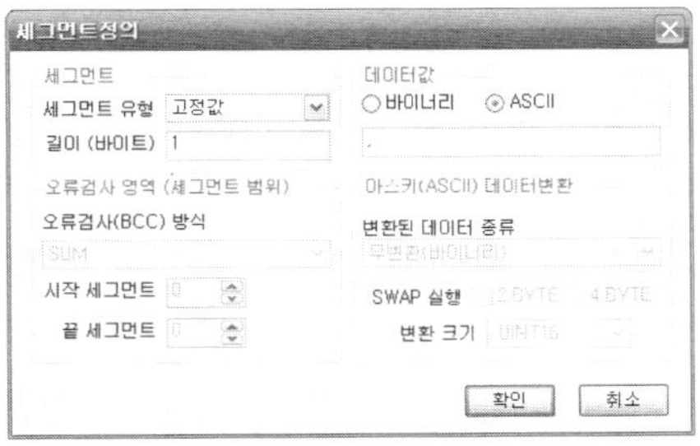
세그먼트정의
세그먼트 유형 고정값
길이 (바이트) 1
데이터값 ○바이너리 ⊙ASCII
,
확인 취소

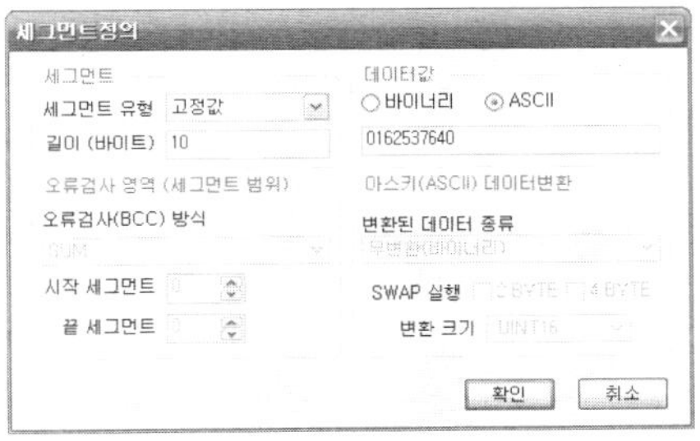
세그먼트정의
세그먼트 유형 고정값
길이 (바이트) 10
데이터값 ○바이너리 ⊙ASCII
0162537640
확인 취소

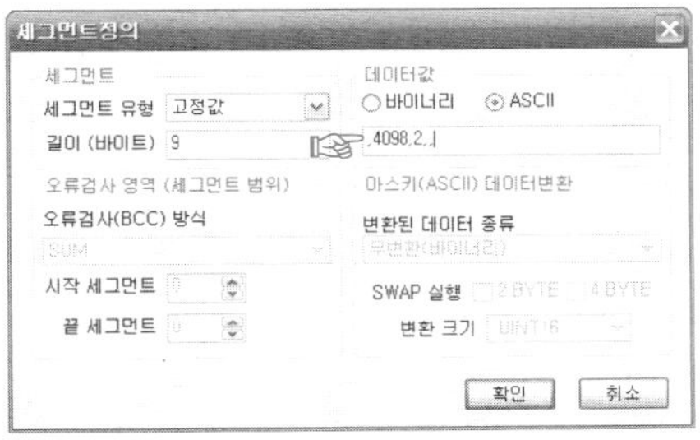
세그먼트정의
세그먼트 유형 고정값
길이 (바이트) 9
데이터값 ○바이너리 ⊙ASCII
,4098,2,,
확인 취소

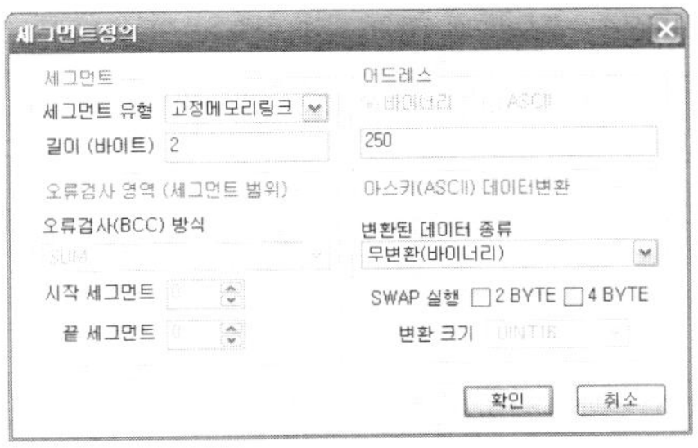
세그먼트정의
세그먼트 유형 고정메모리링크
길이 (바이트) 2
어드레스
250
변환된 데이터 종류 무변환(바이너리)
SWAP 실행 2 BYTE 4 BYTE
확인 취소

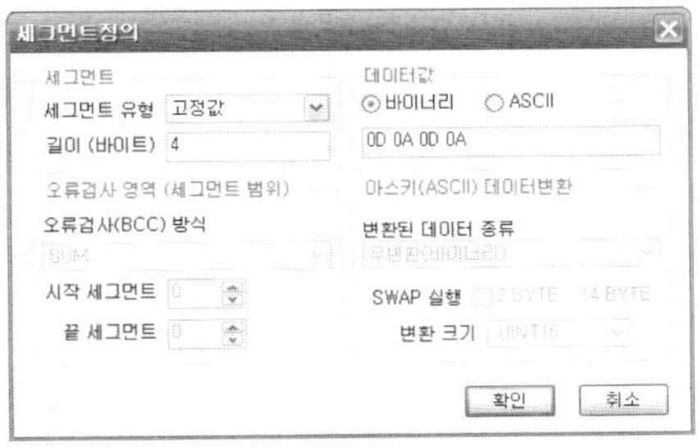
세그먼트정의
세그먼트 유형 고정값
길이 (바이트) 4
데이터값 ⊙바이너리 ○ASCII
0D 0A 0D 0A
확인 취소

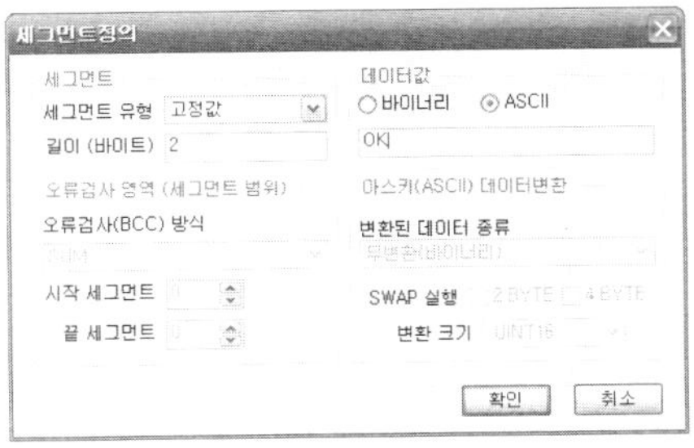
세그먼트정의
세그먼트 유형 고정값
길이 (바이트) 2
데이터값 ○바이너리 ⊙ASCII
OK
확인 취소

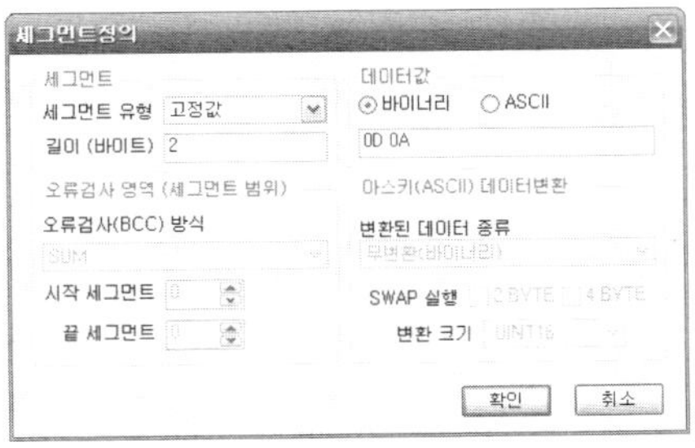
세그먼트정의
세그먼트 유형 고정값
길이 (바이트) 2
데이터값 ⊙바이너리 ○ASCII
0D 0A
확인 취소

❺ 수신 프레임 작성(LG 핸드폰일 때)

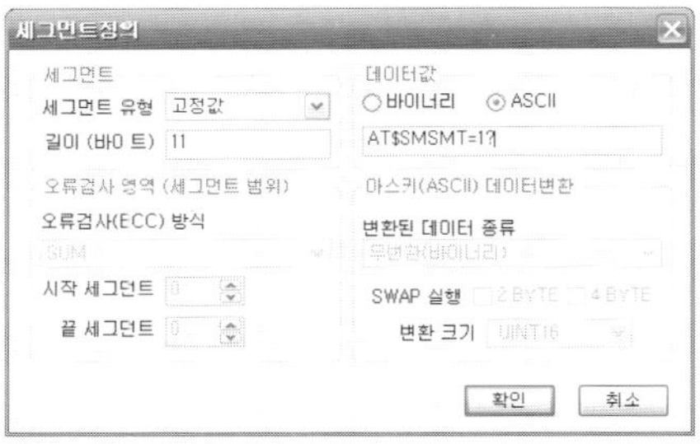

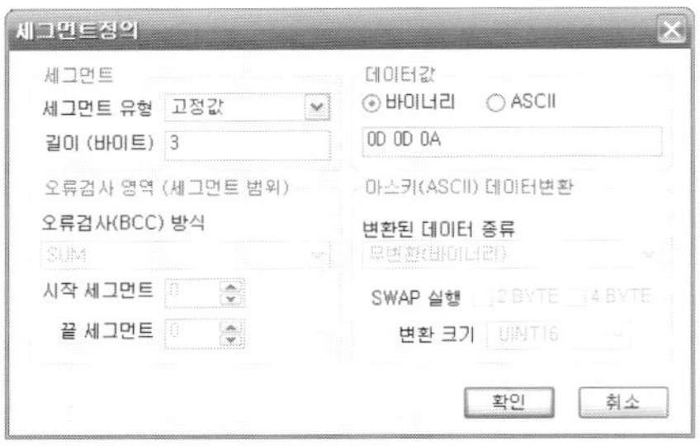

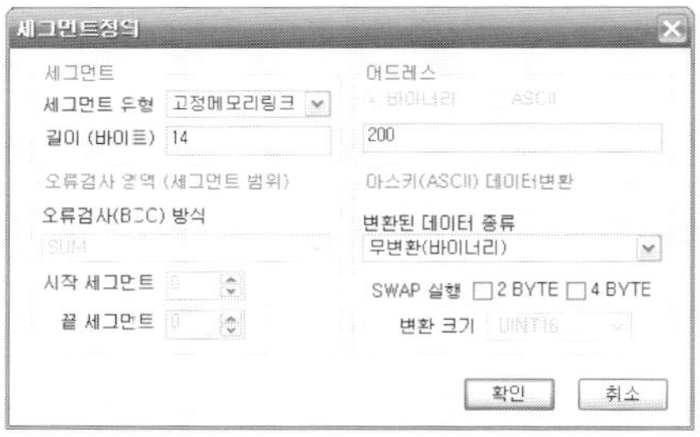

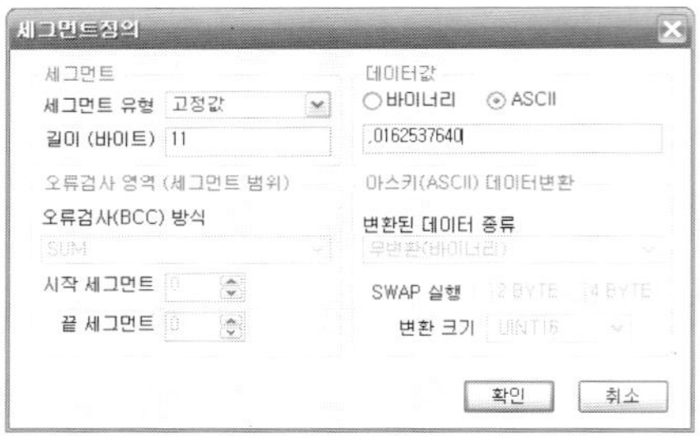

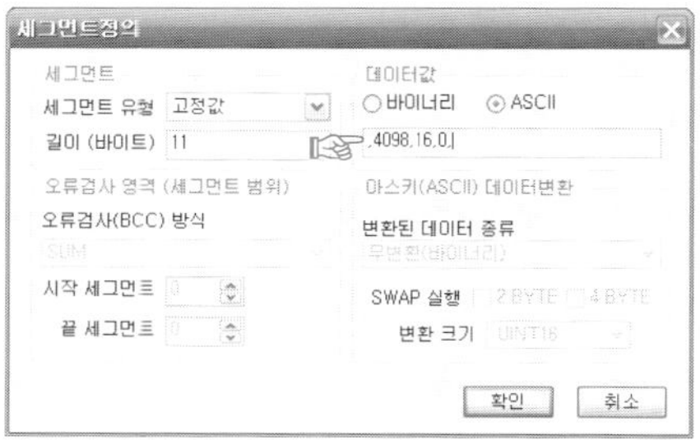

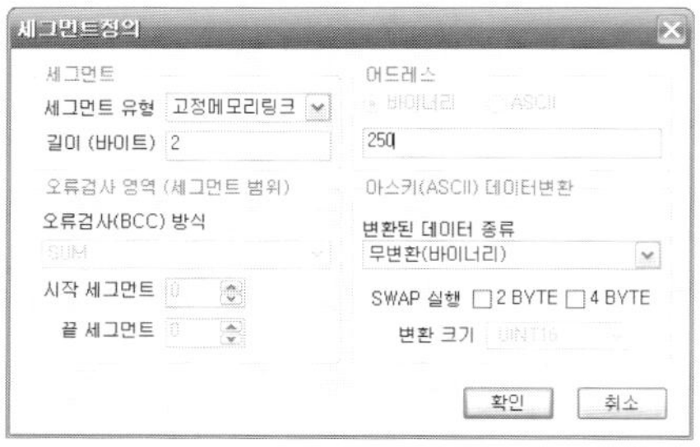

7 프로그램 분석

[삼성 핸드폰과 LG 핸드폰의 프레임 차이 알아내는 방법]

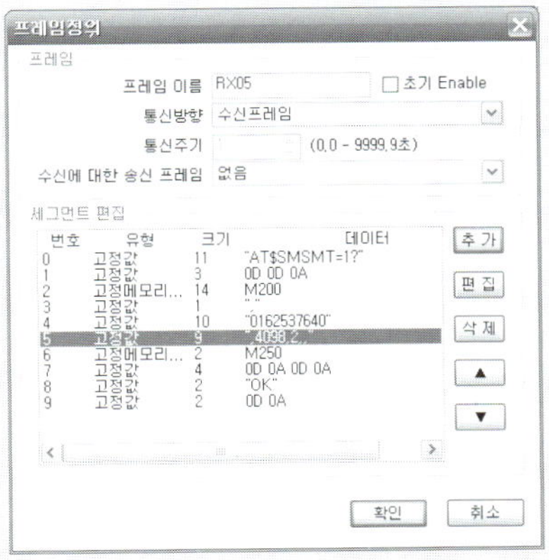

[변경 전 세그먼트]

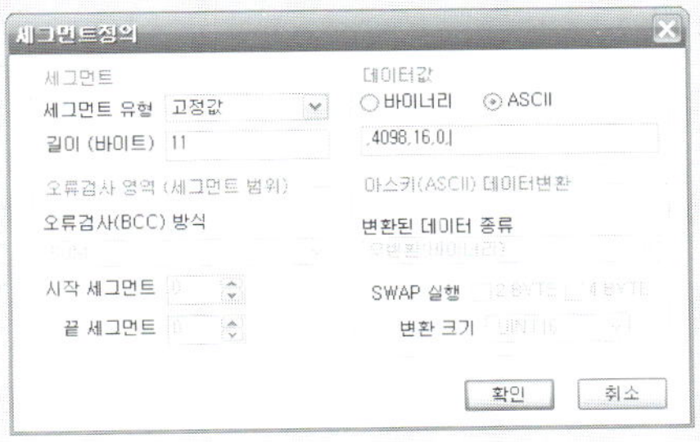

[변경 후 세그먼트(프레임 분석하기 위함)]

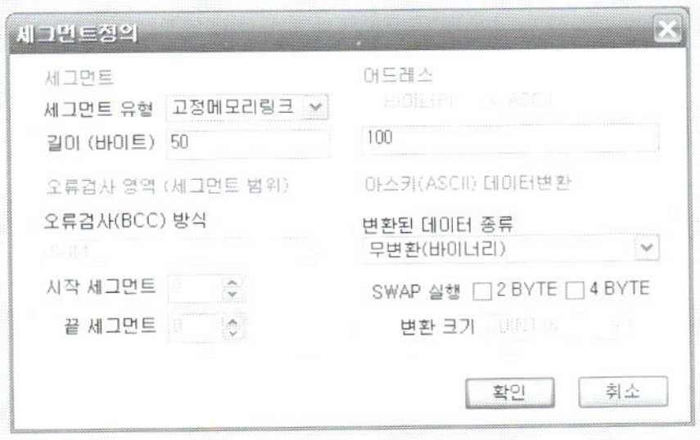

[프레임 읽기 모니터링 결과]

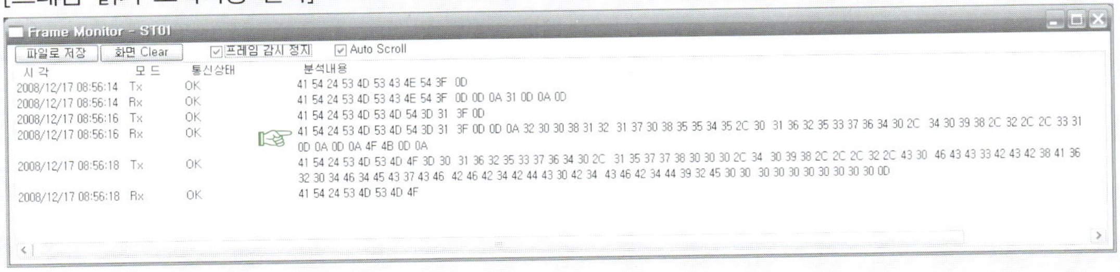

● 의미

삼성 핸드폰과 LG 핸드폰의 문자 읽기 수신 프레임이 같지 않다. 이 프레임 차이를 알아내기 위해서 모르는 부분의 세그먼트를 위 그림처럼 크게 잡고 읽기 프레임을 실행해 보면 프레임 모니터링에서 모니터링 할 수 있다. 이 프레임 모니터링 결과를 분석해 보면 프레임의 세그먼트를 알아낼 수 있습니다. 즉, 아스키값을 그대로 읽어 나머지 세그먼트로 추가하면 된다.

[통신 상태 표시 방법(CommStatus("User232_BSM856.ST01")) 활용]

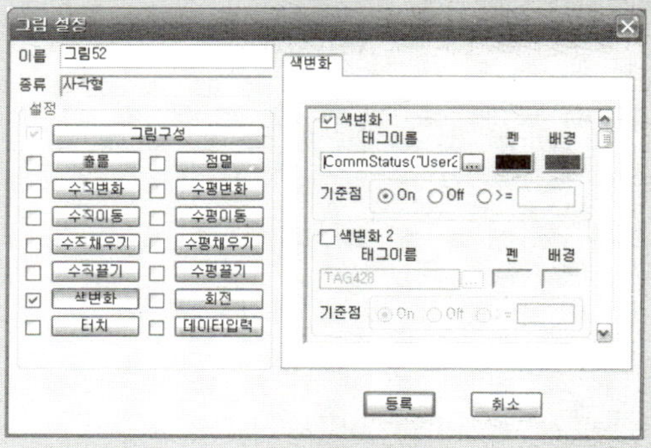

● 의미 CommStatus 함수로부터 직접 값을 받아 0이면 정상, 1이면 이상이므로 오브젝트에 직접 표시

SECTION 36 GLOFA CNET 통신 G6L-CUEC RS422 통신 예제

Glofa G6L-CUEC RS422 통신 카드를 사용하여 CIMON과 통신하는 예제이다.

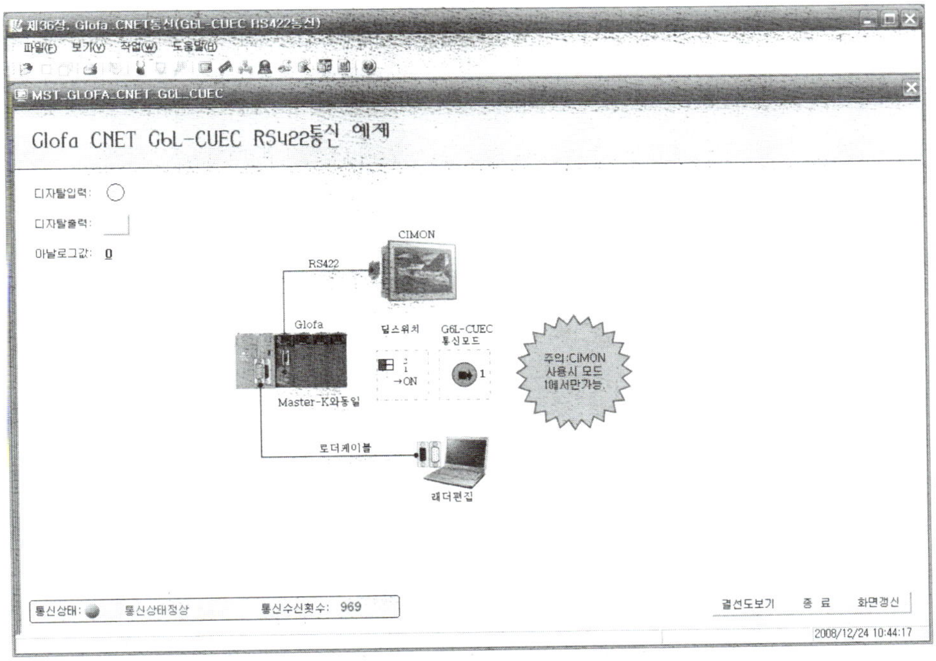

1 시스템 구성

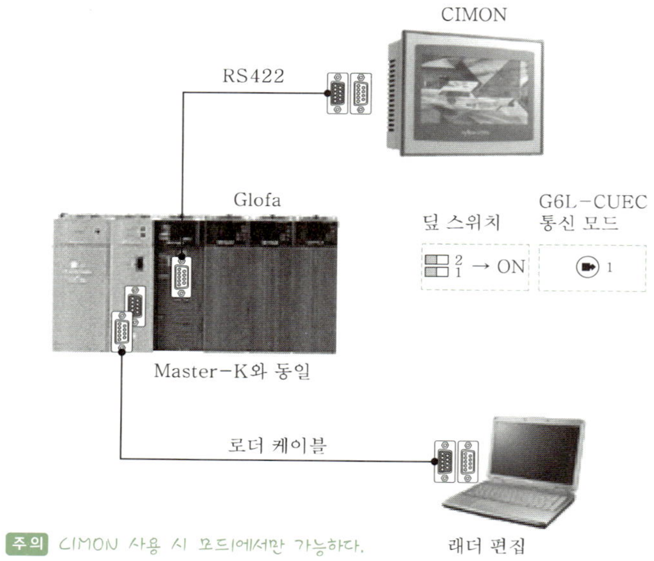

2 통신 케이블 제작

표준 RS422 와이어링이다.

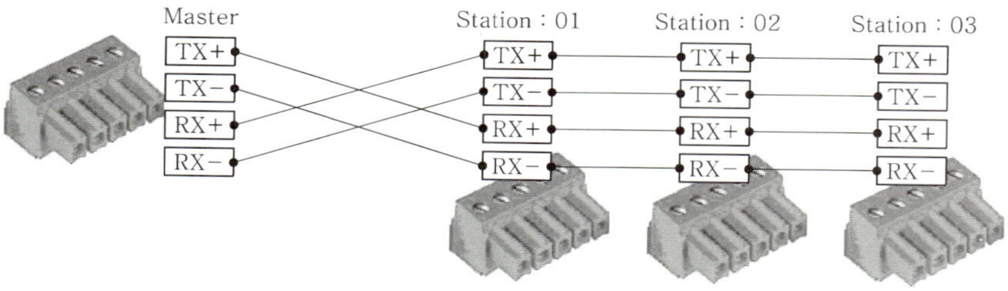

3 PLC의 통신 속성 설정

PLC의 래더 편집 프로그램의 파라미터 편집창에서 설정하지 않고 프레임 편집기 프로그램에서 다음과 같이 설정 후 다운로드한다.

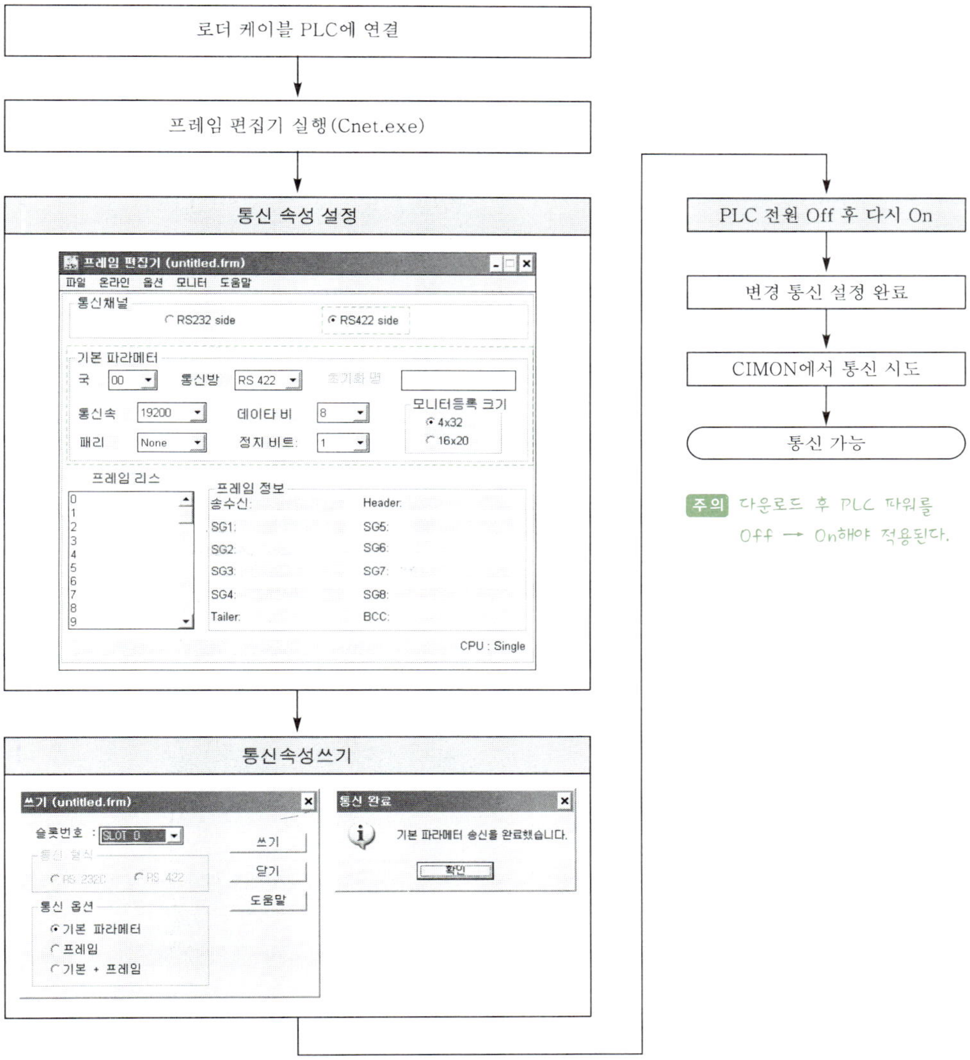

주의 다운로드 후 PLC 파워를 Off → On해야 적용된다.

4 CIMON의 통신 속성 설정

'LS산전 GLOFA-GM Computer Link(CNET)'를 선택한다.

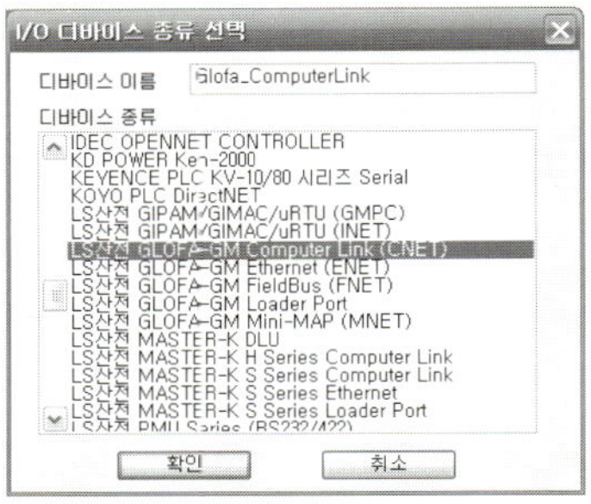

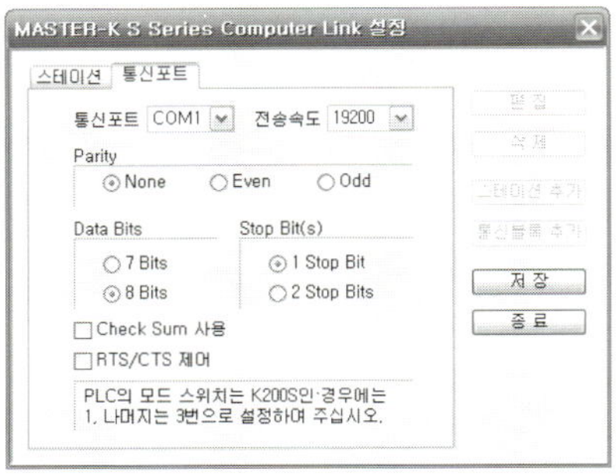

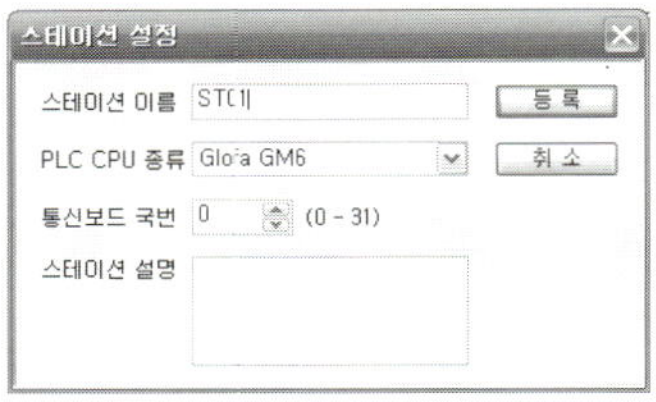

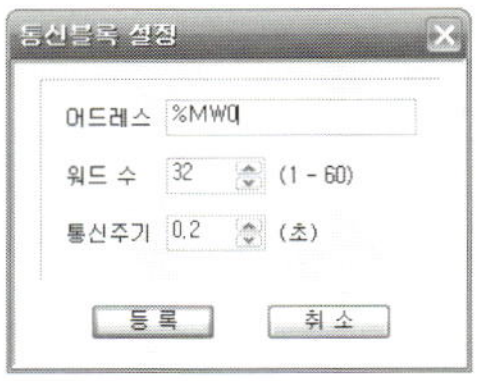

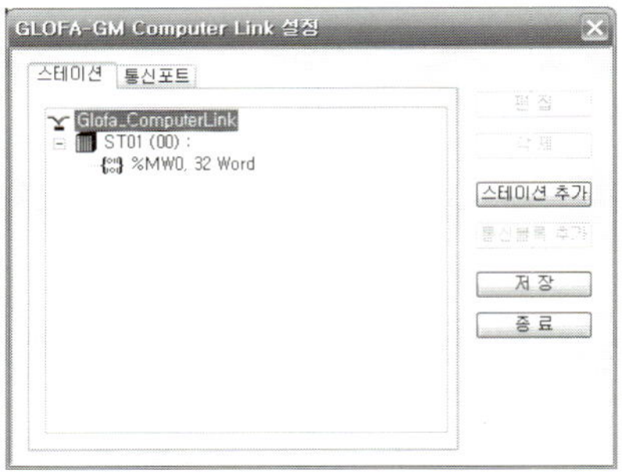

SECTION

37 E-MAIL

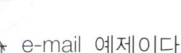

e-mail 예제이다.

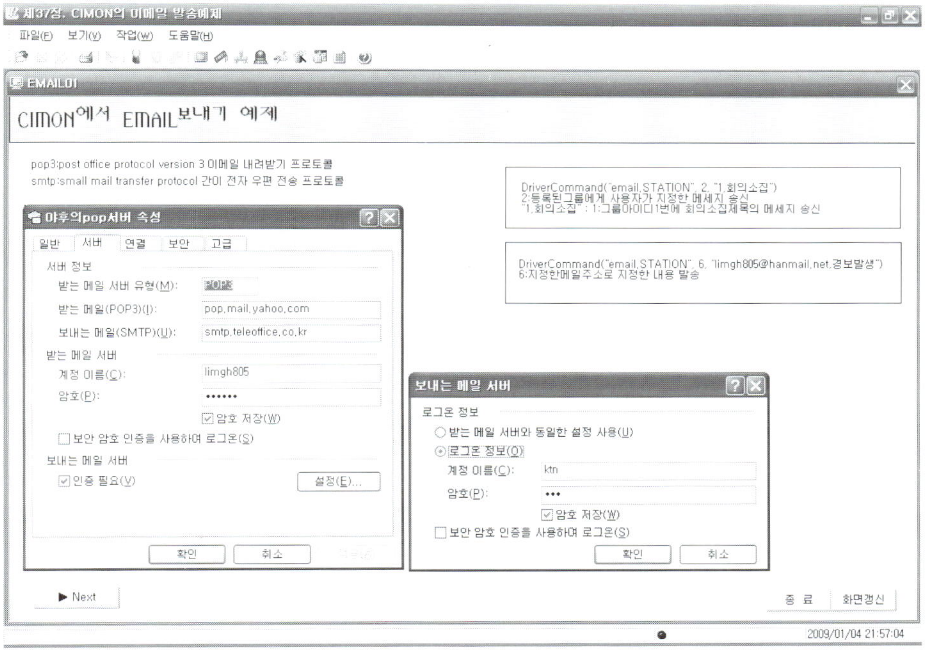

① 디바이스 설정

❶ 'E-mail 발송' 디바이스를 선택한다.

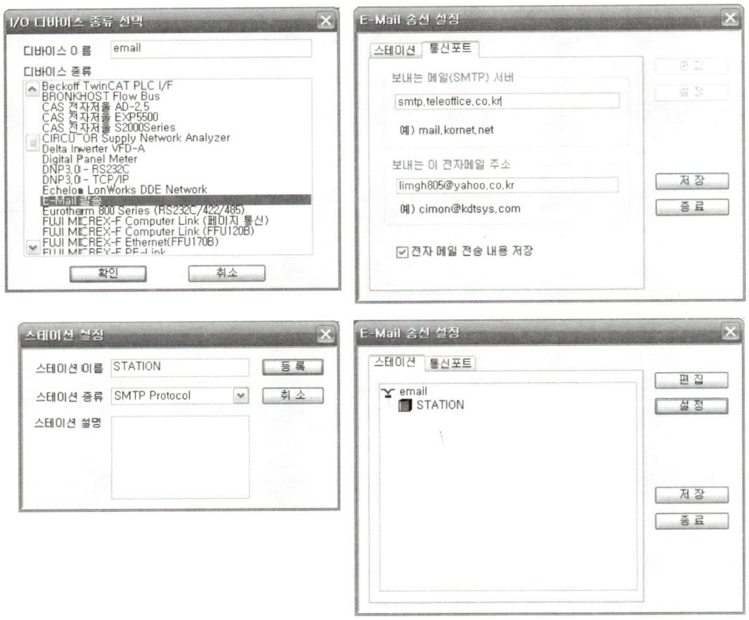

❷ '설정'에서 다음을 설정한다.

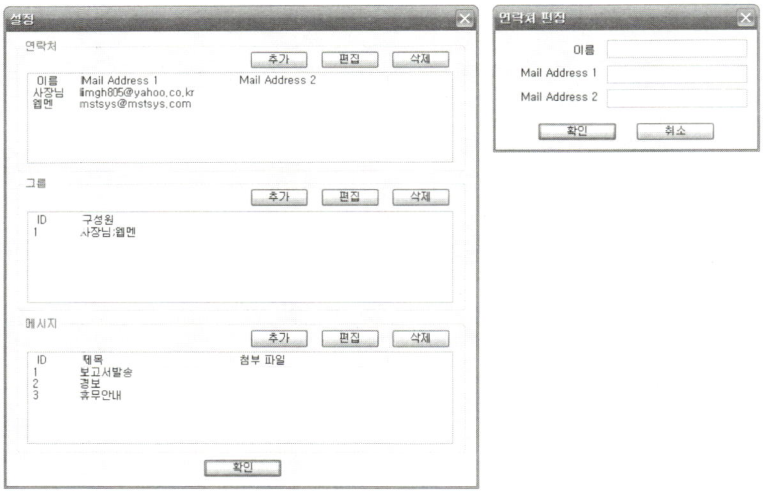

SECTION

38 날짜 사용 예제

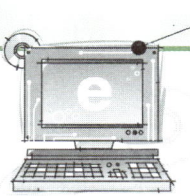

시스템 날짜 사용 예제이다.

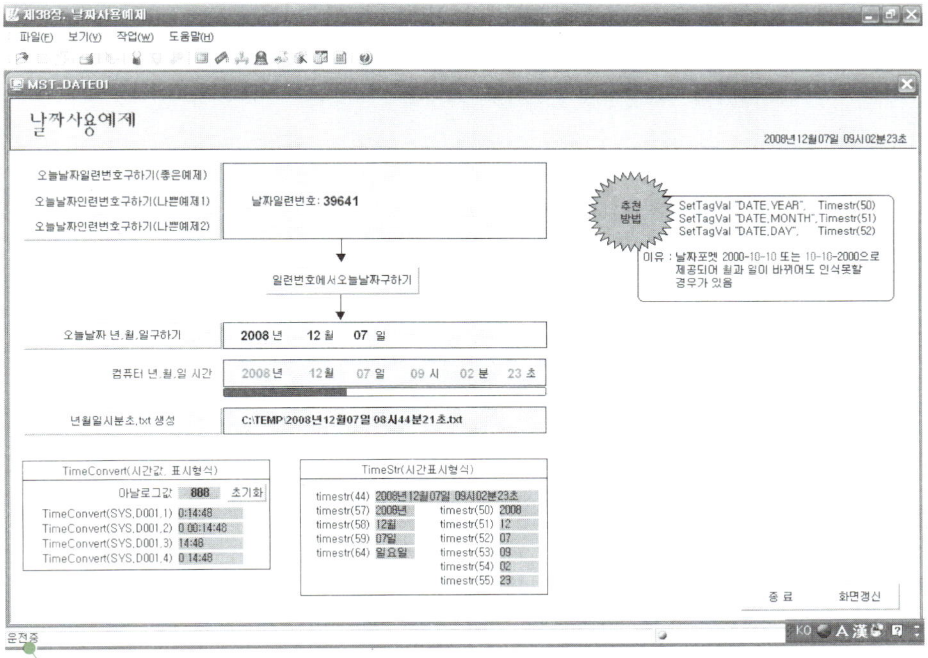

사용한 태그 이름

DATE.YEAR	'사용자 년	RESERVAtion.SYSTEM_YEAR	'시스템 년
DATE.MONTH	'사용자 월	RESERVAtion.SYSTEM_MONTH	'시스템 월
DATE.DAY	'사용자 일	RESERVAtion.SYSTEM_DATE	'시스템 일
		RESERVAtion.SYSTEM_TIME	'시스템 시
		RESERVAtion.SYSTEM_MINUTE	'시스템 분
		RESERVAtion.SYSTEM_SECOND	'시스템 초

1 오브젝트 설정

❶ timestr(44) : 2008년 12월 12일 12시 12분 12초

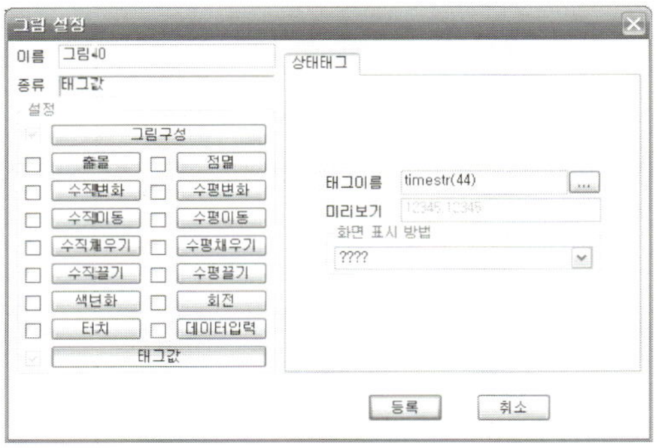

❷ timestr(57) : 2008년

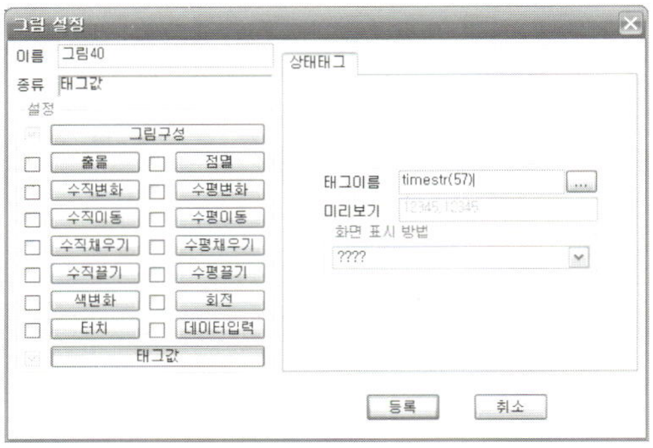

❸ timestr(58) : 12월

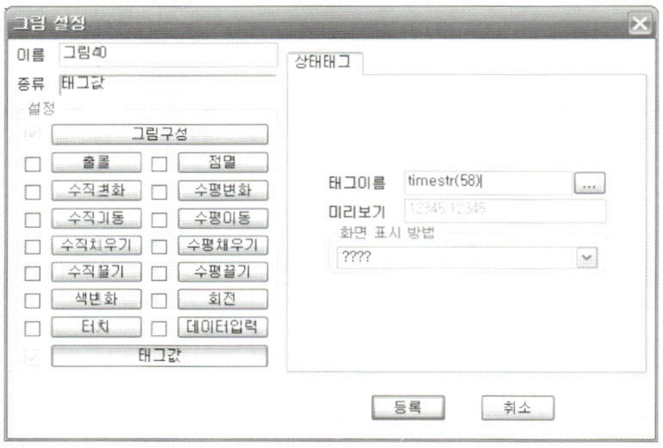

❹ timestr(59) : 12일

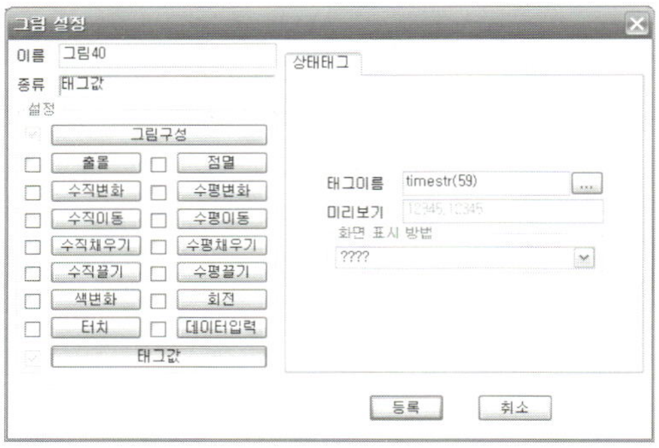

❺ TimeConvert(SYS.D001,1) : 인용 부호 사용 안함

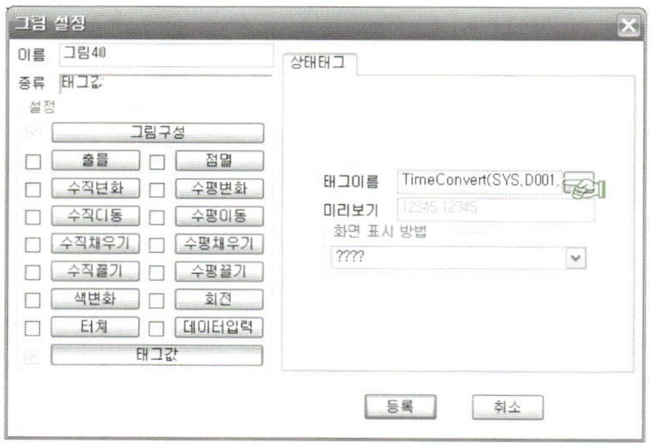

2 시스템에서 연월일 구하기 스크립트 1

```
Sub do_format_yyyymmdd()

'태그값 년/월/일 쓰기
SetTagVal "DATE.YEAR", Timestr(50)
SetTagVal "DATE.MONTH",Timestr(51)
SetTagVal "DATE.DAY",  Timestr(52)

'message
PlaySound ("sound_success.wav")

End Sub
```

3 시스템에서 연월일 구하기 스크립트 2

```
Sub do_format_yyyymmdd()

'태그값 년/월/일 쓰기
SetTagVal "DATE.YEAR", Format$(Now(),"YYYY")
SetTagVal "DATE.MONTH", Format$(Now(),"MM")
SetTagVal "DATE.DAY", Format$(Now(),"DD")

'message
PlaySound ("sound_success.wav")

End Sub
```

4 시스템에서 연월일시분초 태그 이름 생성 스크립트

```
Sub do_format_yyyymmsshhmmss()

'생성 : 결과를 저장할 파일 이름
file_name$ = "C:\TEMP\" + TimeStr(44) + ".txt"
SetTagVal "DATE.FILENAME", file_name$
```

```
'message
PlaySound ("sound_success.wav")

End Sub
```

5 시스템에서 연월일시분초 구하기 스크립트 1

```
Sub do_system_datetimeOK()

'무한 루프
While 1
	'시스템에서 년, 월, 일, 시, 분, 초 읽기
	SetTagVal "RESERVAtion.SYSTEM_YEAR",   Timestr(50)
	SetTagVal "RESERVAtion.SYSTEM_MONTH",  Timestr(51)
	SetTagVal "RESERVAtion.SYSTEM_DATE",   Timestr(52)
	SetTagVal "RESERVAtion.SYSTEM_TIME",   Timestr(53)
	SetTagVal "RESERVAtion.SYSTEM_MINUTE", Timestr(54)
	SetTagVal "RESERVAtion.SYSTEM_SECOND", Timestr(55)

	'문자의 숫자화
	SetTagVal "RESERVAtion.SECOND", Val(GetTagVal ("RESERVAtion.SYSTEM_SECOND"))

	'delay
	Sleep (1000)
WEnd

End Sub
```

6 시스템에서 연월일시분초 구하기 스크립트 2

```
Sub do_system_datetime()

'무한 루프
While 1
	'시스템에서 년, 월, 일, 시, 분, 초 읽기
	SetTagVal "RESERVAtion.SYSTEM_YEAR", Format(Year(Now()),   "000#")
	SetTagVal "RESERVAtion.SYSTEM_MONTH", Format(Month(Now()), "0#")
	SetTagVal "RESERVAtion.SYSTEM_DATE", Format(Day(Now()),    "0#")
	SetTagVal "RESERVAtion.SYSTEM_TIME", Format(Hour(Now()),   "0#")
```

```
    SetTagVal "RESERVAtion.SYSTEM_MINUTE", Format(Minute(Now()),"0#")
    SetTagVal "RESERVAtion.SYSTEM_SECOND", Format(Second(Now()),"0#")

    'delay
    Sleep (1000)
WEnd

End Sub
```

7 프로그램 분석

Now()

- 의미　　시스템의 현재 시간 구함

TimeStr()

- 의미　　시스템의 현재 시간을 지정한 형식으로 구함

SECTION

39 외부 프로그램 실행 예제

외부 Application 실행 예제이다. 사용자 제작 응용 프로그램과 연동하여 사용할 수 있다.

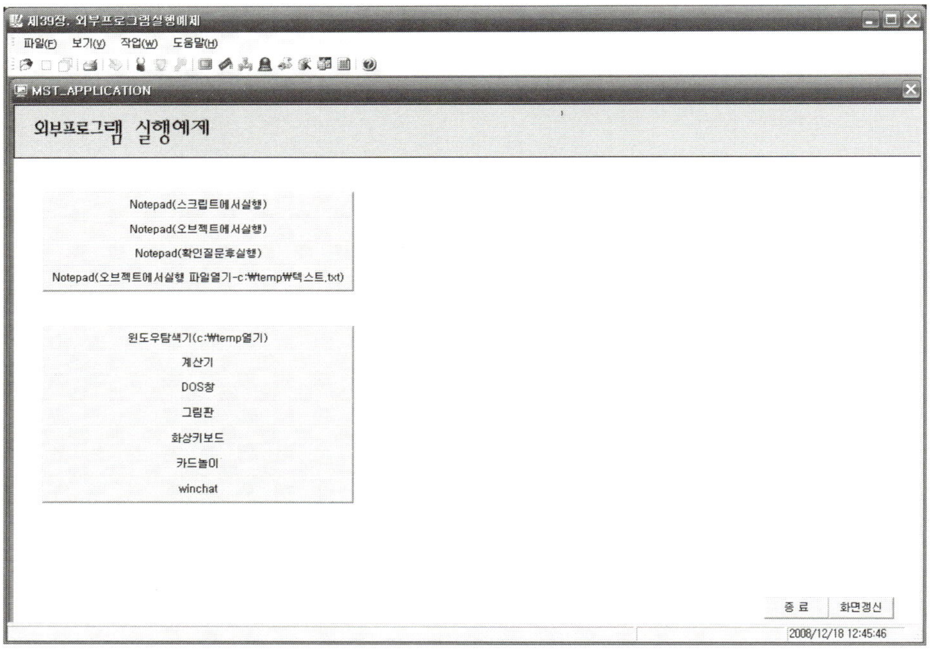

1 오브젝트 설정

❶ RunApp ("C:\windows\explorer.exe","c:\temp")

❷ RunApp ("C:\windows\notepad.exe","c:\temp\텍스트.txt")

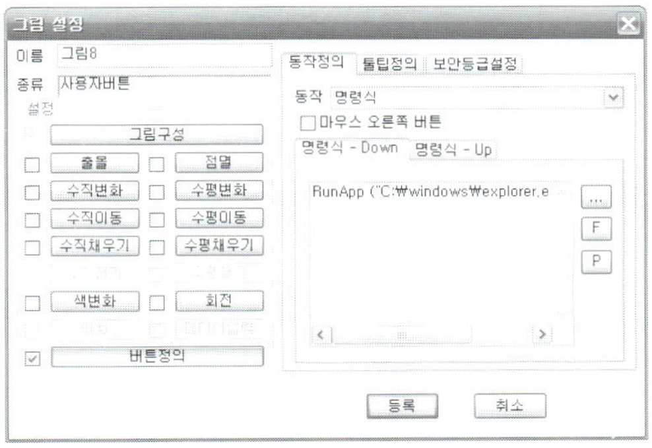

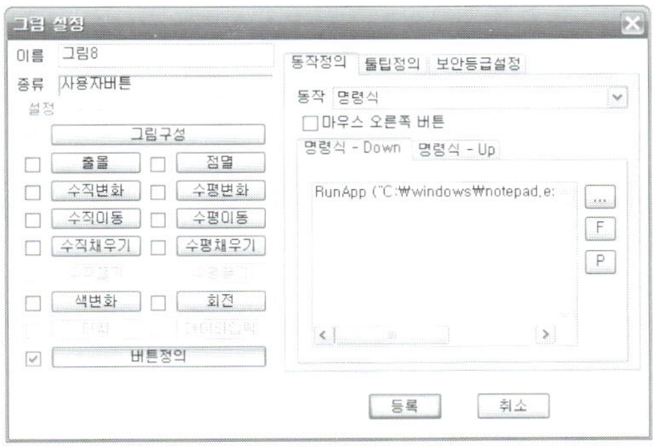

2 외부 프로그램 실행 스크립트

```
Sub do_shell_notepad()

'Notepad 실행
id = Shell ("C:\WINDOWS\notepad.exe",ebNormalFocus)

End Sub
```

3 프로그램 분석

```
id = Shell ("C:\WINDOWS\notepad.exe",ebNormalFocus)
```

● 의미　　외부 프로그램 실행

SECTION

40 TLogVal 함수를 이용한 TXT 레포트

TLogVal 함수를 이용한 txt 레포트 예제이다.

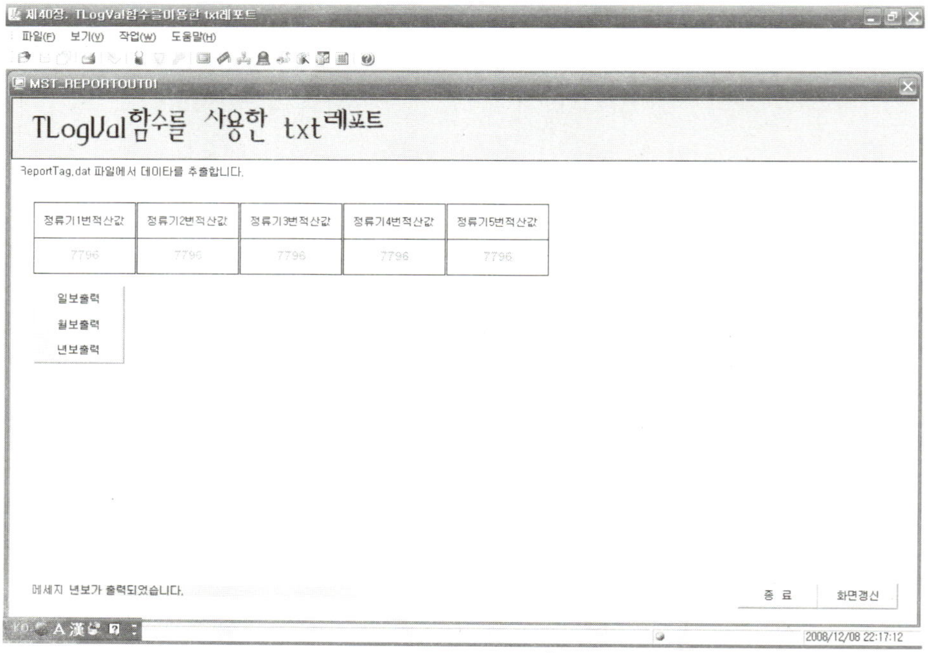

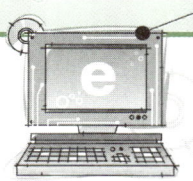

1 보고서용 데이터 생성 흐름도

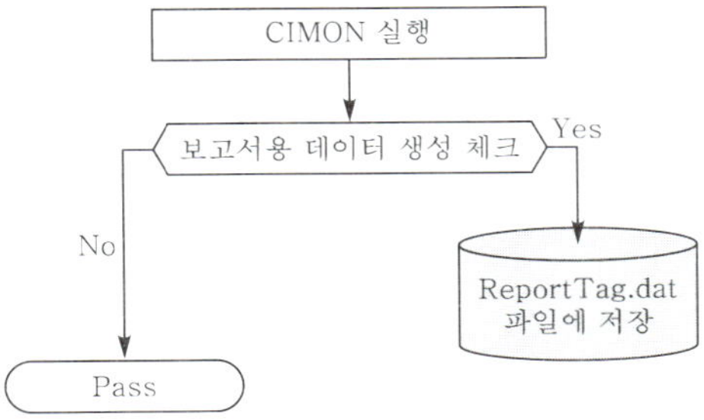

2 보고서 파일 출력 흐름도

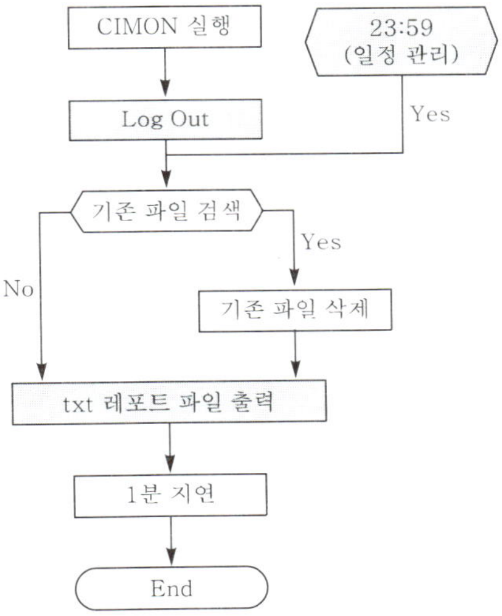

3 CIMON의 태그 설정

보고서용 데이터 생성을 체크한다. 이 항목을 체크하면 ReportTag.dat 파일에 보고서 데이터가 저장된다. 이 데이터는 TLogVal 함수를 사용해서 필요한 데이터를 추출할 수 있다.

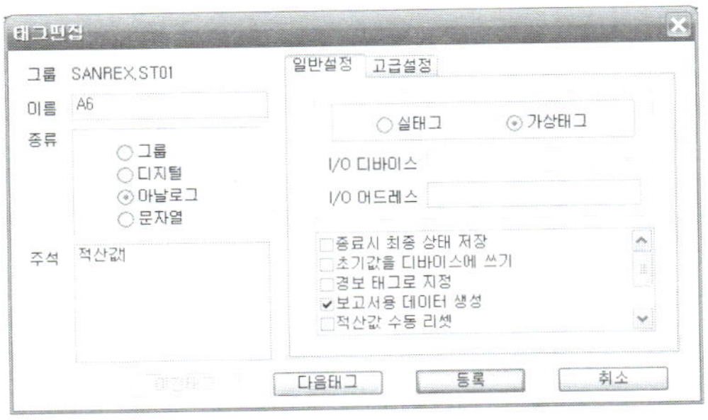

4 일보 출력 스크립트

```
Sub do_report_txt_daily()

'사용 개수 지정
no# = 5

'파일 이름 생성
file_nameS = "C:\TEMP\" + "일보" + Format$(Now(),"yyyymmdd") + ".txt"

'이전 파일 삭제
If (FileExists(file_name$) = True) Then Kill file_name$
End If

'file open for printing
Open file_name$ for Output As #1

'file print
Print #1, '******************************************"
Print #1, "Title"        ;Tab(15);" : 적산 전류 일일 시간별 사용 이력"
Print #1, "Date"         ;Tab(15);" : "; Format$(Now(),"yyyy-mm-dd")
Print #1, "Print time" ;Tab(15);" : "; Format$(Now(),"hh:mm:ss")
Print #1, "******************************************"
For i = 1 to no#
            Print #1, Format(i,"#") + "번 정류기"; Tab(i*10); ",";
Next i
Print #1, ""
Print #1, "****************************************************"

For i = 0 to 23
          '생성 : 시간값, 인자
          timeVal$ = Format(i,"0") + "시"
          factor$ = "적산값"
          Print #1, Trim(timeVal$);",";

          '개수만큼 반복
          For j = 1 to no#
               '태그 이름 생성
               tag$ = "SANREX.ST" + Format (j,"0#") + ".A6"
                    Print #1, Tab((j*10)+10); Trim(TlogVal (tag$, timeVal$, factor$));
                    ",";
          Next j
          Print #1, ""
```

```
Next i

Print #1, "****************************************"

'file close
Close #1

'sound
PlaySound ("sound_success.wav")

'message
SetTagVal "SYS.MESSAGE", "일보가 출력되었습니다."

End Sub
```

5 월보 출력 스크립트

```
Sub do_report_txt_monthly()

'사용 개수 지정
no# = 5

'파일 이름 생성
file_name$ = "C:\TEMP\" + "월보" + Format$(Now(),"yyyymm") + ".txt"

'이전 파일 삭제
If (FileExists(file_name$) = True) Then Kill file_name$
End If

'file open for printing
Open file_name$ for Output As #1

'file print
Print #1, "*********************************************"
Print #1, "Title"       ;Tab(15);" : 적산 전류 일일 시간별 사용 이력"
Print #1, "Date"        ;Tab(15);" : "; Format$(Now(),"yyyy-mm-dd")
Print #1, "Print time" ;Tab(15);" : "; Format$(Now(),"hh:mm:ss")
Print #1, "*********************************************"
For i = 1 to no#
        Print #1, Format(i,"#") + "번 정류기"; Tab(i*10); ",";
Next i
Print #1, ""
```

```
Print #1, "*********************************************"

For i = 1 to 31
        '생성 : 시간값, 인자
        timeVal$ = Format(i,"0") + "일"
        factor$ = "적산값"
        Print #1, Trim(timeVal$);",";

        '개수만큼 반복
        For j = 1 to no#
            '태그 이름 생성
            tag$ = "SANREX.ST" + Format (j,"0#") + ".A6"
            Print #1, Tab((j*10)+10); Trim(TlogVal (tag$, timeVal$, factor$));
                            ",";
        Next j
        Print #1, ""
Next i

Print #1, "*********************************************"

'file close
Close #1

'message
PlaySound ("sound_success.wav")
SetTagVal "SYS.MESSAGE", "월보가 출력되었습니다."

End Sub
```

6 연보 출력 스크립트

```
Sub do_report_txt_yearly()

'사용 개수 지정
no# = 5

'파일 이름 생성
file_name$ = "C:\TEMP\" + "연보" + Format$(Now(),"yyyy") + ".txt"

'이전 파일 삭제
If (FileExists(file_name$) = True) Then Kill file_name$
End If
```

```
'file open for printing
Open file_name$ for Output As #1

'file print
Print #1, "********************************************"
Print #1, "Title"        ;Tab(15);" : 적산 전류 일일 시간별 사용 이력"
Print #1, "Date"         ;Tab(15);" : "; Format$(Now(),"yyyy-mm-dd")
Print #1, "Print time" ;Tab(15);" : "; Format$(Now(),"hh:mm:ss")
Print #1, "********************************************"
For i = 1 to no#
            Print #1, Format(i,"#") + "번 정류기"; Tab(i*10); ",";
Next i
Print #1, ""
Print #1, "********************************************"

For i = 1 to 12
          '생성 : 시간값, 인자
          timeVal$ = Format(i,"0") + "월"
          factor$ = "적산값"
          Print #1, Trim(timeVal$);",";

          '개수만큼 반복
          For j = 1 to no#
               '태그 이름 생성
               tag$ = "SANREX.ST" + Format (j,"0#") + ".A6"
               Print #1, Tab((j*10)+10); Trim(TlogVal (tag$, timeVal$, factor$));
                                 ",";
          Next j
          Print #1, ""
Next i

Print #1, "*******************************************************"

'file close
Close #1

'message
PlaySound ("sound_success.wav")
SetTagVal "SYS.MESSAGE", "연보가 출력되었습니다."

End Sub
```

7 프로그램 분석

TLogVal(태그 이름, 시각값, 값종류)

● 의미 지정한 태그의 지정한 값을 추출한다. 자세한 시각값과 값종류는 매뉴얼을 참조하시오.

[아날로그 태그값 종류]

- 순간값 : 지정된 시각에 입력된 태그값
- 평균값 : 각 일별/월별/연도별 평균값
- 적산값 : 지정된 시각에 증가한 값
- 순간합 : 각 시간대별 순간값 또는 평균값의 합
- 순간 평균 : 각 시간대별 순간값 또는 평균값의 평균
- 순간 최소 : 각 시간대별 순간값 또는 평균값의 최솟값
- 순간 최대 : 각 시간대별 순간값 또는 평균값의 최댓값
- 순간 최소 시간 : 순간 최솟값이 발생한 시각
- 순간 최대 시간 : 순간 최댓값이 발생한 시각
- 적산합 : 각 시간대별 적산값의 합
- 적산 평균 : 각 시간대별 적산값의 평균
- 적산 최소 : 각 시간대별 적산값의 최솟값
- 적산 최더 : 각 시간대별 적산값의 최댓값
- 적산 최소 시간 : 적산 최솟값이 발생한 시각
- 적산 최더 시간 : 적산 최댓값이 발생한 시각

[디지털 태그값 종류]

- 가동 시간 n : n번째 가동 시간(일보)
- 가동 시간 : 지정된 시각값의 가동 시간 합계값
- 가동 횟수 : 지정된 시각값의 가동 횟수
- 가동 시간합 : 지정된 시각값의 가동시간 합계값
- 가동 시간 평균 : 일별/월별 가동 시간 평균값
- 가동 시간 최소 : 일별/월별 가동 시간 최솟값
- 가동 시간 최대 : 일별/월별 가동 시간 최댓값
- 가동 최소 시간 : 가동 시간이 최소인 일/요일/월
- 가동 최대 시간 : 가동 시간이 최대인 일/요일/월
- 가동 횟수합 : 월/주/년의 총 가동 횟수
- 가동 횟수 평균 : 일별/월별 가동 횟수 평균
- 가동 횟수 최소 : 일별/월별 가동 횟수 중 최솟값
- 가동 횟수 최대 : 일별/월별 가동 횟수 중 최댓값
- 가동 횟수 최소 시간 : 일별/월별 가동 횟수가 최소인 일/요일/월
- 가동 횟수 최대 시간 : 일별/월별 가동 횟수가 최대인 일/요일/월

SECTION

41 MITSUBISHI MelsecA RS422 통신 예제

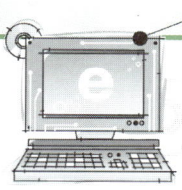

미쓰비시 A시리즈 A1SJ71UC24-R4 통신 카드를 사용한 RS422 통신 예제이다.

주의 통신 속성 변경한 다음 리셋하고 사용하시오.

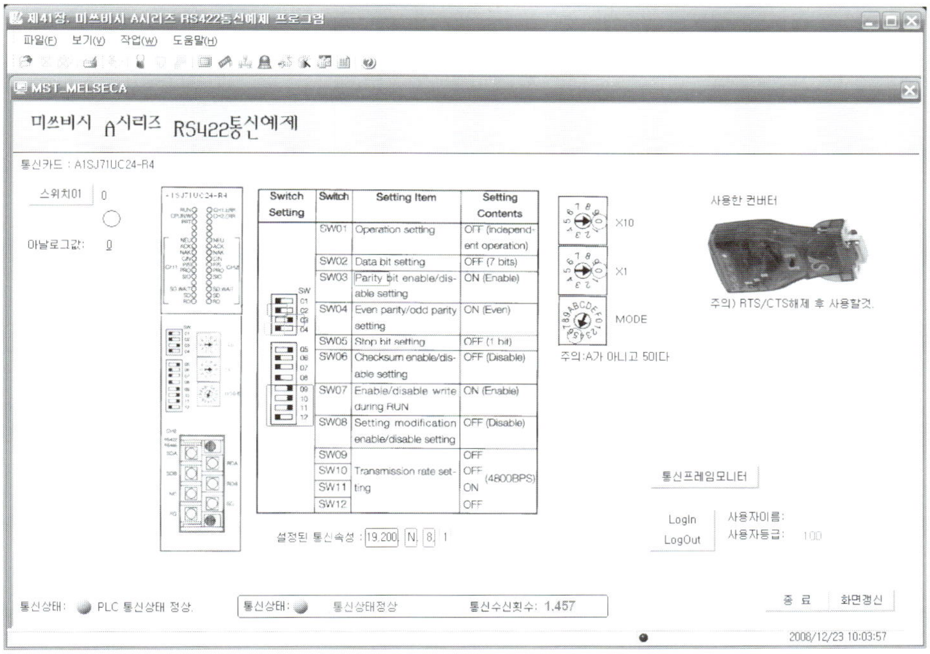

❶ 시스템 구성

❶ 시스템 베이스 컨버터 사용하는 경우(Auto-toggle 지원 제품)

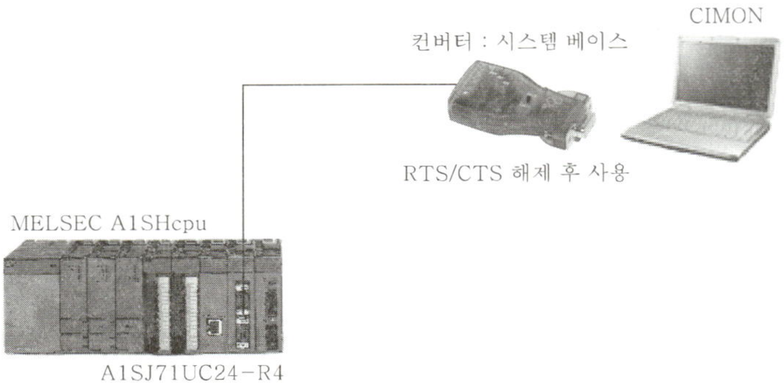

❷ ATEN 컨버터 사용하는 경우(Auto-toggle지원 안 한 제품)

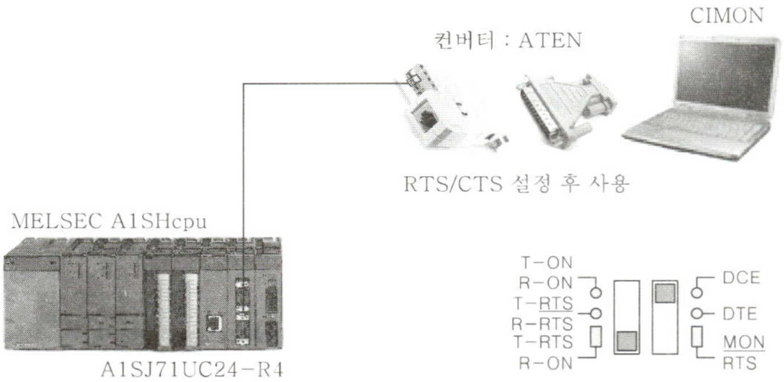

❷ CIMON의 통신 속성 설정

❶ 시스템 베이스 컨버터 사용하는 경우(Auto-toggle 지원 제품) : RTS/CTS 제어 체크를 해제하시오.

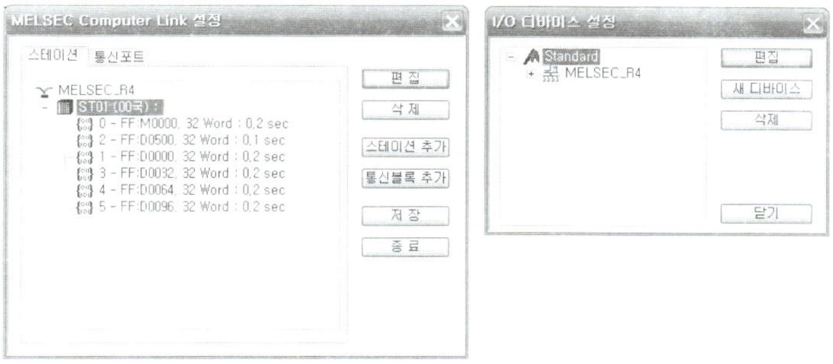

❷ ATEN 컨버터 사용하는 경우(Auto-toggle 지원 안 한 제품) : RTS/CTS 제어 체크를 설정하시오.

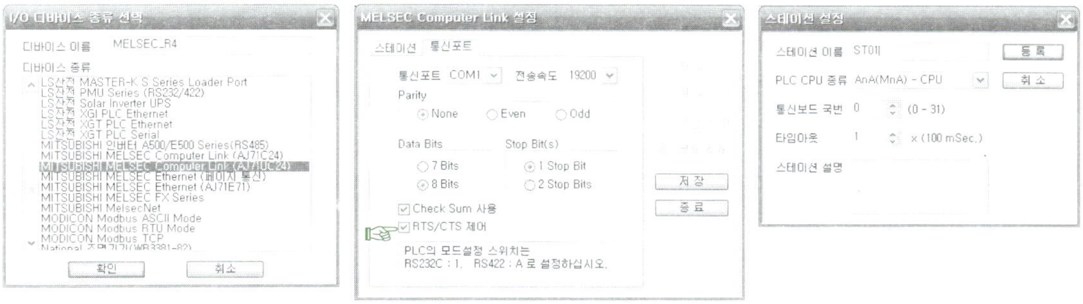

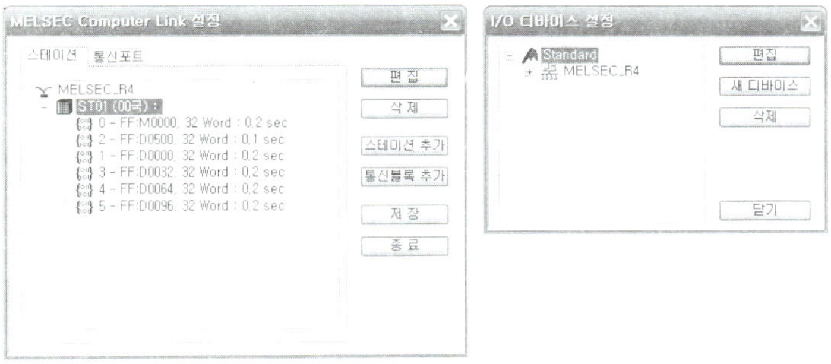

❸ 통신 이상 현상 대책 : TX 램프에 전혀 신호가 없다.

RS232만 있는 컴퓨터에서 RS422 통신을 할 때에는 RS232/422 컨버터를 사용한다. 따라서 컨버터가 컴퓨터의 통신을 결정한다고 할 수 있다. 컨버터 중에 Autotoggle 되는 제품, 즉 Systembase 제품에 아래 그림처럼 RTS/CTSB 제어를 체크하고 통신을 하면 PC측에서 보내는 TX의 램프에 아무런 변화가 없다. 최소한 통신선이 정상이면 컨버터의 TXB 램프의 깜박임이 있어야 하는데, 이럴 때에는 RTS/CTS 체크를 해제하시면 된다.

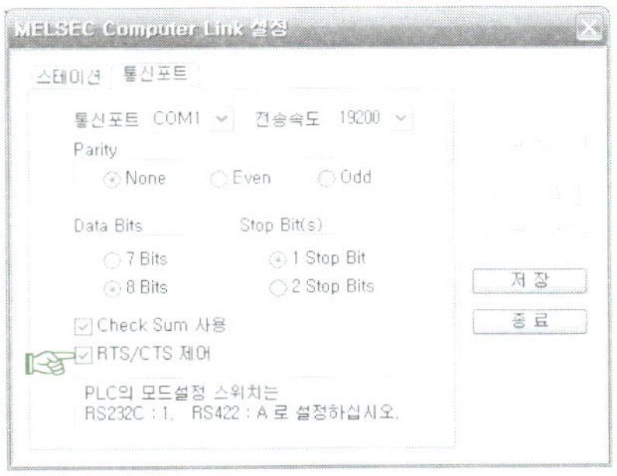

아래의 시스템 베이스 컨버터를 사용할 경우 RTS/CTS 제어 체크를 반드시 해제한 후 실행해야 한다. 전혀 반응이 없는 예제의 그림이다.
그리고 CIMON에서는 다음과 같이 "스테이션[ST01]에 데이터를 송신할 수 없다."라는 경고가 발생한다.

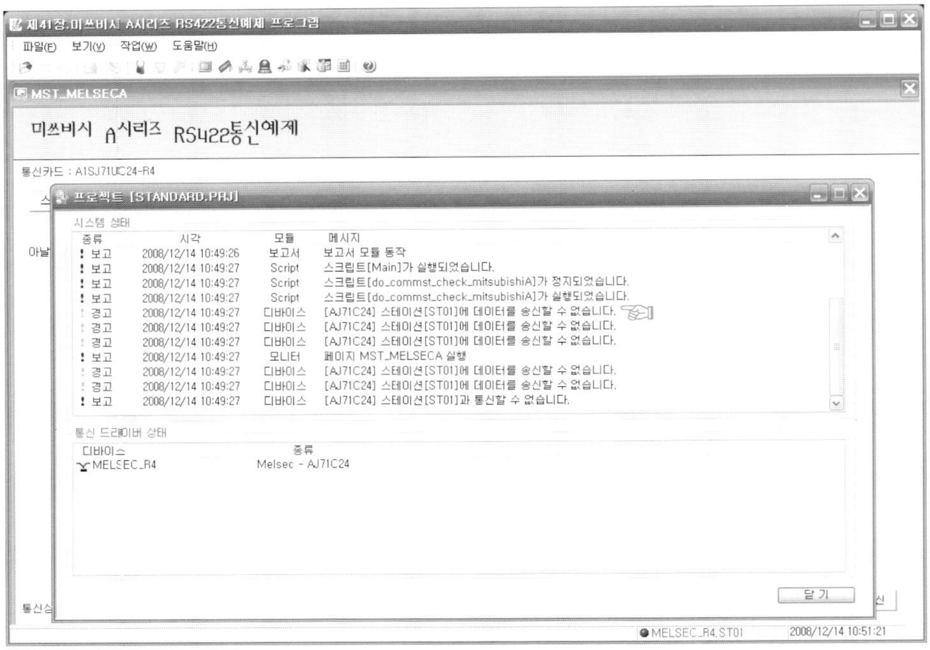

SECTION

42 MITSUBISHI 인버터 E500 RS485 통신 예제

Mitsubishi 인버터 E500 통신 예제이다.

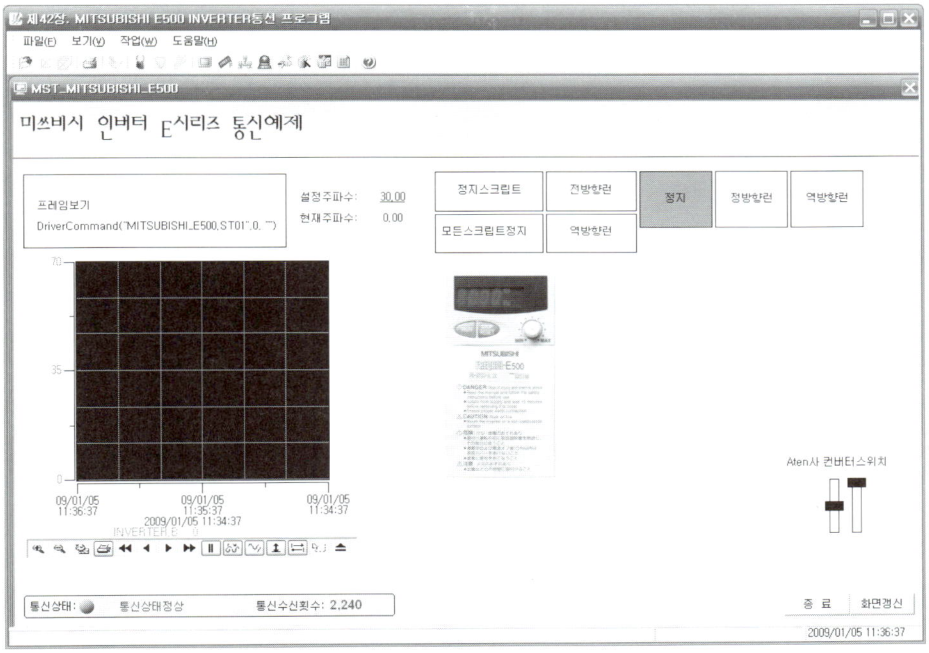

1 인버터와 PU 연장 케이블

Direct cable이다.

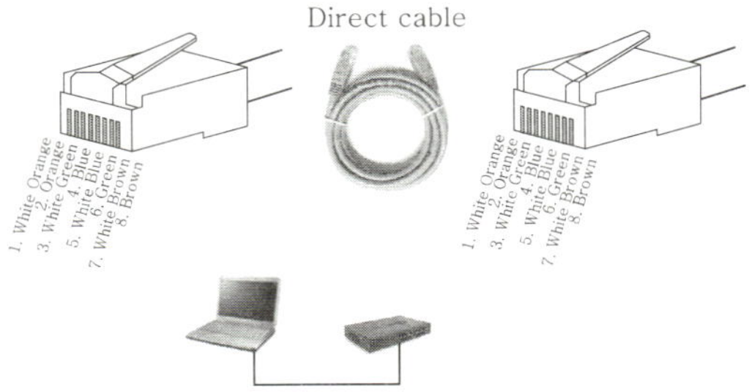

2 인버터와 CIMON 케이블

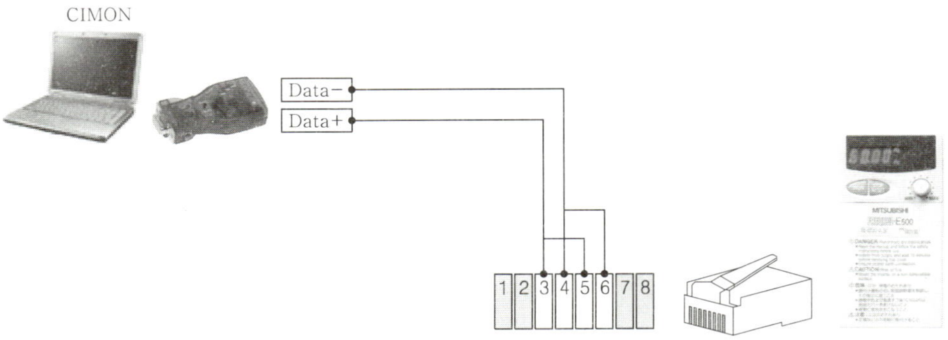

3 인버터 파라미터 설정

파라미터	명칭	설정치
117	국번	맞게 설정
118	속도	192
119	스톱 비트 1, 데이터 길이 8	0
120	패러티 없음	0
121	교신 재시도 횟수	9999
122	교신 체크 시간 간격	9999
123	기다림 시간 설정	9999
124	Cr, Lf 둘다 있음	2

④ 디바이스 설정

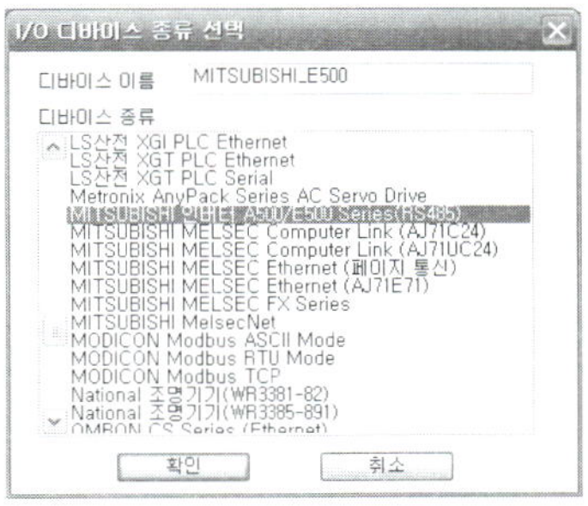

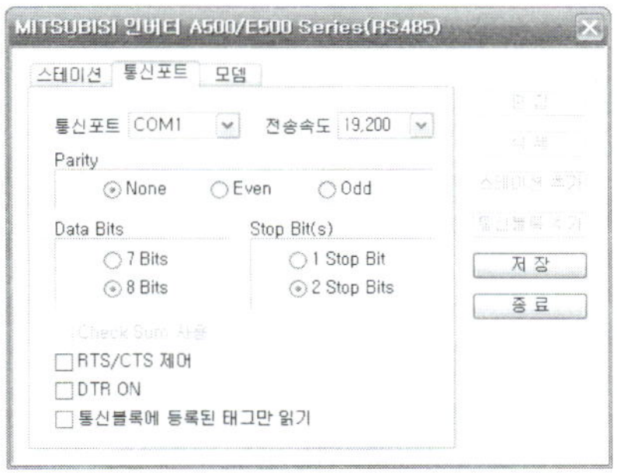

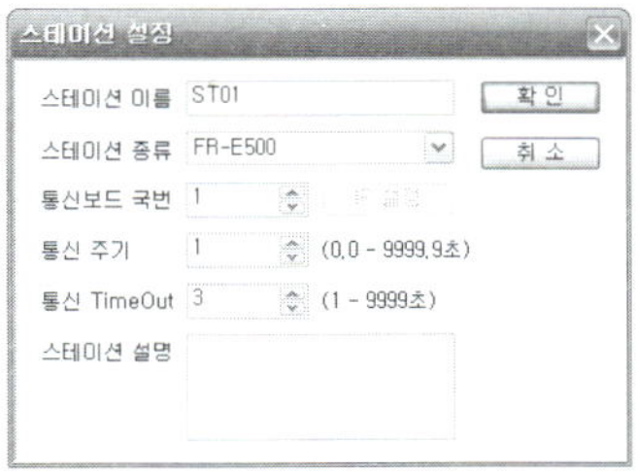

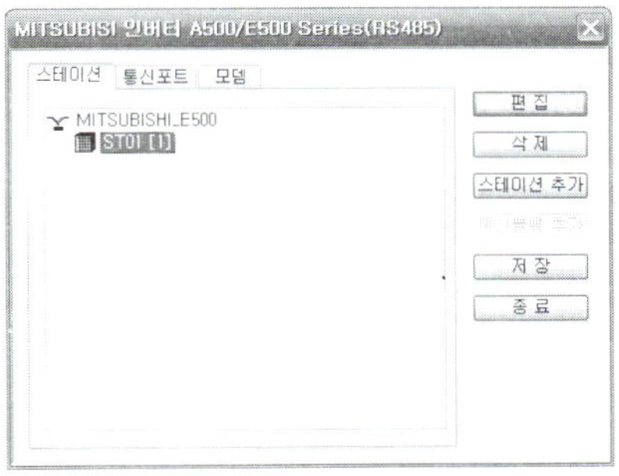

⑤ 태그 설정

❶ 정지 C0 = 0, 정방향 C0 = 2, 역방향 C0 = 4

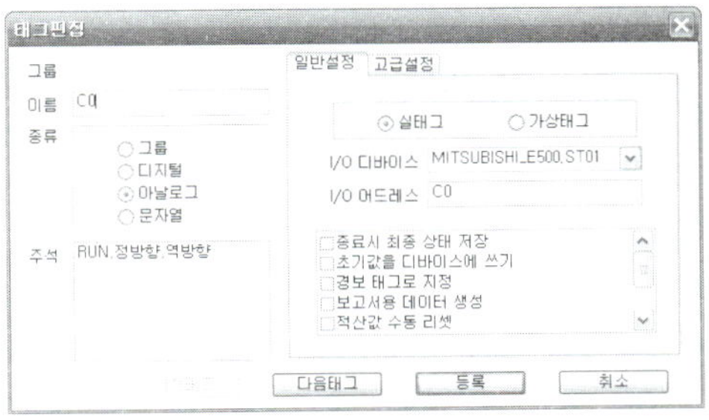

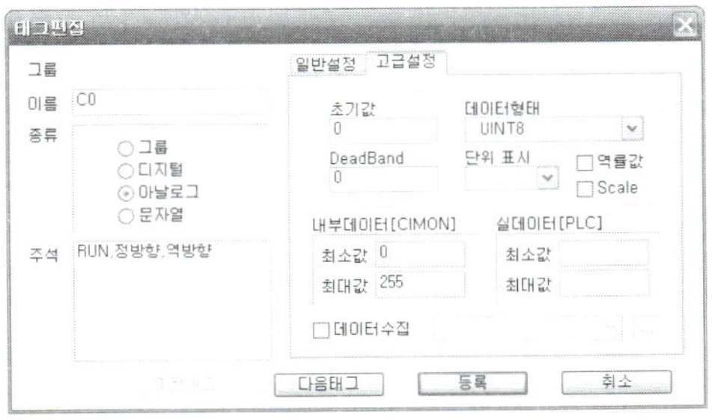

❷ 주파수 설정

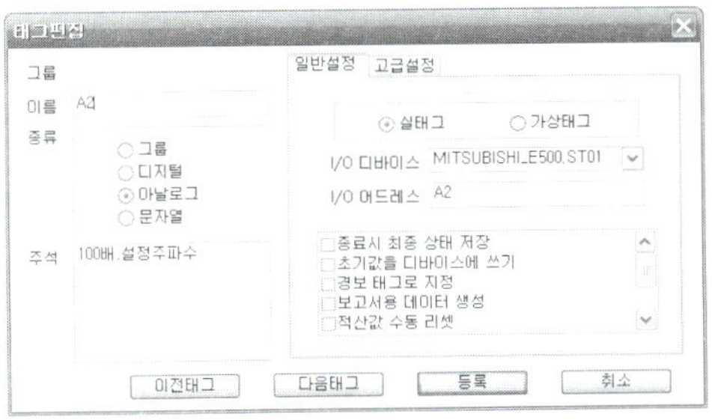

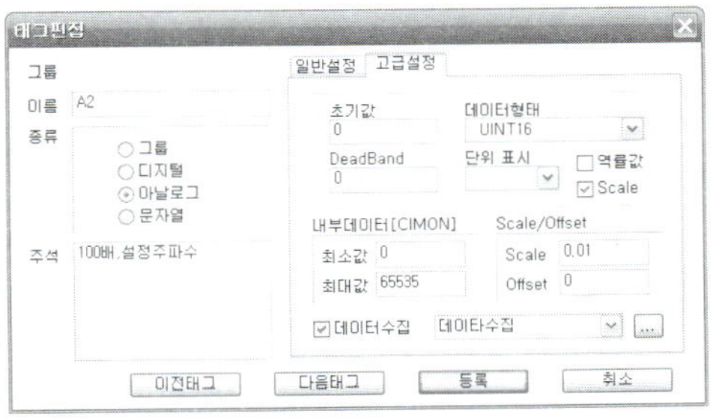

❸ 현재 출력 주파수 모니터

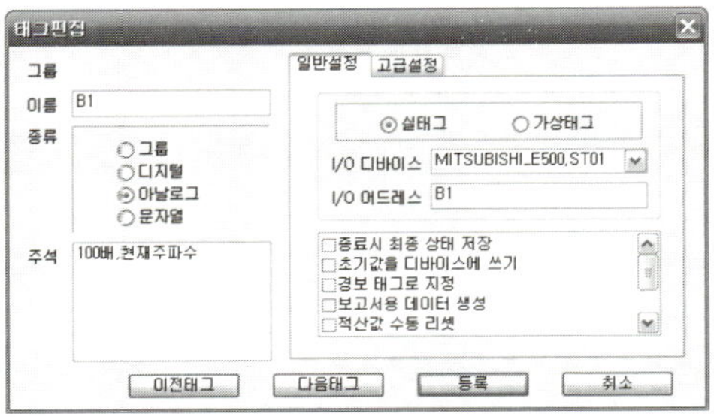

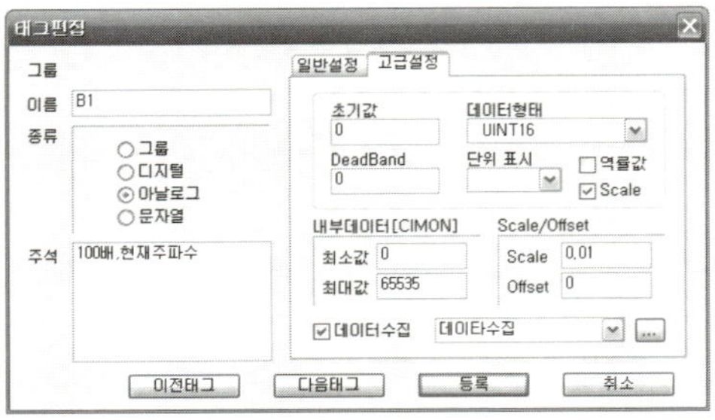

❻ 통신 프레임 모니터링 오브젝트 설정

DriverCommand("MITSUBISHI_E500.ST01",0, "")

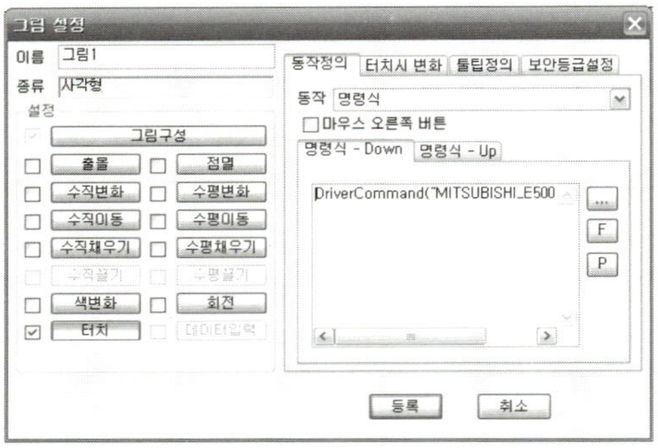

❼ 정방향 런 스크립트

```
Sub do_Mitsubishi_inverter_forward_run()

While 1
        SetTagVal "C0",2
        Sleep(1000)
Wend

End Sub
```

SECTION

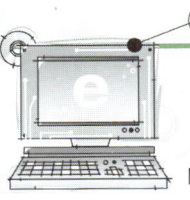

43 MITSUBISHI ETHERNET 통신 예제

Mitsubishi PLC와 이더넷 통신 카드로 통신하는 예제이다.

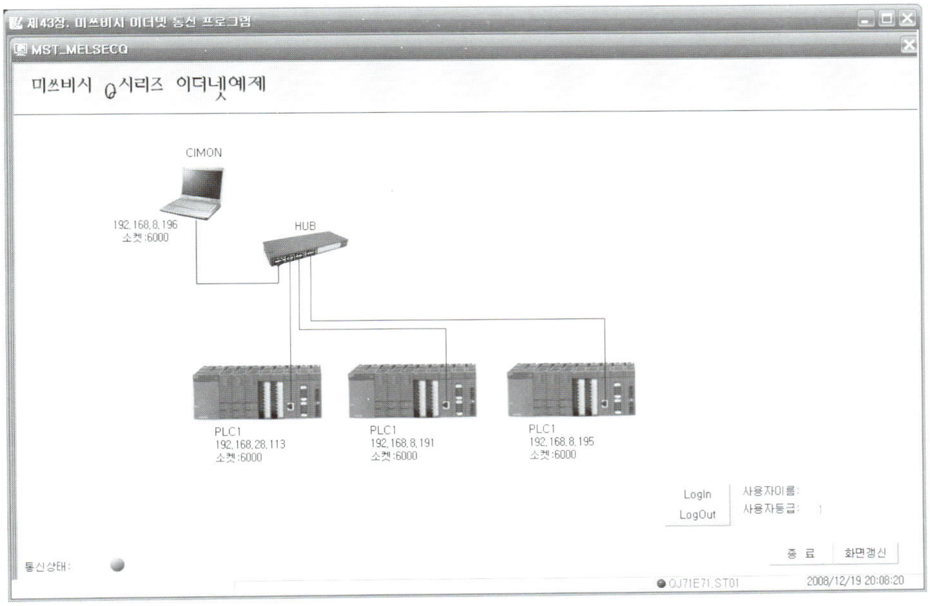

1 시스템 구성

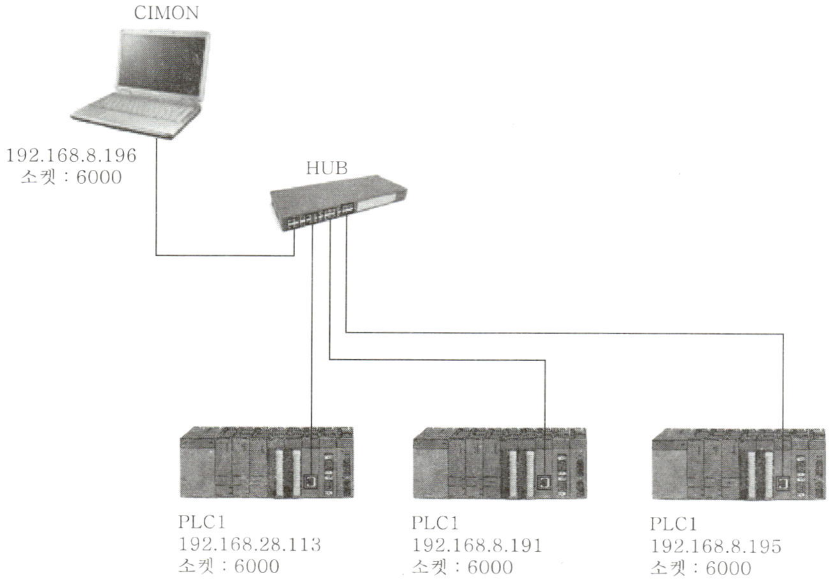

2 LAN 케이블

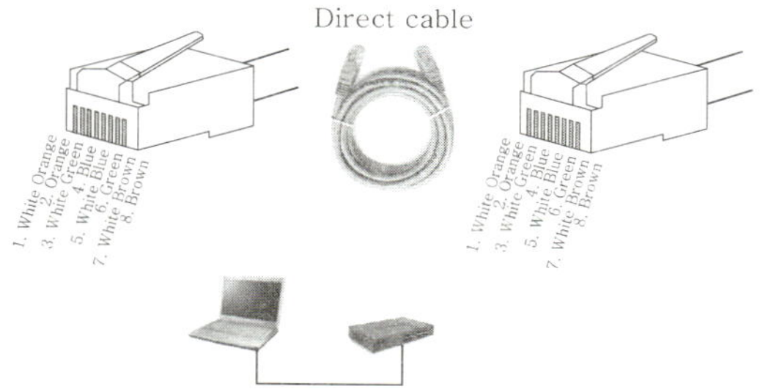

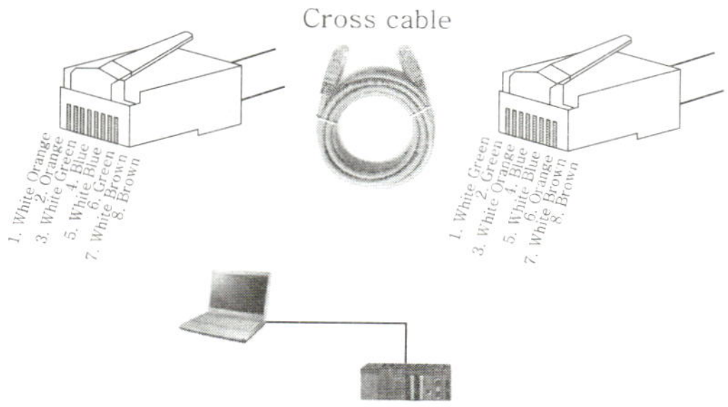

③ PLC 설정

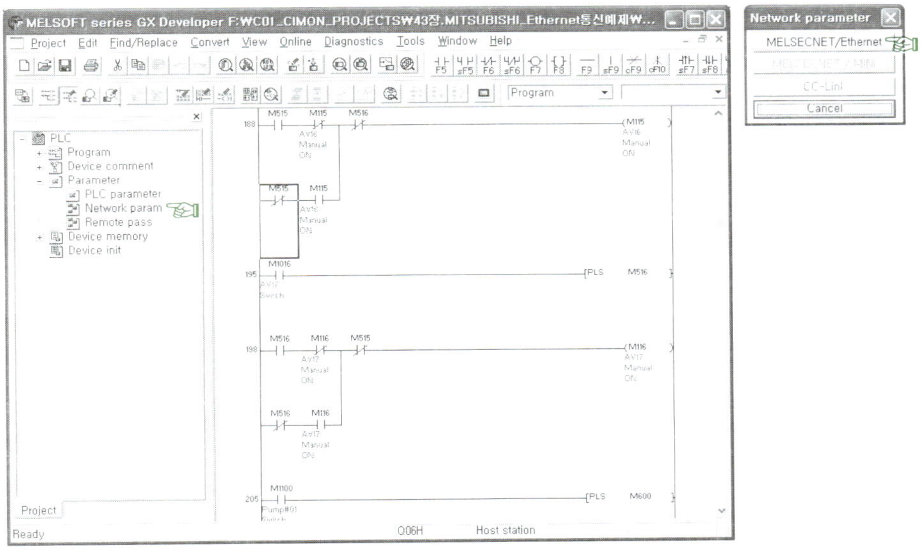

다음 각 번호에 맞게 설정한다.

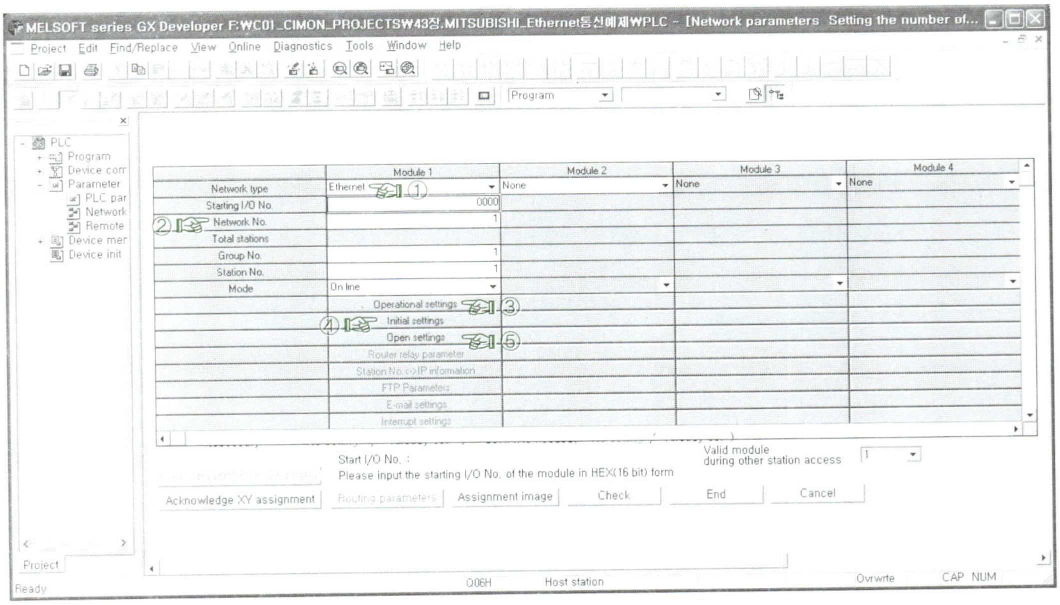

❶ 네트워크 종류 : Ethernet

❷ Network No : 이 MelsecNet No 번호는 CIMON에서 스테이션을 설정할 때 동일하게 입력해야 하는 번호이다.

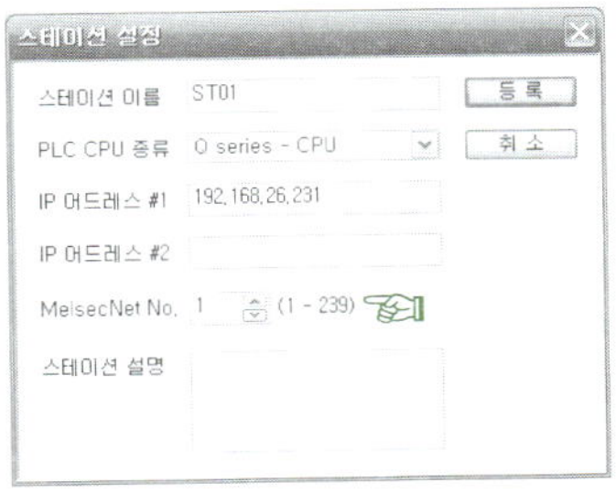

❸ 동작 설정 : PLC 자신의 IP 설정(192.168.28.113)한다.

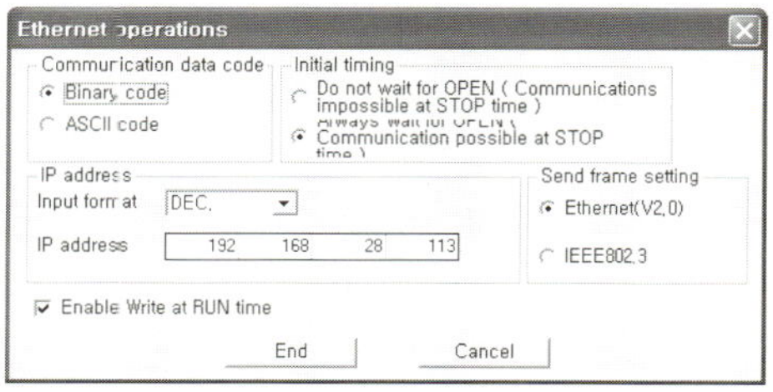

❹ 초기 설정

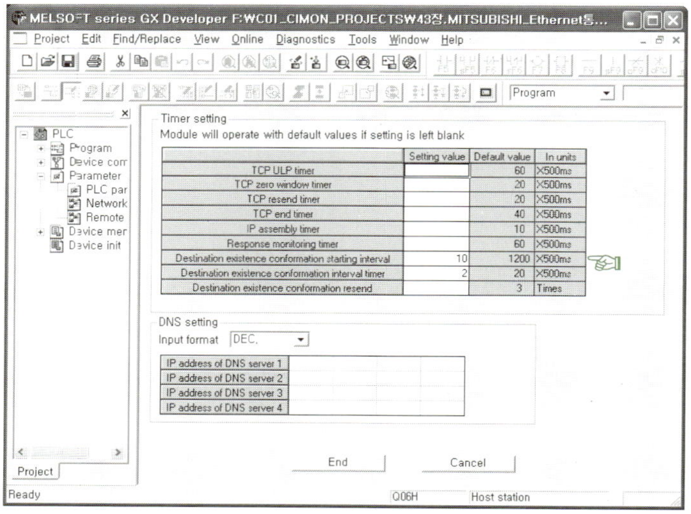

❺ 오픈 설정 : 읽기 위해 들어오는 PC의 IP를 등록(192.168.8.196)하고, 소켓 번호는 16진수로 입력(h1770=십진 6000)한다.

이 IP는 CIMON에서 I/O 디바이스 설정할 때 통신 포트 IP 어드레스를 의미한다.

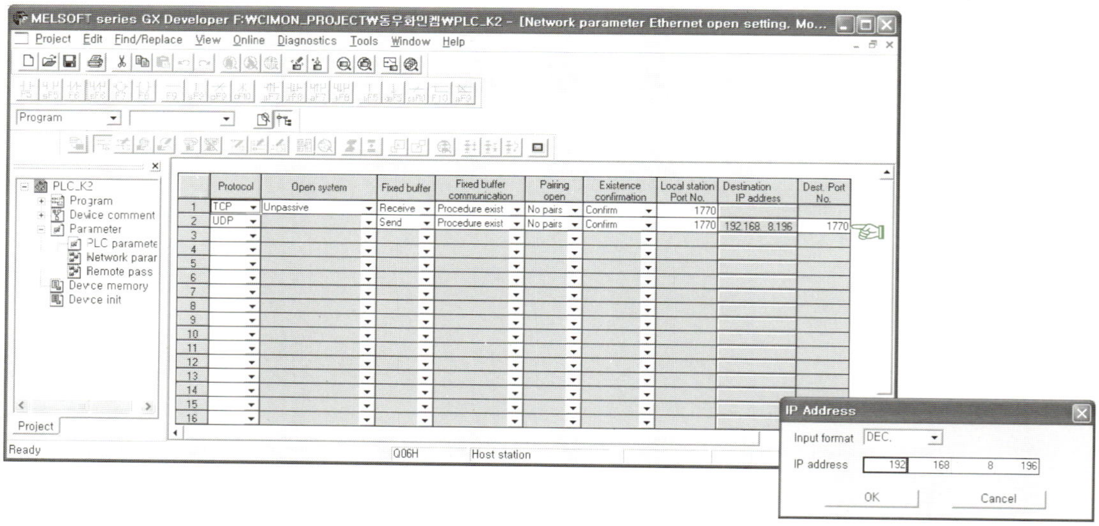

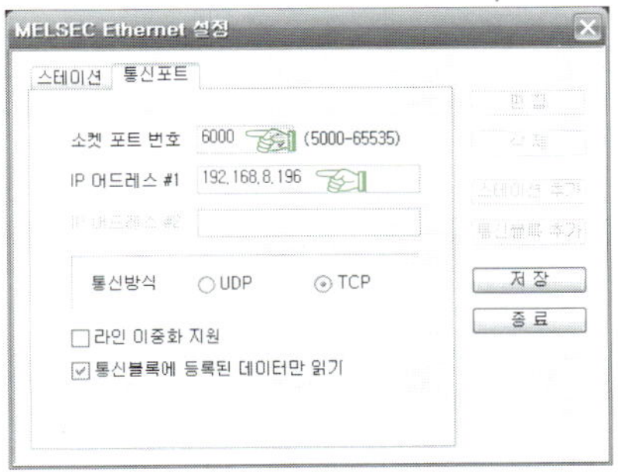

4 CIMON의 통신 속성 설정

'MITSUBISHI MELSEC Ethernet(QJ71E71)' 드라이브를 선택한다.
PC의 IP : 192.168.8.196, 소켓 번호 : 6000으로 설정한다.

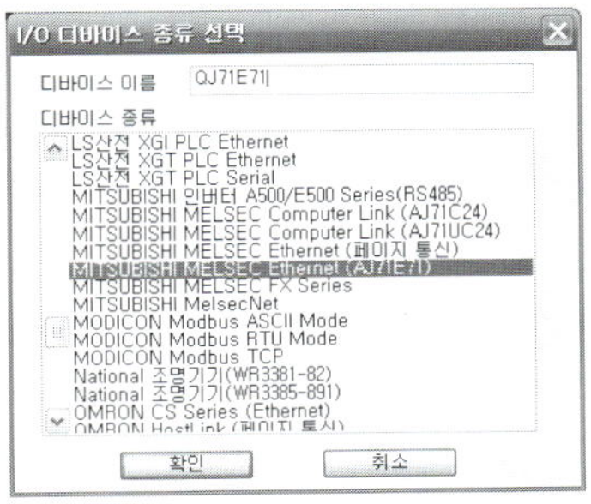

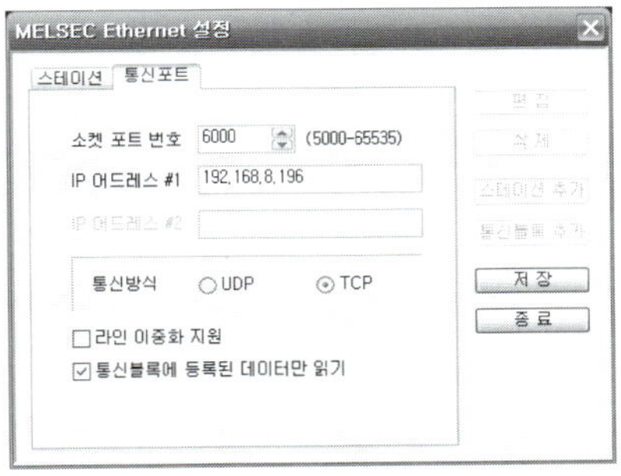

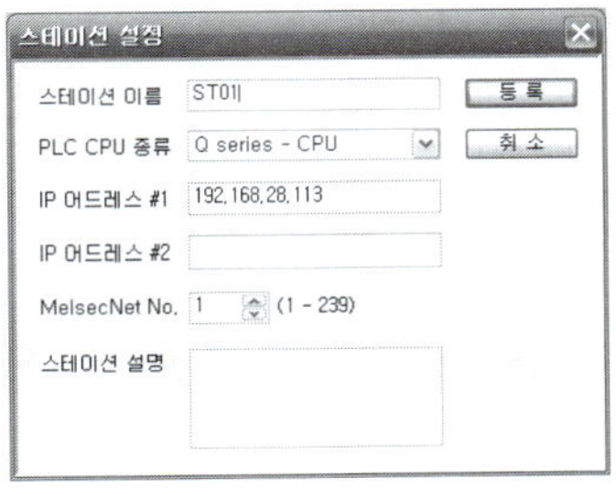

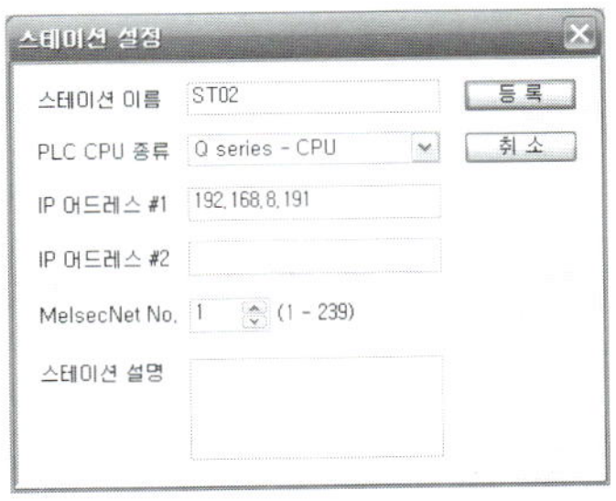

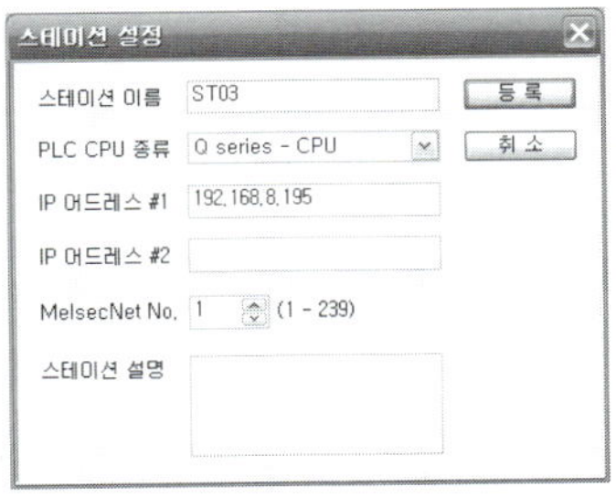

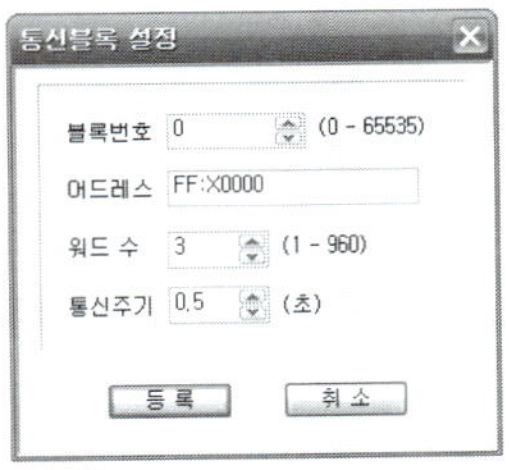

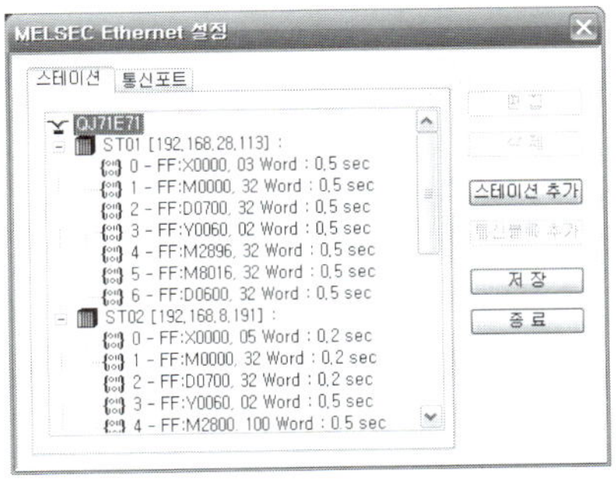

5 이더넷 통신 작업 시 준비 내용

이더넷 작업 시 해킹 문제 대응을 위해서 IP, MAC Address를 전산실 등에 사전 등록한 다음 등록된 Address만 통신을 허용하도록 하는 경우가 많다. 따라서 이더넷으로 작업을 할 때에는 미리 이런 내용을 정리해 두는 것이 좋다.

NO	IP Address	MAC Address	디바이스
1	192.168.28.113	00:05:14:01:0A:AF	ACE1라인
2	192.168.8.191	00:40:8C:90:FE:09	ACE2라인
3	192.168.8.195	00:19:DB:66:AF:A5	ACE3라인

SECTION

44 MITSUBISHI FX1S RS232C 통신 예제

미쓰비시 FX 시리즈 FX1S RS232C 통신 예제이다.

주의 통신 속성 변경한 다음 리셋하고 사용하시오.

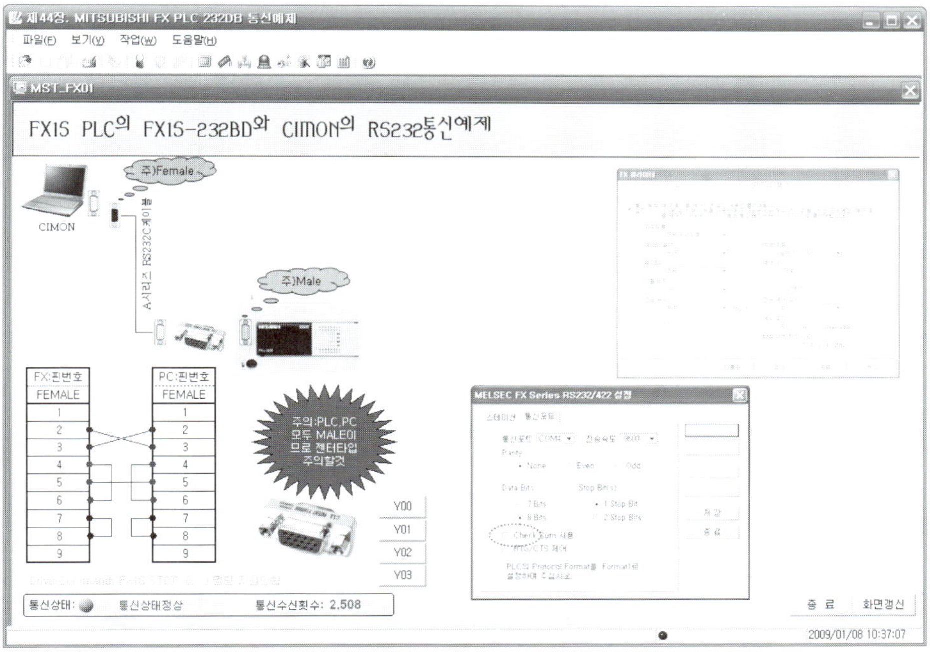

1 시스템 구성

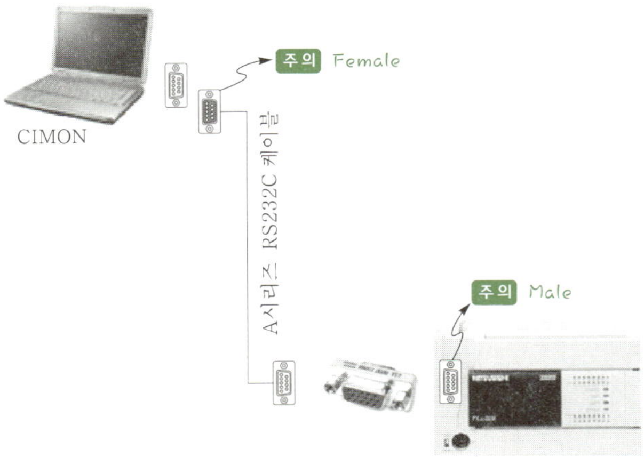

2 통신 케이블

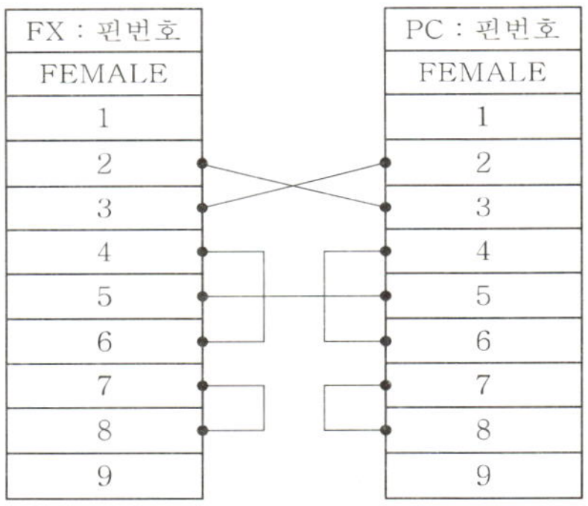

주의 PLC, PC 모두 Male이므로 젠더 타입 주의할 것

③ PLC 설정

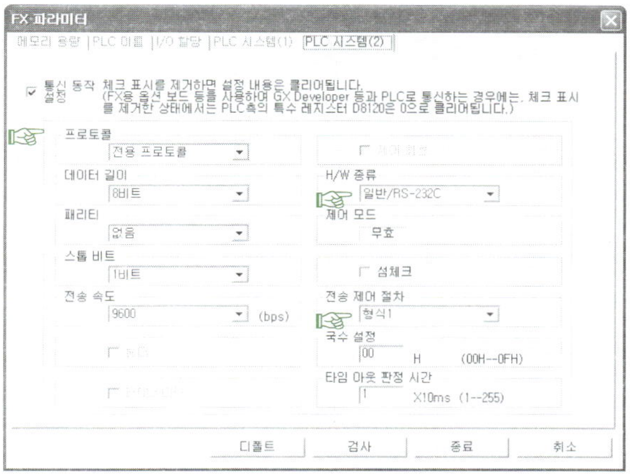

④ CIMON의 통신 속성 설정

'MITSUBISHI MELSEC FX Series'를 선택한다.

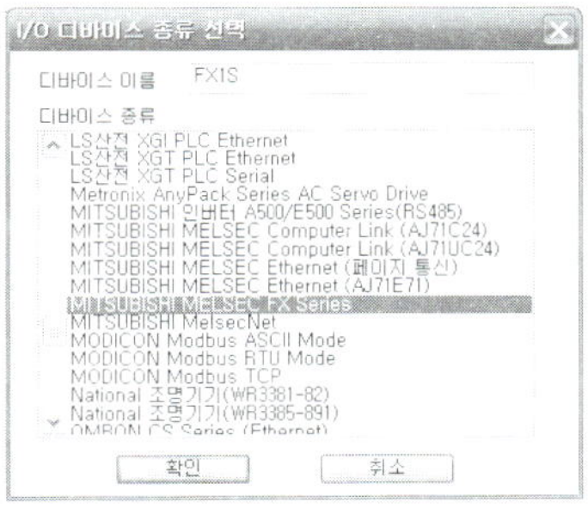

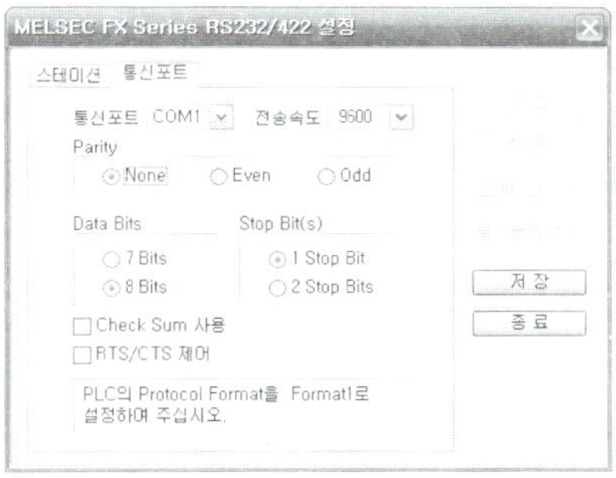

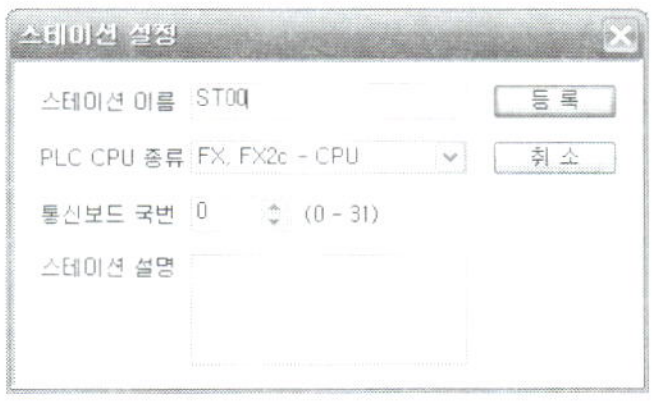

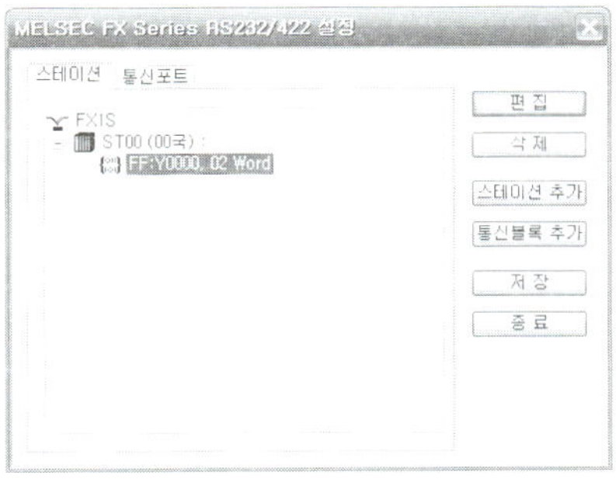

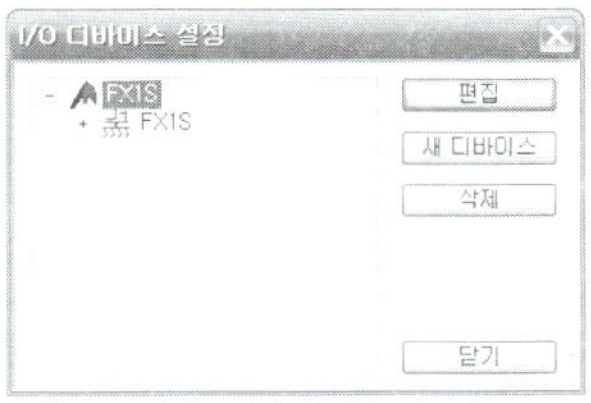

SECTION

45 NPort5110 사용 예제

RS232C 통신을 할 디바이스가 32km 거리에 위치하고 있다. 통신 방식은 RS232C로 변경할 수 없다. 이런 경우 NPort5110을 사용한 통신 예제이다.

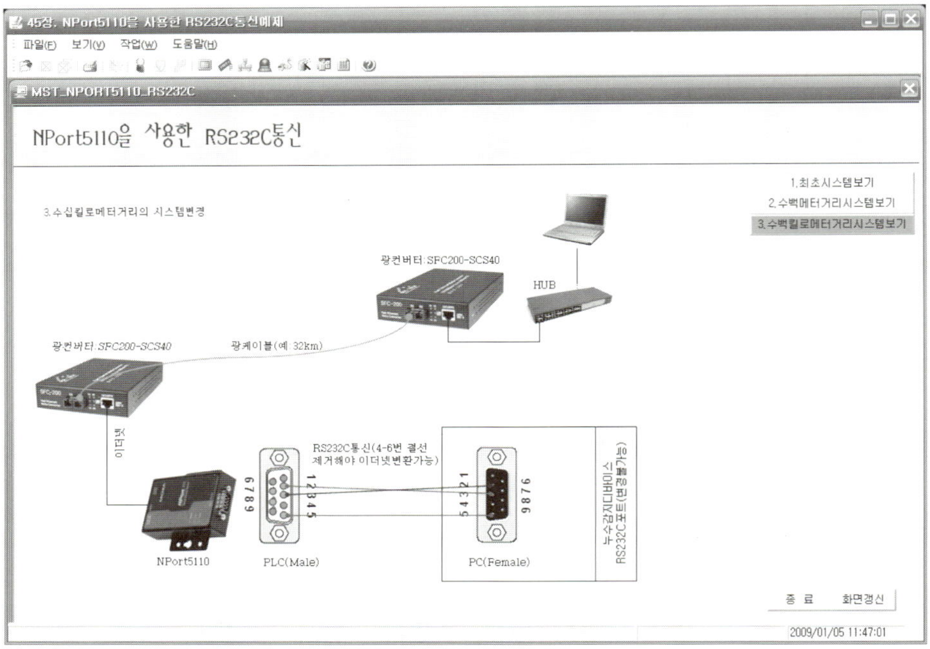

1 시스템 구성

❶ 최초 시스템 구성도

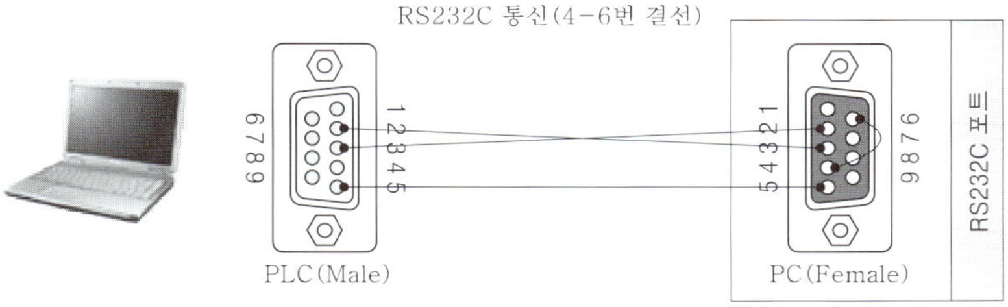

❷ 수백 미터 거리의 시스템 변경

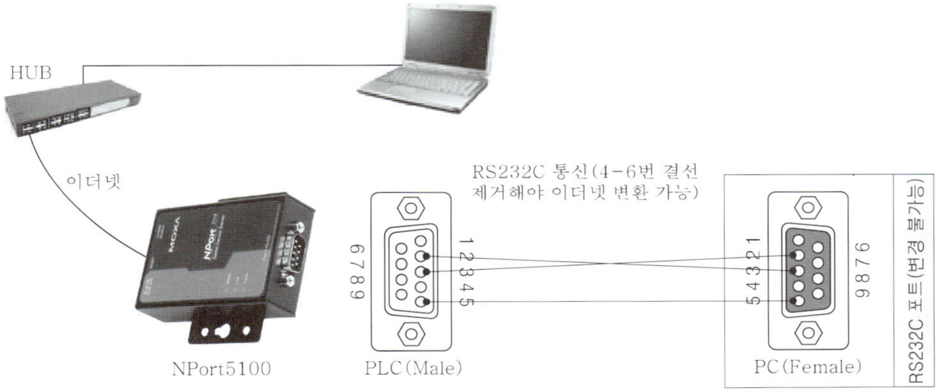

❸ 수십 킬로미터 거리의 시스템 변경

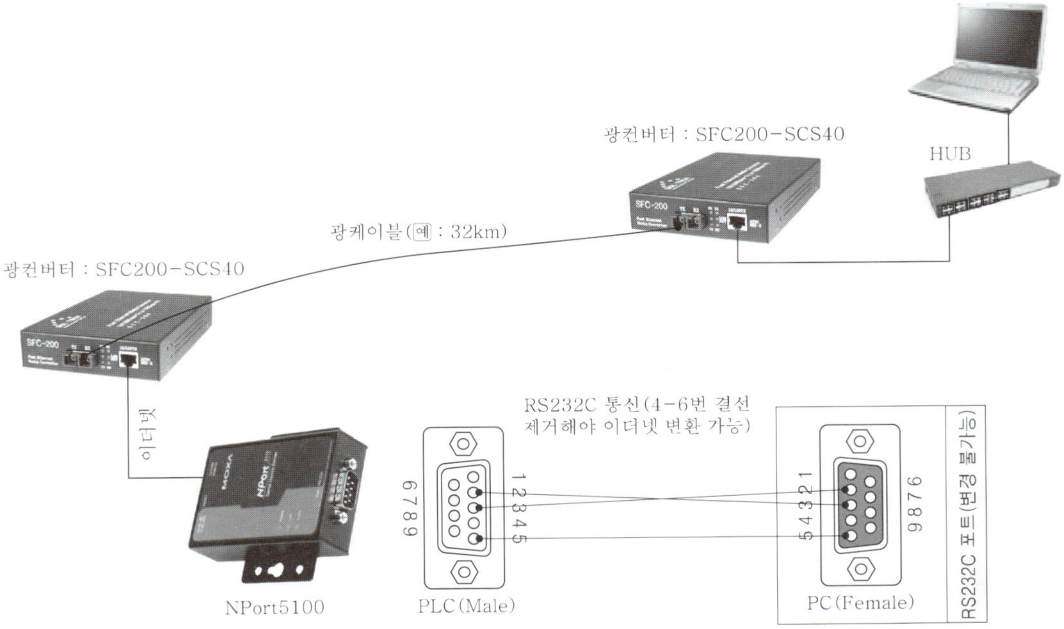

❷ 통신 케이블 제작

❶ RS232C 케이블 : Lock 장치가 설치되어 있음(이더넷 변환 없는 경우)

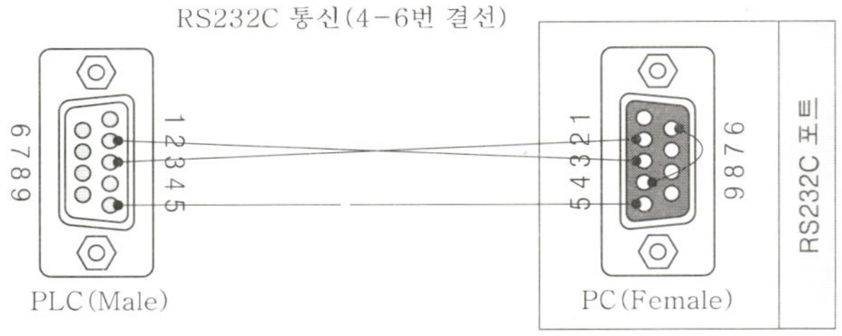

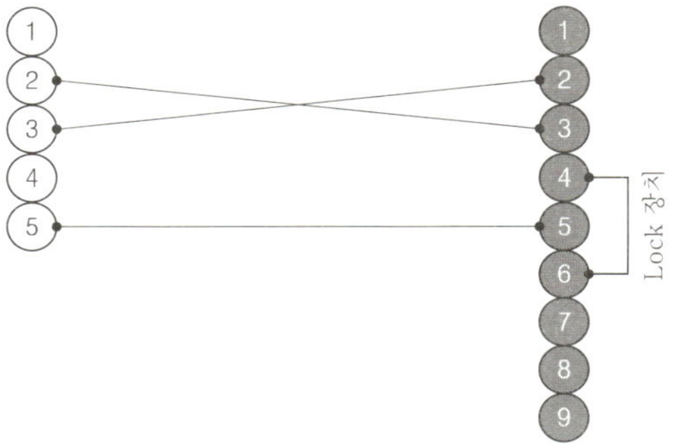

❷ RS232C 케이블 : 이더넷으로 변환할 때에는 Lock 장치를 제거할 것(처음부터 통신에는 필요없는 것임)

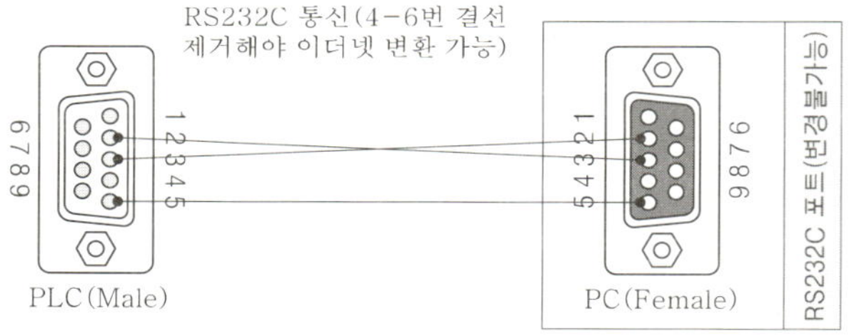

❸ RS232C 디바이스 통신 속성 설정

변경 사항이 없다.

❹ CIMON의 통신 속성 설정

변경 사항이 없다.

❺ NPort 설정

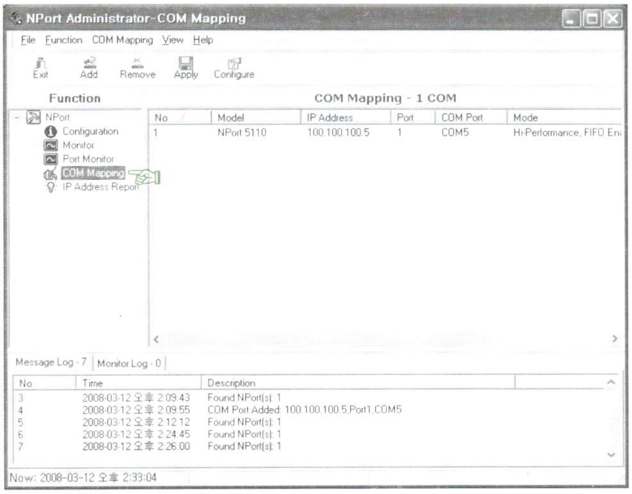

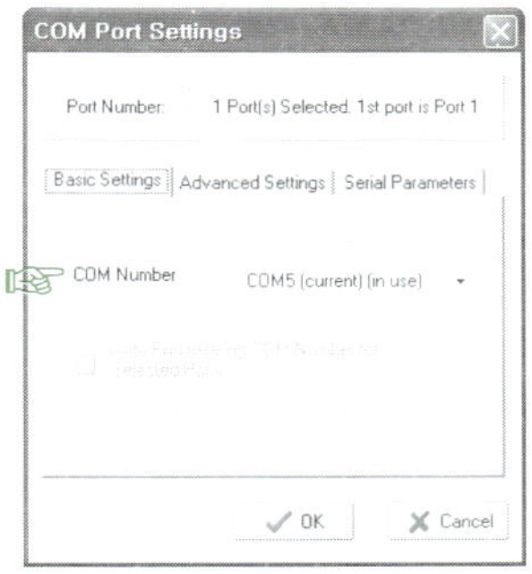

❶ 장치 관리자에는 잡히지 않는다.

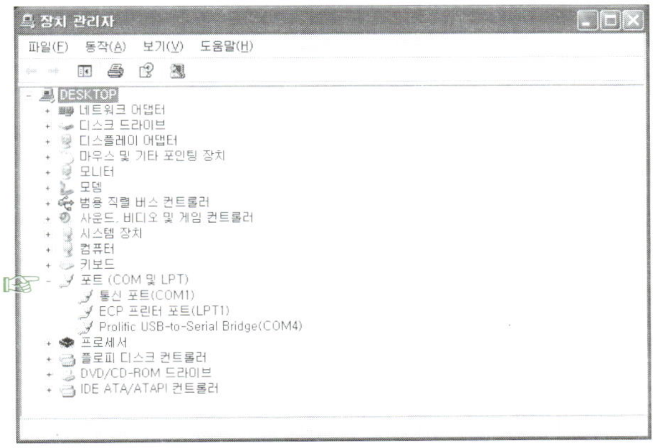

❷ 에뮬레이터를 실행해서 테스트한다.

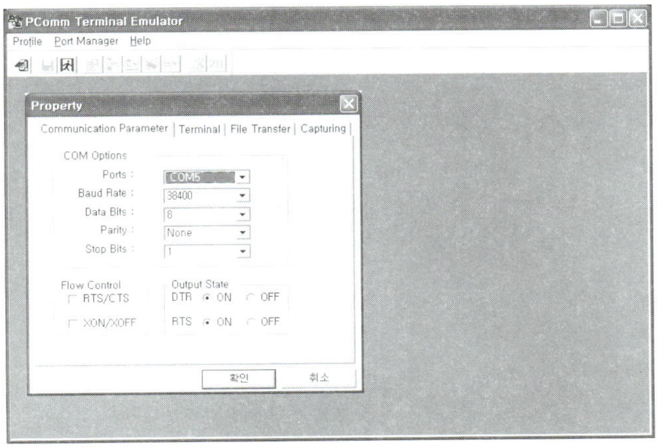

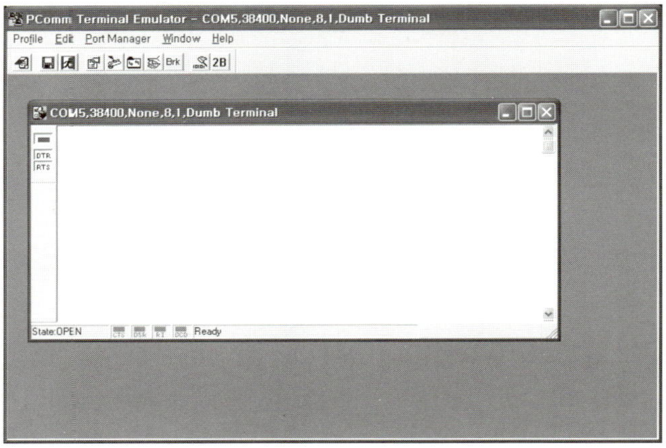

6 주의 사항

이더넷을 사용하기 때문에 방화벽(예 Zone Alarm) 해제 후 사용해야 한다.

SECTION

46 MITSUBISHI MelsecQ RS422 통신 예제

미쓰비시 Q시리즈 QJ71C24N-R4 통신 카드를 사용한 RS422 통신 예제이다.

주의 통신 속성 변경한 다음 리셋하고 사용하시오.

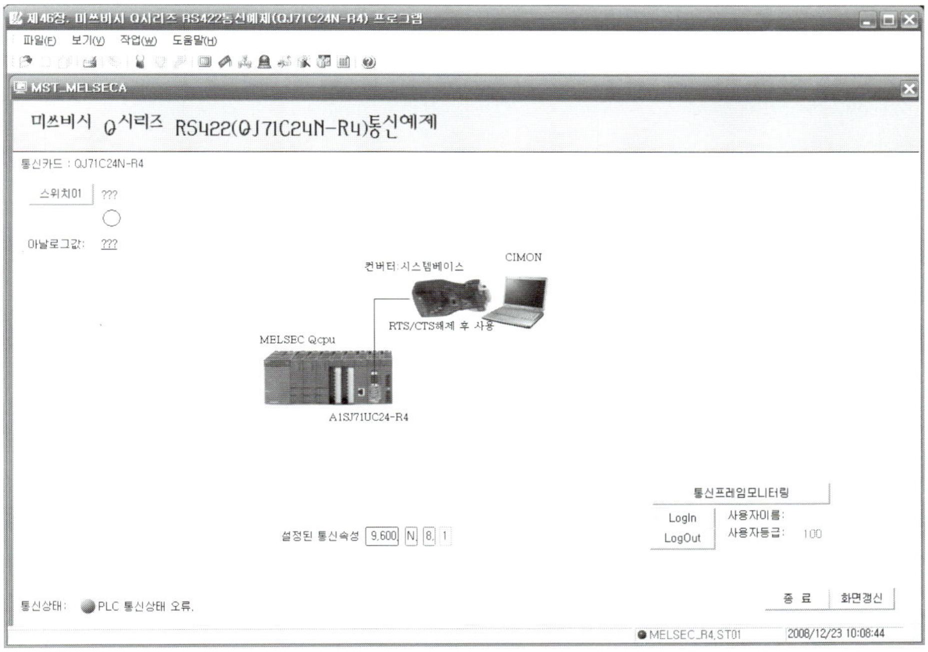

1 시스템 구성

❶ 시스템베이스 컨버터 사용하는 경우(Auto-toggle 지원 제품)

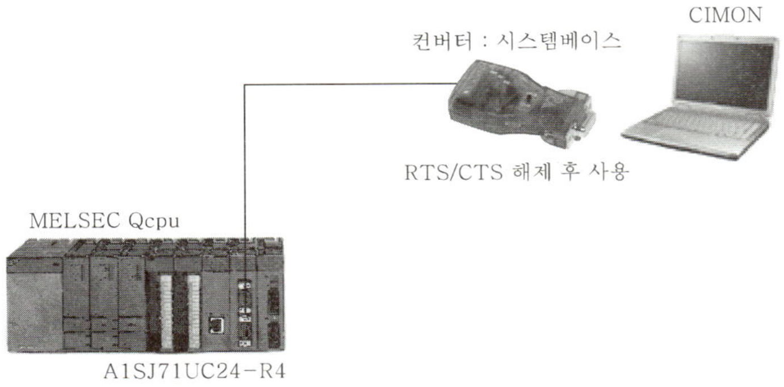

❷ ATEN 컨버터 사용하는 경우(Auto-toggle 지원 안 한 제품)

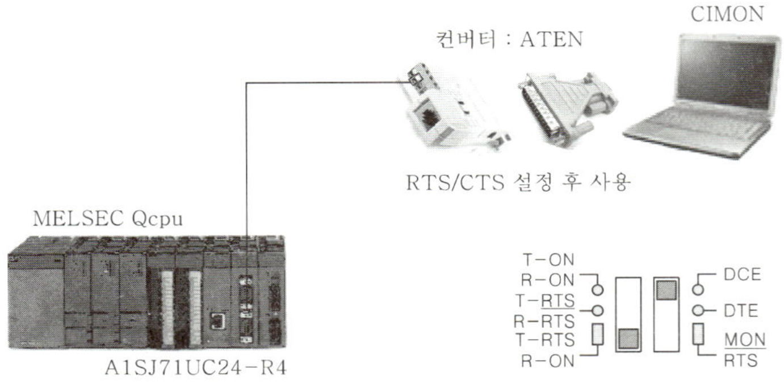

2 PLC 설정

Q시리즈에서 통신 속성 설정은 내부 파라미터에서 설정하게 되어 있다.

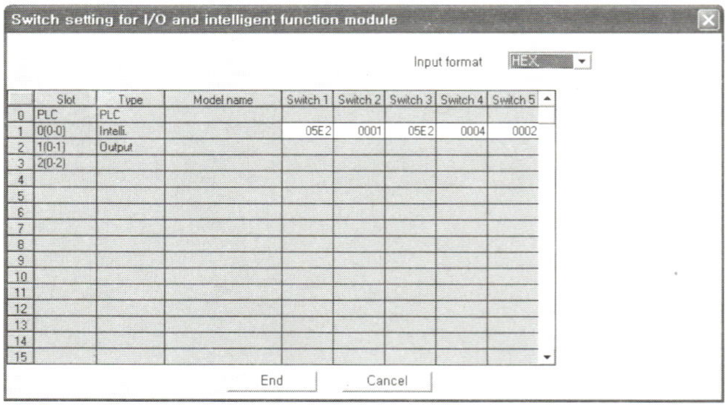

Switch setting for I/O and intelligent function module

Input format: HEX

	Slot	Type	Model name	Switch 1	Switch 2	Switch 3	Switch 4	Switch 5
0	PLC	PLC						
1	0(0-0)	Intelli.		05E2	0001	05E2	0004	0002
2	1(0-1)	Output						
3	2(0-2)							
4								
5								
6								
7								
8								
9								
10								
11								
12								
13								
14								
15								

End Cancel

3 CIMON의 통신 속성 설정

❶ 시스템베이스 컨버터 사용하는 경우(Auto-toggle 지원 제품)

RTS/CTS 제어 체크를 해제한다.

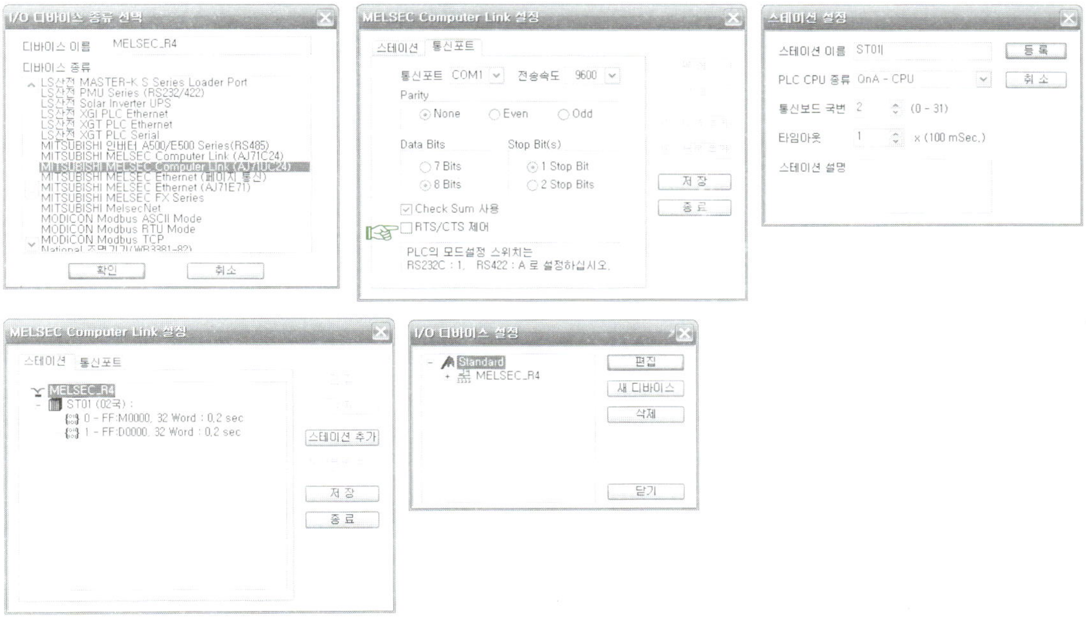

❷ ATEN 컨버터 사용하는 경우(Auto-toggle 지원 안 한 제품)

RTS/CTS 제어 체크를 설정한다.

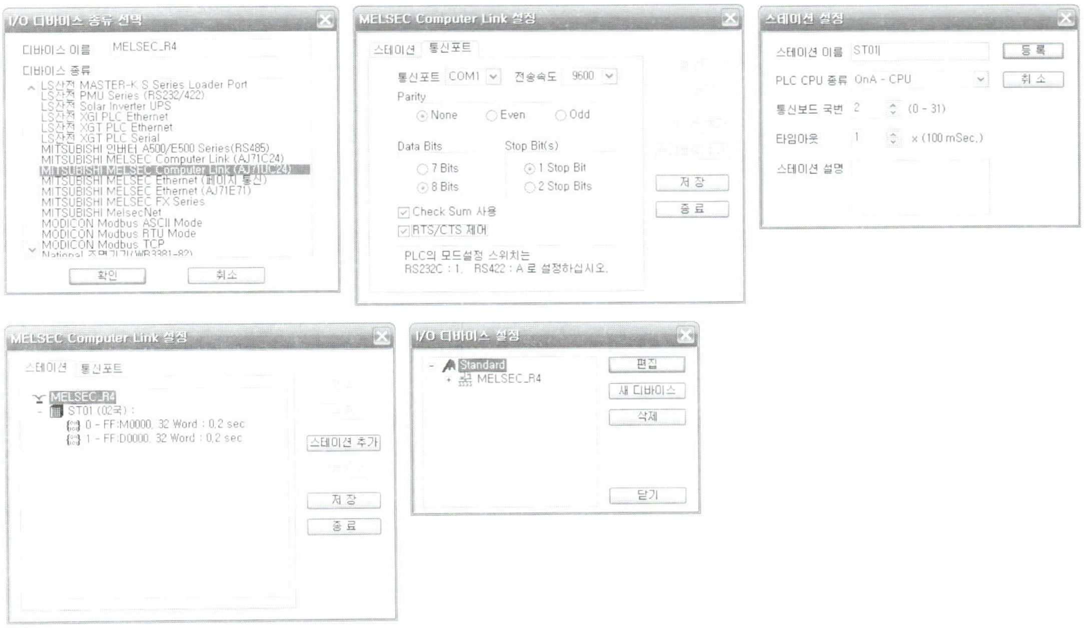

④ 통신 이상 현상 대책 : TX 램프에 전혀 신호가 없다.

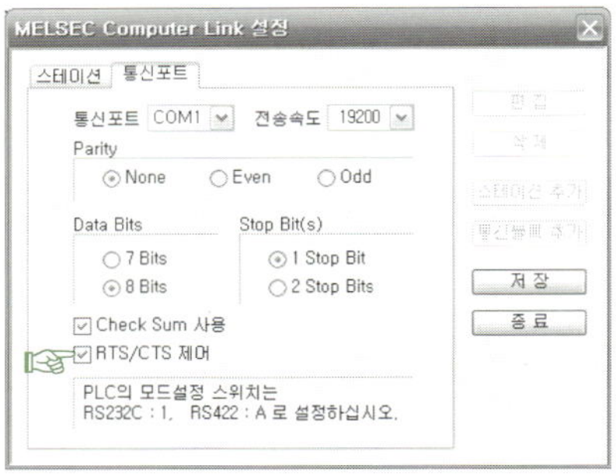

RS232만 있는 컴퓨터에서 RS422 통신을 할 때에는 RS232/422 컨버터를 사용한다. 따라서 컨버터가 컴퓨터의 통신을 결정한다고 할 수 있다. 컨버터 중에 Autotoggle되는 제품, 즉 Systembase 제품에 아래 그림처럼 RTS/CTS 제어를 체크하고 통신을 하면 PC측에서 보내는 TX의 램프에 아무런 변화가 없다. 최소한 통신선이 정상이면 컨버터의 TX 럼프의 깜박임이 있어야 하는데, 이럴 때에는 RTS/CTS 체크를 해제하면 된다.
오른쪽의 시스템베이스 컨버터를 사용할 경우 RTS/CTS 제어 체크를 반드시 해제한 후 실행해야 한다. 전혀 반응이 없는 예제의 그림이다.
그리고 CIMON에서는 다음과 같이 "스테이션[ST01]에 데이터를 송신할 수 없다."라는 경고가 발생한다.

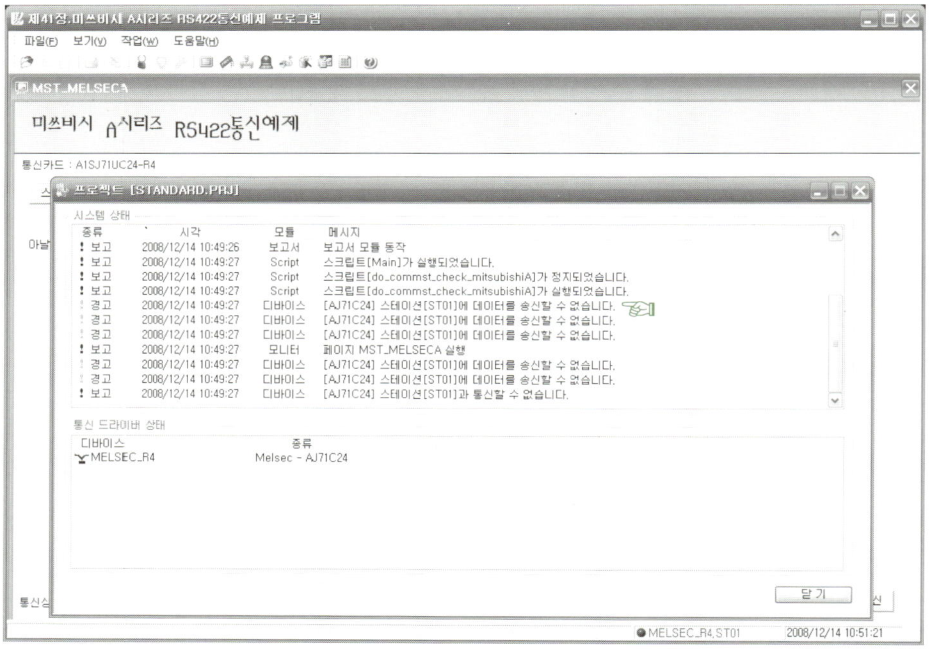

SECTION

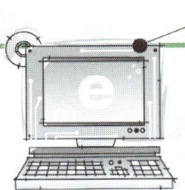

47 GLOFA 로더 포트 CNET 통신 예제

Glofa의 로더 포트로 지원되는 로더 통신, CNET 통신 중 CNET 포트를 이용하여 CIMON과 통신하는 예제이다. 로더 포트 하나에 핀번호를 달리해서 CNET을 지원하기 때문에 별도의 통신 카드를 사용하지 않아도 CIMON과 통신을 할 수 있다.

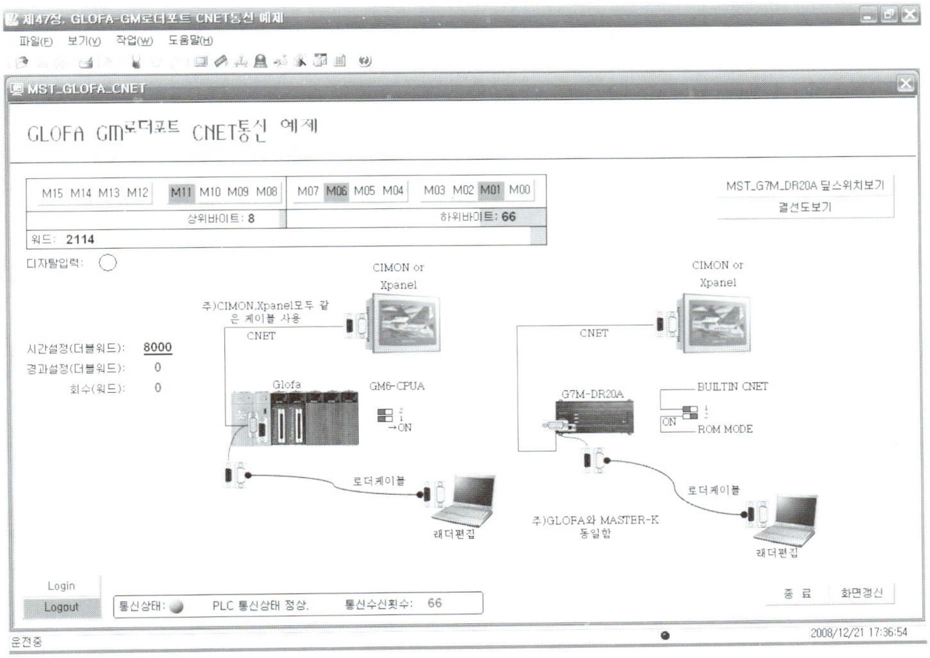

1 시스템 구성

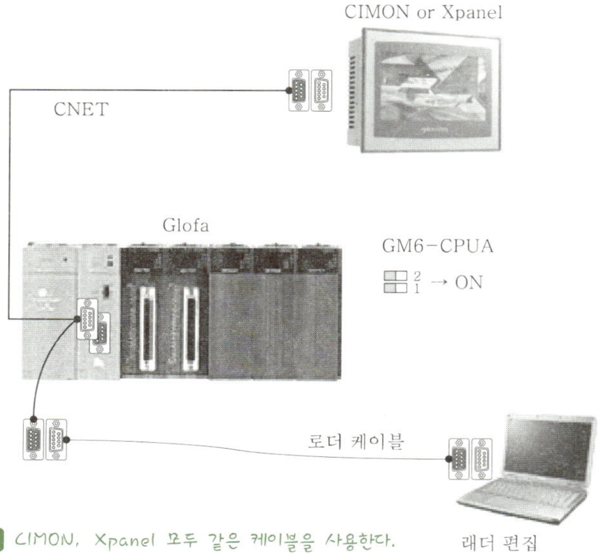

주의 CIMON, Xpanel 모두 같은 케이블을 사용한다.

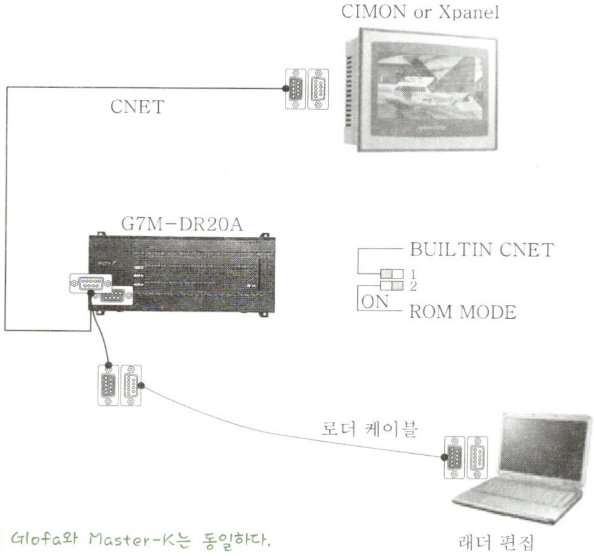

주의 Glofa와 Master-K는 동일하다.

② 통신 케이블 제작

아래 그림처럼 케이블을 제작한다. 약 10cm 길이의 포트는 로더 편집할 때 사용하고 있던 표준 RS232C 케이블을 그대로 사용할 수 있게 하기 위해서 짧게 만든 것이고 약1~10m 길이의 포트는 CIMON TOUCH와 통신하기 위해서 만든 것이다. 이렇게 만든 케이블은 CIMON과 통신하고 Xpanel과도 그대로 통신하는 데 사용할 수 있다.

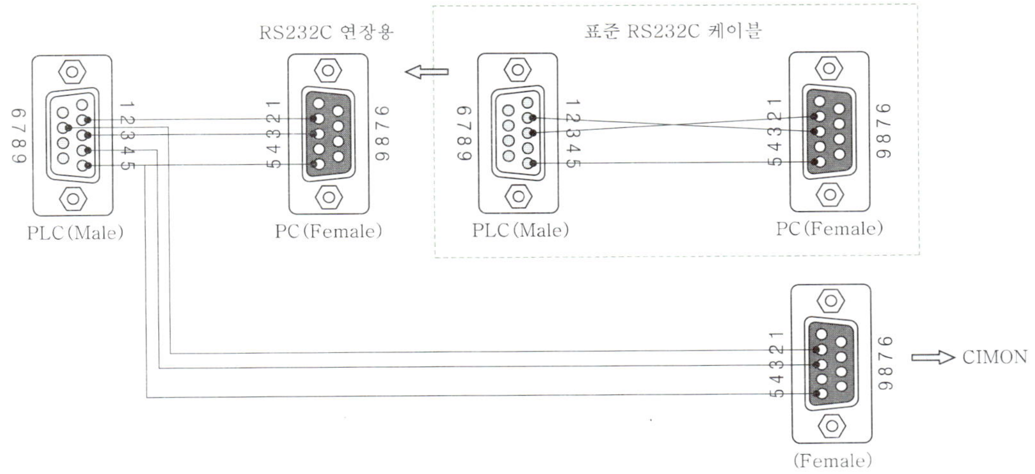

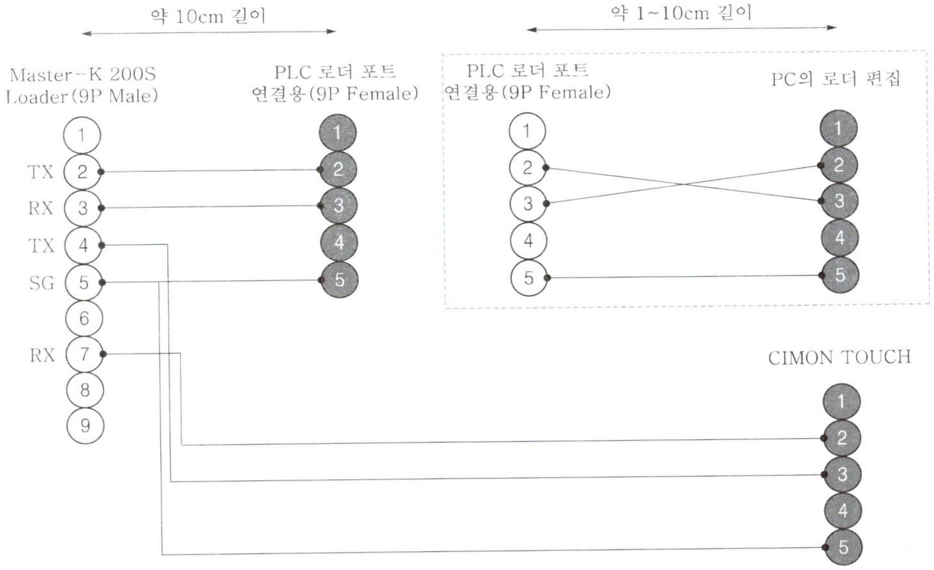

3 PLC의 통신 속성 설정

PLC의 래더 편집 프로그램의 파라미터 편집창에서 다음과 같이 설정 후 다운로드한다. 파라미터 설정창에서 통신 속성을 설정하고 다운로드 한 다음 PLC 전원을 끄고 다시 켤 때 적용된다. 통신 속성 설정 내용은 다음과 같게 설정하고 CIMON에서도 여기와 같게 설정해야 한다. 여기에서 통신 속성을 변경했다면 통신 상대인 CIMON도 같게 변경하면 된다.

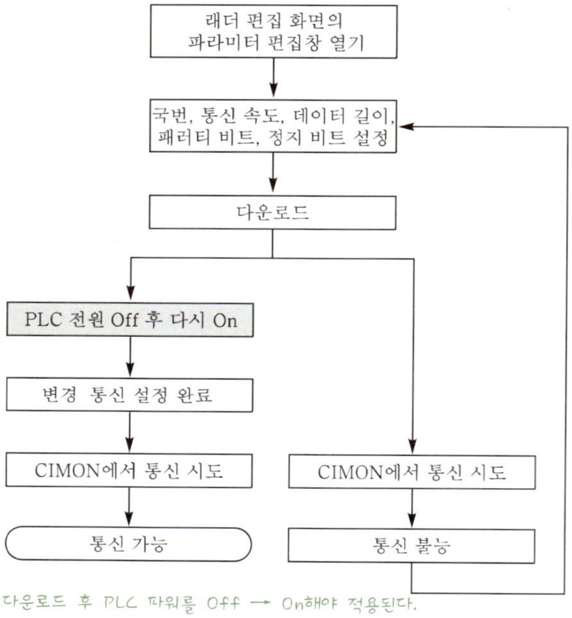

주의 다운로드 후 PLC 파워를 Off → On해야 적용된다.

❶ 국번 : 0번

❷ 속도 : 19200bps/슬레이브(속성은 N, 8, 1고정, 변경 못함)

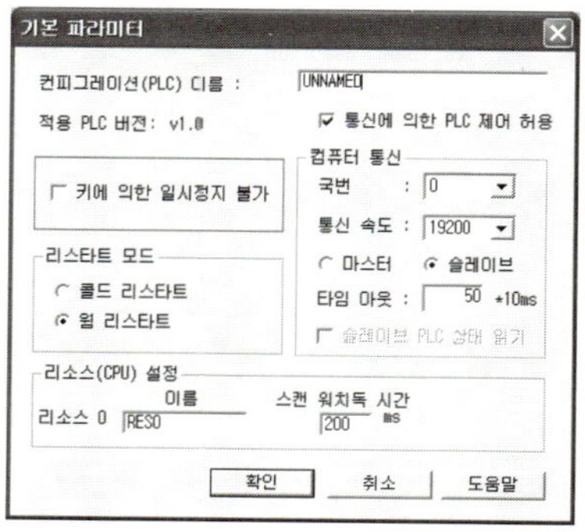

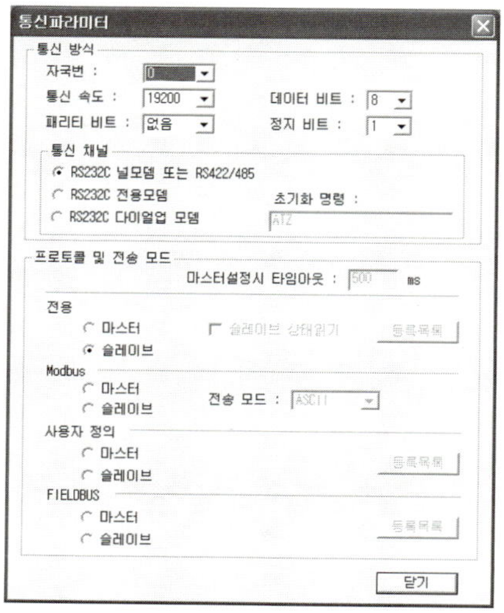

주의 PLC는 Slave로 동작한다. 따라서 마스터로 설정하면 CIMON과의 통신은 되지 않는다.

4 CIMON의 통신 속성 설정

로더 포트를 통해서 통신을 하지만 실제로는 CNET으로 통신하기 때문에 'LS산전 GLOFA-GM Computer Link(CNET)'를 선택한다. 'LS산전GLOFA-GM Loader Port'를 선택하면 안 된다. PLC에서 설정했던 국번 : 0, 속도 : 19200bps를 설정하고 고정되어 있는 나머지값 패러티 : 없음, 길이 : 8비트, 정지비트 : 1비트를 선택한다.

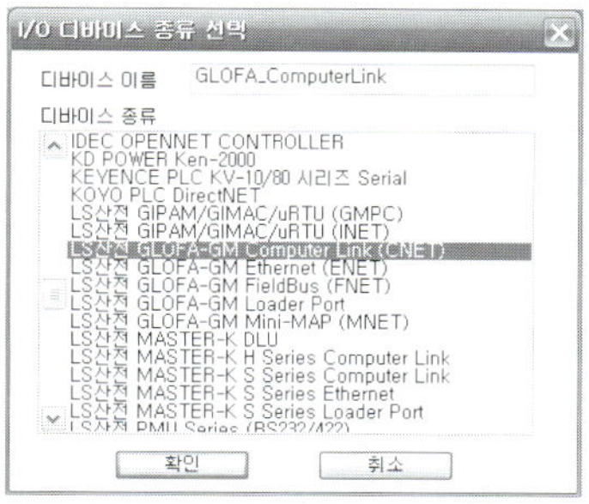

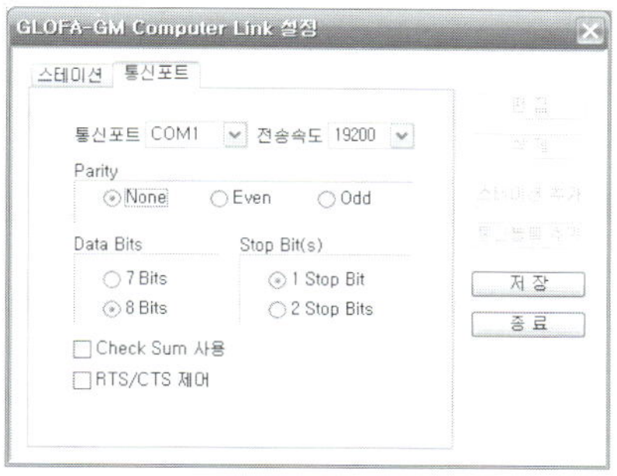

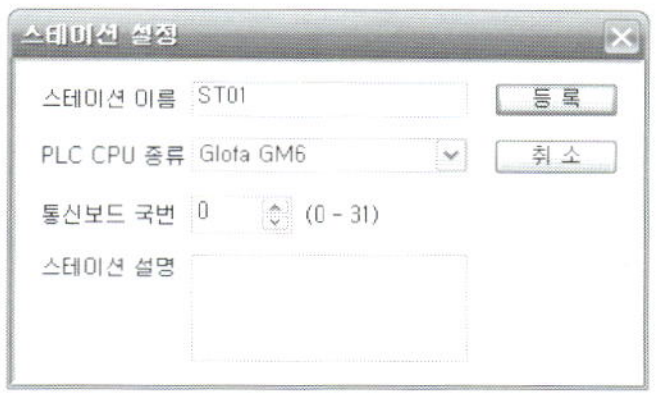

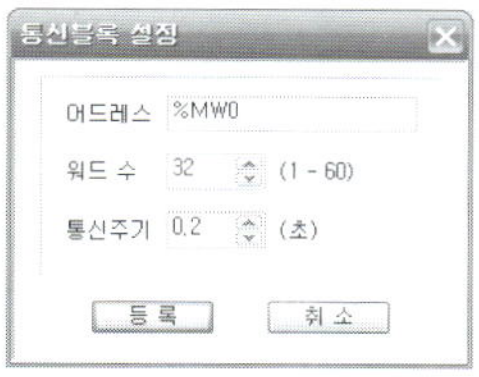

5 CIMON의 태그 편집

두 개 태그 모두 동일한 내용이다(%MX0000 = %MW000.00).

참고 비트 사용 시 워드의 비트 표기법을 사용하면 편리하다.

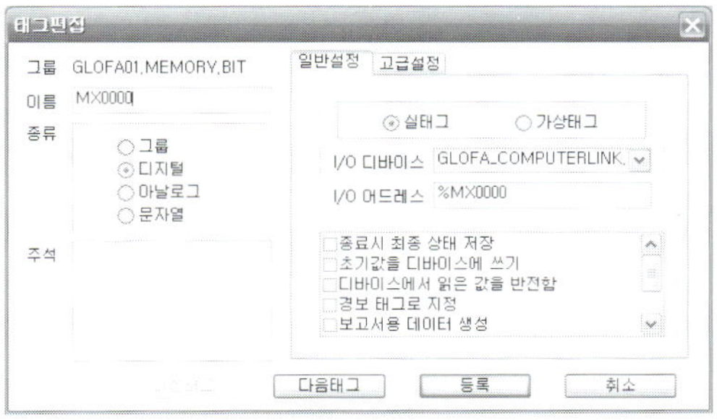

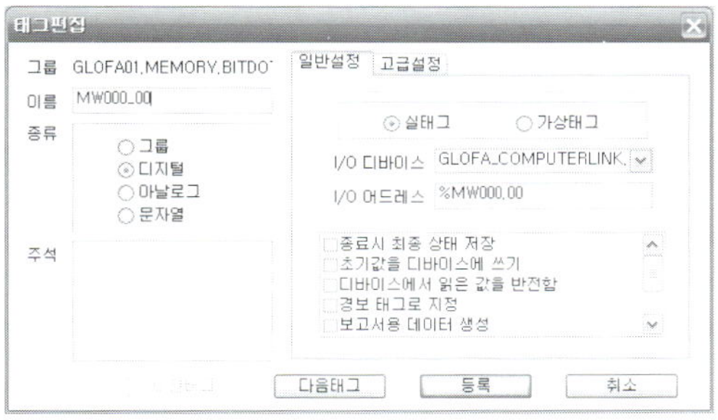

6 CIMON의 통신 블록 오류 메시지 보기

PLC에 장착되어 있지 않는 워드를 읽기 위해서 통신 블록 0번을 입력하였다. 그리고 CIMON을 실행하면 다음과 같이 에러 번호 [7132]번이 발생한다. 이럴 때에는 실제의 구성되어 있는 입출력 카드와 맞게 통신 블록을 설정하면 에러 메시지가 나타나지 않는다.

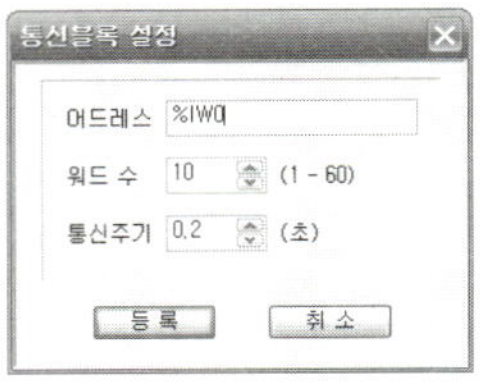

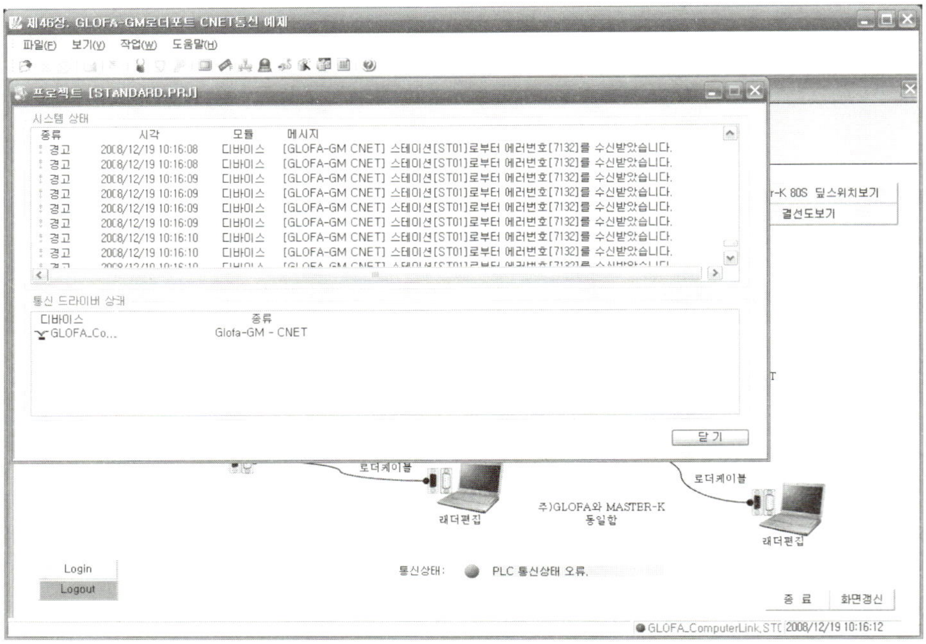

SECTION

48 ReportOut(그리드 출력/프린트 출력) 예제

레포트를 그리드에 출력하고 엑셀을 이용해서 프린터로 출력하는 예제이다. 엑셀을 실행하는지 모르게 창을 열지 않고 인쇄가 종료되면 자동 종료되게 처리한다.

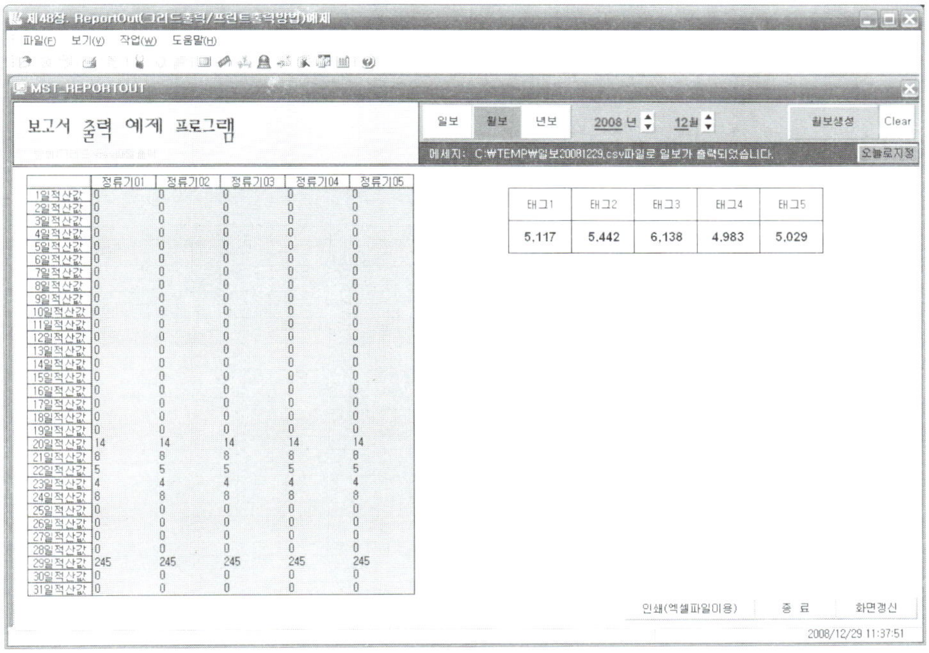

1 일보 그리드에 출력 스크립트

```
Sub do_01report_daily()

'시스템에서 날짜를 강제로 지정한 다음 받아간다.
today$     = Format$ (Now(),"YYYYMMDD")

'오늘의 날짜 – 시스템에서 구함
uyear0   = Trim(Left$(today$,4))
umonth0  = Trim(Mid$(today$,5,2))
uday0    = Trim(Right$(today$,2))

'사용자 날짜 – 사용자가 입력한 태그에서 구함
uyear1   = GetTagVal ("REPORT.YEAR")
umonth1  = GetTagVal ("REPORT.MONTH")
uday1    = GetTagVal ("REPORT.DAY")

'년, 월, 일 날짜를 일련 번호로 변경
userial0# = DateSerial(uyear0, umonth0, uday0)
userial1# = DateSerial(uyear1, umonth1, uday1)

'날짜의 일련 번호 차이로 날짜 차이 구함(보고서의 인자로 사용됨)
uday_difference = userial1# - userial0#

'날짜 확인
If uday_difference > 0 Then
      SetTagVal "EXCEL.MESSAGE", "다가올 미래의 날짜가 지정되었습니다."
      PlaySound "sound_fail"
      Exit Sub
End If

'생성 : 출력할 보고서 파일 이름 – 경로 : 사용자 지정, 날짜 : 사용자가 지정
file_path$ = "C:\TEMP\"
file_name$ = file_path$ + "일보" + Format$(uyear1,"000#") + Format$(umonth1,"0#")
                                   + Format$(uday1,"0#") + ".csv"

'확인 : 생성된 파일은 갱신을 위해서 삭제
If (FileExists(file_name$) = True) Then Kill file_name$

'그리드 내용 삭제 : 0시부터 23시까지 24시간
For i = 0 to 23
      For j = 0 to 5
```

```
        '출력 - 그리드에 출력, 첫 번째
        wcGridSetData "GRID_DAY", j, i+1,  ""
    Next j
Next i

'그리드 헤더 표시 : 보고서로 보고 싶은 개수만큼
For j = 0 to 5
    '출력 - 그리드에 출력, 첫 번째
    wcGridSetData "GRID_DAY", j, 0,  "정류기" + Format (j,"0#")
Next j

'file open for printing
Open file_name$ for Output As #1
'file print
Print #1, "Document,"  + Format$(uyear1,"000#") + "년" + Format$(umonth1,"0#") + "월"
                       + Format$(uday1,"0#") + "일 보고서"
Print #1, "Print Date,"; Format$(Now(),"YYYY-MM-DD")
Print #1, "Print time,"; Format$(Now(),"HH:MM:SS")
Print #1, "시간,"; "정류기1,"; "정류기2,"; "정류기3,"; "정류기4,"; "정류기5"

'1일 24시간 각 시간대별로 출력
For i = 0 to 23
    '파일 출력용 시간 생성
    prt_time$ = Format(i,"0") + "시적산값"
    Print #1, prt_time$; ",";

    For j = 1 to 5
        '태그명 생성
        tag_name$ = "REPORTOUT.D" + Format (j,"000#")

        '생성 : 함수의 인자 - 시간값(-00일 00시)
        fnc_time$ = Format (uday_difference,"0") + "일" + Format(i,"0") + "시"
        '생성 : 함수의 인자 - 값종류
        fnc_factor$ = "적산값"

        '인쇄 - 파일에 출력
        Print #1, Trim(TlogVal(tag_name$, fnc_time$, fnc_factor$));
                ",";

        '인쇄 - 그리드에 출력, 첫 번째 칸
        wcGridSetData "GRID_DAY", 0, i+1,  Format(i,"0") + "시적산값"
        '인쇄 - 그리드에 출력, 내용 삽입
        wcGridSetData "GRID_DAY", j, i+1, Trim(TlogVal(tag_name$, fnc_time$, fnc_factor$))
    Next j
```

```
        '줄 바꿈
        Print #1,""
Next i

'file close
Close #1

'message
SetTagVal "EXCEL.MESSAGE", file_name$ + "파일로 일보가 출력되었습니다."
PlaySound "sound_success"

End Sub
```

2 그리드 내용을 엑셀이 보이지 않고 프린트하는 스크립트

```
Sub do_excel_writing_printout()

Dim ExcelApp   As Object
Dim ExcelFile As Object
Dim Sheet1     As Object
Dim Cell       As Object

On Error Goto Errstep

'인쇄 내용 확인
If wcGridGetData ("GRID_DAY",1,1) = "" And GetTagVal ("REPORT.보고서종류") = 2 Then
        SetTagVal "EXCEL.MESSAGE","일보에 인쇄할 내용이 하나도 없습니다."
        PlaySound "sound_fail"
        Exit Sub
ElseIf wcGridGetData ("GRID_MONTH",1,1) = "" And GetTagVal ("REPORT.보고서종류") = 1 Then
        SetTagVal "EXCEL.MESSAGE","월보에 인쇄할 내용이 하나도 없습니다."
        PlaySound "sound_fail"
        Exit Sub
ElseIf wcGridGetData ("GRID_YEAR",1,1) = "" And GetTagVal ("REPORT.보고서종류") = 0 Then
        SetTagVal "EXCEL.MESSAGE","연보에 인쇄할 내용이 하나도 없습니다."
        PlaySound "sound_fail"
        Exit Sub
End If

'파일 이름 지정
SetTagVal "EXCEL.MESSAGE","Checking the print format file."
format_file$ = "C:\TEMP\Format.xls"
```

```
temp_file$    = "C:\TEMP\임시파일.xls"

'양식 파일 이름이 있는지 확인
If (FileExists(format_file$) = False) Then
      SetTagVal "EXCEL.MESSAGE","양식 파일이 없다. 양식 파일을 복사 후 다시 하십시오."
      PlaySound "sound_fail"
      Exit Sub
End If

'임시 파일이 있으면 삭제
If (FileExists(temp_file$) = True) Then Kill (temp_file$)

'양식 파일 복사
SetTagVal "EXCEL.MESSAGE","Copy the format file."
FileCopy format_file$, temp_file$

'excel object creation/ '지정한 파일 열기
SetTagVal "EXCEL.MESSAGE","Excel running."
Set ExcelApp  = CreateObject("Excel.Application")
Set ExcelFile = ExcelApp.Workbooks.Open(temp_file$)
Set Sheet1    = ExcelFile.Worksheets(1)

'CIMON의 태그값을 엑셀 파일에 쓰기(cimon →excel)
'일보 출력
If GetTagVal ("REPORT.보고서종류") = 2 Then
      For i = 0 to 24
            Sheet1.Range("A" + CStr(i+1)).Value = wcGridGetData ("GRID_DAY",0,i)
            Sheet1.Range("B" + CStr(i+1)).Value = wcGridGetData ("GRID_DAY",1,i)
            Sheet1.Range("C" + CStr(i+1)).Value = wcGridGetData ("GRID_DAY",2,i)
            Sheet1.Range("D" + CStr(i+1)).Value = wcGridGetData ("GRID_DAY",3,i)
            Sheet1.Range("E" + CStr(i+1)).Value = wcGridGetData ("GRID_DAY",4,i)
            Sheet1.Range("F" + CStr(i+1)).Value = wcGridGetData ("GRID_DAY",5,i)
            'message
            Sleep (20)
            pct = ( i / 24 ) * 100
            SetTagVal "EXCEL.MESSAGE",Format(pct,"#") + "% printout completed."
      Next i
'월보 출력
ElseIf GetTagVal ("REPORT.보고서종류") = 1 Then
      For i = 0 to 31
            Sheet1.Range("A" + CStr(i+1)).Value = wcGridGetData ("GRID_MONTH",0,i)
            Sheet1.Range("B" + CStr(i+1)).Value = wcGridGetData ("GRID_MONTH",1,i)
            Sheet1.Range("C" + CStr(i+1)).Value = wcGridGetData ("GRID_MONTH",2,i)
            Sheet1.Range("D" + CStr(i+1)).Value = wcGridGetData ("GRID_MONTH",3,i)
```

```
        Sheet1.Range("E" + CStr(i+1)).Value = wcGridGetData ("GRID_MONTH",4,i)
        Sheet1.Range("F" + CStr(i+1)).Value = wcGridGetData ("GRID_MONTH",5,i)
        'message
        Sleep (20)
        pct = ( i / 31 ) * 100
        SetTagVal "EXCEL.MESSAGE",Format(pct,"#") + "% printout completed."
    Next i
'연보 출력
ElseIf GetTagVal ("REPORT.보고서종류") = 0 Then
    For i = 0 to 12
        Sheet1.Range("A" + CStr(i+1)).Value = wcGridGetData ("GRID_YEAR",0,i)
        Sheet1.Range("B" + CStr(i+1)).Value = wcGridGetData ("GRID_YEAR",1,i)
        Sheet1.Range("C" + CStr(i+1)).Value = wcGridGetData ("GRID_YEAR",2,i)
        Sheet1.Range("D" + CStr(i+1)).Value = wcGridGetData ("GRID_YEAR",3,i)
        Sheet1.Range("E" + CStr(i+1)).Value = wcGridGetData ("GRID_YEAR",4,i)
        Sheet1.Range("F" + CStr(i+1)).Value = wcGridGetData ("GRID_YEAR",5,i)
        'message
        Sleep (20)
        pct = ( i / 12 ) * 100
        SetTagVal "EXCEL.MESSAGE",Format(pct,"#") + "% printout completed."
    Next i
End If

'엑셀 파일 인쇄
SetTagVal "EXCEL.MESSAGE","Excel printout."
ExcelFile.PrintOut

'엑셀 파일 저장(저장 질문 안 나오게)
SetTagVal "EXCEL.MESSAGE","Excel saving."
ExcelFile.Save

'엑셀 종료
SetTagVal "EXCEL.MESSAGE","Successfully printted."
ExcelApp.Quit
PlaySound "sound_success"

'exit
Exit Sub

Errstep:
SetTagVal "EXCEL.MESSAGE", Err.Description
PlaySound "sound_fail"

End Sub
```

SECTION

49 GLOFA CNET 통신 G6L-CUEB RS232C 통신 예제

Glofa G6L-CUEB RS232C 통신 카드를 사용하여 CIMON과 통신하는 예제이다.

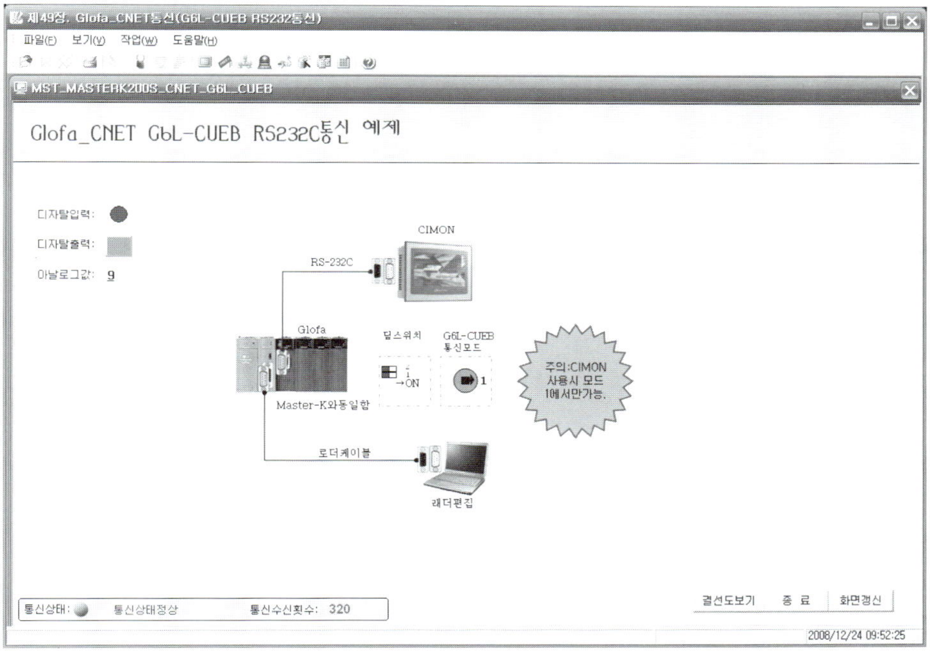

1 시스템 구성

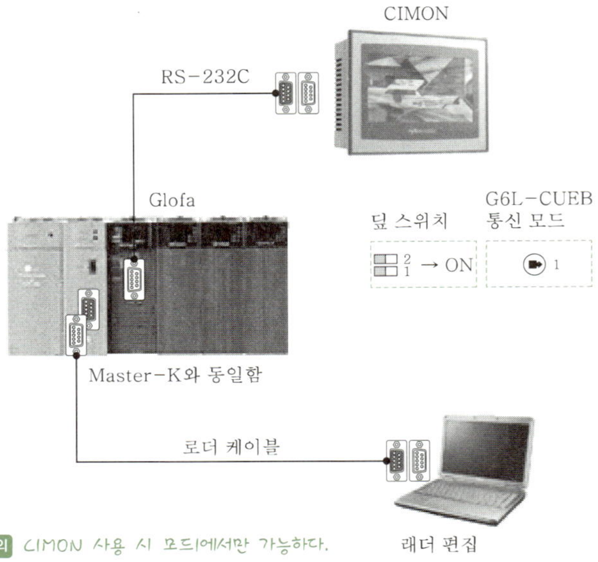

주의 CIMON 사용 시 모드1에서만 가능하다.

2 통신 케이블 제작

아래 그림처럼 케이블을 제작한다(통신 카드 매뉴얼 참조).

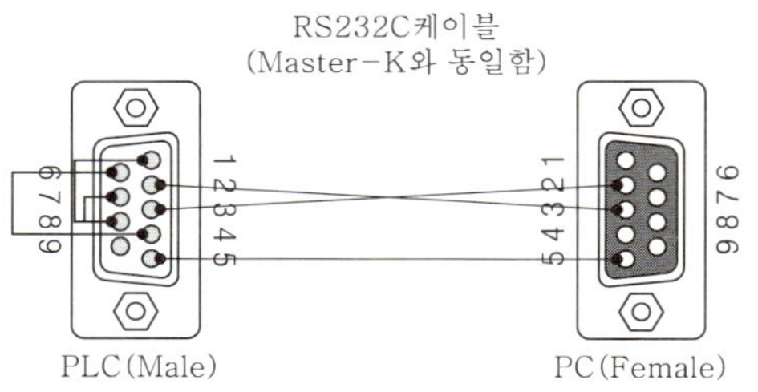

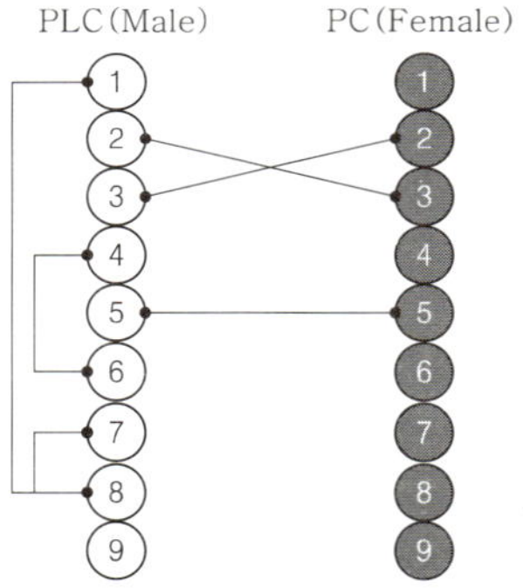

주의 표준 RS232C 케이블이 아니다.

3 PLC의 통신 속성 설정

PLC의 래더 편집 프로그램의 파라미터 편집창에서 설정하지 않고 프레임 편집기 프로그램에서 다음과 같이 설정 후 다운로드한다.

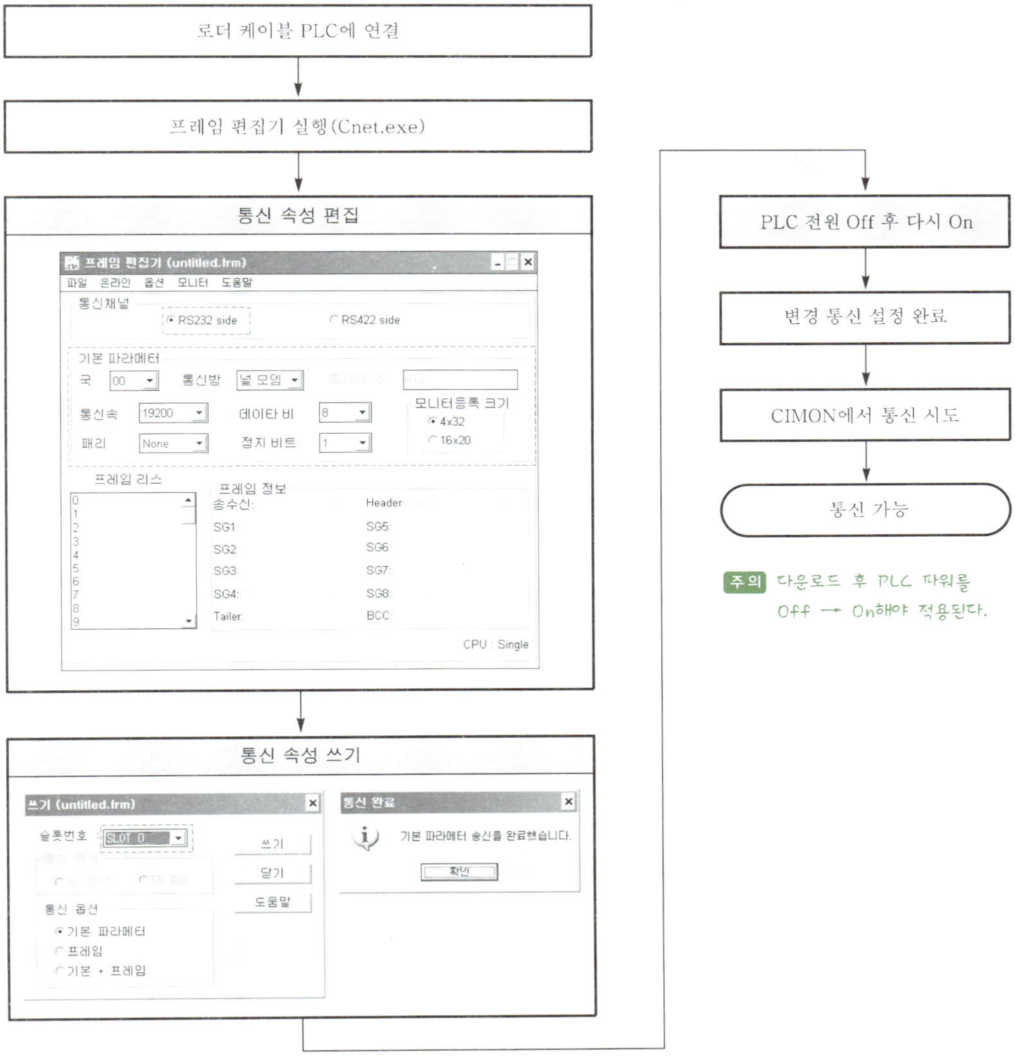

주의 다운로드 후 PLC 파워를 Off → On해야 적용된다.

④ CIMON의 통신 속성 설정

통신 드라이브는 'LS산전 GLOFA-GM Computer Link(CNET)'를 선택하고 스테이션에서 CPU 종류를 선택한다.

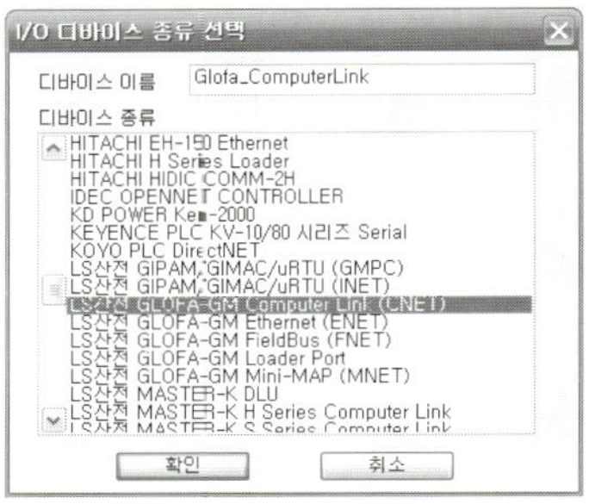

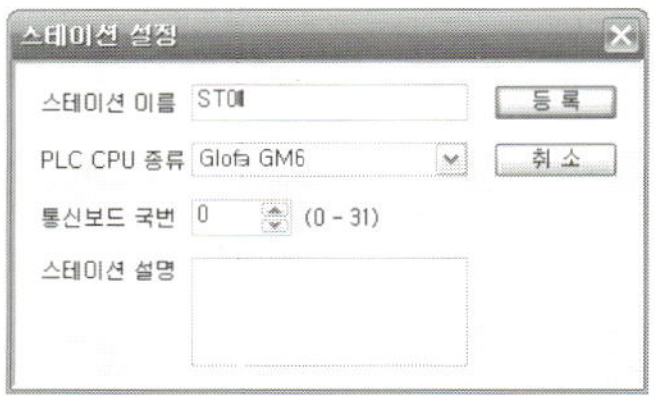

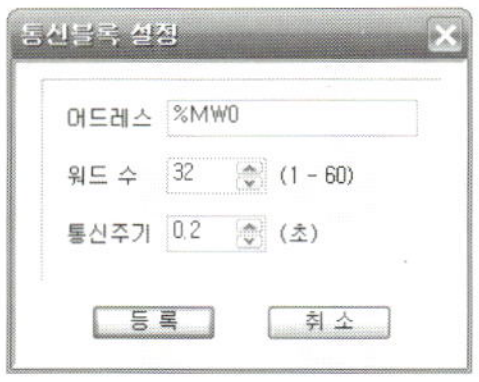

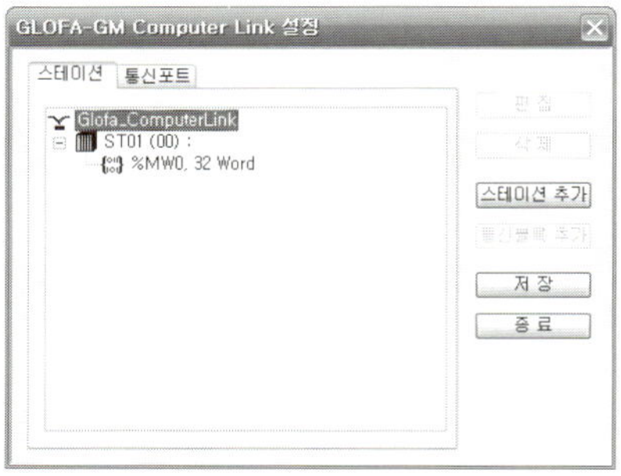

SECTION 50 시리얼 통신 프레임 모니터링 (SPY)

CIMON의 사용자 프로토콜을 이용하여 통신하고 있는 디바이스의 프레임을 모니터링하는 예제이다.

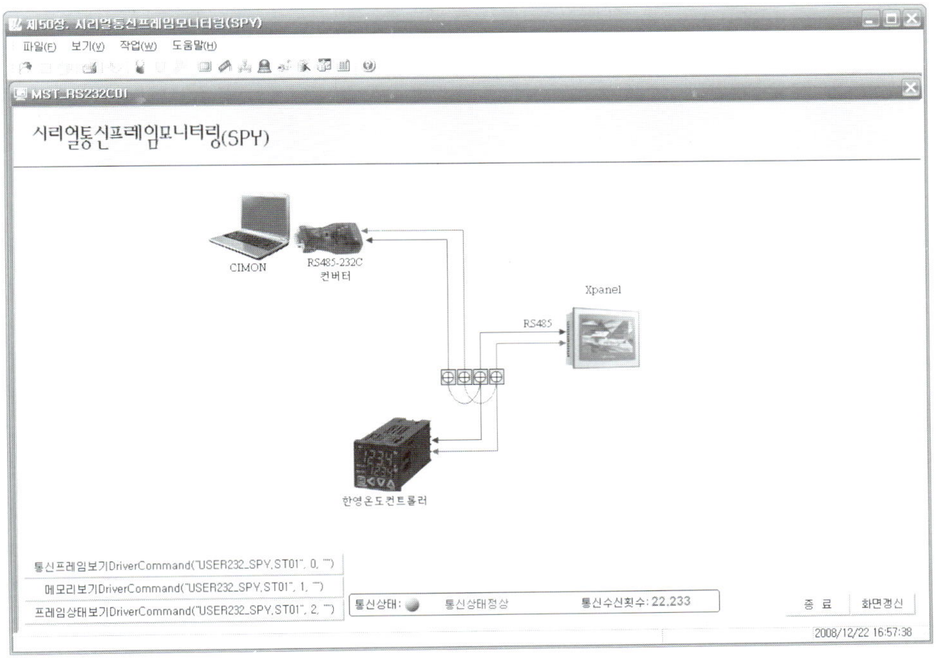

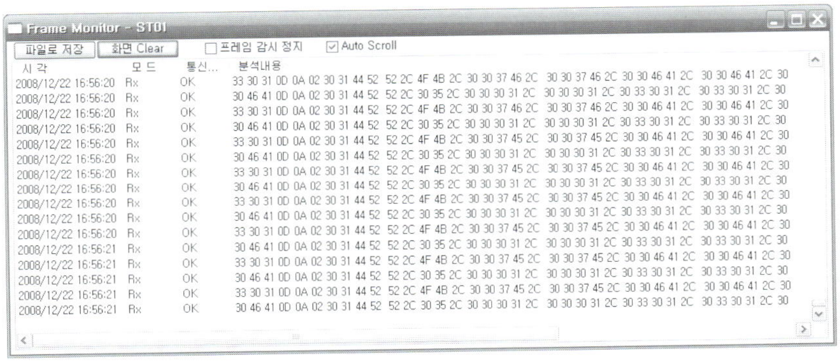

1 시스템 구성

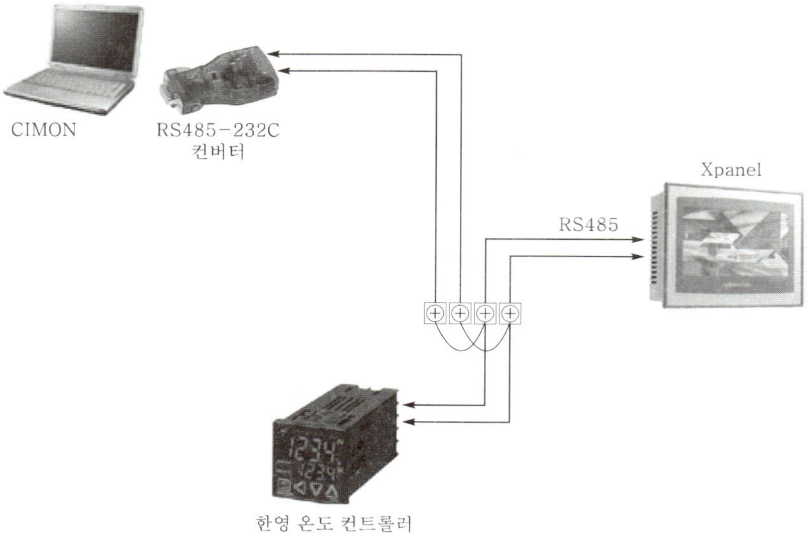

2 CIMON의 통신 속성 설정

사용자 정의 프로토콜 'UserDrvCNet'을 선택한다. Autotoggle 지원 제품 컨버터 경우에는 RTS/CTS 체크 해제 후 사용한다.

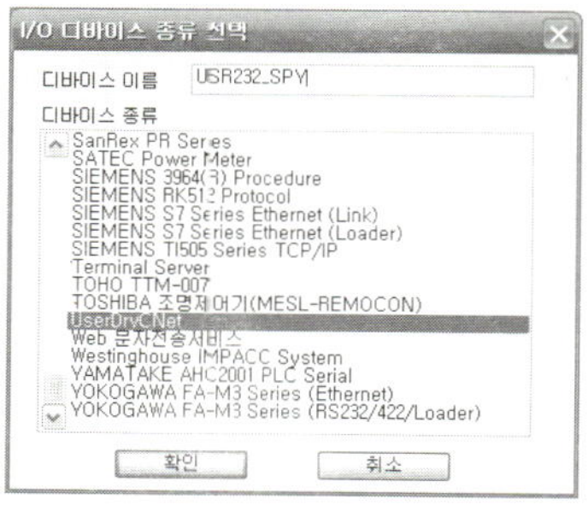

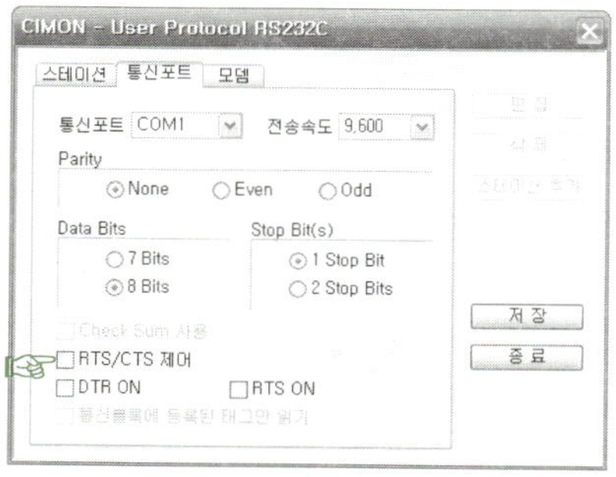

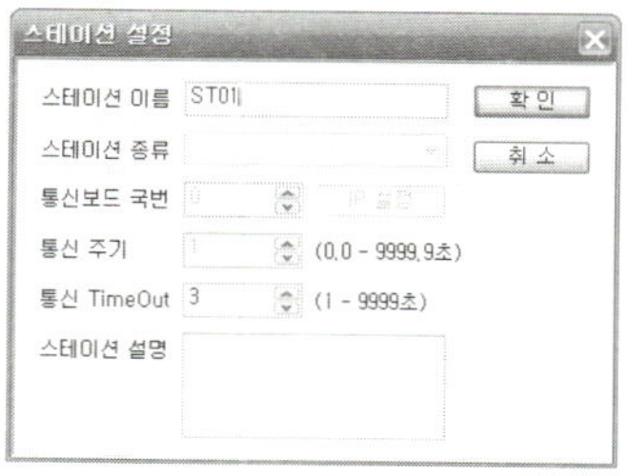

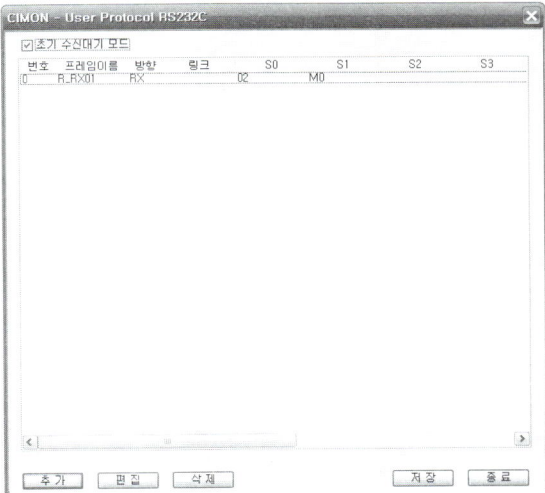

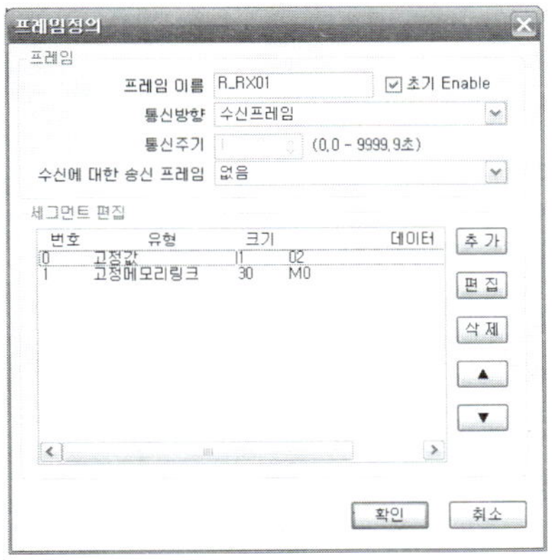

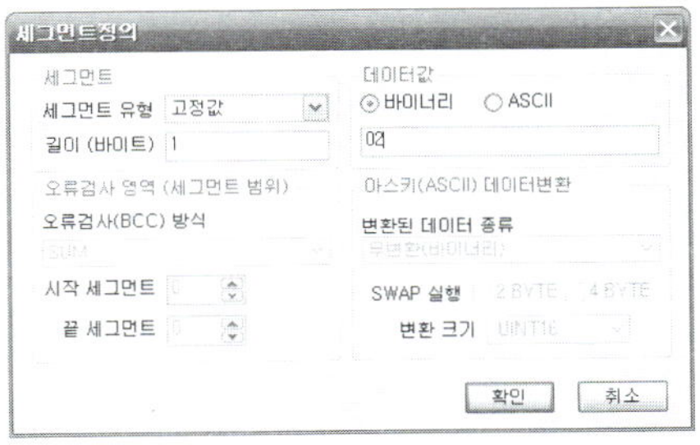

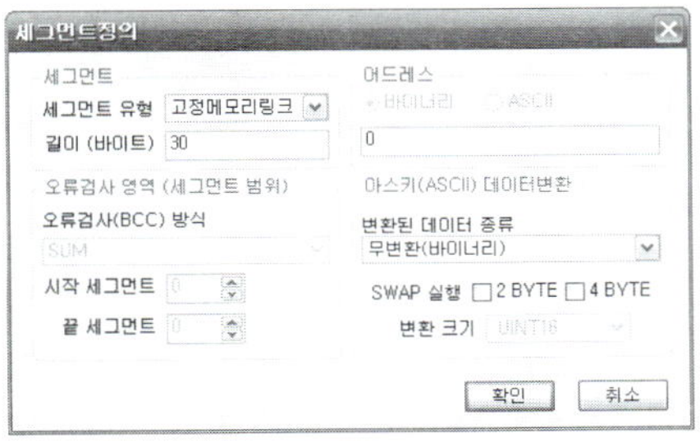

❸ CIMON 오브젝트 설정

❶ 프레임 모니터링 : DriverCommand("USER232_SPY.ST01", 0, "")

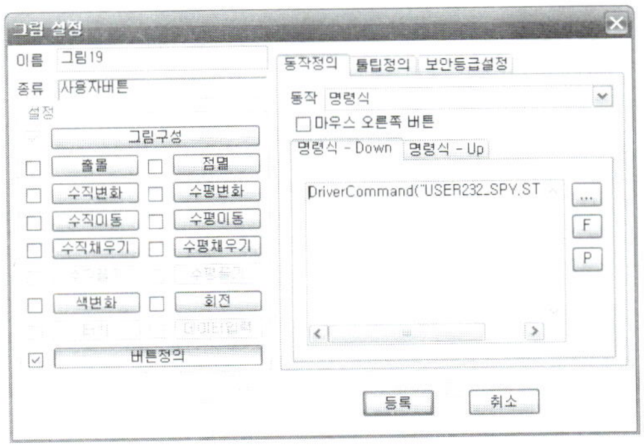

❷ 메모리 상태 모니터링 : DriverCommand("USER232_SPY.ST01", 1, "")

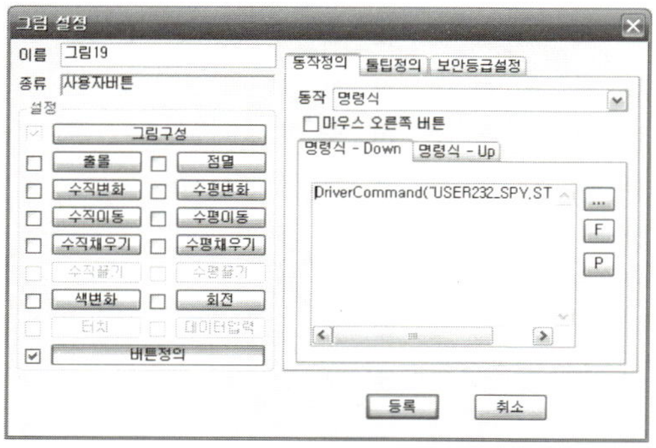

❸ 프레임 상태 모니터링 : DriverCommand("USER232_SPY.ST01", 2, "")

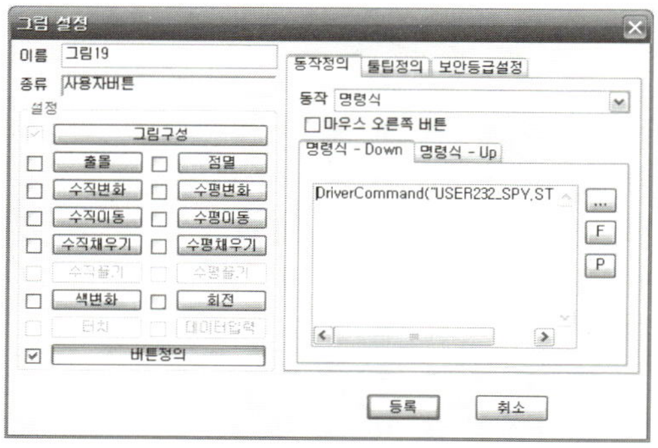

SECTION

51 Master-Slave 통신 단절 양쪽 모두 체크하는 시나리오

CIMON과 PLC 양쪽 모두에서 통신 체크하는 시나리오 예제이다.

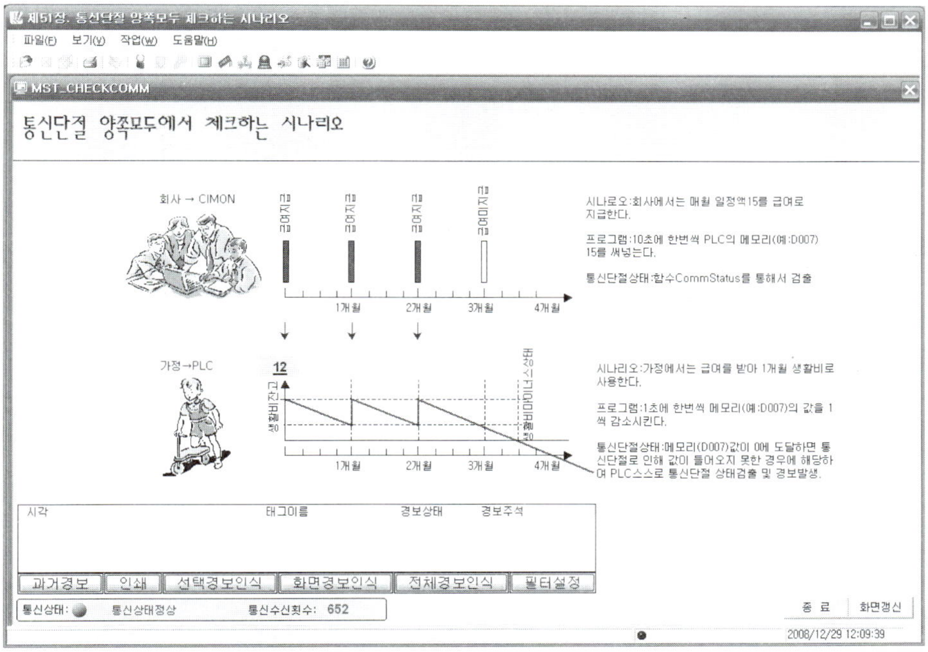

1 PLC 실행 화면

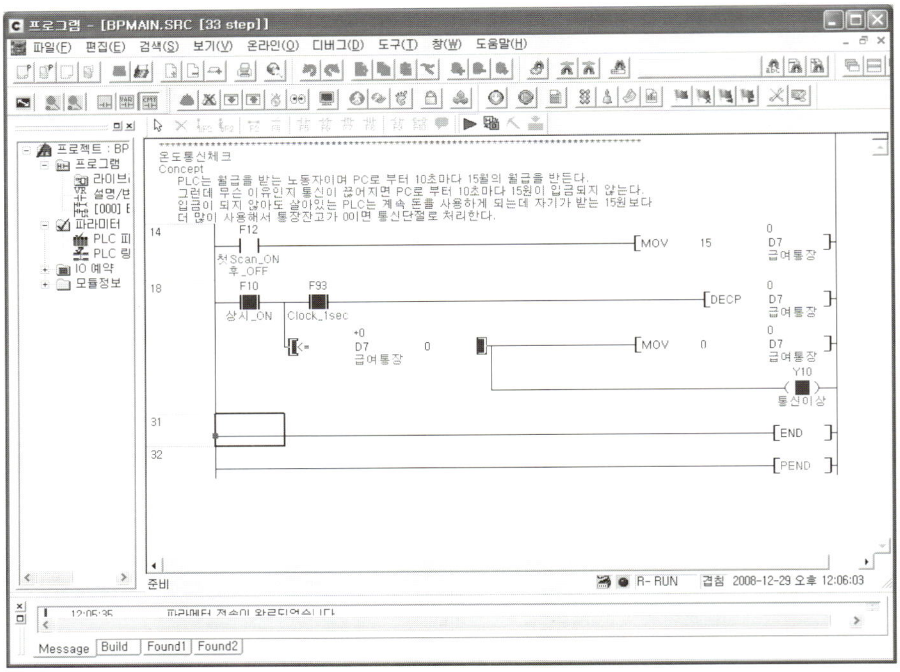

2 CIMON쪽 통신 점검 스크립트

```
Sub do_system_commst_PLC()

Dim dt

'초깃값
dt = 1000 * 10

'통신 체크
While 1
    '통신 이상 = 1
    If CommStatus("BP32M_LOADER.ST01") = 1 Then
        SetTagVal "KDT.CHECK_COMM.통신상태_PLC", 1
```

```
        '통신 정상 = 0
        ElseIf CommStatus("BP32M_LOADER.ST01") = 0 Then
            SetTagVal "KDT.CHECK_COMM.통신상태_PLC", 0
        End If

        '일정값 쓰기
        SetTagVal "KDT.CHECK_COMM.D007", 15

        '시간 지연
        Sleep (dt)

WEnd

End Sub
```

SECTION

52 옴런 온도 컨트롤러 E5CN MODBUS RS485 통신 예제

옴런 온도 컨트롤러 E5CN MODBUS RS485 통신 예제이다.

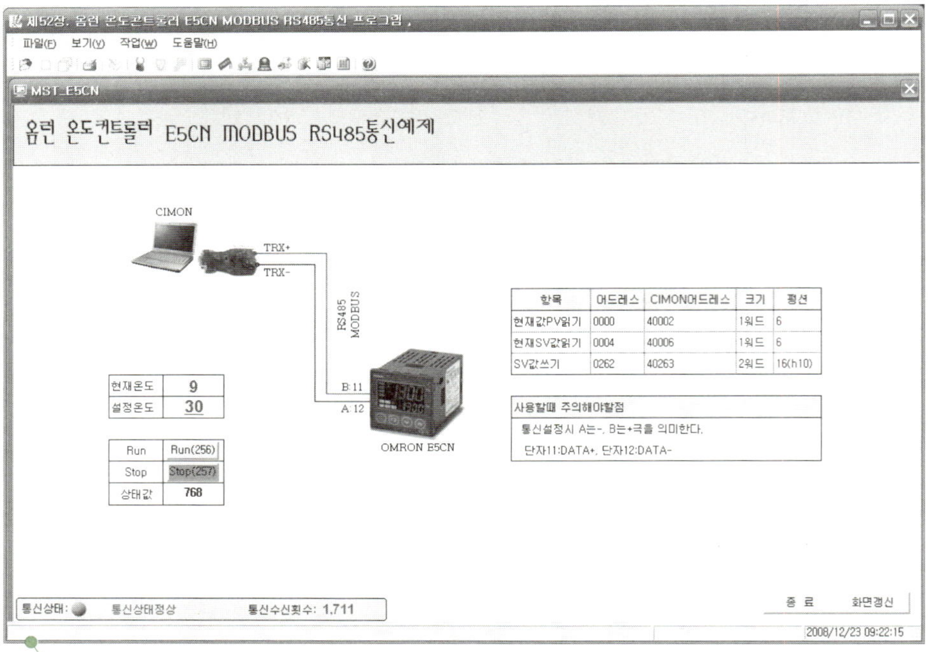

사용한 태그 이름

E5CN.ST01.설정온도쓰기
E5CN.ST01.STATUS
E5CN.ST01.RUN
E5CN.ST01.현재PV온도읽기
E5CN.ST01.현재SV온도읽기

❶ 시스템 구성

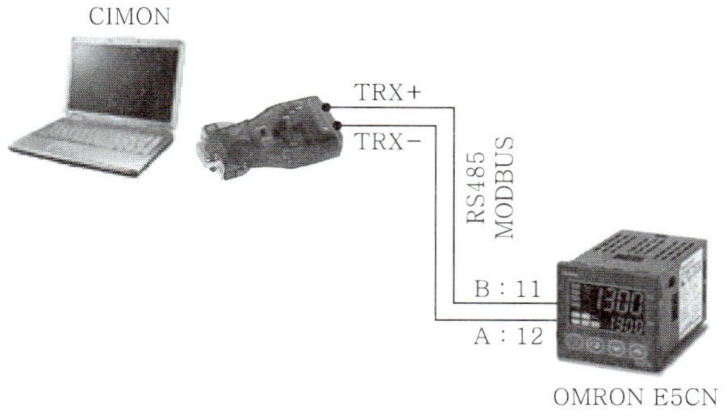

❷ 디바이스 설정

'MODICON Modbus RTU Mode' 디바이스를 선택한다.

❶ RS232/422 컨버터를 Autotoggle 지원 제품(예 Systembase) 사용 시 CTS/RTS 선택 해제 후 사용한다.

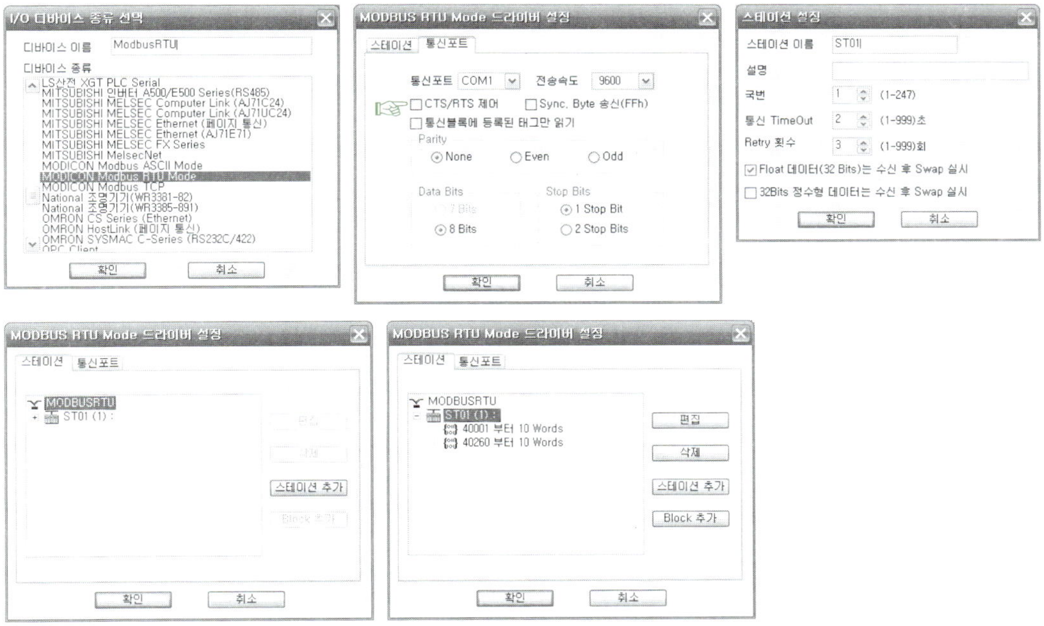

❷ 워드값 읽고 쓰기할 때 펑션 4번 사용(워드값 읽기 전용은 3번 사용)한다.

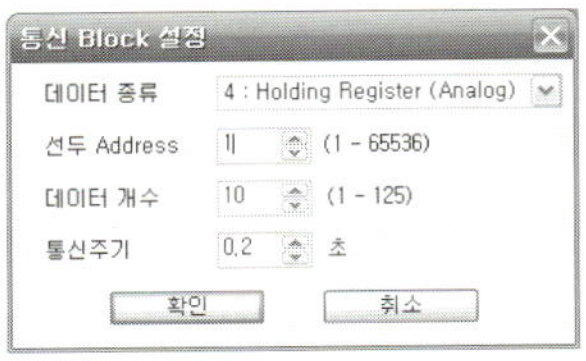

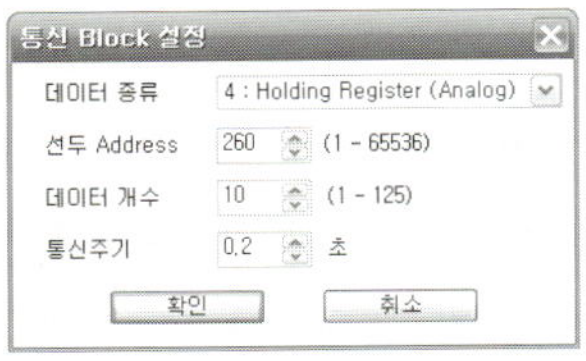

❸ 태그 설정

❶ 설정 온도 쓰기 태그(2워드)

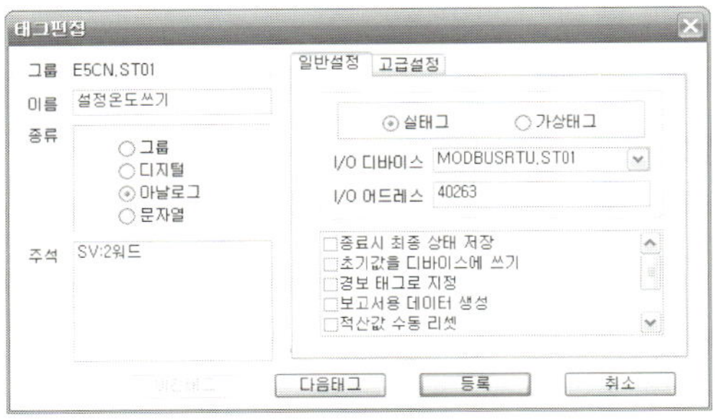

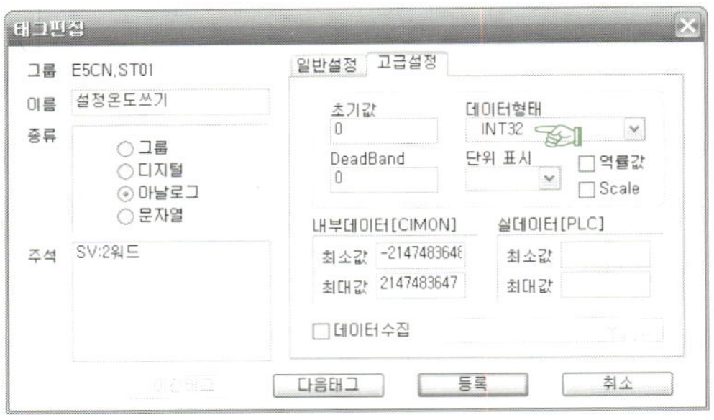

❷ 현재 온도 읽기 태그(1워드)

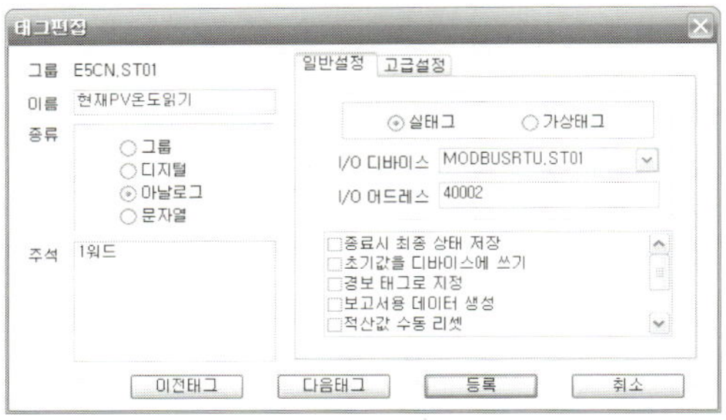

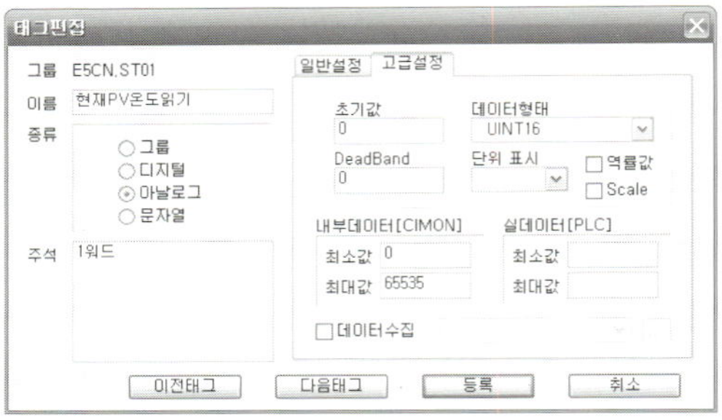

❸ RUN/STOP 태그(1워드)

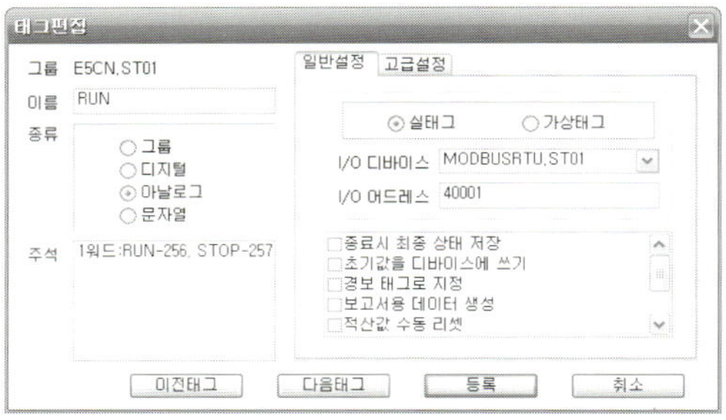

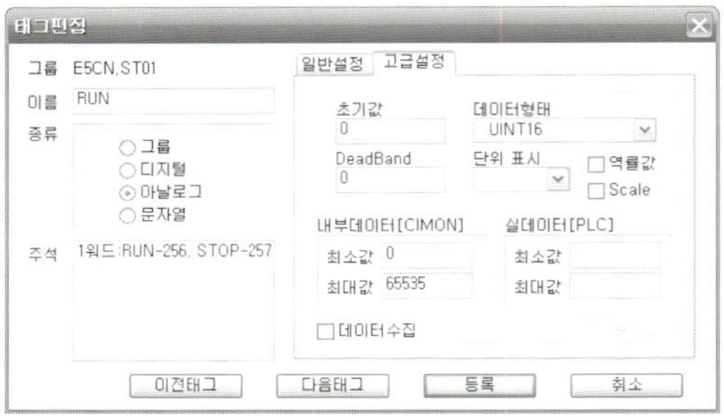

4 오브젝트 설정

❶ RUN

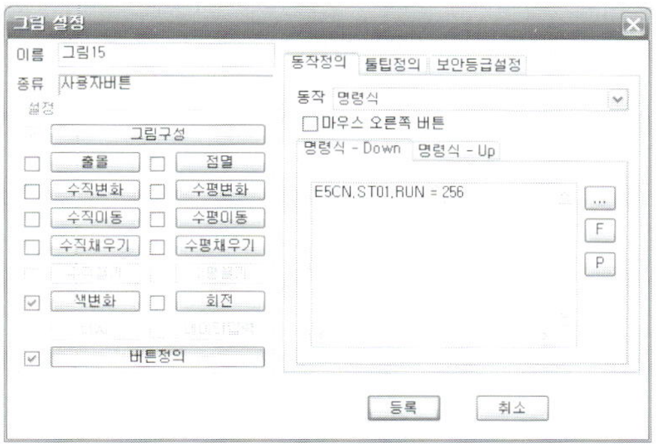

❷ STOP

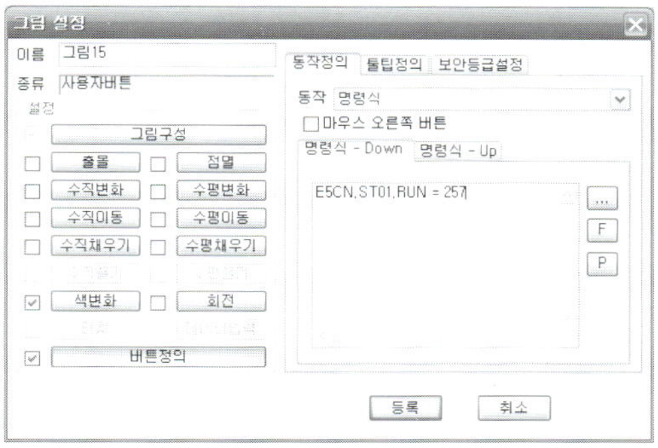

5 Modbus 통신 모니터링

통신이 정상일 때 청색으로 표시되는 화면 오른쪽 아랫부분의 원형 공모양을 더블클릭하여 네트워크 상태창을 열고, 네트워크 상태창에서 스테이션을 더블클릭하면 Modbus 통신 상태 모니터링을 할 수 있다.

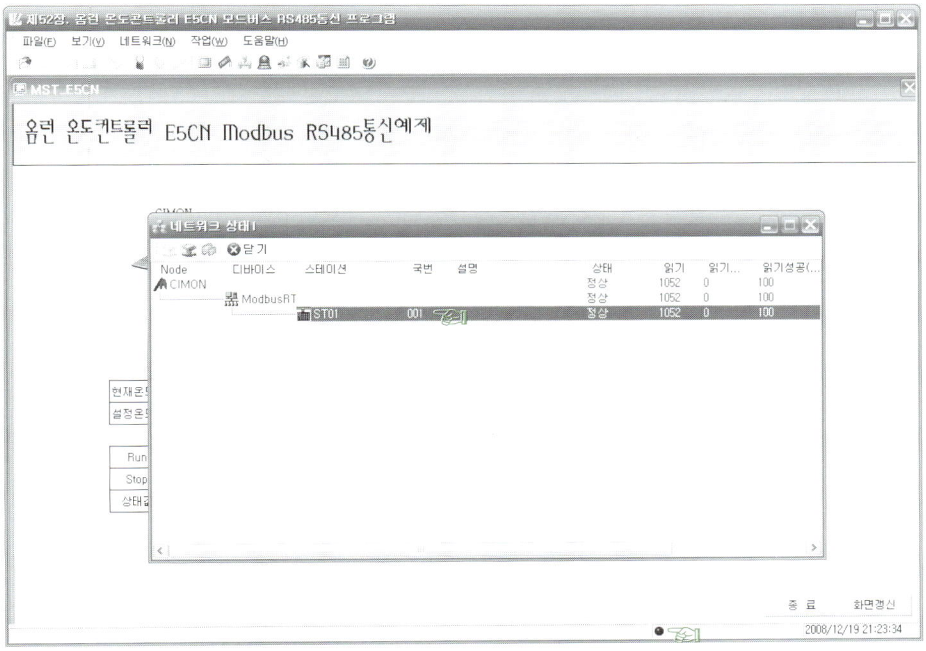

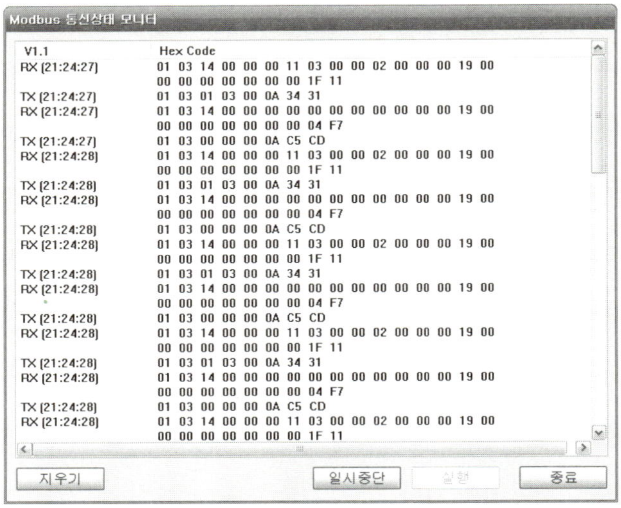

6 Modbus 쓰기 프레임 분석

❶ Function 16 Format

16(0×10) Write Multiple registers

㉮ Request

Function code	1Byte	0×10
Starting Address	2bytes	0×0000 to 0×FFFF
Quantity of Registers	2bytes	0×0001 to 0×0078
Byte Count	1Byte	2×N°
Registers Value	N°×2bytes	value

㉯ Response

Function code	1Byte	0×10
Starting Address	2bytes	0×0000 to 0×FFFF
Quantity of Registers	2bytes	1 to 123 (0×7B)

❷ Frame 분석

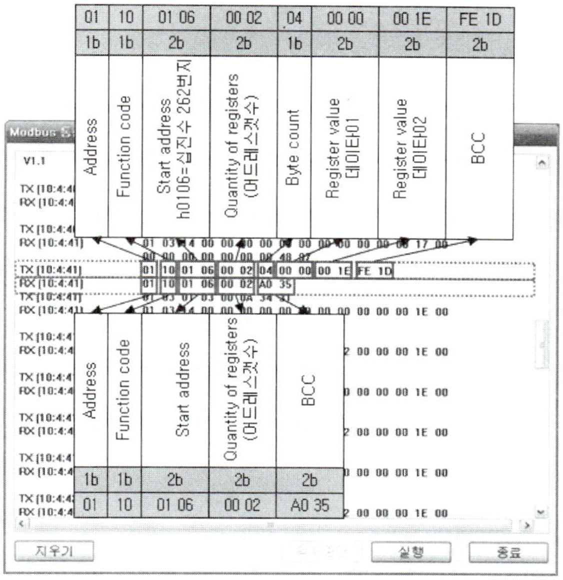

❼ Modbus 읽기 프레임 분석

❶ Function 03 Format

03(0×03) Read Holding Registers

㉮ Request

Function code	1Byte	0×03
Starting Address	2bytes	0×0000 to 0×FFFF
Quantity of Registers	2bytes	1 to 125 (0×7D)

㉯ Response

Function code	1Byte	0×03
Byte Count	1Byte	2×N°
Register Value	N°×2bytes	

❷ Frame 분석

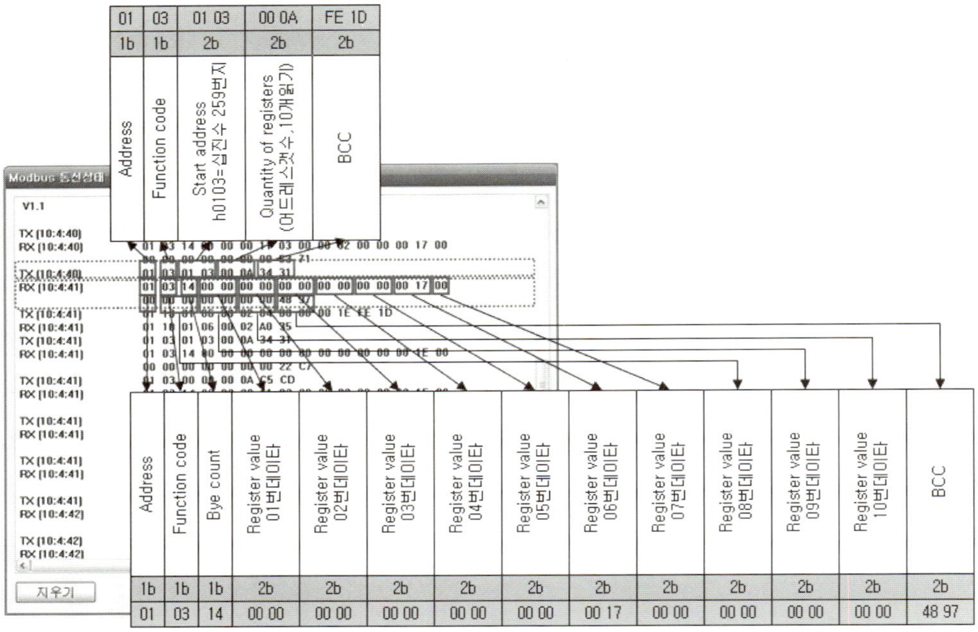
01
03
01 03
00 0A
FE 1D
1b
1b
2b
2b
2b
Address
Function code
Start address h0103=십진수 259번지
Quantity of registers (어드레스갯수,10개읽기)
BCC
Modbus 통신상태
V1.1
지우기
Address
Function code
Bye count
Register value 01번데이타
Register value 02번데이타
Register value 03번데이타
Register value 04번데이타
Register value 05번데이타
Register value 06번데이타
Register value 07번데이타
Register value 08번데이타
Register value 09번데이타
Register value 10번데이타
BCC
1b
1b
1b
2b
2b
2b
2b
2b
2b
2b
2b
2b
2b
2b
01
03
14
00 00
00 00
00 00
00 00
00 00
00 17
00 00
00 00
00 00
00 00
48 97

SECTION

53 SANREX 정류기 C타입 RS422 통신 예제

Sanrex 정류기 C타입 RS422 통신 예제이다.
여기 예제는 CIMON Version 1.24버전으로 테스트하였다.

주의 Sanrex 매뉴얼에서는 RS422를 RS485로 명명하고 있다.

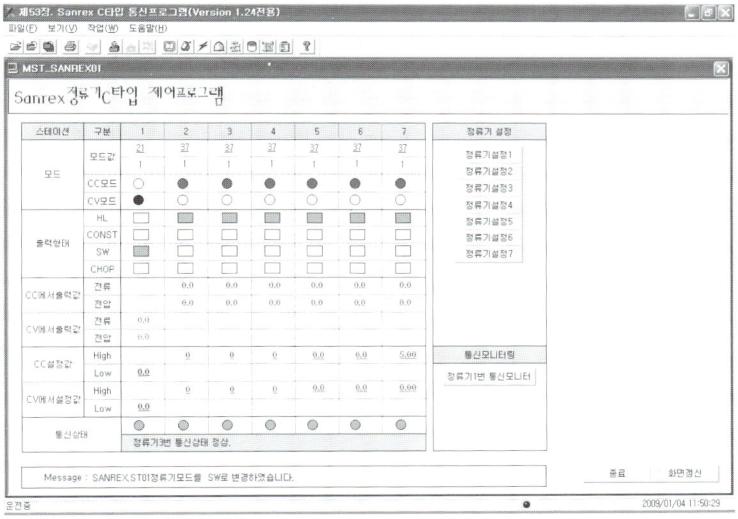

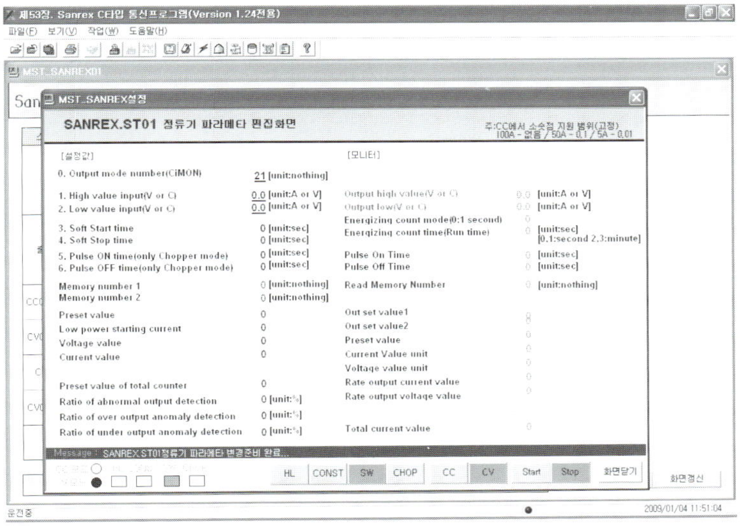

1 시스템 구성도

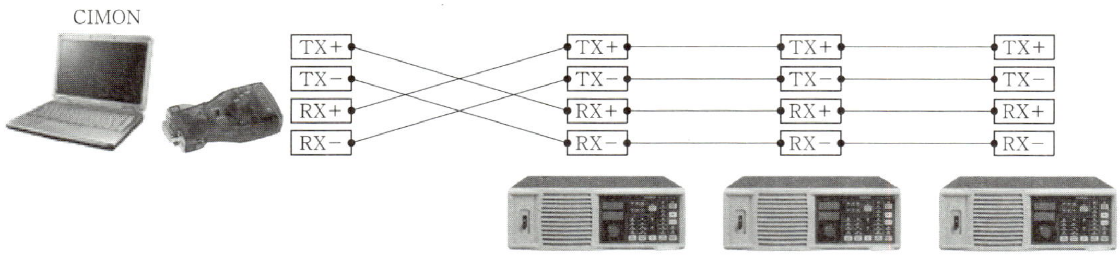

2 정류기 파라미터 설정

파라미터	내용	설정값	의미
46	어드레스	맞게 설정	
47	전송 속도	10	19,200
48	전송 모드	8	E,8,1
49	CR코드 추가	0	없음
50	BCC 유무	1	있음
51	타임아웃	500	
52	응답	0	
53	송신 대기 시간	0	
54	송신 바이트 순서	0	

3 디바이스 설정

'San Lex-HKD 정류기(1550)' 디바이스를 선택한다.

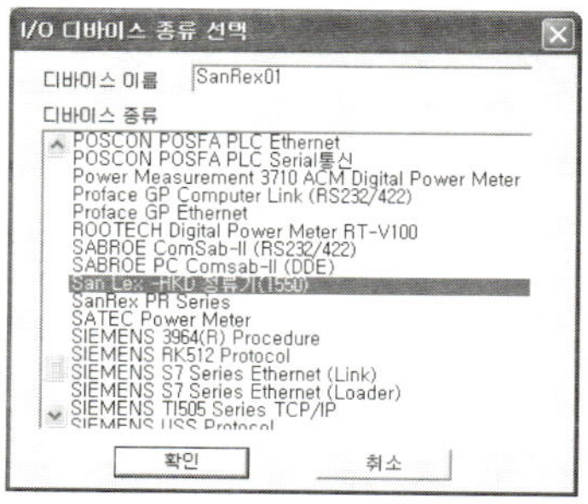

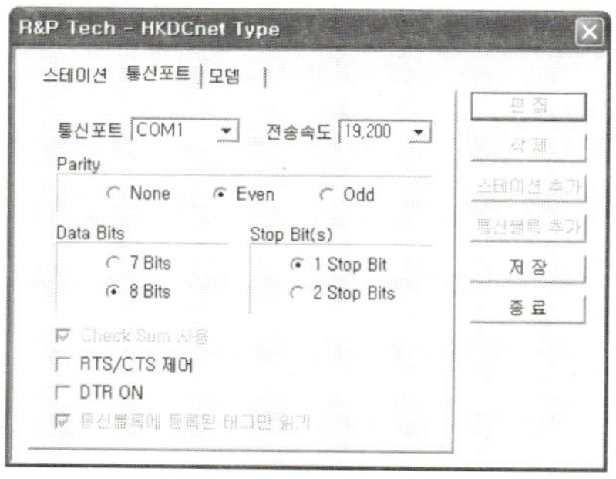

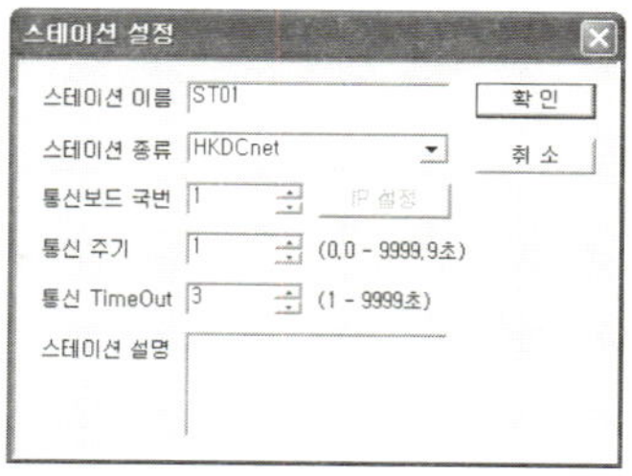

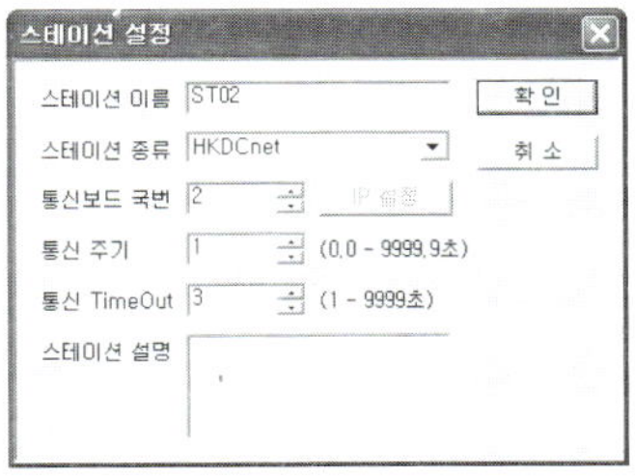

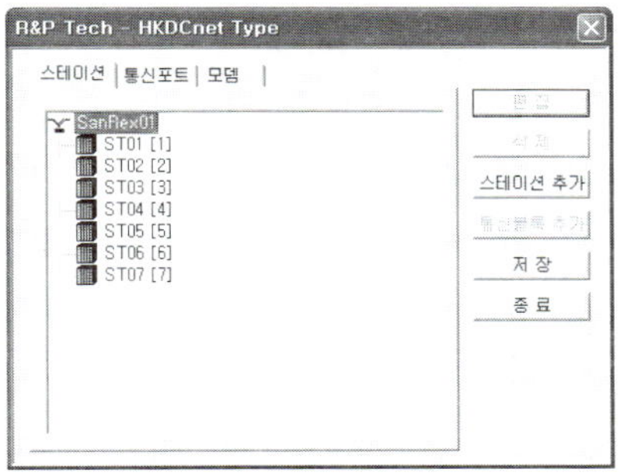

주의 이름에 오자있음을 주의한다.

4 태그 설정

❶ 모드 설정 태그

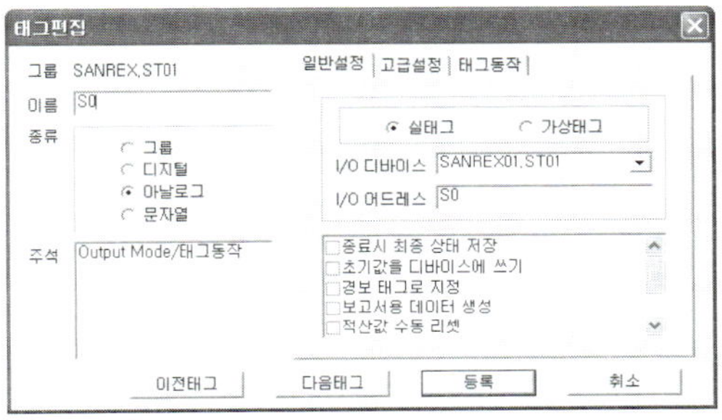

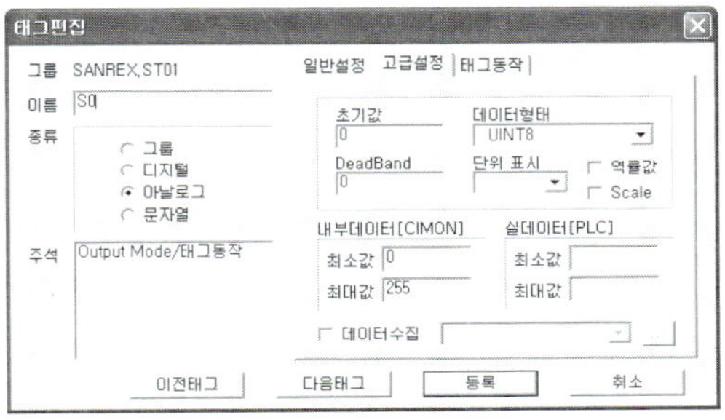

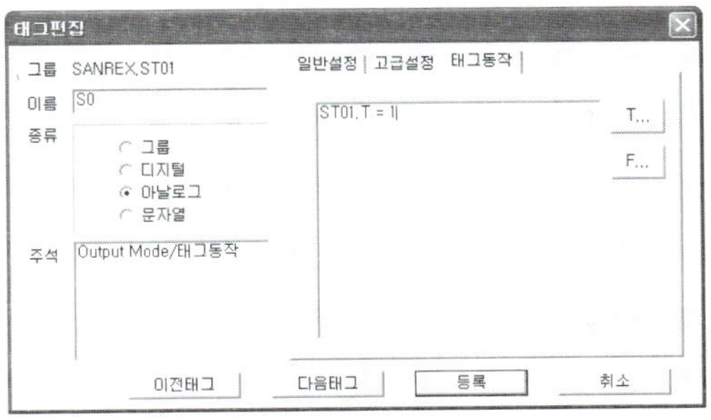

❷ RUN/STOP 태그

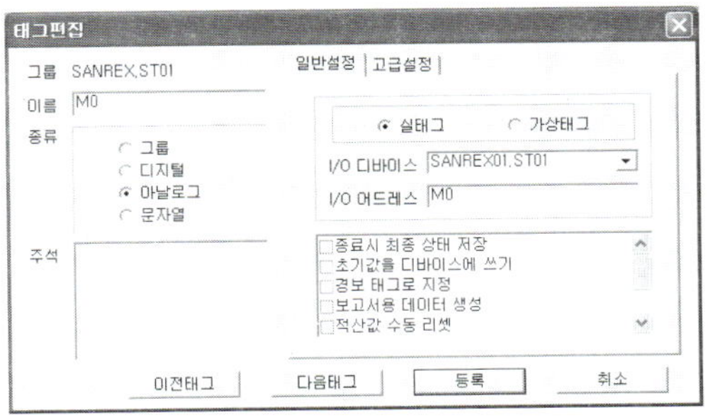

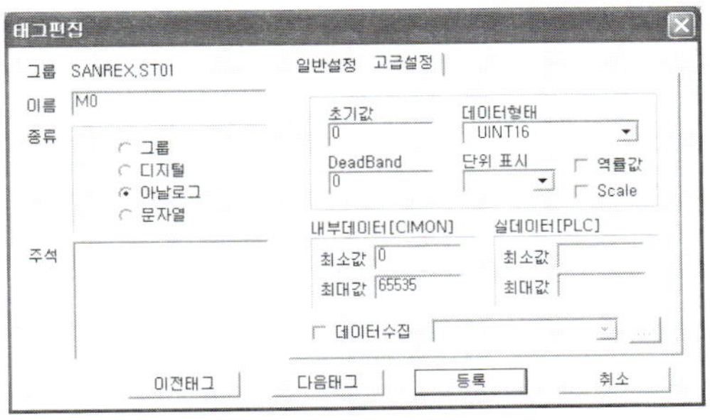

5 통신 모니터링

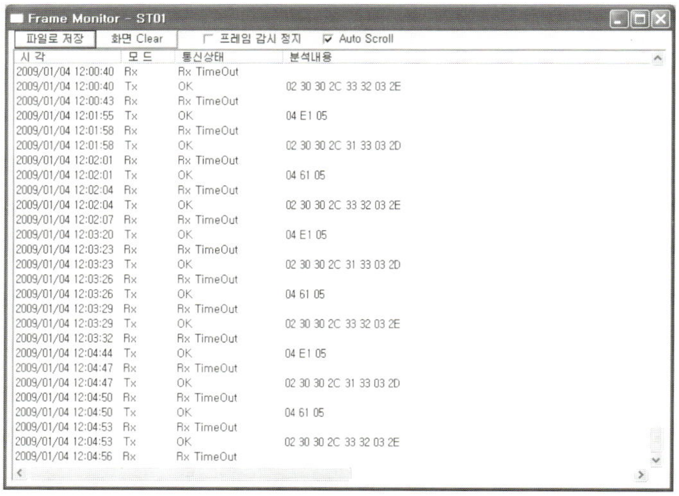

시 각	모 드	통신상태	분석내용
2009/01/04 12:00:40	Rx	Rx TimeOut	
2009/01/04 12:00:40	Tx	OK	02 30 30 2C 33 32 03 2E
2009/01/04 12:00:43	Rx	Rx TimeOut	
2009/01/04 12:01:55	Tx	OK	04 E1 05
2009/01/04 12:01:58	Rx	Rx TimeOut	
2009/01/04 12:01:58	Tx	OK	02 30 30 2C 31 33 03 2D
2009/01/04 12:02:01	Rx	Rx TimeOut	
2009/01/04 12:02:01	Tx	OK	04 61 05
2009/01/04 12:02:04	Rx	Rx TimeOut	
2009/01/04 12:02:04	Tx	OK	02 30 30 2C 33 32 03 2E
2009/01/04 12:02:07	Rx	Rx TimeOut	
2009/01/04 12:03:20	Tx	OK	04 E1 05
2009/01/04 12:03:23	Rx	Rx TimeOut	
2009/01/04 12:03:23	Tx	OK	02 30 30 2C 31 33 03 2D
2009/01/04 12:03:26	Rx	Rx TimeOut	
2009/01/04 12:03:26	Tx	OK	04 61 05
2009/01/04 12:03:29	Rx	Rx TimeOut	
2009/01/04 12:03:29	Tx	OK	02 30 30 2C 33 32 03 2E
2009/01/04 12:03:32	Rx	Rx TimeOut	
2009/01/04 12:04:44	Tx	OK	04 E1 05
2009/01/04 12:04:47	Rx	Rx TimeOut	
2009/01/04 12:04:47	Tx	OK	02 30 30 2C 31 33 03 2D
2009/01/04 12:04:50	Rx	Rx TimeOut	
2009/01/04 12:04:50	Tx	OK	04 61 05
2009/01/04 12:04:53	Rx	Rx TimeOut	
2009/01/04 12:04:53	Tx	OK	02 30 30 2C 33 32 03 2E
2009/01/04 12:04:56	Rx	Rx TimeOut	

SECTION

54 SANREX PR 정류기 RS422 통신 예제

Sanrex PR 정류기 RS422 통신 예제이다.
여기 예제는 CIMON Version 1.24버전으로 테스트하였다.

주의 Sanrex 매뉴얼에서는 RS422를 RS485로 명명하고 있다.

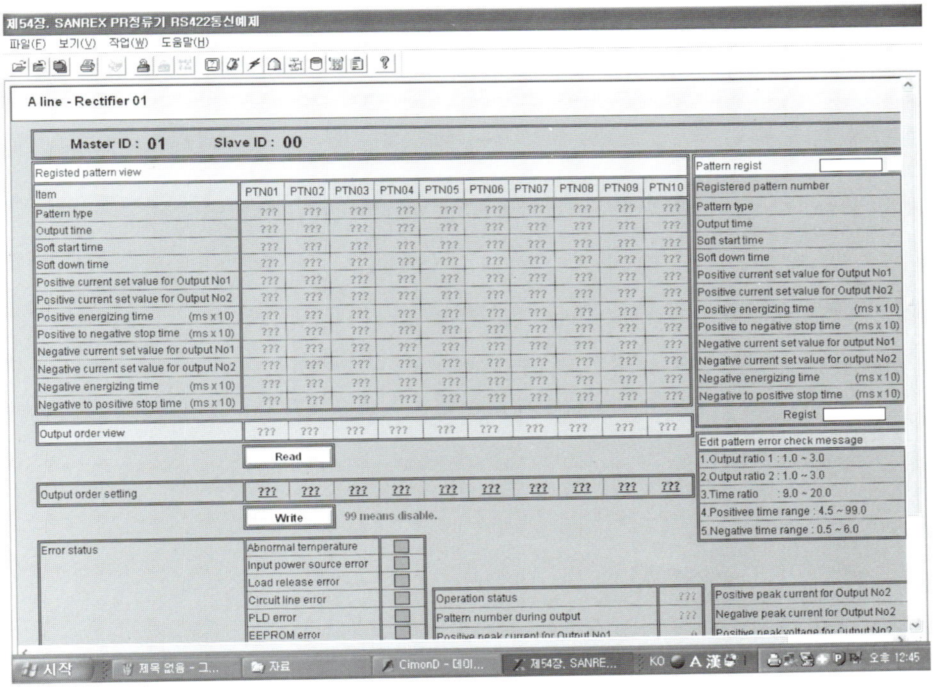

1 시스템 구성도

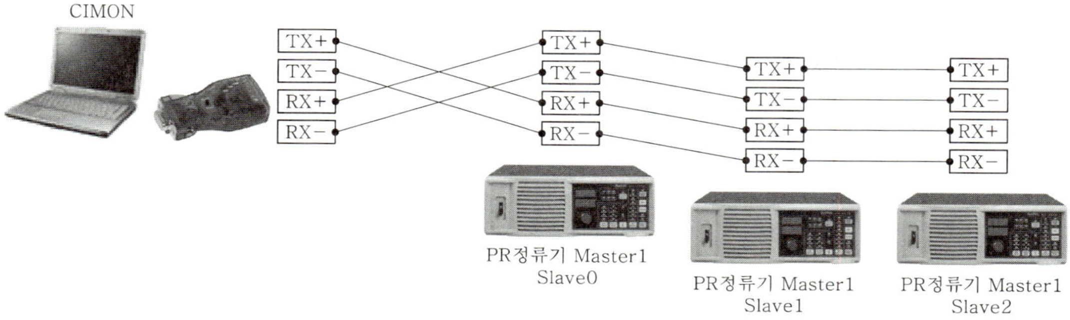

2 디바이스 설정

'SanRex PR Series' 디바이스를 선택한다.

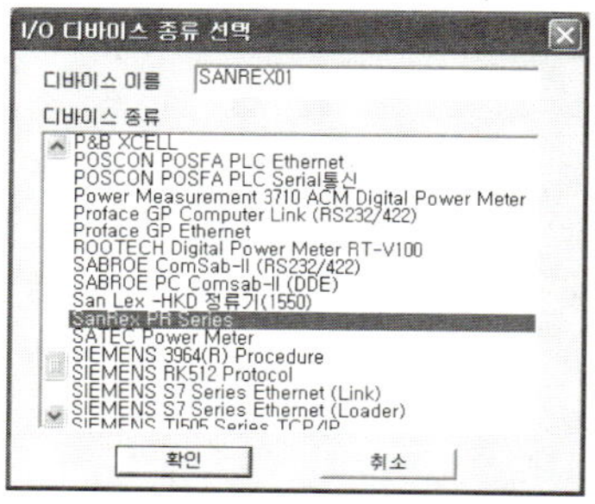

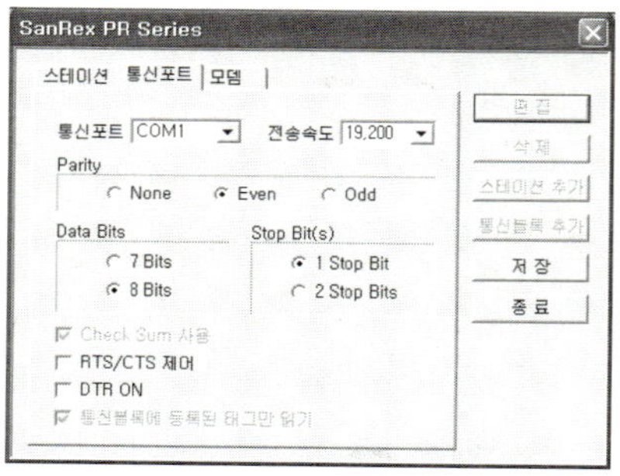

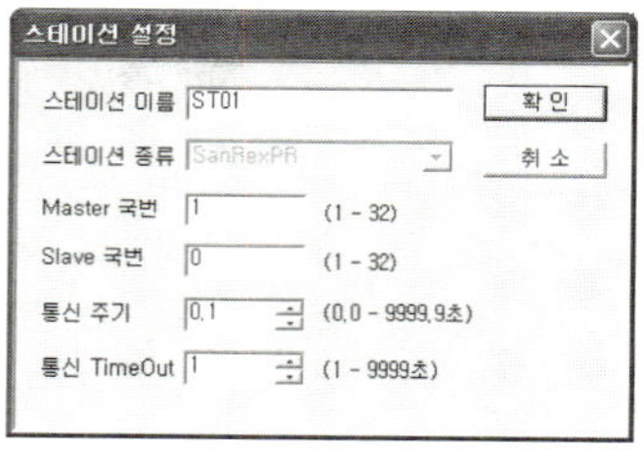

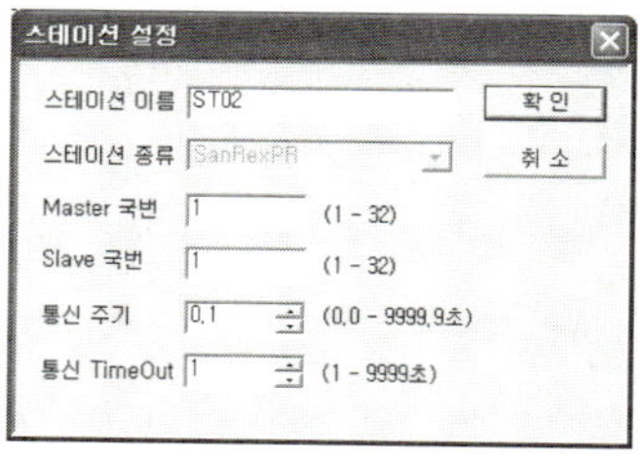

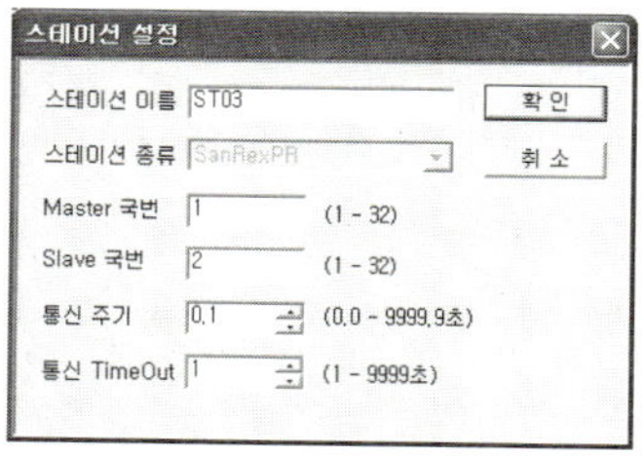

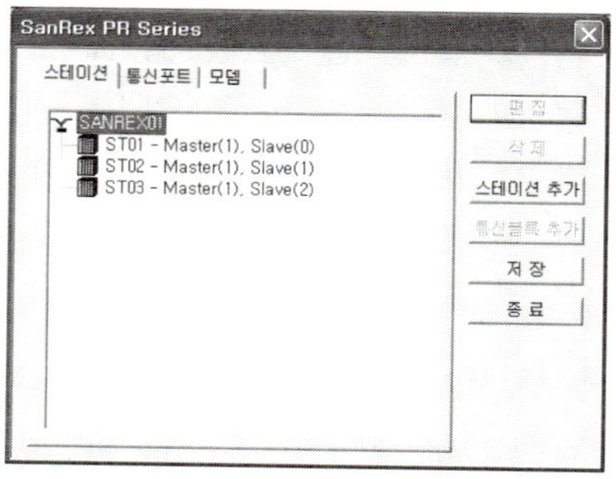

SECTION

55 SANREX SMR600A 정류기 RS422 통신 예제

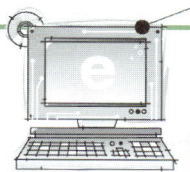

Sanrex SMR600A 정류기 RS422 통신 예제이다.
여기 예제는 CIMON Version 1.24버전으로 테스트하였다.

주의 Sanrex 매뉴얼에서는 RS422를 RS485로 명명하고 있다.

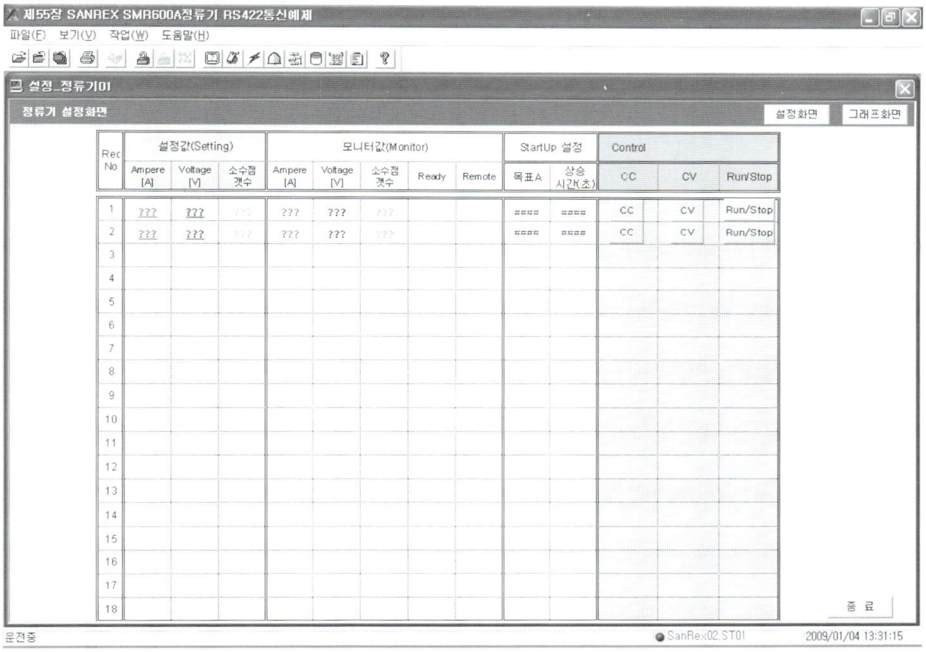

1 시스템 구성도

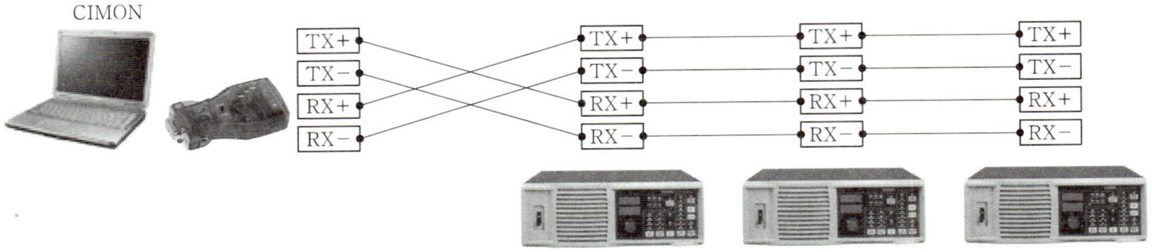

2 디바이스 설정

'San Lex-HKD 정류기(1550)' 디바이스를 선택한다.

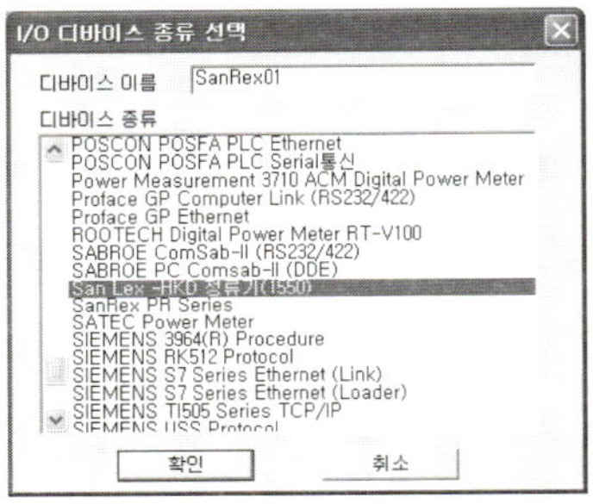

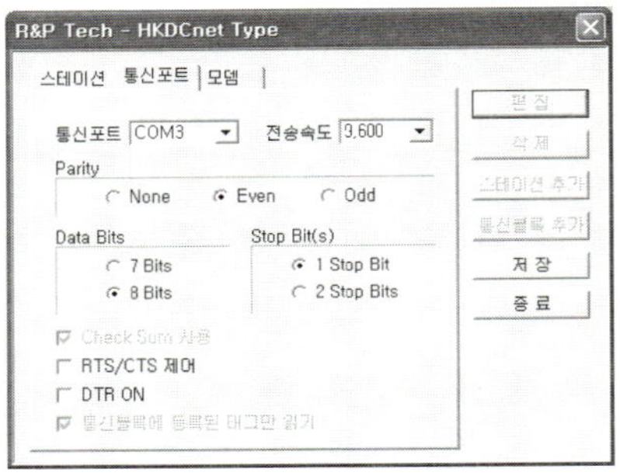

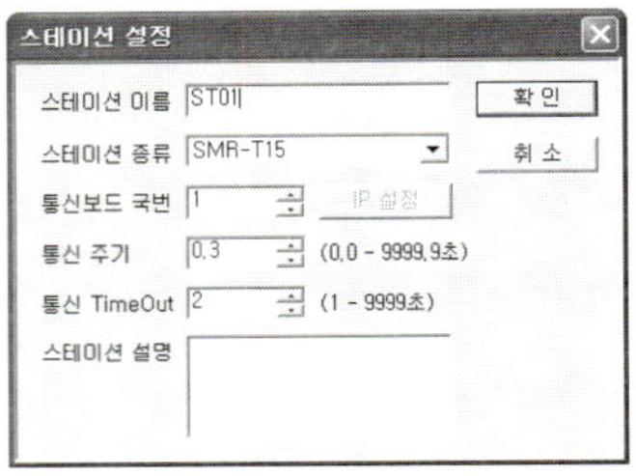

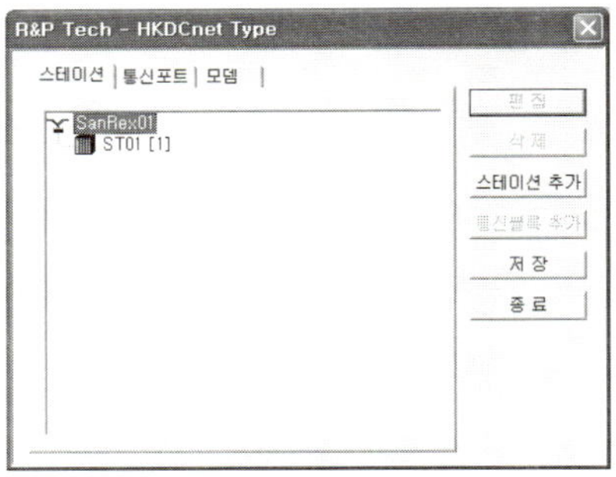

주의 이름에 오자있음을 주의한다.

3 태그 설정

❶ 모드 설정 태그

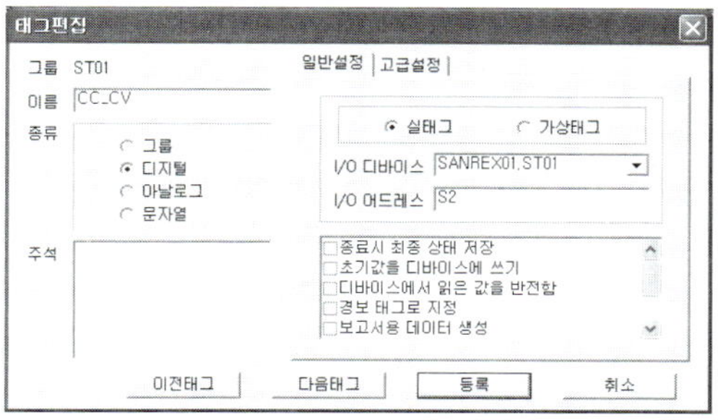

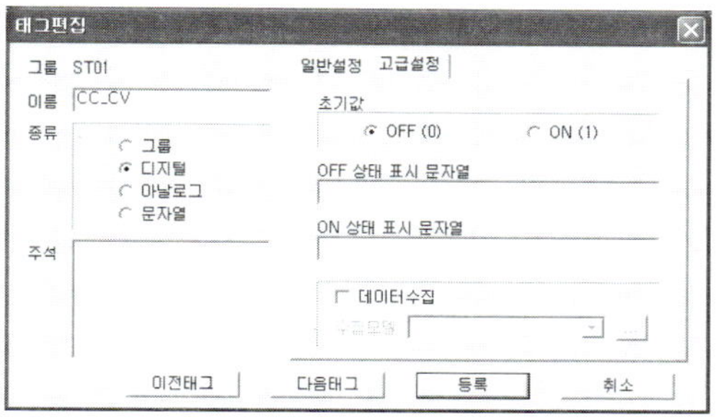

❷ RUN/STOP 태그

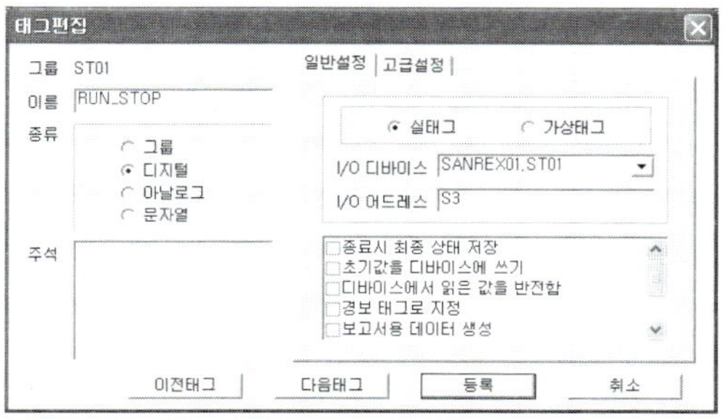

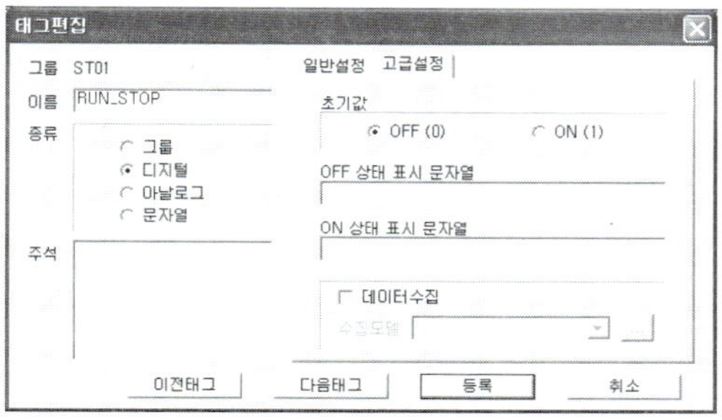

SECTION

56 영구 누적값을 기준으로 한 적산 방법

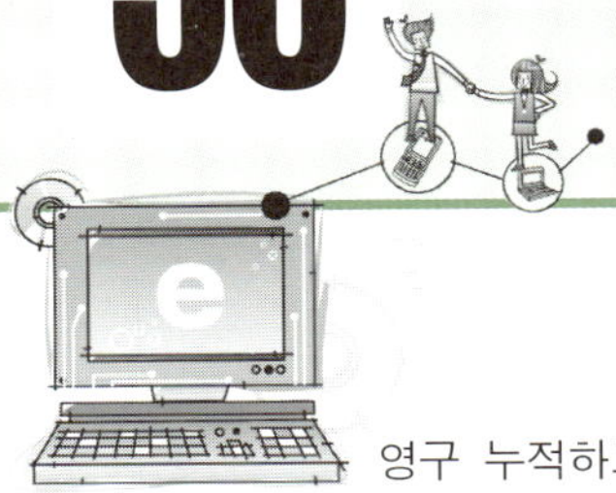

영구 누적하고 있는 값을 기준으로 한 적산 방법 예제이다.

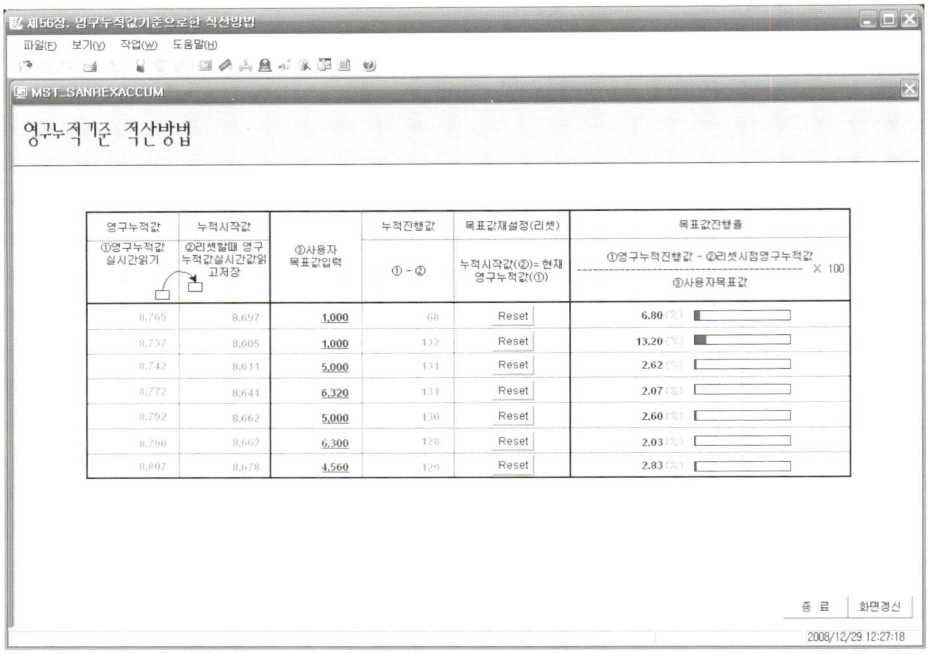

제56장. 영구누적값기준으로한 적산방법
파일(F) 보기(V) 작업(W) 도움말(H)
MST_SANREXACCUM
영구누적기준 적산방법
영구누적값
①영구누적값 실시간읽기
누적시작값
②리셋할때 영구누적값실시간값읽고저장
③사용자 목표값입력
누적진행값
① - ②
목표값재설정(리셋)
누적시작값(②)= 현재 영구누적값(①)
목표값진행율
①영구누적진행값 - ②리셋시점영구누적값
③사용자목표값
X 100
8,765 8,697 1,000 68 Reset 6.80 (%)
8,737 8,605 1,000 132 Reset 13.20 (%)
8,742 8,611 5,000 131 Reset 2.62 (%)
8,772 8,641 6,320 131 Reset 2.07 (%)
8,792 8,662 5,000 130 Reset 2.60 (%)
8,790 8,662 6,300 128 Reset 2.03 (%)
8,807 8,678 4,560 129 Reset 2.83 (%)
종 료
화면갱신
2008/12/29 12:27:18

SECTION

57 무선 모뎀(Xstream_PKG) 사용 HMI 예제

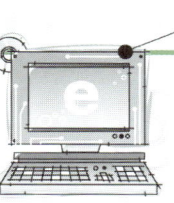

무선 모뎀을 사용하여 HMI 연결한 예제이다.

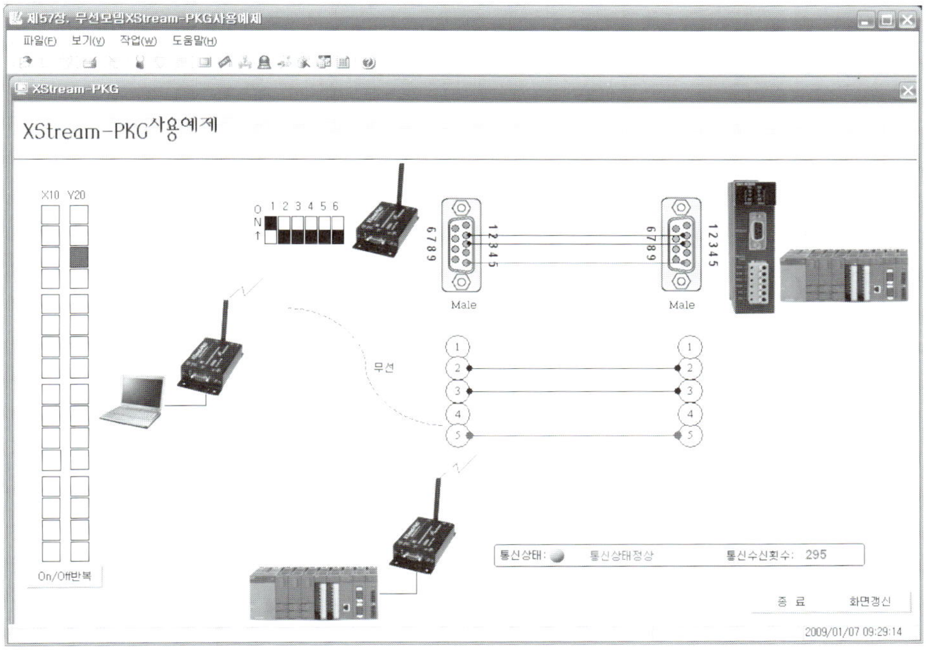

1 시스템 구성도

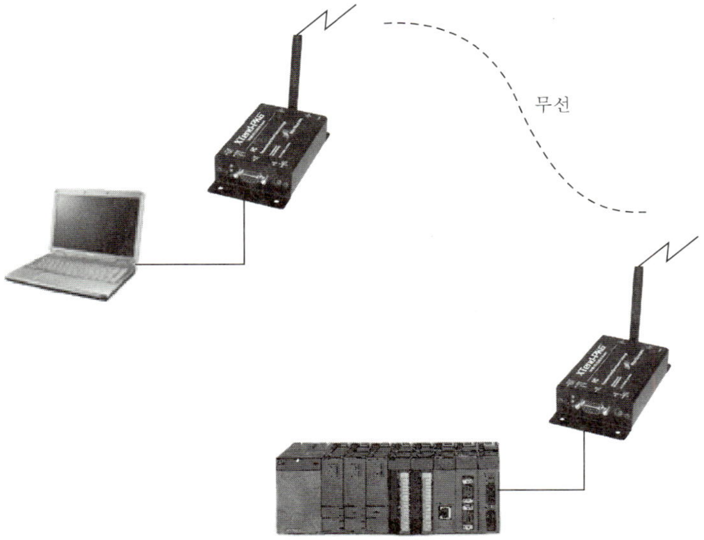

2 PC와 무선 모뎀 연결 케이블

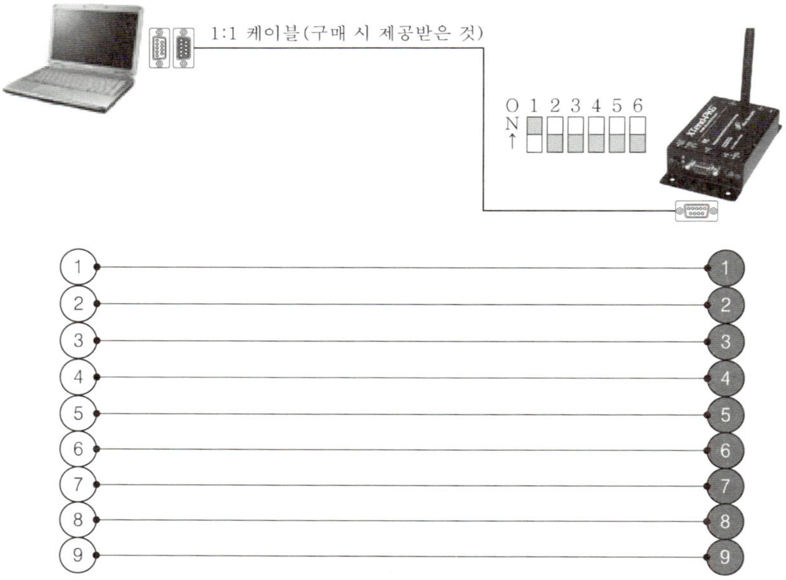

3 무선 모뎀과 PLC 연결 케이블

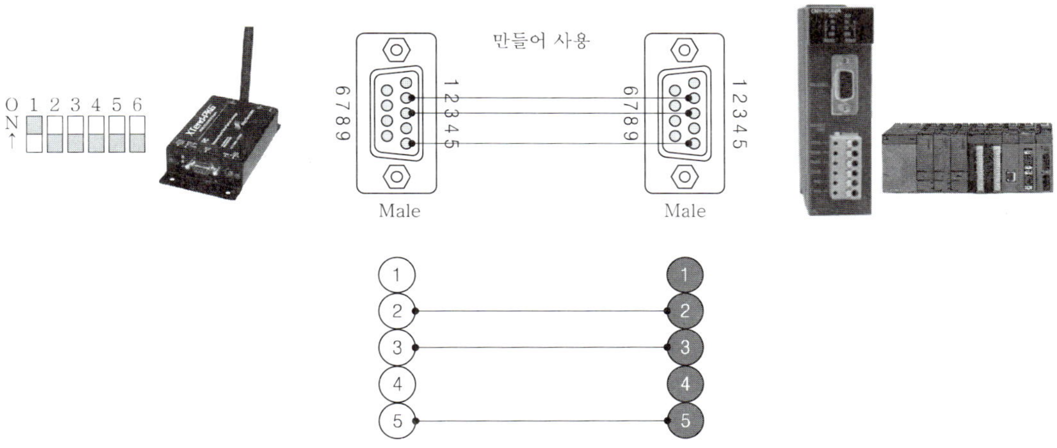

4 PLC 통신 카드 채널 설정

PLC는 CIMON과 통신한다. 따라서 프로토콜은 HMI 프로토콜을 선택한다. Xstream 속도는 19200으로 고정된 제품을 사용하여 19200을 선택한다. 통신 속성값은 PC의 속성값과 같게 설정한다.

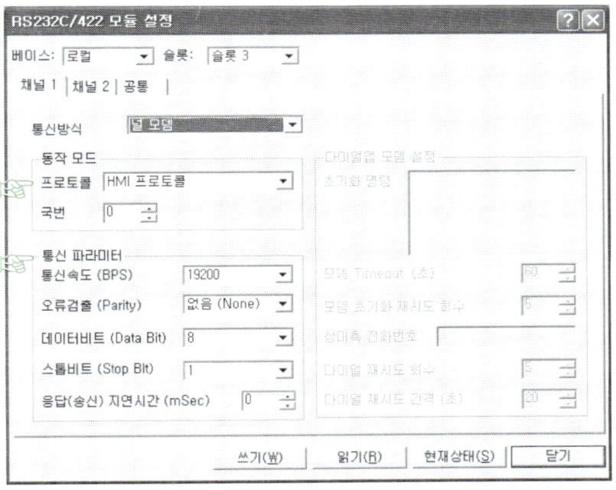

주의 Block형 PLC의 경우 일부 모델에 따라서 HMI 프로토콜을 지원하지 않는 제품은 해당 채널로는 CIMON과 통신을 할 수 없다. 그림에 있는 채널로는 CIMON과 통신할 수 없다. 프로토콜을 지원하지 않기 때문이다.

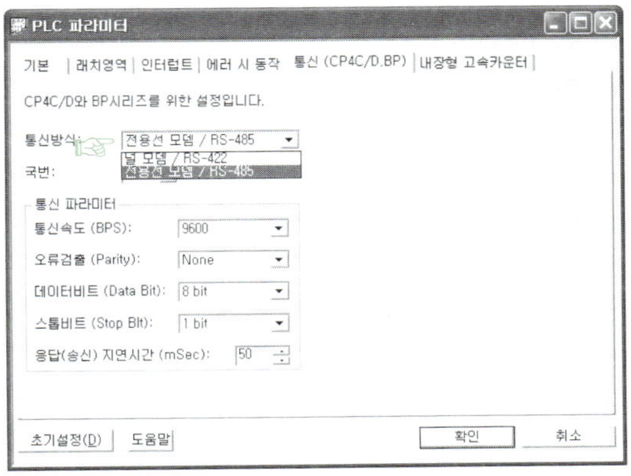

5 모뎀 설치

국가, 언어를 영어로 바꾸고 다시 부팅한 다음 설치한다.

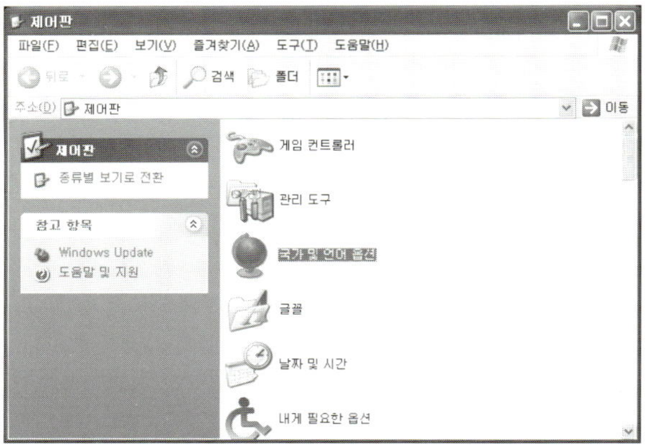

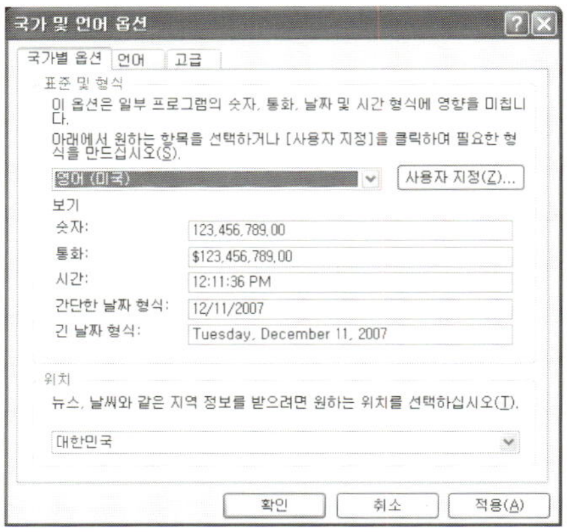

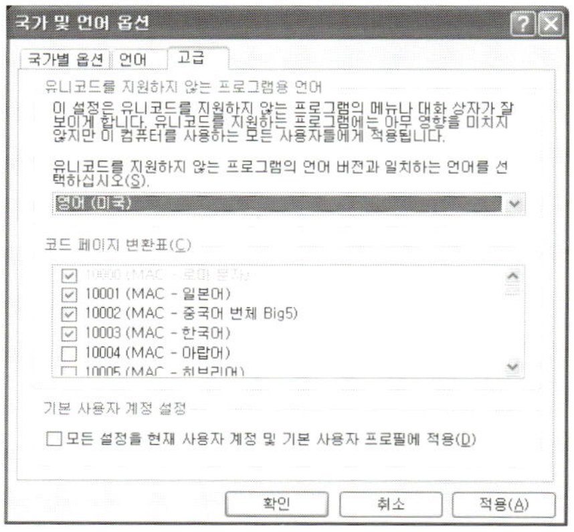

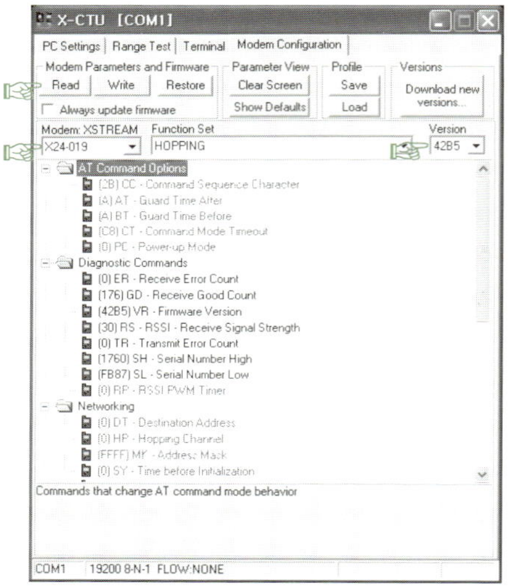

6 디바이스 설정

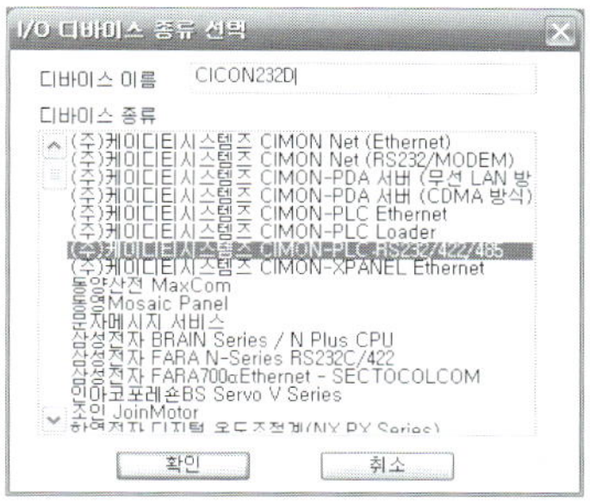
I/O 디바이스 종류 선택
디바이스 이름
CICON232DI
디바이스 종류
(주)케이디티시스템즈 CIMON Net (Ethernet)
(주)케이디티시스템즈 CIMON Net (RS232/MODEM)
(주)케이디티시스템즈 CIMON-PDA 서버 (무선 LAN 방
(주)케이디티시스템즈 CIMON-PDA 서버 (CDMA 방식)
(주)케이디티시스템즈 CIMON-PLC Ethernet
(주)케이디티시스템즈 CIMON-PLC Loader
(주)케이디티시스템즈 CIMON-PLC RS232/422/485
(주)케이디티시스템즈 CIMON-XPANEL Ethernet
동양산전 MaxCom
동양Mosaic Panel
문자메시지 서비스
삼성전자 BRAIN Series / N Plus CPU
삼성전자 FARA N-Series RS232C/422
삼성전자 FARA700αEthernet - SECTOCOLCOM
삼아코포레숀BS Servo V Series
조인 JoinMotor
확인
취소

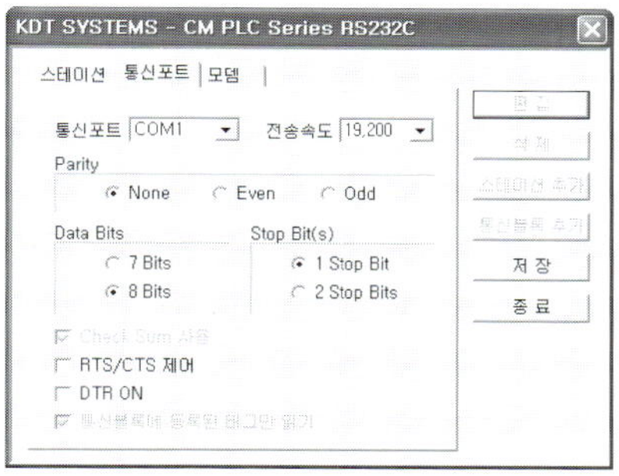
KDT SYSTEMS - CM PLC Series RS232C
스테이션
통신포트
모뎀
통신포트
COM1
전송속도
19,200
Parity
None
Even
Odd
Data Bits
7 Bits
8 Bits
Stop Bit(s)
1 Stop Bit
2 Stop Bits
RTS/CTS 제어
DTR ON
편 집
삭 제
스테이션 추가
통신블록 추가
저 장
종 료

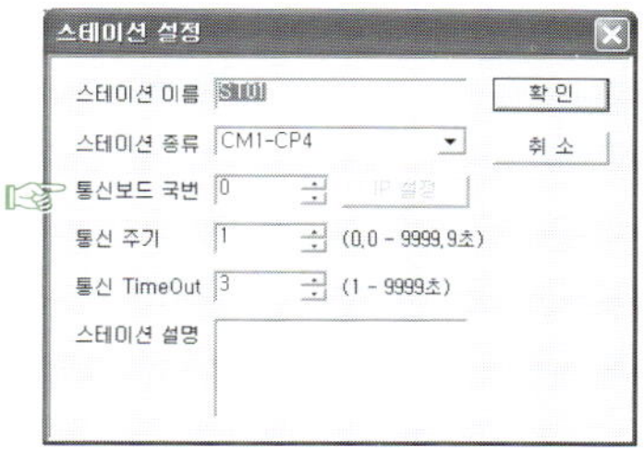
스테이션 설정
스테이션 이름
ST01
스테이션 종류
CM1-CP4
통신보드 국번
0
통신 주기
1
(0.0 - 9999.9초)
통신 TimeOut
3
(1 - 9999초)
스테이션 설명
확 인
취 소

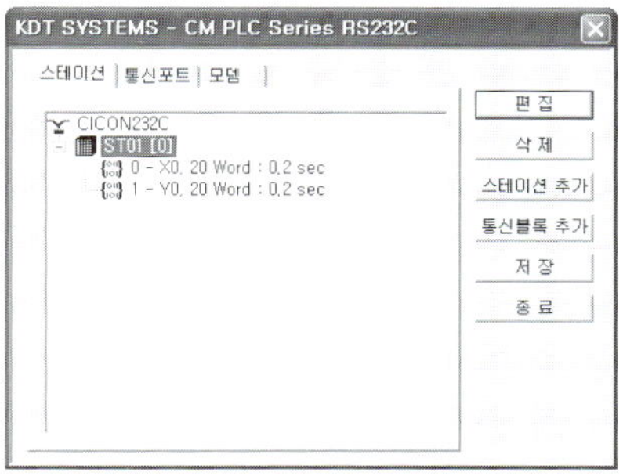
KDT SYSTEMS - CM PLC Series RS232C
스테이션
통신포트
모뎀
CICON232C
ST01 [0]
0 - X0, 20 Word : 0.2 sec
1 - Y0, 20 Word : 0.2 sec
편 집
삭 제
스테이션 추가
통신블록 추가
저 장
종 료

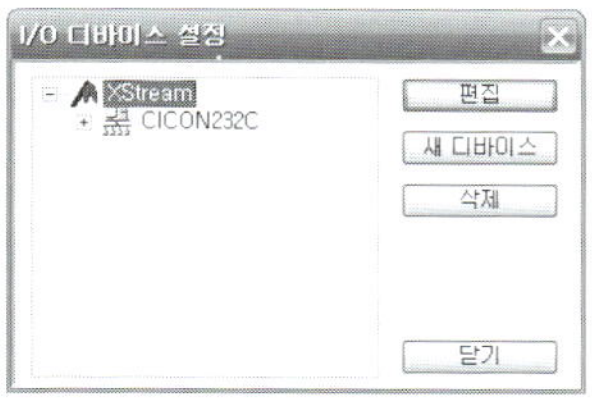
I/O 디바이스 설정
XStream
CICON232C
편집
새 디바이스
삭제
닫기

SECTION

58 WEB VERSION 예제

Web Version HMI 예제이다.

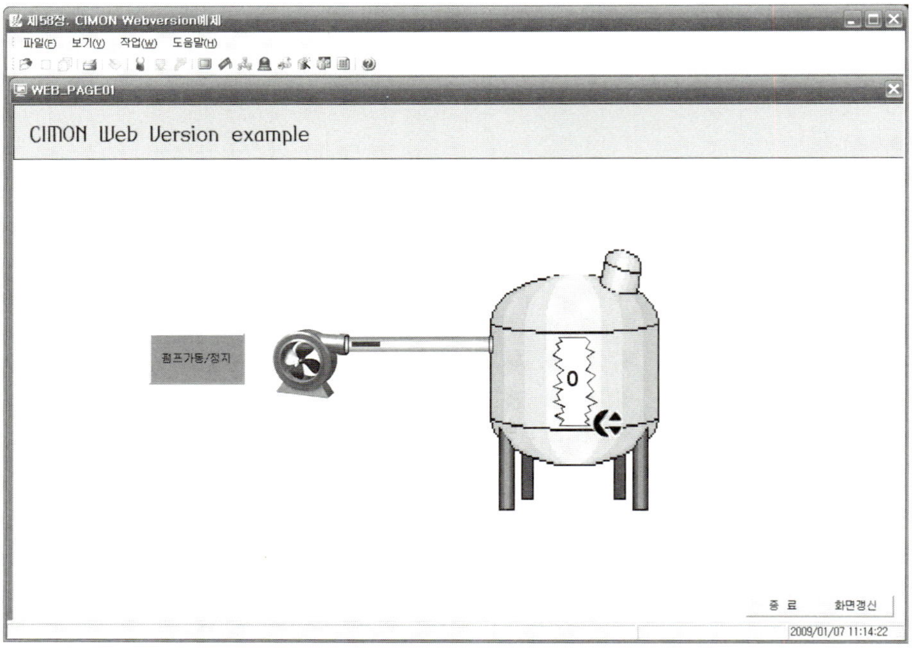

1 실행 과정

❶ CIMON DS로 프로젝트를 생성한다.

❷ CIMON 프로젝트 생성이 끝나면 웹 버전 키락으로 교체한다.

❸ 웹 옵션을 메모장으로 만들고 확장자를 바꾼다(메모장과 파일의 내용을 네트워크 환경에 있는 IP에 맞게 수정한다).

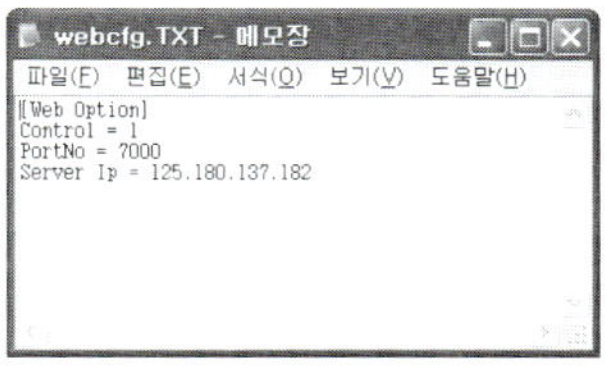

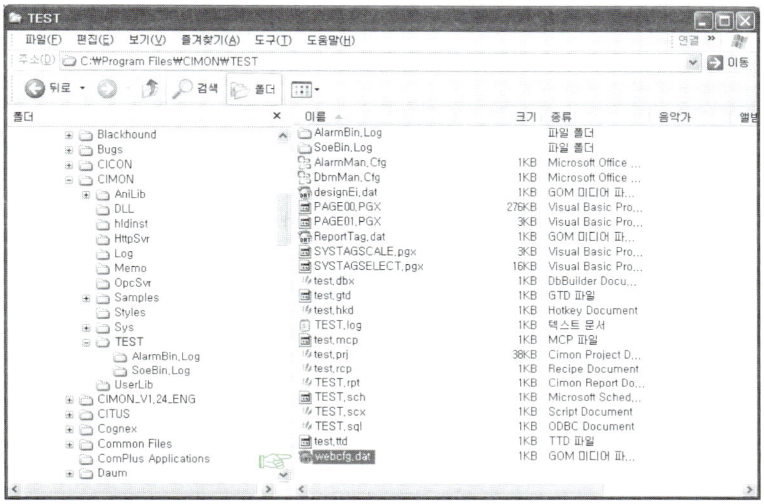

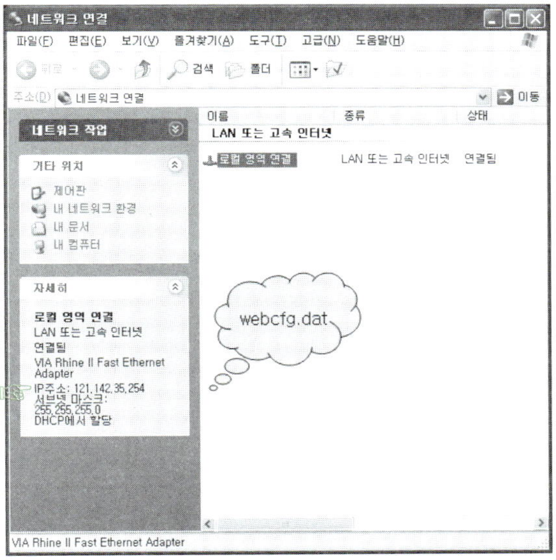

[Web Option]
Control=1
ProtNo=7000
Server Ip=121.142.35.254

❹ 디폴트 홈페이지를 생성한다.

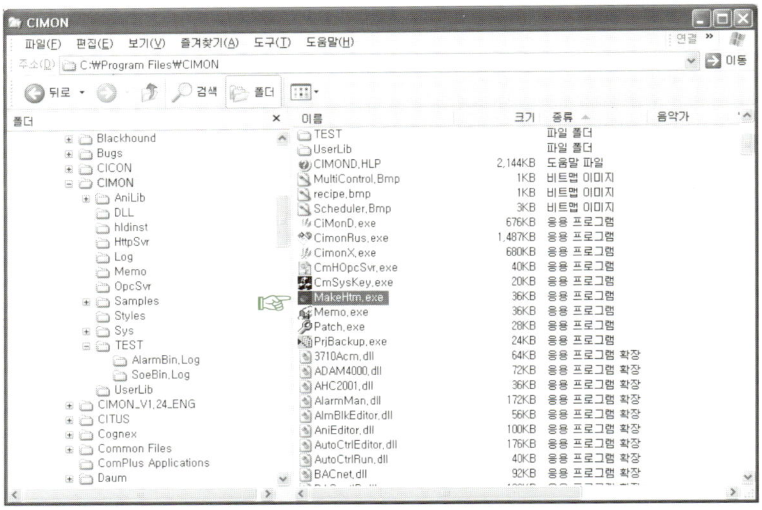

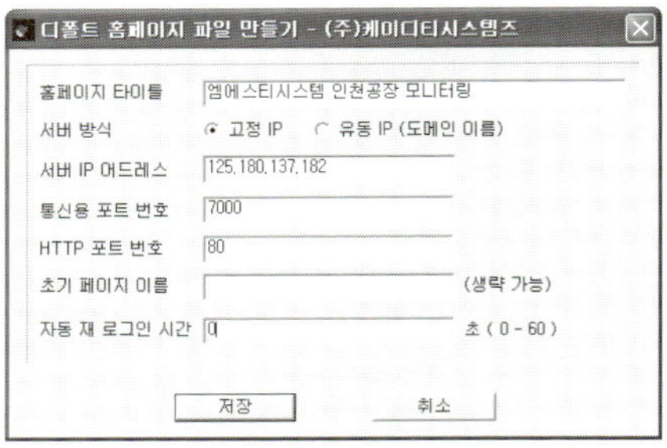

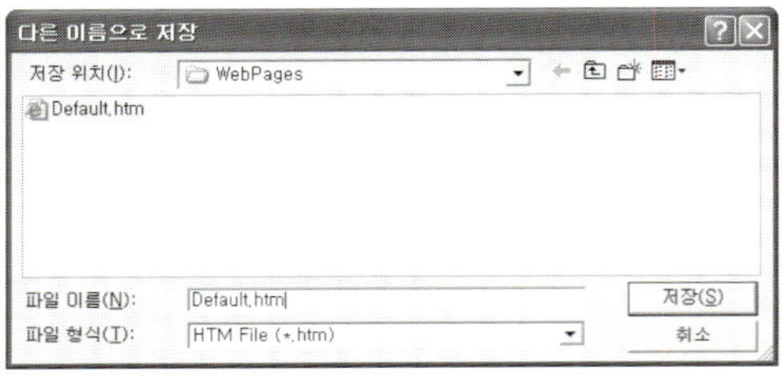

❺ CIMON 설치 경로에 있는 MonitorX.cab 파일을 서비스할 기본 경로에 복사한다.

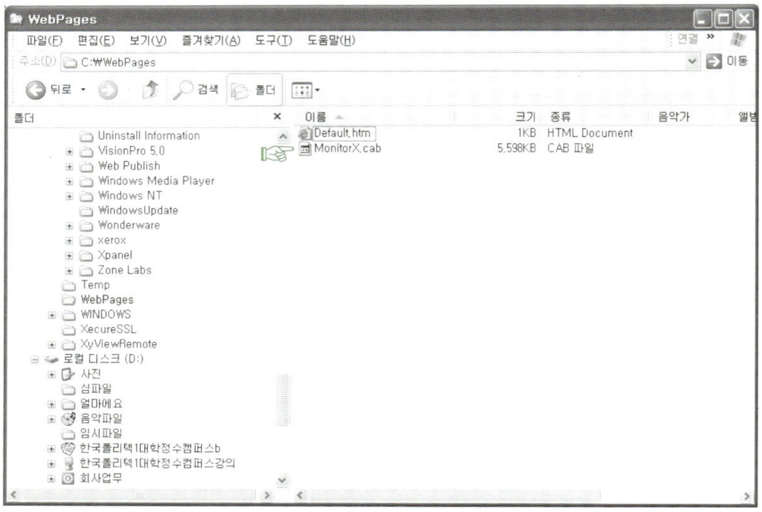

❻ CIMON 실행

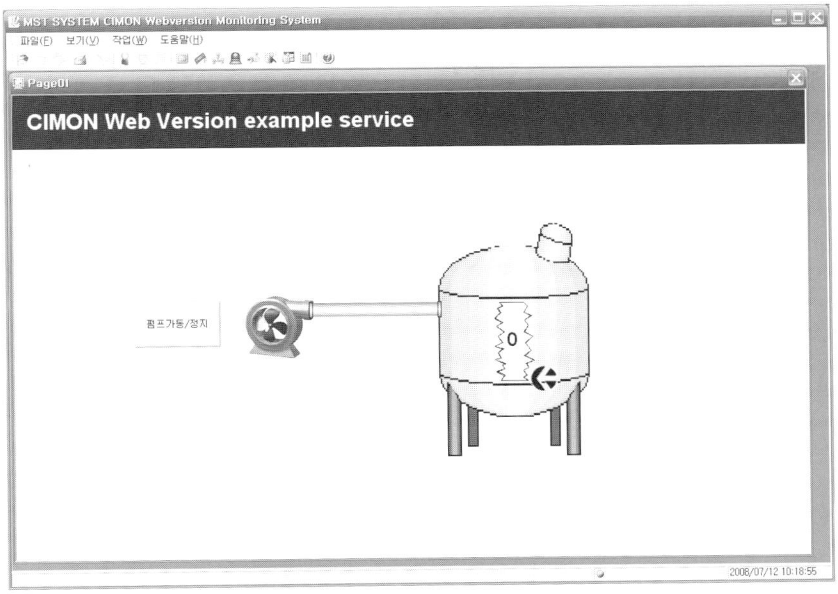

❼ 웹 서버 실행 : CIMON 설치했던 경로에 있다(C:\Program Files\CIMON\HttpSvr\httpsvr.exe).

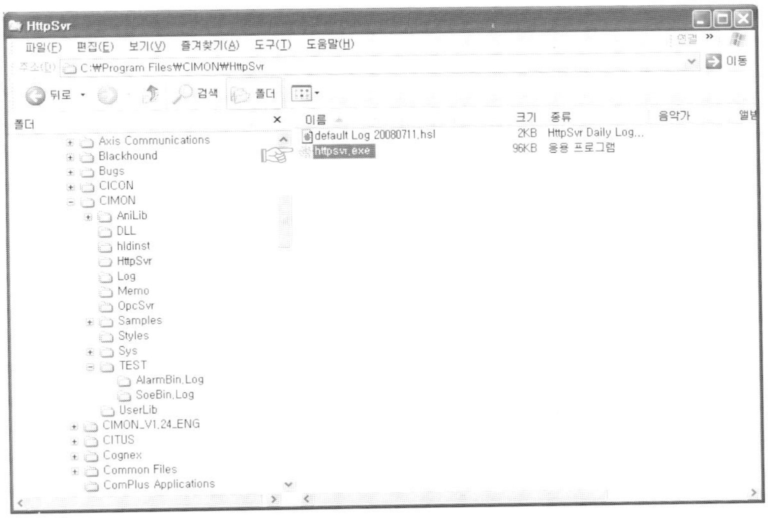

❽ 웹 서버 컴퓨터에서 CIMON과 웹 서버 httpsvr.exe가 실행 한 상태에서 인터넷을 통해 접속한다.

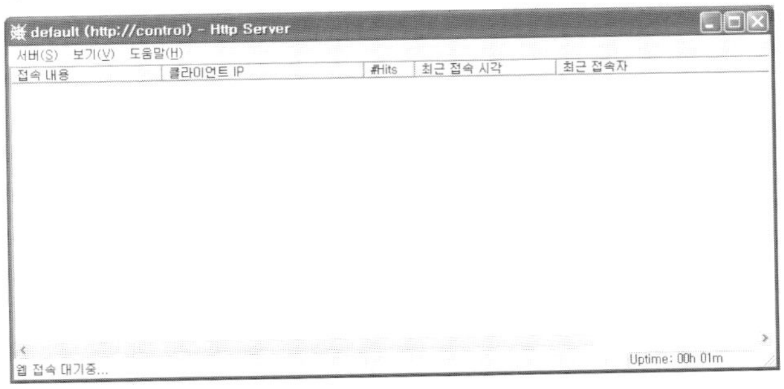

⑨ 로그인할 각각의 사용자 컴퓨터에서 ActiveX 보안 해제를 한다.

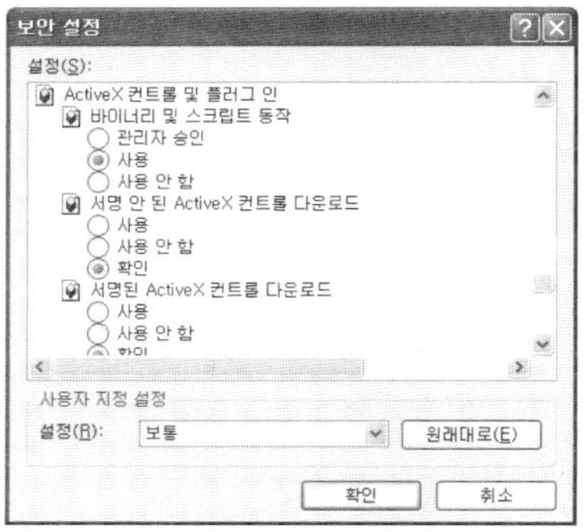

⑩ 로그인 한다(ID에 대 · 소문자 구분 없음).

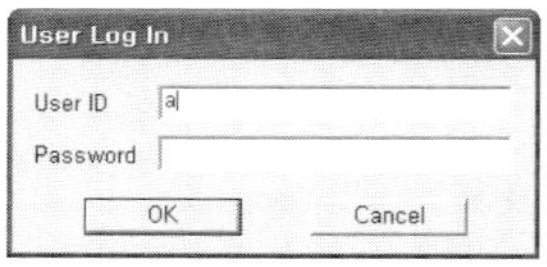

⑪ 웹상에서 모니터링/제어를 한다(http://121.142.35.254/default.htm).

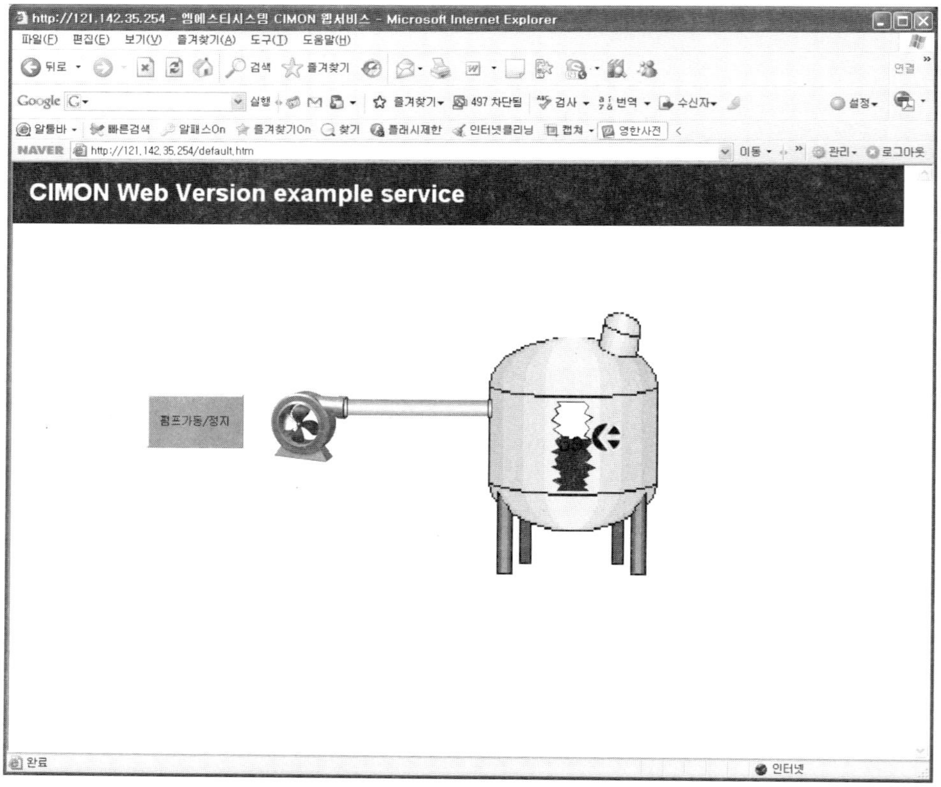

SECTION

59 RunScriptEx 예제

RunScriptEx 사용 예제이다.

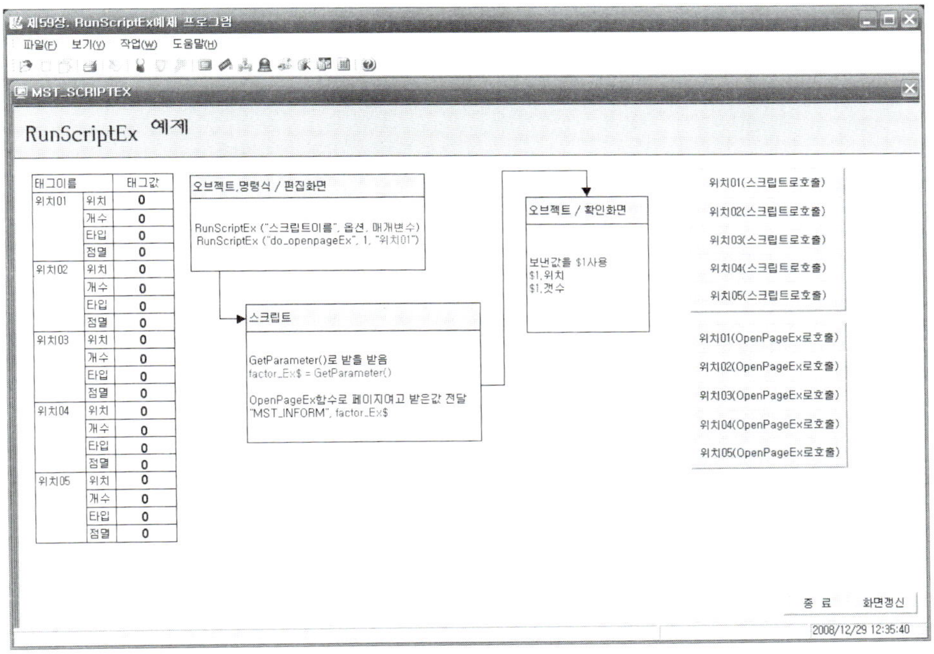

1 오브젝트로 직접 호출하여 파라미터 설정

OpenPageEx("MST_INFORM2", "위치01.위치, 위치01.개수, 위치01.타입, 위치01.점멸")

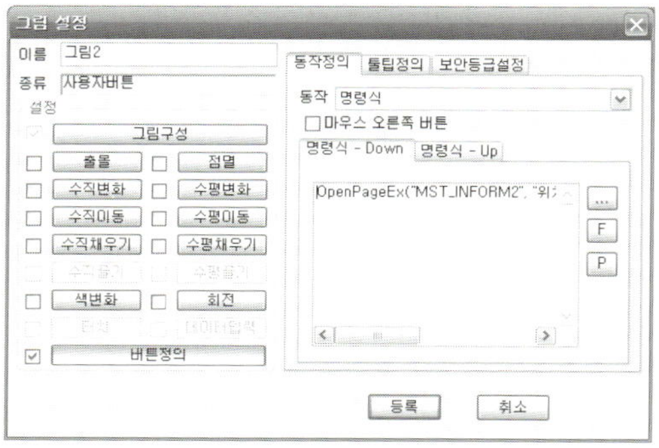

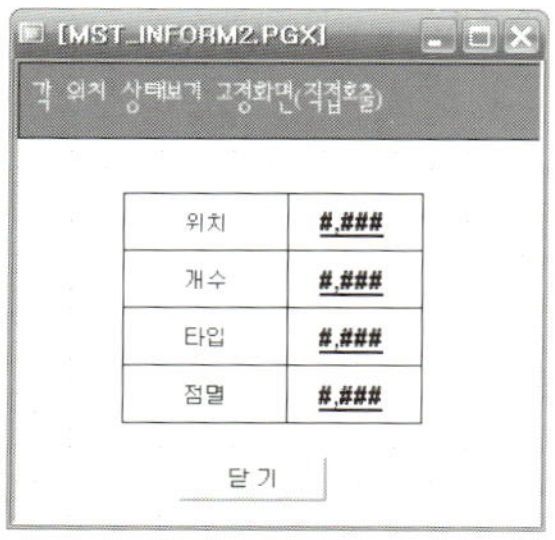

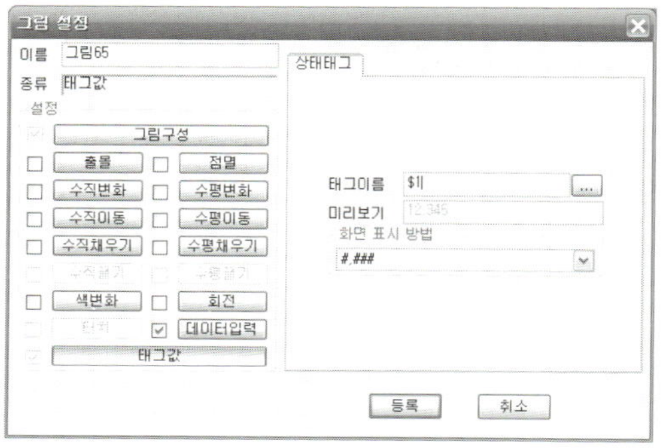

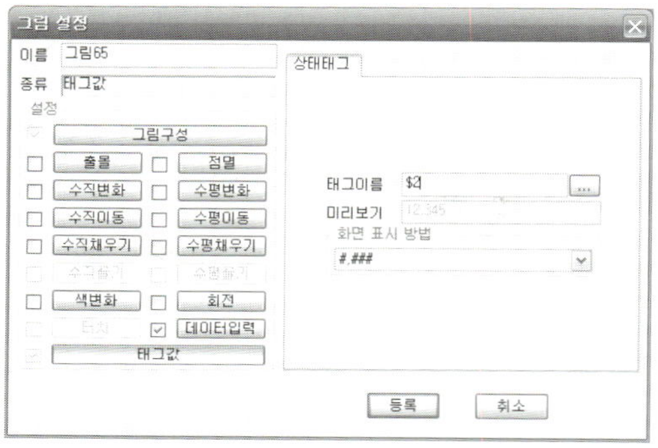

2 스크립트를 이용한 파라미터 편집 설정

RunScriptEx("do_openpageEx", 1, "위치01")

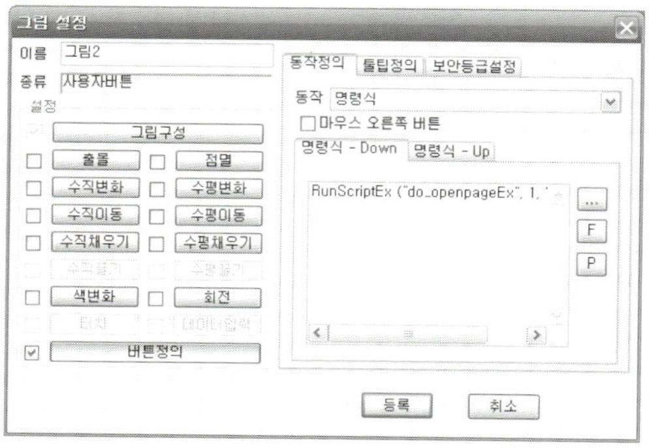

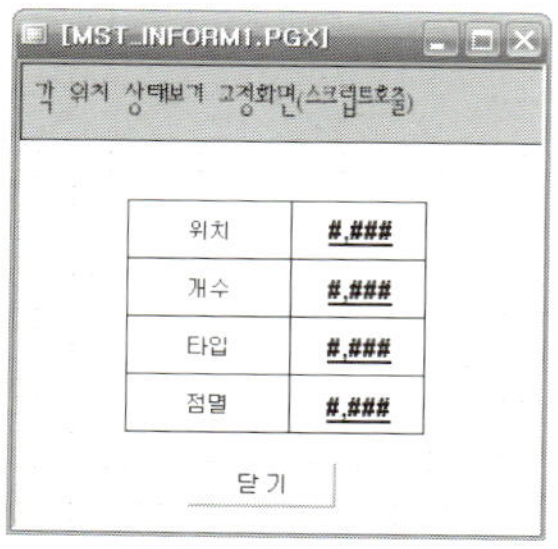

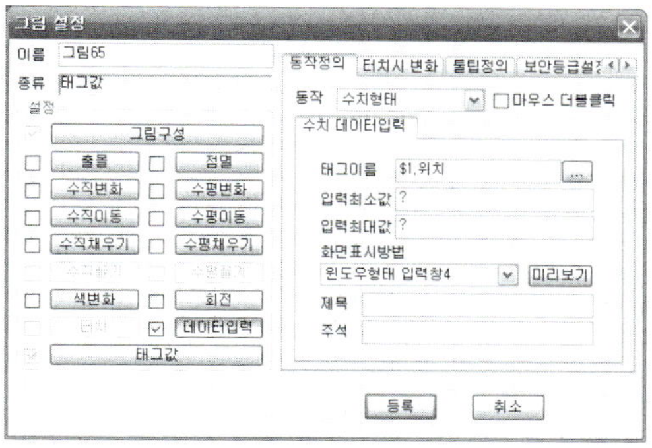

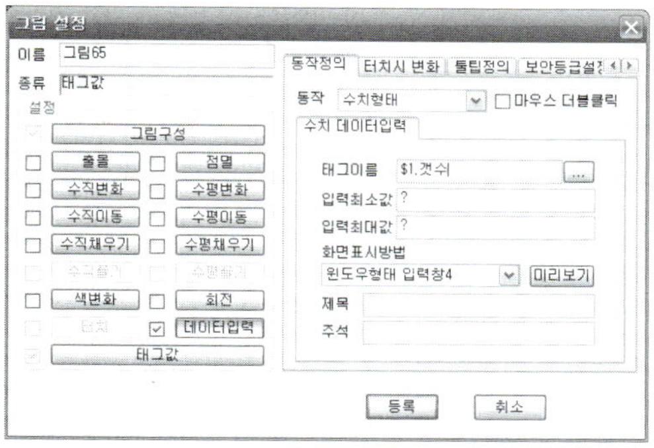

3 스크립트

```
Sub do_openpageEx()

'RunScriptEx로부터 넘겨받은 매개 변수 얻기
factor_Ex$ = GetParameter()

'고정 화면 호출 : 매개 변수 전달
OpenPageEx "MST_INFORM1", factor_Ex$

'message
PlaySound "sound_success"

End Sub
```

SECTION

60 AXIS 카메라

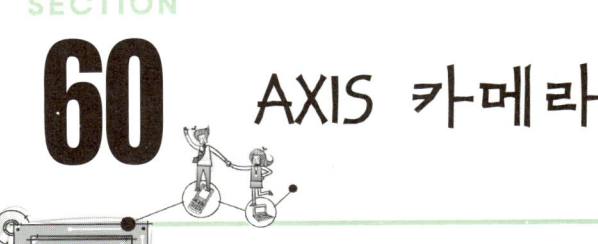

AXIS 카메라 사용 예제이다.

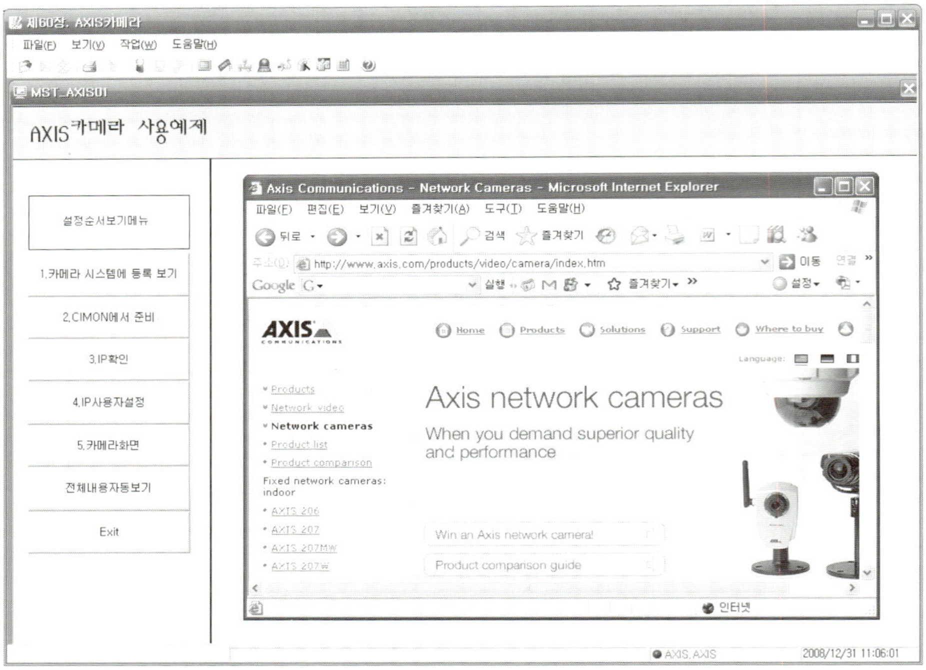

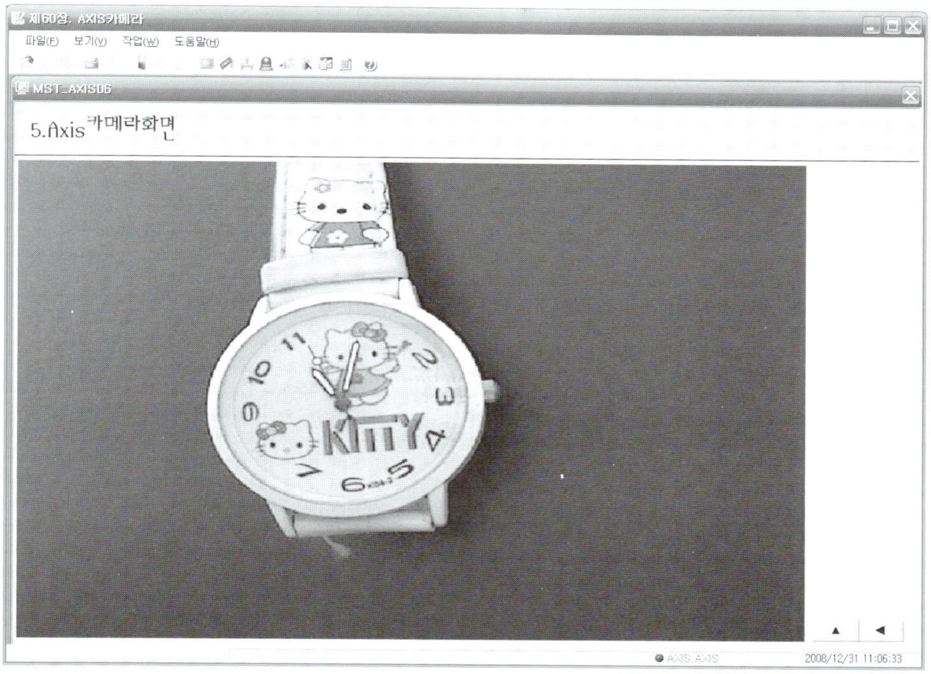
제60장. AXIS카메라
파일(F) 보기(V) 작업(W) 도움말(H)
MST_AXIS06
5.Axis카메라화면
2008/12/31 11:06:33

1 시스템 구성도

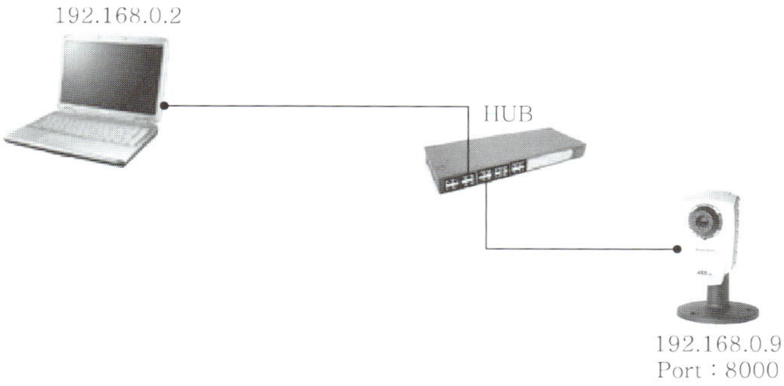
192.168.0.2
HUB
192.168.0.9
Port : 8000

2 필요한 파일

❶ 시스템 파일을 OS System 경로로 복사

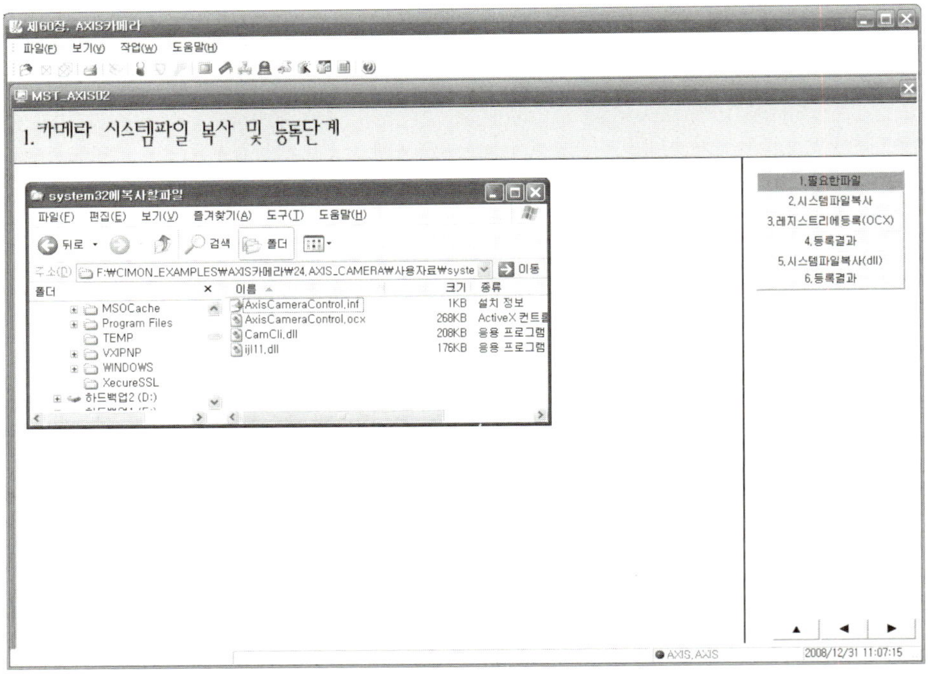

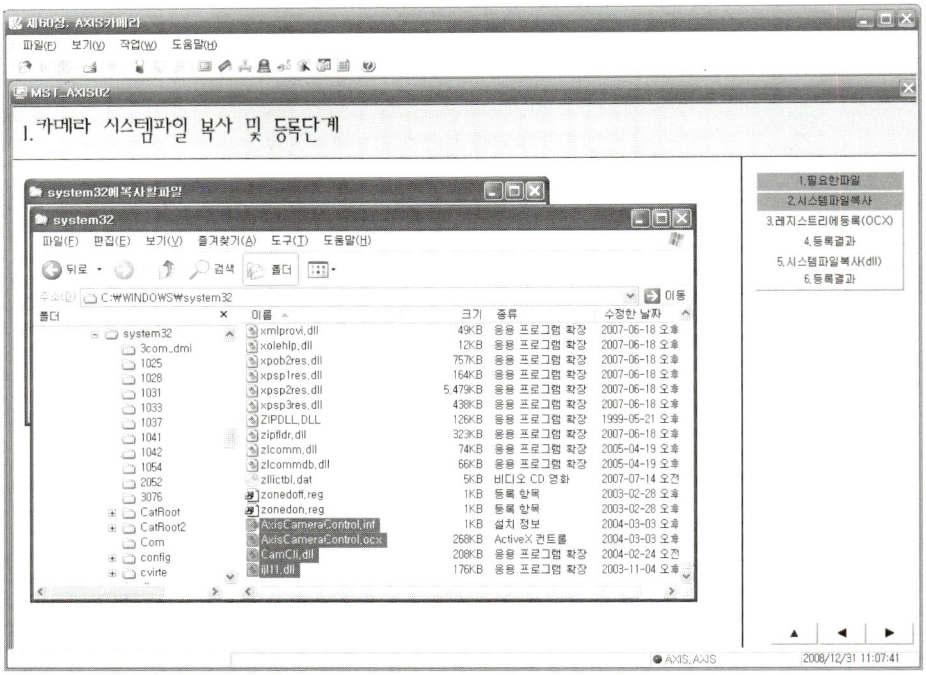

❷ 시스템 레지스터에 등록

페이지 화면 상단에 있는 문자 편집을 열어 복사하여 사용하면 타이핑을 하지 않아도 된다.

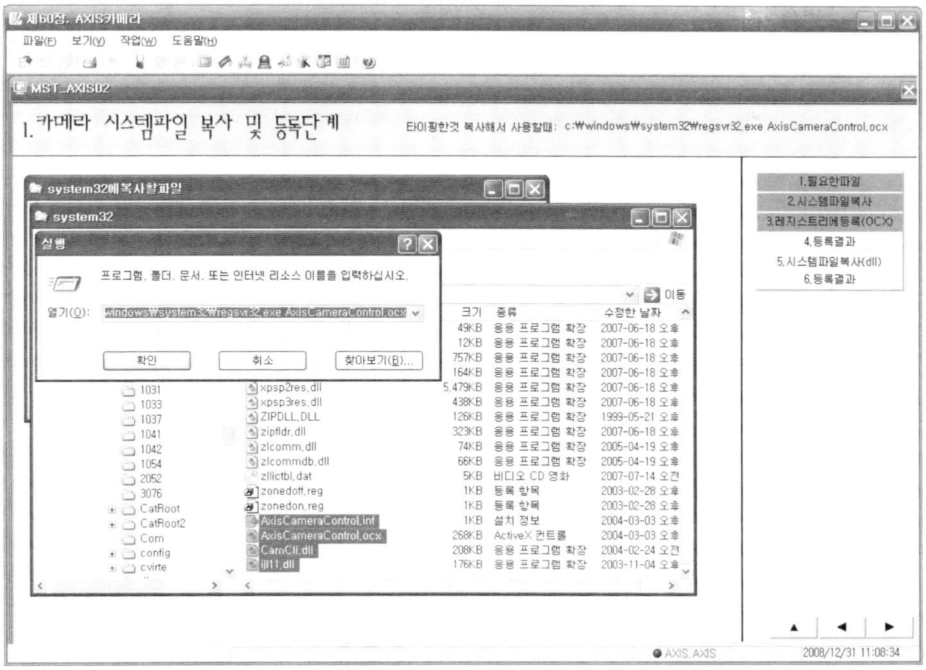

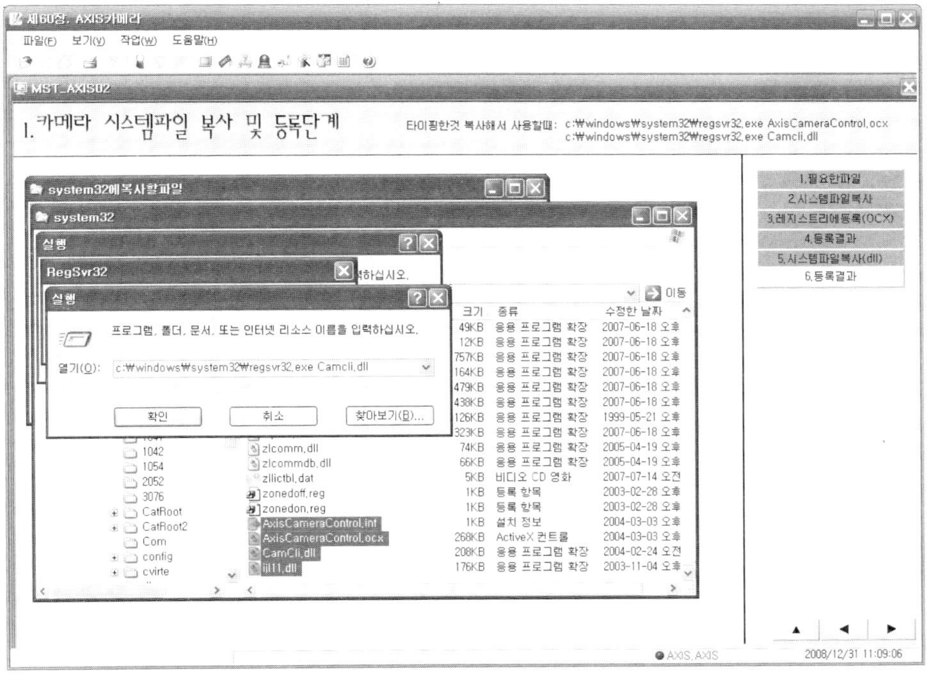

③ CIMON 디바이스 등록

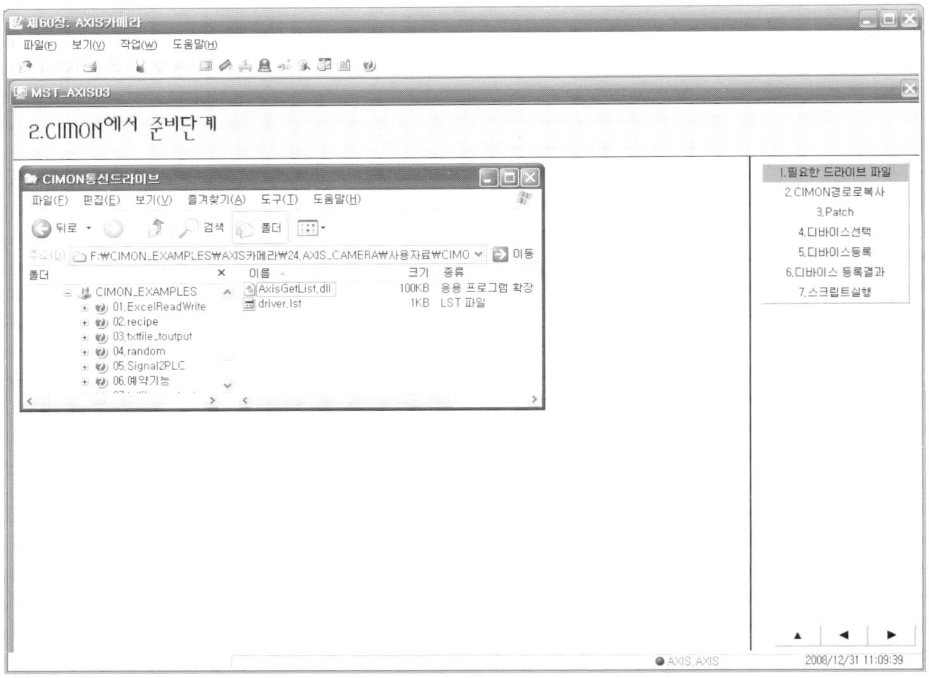

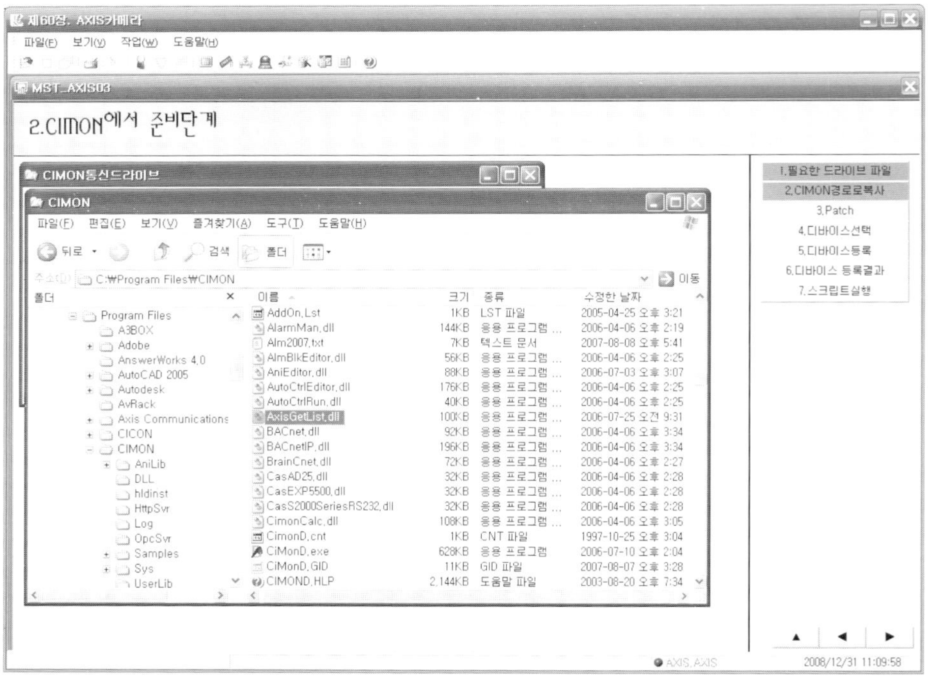

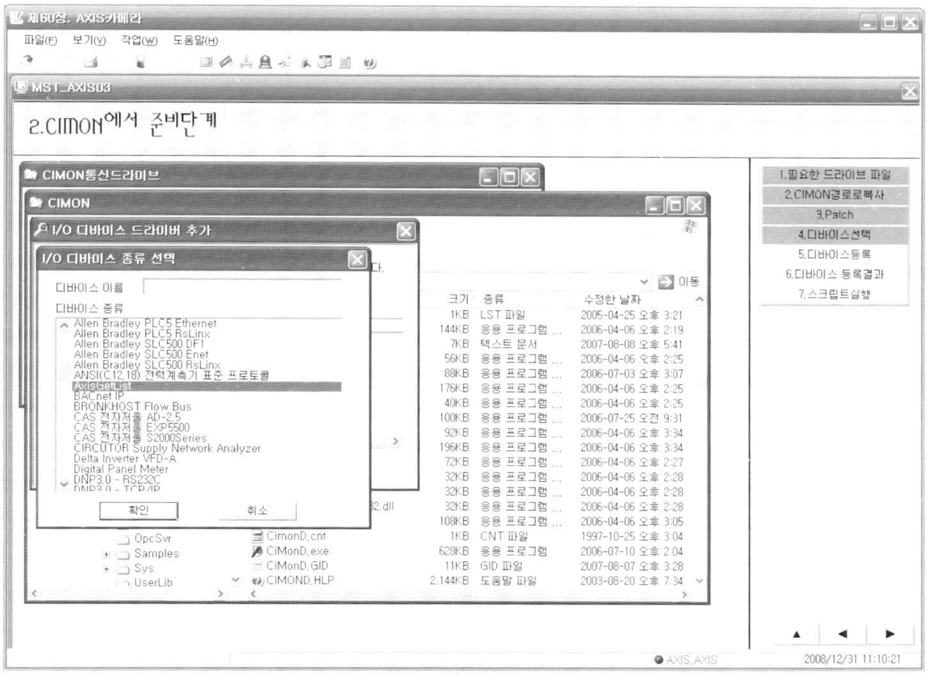
제60장. AXIS카메라
파일(F) 보기(V) 작업(W) 도움말(H)
MST_AXIS03
2.CIMON에서 준비단계
CIMON통신드라이브
CIMON
I/O 디바이스 드라이버 추가
I/O 디바이스 종류 선택
디바이스 이름
디바이스 종류
Allen Bradley PLC5 Ethernet
Allen Bradley PLC5 RsLinx
Allen Bradley SLC500 DF1
Allen Bradley SLC500 Enet
Allen Bradley SLC500 RsLinx
AxisGetList
BACnet IP
BRONKHOST Flow Bus
CIRCUTOR Supply Network Analyzer
Delta Inverter VFD-A
Digital Panel Meter
DNP3.0 - RS232C
확인
취소
1.필요한 드라이브 파일
2.CIMON경로로복사
3.Patch
4.디바이스선택
5.디바이스등록
6.디바이스 등록결과
7.스크립트실행
2008/12/31 11:10:21

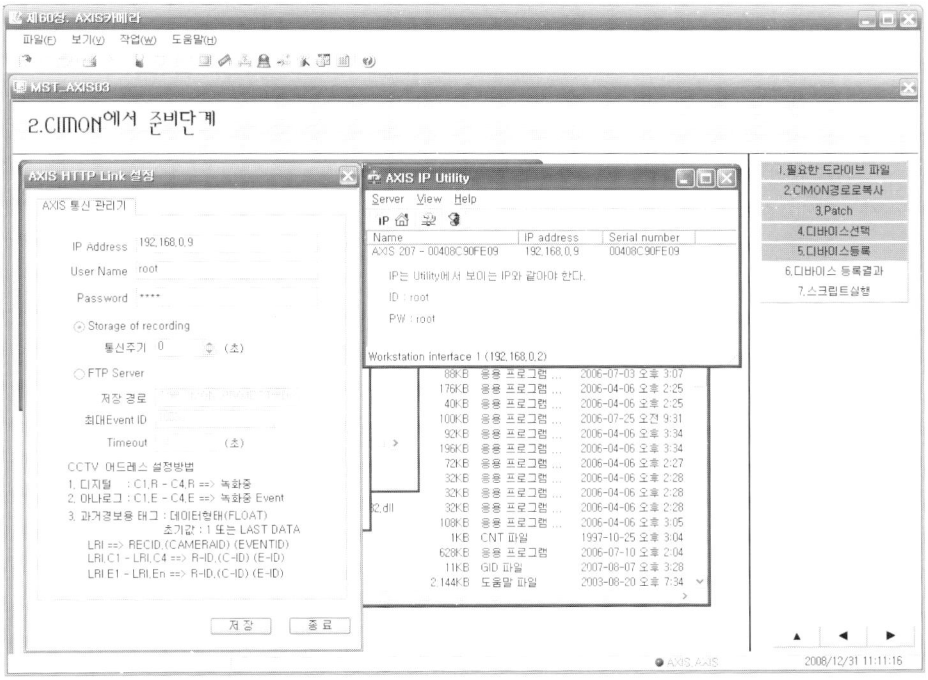
제60장. AXIS카메라
파일(F) 보기(V) 작업(W) 도움말(H)
MST_AXIS03
2.CIMON에서 준비단계
AXIS HTTP Link 설정
AXIS 통신 관리기
IP Address 192.168.0.9
User Name root
Password ****
Storage of recording
통신주기 0 (초)
FTP Server
저장 경로
최대Event ID
Timeout (초)
CCTV 어드레스 설정방법
1. 디지털 : C1.R - C4.R ==> 녹화중
2. 아나로그 : C1.E - C4.E ==> 녹화중 Event
3. 과거경보용 태그 : 데이터형태(FLOAT)
초기값 : 1 또는 LAST DATA
LRI ==> RECID.(CAMERAID) (EVENTID)
LRI.C1 - LRI.C4 ==> R-ID.(C-ID) (E-ID)
LRI.E1 - LRI.En ==> R-ID.(C-ID) (E-ID)
저 장
종 료
AXIS IP Utility
Server View Help
Name
IP address
Serial number
AXIS 207 - 00408C90FE09
192.168.0.9
00408C90FE09
IP는 Utility에서 보이는 IP와 같아야 한다.
ID : root
PW : root
Workstation interface 1 (192.168.0.2)
1.필요한 드라이브 파일
2.CIMON경로로복사
3.Patch
4.디바이스선택
5.디바이스등록
6.디바이스 등록결과
7.스크립트실행
2008/12/31 11:11:16

⑤ 영상 화면 열기 시 실행할 스크립트 작성

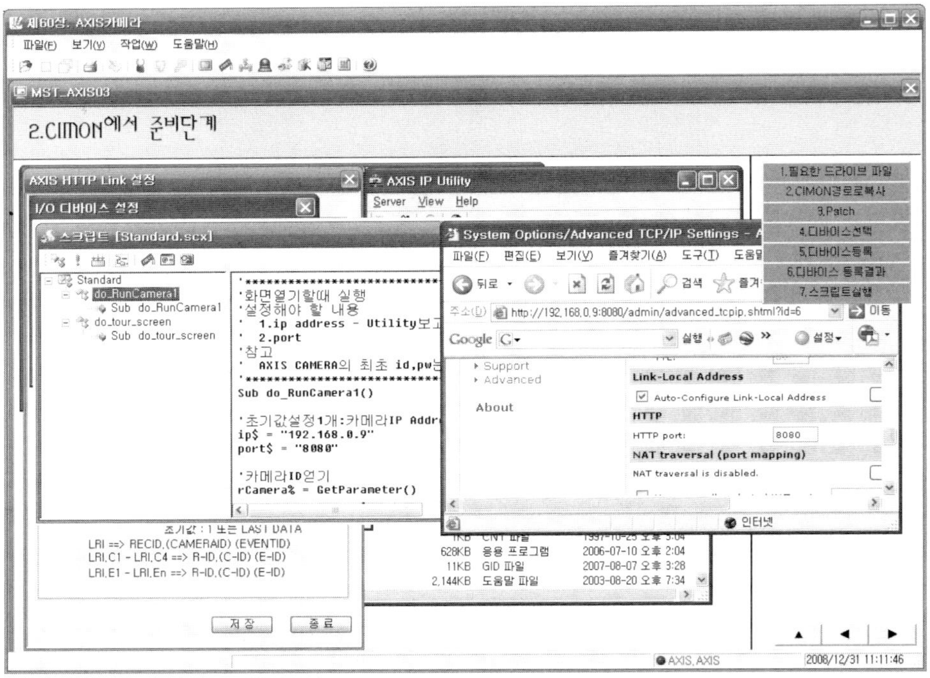

⑥ 카메라에 IP 설정

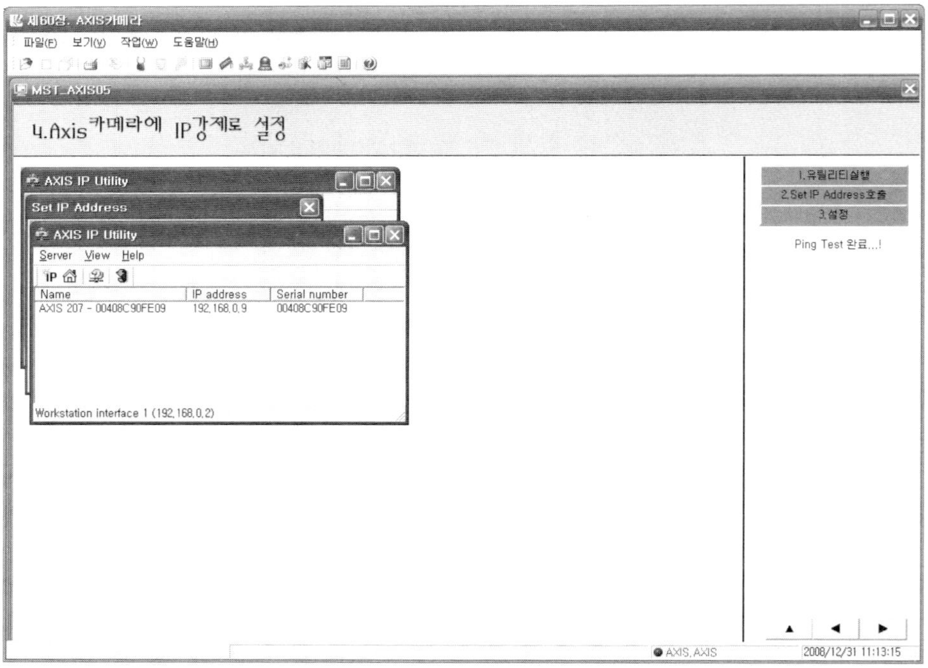

3 이상 발생 조치

설치 완료 후 영상이 보이지 않을 때 Port 번호를 확인하여 준다. 포트 포워딩 하면서 Port 번호를 변경하는 경우가 많다.

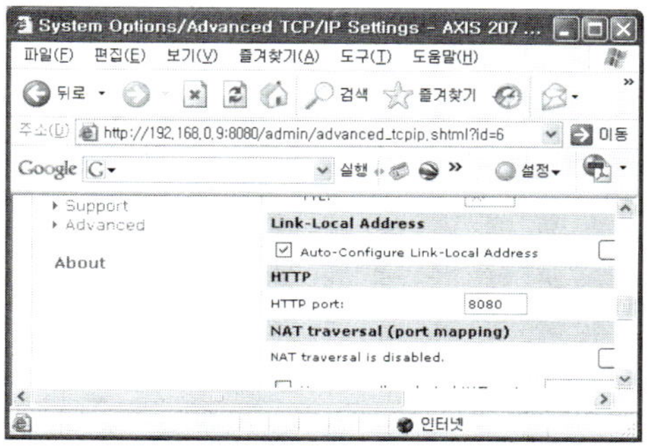

SECTION

61 SIEMENS ETHERNET LOADER 통신(CP343) 예제1

Siemens ethernet loader 통신 예제이다. Step V5.4 이상에서 Configuration을 설정할 수 있다.

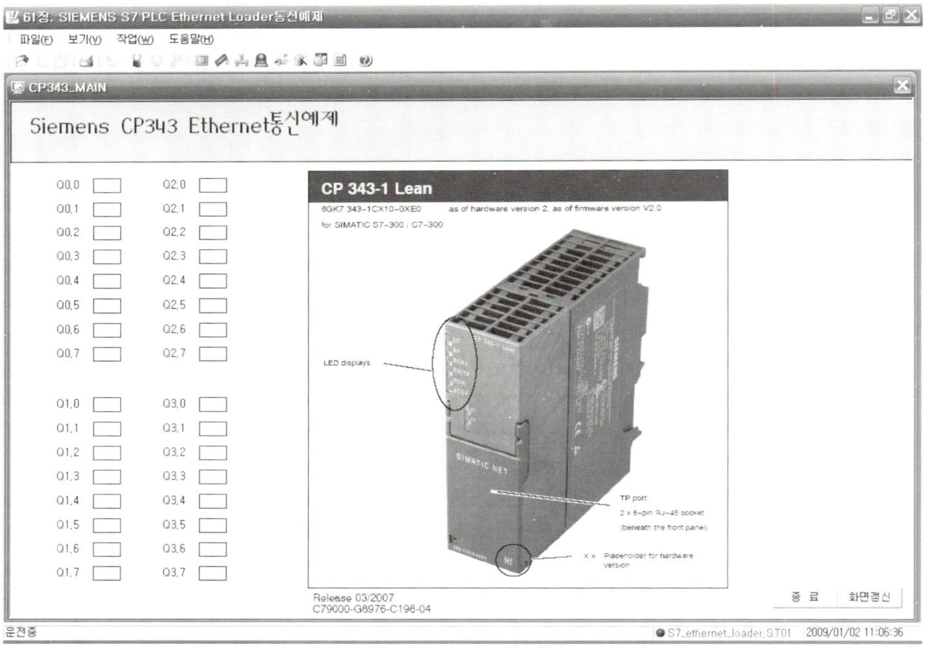

1 시스템 구성도

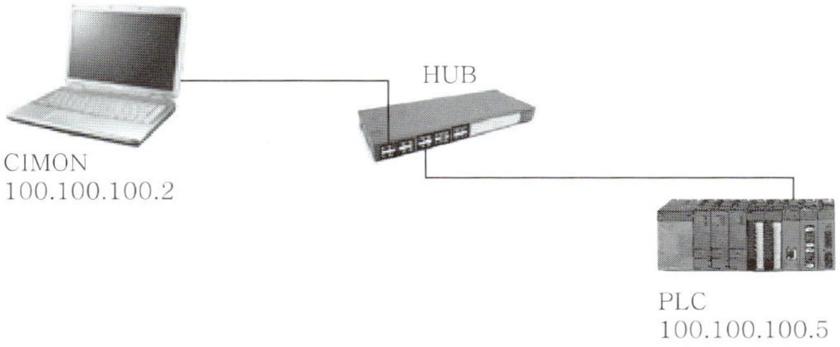

2 시스템 설정

① 통신에 사용할 PLC 통신 카드

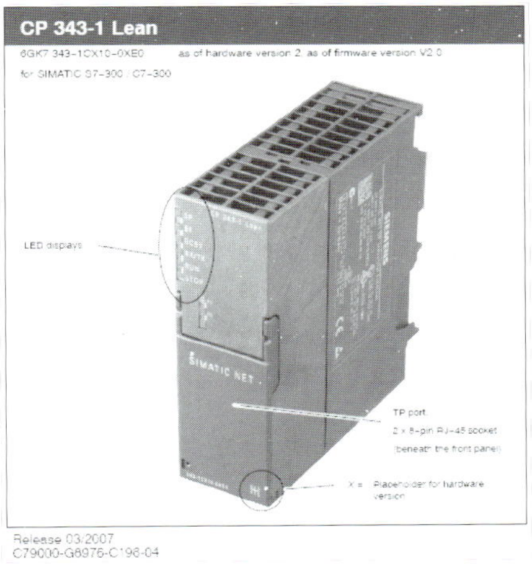

② CIMON에서 사용할 컴퓨터 IP 설정

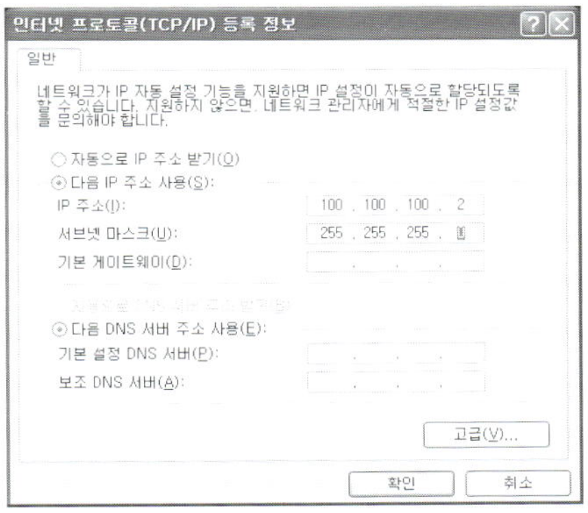

③ 드라이브 선택

Rack 번호와 CPU Slot 번호가 PLC Configuration과 같아야 통신이 이루어 진다.
컴퓨터측 IP=100.100.100.2, PLC측 IP=100.100.100.5로 설정한다.

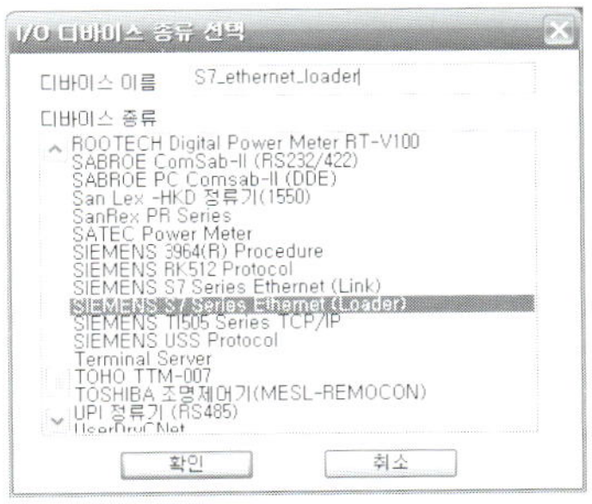

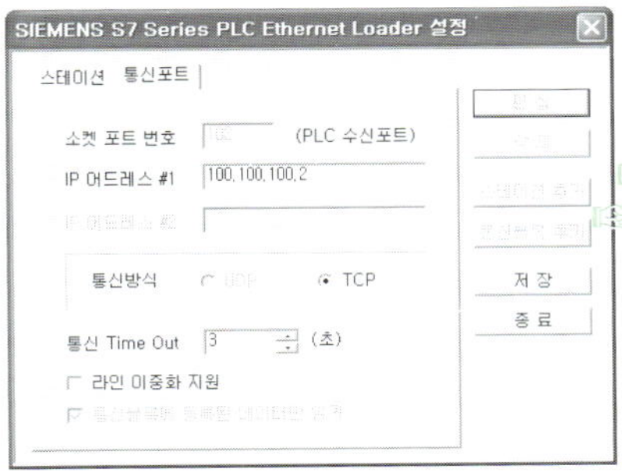

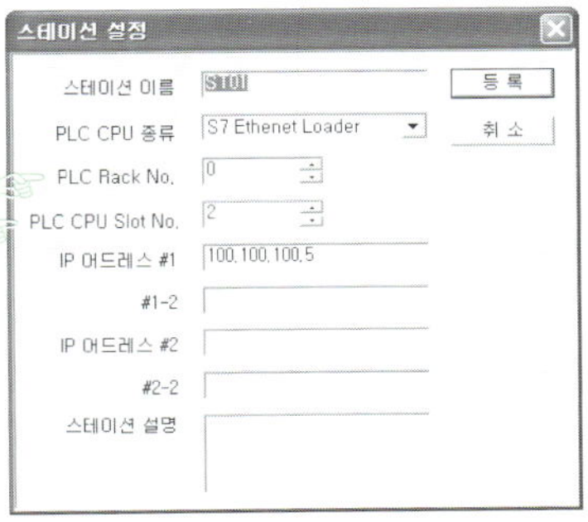

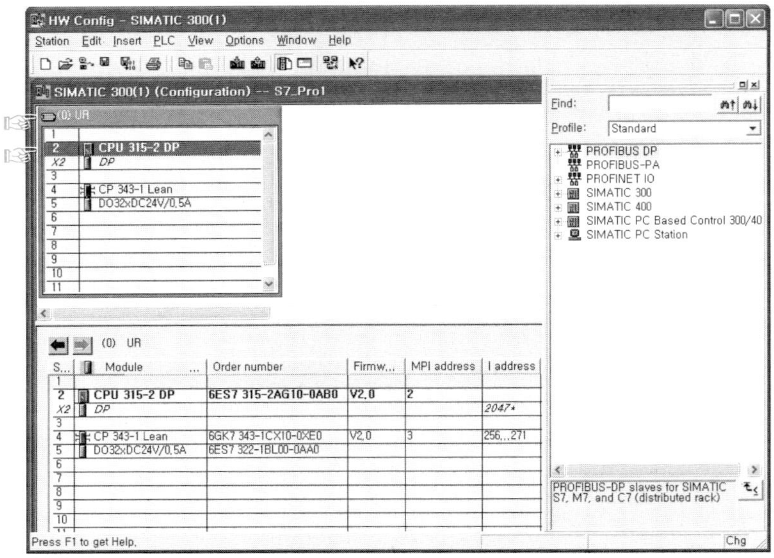
HW Config - SIMATIC 300(1)
Station Edit Insert PLC View Options Window Help
SIMATIC 300(1) (Configuration) -- S7_Pro1
(0) UR
CPU 315-2 DP
DP
CP 343-1 Lean
DO32xDC24V/0.5A
Find:
Profile: Standard
PROFIBUS DP
PROFIBUS-PA
PROFINET IO
SIMATIC 300
SIMATIC 400
SIMATIC PC Based Control 300/40
SIMATIC PC Station
S... Module ... Order number Firmw... MPI address I address
CPU 315-2 DP 6ES7 315-2AG10-0AB0 V2.0 2
DP 2047*
CP 343-1 Lean 6GK7 343-1CX10-0XE0 V2.0 3 256...271
DO32xDC24V/0.5A 6ES7 322-1BL00-0AA0
PROFIBUS-DP slaves for SIMATIC S7, M7, and C7 (distributed rack)
Press F1 to get Help.
Chg

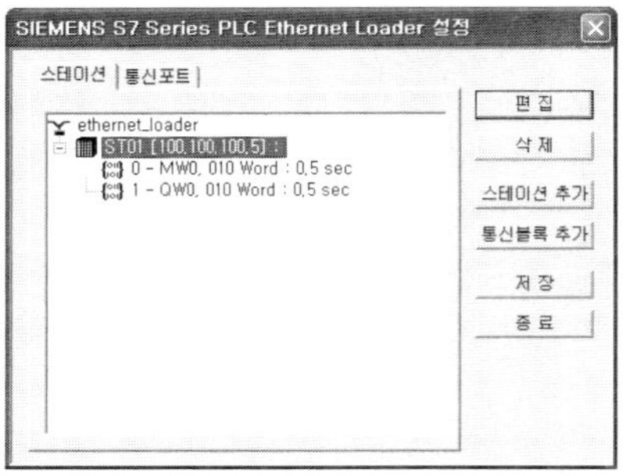
SIEMENS S7 Series PLC Ethernet Loader 설정
스테이션 | 통신포트
ethernet_loader
ST01 [100.100.100.5] :
0 - MW0, 010 Word : 0.5 sec
1 - QW0, 010 Word : 0.5 sec
편 집
삭 제
스테이션 추가
통신블록 추가
저 장
종 료

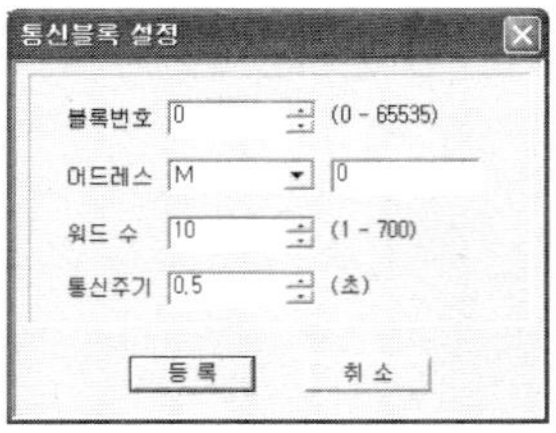
통신블록 설정
블록번호 0 (0 - 65535)
어드레스 M 0
워드 수 10 (1 - 700)
통신주기 0.5 (초)
등 록
취 소

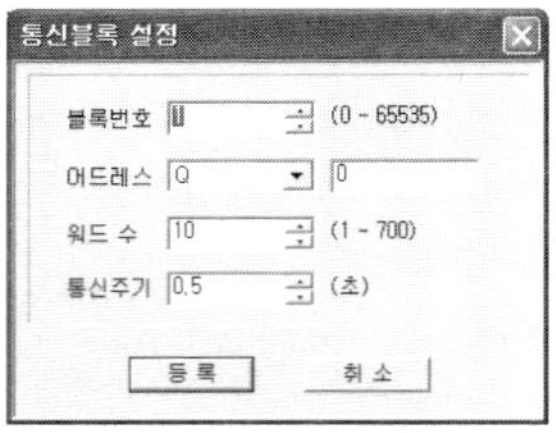
통신블록 설정
블록번호 1 (0 - 65535)
어드레스 Q 0
워드 수 10 (1 - 700)
통신주기 0.5 (초)
등 록
취 소

❹ 데이터베이스 설정

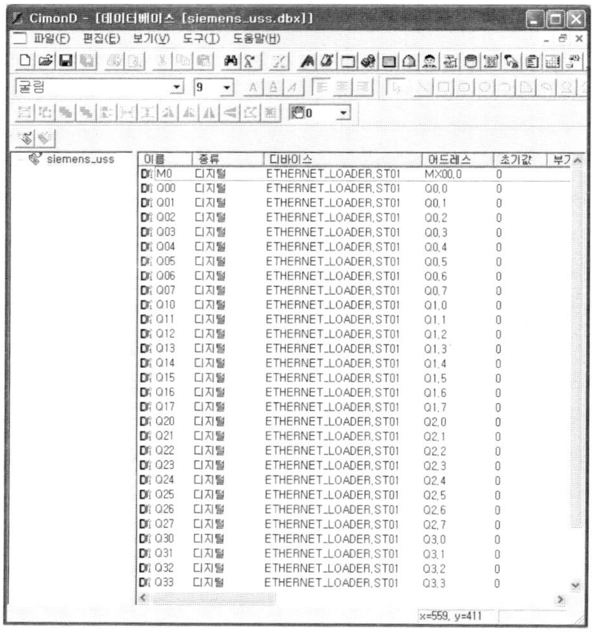
CimonD - [데이터베이스 [siemens_uss.dbx]]
파일(F) 편집(E) 보기(V) 도구(T) 도움말(H)
siemens_uss
이름 종류 디바이스 어드레스 초기값
M0 디지털 ETHERNET_LOADER.ST01 MX00.0 0
Q00 디지털 ETHERNET_LOADER.ST01 Q0.0 0
Q01 디지털 ETHERNET_LOADER.ST01 Q0.1 0
Q02 디지털 ETHERNET_LOADER.ST01 Q0.2 0
Q03 디지털 ETHERNET_LOADER.ST01 Q0.3 0
Q04 디지털 ETHERNET_LOADER.ST01 Q0.4 0
Q05 디지털 ETHERNET_LOADER.ST01 Q0.5 0
Q06 디지털 ETHERNET_LOADER.ST01 Q0.6 0
Q07 디지털 ETHERNET_LOADER.ST01 Q0.7 0
Q10 디지털 ETHERNET_LOADER.ST01 Q1.0 0
Q11 디지털 ETHERNET_LOADER.ST01 Q1.1 0
Q12 디지털 ETHERNET_LOADER.ST01 Q1.2 0
Q13 디지털 ETHERNET_LOADER.ST01 Q1.3 0
Q14 디지털 ETHERNET_LOADER.ST01 Q1.4 0
Q15 디지털 ETHERNET_LOADER.ST01 Q1.5 0
Q16 디지털 ETHERNET_LOADER.ST01 Q1.6 0
Q17 디지털 ETHERNET_LOADER.ST01 Q1.7 0
Q20 디지털 ETHERNET_LOADER.ST01 Q2.0 0
Q21 디지털 ETHERNET_LOADER.ST01 Q2.1 0
Q22 디지털 ETHERNET_LOADER.ST01 Q2.2 0
Q23 디지털 ETHERNET_LOADER.ST01 Q2.3 0
Q24 디지털 ETHERNET_LOADER.ST01 Q2.4 0
Q25 디지털 ETHERNET_LOADER.ST01 Q2.5 0
Q26 디지털 ETHERNET_LOADER.ST01 Q2.6 0
Q27 디지털 ETHERNET_LOADER.ST01 Q2.7 0
Q30 디지털 ETHERNET_LOADER.ST01 Q3.0 0
Q31 디지털 ETHERNET_LOADER.ST01 Q3.1 0
Q32 디지털 ETHERNET_LOADER.ST01 Q3.2 0
Q33 디지털 ETHERNET_LOADER.ST01 Q3.3 0
x=559, y=411

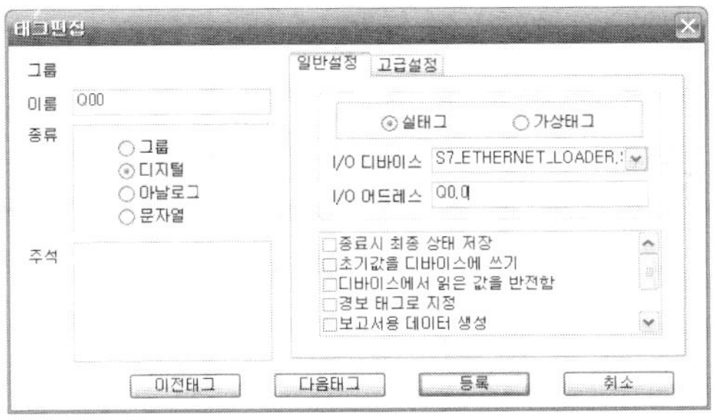

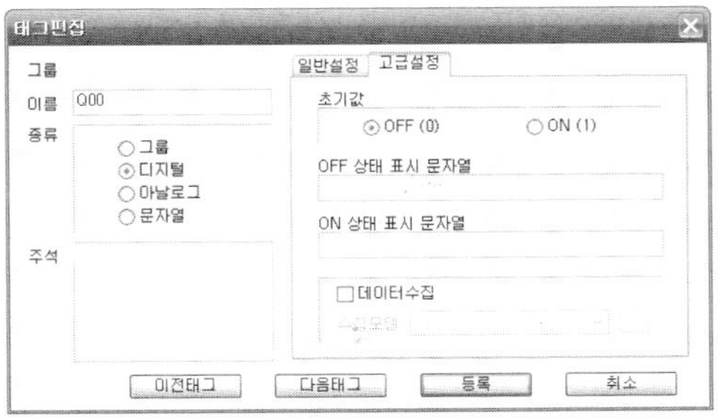

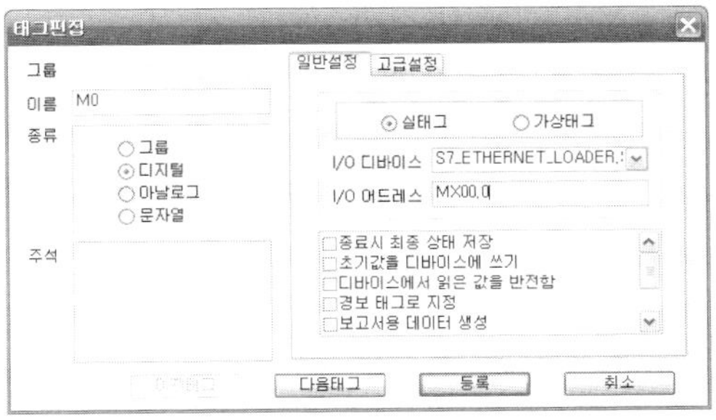

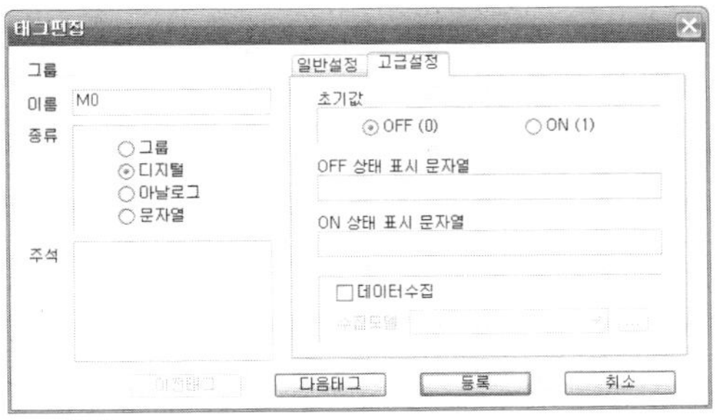

⑤ 랙 번호, CPU 슬롯 번호는 CIMON에서 사용한 번호와 같아야 한다.

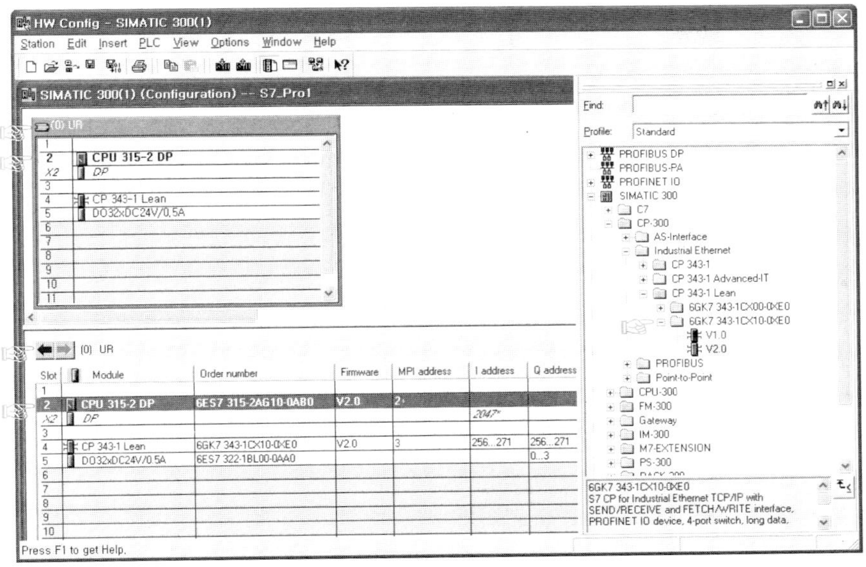

⑥ Configure network를 클릭한다.

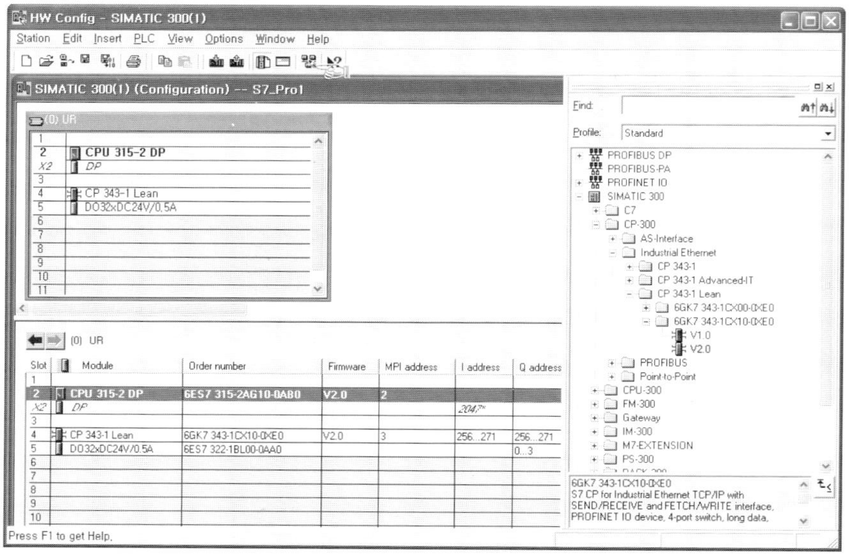

⑦ 설정한 이더넷 카드를 더블클릭한다.

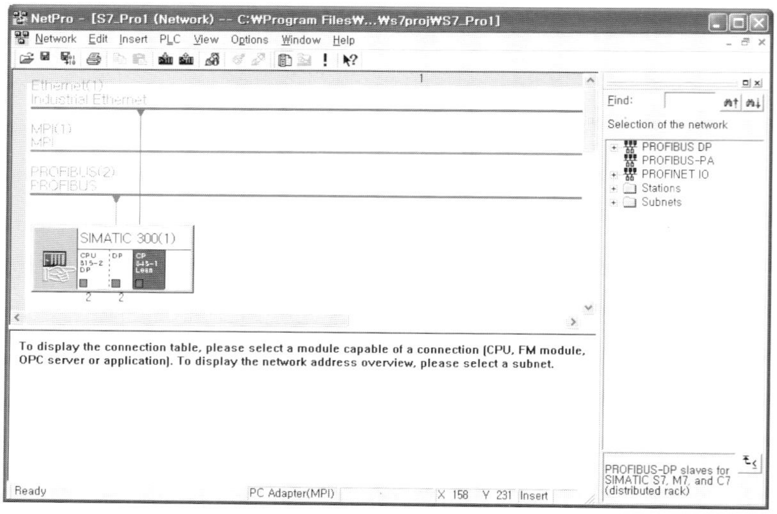

⑧ Properties를 선택한다.

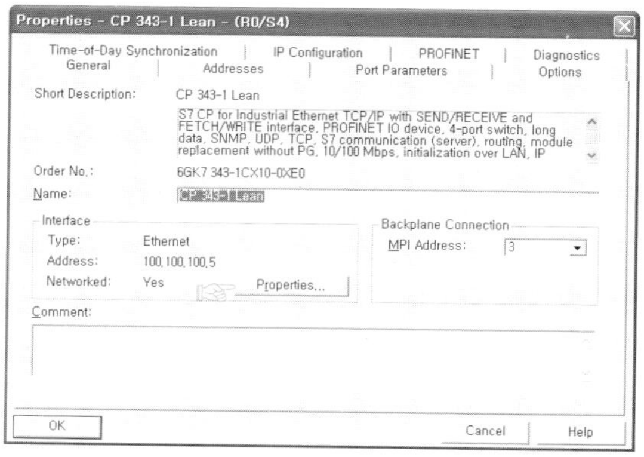

⑨ PLC 자신의 IP를 등록한다.

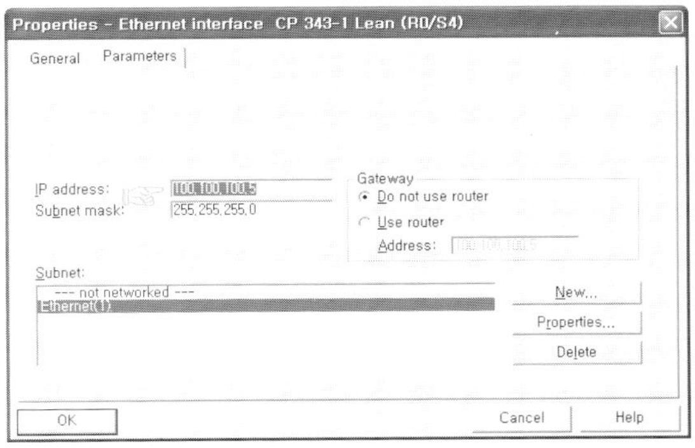

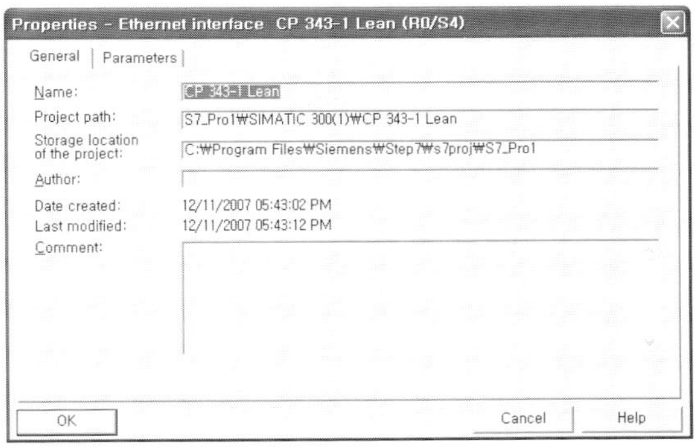

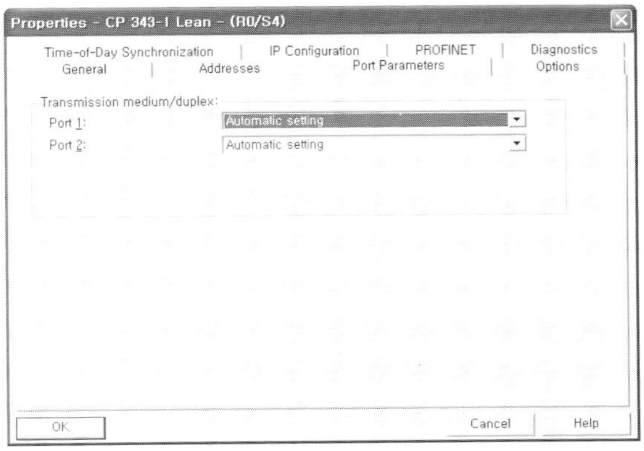

⑩ PLC의 CPU에서 읽기 위해 접속해서 들어올 클라이언트(여기에서는 파트너)를 등록하고, IP와 프로토콜을 등록한다.

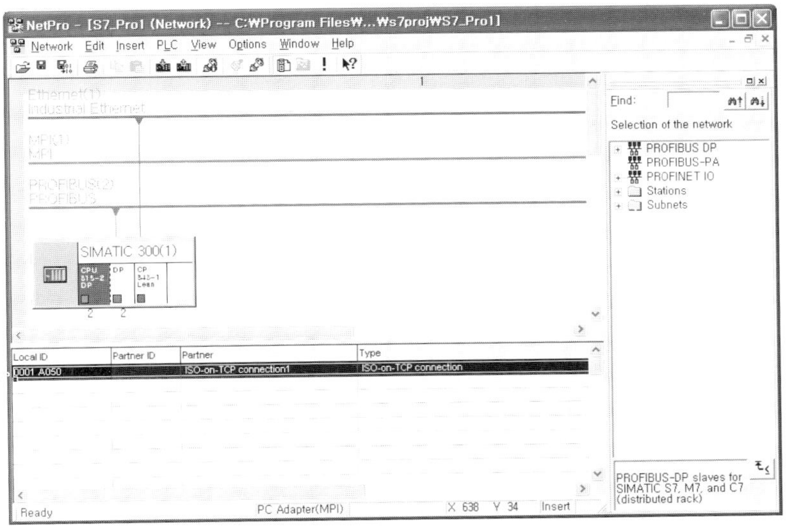

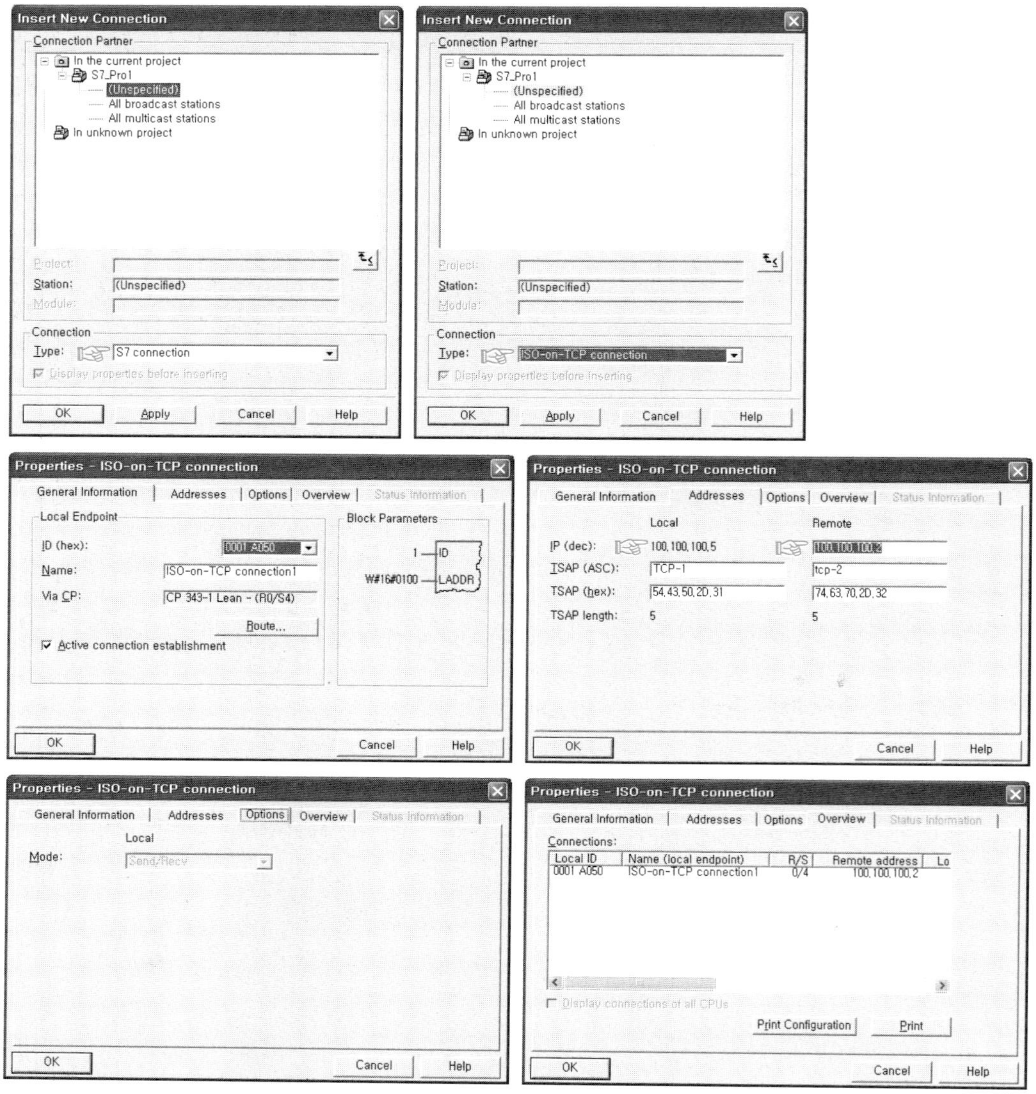

⑪ PLC의 설정 완료 모습

㉮ 편집하기 위해 접속할 MPI 등록

㉯ PLC 이더넷 카드 IP 등록

㉰ 읽기 위해 접속할 클라이언트 IP 등록

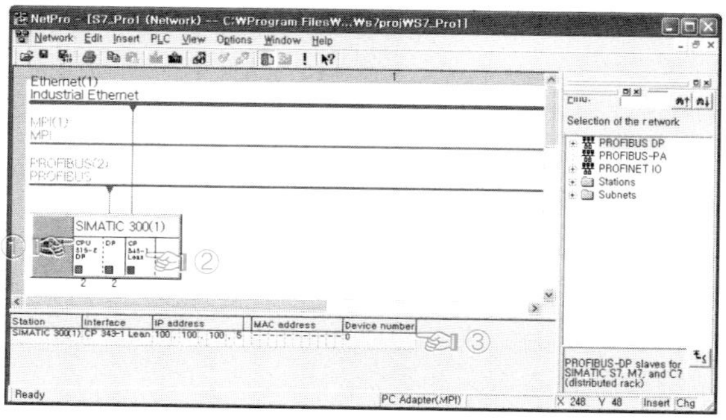

SECTION

62 SIEMENS ETHERNET LOADER 통신(CP343) 예제2

Siemens ethernet loader 통신 예제이다. Srep V5.4 이상에서 Configuration을 설정할 수 있다.

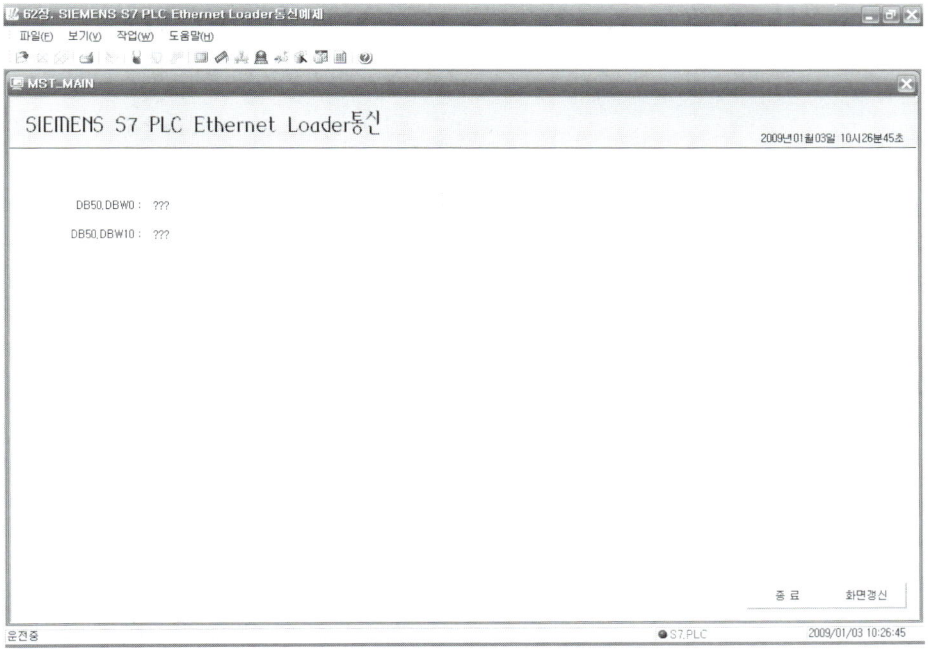

① 시스템 구성도

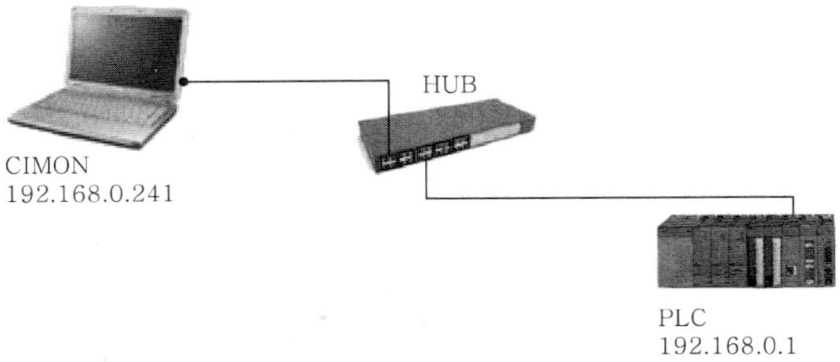

② 시스템 설정

❶ 통신에 사용할 PLC 통신 카드

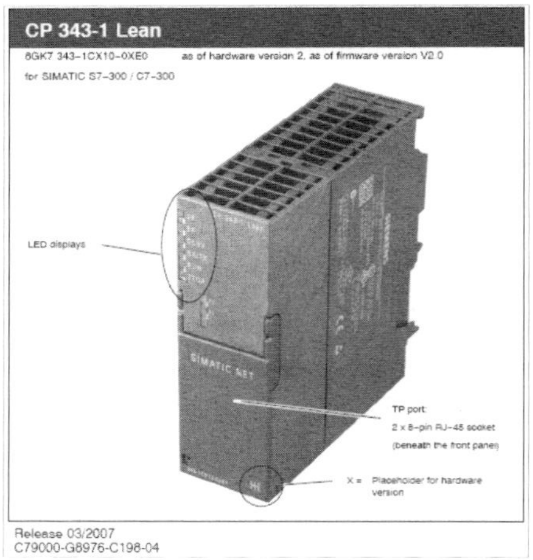

❷ 드라이브 선택

Rack 번호와 CPU Slot 번호가 PLC Configuration과 같아야 통신이 이루어진다.

컴퓨터측 IP=192.168.0.241, PLC측 IP=192.168.0.1로 설정한다.

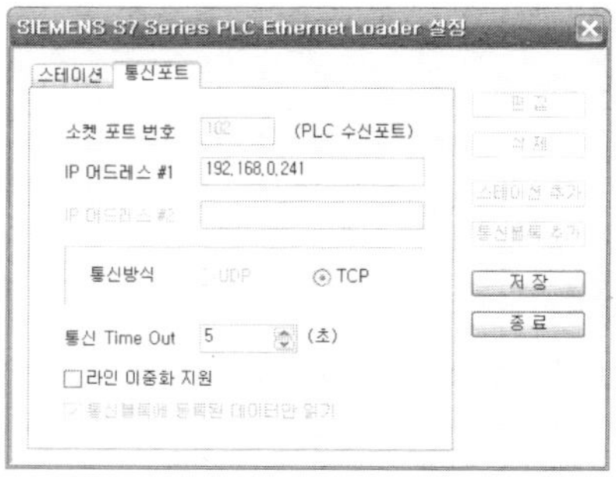

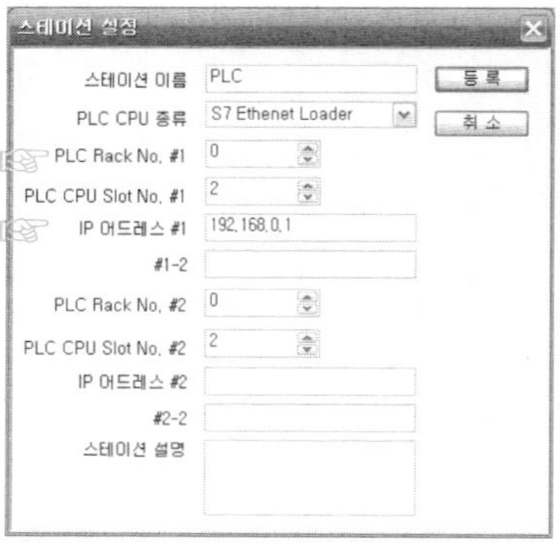

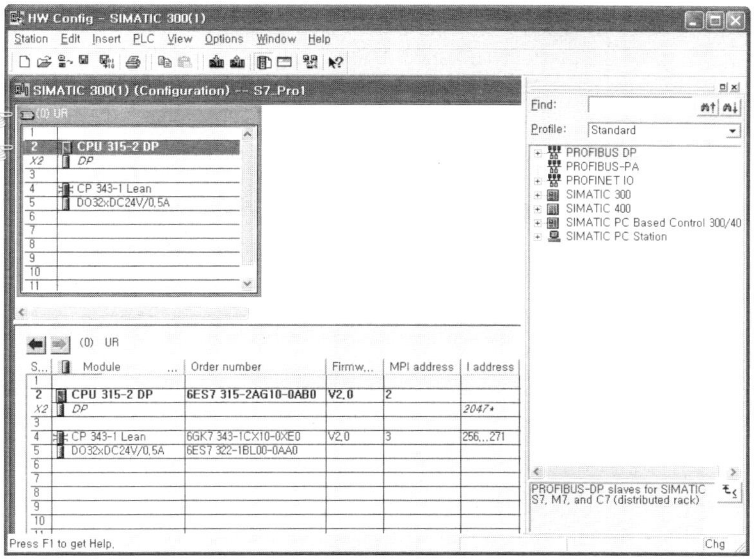

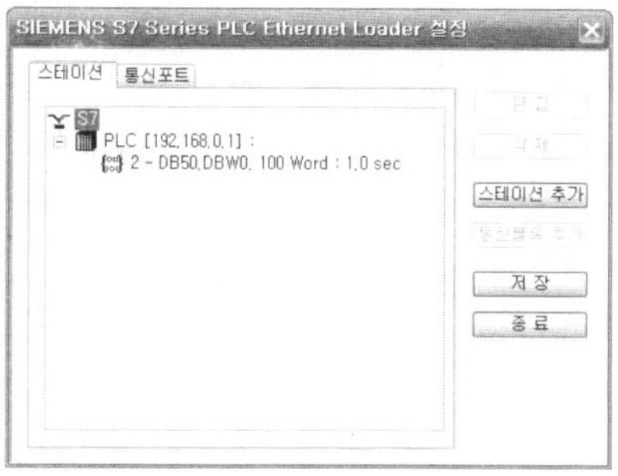

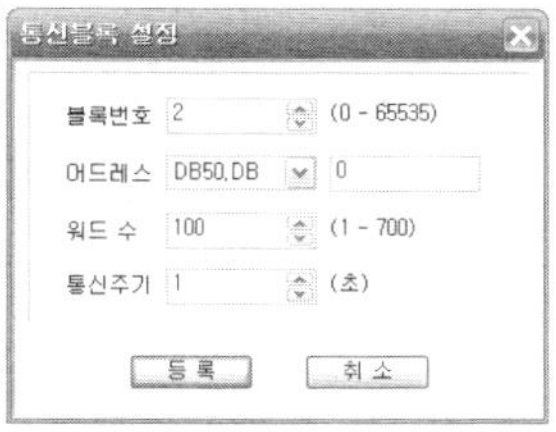

③ 데이터베이스 설정

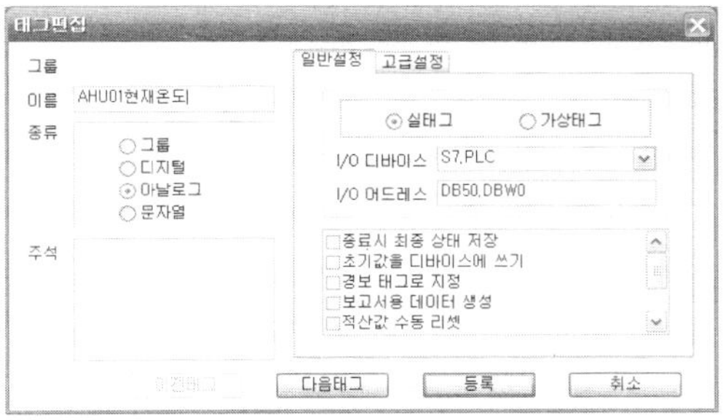

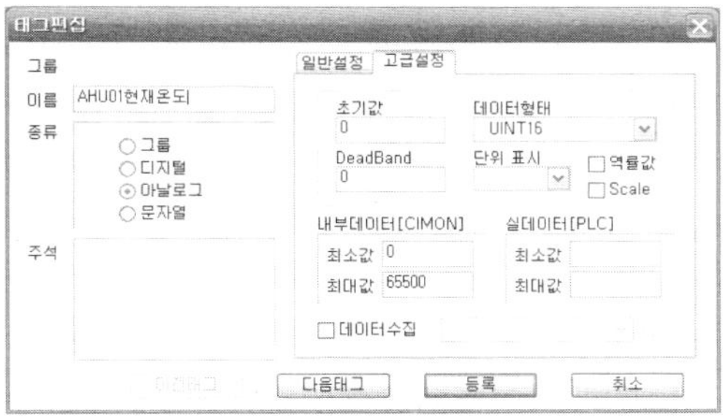

④ 랙 번호, CPU 슬롯 번호는 CIMON에서 사용한 번호와 같아야 한다.

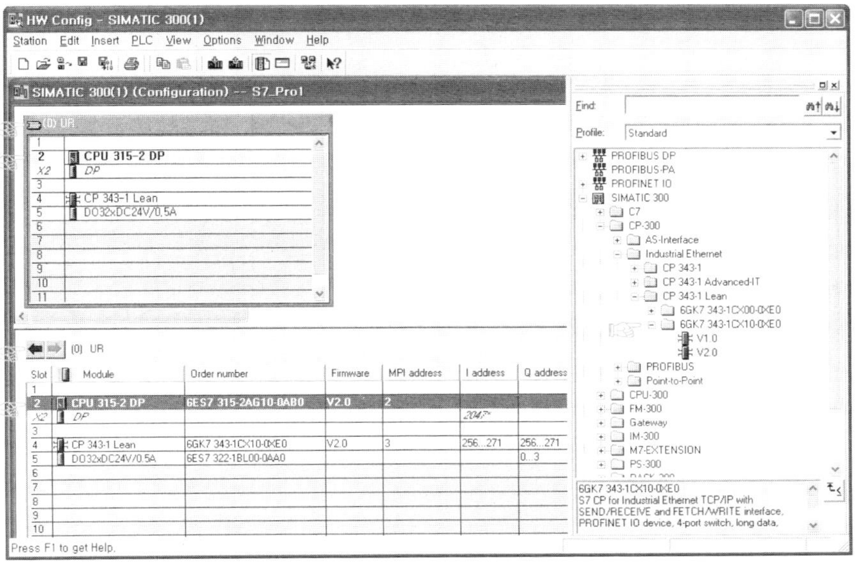

⑤ Configure network를 클릭한다.

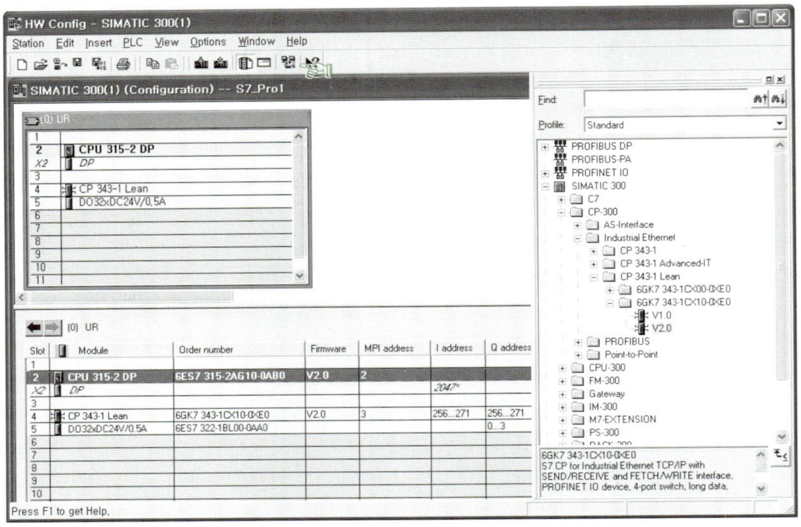

⑥ 설정한 이더넷 카드를 더블클릭한다.

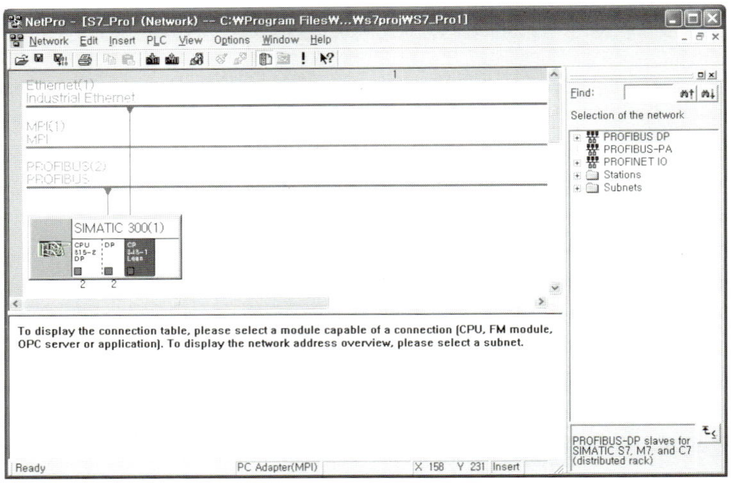

⑦ Properties를 선택한다.

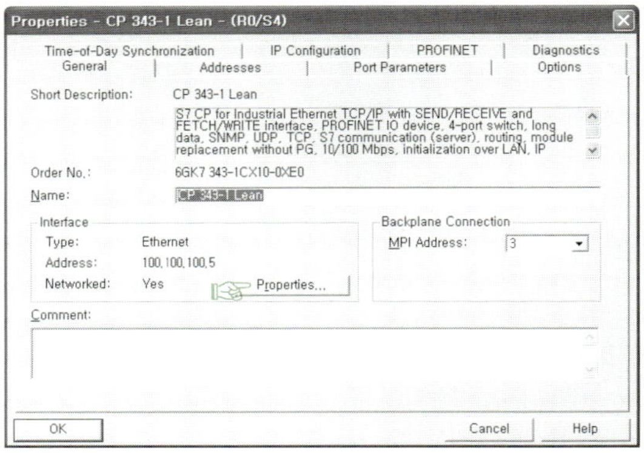

❽ PLC 자신의 IP를 등록한다.

❾ PLC의 CPU에서 읽기 위해 접속해서 들어올 클라이언트(여기에서는 파트너)를 등록하고, IP와 프로토콜을 등록한다.

❿ PLC의 설정 완료 모습

㉮ 편집하기 위해 접속할 MPI 등록

㉯ PLC 이더넷 카드 IP 등록

㉰ 읽기 위해 접속할 클라이언트 IP 등록

SECTION

63 비트를 워드로 워드를 비트로 변환 예제

비트를 워드로 워드를 비트로 변환하는 예제이다. 실태그 2개로 통신을 하고 비트는 워드로 워드는 비트로 분해하여 2워드 32비트 통신을 할 수 있다. 다만 통신에 필요한 최소한의 시간이 필요하다.

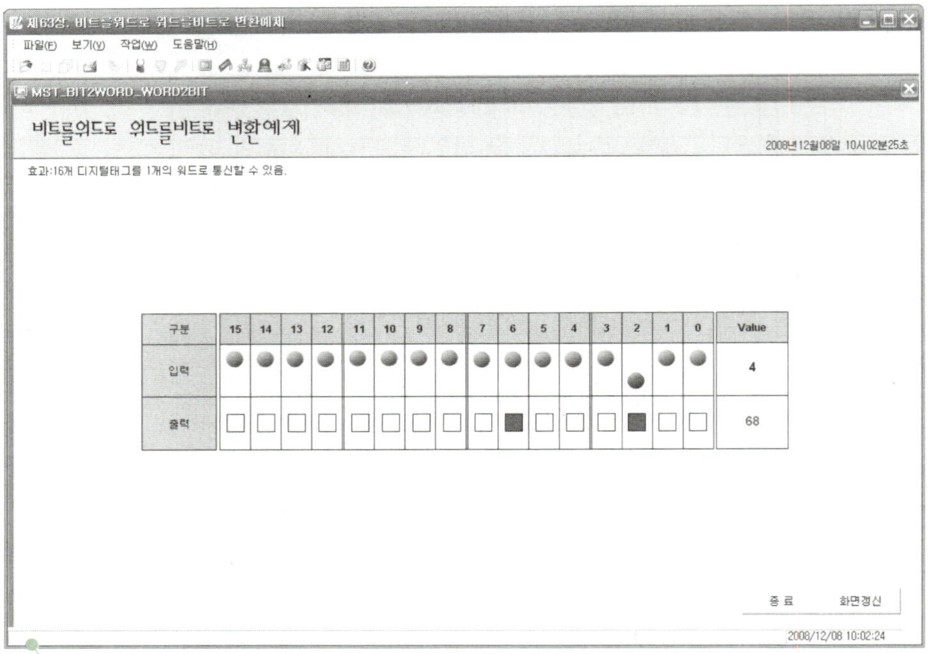

사용한 태그 이름

BIT2WORD.PLC.PLC2CIMON 　'읽기용 실태그
BIT2WORD.PLC.CIMON2PLC 　'쓰기용 실태그

BIT2WORD.CIMON.INPUT.B00 　'입력 가상 태그
BIT2WORD.CIMON.INPUT.B01
BIT2WORD.CIMON.INPUT.B02
BIT2WORD.CIMON.INPUT.B03
BIT2WORD.CIMON.INPUT.B04
BIT2WORD.CIMON.INPUT.B05
BIT2WORD.CIMON.INPUT.B06
BIT2WORD.CIMON.INPUT.B07
BIT2WORD.CIMON.INPUT.B08
BIT2WORD.CIMON.INPUT.B09
BIT2WORD.CIMON.INPUT.B10
BIT2WORD.CIMON.INPUT.B11
BIT2WORD.CIMON.INPUT.B12
BIT2WORD.CIMON.INPUT.B13
BIT2WORD.CIMON.INPUT.B14
BIT2WORD.CIMON.INPUT.B15

BIT2WORD.CIMON.OUTPUT.B00 　'출력 가상 태그
BIT2WORD.CIMON.OUTPUT.B01
BIT2WORD.CIMON.OUTPUT.B02
BIT2WORD.CIMON.OUTPUT.B03
BIT2WORD.CIMON.OUTPUT.B04
BIT2WORD.CIMON.OUTPUT.B05
BIT2WORD.CIMON.OUTPUT.B06
BIT2WORD.CIMON.OUTPUT.B07

BIT2WORD.CIMON.OUTPUT.B08
BIT2WORD.CIMON.OUTPUT.B09
BIT2WORD.CIMON.OUTPUT.B10
BIT2WORD.CIMON.OUTPUT.B11
BIT2WORD.CIMON.OUTPUT.B12
BIT2WORD.CIMON.OUTPUT.B13
BIT2WORD.CIMON.OUTPUT.B14
BIT2WORD.CIMON.OUTPUT.B15

1 프로그램 흐름

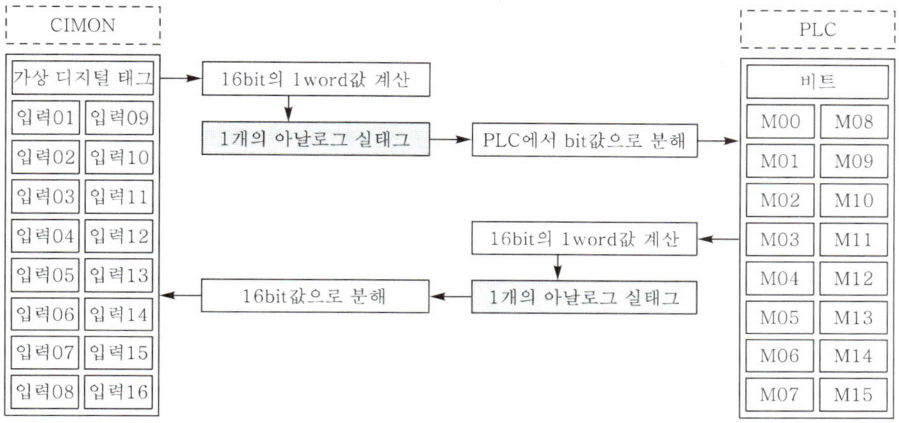

2 16개 비트를 1개의 워드 데이터로 변환하는 스크립트

```
Sub do_16bits_convert_1word()

'delay time definition
UDelay = 200

'계속 반복
While 1
    '1. Calculated word value initialize
    Output_WordValue = 0

    '2. Boolean Number making
    For i = 0 To 15
        'tag name decare ← User Setting(  )
        UTAG$ = "BIT2WORD.CIMON.OUTPUT.B" + Format(I,"0#")
        'CiMON Bit value reading
        CiMON_BitStatus = GetTagVal (UTAG$)
        'Accumulate CiMON bit value to Word value
        If CiMON_BitStatus = 1 Then
```

```
                Output_WordValue = Output_WordValue + (2 ^ i)
        Next

        '3. Writing to PLC as a word value
        'PLC D tag decare ← User Setting(   )
        Dtag = "BIT2WORD.PLC.CIMON2PLC"
        SetTagVal Dtag,Output_WordValue

        'delay
        Sleep (UDelay)
WEnd

End Sub
```

③ 1개의 워드 데이터를 16개 비트로 변환하는 스크립트

```
Sub do_1word_convert_16bits()

Dim Bit(16)

'delay time
UDelay = 20

While 1
        'Bit value definition
        Bit(0)  = &H1&
        Bit(1) = &H2&
        Bit(2) = &H4&
        Bit(3)  = &H8&
        Bit(4)  = &H10&
        Bit(5) = &H20&
        Bit(6) = &H40&
        Bit(7)  = &H80&
        Bit(8)  = &H100&
        Bit(9) = &H200&
        Bit(10)= &H400&
        Bit(11) = &H800&
        Bit(12) = &H1000&
        Bit(13)= &H2000&
        Bit(14) = &H4000&
        Bit(15) = &H8000&
```

```
        '1. PLC D tag decare ← User Setting( )
        PLC_Dtag = "BIT2WORD.PLC.PLC2CIMON"

        '2. PLC Word reading
        PLC_DValue = GetTagVal (PLC_Dtag)

        '3. Separate to bit
        For i = 0 To 15
                'Bit And calculation
                CIMON_Bit = PLC_DValue And Bit(i)
                'tag name decare ← User Setting( )
                UTAG$ = "BIT2WORD.CIMON.INPUT.B" + Format(I,"0#")
                'writing to CiMON bit tag
                SetTagVal UTAG$, CIMON_Bit
        Next

        'delay
        Sleep (UDelay)
WEnd

End Sub
```

SECTION

64 시퀀스 타입 에러 체크 방법

시퀀스 타입의 에러 체크 방법이다.

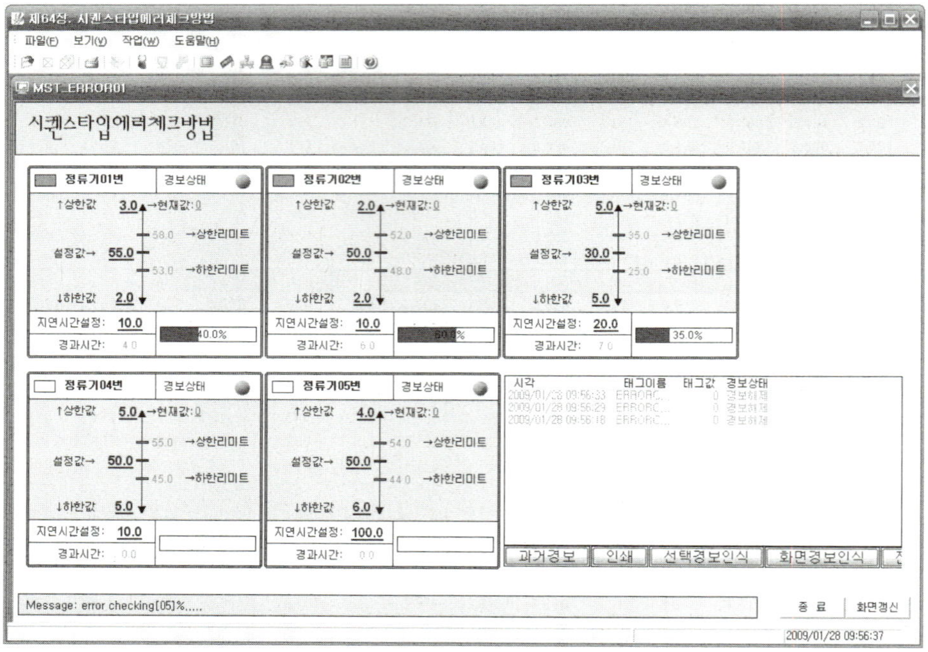

1 에러 체크 스크립트

```
Sub do_check_error()

Dim up_limit(10)      As Single
Dim down_limit(10) As Single
Dim pv(10)             As Integer
Dim sv(10)             As Integer
Dim runstatus(10)    As Integer
Dim Time_ec(10)      As Integer
Dim Time_sv(10)      As Integer

'초기화 : 사용 개수 입력
no# = 5

'계속 점검
While 1
      'Part 1 : 상한 리미트, 하한 리미트, RUN 상태, 경보 지속 시간 계산 : 쓰기 시간이 필요없는 부분
      For i = 1 to no#

            '1. 상한, 하한 리미트=(설정값+상한 편차값), (설정값-하한 편차값)
            up_limit(i) =    GetTagVal ("ERRORCHK.SV.VALUE" + Format (i,"0#")) + _
                             GetTagVal ("ERRORCHK.UP.VALUE" + Format (i,"0#"))
            down_limit(i) = GetTagVal ("ERRORCHK.SV.VALUE" + Format (i,"0#")) - _
                             GetTagVal ("ERRORCHK.DN.VALUE" + Format (i,"0#"))

            '2. 태그값 쓰기 : 상한 리미트값, 하한 리미트값
            SetTagVal ("ERRORCHK.UPLIMIT.VALUE" + Format (i,"0#")), up_limit(i)
            SetTagVal ("ERRORCHK.DNLIMIT.VALUE" + Format (i,"0#")), down_limit(i)

            '3. 태그값 읽기 : 현재값, 설정값
            pv(i) = GetTagVal ("ERRORCHK.PV.VALUE" + Format (i,"0#"))
            sv(i) = GetTagVal ("ERRORCHK.SV.VALUE" + Format (i,"0#"))

            '4. RUN 상태 읽기
            runstatus(i) = GetTagVal ("ERRORCHK.RUN.SW" + Format (i,"0#"))

            '5. 경보 지속 시간 계산 : 가동 상태에서 상한, 하한 이탈 시 지속 시간 증가, 에러 상태에 도
               달하면
            '더이상 시간 증가는 필요 없음
            If (runstatus(i) = 1) And (pv(i) > up_limit(i) Or pv(i) < down_limit(i)) Then
                  If GetTagVal ("ERRORCHK.TIME_EC.VALUE" + Format (i,"0#")) <= _
                     GetTagVal ("ERRORCHK.TIME_SV.VALUE" + Format (i,"0#")) Then
```

```
                        SetTagVal ("ERRORCHK.TIME_EC.VALUE" + Format (i,"0#")), _
                        (GetTagVal ("ERRORCHK.TIME_EC.VALUE" + Format (i,"0#")) + 1)
                End If
            Else
                SetTagVal ("ERRORCHK.TIME_EC.VALUE" + Format (i,"0#")), 0
            End If
        Next I

        'Part 2 : 경보 상태 쓰기 ****************
        'PLC에 쓰기가 없어 지연 시간은 불필요
        For i = 1 to no#
            '1. 경보 설정 시간, 지속 시간 읽기
            Time_sv(i) = GetTagVal ("ERRORCHK.TIME_SV.VALUE" + Format (i,"0#"))
            Time_ec(i) = GetTagVal ("ERRORCHK.TIME_EC.VALUE" + Format (i,"0#"))
            '경보 출력 : 가상태에 출력, PLC 출력은 경보 발생 시, 해제 시 1회만 한다.
            If runstatus(i) = 1 And Time_ec(i) > Time_sv(i) Then
                If GetTagVal ("ERRORCHK.ERROR.SW" + Format (i,"0#")) = 0 Then
                        SetTagVal ("ERRORCHK.ERROR.SW" + Format (i,"0#")), 1
                        PlaySound "sound_success"
                End If
            Else
                If GetTagVal ("ERRORCHK.ERROR.SW" + Format (i,"0#")) = 1 Then
                        SetTagVal ("ERRORCHK.ERROR.SW" + Format (i,"0#")), 0
                        PlaySound "sound_success"
                End If
            End If
        Next i

        'Part 3 : message ******************
        progress$ = ""
        For i = 1 to 10
            progress$ = progress$ + "."
            SetTagVal "ERRORCHK.MESSAGE", "error checking[" + Format(i, "0#") + "]%" + progress$
            Sleep (100)
        Next i
WEnd

End Sub
```

SECTION

65 인아코포레숀사 서보 모터 통신 예제

인아코포레숀사 서보 모터 통신 예제이다.

1 시스템 구성도

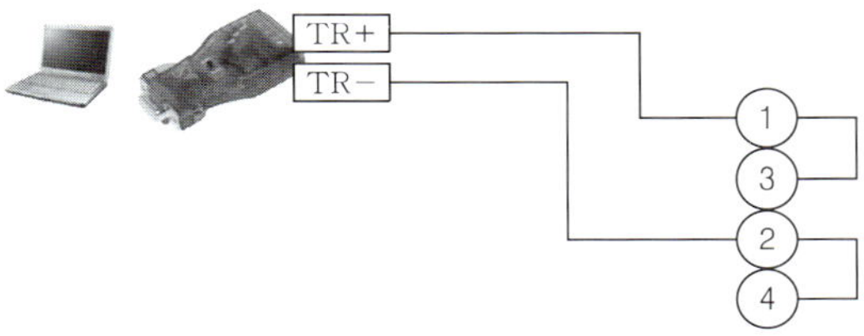

2 통신 드라이브 설치

❶ NcBoy.dll, Driver.Lst의 파일을 CIMON-HMI가 설치되어 있는 폴더에 복사한다. Driver.lst 파일의 내용은 아래와 같다(메모장으로 편집한다).

NcBoy, NcBoy.dll, 인아코포레숀 BS Servo V Series

❷ CIMON-HMI가 설치되어 있는 디렉터리에 있는 Patch.exe를 실행한다.

❸ 'I/O 디바이스 드라이버 추가'라는 다이얼로그 박스가 나타나면 확인 버튼을 누른다.

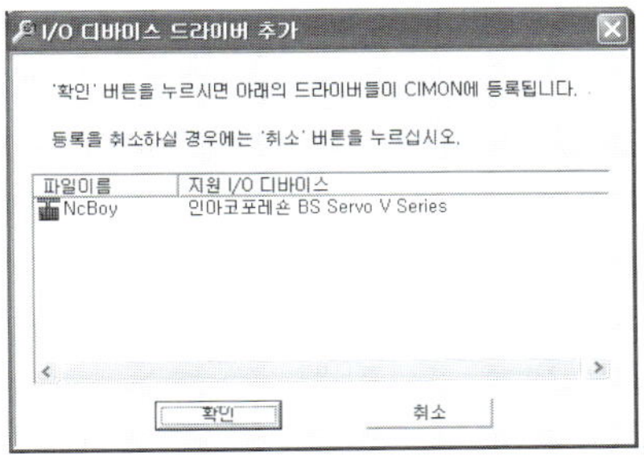

BS Servo V Series 디바이스를 설정하기 위해서는 도구 메뉴의 I/O 디바이스를 선택하여 I/O 디바이스 설정 대화 상자를 표시한 다음, 이 대화 상자에서 새 디바이스 버튼을 선택한다. 이 버튼을 선택하면 I/O 디바이스 종류 선택 대화 상자가 표시된다. 이 대화 상자에서 인아코포레숀 BS Servo V Series를 선택한다.

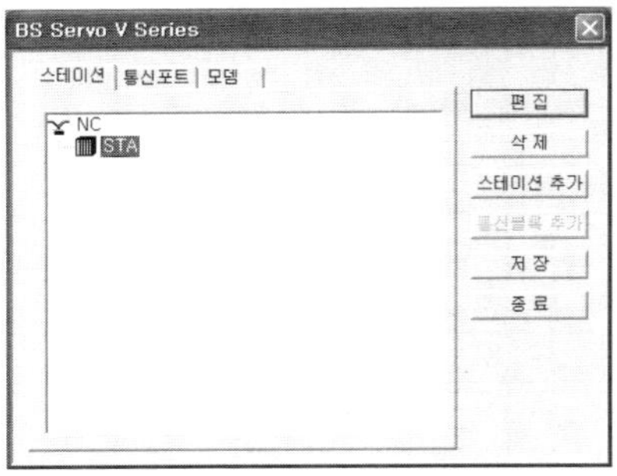

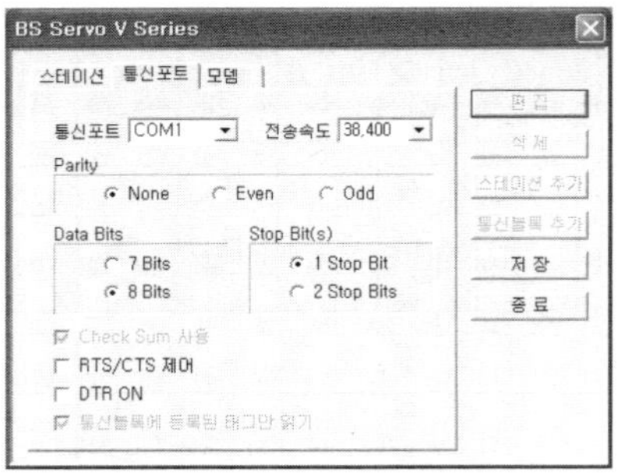

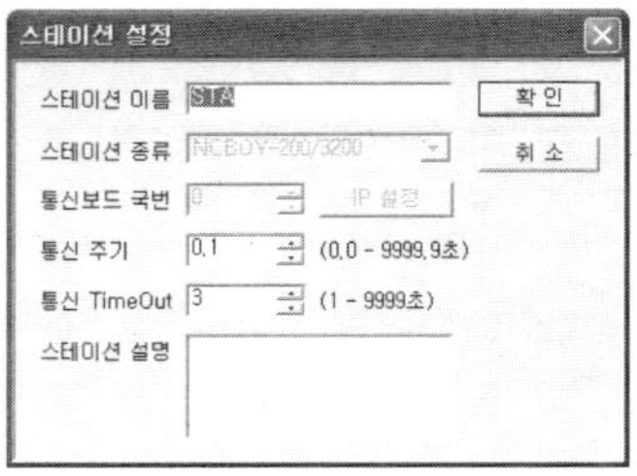

3 어드레스 테이블

데이터베이스의 태그 편집 시 어드레스는 다음과 같다.

식별자	어드레스	데이터 타입	읽기/쓰기
R	00 ~ FF	디지털/아날로그	Read
L	00 ~ FF	디지털/아날로그	Write

4 어드레스 표현

데이터베이스 편집 시 어드레스는 다음과 같이 표현한다.

식별자	워드 어드레스	비트 어드레스

5 디지털 태그일 경우

식별자	어드레스

예 NCBOY 기기의 0번 비트 : L00
예 NCBOY 기기의 15번 비트 : L0F
예 NCBOY 기기의 16번 비트 : L10
예 NCBOY 기기의 30번 비트 : L1E

6 아날로그 태그일 경우

식별자	어드레스

예 NCBOY의 0번을 바이트로 읽을 경우 → 어드레스 : L00, 데이터 타입 : UINT8

예 NCBOY의 0번을 워드로 읽을 경우 → 어드레스 : L00, 데이터 타입 : UINT16

예 NCBOY의 0번을 더블워드로 읽을 경우 → 어드레스 : L00, 데이터 타입 : UINT32

주의 아날로그 태그의 어드레스 입력 시 비트 어드레스는 '0' 혹은 '8' 두 가지만 입력 가능하다.

SECTION

66 화면 확대 · 축소 예제

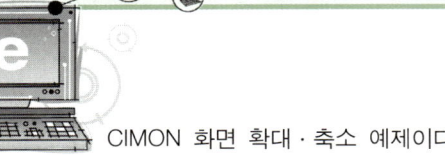

CIMON 화면 확대 · 축소 예제이다.

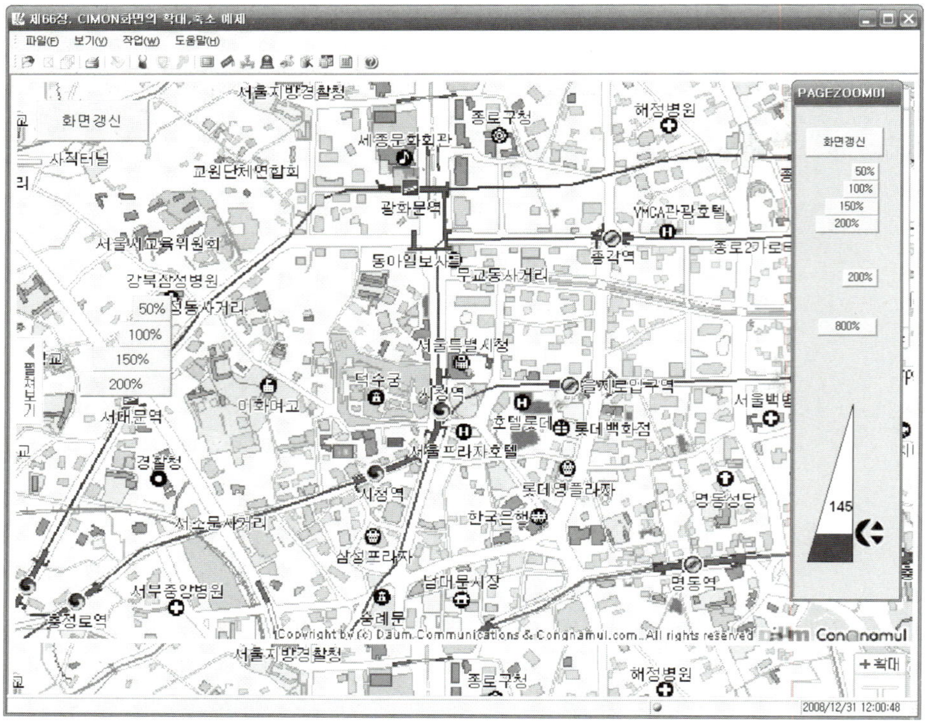

1 페이지 설정

화면 페이지 설정에서 부분 확대가 체크되어 있어야 마우스 드래그로 화면 확대를 할 수 있다.

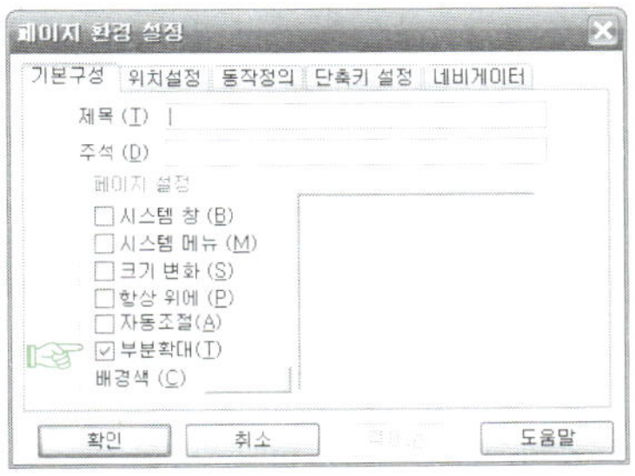

2 화면 50% 오브젝트 설정

ZoomPos(“그래픽Page이름”, x, y, Zoom비율)
ZoomPos(“PAGEZOOM02”, 125, 0, 50)

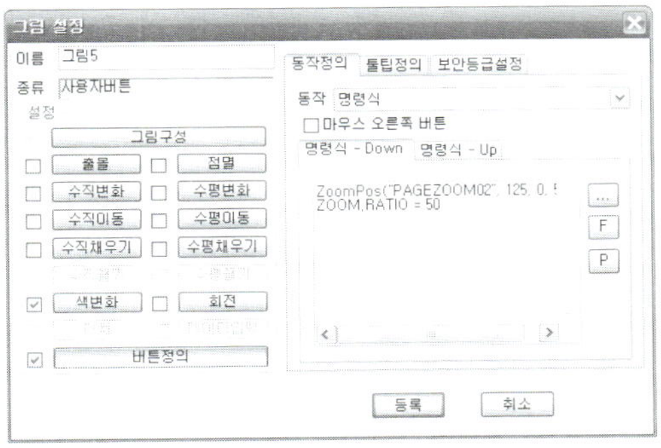

3 화면 150% 오브젝트 설정

ZoomPos(“그래픽Page이름”, x, y, Zoom비율)
ZoomPos(“PAGEZOOM02”, 125, 0, 150)

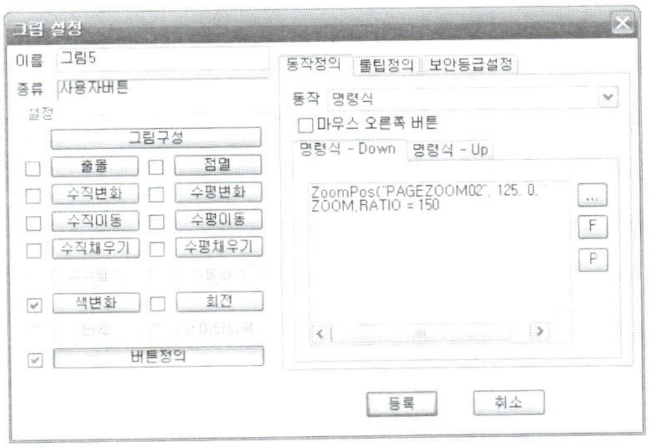

4 화면 확대 · 축소 스크립트

```
Sub do_zoompage()

Ratio = GetTagVal ("ZOOM.RATIO")
ZoomPos "PAGEZOOM02", 125, 0, Ratio

End Sub
```

SECTION

67 마킹기 도트 프린터

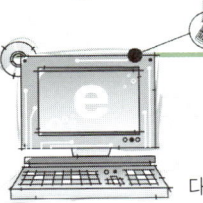

대진 자동 타각기의 도트 마킹 인쇄 예제이다.

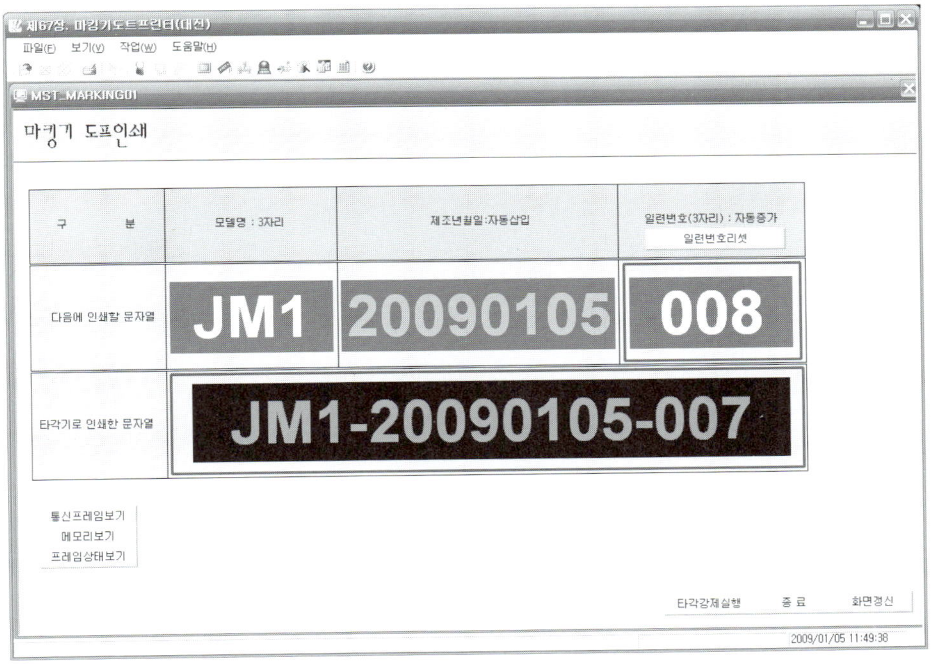

1 통신 화면

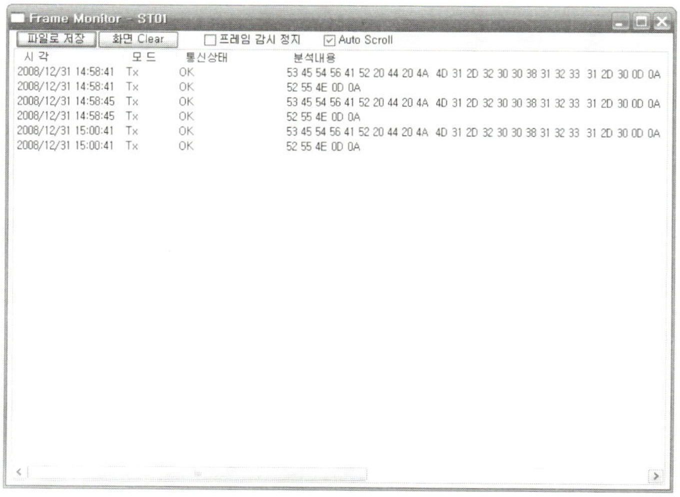

2 시스템 구성도

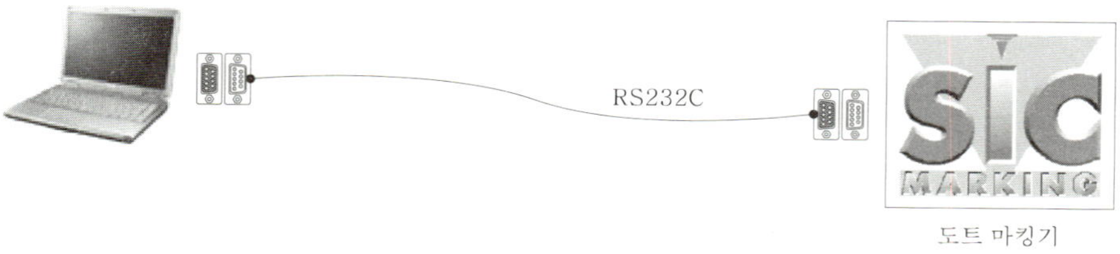

3 통신 케이블

표준 RS232C 케이블

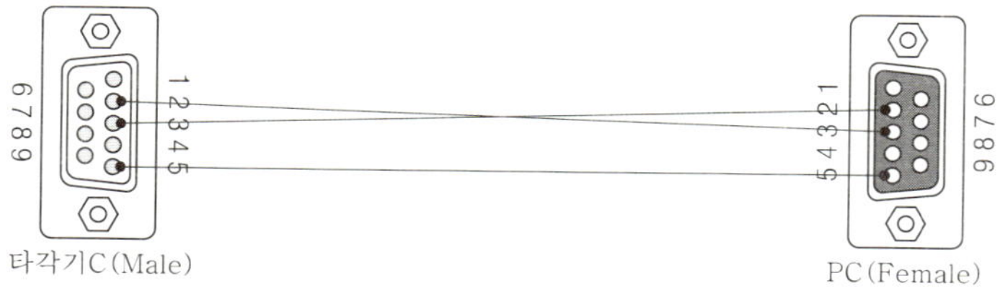

④ 디바이스 설정

❶ 사용자 프로토콜 'UserDrvCNet'를 선택한다.

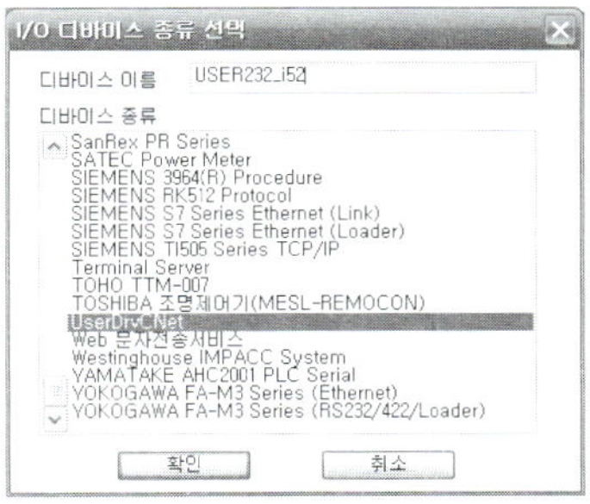

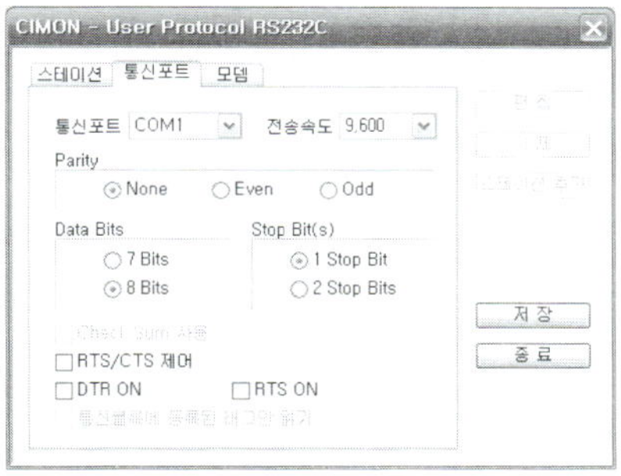

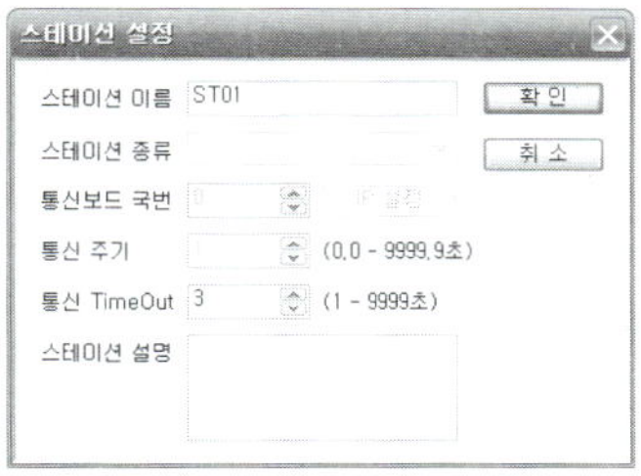

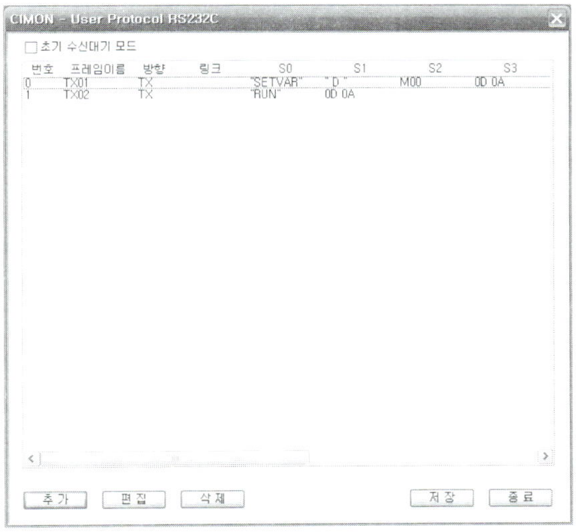

❷ 설정값 전송 프레임

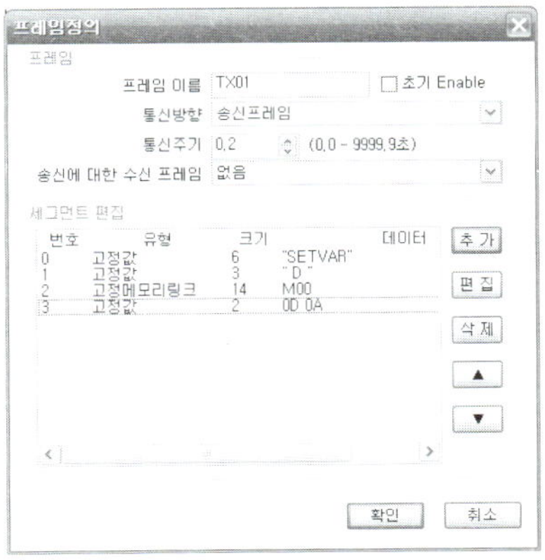

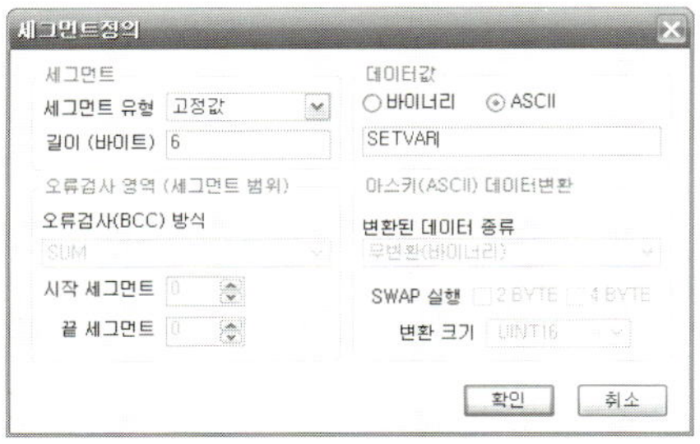
세그먼트정의
세그먼트
세그먼트 유형 고정값
길이 (바이트) 6
데이터값
바이너리 ASCII
SETVAR
오류검사 영역 (세그먼트 범위)
오류검사(BCC) 방식
SUM
시작 세그먼트 0
끝 세그먼트 0
아스키(ASCII) 데이터변환
변환된 데이터 종류
무변환(바이너리)
SWAP 실행 2 BYTE 4 BYTE
변환 크기 UINT16
확인
취소

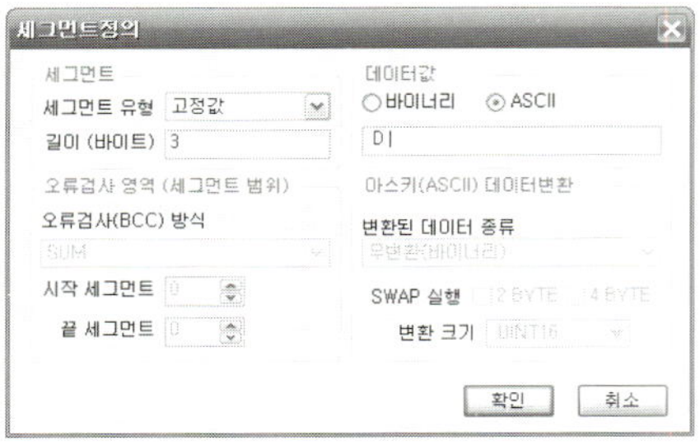
세그먼트정의
세그먼트
세그먼트 유형 고정값
길이 (바이트) 3
데이터값
바이너리 ASCII
D I
오류검사 영역 (세그먼트 범위)
오류검사(BCC) 방식
SUM
시작 세그먼트 0
끝 세그먼트 0
아스키(ASCII) 데이터변환
변환된 데이터 종류
무변환(바이너리)
SWAP 실행 2 BYTE 4 BYTE
변환 크기 UINT16
확인
취소

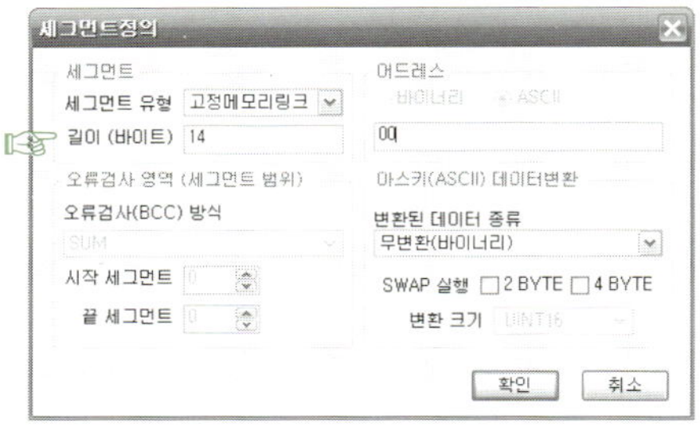
세그먼트정의
세그먼트
세그먼트 유형 고정메모리링크
길이 (바이트) 14
어드레스
바이너리 ASCII
00
오류검사 영역 (세그먼트 범위)
오류검사(BCC) 방식
SUM
시작 세그먼트 0
끝 세그먼트 0
아스키(ASCII) 데이터변환
변환된 데이터 종류
무변환(바이너리)
SWAP 실행 2 BYTE 4 BYTE
변환 크기 UINT16
확인
취소

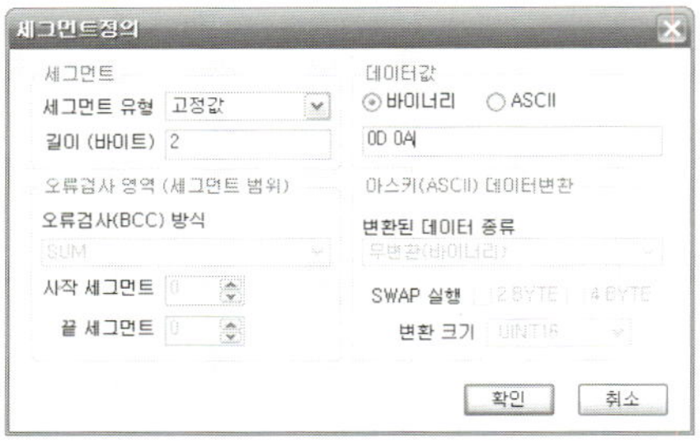
세그먼트정의
세그먼트
세그먼트 유형 고정값
길이 (바이트) 2
데이터값
바이너리 ASCII
0D 0A
오류검사 영역 (세그먼트 범위)
오류검사(BCC) 방식
SUM
시작 세그먼트 0
끝 세그먼트 0
아스키(ASCII) 데이터변환
변환된 데이터 종류
무변환(바이너리)
SWAP 실행 2 BYTE 4 BYTE
변환 크기 UINT16
확인
취소

③ 타각 실행 프레임

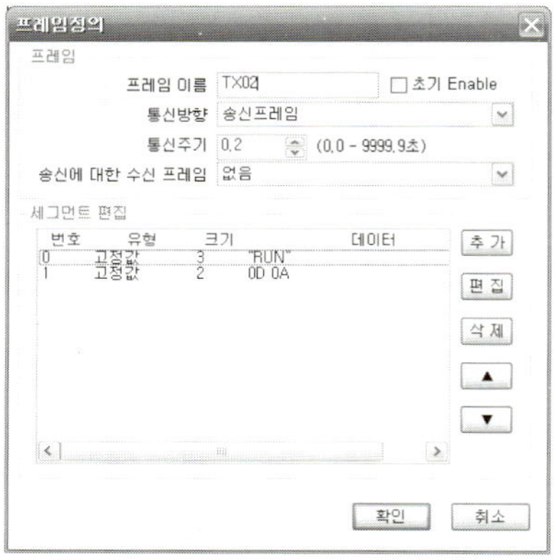
프레임정의
프레임
프레임 이름 TX02
초기 Enable
통신방향 송신프레임
통신주기 0.2 (0.0 - 9999.9초)
송신에 대한 수신 프레임 없음
세그먼트 편집
번호 유형 크기 데이터
0 고정값 3 "RUN"
1 고정값 2 0D 0A
추 가
편 집
삭 제
확인
취소

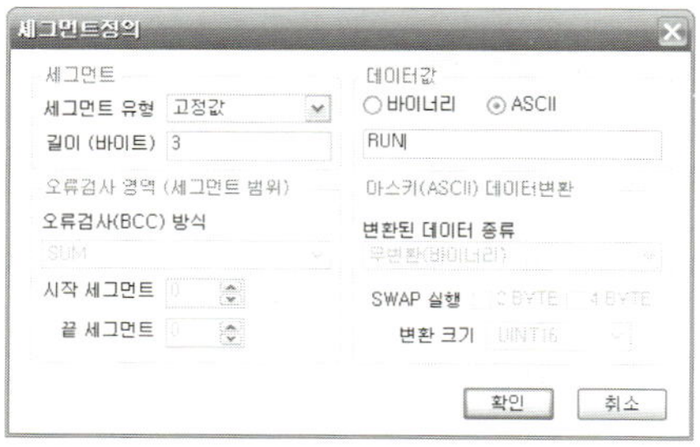
세그먼트정의
세그먼트
세그먼트 유형 고정값
길이 (바이트) 3
데이터값
바이너리 ASCII
RUN
오류검사 영역 (세그먼트 범위)
오류검사(BCC) 방식
SUM
시작 세그먼트 0
끝 세그먼트 0
아스키(ASCII) 데이터변환
변환된 데이터 종류
무변환(바이너리)
SWAP 실행 2 BYTE 4 BYTE
변환 크기 UINT16
확인
취소

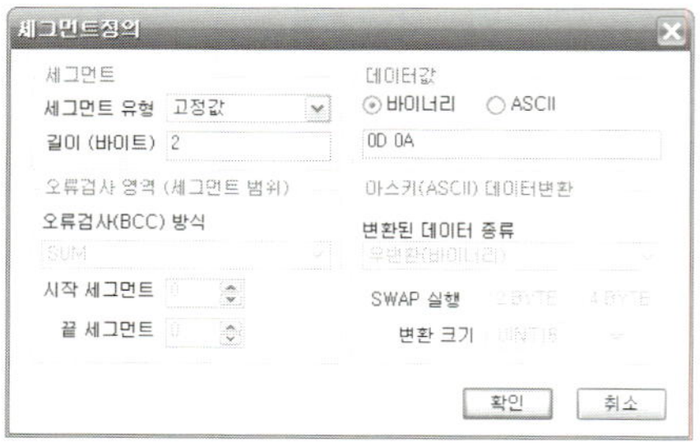
세그먼트정의
세그먼트
세그먼트 유형 고정값
길이 (바이트) 2
데이터값
바이너리 ASCII
0D 0A
오류검사 영역 (세그먼트 범위)
오류검사(BCC) 방식
SUM
시작 세그먼트 0
끝 세그먼트 0
아스키(ASCII) 데이터변환
변환된 데이터 종류
무변환(바이너리)
SWAP 실행 2 BYTE 4 BYTE
변환 크기 UINT16
확인
취소

5 태그 설정

❶ 설정 내용 태그

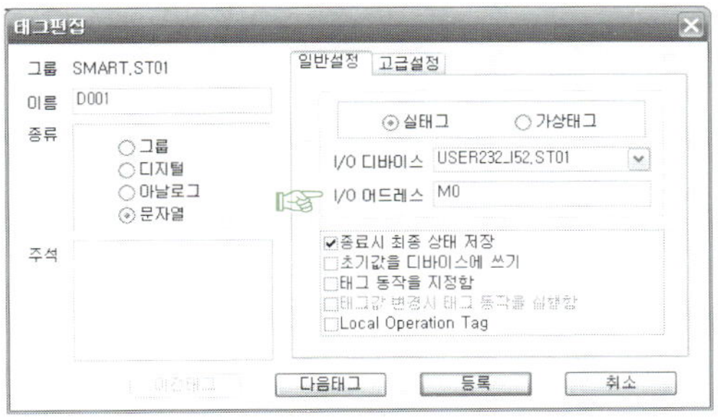

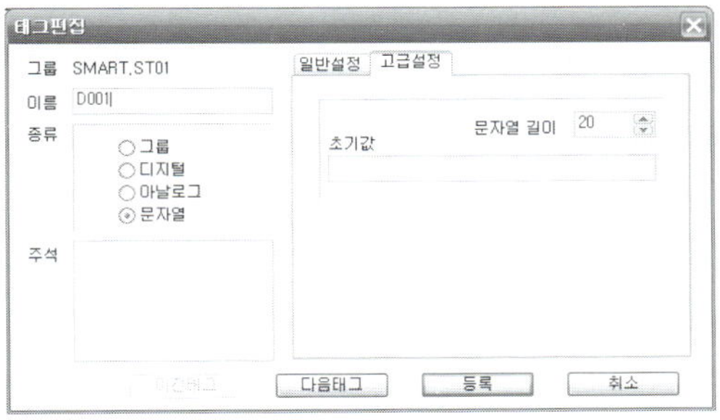

❷ 프레임 전송 태그

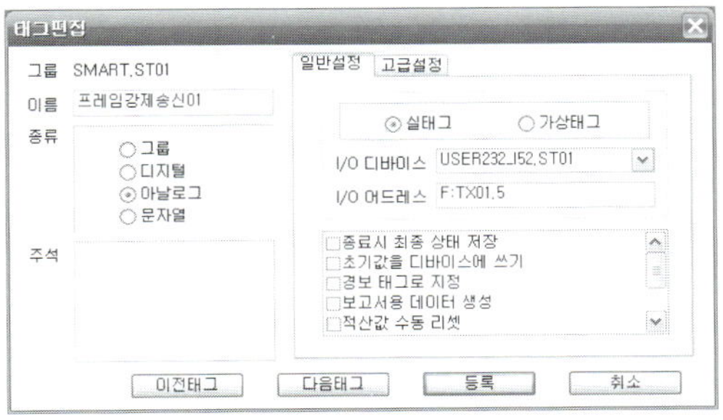

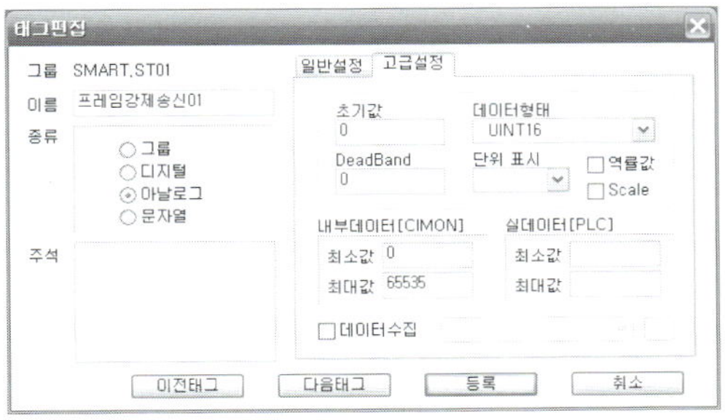

6 타각 실행 스크립트

```
Sub do_send()

'확인
If GetTagVal ("RCP.M00.PRINT") = 0 Then Exit Sub

'이전 완료 대기 시간
Sleep (500)

'제조 연월일 설정
SetTagVal "SMART.ST01.제조연월일",Format$(Now(),"yyyymmdd")

'1****************************************
'모델 이름 3자 + 제조 연월일 + 시리얼 번호 3자
Shead$  = Left$ (GetTagVal ("SMART.ST01.MODEL"), 3)
Spdate$ = GetTagVal ("SMART.ST01.제조연월일")
StailS$ = Left$(GetTagVal ("SMART.ST01.SERIAL"), 3)
```

```
StailN# = Left$(GetTagVal ("SMART.ST01.SERIAL"), 3)

'마킹 문자 없으면 그대로 종료
If Shead$ = "" Then Exit Sub

'타각할 문자 조합(모델 이름+제조 연월일+일련 번호)
USum$ = Shead$ + "-" + Spdate$ + "-" + StailS$

'태그에 쓰기
SetTagVal "SMART.ST01.D001",USum$

'프레임 내용 전송
SetTagVal "SMART.ST01.프레임강제송신01",1

'2****************************************
'타각 명령 실행
Sleep (100)
SetTagVal "SMART.ST01.프레임강제송신02",1
PlaySound "sound_success"

'3****************************************
'타각 완료 후 자동으로 숫자 증가
StailN# = StailN# + 1

'태그에 쓰기
SetTagVal "SMART.ST01.SERIAL", Format(StailN#,"00#")

End Sub
```

SECTION

68 사용자 ETHERNET 프로토콜 예제

사용자 프로토콜 이더넷을 이용하여 중앙 컴퓨터로 데이터를 보내고, 중앙 컴퓨터에서는 사용자 프로토콜 이더넷을 이용하여 보내온 데이터를 받는 예제이다. 현장에 테스터가 설치되어 있고 중앙에 있는 컴퓨터에서 데이터를 받을 때 사용된다. 현장에 BOD 측정 기계가 설치되어 있어 측정 결과를 주기적으로 중앙으로 보내고 중앙에서는 현장에서 보내는 BOD를 분석할 때, 또는 현장의 수위 상황을 주기적으로 중앙 컴퓨터로 전송할 때 이용할 수 있다.

[보내는 쪽 현장 서버 컴퓨터]

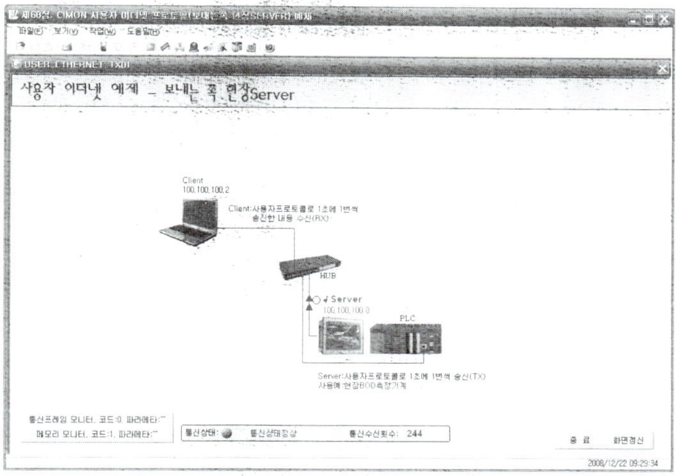

[받는 쪽 중앙 클라이언트]

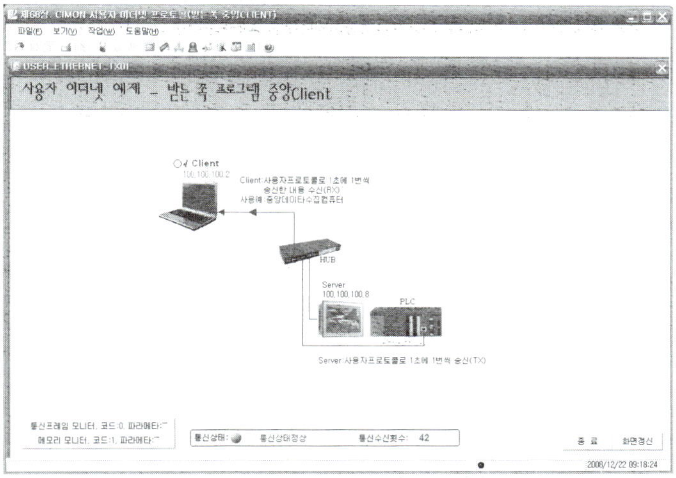

1 시스템 구성도

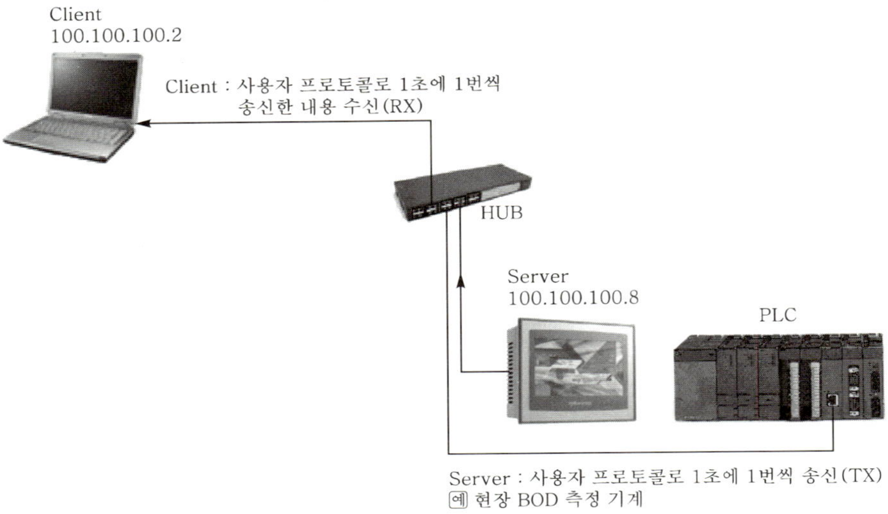

2 현장 서버 디바이스 설정

❶ 디바이스 설정 : 1초에 한번씩 송신 실행

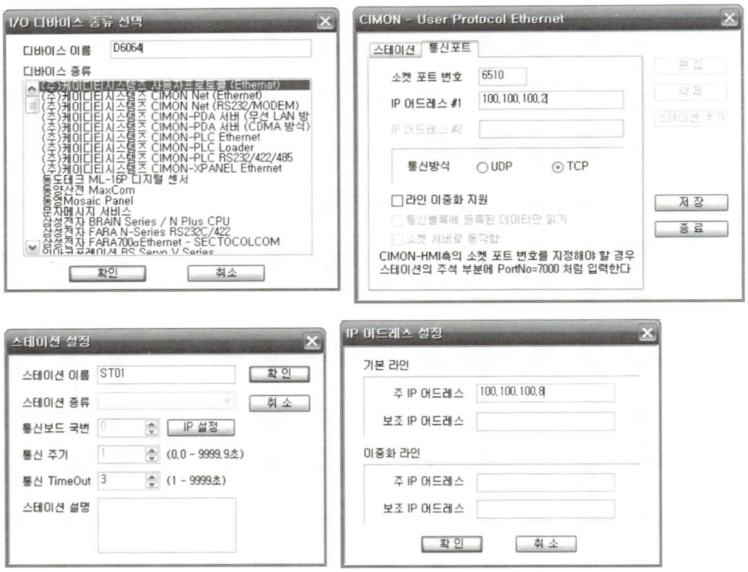

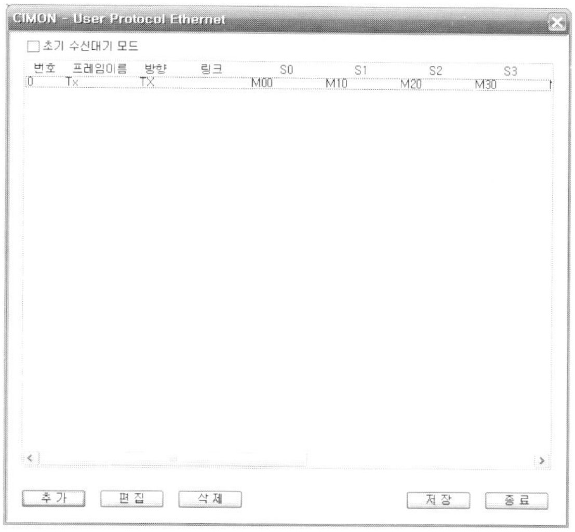

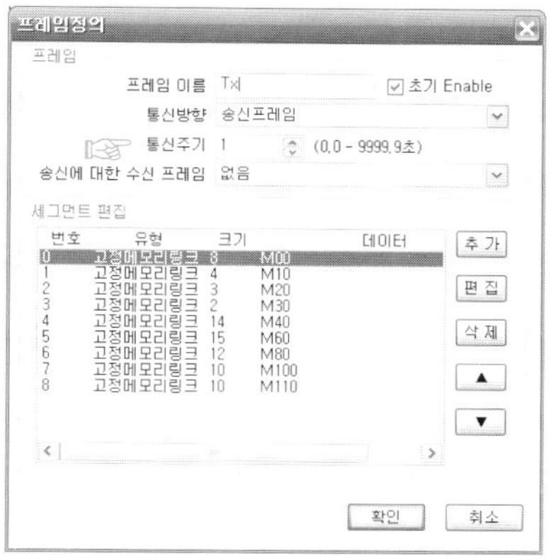

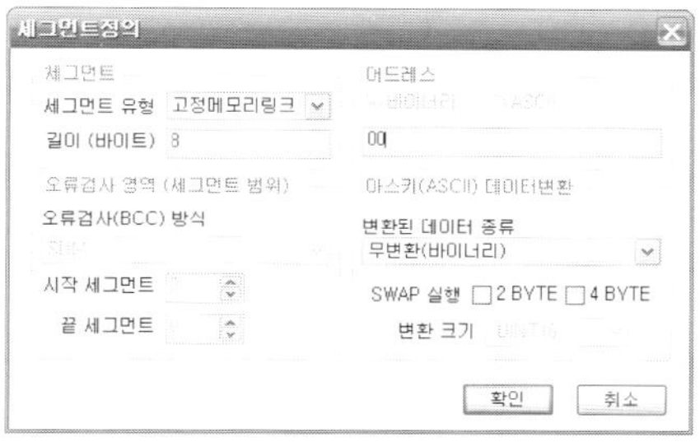

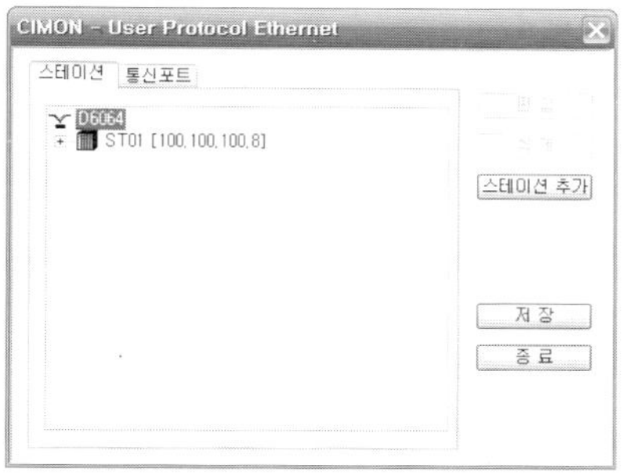

❷ 태그 설정

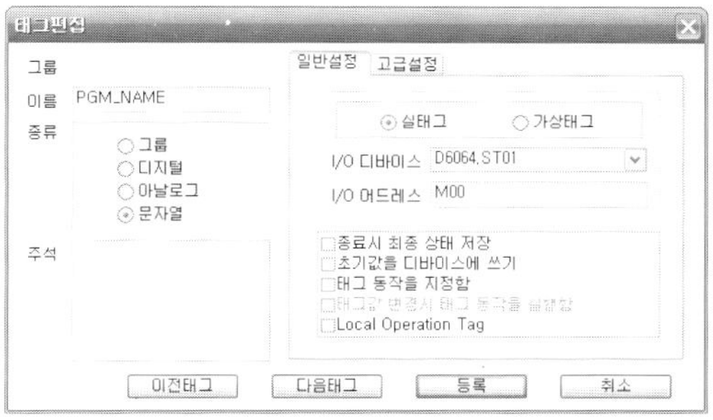

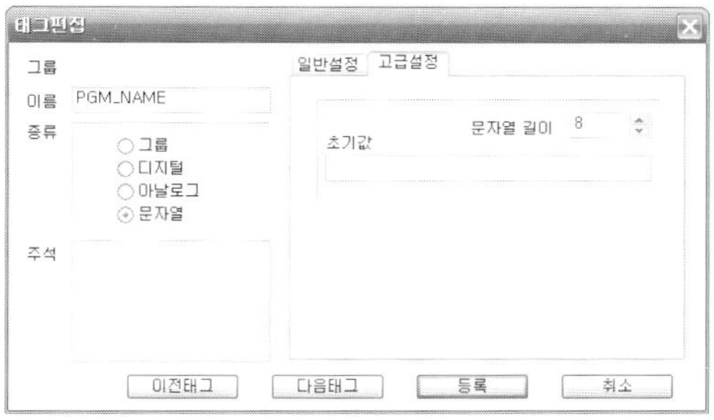

❸ 수신 카운팅 오브젝트 설정(CommRxCount("D6064.ST01"))

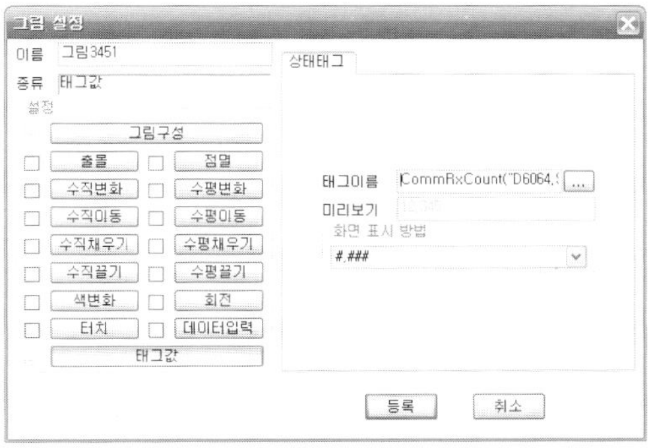

③ 중앙 수신 클라이언트 설정

❶ 디바이스 설정 : 수신 대기 상태로 설정

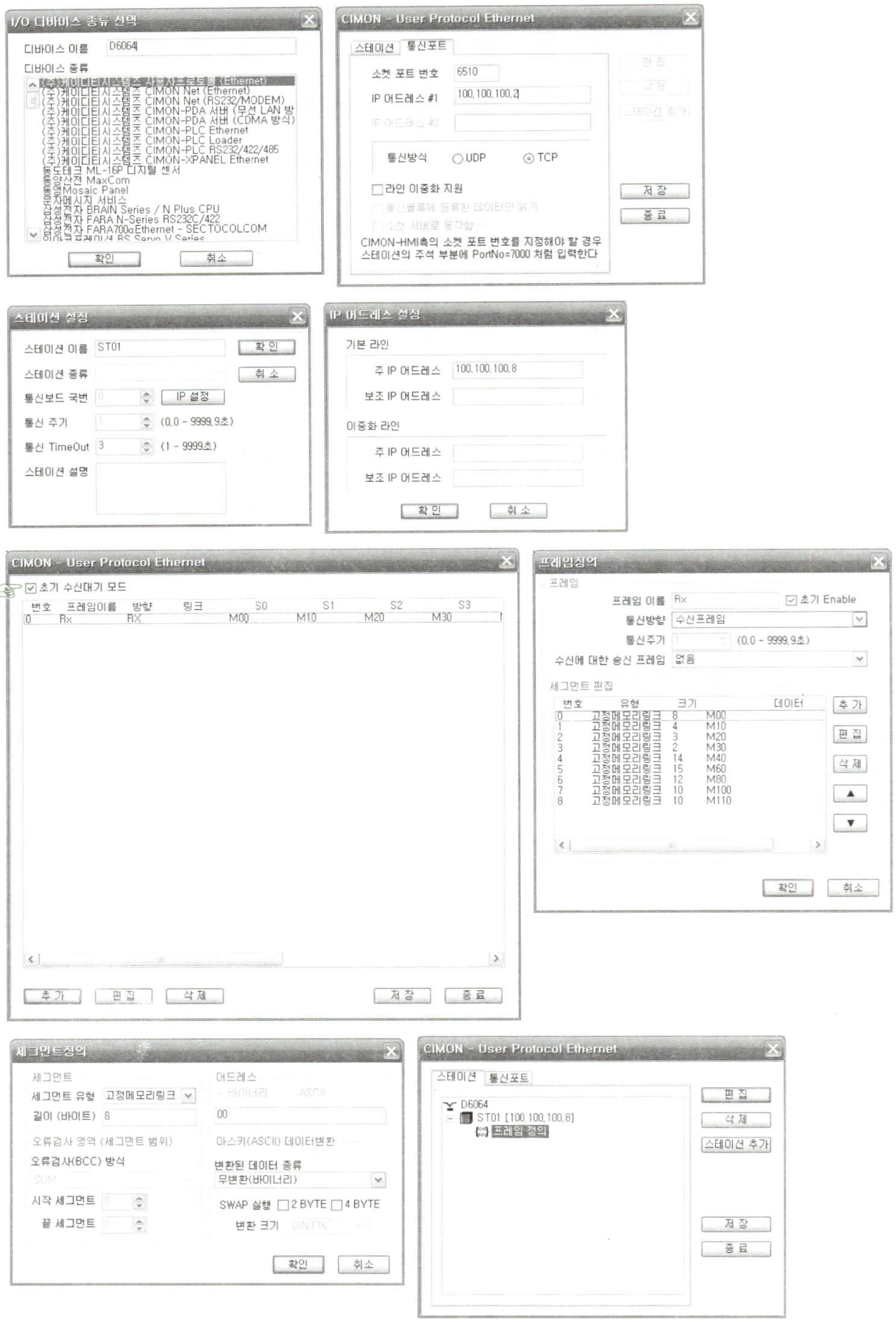

❷ 태그 설정

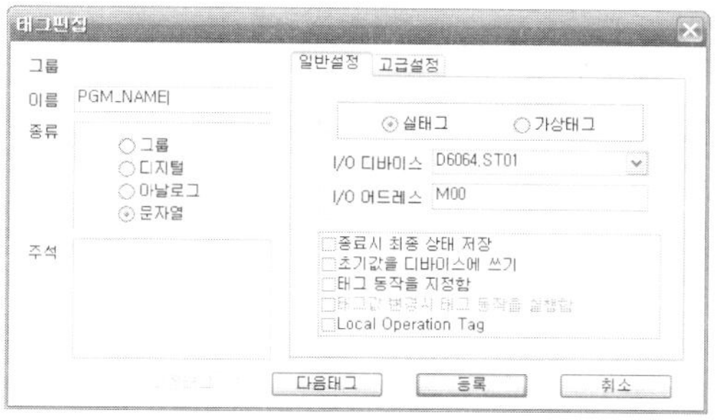

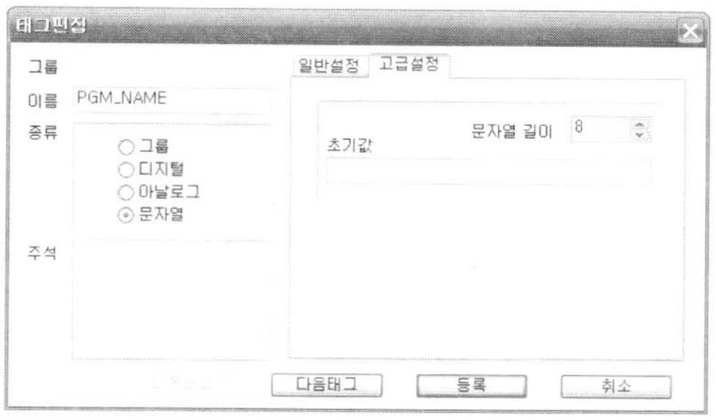

❸ 송신 카운팅 오브젝트 설정(CommTxCount("D6064.ST01"))

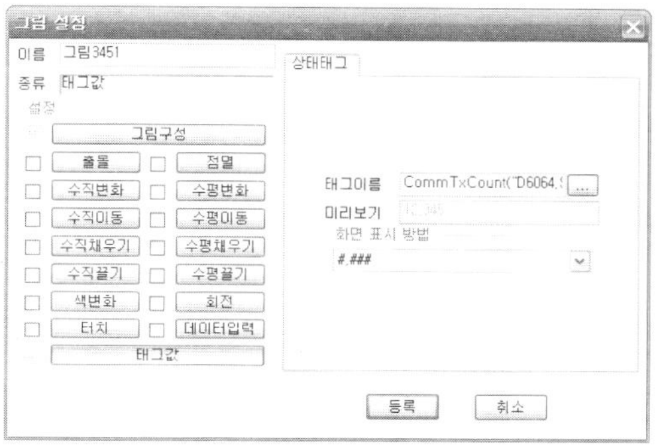

SECTION

69 디렉터리 자동 생성(MKDir)

디렉터리(경로) 자동 생성 예제이다.

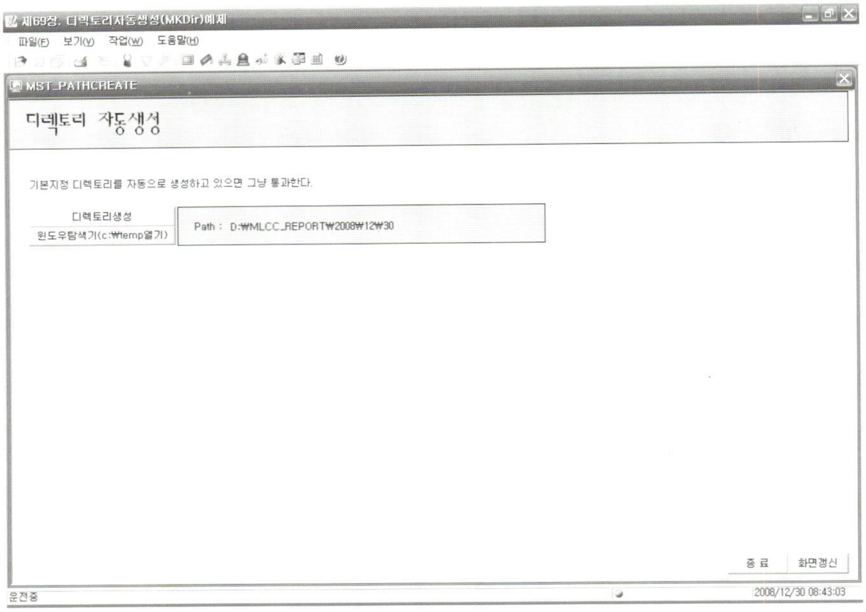

1 페이지 설정

```
Sub do_MKDir()

On Error Resume Next

'생성 : 발행할 날짜의 디렉터리
issue_year$   = Format$(Now(),"YYYY")
```

```
issue_month$ = Format$(Now(),"MM")
issue_day$   = Format$(Now(),"DD")

'포맷 : 디렉터리(D:₩MLCC_REPORT₩2007₩05₩05₩)
udrive$      = "D:"
uroot$       = "\"
file_path$   = udrive$    + uroot$ + "MLCC_REPORT"
path_year$   = file_path$ + "\"    + issue_year$
path_month$  = file_path$ + "\"    + issue_year$ + "\" + issue_month$
path_day$    = file_path$ + "\"    + issue_year$ + "\" + issue_month$ + "\" + issue_day$

'기본 드라이브 변경/경로 최상위
ChDrive udrive$
ChDir   uroot$

'1. 생성 : 최상위 기본 디렉터리/있으면 오류 발생하고 다음으로 진행
MkDir file_path$
'변경 : 연도 디렉터리
ChDir file_path$

'2. 생성 : 연도 디렉터리/있으면 오류 발생하고 다음으로 진행
MkDir path_year$
'변경 : 연도 디렉터리
ChDir path_year$

'3. 생성 : 월 디렉터리/있으면 오류 발생하고 다음으로 진행
MkDir path_month$
'변경 : 월 디렉터리
ChDir path_month$

'4. 생성 : 일 디렉터리/있으면 오류 발생하고 다음으로 진행
MkDir path_day$

'태그값 쓰기 : 경로
SetTagVal "PATH.PATH", path_day$
PlaySound "sound_success"

End Sub
```

SECTION

70 시계, 계기판 예제

시계, 계기판 예제이다.

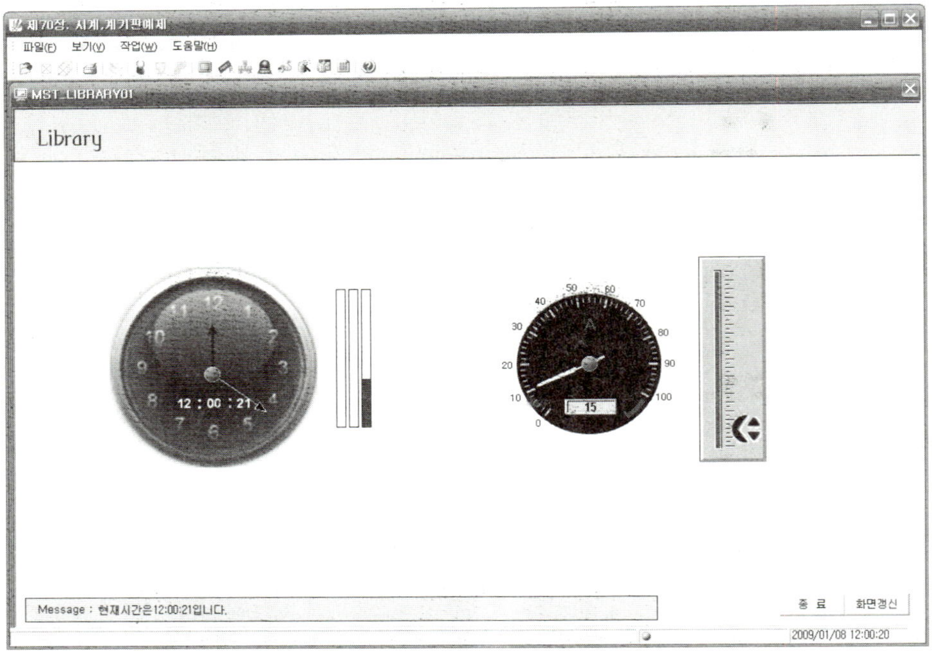

1 계기판 회전 바늘 오브젝트 설정

❶ 태그값 범위는 0~150, 바늘 회전 각도는 0~260, 바늘 회전 중심은 354, 178이며 이 중심은 편집 화면 오른쪽 하단에서 확인할 수 있다.

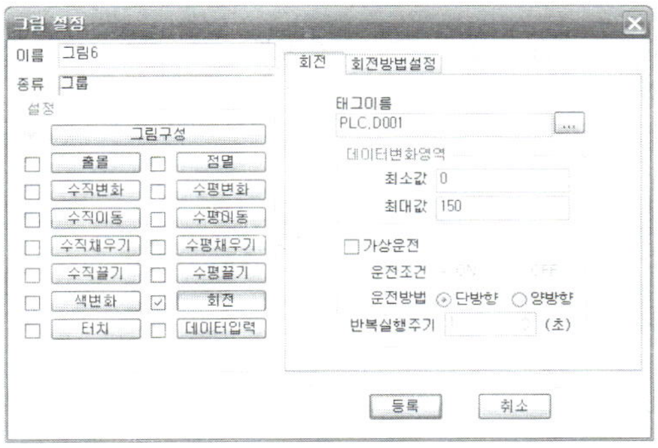

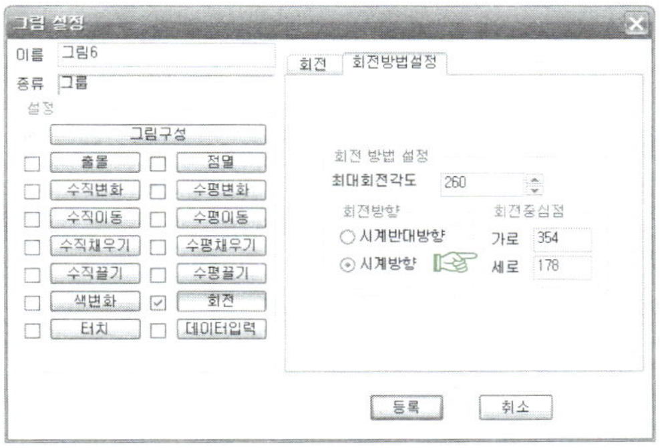

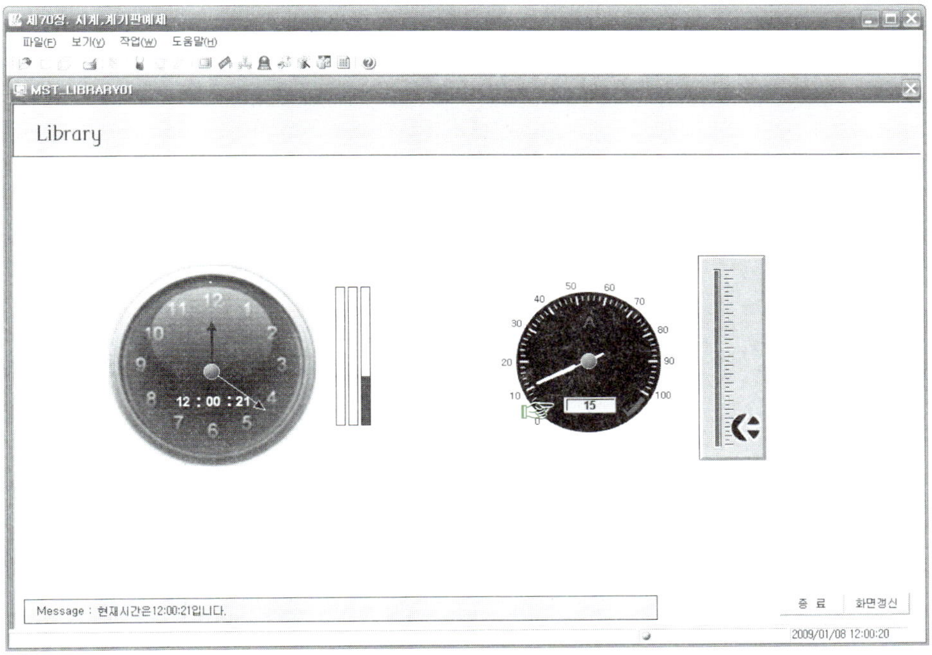

❷ 60에 해당하는 분, 초의 설정

태그 설정 시 값 범위는 0~60, 그림 설정 시 회전은 0~360으로 설정한다.

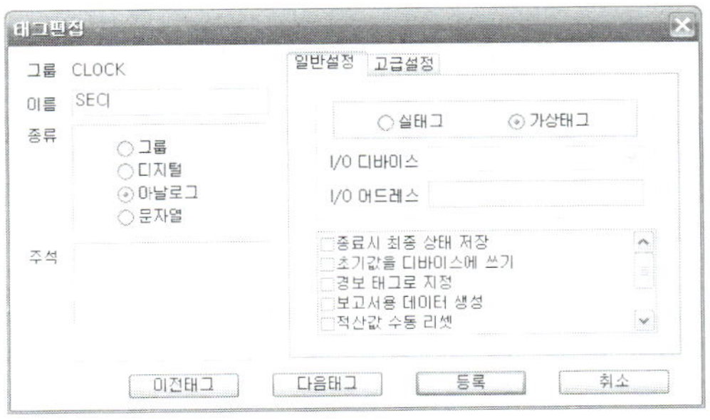

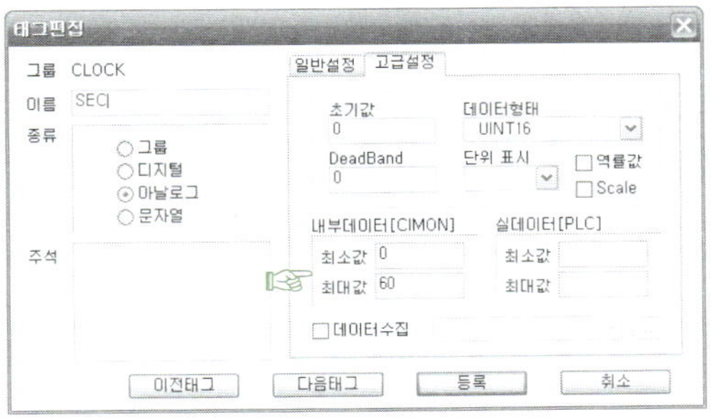

❸ 12에 해당하는 시간을 분으로 환산해서 설정

태그 설정시 값 범위는 0~720(12×60=720), 그림 설정 시 회전은 0~360으로 설정한다.

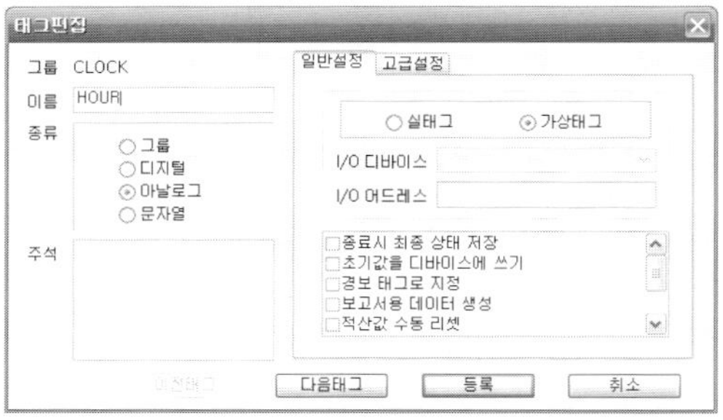

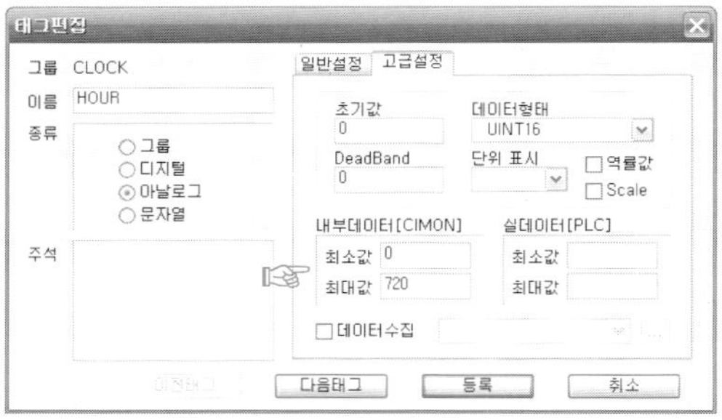

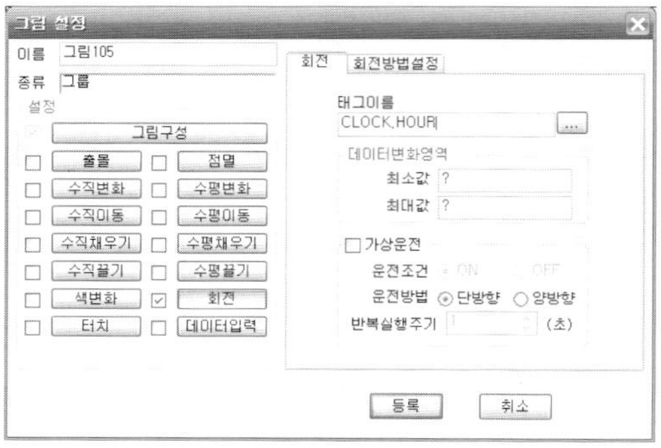

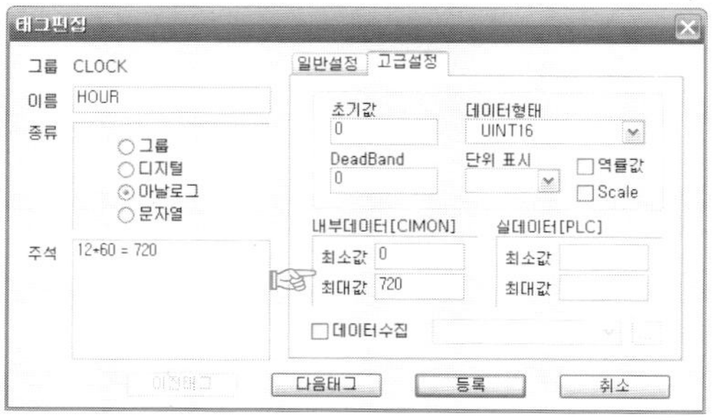

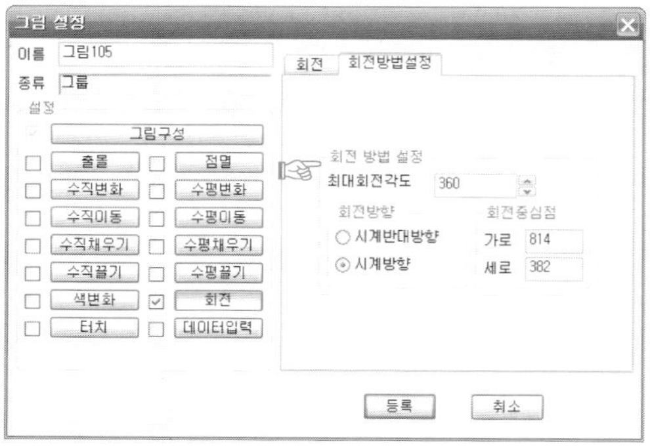

SECTION

71 열전사 프린터 RS232C 예제

열전사 프린터 RS232C(유진테크사 제품) 예제이다. 영수증 발급에 많이 사용하고 있는 프린터이다.

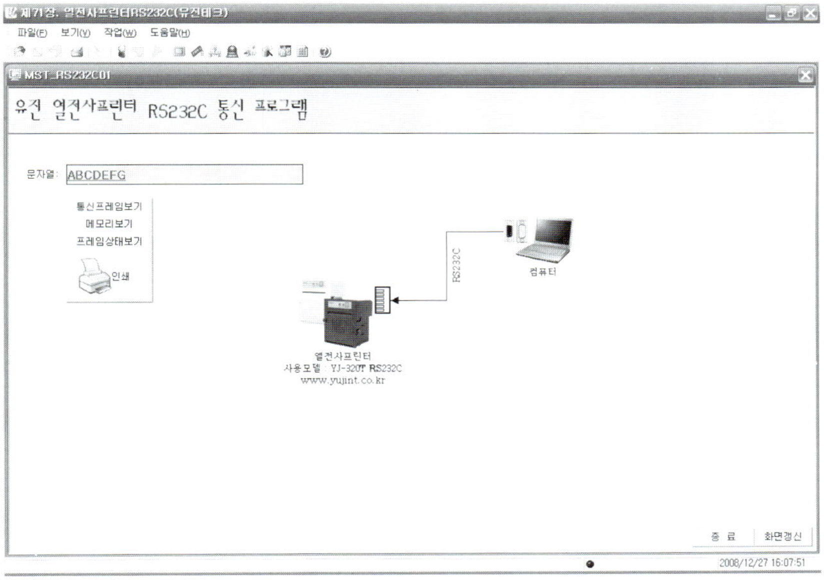

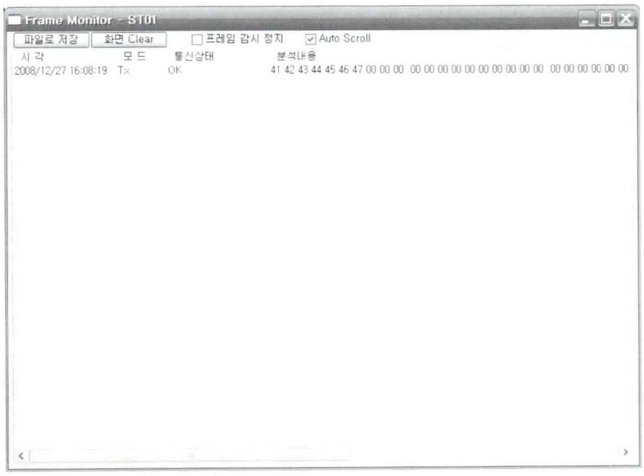

1 시스템 구성도

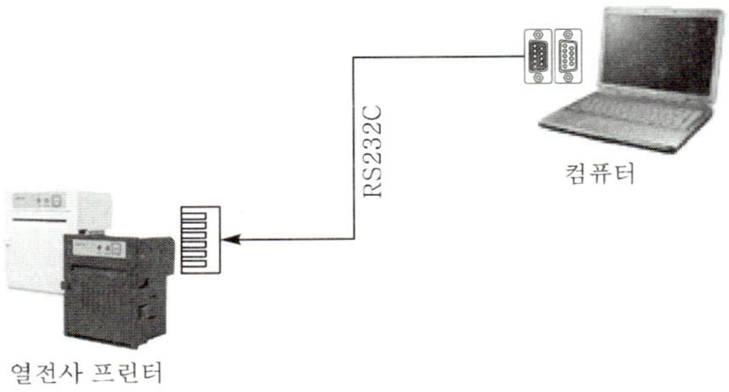

2 통신 케이블

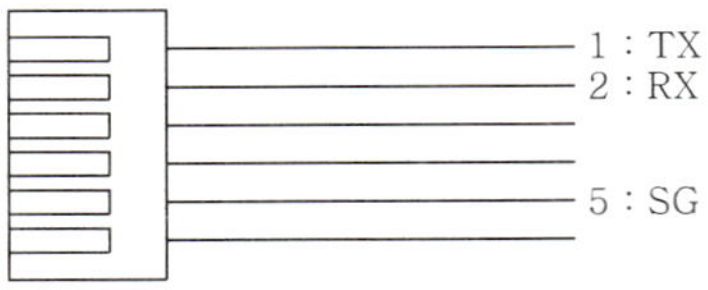

3 디바이스 설정

사용자 RS232C 프로토콜 'UserDrvCNet'을 선택한다.

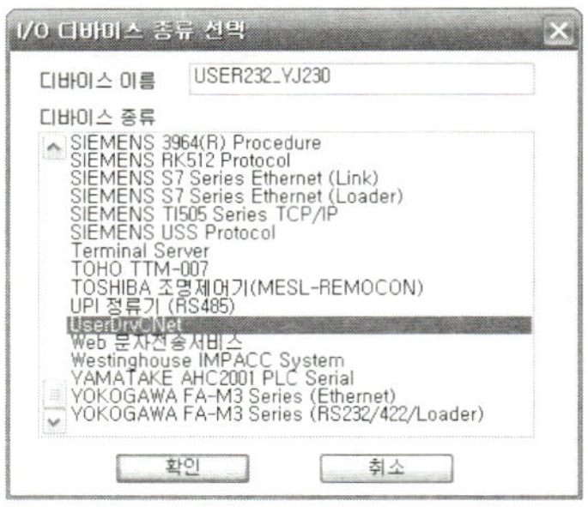

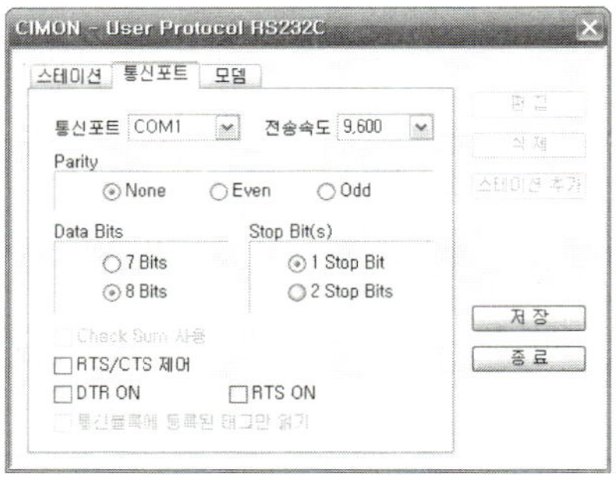

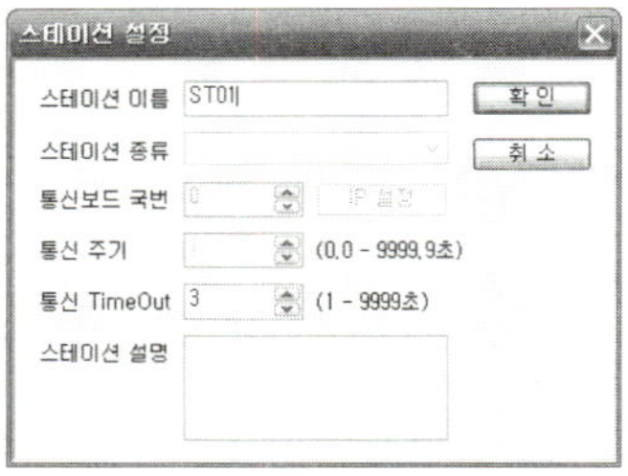

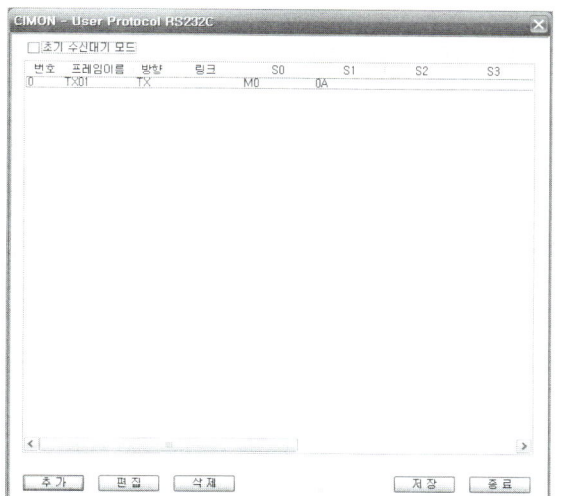

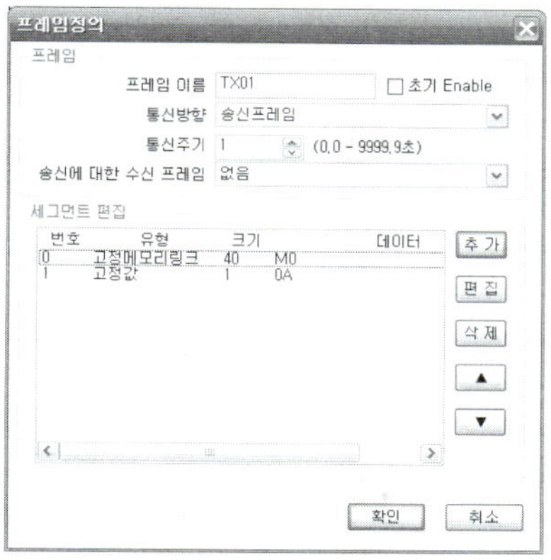

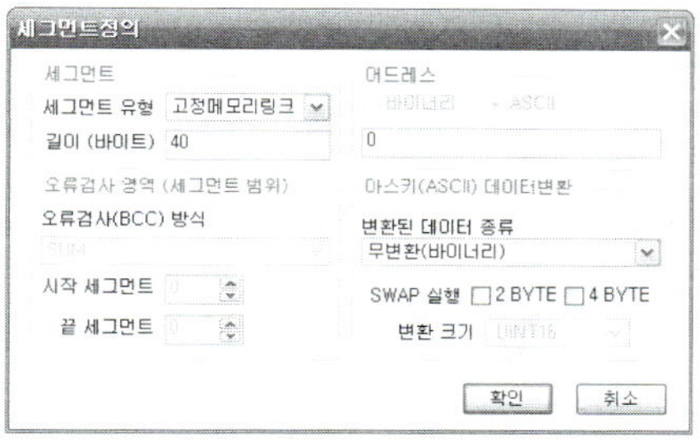

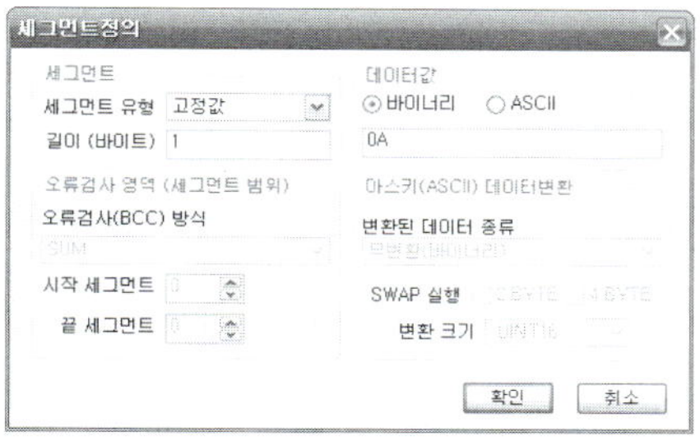

4 태그 설정

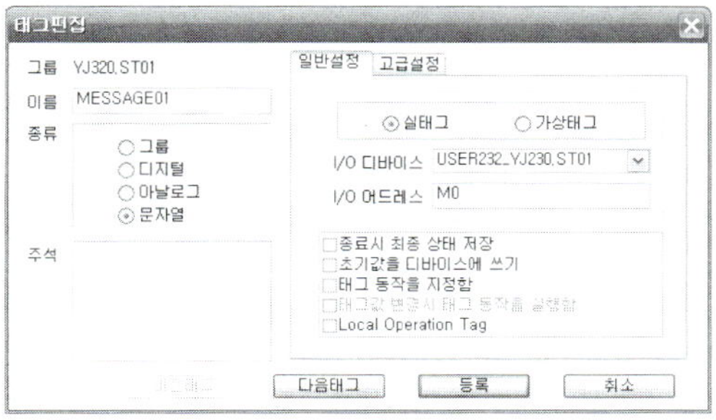

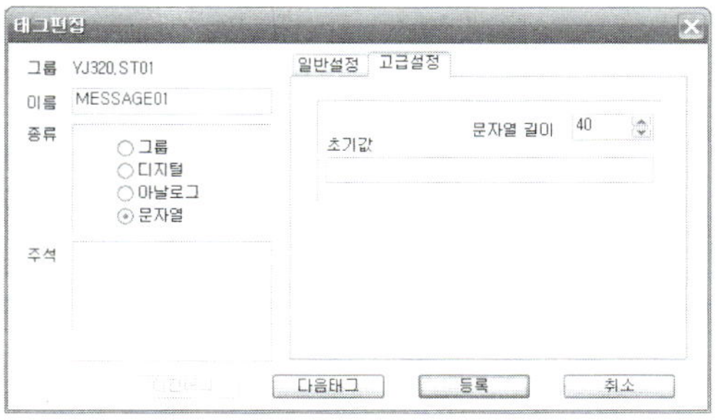

사용자 RS232C 프로토콜의 어드레스 형식은 'F:프레임이름상태코드'이다.
'F:TX01.5'는 TX01 프레임의 송수신 강제 실행을 의미한다. 이 태그에 1을 쓰기하면 프레임 강제 송수신이 된다.

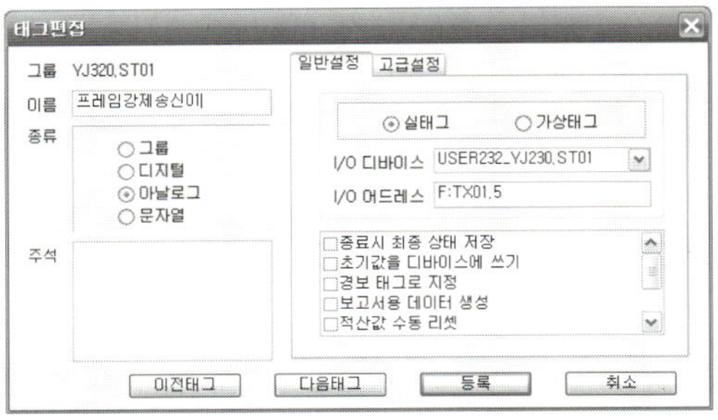
태그편집
그룹 YJ320.ST01
이름 프레임강제송신01
종류
그룹
디지털
아날로그
문자열
주석
일반설정
고급설정
실태그
가상태그
I/O 디바이스 USER232_YJ230.ST01
I/O 어드레스 F:TX01.5
종료시 최종 상태 저장
초기값을 디바이스에 쓰기
경보 태그로 지정
보고서용 데이터 생성
적산값 수동 리셋
이전태그
다음태그
등록
취소

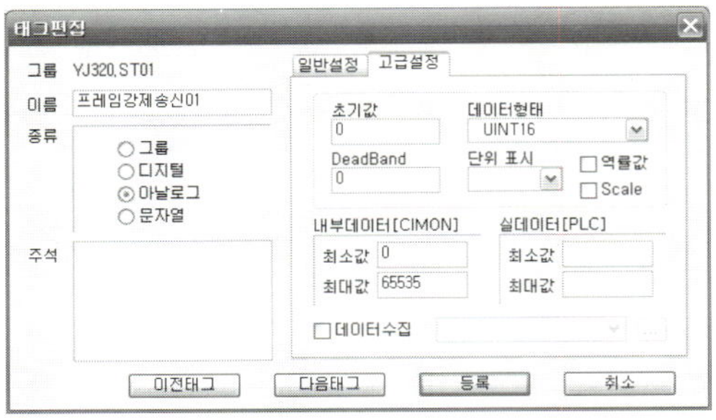
태그편집
그룹 YJ320.ST01
이름 프레임강제송신01
종류
그룹
디지털
아날로그
문자열
주석
일반설정
고급설정
초기값
0
데이터형태
UINT16
DeadBand
0
단위 표시
역률값
Scale
내부데이터[CIMON]
실데이터[PLC]
최소값 0
최대값 65535
최소값
최대값
데이터수집
이전태그
다음태그
등록
취소

5 인쇄 오브젝트 설정

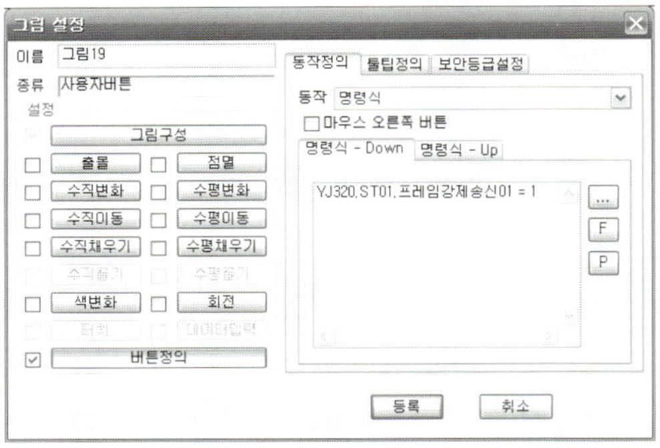
그림 설정
이름 그림19
종류 사용자버튼
설정
그림구성
출몰
점멸
수직변화
수평변화
수직이동
수평이동
수직채우기
수평채우기
색변화
회전
버튼정의
동작정의
툴팁정의
보안등급설정
동작 명령식
마우스 오른쪽 버튼
명령식 - Down
명령식 - Up
YJ320.ST01.프레임강제송신01 = 1
F
P
등록
취소

SECTION

72 OLE AUTOMATION 예제

CIMON의 OLE Automation 예제이다.

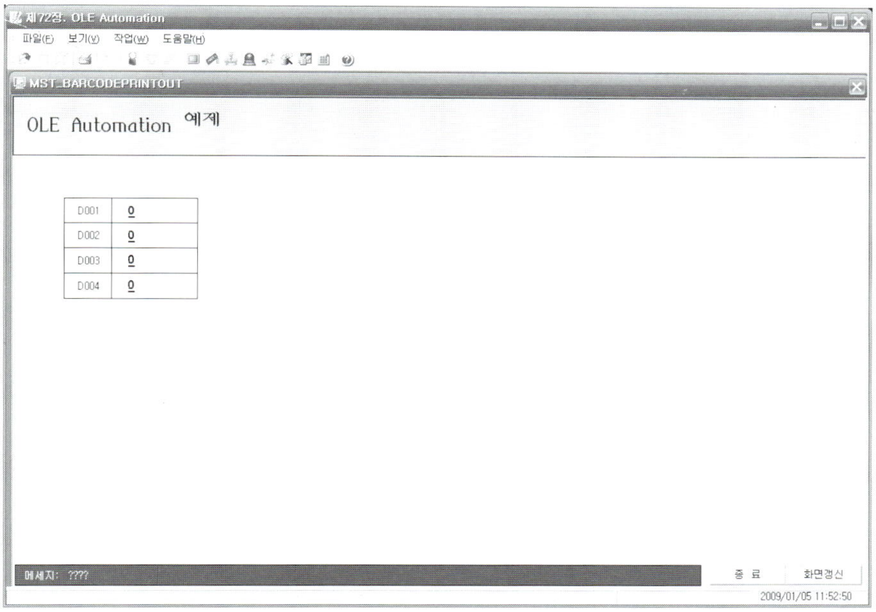

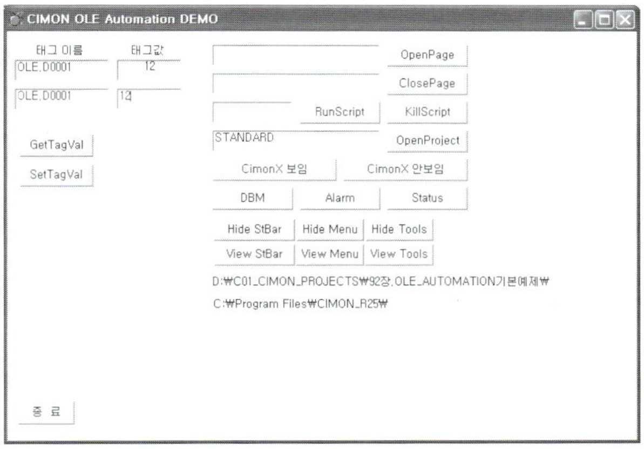

1 CIMON에서 설정할 내용

CIMON에서 설정할 내용은 없다.

2 VB에서 설정

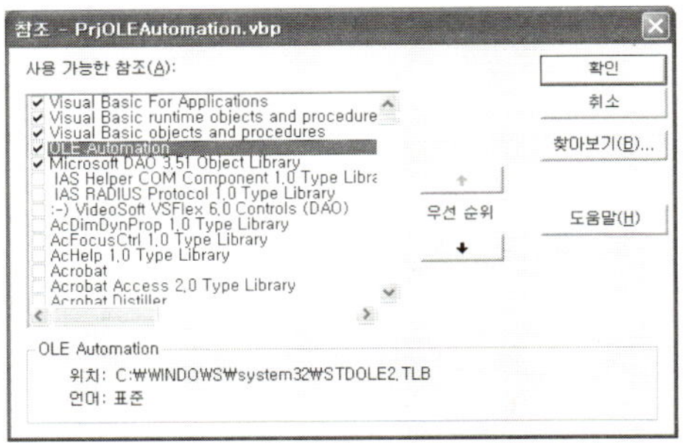

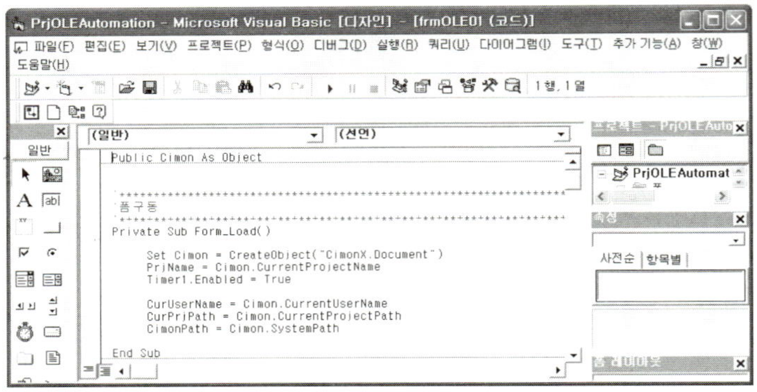

3 VB에서 CIMON으로 쓰기 코드

```
Private Sub SetTagVal_Click()

    Cimon.SetTagVal STName, STValue.Text

End Sub
```

4 VB에서 CIMON의 태그 읽기 코드

```
Private Sub GetTagVal_Click()

    GTValue = Cimon.GetTagVal(GTName.Text)

End Sub
```

SECTION

73 BARCODE PRINT 예제

CIMON에서 일련 번호, 코드 등의 내용을 사무실에서 사용하는 사무용 프린터를 이용하여 바코드로 인쇄하는 예제이다.

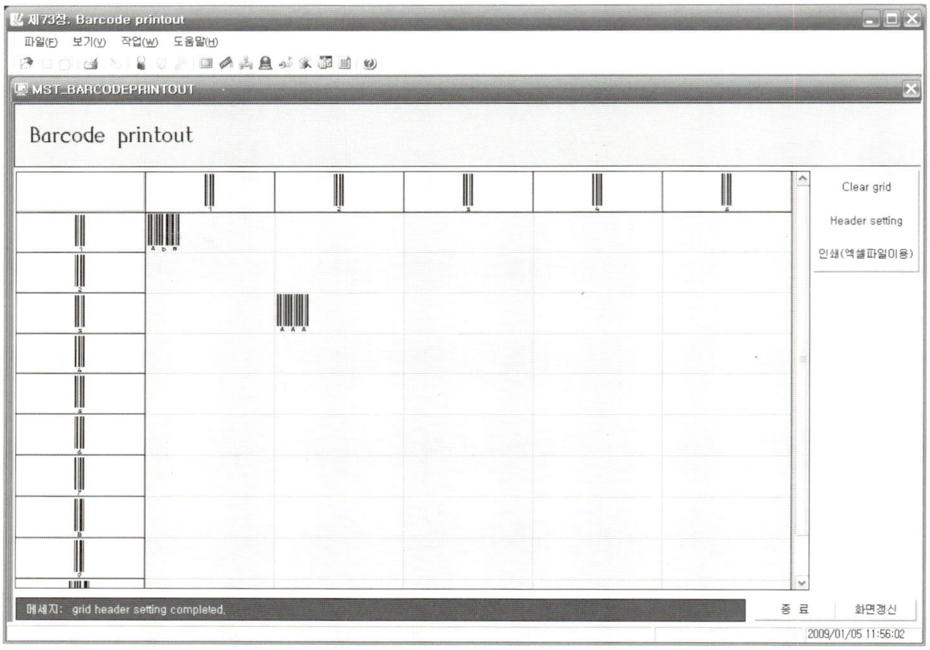

1 인쇄 화면

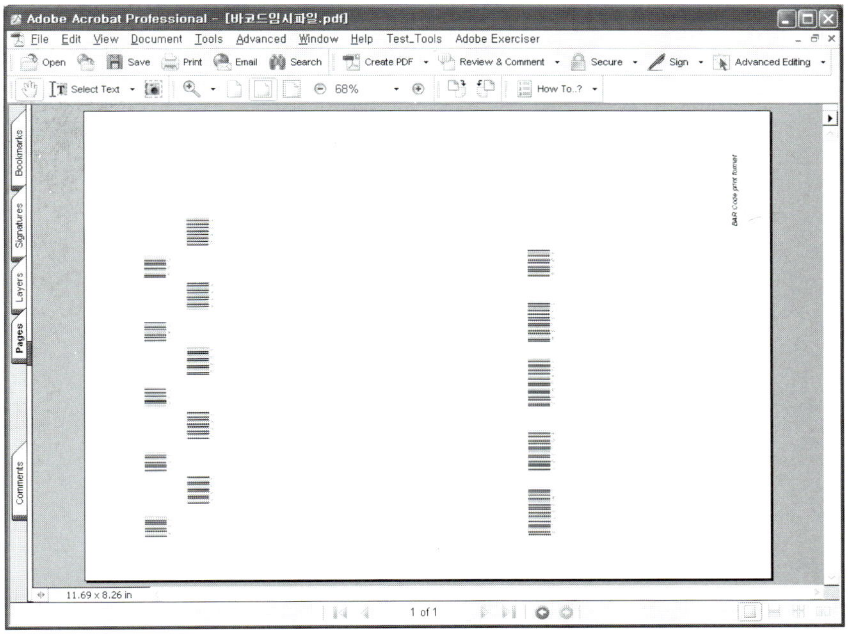

2 바코드 처리 흐름도

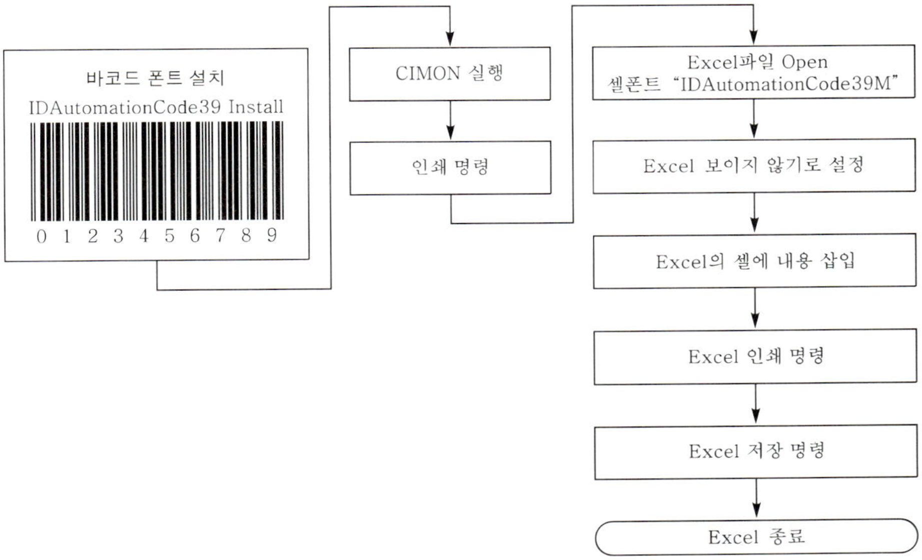

3 엑셀 이용 바코드 인쇄 스크립트

```
Sub do_excel_writing_barcodeprintout()

Dim ExcelApp  As Object
Dim ExcelFile As Object
Dim Sheet1    As Object
Dim Cell      As Object

On Error Goto Errstep

'인쇄 내용 확인
If wcGridGetData ("GRID01",1,1) = "" Then
    SetTagVal "EXCEL.MESSAGE","바코드로 인쇄할 내용이 하나도 없습니다."
    PlaySound "sound_fail"
    Exit Sub
End If

'파일 이름 지정/양식 파일 위치 – 현재 프로젝트 경로/임시 파일 위치 – 강제 지정
SetTagVal "EXCEL.MESSAGE","Checking the print format file."
format_file$ = "Format_BARCODE.xls"
temp_file$   = "C:\TEMP\바코드임시파일.xls"

'양식 파일 이름이 있는지 확인
If (FileExists(format_file$) = False) Then
    SetTagVal "EXCEL.MESSAGE","바코드 양식 파일이 없다. 양식 파일을 복사 후 다시 하십
    시오."
    PlaySound "sound_fail"
    Exit Sub
End If

'임시 파일이 있으면 삭제
If (FileExists(temp_file$) = True) Then Kill (temp_file$)

'양식 파일 복사
SetTagVal "EXCEL.MESSAGE","Copy the format file."
FileCopy format_file$, temp_file$

'excel object creation/'지정한 파일 열기
SetTagVal "EXCEL.MESSAGE","Excel running."
Set ExcelApp  = CreateObject("Excel.Application")
Set ExcelFile = ExcelApp.Workbooks.Open(temp_file$)
Set Sheet1    = ExcelFile.Worksheets(1)
```

```
'CIMON의 태그값을 엑셀 파일에 쓰기(CIMON → EXCEL)
For i = 1 to 10
        Sheet1.Range("A" + CStr(i)).Value = wcGridGetData ("GRID01",1,i)
        Sheet1.Range("B" + CStr(i)).Value = wcGridGetData ("GRID01",2,i)
        Sheet1.Range("C" + CStr(i)).Value = wcGridGetData ("GRID01",3,i)
        Sheet1.Range("D" + CStr(i)).Value = wcGridGetData ("GRID01",4,i)
        Sheet1.Range("E" + CStr(i)).Value = wcGridGetData ("GRID01",5,i)
        'message
        Sleep (200)
        pct = ( i / 10 ) * 100
        SetTagVal "EXCEL.MESSAGE",Format(pct,"#") + "% printout completed."
Next i

'엑셀 파일 인쇄
SetTagVal "EXCEL.MESSAGE","Excel barcode printout."
ExcelFile.PrintOut

'엑셀 파일 저장(저장 질문 안 나오게)
SetTagVal "EXCEL.MESSAGE","Excel saving."
ExcelFile.Save

'엑셀 종료
SetTagVal "EXCEL.MESSAGE","Successfully barcode printted."
ExcelApp.Quit
PlaySound "sound_success"

'exit
Exit Sub

Errstep:
SetTagVal "EXCEL.MESSAGE", Err.Description
PlaySound "sound_fail"

End Sub
```

SECTION 74 경보 처리 사용 예제

CIMON 경보 처리 사용 예제이다.

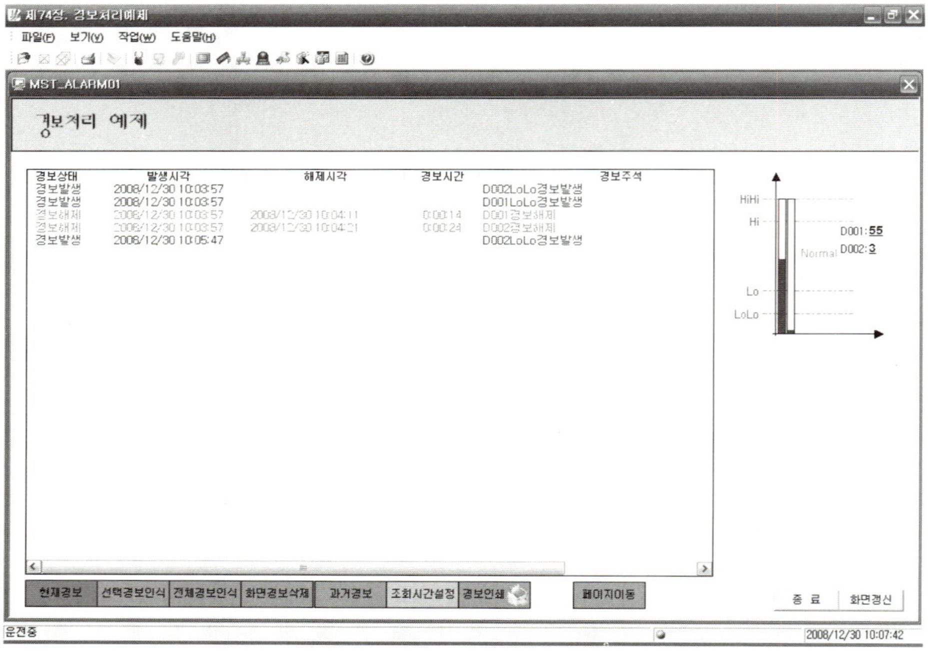

1 아날로그 경보 설정

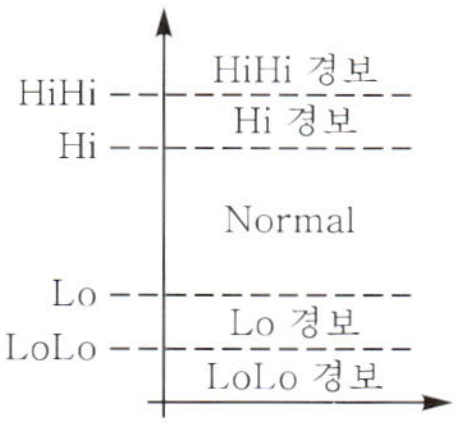

2 오브젝트 설정

❶ 현재 경보 보기

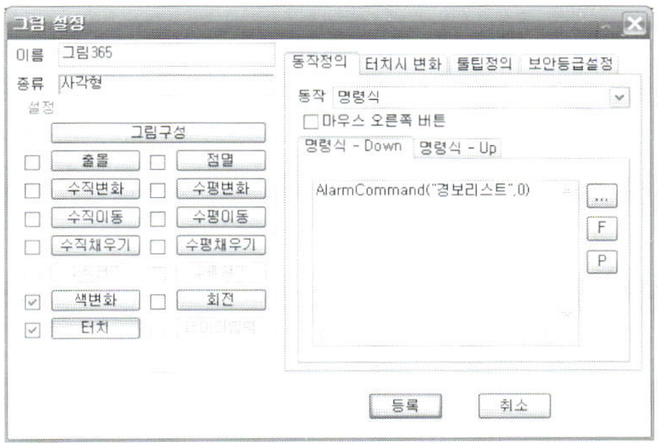

❷ 과거 경보 보기

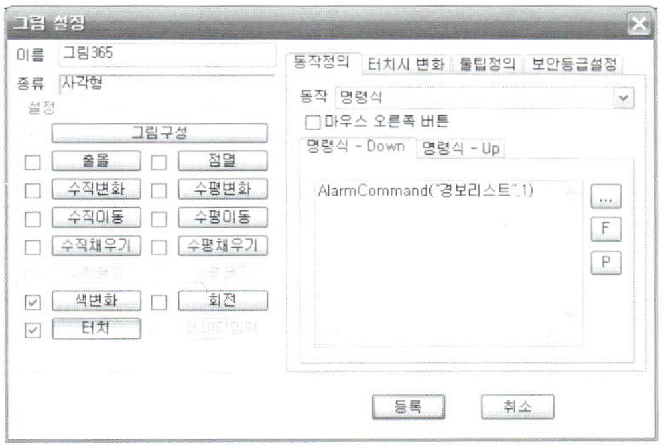

❸ 경보 인쇄

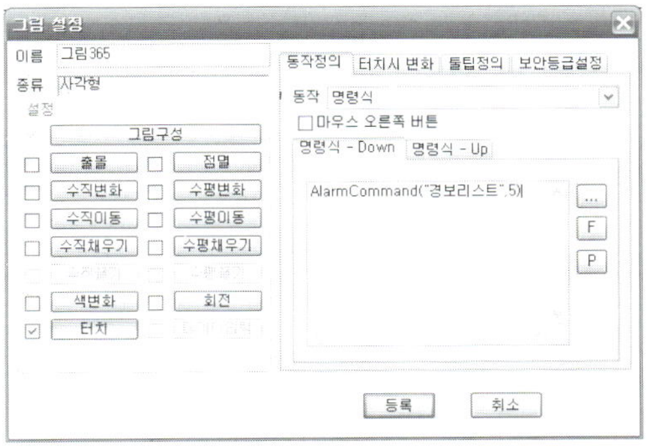

③ 경보 화면에서 경보 발생 태그 더블클릭 시 화면 이동 설정

❶ 경보 리스트 오브젝트의 옵션의 '마우스 더블클릭 시 동작 정의'에 'TagAction (GetSelAlarm ("경보리스트"))'를 삽입하면 경보 발생한 라인을 더블클릭할 때 태그 편집 시 태그 동작에 삽입한 내용이 실행된다.

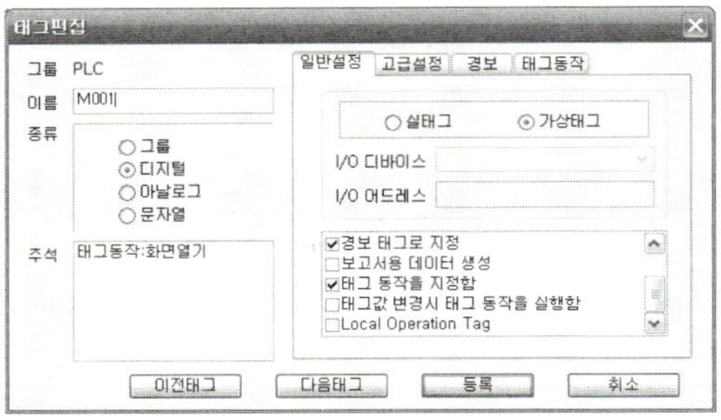

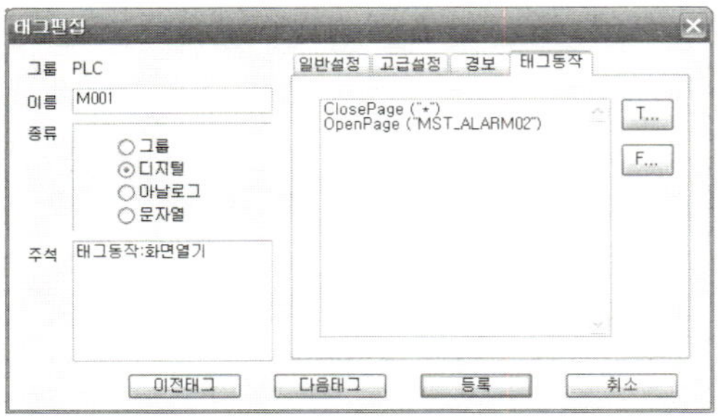

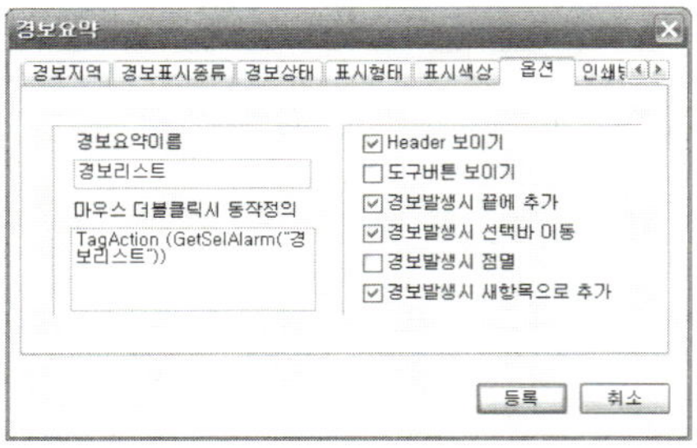

❷ TagAction (GetSelAlarm("경보리스트"))

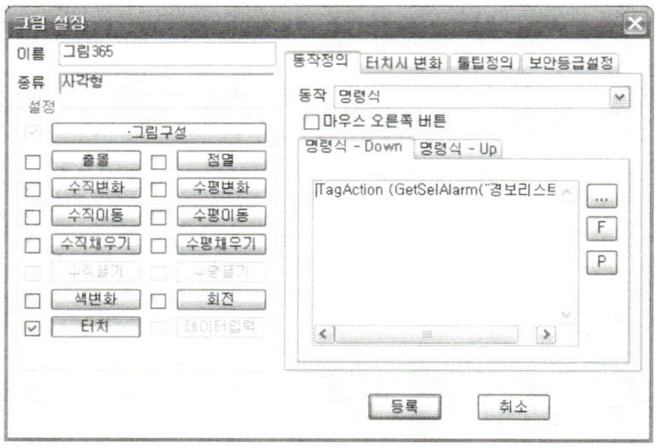

SECTION 75 듀얼 모니터 사용

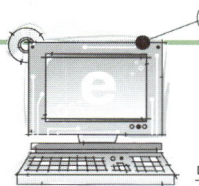

모니터를 2대 사용하여 HMI를 구성하는 예제이다.

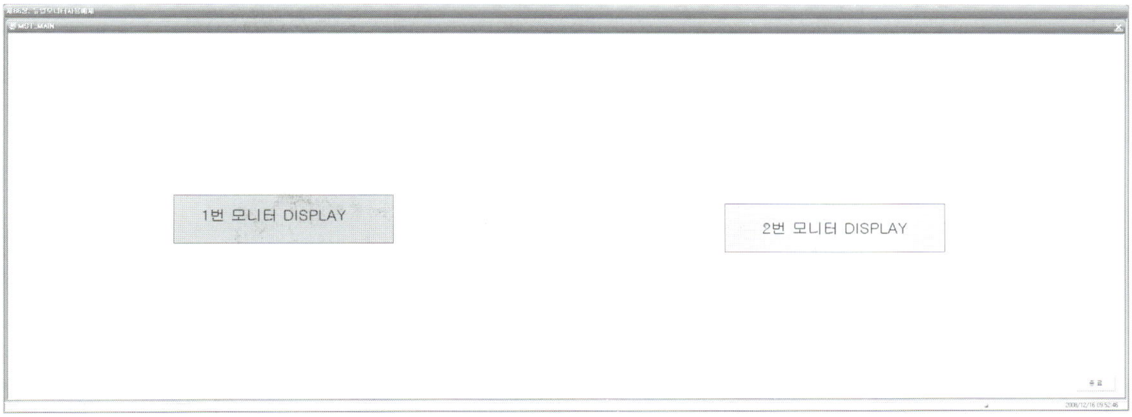

1 시스템 구성

컴퓨터 본체 1대, 모니터 2대 사용한 제어이다.

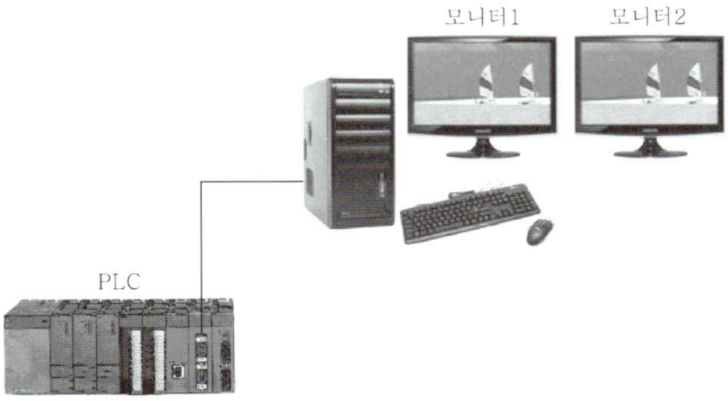

2 모니터 설정

● Display 해상도(Resolution) 설정

1152×864(사용자 임의 설정)

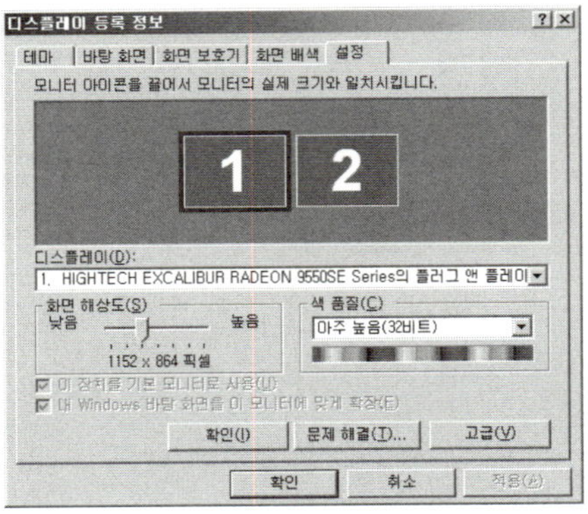

3 CIMON 페이지 속성 설정

● 작화 화면 크기 설정

0, 0, 2293, 816(모니터 2대의 폭을 생각하여 너비를 결정한다)

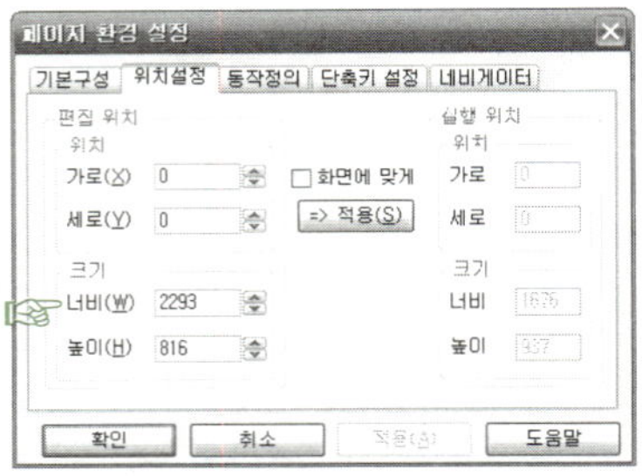

4 CIMONX 환경 설정

주의 '전체 화면 사용'에 선택 체크 안함

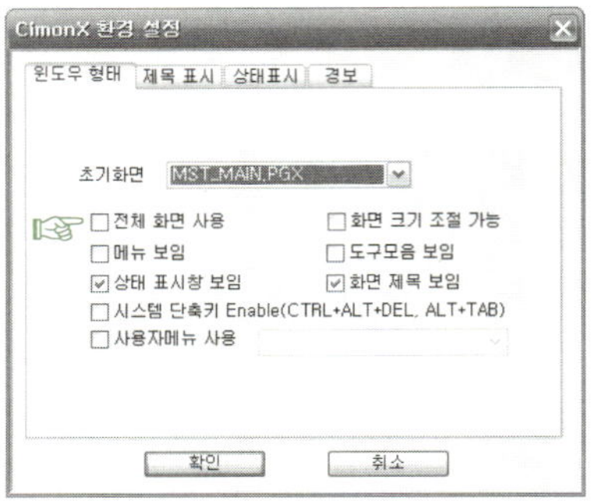

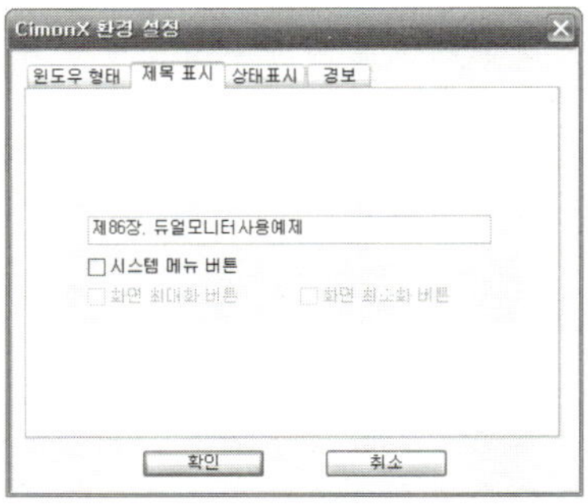

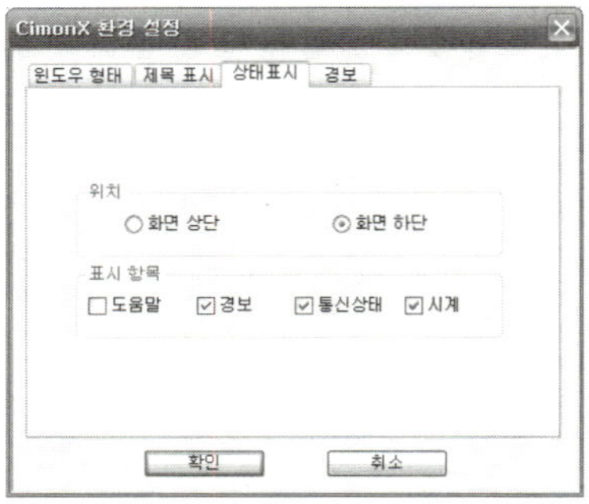

⑤ CIMON 프로젝트 중 DesignEi.dat 파일 수정

❶ 해당 프로젝트 경로 아래에 있는 DesignEi.dat 파일을 열어 편집한다. 파일이 보이지 않으면 CIMON 편집 중인 프로젝트를 종료하면 생성된다.

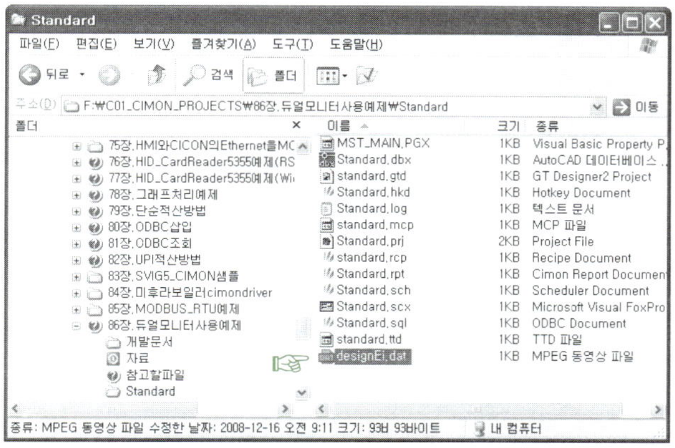

❷ 파일을 메모장으로 열어 [Frame] 부분을 추가한다. CIMON이 실행을 시작하면 DesignEi.dat 파일을 찾은 뒤 [Frame]의 섹션을 찾고 다음 줄부터 X, Y, Width, Height를 찾아 값을 읽어 CIMON 실행 화면 크기의 값으로 사용한다.

㉮ 수정 전 파일

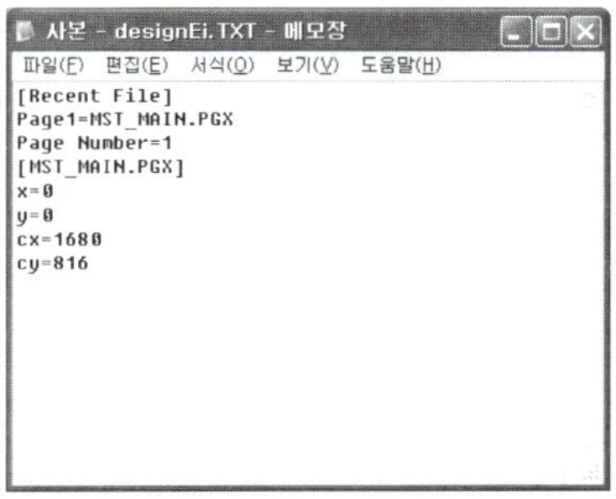

㉯ 수정 후 파일

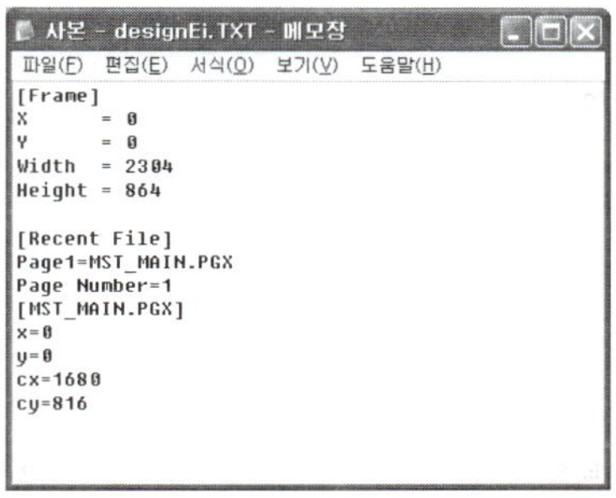

SECTION

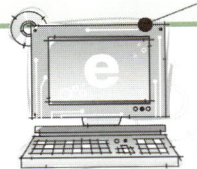

76 HID CardReader5355 (RS232C 출력) 예제

HID CardReader5355의 RS232C 출력 예제이다.

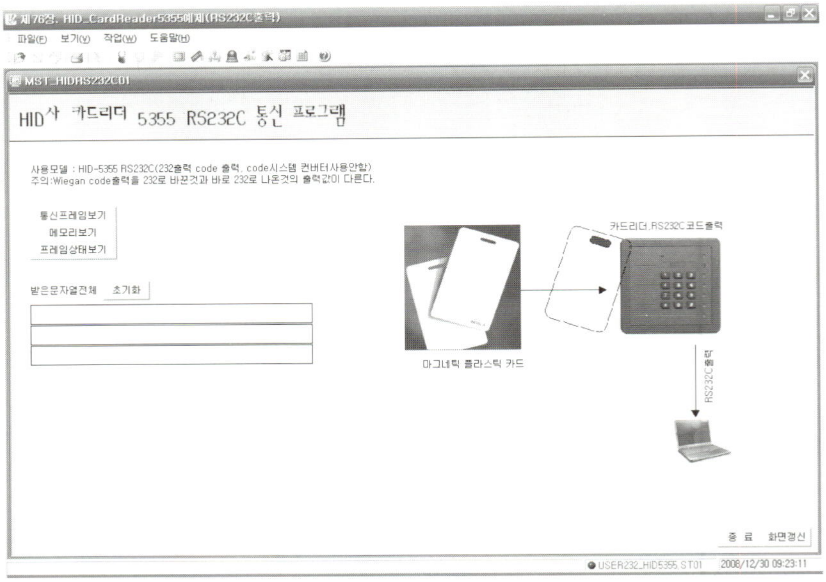

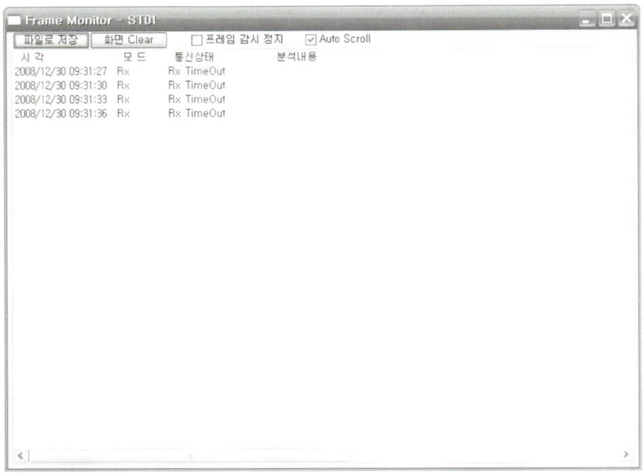

1 시스템 구성도

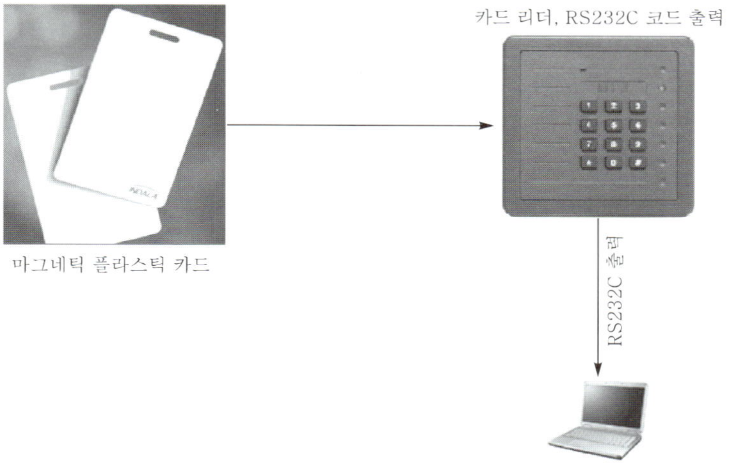

2 통신 케이블

3 디바이스 설정

사용자 RS232C 프로토콜 'UserDrvCNet'을 선택한다.

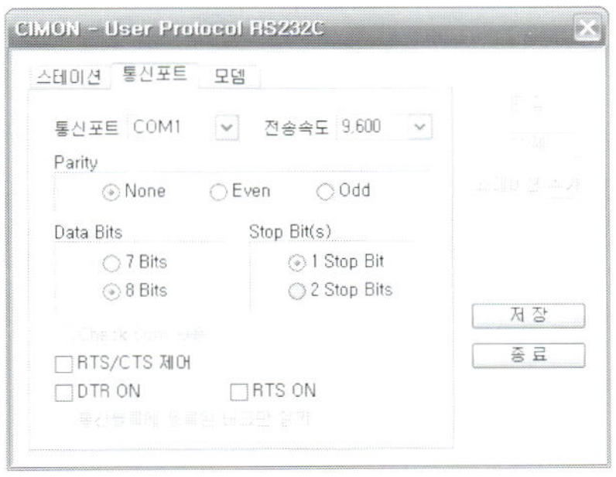

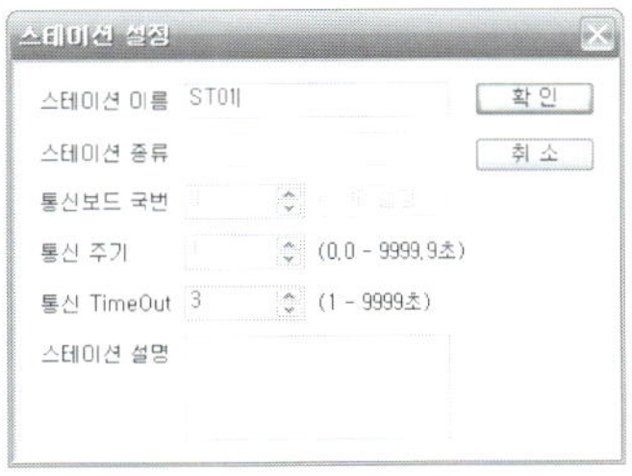

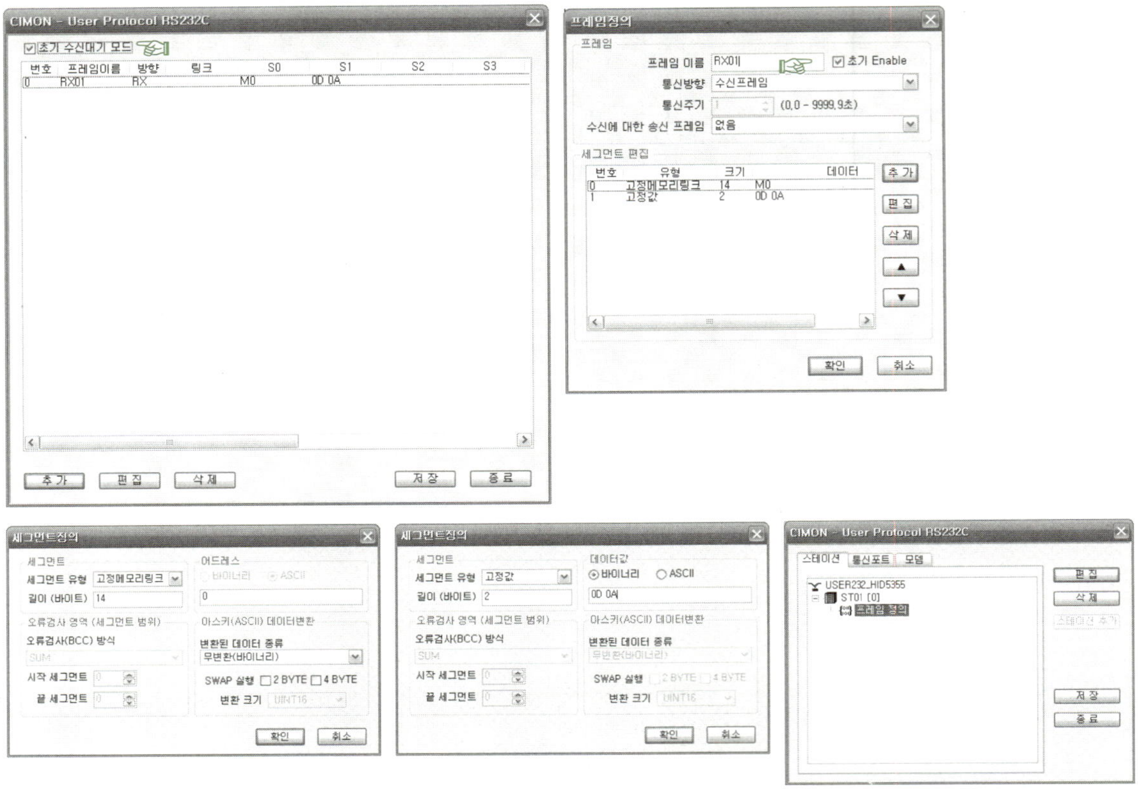

CIMON - User Protocol RS232C
초기 수신대기 모드
번호 프레임이름 방향 링크 S0 S1 S2 S3
0 RX01 RX M0 0D 0A
추 가 편 집 삭 제 저 장 종 료
프레임정의
프레임
프레임 이름 RX01 초기 Enable
통신방향 수신프레임
통신주기 1 (0.0 - 9999.9초)
수신에 대한 송신 프레임 없음
세그먼트 편집
번호 유형 크기 데이터
0 고정메모리링크 14 M0
1 고정값 2 0D 0A
추 가 편 집 삭 제
확인 취소
세그먼트정의
세그먼트
세그먼트 유형 고정메모리링크
길이 (바이트) 14
어드레스
바이너리 ASCII
오류검사 영역 (세그먼트 범위)
오류검사(BCC) 방식
SUM
시작 세그먼트
끝 세그먼트
아스키(ASCII) 데이터변환
변환된 데이터 종류
무변환(바이너리)
SWAP 설정 2 BYTE 4 BYTE
변환 크기 UINT16
확인 취소
세그먼트정의
세그먼트 유형 고정값
길이 (바이트) 2
데이터값
바이너리 ASCII
0D 0A
CIMON - User Protocol RS232C
스테이션 통신포트 모뎀
USER232_HID5355
ST01 [0]
프레임 정의
편 집 삭 제 스테이션 추가 저 장 종 료

④ 태그 설정

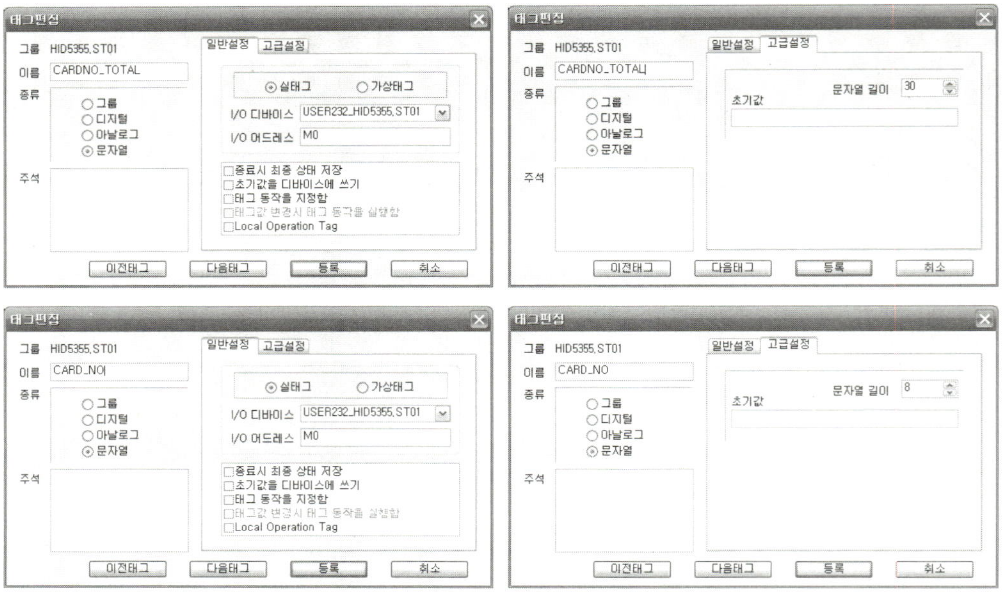

태그편집
그룹 HID5355.ST01
이름 CARDNO_TOTAL
종류
그룹
디지털
아날로그
문자열
주석
일반설정 고급설정
실태그 가상태그
I/O 디바이스 USER232_HID5355.ST01
I/O 어드레스 M0
종료시 최종 상태 저장
초기값을 디바이스에 쓰기
태그 동작을 지정함
태그값 변경시 태그 동작을 실행함
Local Operation Tag
이전태그 다음태그 등록 취소
문자열 길이 30
초기값
CARD_NO
문자열 길이 8

SECTION

77 HID CardReader5355 (WIEGAND 출력) 예제

HID CardReader5355의 Wiegand 출력 예제이다. Wiegand 출력을 컴퓨터로 읽기 위해서는 RS232C로 변화시켜주는 컨버터가 필요하다.

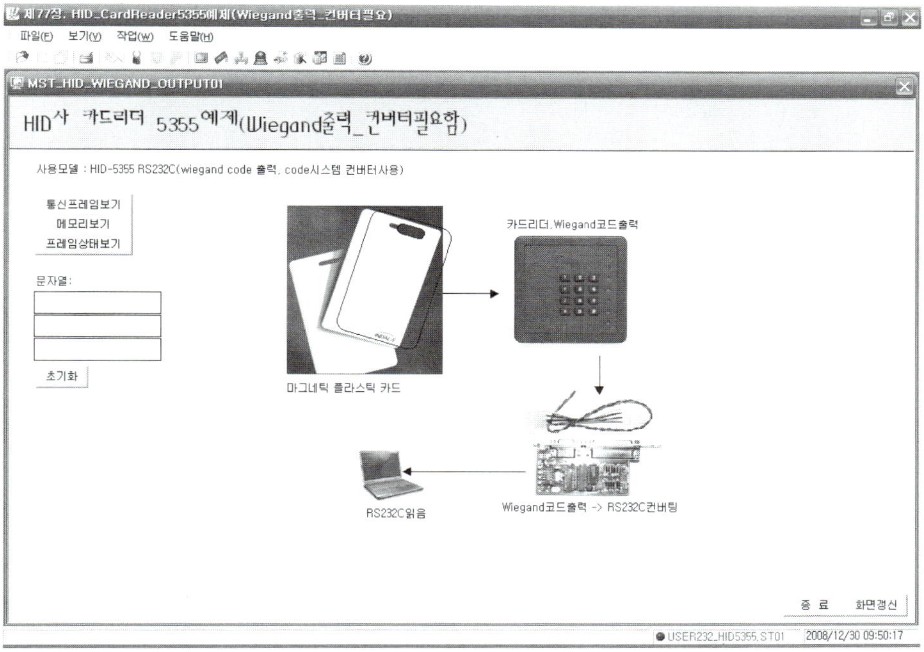

1 시스템 구성도

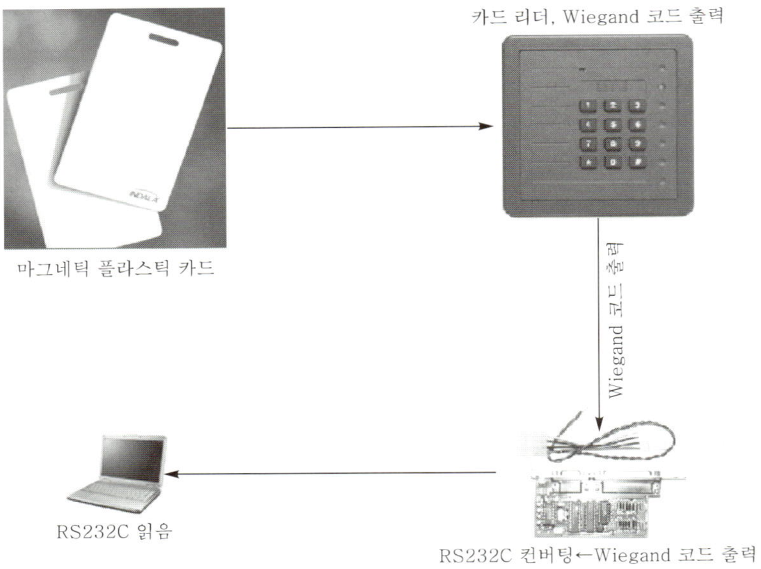
카드 리더, Wiegand 코드 출력
마그네틱 플라스틱 카드
Wiegand 코드 출력
RS232C 읽음
RS232C 컨버팅←Wiegand 코드 출력

2 통신 케이블

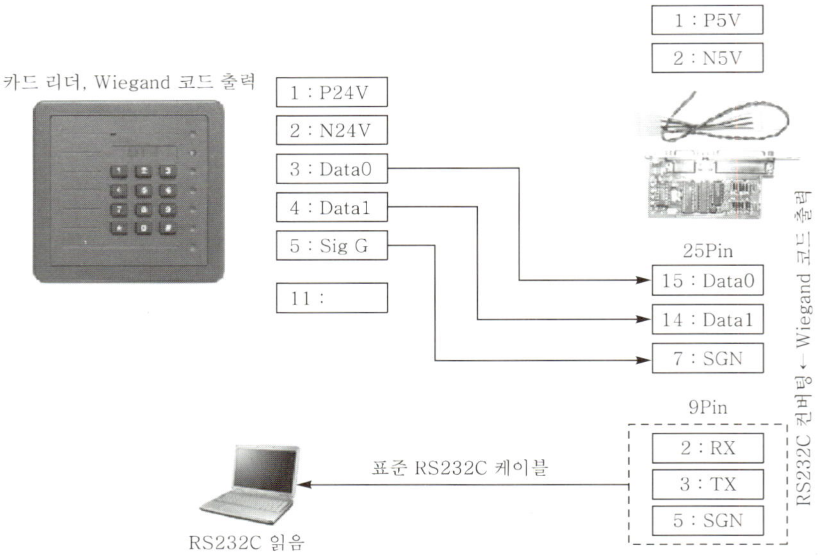
카드 리더, Wiegand 코드 출력
1 : P24V
2 : N24V
3 : Data0
4 : Data1
5 : Sig G
11 :
1 : P5V
2 : N5V
25Pin
15 : Data0
14 : Data1
7 : SGN
9Pin
2 : RX
3 : TX
5 : SGN
RS232C 컨버팅←Wiegand 코드 출력
표준 RS232C 케이블
RS232C 읽음

3 통신 드라이브 설정

'UserDrvCNet' 드라이브를 선택한다.

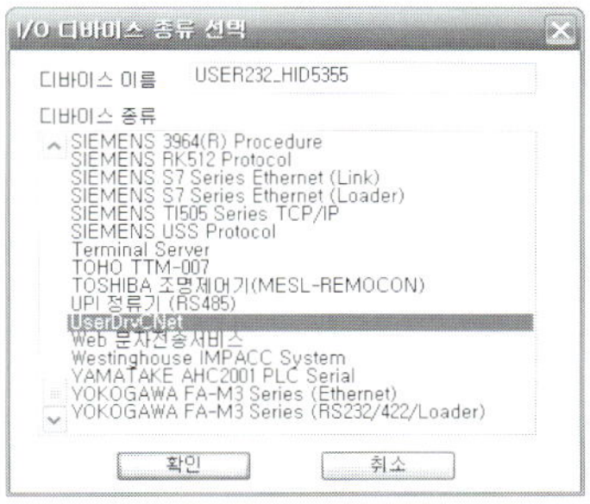

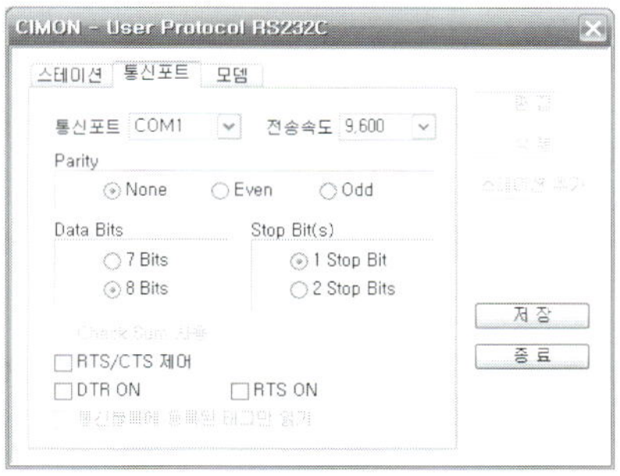

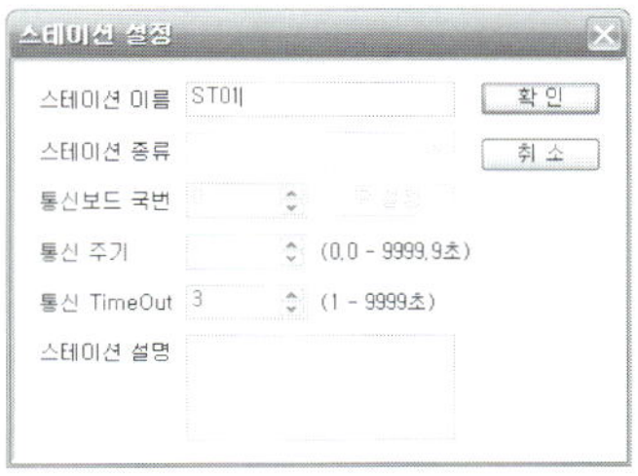

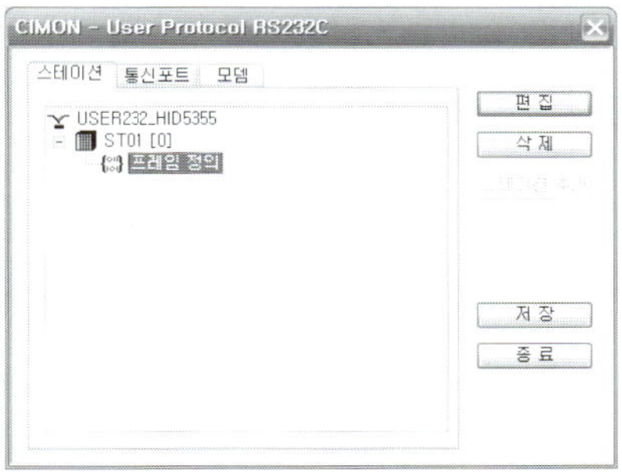

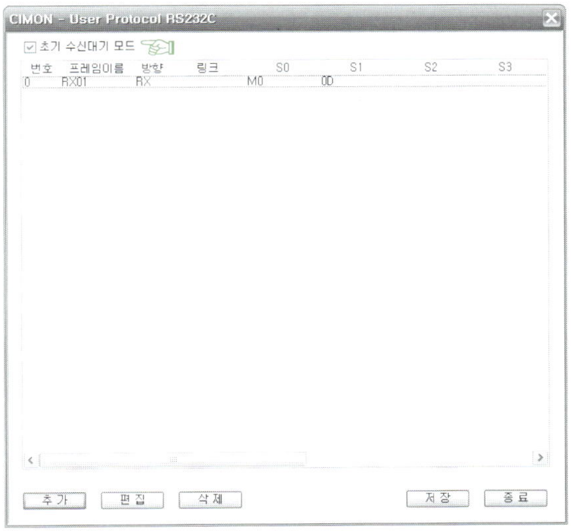

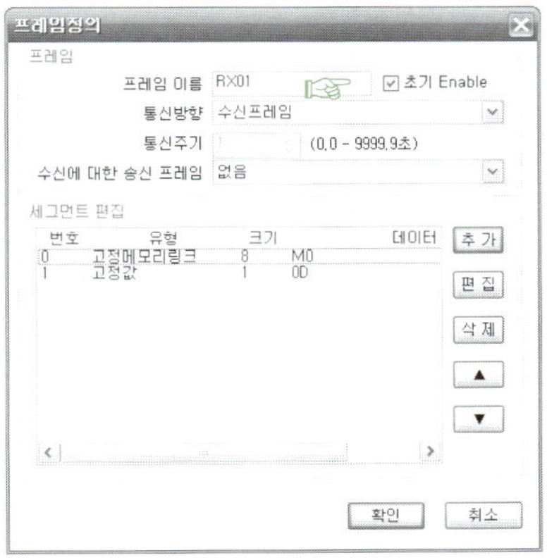

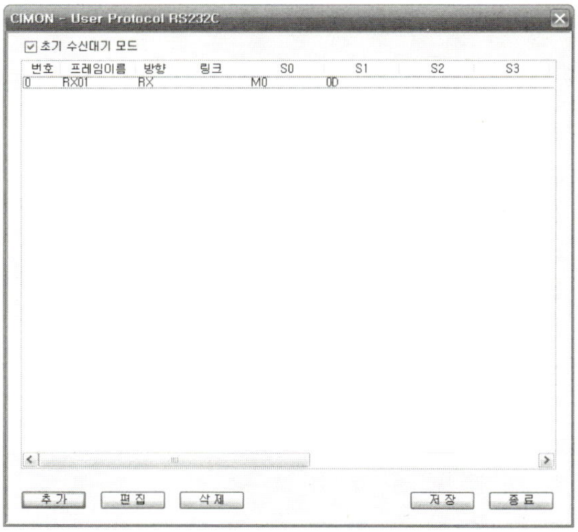
CIMON - User Protocol RS232C
초기 수신대기 모드
번호 프레임이름 방향 링크 S0 S1 S2 S3
0 RX01 RX M0 0D
추 가
편 집
삭 제
저 장
종 료

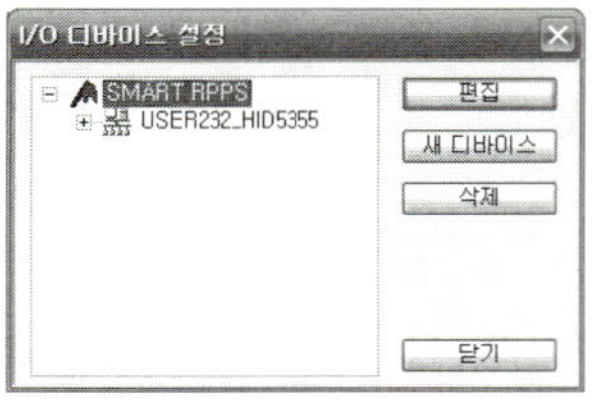
I/O 디바이스 설정
SMART RPPS
USER232_HID5355
편집
새 디바이스
삭제
닫기

4 실행 화면

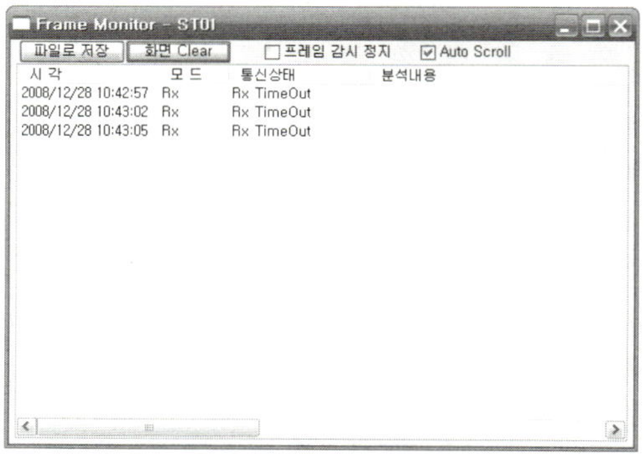
Frame Monitor - ST01
파일로 저장
화면 Clear
프레임 감시 정지
Auto Scroll
시 각 모 드 통신상태 분석내용
2008/12/28 10:42:57 Rx Rx TimeOut
2008/12/28 10:43:02 Rx Rx TimeOut
2008/12/28 10:43:05 Rx Rx TimeOut

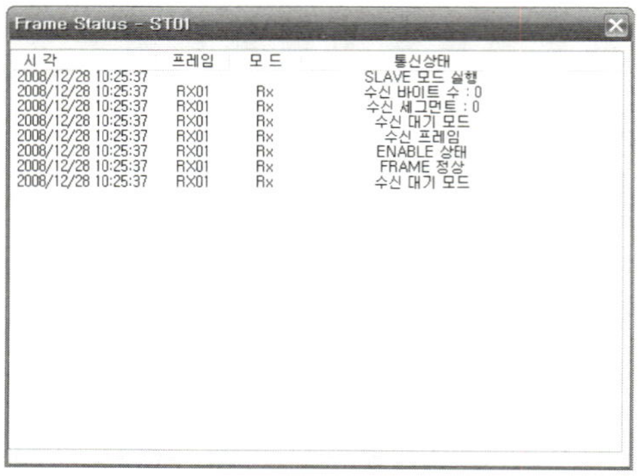
Frame Status - ST01
시 각 프레임 모 드 통신상태
2008/12/28 10:25:37 SLAVE 모드 실행
2008/12/28 10:25:37 RX01 Rx 수신 바이트 수 : 0
2008/12/28 10:25:37 RX01 Rx 수신 세그먼트 : 0
2008/12/28 10:25:37 RX01 Rx 수신 대기 모드
2008/12/28 10:25:37 RX01 Rx 수신 프레임
2008/12/28 10:25:37 RX01 Rx ENABLE 상태
2008/12/28 10:25:37 RX01 Rx FRAME 정상
2008/12/28 10:25:37 RX01 Rx 수신 대기 모드

SECTION

78 그래프 처리 예제

CIMON Trend 사용 예제이다.

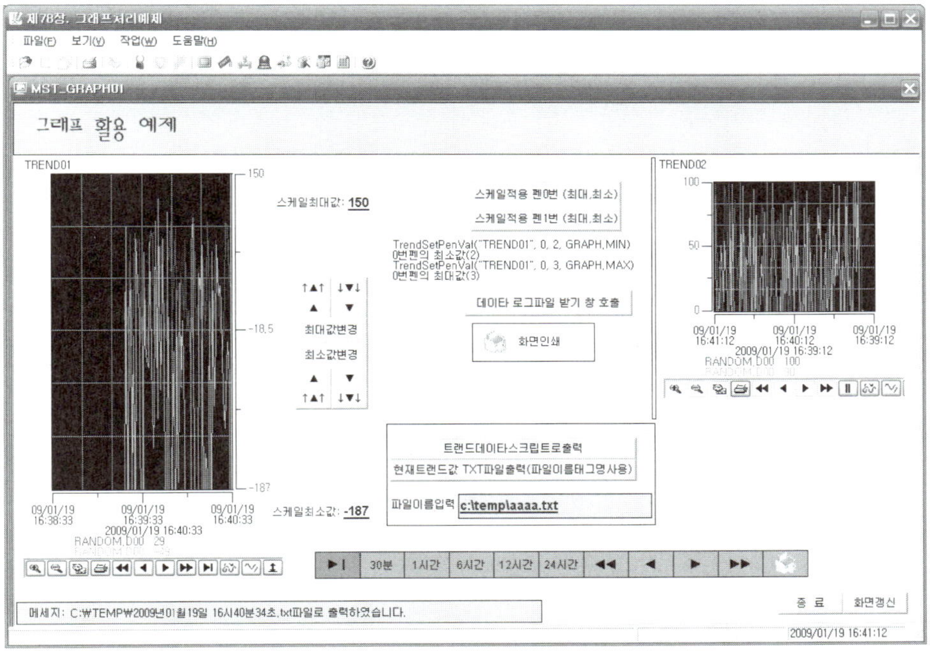

① 현재 트렌드 데이터 txt 파일 출력 오브젝트 설정

● TrendToText("TREND01", GRAPH.FILENAME)
태그 이름 입력 시 확장자까지 입력해야 한다. 확장자를 입력하지 않으면 확장자 없이 저장된다. 경로가 지정되지 않으면 현재 프로젝트에 저장하고 경로가 지정되면 지정된 경로에 저장한다.

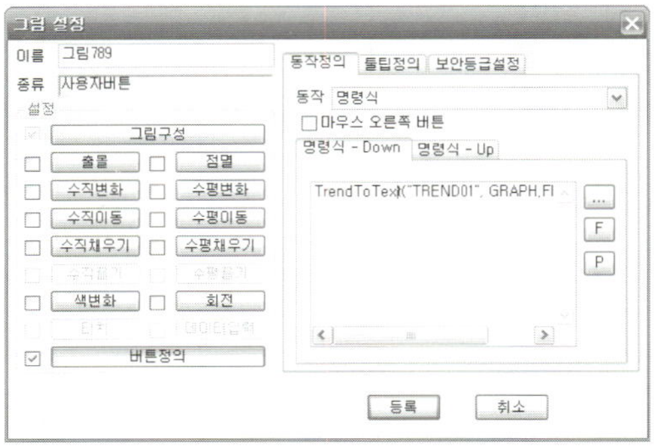

② 스케일 적용 오브젝트 설정

❶ TrendSetPenVal("TREND01", 0, 2, GRAPH.스케일최솟값) : 2 – 최솟값

❷ TrendSetPenVal("TREND01", 0, 3, GRAPH.스케일최댓값) : 3 – 최댓값

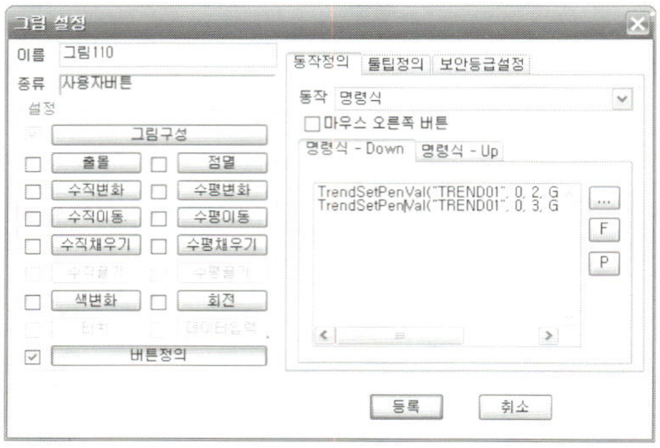

③ 이력 보기/실시간 트렌드 보기 오브젝트 설정(⏸ ⏭)

❶ SetTrendMode("TREND01", 1)

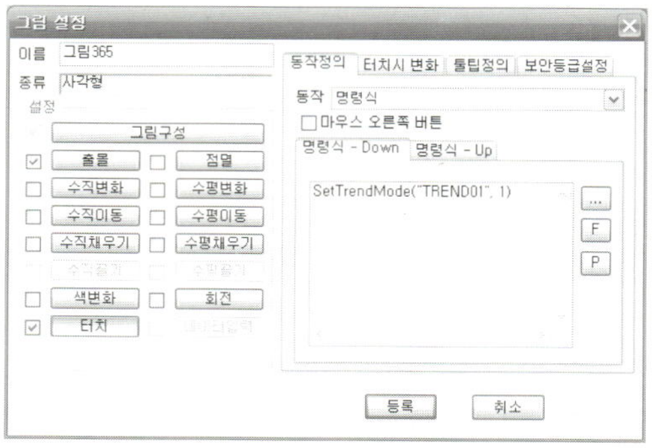

❷ SetTrendMode("TREND01", 0)

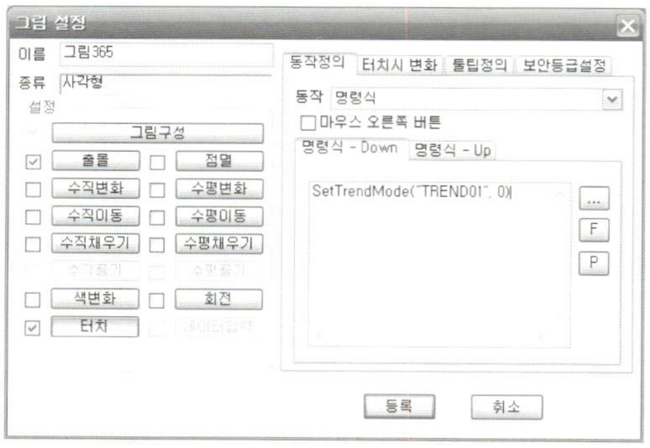

④ 30분/1시간 트렌드 보기 오브젝트 설정(30분 1시간)

❶ TrendSetTime("TREND01", 3, "1800")

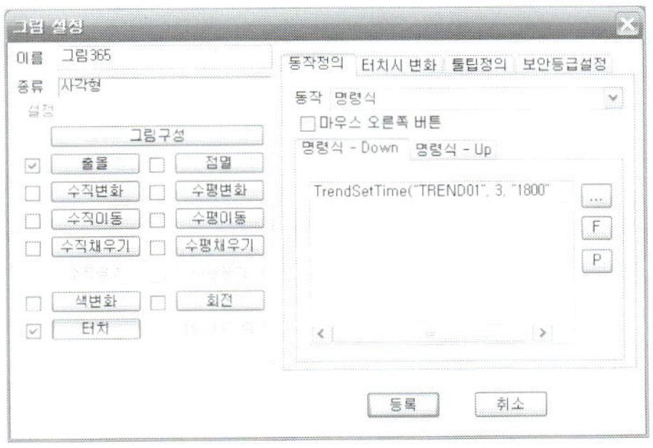

❷ TrendSetTime("TREND01", 3, "3600")

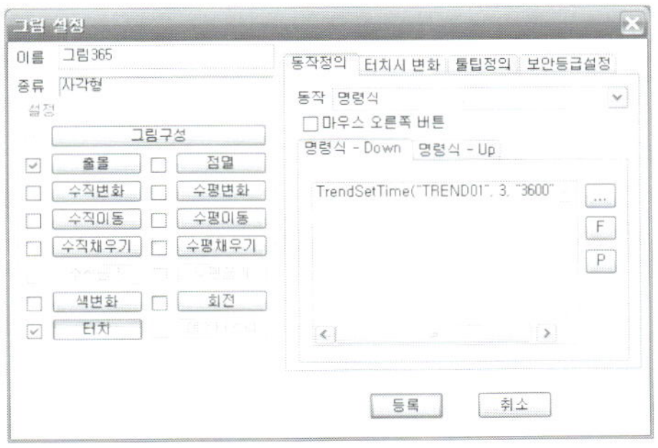

⑤ 프레임/주기 앞으로 이동 오브젝트 설정(◀◀ ◀)

❶ PrevTrend("TREND01", 1)

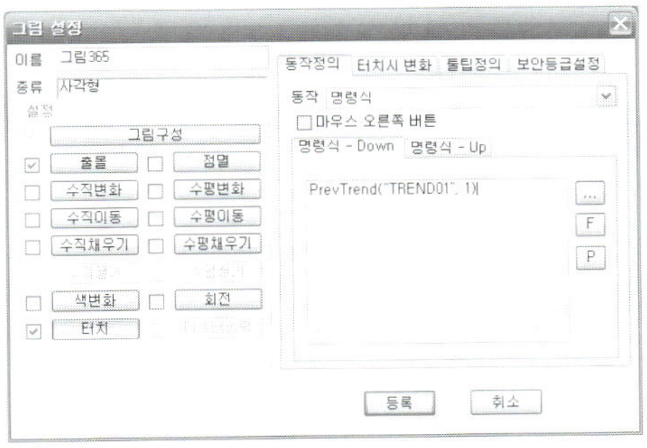

❷ PrevTrend("TREND01", 0)

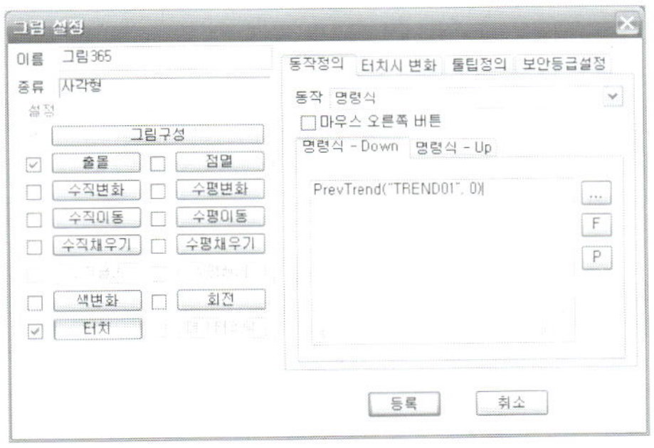

⑥ 프레임/주기 뒤로 이동 오브젝트 설정(▶ ▶▶)

❶ NextTrend("TREND01", 1)

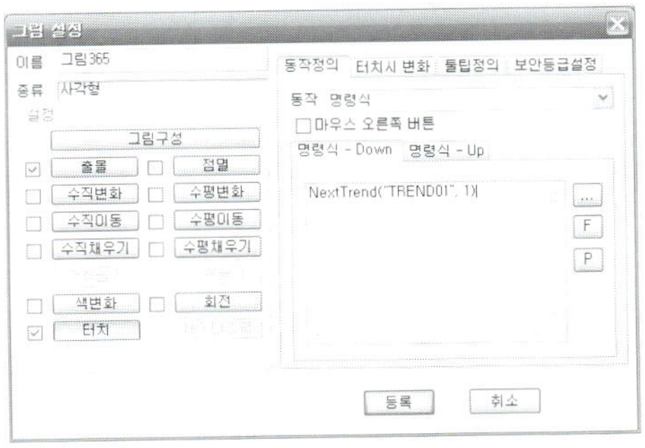

❷ NextTrend("TREND01", 0)

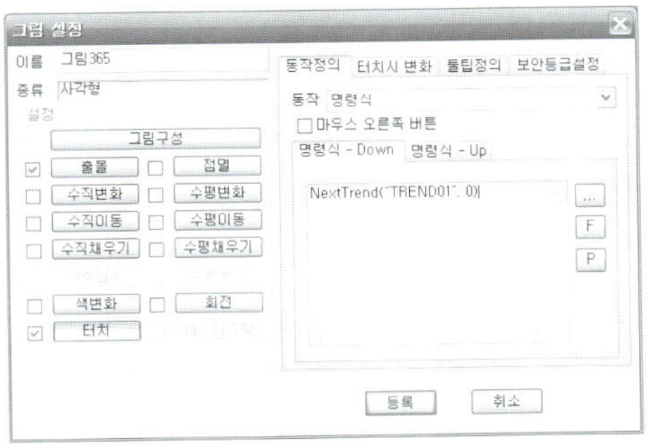

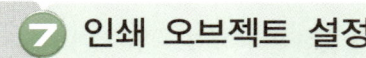

7 인쇄 오브젝트 설정

HardCopy()

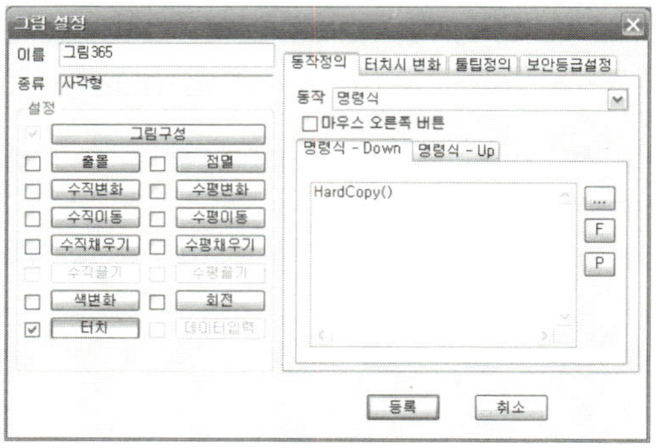

8 데이터 로그 파일창 열기 설정

LogFileDialog()

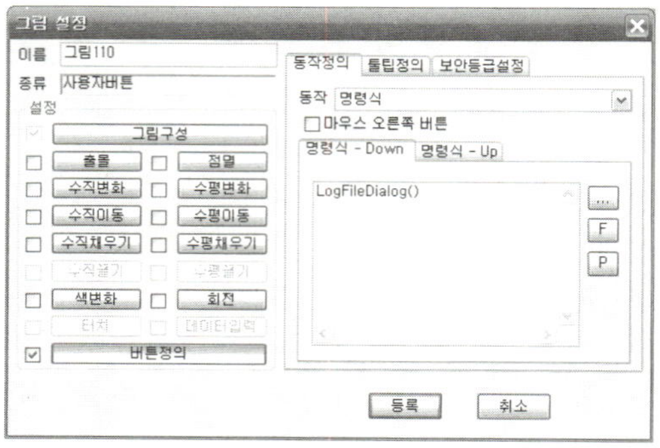

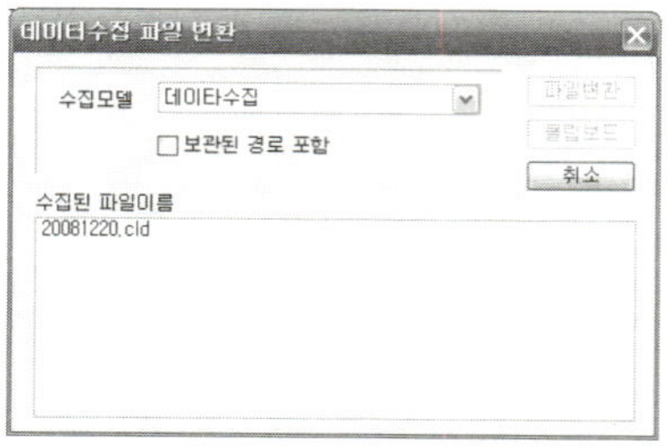

9 트렌드 데이터 txt 파일 출력 스크립트

```
Sub do_TrendToText()

'경로 생성
tag$ = "RANDOM.D0001"
```

```
file_name$ = "C:\TEMP\" + TimeStr(44) + ".txt"
SetTagVal tag$, file_name$

'해당 오브젝트 페이지가 열린 상태에서 동작(CIMON 함수)
TrendToText "TREND01", file_name$

'message
SetTagVal "SYS.MESSAGE", file_name$ + "파일로 출력하였습니다."
PlaySound ("sound_success.wav")

End Sub
```

SECTION

79 ODBC 삽입

CIMON에서 ODBC를 통해 MDB 데이터베이스 파일에 삽입하는 예제이다. 키락없이는 동작하지 않는다.

필드 이름 만들 때 예약어 'DATE'를 사용할 수 없다. 여기에서는 'UDATE'라는 필드명을 사용하였다. 시간 필드를 만들때 'TIME'이라는 예약어도 사용할 수 없다. 여기에서는 'UTIME'이라는 단어를 사용하였다.

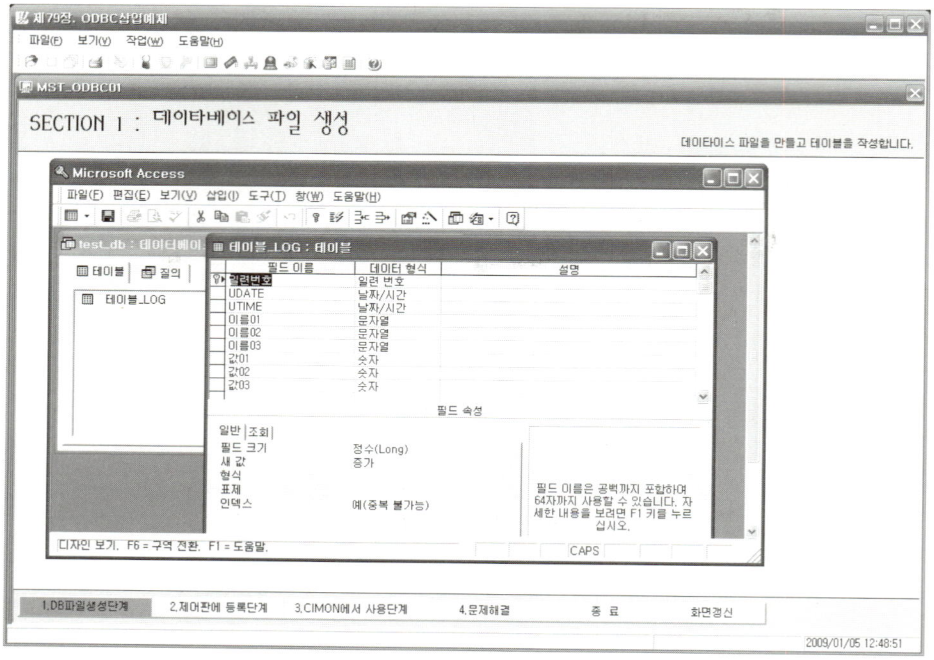

1 데이터베이스 제에판에 등록 설명 화면

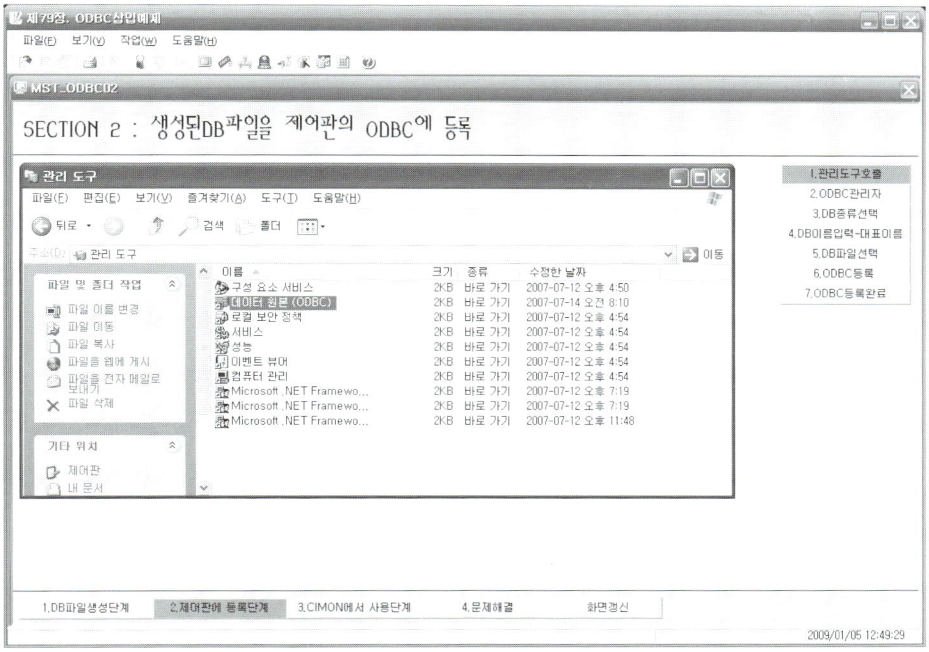

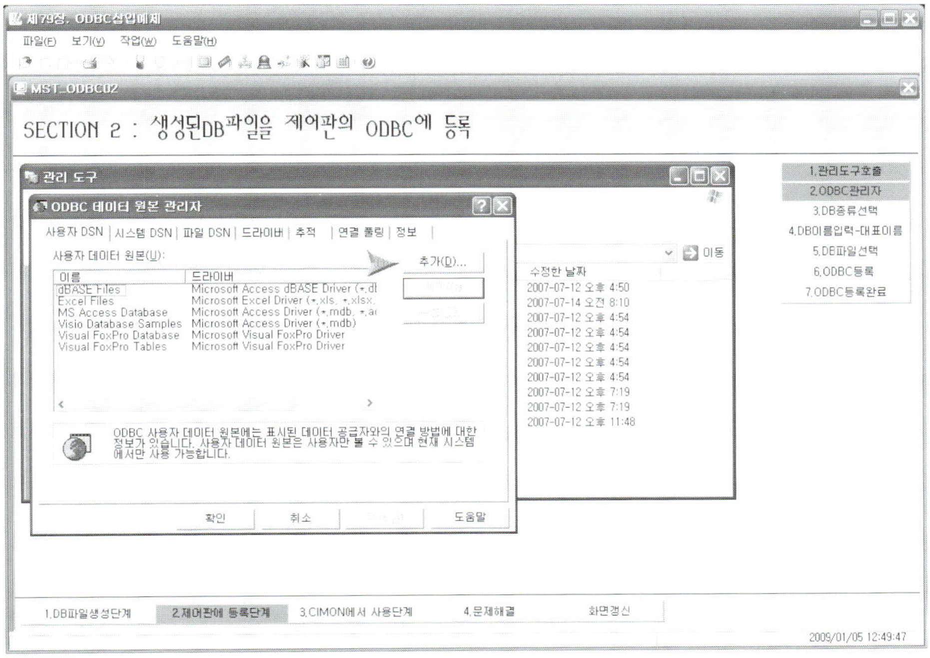

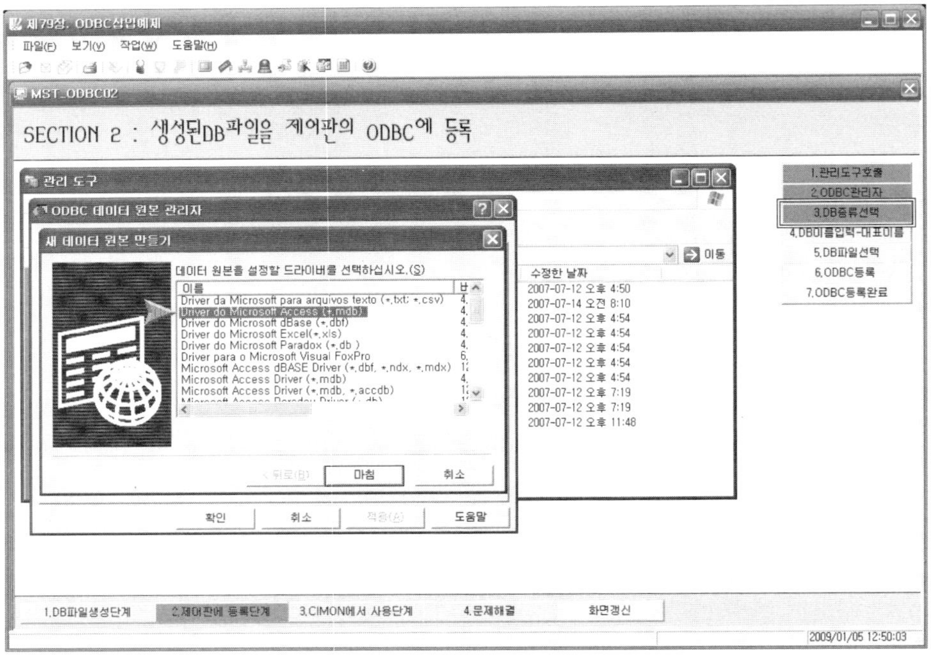

제79장. ODBC삽입예제
파일(F) 보기(V) 작업(W) 도움말(H)
MST_ODBC02
SECTION 2 : 생성된DB파일을 제어판의 ODBC에 등록
관리 도구
ODBC 데이터 원본 관리자
새 데이터 원본 만들기
데이터 원본을 설정할 드라이버를 선택하십시오.(S)
이름
Driver da Microsoft para arquivos texto (*.txt; *.csv)
Driver do Microsoft Access (*.mdb)
Driver do Microsoft dBase (*.dbf)
Driver do Microsoft Excel(*.xls)
Driver do Microsoft Paradox (*.db)
Driver para o Microsoft Visual FoxPro
Microsoft Access dBASE Driver (*.dbf, *.ndx, *.mdx)
Microsoft Access Driver (*.mdb)
Microsoft Access Driver (*.mdb, *.accdb)
< 뒤로(B) 마침 취소
확인 취소 적용(A) 도움말
수정한 날짜
1.관리도구호출
2.ODBC관리자
3.DB종류선택
4.DB이름입력-대표이름
5.DB파일선택
6.ODBC등록
7.ODBC등록완료
1.DB파일생성단계 2.제어판에 등록단계 3.CIMON에서 사용단계 4.문제해결 화면갱신
2009/01/05 12:50:03

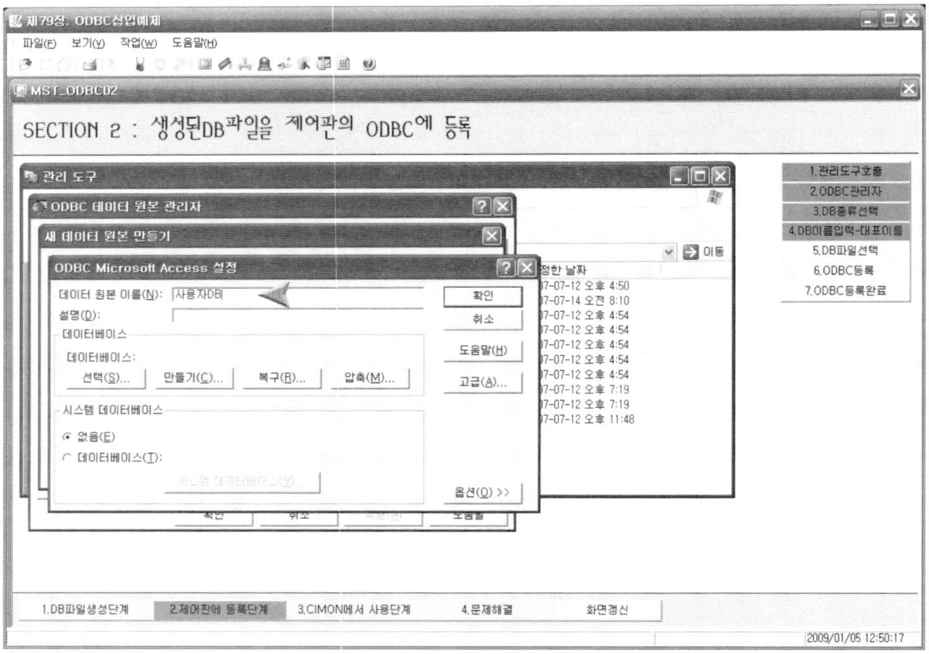

제79장. ODBC삽입예제
파일(F) 보기(V) 작업(W) 도움말(H)
MST_ODBC02
SECTION 2 : 생성된DB파일을 제어판의 ODBC에 등록
관리 도구
ODBC 데이터 원본 관리자
새 데이터 원본 만들기
ODBC Microsoft Access 설정
데이터 원본 이름(N): 사용자DB
설명(D):
데이터베이스
데이터베이스:
선택(S)... 만들기(C)... 복구(R)... 압축(M)...
시스템 데이터베이스
없음(E)
데이터베이스(T):
시스템 데이터베이스(Y)...
확인
취소
도움말(H)
고급(A)...
옵션(O) >>
1.관리도구호출
2.ODBC관리자
3.DB종류선택
4.DB이름입력-대표이름
5.DB파일선택
6.ODBC등록
7.ODBC등록완료
1.DB파일생성단계 2.제어판에 등록단계 3.CIMON에서 사용단계 4.문제해결 화면갱신
2009/01/05 12:50:17

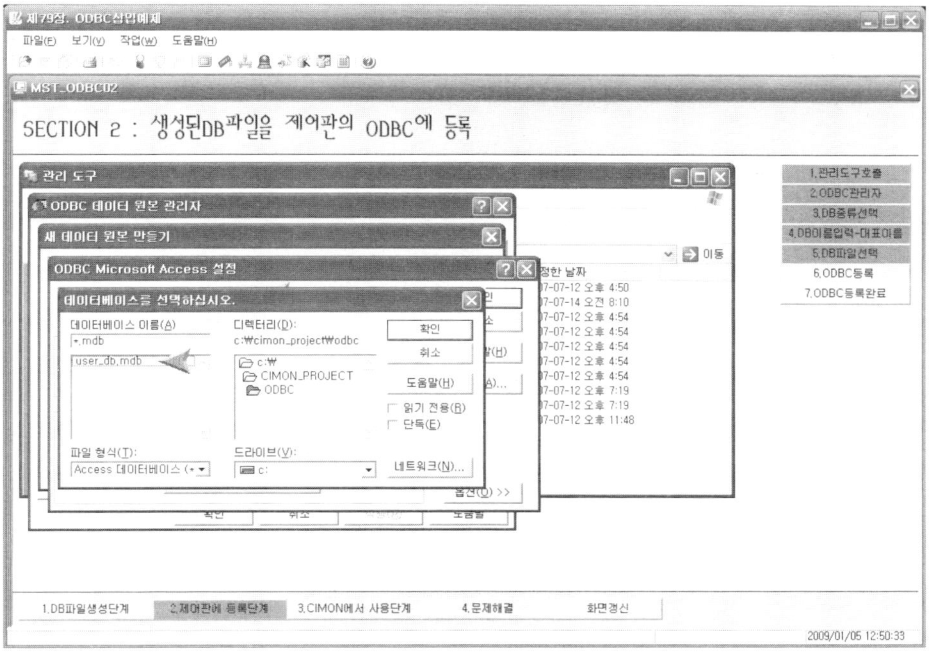
제79장. ODBC삽입예제
MST_ODBC02
SECTION 2 : 생성된DB파일을 제어판의 ODBC에 등록
관리 도구
ODBC 데이터 원본 관리자
새 데이터 원본 만들기
ODBC Microsoft Access 설정
데이터베이스를 선택하십시오.
데이터베이스 이름(A):
*.mdb
user_db.mdb
디렉터리(D):
c:₩cimon_project₩odbc
c:₩
CIMON_PROJECT
ODBC
확인
취소
도움말(H)
읽기 전용(R)
단독(E)
파일 형식(T):
Access 데이터베이스 (*
드라이브(V):
c:
네트워크(N)...
1.관리도구호출
2.ODBC관리자
3.DB종류선택
4.DB이름입력-대표이름
5.DB파일선택
6.ODBC등록
7.ODBC등록완료
1.DB파일생성단계
2.제어판에 등록단계
3.CIMON에서 사용단계
4.문제해결
화면갱신
2009/01/05 12:50:33

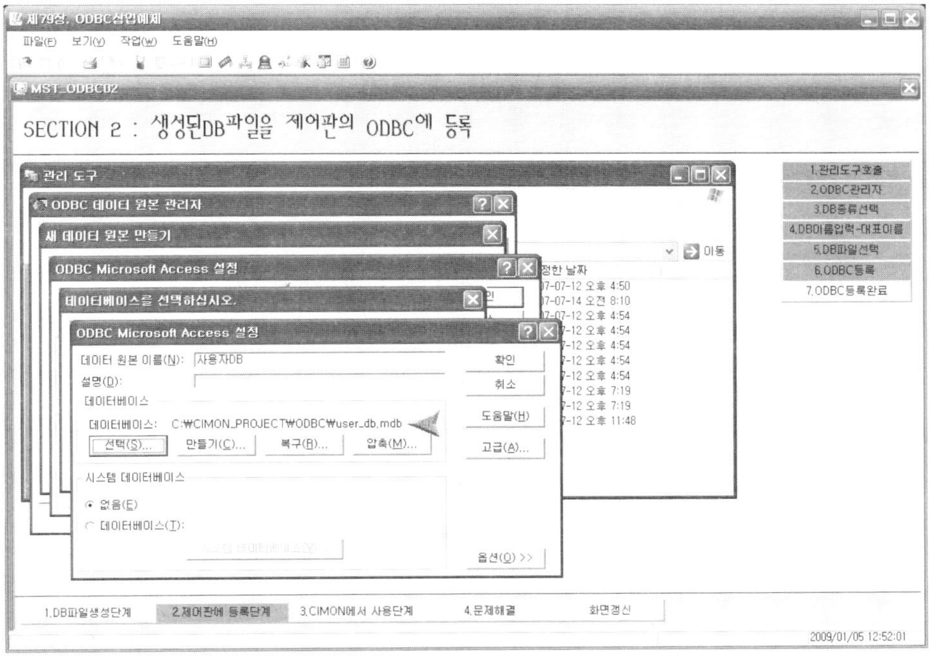
제79장. ODBC삽입예제
MST_ODBC02
SECTION 2 : 생성된DB파일을 제어판의 ODBC에 등록
관리 도구
ODBC 데이터 원본 관리자
새 데이터 원본 만들기
ODBC Microsoft Access 설정
데이터베이스를 선택하십시오.
ODBC Microsoft Access 설정
데이터 원본 이름(N): 사용자DB
설명(D):
데이터베이스
데이터베이스: C:₩CIMON_PROJECT₩ODBC₩user_db.mdb
선택(S)...
만들기(C)...
복구(R)...
압축(M)...
시스템 데이터베이스
없음(E)
데이터베이스(T):
확인
취소
도움말(H)
고급(A)...
옵션(O) >>
1.관리도구호출
2.ODBC관리자
3.DB종류선택
4.DB이름입력-대표이름
5.DB파일선택
6.ODBC등록
7.ODBC등록완료
1.DB파일생성단계
2.제어판에 등록단계
3.CIMON에서 사용단계
4.문제해결
화면갱신
2009/01/05 12:52:01

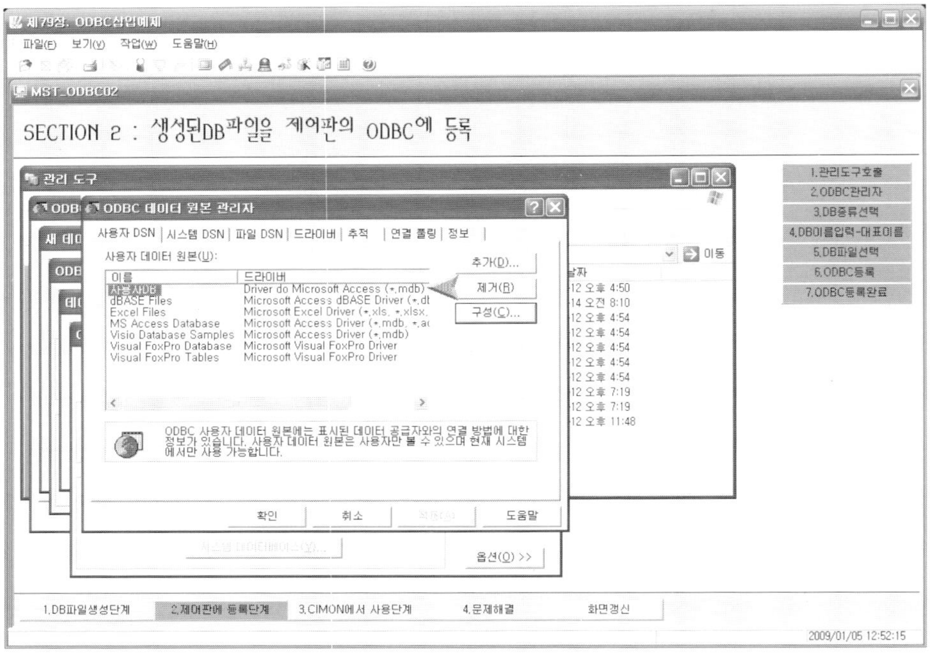
제79장. ODBC삽입예제
파일(F) 보기(V) 작업(W) 도움말(H)
MST_ODBC02
SECTION 2 : 생성된DB파일을 제어판의 ODBC에 등록
관리 도구
ODBC 데이터 원본 관리자
사용자 DSN | 시스템 DSN | 파일 DSN | 드라이버 | 추적 | 연결 풀링 | 정보
사용자 데이터 원본(U):
이름
드라이버
사용자DB
Driver do Microsoft Access (*.mdb)
dBASE Files
Microsoft Access dBASE Driver
Excel Files
Microsoft Excel Driver
MS Access Database
Microsoft Access Driver
Visio Database Samples
Microsoft Access Driver (*.mdb)
Visual FoxPro Database
Microsoft Visual FoxPro Driver
Visual FoxPro Tables
Microsoft Visual FoxPro Driver
추가(D)...
제거(R)
구성(C)...
ODBC 사용자 데이터 원본에는 표시된 데이터 공급자와의 연결 방법에 대한 정보가 있습니다. 사용자 데이터 원본은 사용자만 볼 수 있으며 현재 시스템에서만 사용 가능합니다.
확인
취소
도움말
옵션(O) >>
이동
1.관리도구호출
2.ODBC관리자
3.DB종류선택
4.DB이름입력-대표이름
5.DB파일선택
6.ODBC등록
7.ODBC등록완료
1.DB파일생성단계
2.제어판에 등록단계
3.CIMON에서 사용단계
4.문제해결
화면갱신
2009/01/05 12:52:15

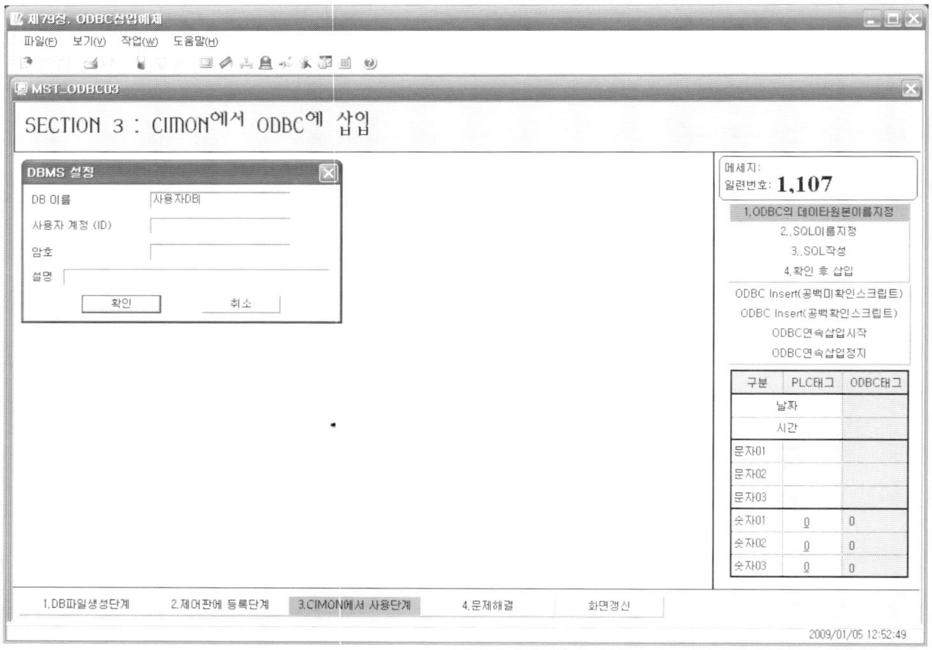
제79장. ODBC삽입예제
파일(F) 보기(V) 작업(W) 도움말(H)
MST_ODBC03
SECTION 3 : CIMON에서 ODBC에 삽입
DBMS 설정
DB 이름
사용자DB
사용자 계정 (ID)
암호
설명
확인
취소
메세지:
일련번호: 1,107
1.ODBC의 데이타원본이름지정
2..SQL이름지정
3..SQL작성
4.확인 후 삽입
ODBC Insert(공백미확인스크립트)
ODBC Insert(공백확인스크립트)
ODBC연속삽입시작
ODBC연속삽입정지
구분
PLC태그
ODBC태그
날자
시간
문자01
문자02
문자03
숫자01
숫자02
숫자03
1.DB파일생성단계
2.제어판에 등록단계
3.CIMON에서 사용단계
4.문제해결
화면갱신
2009/01/05 12:52:49

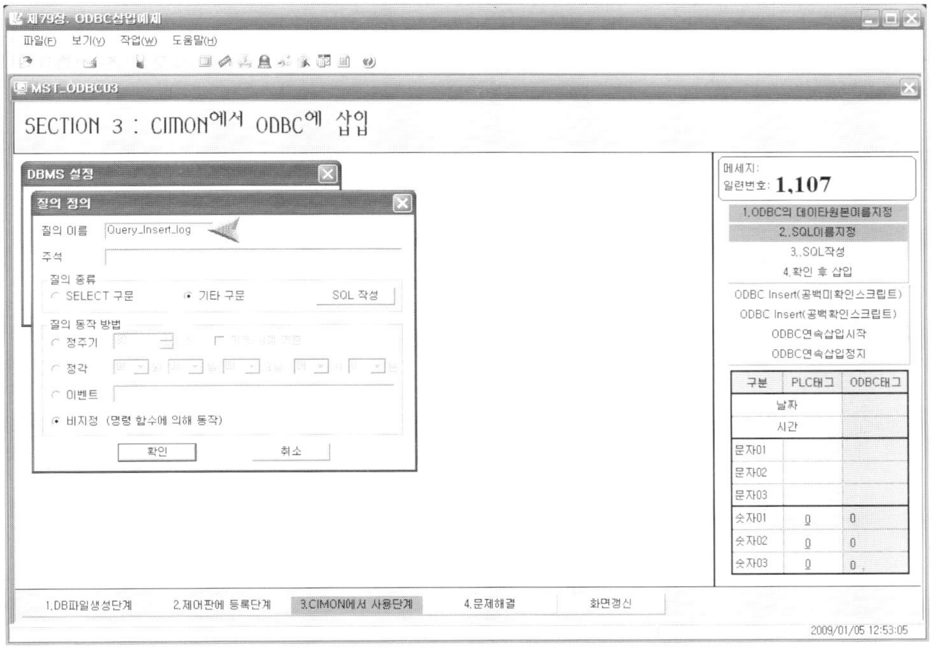

Insert Into 테이블_LOG (UDATE, UTIME, 이름01, 이름02, 이름03, 값01, 값02, 값03)
Values ('[1]', '[2]', '[3]', '[4]', '[5]', [6], [7], [8])

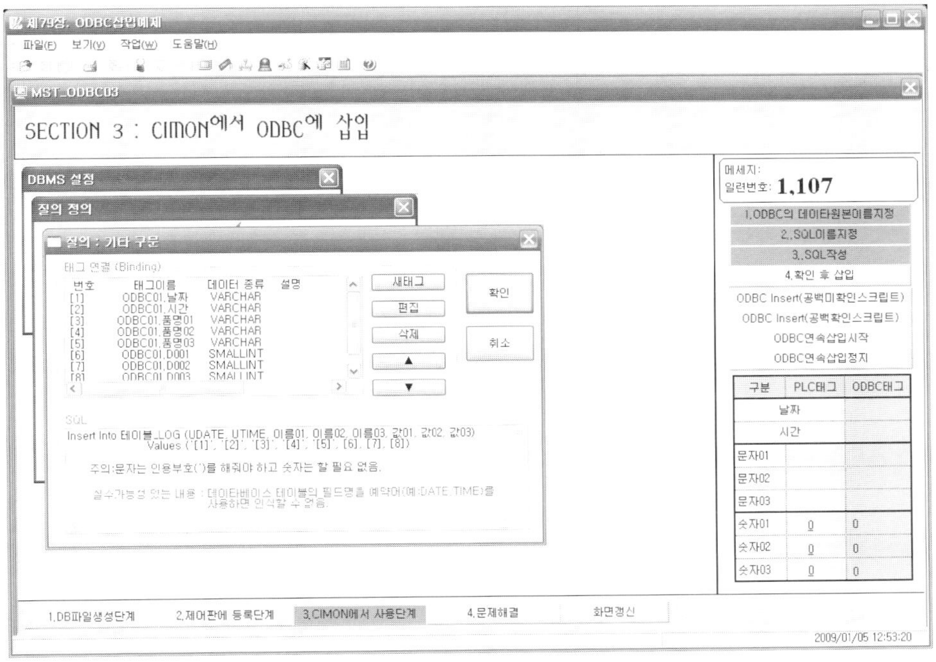

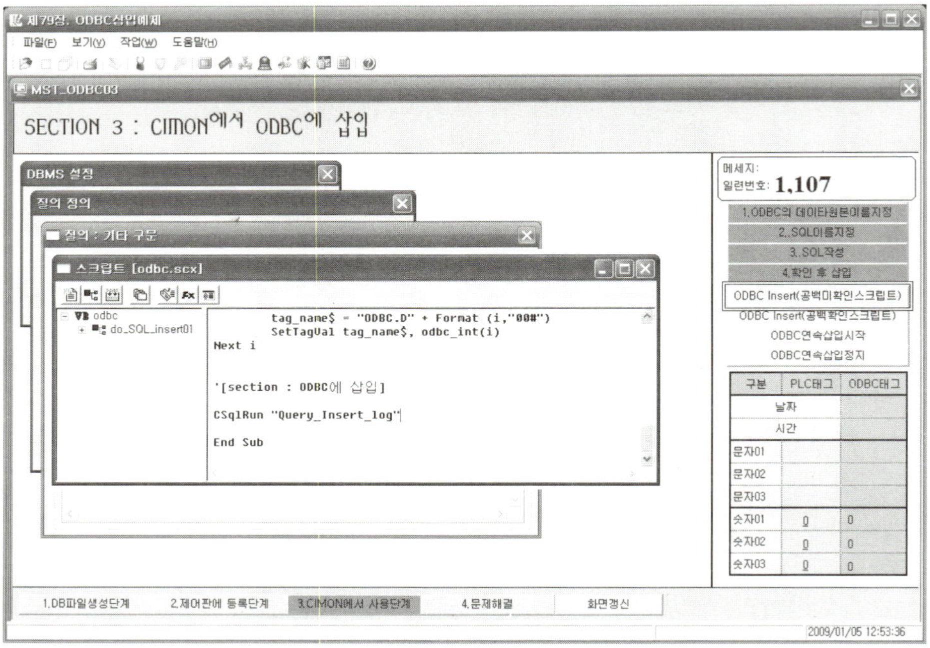

② SQL 공백 점검 후 삽입 스크립트

```
Sub do_SQL_insert01()

Dim odbc_st(10) as String
Dim odbc_int(10) as Integer

'message
SetTagVal "ODBC01.MESSAGE","ODBC insert준비.."

'날짜
SetTagVal "ODBC01.DATE",Format$(Now(),"yyyy-mm-dd")

'//section 01 : PLC 태그로부터 메모리로 값을 읽음, PLC TAG → MEMORY
For i = 1 to 3
    '문자
    tag_name$  = "PLC.품명" + Format (i,"0#")
    odbc_st(i) = GetTagVal (tag_name$)
    '숫자
    tag_name$  = "PLC.D" + Format (i,"00#")
    odbc_int(i)= GetTagVal (tag_name$)
Next i
```

```
'//section 02 : 태그로부터 읽은 값 확인 후 Null값 제거
For i = 1 to 3
        '문자
        If odbc_st(i) = "" Then odbc_st(i) = "Nothing"
        '숫자
        If odbc_int(i) < 0 Then odbc_int(i) = 0
Next i

'//section 03 : 메모리값을 ODBC 태그에 쓰기, MEMORY → ODBC TAG
For i = 1 to 3
        '문자
        tag_name$ = "ODBC01.품명" + Format (i,"0#")
        SetTagVal tag_name$, odbc_st(i)
        '숫자
        tag_name$ = "ODBC01.D" + Format (i,"00#")
        SetTagVal tag_name$, odbc_int(i)
Next i

'//section 04 : ODBC 태그의 Null값을 확인하기 위해 ODBC 태그값 읽기
For i = 1 to 3
        '문자
        odbc_st(i) = ""
        '숫자
        odbc_int(i) = 0
Next i

'태그값 읽기 : ODBC 태그 → MEMORY
For i = 1 to 3
        '문자
        tag_name$ = "ODBC01.품명" + Format (i,"0#")
        odbc_st(i) = GetTagVal (tag_name$)
        '숫자
        tag_name$ = "ODBC01.D" + Format (i,"00#")
        odbc_int(i) = GetTagVal (tag_name$)
Next i

'초기화 : Null 개수 체크
ck# = 0

'확인 : ODBC 태그의 Null값
For i = 1 to 3
        '문자
        If odbc_st(i) = "" Then ck# = 1
Next i
```

```
'//section 05 : Null값이 없을 때 ODBC에 삽입
If ck# = 0 Then
	CSqlRun "Query_Insert_log"
	SetTagVal "ODBC01.MESSAGE","ODBC insert완료...!"
	'시리얼 번호 갱신
	SetTagVal "ODBC01.SERIAL", (GetTagVal ("ODBC01.SERIAL") + 1)
	PlaySound "sound_success"
Else
	SetTagVal "ODBC01.MESSAGE","ODBC insert fail..!"
	PlaySound "sound_fail"
End If

End Sub
```

3 SQL 공백 점검 없이 삽입 스크립트

```
Sub do_SQL_insert02_WithBlank()

	'SQL 실행
	CSqlRun "Query_Insert_log"
	'SQL 실행 결과 참조
	If CSqlGetError ("Query_Insert_log") = 0 Then
		SetTagVal "ODBC01.MESSAGE","ODBC insert완료...!"
		'레코드 개수
		SetTagVal "ODBC01.SERIAL", GetTagVal ("ODBC01.SERIAL") + 1
		PlaySound "sound_success"
	Else
		SetTagVal "ODBC01.MESSAGE","ODBC insert fail..!"
		PlaySound "sound_fail"
	End If

End Sub
```

❹ 프로그램 분석

```
CSqlRun "Query_Insert_log"
```

❶ Syntax　CSqlRun "질의이름"

❷ 의미　질의 이름은 CIMON의 ODBC 설정기에서 등록되어 있어야 하며, 이 질의를 실행한다.

```
CSqlGetError "Query_Insert_log"
```

❶ Syntax　CSqlGetError "질의이름"

❷ 의미　바로 직전에 수행했던 ODBC 함수들(예 CSqlInsert, CSqlOpen … 등)이 정상적으로 수행되었는지 판단하기 위해서 사용한다. 정상적으로 수행되었으면 0을 반환하고 그 외의 값이면 오류가 발생한 것이다.

SECTION

80 ODBC 조회

CIMON에서 ODBC를 통해 MDB 데이터베이스를 조회하는 예제이다. 키락없이는 동작하지 않는다.

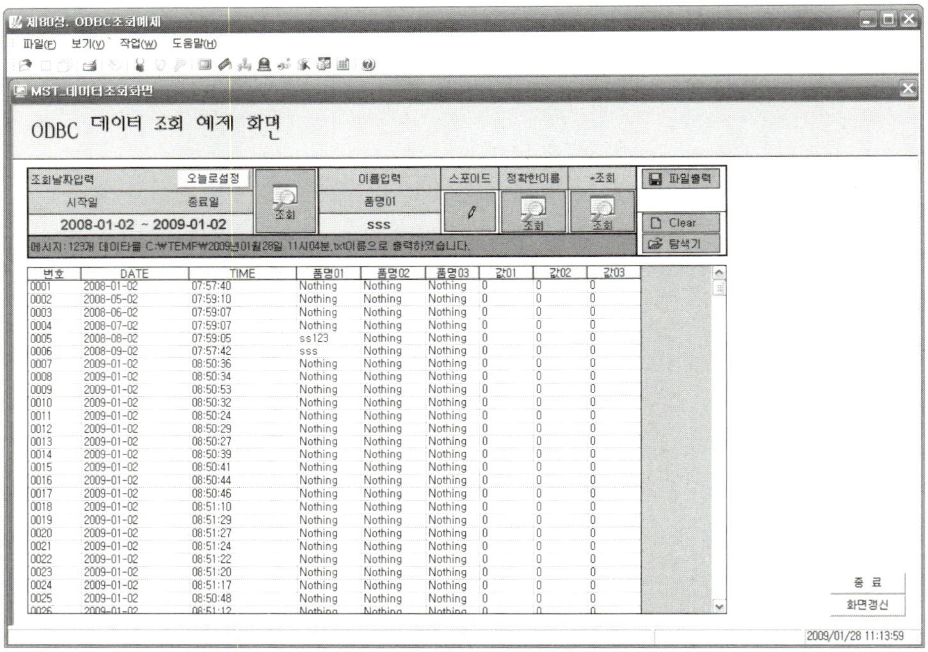

1 데이터베이스

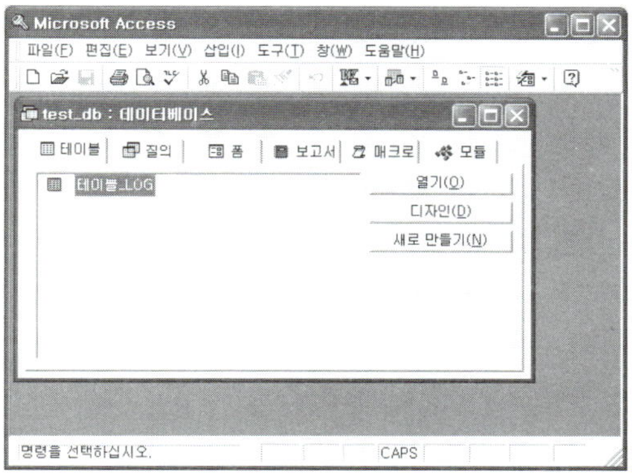

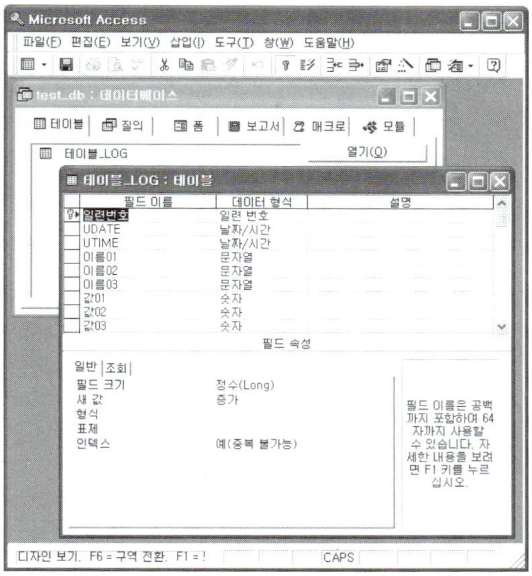

2 날짜별 조회 쿼리 작성

UDATE Between #[ODBC01.START_DATE]# AND #[ODBC01.END_DATE]#

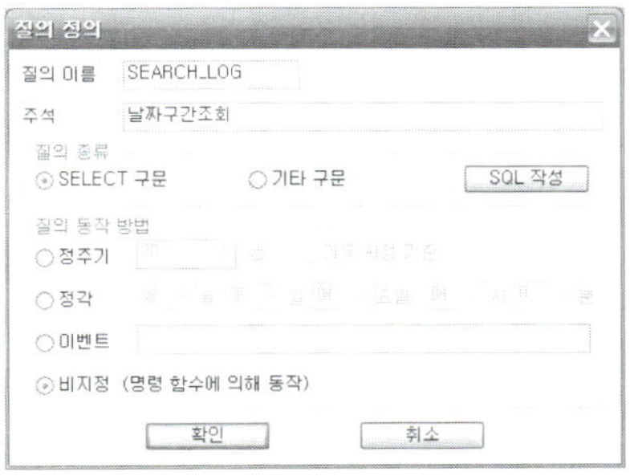

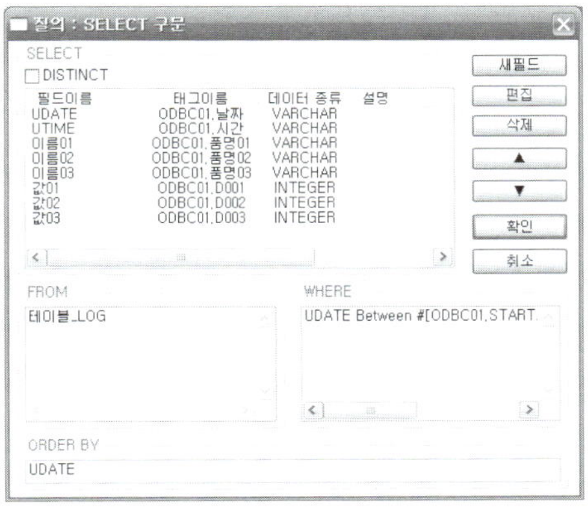

❸ 날짜별 정확한 품목별 조회 쿼리 작성

UDATE Between #[ODBC01.START_DATE]# AND #[ODBC01.END_DATE]#
And 이름01 = '[KEYWORD.생산모델]'

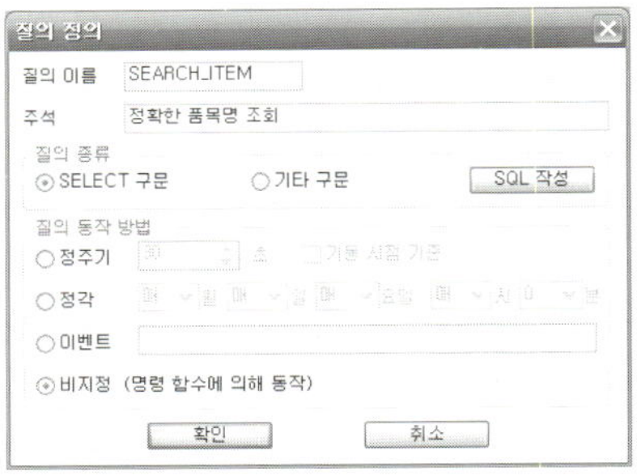

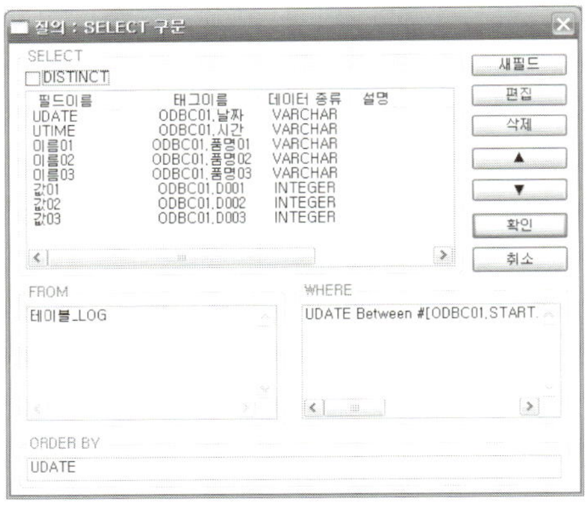

❹ 날짜별 품목 이름 시작(*)별 조회 쿼리 작성

UDATE Between #[ODBC01.START_DATE]# AND #[ODBC01.END_DATE]#
And 이름01 Like '[KEYWORD.생산모델]%'

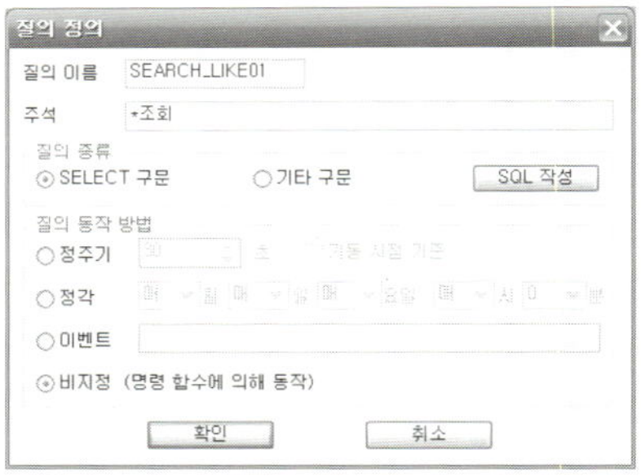

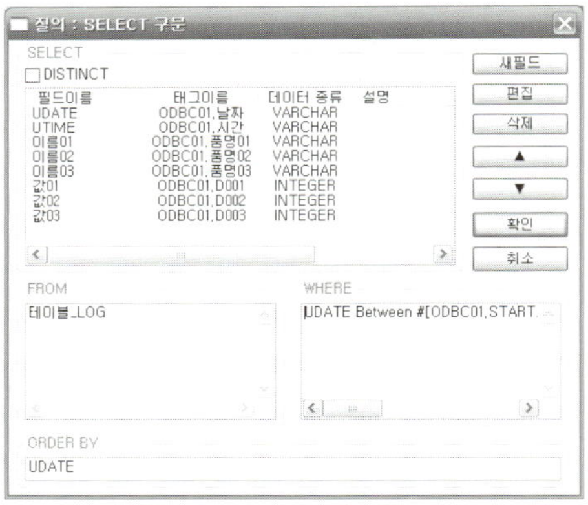

5 SQL 조회 스크립트

```
Sub do_SQL_search01_2grid()

'message
SetTagVal "ODBC01.MESSAGE","검색을 시작한다."

'초기화 : 모든 그리드
For i = 1 To 500
            '사용 방법 : wcGridSetData(Object이름, col, row, 데이터)
            wcGridSetData "GRID", 1, i, ""
            wcGridSetData "GRID", 2, i, ""
            wcGridSetData "GRID", 3, i, ""
            wcGridSetData "GRID", 4, i, ""
            wcGridSetData "GRID", 5, i, ""
            wcGridSetData "GRID", 6, i, ""
            wcGridSetData "GRID", 7, i, ""
            wcGridSetData "GRID", 8, i, ""
            wcGridSetData "GRID", 9, i, ""
Next i

'sql01 : 실행
CSqlOpen "SEARCH_LOG"

'sql : 질의 결의 레코드 개수
record_no% = CSqlGetRecordNo("SEARCH_LOG")

'확인
If record_no% > 500 Then
            'message
            SetTagVal "ODBC01.MESSAGE", "500개까지만 출력한다. 참고 : 검색 개수:"
                    + CStr(record_no%)
            PlaySound ("sound_fail.wav")
            Exit Sub
End If

'검색된 레코드 개수만큼 데이터 리스트에 삽입, 파일에 출력
For i = 1 To record_no%
            '질의 작성 때 지정된 태그에 첫 질의 결과 레코드가 대입된다.
            wcGridSetData "GRID", 1, i, Format(i,"000#")
            wcGridSetData "GRID", 2, i, Left$((GetTagVal("ODBC01.날짜")),10)
            wcGridSetData "GRID", 3, i, Right$((GetTagVal("ODBC01.시간")),8)
            wcGridSetData "GRID", 4, i, GetTagVal("ODBC01.품명01")
```

```
            wcGridSetData "GRID", 5, i, GetTagVal("ODBC01.품명02")
            wcGridSetData "GRID", 6, i, GetTagVal("ODBC01.품명03")
            wcGridSetData "GRID", 7, i, GetTagVal("ODBC01.D001")
            wcGridSetData "GRID", 8, i, GetTagVal("ODBC01.D002")
            wcGridSetData "GRID", 9, i, GetTagVal("ODBC01.D003")

            'sql02 : 질의 결과의 다음 레코드
            CSqlNext "SEARCH_LOG"

            'message
            SetTagVal "ODBC01.MESSAGE", Format(i,"000#") + "번째를 그리드에 삽입합니다."
Next i

'그리드 표시 위치 지정
wcGridSetPos "GRID", 1, 1, 1

'sql03 : 닫기
CSqlClose "SEARCH_LOG"

'message
SetTagVal "ODBC01.MESSAGE",CStr(record_no%) + "개 데이터가 검색되었습니다."
PlaySound ("sound_success.wav")

End Sub
```

6 그리드 내용 텍스트 파일로 출력 조회 스크립트

```
Sub do_grid_to_txtfile()

'읽기 : 1번째 칼럼
grid_check$ = wcGridGetData ("GRID",1,1)

'확인
If grid_check$ = "" Then
            'message
            SetTagVal "ODBC01.MESSAGE", "파일 출력할 검색된 데이터가 하나도 없습니다."
            PlaySound ("sound_fail")
            Exit Sub
End If

'생성 : 결과를 저장할 파일 이름
file_name$ = "C:\TEMP\" + TimeStr(43) + ".txt"
```

```
'file open
Open file_name$ for Output As #1

'그리드에 있는 내용을 텍스트 파일로 출력
For i = 1 To 500

            '초기화
            gird_text$ = ""
            grid_check$ = ""

            '읽기 : 1번째 칼럼
            grid_check$ = wcGridGetData ("GRID",1,i)

            '확인
            If grid_check$ = "" Then
                    Goto Ending
            Else
                    '1줄 읽기
                    For j = 2 to 9
                            grid_check$ = grid_check$ + "," + wcGridGetData ("GRID",j,i)
                    Next j
            End If

            '파일 출력
            Print #1, grid_check$

            'message
            SetTagVal "ODBC01.MESSAGE", Format(i,"000#") + "번째를 파일 출력합니다."
Next i

Ending:

'file close
Close #1

'message
SetTagVal "ODBC01.MESSAGE",CStr(i-1) + "개 데이터를 " + file_name$ + "이름으로 출력하였
습니다."
PlaySound ("sound_success.wav")

End Sub
```

7 스포이드 스크립트

```
Sub do_spoid()

'그리드의 현재 줄을 구함
uRow = wcGridGetPos ("GRID",1,1)

'>>> 1칸의 내용 버퍼로 이동
uVal = wcGridGetData ("GRID",4,uRow)

If uVal = "" Then
        PlaySound "sound_fail"
        SetTagVal "ODBC01.MESSAGE","삽입할 모델명이 없습니다."
        Exit Sub
Else
        'message
        SetTagVal "ODBC01.MESSAGE", Format(uRow, "00#") + "줄의 모델명을 입력하였습니다."
        PlaySound ("sound_success.wav")
        SetTagVal "KEYWORD.생산모델", uVal
End If

End Sub
```

부록

CIMON PROJECT LIBRARY I

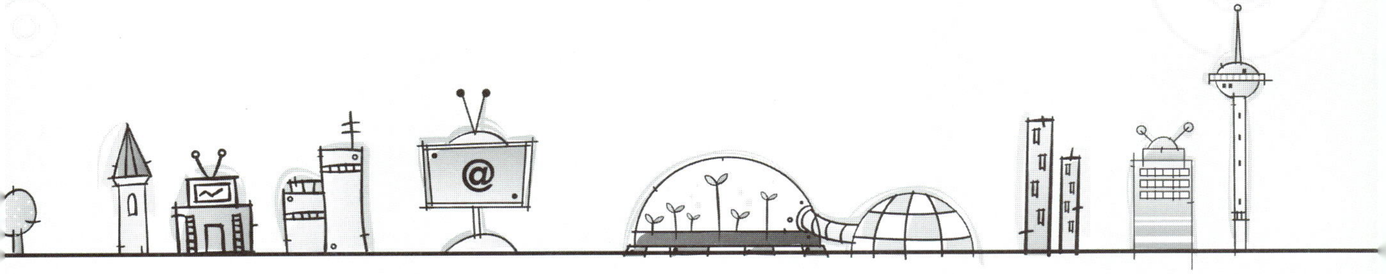

1. Master-K PLC INPUT, OUTPUT NUMBERING EXAMPLE

MODULE EXAMPLE	INPUT32		INPUT64				INPUT64				INPUT64				OUTPUT64				OUTPUT64			
점유수	1	2	1	2	3	4	1	2	3	4	1	2	3	4	1	2	3	4	1	2	3	4
워드 번호	0	1	2	3	4	5	6	7	8	9	10	11	12	13	14	15	16	17	18	19	20	21
	P000	P010	P020	P030	P040	P050	P060	P070	P080	P090	P100	P110	P120	P130	P140	P150	P160	P170	P180	P190	P200	P210
올바른 넘버링	P001	P011	P021	P031	P041	P051	P061	P071	P081	P091	P101	P111	P121	P131	P141	P151	P161	P171	P181	P191	P201	P211
	P002	P012	P022	P032	P042	P052	P062	P072	P082	P092	P102	P112	P122	P132	P142	P152	P162	P172	P182	P192	P202	P212
	P003	P013	P023	P033	P043	P053	P063	P073	P083	P093	P103	P113	P123	P133	P143	P153	P163	P173	P183	P193	P203	P213
	P004	P014	P024	P034	P044	P054	P064	P074	P084	P094	P104	P114	P124	P134	P144	P154	P164	P174	P184	P194	P204	P214
워드 번호십진수 →	P005	P015	P025	P035	P045	P055	P065	P075	P085	P095	P105	P115	P125	P135	P145	P155	P165	P175	P185	P195	P205	P215
	P006	P016	P026	P036	P046	P056	P066	P076	P086	P096	P106	P116	P126	P136	P146	P156	P166	P176	P186	P196	P206	P216
	P007	P017	P027	P037	P047	P057	P067	P077	P087	P097	P107	P117	P127	P137	P147	P157	P167	P177	P187	P197	P207	P217
비트 번호 16진수 ↓	P008	P018	P028	P038	P048	P058	P068	P078	P088	P098	P108	P118	P128	P138	P148	P158	P168	P178	P188	P198	P208	P218
	P009	P019	P029	P039	P049	P059	P069	P079	P089	P099	P109	P119	P129	P139	P149	P159	P169	P179	P189	P199	P209	P219
	P00A	P01A	P02A	P03A	P04A	P05A	P06A	P07A	P08A	P09A	P10A	P11A	P12A	P13A	P14A	P15A	P16A	P17A	P18A	P19A	P20A	P21A
	P00B	P01B	P02B	P03B	P04B	P05B	P06B	P07B	P08B	P09B	P10B	P11B	P12B	P13B	P14B	P15B	P16B	P17B	P18B	P19B	P20B	P21B
	P00C	P01C	P02C	P03C	P04C	P05C	P06C	P07C	P08C	P09C	P10C	P11C	P12C	P13C	P14C	P15C	P16C	P17C	P18C	P19C	P20C	P21C
	P00D	P01D	P02D	P03D	P04D	P05D	P06D	P07D	P08D	P09D	P10D	P11D	P12D	P13D	P14D	P15D	P16D	P17D	P18D	P19D	P20D	P21D
	P00E	P01E	P02E	P03E	P04E	P05E	P06E	P07E	P08E	P09E	P10E	P11E	P12E	P13E	P14E	P15E	P16E	P17E	P18E	P19E	P20E	P21E
	P00F	P01F	P02F	P03F	P04F	P05F	P06F	P07F	P08F	P09F	P10F	P11F	P12F	P13F	P14F	P15F	P16F	P17F	P18F	P19F	P20F	P21F

선두 번호	0	1	2	3	4	5	6	7	8	9	A	B	C	D	E	F	10	11	12	13	14	15
	P000	P010	P020	P030	P040	P050	P060	P070	P080	P090	P0A0	P0B0	P0C0	P0D0	P0E0	P0F0	P100	P110	P120	P130	P140	P150
잘못한 넘버링	P001	P011	P021	P031	P041	P051	P061	P071	P081	P091	P0A1	P0B1	P0C1	P0D1	P0E1	P0F1	P101	P111	P121	P131	P141	P151
	P002	P012	P022	P032	P042	P052	P062	P072	P082	P092	P0A2	P0B2	P0C2	P0D2	P0E2	P0F2	P102	P112	P122	P132	P142	P152
	P003	P013	P023	P033	P043	P053	P063	P073	P083	P093	P0A3	P0B3	P0C3	P0D3	P0E3	P0F3	P103	P113	P123	P133	P143	P153
워드 번호16진수 →	P004	P014	P024	P034	P044	P054	P064	P074	P084	P094	P0A4	P0B4	P0C4	P0D4	P0E4	P0F4	P104	P114	P124	P134	P144	P154
	P005	P015	P025	P035	P045	P055	P065	P075	P085	P095	P0A5	P0B5	P0C5	P0D5	P0E5	P0F5	P105	P115	P125	P135	P145	P155
	P006	P016	P026	P036	P046	P056	P066	P076	P086	P096	P0A6	P0B6	P0C6	P0D6	P0E6	P0F6	P106	P116	P126	P136	P146	P156
	P007	P017	P027	P037	P047	P057	P067	P077	P087	P097	P0A7	P0B7	P0C7	P0D7	P0E7	P0F7	P107	P117	P127	P137	P147	P157
비트 번호 16진수 ↓	P008	P018	P028	P038	P048	P058	P068	P078	P088	P098	P0A8	P0B8	P0C8	P0D8	P0E8	P0F8	P108	P118	P128	P138	P148	P158
	P009	P019	P029	P039	P049	P059	P069	P079	P089	P099	P0A9	P0B9	P0C9	P0D9	P0E9	P0F9	P109	P119	P129	P139	P149	P159
	P00A	P01A	P02A	P03A	P04A	P05A	P06A	P07A	P08A	P09A	P0AA	P0BA	P0CA	P0DA	P0EA	P0FA	P10A	P11A	P12A	P13A	P14A	P15A
	P00B	P01B	P02B	P03B	P04B	P05B	P06B	P07B	P08B	P09B	P0AB	P0BB	P0CB	P0DB	P0EB	P0FB	P10B	P11B	P12B	P13B	P14B	P15B
	P00C	P01C	P02C	P03C	P04C	P05C	P06C	P07C	P08C	P09C	P0AC	P0BC	P0CC	P0DC	P0EC	P0FC	P10C	P11C	P12C	P13C	P14C	P15C
	P00D	P01D	P02D	P03D	P04D	P05D	P06D	P07D	P08D	P09D	P0AD	P0BD	P0CD	P0DD	P0ED	P0FD	P10D	P11D	P12D	P13D	P14D	P15D
	P00E	P01E	P02E	P03E	P04E	P05E	P06E	P07E	P08E	P09E	P0AE	P0BE	P0CE	P0DE	P0EE	P0FE	P10E	P11E	P12E	P13E	P14E	P15E
	P00F	P01F	P02F	P03F	P04F	P05F	P06F	P07F	P08F	P09F	P0AF	P0BF	P0CF	P0DF	P0EF	P0FF	P10F	P11F	P12F	P13F	P14F	P15F

2. 16진수 사용 M TAG MEMORY TABLE

W번호→	M00	M01	M02	M03	M04	M05	M06	M07	M08	M09	M10	M11	M12	M13	M14	M15	M16	M17	M18	M19	M20	M21	M22	M23	M24	M25	M26	M27	M28	M29	M30	M31
비트 번호→	0	0	0	0	0	0	0	0	0	0	0	0	0	0	0	0	0	0	0	0	0	0	0	0	0	0	0	0	0	0	0	0
	1	1	1	1	1	1	1	1	1	1	1	1	1	1	1	1	1	1	1	1	1	1	1	1	1	1	1	1	1	1	1	1
	2	2	2	2	2	2	2	2	2	2	2	2	2	2	2	2	2	2	2	2	2	2	2	2	2	2	2	2	2	2	2	2
	3	3	3	3	3	3	3	3	3	3	3	3	3	3	3	3	3	3	3	3	3	3	3	3	3	3	3	3	3	3	3	3
	4	4	4	4	4	4	4	4	4	4	4	4	4	4	4	4	4	4	4	4	4	4	4	4	4	4	4	4	4	4	4	4
	5	5	5	5	5	5	5	5	5	5	5	5	5	5	5	5	5	5	5	5	5	5	5	5	5	5	5	5	5	5	5	5
	6	6	6	6	6	6	6	6	6	6	6	6	6	6	6	6	6	6	6	6	6	6	6	6	6	6	6	6	6	6	6	6
	7	7	7	7	7	7	7	7	7	7	7	7	7	7	7	7	7	7	7	7	7	7	7	7	7	7	7	7	7	7	7	7
	8	8	8	8	8	8	8	8	8	8	8	8	8	8	8	8	8	8	8	8	8	8	8	8	8	8	8	8	8	8	8	8
	9	9	9	9	9	9	9	9	9	9	9	9	9	9	9	9	9	9	9	9	9	9	9	9	9	9	9	9	9	9	9	9
	A	A	A	A	A	A	A	A	A	A	A	A	A	A	A	A	A	A	A	A	A	A	A	A	A	A	A	A	A	A	A	A
	B	B	B	B	B	B	B	B	B	B	B	B	B	B	B	B	B	B	B	B	B	B	B	B	B	B	B	B	B	B	B	B
	C	C	C	C	C	C	C	C	C	C	C	C	C	C	C	C	C	C	C	C	C	C	C	C	C	C	C	C	C	C	C	C
	D	D	D	D	D	D	D	D	D	D	D	D	D	D	D	D	D	D	D	D	D	D	D	D	D	D	D	D	D	D	D	D
	E	E	E	E	E	E	E	E	E	E	E	E	E	E	E	E	E	E	E	E	E	E	E	E	E	E	E	E	E	E	E	E
	F	F	F	F	F	F	F	F	F	F	F	F	F	F	F	F	F	F	F	F	F	F	F	F	F	F	F	F	F	F	F	F

W번호→	M32	M33	M34	M35	M36	M37	M38	M39	M40	M41	M42	M43	M44	M45	M46	M47	M48	M49	M50	M51	M52	M53	M54	M55	M56	M57	M58	M59	M60	M61	M62	M63
비트 번호→	0	0	0	0	0	0	0	0	0	0	0	0	0	0	0	0	0	0	0	0	0	0	0	0	0	0	0	0	0	0	0	0
	1	1	1	1	1	1	1	1	1	1	1	1	1	1	1	1	1	1	1	1	1	1	1	1	1	1	1	1	1	1	1	1
	2	2	2	2	2	2	2	2	2	2	2	2	2	2	2	2	2	2	2	2	2	2	2	2	2	2	2	2	2	2	2	2
	3	3	3	3	3	3	3	3	3	3	3	3	3	3	3	3	3	3	3	3	3	3	3	3	3	3	3	3	3	3	3	3
	4	4	4	4	4	4	4	4	4	4	4	4	4	4	4	4	4	4	4	4	4	4	4	4	4	4	4	4	4	4	4	4
	5	5	5	5	5	5	5	5	5	5	5	5	5	5	5	5	5	5	5	5	5	5	5	5	5	5	5	5	5	5	5	5
	6	6	6	6	6	6	6	6	6	6	6	6	6	6	6	6	6	6	6	6	6	6	6	6	6	6	6	6	6	6	6	6
	7	7	7	7	7	7	7	7	7	7	7	7	7	7	7	7	7	7	7	7	7	7	7	7	7	7	7	7	7	7	7	7
	8	8	8	8	8	8	8	8	8	8	8	8	8	8	8	8	8	8	8	8	8	8	8	8	8	8	8	8	8	8	8	8
	9	9	9	9	9	9	9	9	9	9	9	9	9	9	9	9	9	9	9	9	9	9	9	9	9	9	9	9	9	9	9	9
	A	A	A	A	A	A	A	A	A	A	A	A	A	A	A	A	A	A	A	A	A	A	A	A	A	A	A	A	A	A	A	A
	B	B	B	B	B	B	B	B	B	B	B	B	B	B	B	B	B	B	B	B	B	B	B	B	B	B	B	B	B	B	B	B
	C	C	C	C	C	C	C	C	C	C	C	C	C	C	C	C	C	C	C	C	C	C	C	C	C	C	C	C	C	C	C	C
	D	D	D	D	D	D	D	D	D	D	D	D	D	D	D	D	D	D	D	D	D	D	D	D	D	D	D	D	D	D	D	D
	E	E	E	E	E	E	E	E	E	E	E	E	E	E	E	E	E	E	E	E	E	E	E	E	E	E	E	E	E	E	E	E
	F	F	F	F	F	F	F	F	F	F	F	F	F	F	F	F	F	F	F	F	F	F	F	F	F	F	F	F	F	F	F	F

W번호→	M65	M66	M67	M68	M69	M70	M71	M72	M73	M74	M75	M76	M77	M78	M79	M80	M81	M82	M83	M84	M85	M86	M87	M88	M89	M90	M91	M92	M93	M94	M95	M96
비트 번호→	0	0	0	0	0	0	0	0	0	0	0	0	0	0	0	0	0	0	0	0	0	0	0	0	0	0	0	0	0	0	0	0
	1	1	1	1	1	1	1	1	1	1	1	1	1	1	1	1	1	1	1	1	1	1	1	1	1	1	1	1	1	1	1	1
	2	2	2	2	2	2	2	2	2	2	2	2	2	2	2	2	2	2	2	2	2	2	2	2	2	2	2	2	2	2	2	2
	3	3	3	3	3	3	3	3	3	3	3	3	3	3	3	3	3	3	3	3	3	3	3	3	3	3	3	3	3	3	3	3
	4	4	4	4	4	4	4	4	4	4	4	4	4	4	4	4	4	4	4	4	4	4	4	4	4	4	4	4	4	4	4	4
	5	5	5	5	5	5	5	5	5	5	5	5	5	5	5	5	5	5	5	5	5	5	5	5	5	5	5	5	5	5	5	5
	6	6	6	6	6	6	6	6	6	6	6	6	6	6	6	6	6	6	6	6	6	6	6	6	6	6	6	6	6	6	6	6
	7	7	7	7	7	7	7	7	7	7	7	7	7	7	7	7	7	7	7	7	7	7	7	7	7	7	7	7	7	7	7	7
	8	8	8	8	8	8	8	8	8	8	8	8	8	8	8	8	8	8	8	8	8	8	8	8	8	8	8	8	8	8	8	8
	9	9	9	9	9	9	9	9	9	9	9	9	9	9	9	9	9	9	9	9	9	9	9	9	9	9	9	9	9	9	9	9
	A	A	A	A	A	A	A	A	A	A	A	A	A	A	A	A	A	A	A	A	A	A	A	A	A	A	A	A	A	A	A	A
	B	B	B	B	B	B	B	B	B	B	B	B	B	B	B	B	B	B	B	B	B	B	B	B	B	B	B	B	B	B	B	B
	C	C	C	C	C	C	C	C	C	C	C	C	C	C	C	C	C	C	C	C	C	C	C	C	C	C	C	C	C	C	C	C
	D	D	D	D	D	D	D	D	D	D	D	D	D	D	D	D	D	D	D	D	D	D	D	D	D	D	D	D	D	D	D	D
	E	E	E	E	E	E	E	E	E	E	E	E	E	E	E	E	E	E	E	E	E	E	E	E	E	E	E	E	E	E	E	E
	F	F	F	F	F	F	F	F	F	F	F	F	F	F	F	F	F	F	F	F	F	F	F	F	F	F	F	F	F	F	F	F

W번호→	M97	M98	M99	M100	M101	M102	M103	M104	M105	M106	M107	M108	M109	M110	M111	M112	M113	M114	M115	M116	M117	M118	M119	M120	M121	M122	M123	M124	M125	M126	M127	M128
비트 번호→	0	0	0	0	0	0	0	0	0	0	0	0	0	0	0	0	0	0	0	0	0	0	0	0	0	0	0	0	0	0	0	0
	1	1	1	1	1	1	1	1	1	1	1	1	1	1	1	1	1	1	1	1	1	1	1	1	1	1	1	1	1	1	1	1
	2	2	2	2	2	2	2	2	2	2	2	2	2	2	2	2	2	2	2	2	2	2	2	2	2	2	2	2	2	2	2	2
	3	3	3	3	3	3	3	3	3	3	3	3	3	3	3	3	3	3	3	3	3	3	3	3	3	3	3	3	3	3	3	3
	4	4	4	4	4	4	4	4	4	4	4	4	4	4	4	4	4	4	4	4	4	4	4	4	4	4	4	4	4	4	4	4
	5	5	5	5	5	5	5	5	5	5	5	5	5	5	5	5	5	5	5	5	5	5	5	5	5	5	5	5	5	5	5	5
	6	6	6	6	6	6	6	6	6	6	6	6	6	6	6	6	6	6	6	6	6	6	6	6	6	6	6	6	6	6	6	6
	7	7	7	7	7	7	7	7	7	7	7	7	7	7	7	7	7	7	7	7	7	7	7	7	7	7	7	7	7	7	7	7
	8	8	8	8	8	8	8	8	8	8	8	8	8	8	8	8	8	8	8	8	8	8	8	8	8	8	8	8	8	8	8	8
	9	9	9	9	9	9	9	9	9	9	9	9	9	9	9	9	9	9	9	9	9	9	9	9	9	9	9	9	9	9	9	9
	A	A	A	A	A	A	A	A	A	A	A	A	A	A	A	A	A	A	A	A	A	A	A	A	A	A	A	A	A	A	A	A
	B	B	B	B	B	B	B	B	B	B	B	B	B	B	B	B	B	B	B	B	B	B	B	B	B	B	B	B	B	B	B	B
	C	C	C	C	C	C	C	C	C	C	C	C	C	C	C	C	C	C	C	C	C	C	C	C	C	C	C	C	C	C	C	C
	D	D	D	D	D	D	D	D	D	D	D	D	D	D	D	D	D	D	D	D	D	D	D	D	D	D	D	D	D	D	D	D
	E	E	E	E	E	E	E	E	E	E	E	E	E	E	E	E	E	E	E	E	E	E	E	E	E	E	E	E	E	E	E	E
	F	F	F	F	F	F	F	F	F	F	F	F	F	F	F	F	F	F	F	F	F	F	F	F	F	F	F	F	F	F	F	F

W번호→	M129	M130	M131	M132	M133	M134	M135	M136	M137	M138	M139	M140	M141	M142	M143	M144	M145	M146	M147	M148	M149	M150	M151	M152	M153	M154	M155	M156	M157	M158	M159	M160
비트 번호→	0	0	0	0	0	0	0	0	0	0	0	0	0	0	0	0	0	0	0	0	0	0	0	0	0	0	0	0	0	0	0	0
	1	1	1	1	1	1	1	1	1	1	1	1	1	1	1	1	1	1	1	1	1	1	1	1	1	1	1	1	1	1	1	1
	2	2	2	2	2	2	2	2	2	2	2	2	2	2	2	2	2	2	2	2	2	2	2	2	2	2	2	2	2	2	2	2
	3	3	3	3	3	3	3	3	3	3	3	3	3	3	3	3	3	3	3	3	3	3	3	3	3	3	3	3	3	3	3	3
	4	4	4	4	4	4	4	4	4	4	4	4	4	4	4	4	4	4	4	4	4	4	4	4	4	4	4	4	4	4	4	4
	5	5	5	5	5	5	5	5	5	5	5	5	5	5	5	5	5	5	5	5	5	5	5	5	5	5	5	5	5	5	5	5
	6	6	6	6	6	6	6	6	6	6	6	6	6	6	6	6	6	6	6	6	6	6	6	6	6	6	6	6	6	6	6	6
	7	7	7	7	7	7	7	7	7	7	7	7	7	7	7	7	7	7	7	7	7	7	7	7	7	7	7	7	7	7	7	7
	8	8	8	8	8	8	8	8	8	8	8	8	8	8	8	8	8	8	8	8	8	8	8	8	8	8	8	8	8	8	8	8
	9	9	9	9	9	9	9	9	9	9	9	9	9	9	9	9	9	9	9	9	9	9	9	9	9	9	9	9	9	9	9	9
	A	A	A	A	A	A	A	A	A	A	A	A	A	A	A	A	A	A	A	A	A	A	A	A	A	A	A	A	A	A	A	A
	B	B	B	B	B	B	B	B	B	B	B	B	B	B	B	B	B	B	B	B	B	B	B	B	B	B	B	B	B	B	B	B
	C	C	C	C	C	C	C	C	C	C	C	C	C	C	C	C	C	C	C	C	C	C	C	C	C	C	C	C	C	C	C	C
	D	D	D	D	D	D	D	D	D	D	D	D	D	D	D	D	D	D	D	D	D	D	D	D	D	D	D	D	D	D	D	D
	E	E	E	E	E	E	E	E	E	E	E	E	E	E	E	E	E	E	E	E	E	E	E	E	E	E	E	E	E	E	E	E
	F	F	F	F	F	F	F	F	F	F	F	F	F	F	F	F	F	F	F	F	F	F	F	F	F	F	F	F	F	F	F	F

W번호→	M161	M162	M163	M164	M165	M166	M167	M168	M169	M170	M171	M172	M173	M174	M175	M176	M177	M178	M179	M180	M181	M182	M183	M184	M185	M186	M187	M188	M189	M190	M191	M192
비트 번호→	0	0	0	0	0	0	0	0	0	0	0	0	0	0	0	0	0	0	0	0	0	0	0	0	0	0	0	0	0	0	0	0
	1	1	1	1	1	1	1	1	1	1	1	1	1	1	1	1	1	1	1	1	1	1	1	1	1	1	1	1	1	1	1	1
	2	2	2	2	2	2	2	2	2	2	2	2	2	2	2	2	2	2	2	2	2	2	2	2	2	2	2	2	2	2	2	2
	3	3	3	3	3	3	3	3	3	3	3	3	3	3	3	3	3	3	3	3	3	3	3	3	3	3	3	3	3	3	3	3
	4	4	4	4	4	4	4	4	4	4	4	4	4	4	4	4	4	4	4	4	4	4	4	4	4	4	4	4	4	4	4	4
	5	5	5	5	5	5	5	5	5	5	5	5	5	5	5	5	5	5	5	5	5	5	5	5	5	5	5	5	5	5	5	5
	6	6	6	6	6	6	6	6	6	6	6	6	6	6	6	6	6	6	6	6	6	6	6	6	6	6	6	6	6	6	6	6
	7	7	7	7	7	7	7	7	7	7	7	7	7	7	7	7	7	7	7	7	7	7	7	7	7	7	7	7	7	7	7	7
	8	8	8	8	8	8	8	8	8	8	8	8	8	8	8	8	8	8	8	8	8	8	8	8	8	8	8	8	8	8	8	8
	9	9	9	9	9	9	9	9	9	9	9	9	9	9	9	9	9	9	9	9	9	9	9	9	9	9	9	9	9	9	9	9
	A	A	A	A	A	A	A	A	A	A	A	A	A	A	A	A	A	A	A	A	A	A	A	A	A	A	A	A	A	A	A	A
	B	B	B	B	B	B	B	B	B	B	B	B	B	B	B	B	B	B	B	B	B	B	B	B	B	B	B	B	B	B	B	B
	C	C	C	C	C	C	C	C	C	C	C	C	C	C	C	C	C	C	C	C	C	C	C	C	C	C	C	C	C	C	C	C
	D	D	D	D	D	D	D	D	D	D	D	D	D	D	D	D	D	D	D	D	D	D	D	D	D	D	D	D	D	D	D	D
	E	E	E	E	E	E	E	E	E	E	E	E	E	E	E	E	E	E	E	E	E	E	E	E	E	E	E	E	E	E	E	E
	F	F	F	F	F	F	F	F	F	F	F	F	F	F	F	F	F	F	F	F	F	F	F	F	F	F	F	F	F	F	F	F

W번호→	M193	M194	M195	M196	M197	M198	M199	M200	M201	M202	M203	M204	M205	M206	M207	M208	M209	M210	M211	M212	M213	M214	M215	M216	M217	M218	M219	M220	M221	M222	M223	M224
비트 번호→	0	0	0	0	0	0	0	0	0	0	0	0	0	0	0	0	0	0	0	0	0	0	0	0	0	0	0	0	0	0	0	0
	1	1	1	1	1	1	1	1	1	1	1	1	1	1	1	1	1	1	1	1	1	1	1	1	1	1	1	1	1	1	1	1
	2	2	2	2	2	2	2	2	2	2	2	2	2	2	2	2	2	2	2	2	2	2	2	2	2	2	2	2	2	2	2	2
	3	3	3	3	3	3	3	3	3	3	3	3	3	3	3	3	3	3	3	3	3	3	3	3	3	3	3	3	3	3	3	3
	4	4	4	4	4	4	4	4	4	4	4	4	4	4	4	4	4	4	4	4	4	4	4	4	4	4	4	4	4	4	4	4
	5	5	5	5	5	5	5	5	5	5	5	5	5	5	5	5	5	5	5	5	5	5	5	5	5	5	5	5	5	5	5	5
	6	6	6	6	6	6	6	6	6	6	6	6	6	6	6	6	6	6	6	6	6	6	6	6	6	6	6	6	6	6	6	6
	7	7	7	7	7	7	7	7	7	7	7	7	7	7	7	7	7	7	7	7	7	7	7	7	7	7	7	7	7	7	7	7
	8	8	8	8	8	8	8	8	8	8	8	8	8	8	8	8	8	8	8	8	8	8	8	8	8	8	8	8	8	8	8	8
	9	9	9	9	9	9	9	9	9	9	9	9	9	9	9	9	9	9	9	9	9	9	9	9	9	9	9	9	9	9	9	9
	A	A	A	A	A	A	A	A	A	A	A	A	A	A	A	A	A	A	A	A	A	A	A	A	A	A	A	A	A	A	A	A
	B	B	B	B	B	B	B	B	B	B	B	B	B	B	B	B	B	B	B	B	B	B	B	B	B	B	B	B	B	B	B	B
	C	C	C	C	C	C	C	C	C	C	C	C	C	C	C	C	C	C	C	C	C	C	C	C	C	C	C	C	C	C	C	C
	D	D	D	D	D	D	D	D	D	D	D	D	D	D	D	D	D	D	D	D	D	D	D	D	D	D	D	D	D	D	D	D
	E	E	E	E	E	E	E	E	E	E	E	E	E	E	E	E	E	E	E	E	E	E	E	E	E	E	E	E	E	E	E	E
	F	F	F	F	F	F	F	F	F	F	F	F	F	F	F	F	F	F	F	F	F	F	F	F	F	F	F	F	F	F	F	F

W번호→	M225	M226	M227	M228	M229	M230	M231	M232	M233	M234	M235	M236	M237	M238	M239	M240	M241	M242	M243	M244	M245	M246	M247	M248	M249	M250	M251	M252	M253	M254	M255	M256
비트 번호→	0	0	0	0	0	0	0	0	0	0	0	0	0	0	0	0	0	0	0	0	0	0	0	0	0	0	0	0	0	0	0	0
	1	1	1	1	1	1	1	1	1	1	1	1	1	1	1	1	1	1	1	1	1	1	1	1	1	1	1	1	1	1	1	1
	2	2	2	2	2	2	2	2	2	2	2	2	2	2	2	2	2	2	2	2	2	2	2	2	2	2	2	2	2	2	2	2
	3	3	3	3	3	3	3	3	3	3	3	3	3	3	3	3	3	3	3	3	3	3	3	3	3	3	3	3	3	3	3	3
	4	4	4	4	4	4	4	4	4	4	4	4	4	4	4	4	4	4	4	4	4	4	4	4	4	4	4	4	4	4	4	4
	5	5	5	5	5	5	5	5	5	5	5	5	5	5	5	5	5	5	5	5	5	5	5	5	5	5	5	5	5	5	5	5
	6	6	6	6	6	6	6	6	6	6	6	6	6	6	6	6	6	6	6	6	6	6	6	6	6	6	6	6	6	6	6	6
	7	7	7	7	7	7	7	7	7	7	7	7	7	7	7	7	7	7	7	7	7	7	7	7	7	7	7	7	7	7	7	7
	8	8	8	8	8	8	8	8	8	8	8	8	8	8	8	8	8	8	8	8	8	8	8	8	8	8	8	8	8	8	8	8
	9	9	9	9	9	9	9	9	9	9	9	9	9	9	9	9	9	9	9	9	9	9	9	9	9	9	9	9	9	9	9	9
	A	A	A	A	A	A	A	A	A	A	A	A	A	A	A	A	A	A	A	A	A	A	A	A	A	A	A	A	A	A	A	A
	B	B	B	B	B	B	B	B	B	B	B	B	B	B	B	B	B	B	B	B	B	B	B	B	B	B	B	B	B	B	B	B
	C	C	C	C	C	C	C	C	C	C	C	C	C	C	C	C	C	C	C	C	C	C	C	C	C	C	C	C	C	C	C	C
	D	D	D	D	D	D	D	D	D	D	D	D	D	D	D	D	D	D	D	D	D	D	D	D	D	D	D	D	D	D	D	D
	E	E	E	E	E	E	E	E	E	E	E	E	E	E	E	E	E	E	E	E	E	E	E	E	E	E	E	E	E	E	E	E
	F	F	F	F	F	F	F	F	F	F	F	F	F	F	F	F	F	F	F	F	F	F	F	F	F	F	F	F	F	F	F	F

W번호→	M257	M258	M259	M260	M261	M262	M263	M264	M265	M266	M267	M268	M269	M270	M271	M272	M273	M274	M275	M276	M277	M278	M279	M280	M281	M282	M283	M284	M285	M286	M287	M288
비트 번호→	0	0	0	0	0	0	0	0	0	0	0	0	0	0	0	0	0	0	0	0	0	0	0	0	0	0	0	0	0	0	0	0
	1	1	1	1	1	1	1	1	1	1	1	1	1	1	1	1	1	1	1	1	1	1	1	1	1	1	1	1	1	1	1	1
	2	2	2	2	2	2	2	2	2	2	2	2	2	2	2	2	2	2	2	2	2	2	2	2	2	2	2	2	2	2	2	2
	3	3	3	3	3	3	3	3	3	3	3	3	3	3	3	3	3	3	3	3	3	3	3	3	3	3	3	3	3	3	3	3
	4	4	4	4	4	4	4	4	4	4	4	4	4	4	4	4	4	4	4	4	4	4	4	4	4	4	4	4	4	4	4	4
	5	5	5	5	5	5	5	5	5	5	5	5	5	5	5	5	5	5	5	5	5	5	5	5	5	5	5	5	5	5	5	5
	6	6	6	6	6	6	6	6	6	6	6	6	6	6	6	6	6	6	6	6	6	6	6	6	6	6	6	6	6	6	6	6
	7	7	7	7	7	7	7	7	7	7	7	7	7	7	7	7	7	7	7	7	7	7	7	7	7	7	7	7	7	7	7	7
	8	8	8	8	8	8	8	8	8	8	8	8	8	8	8	8	8	8	8	8	8	8	8	8	8	8	8	8	8	8	8	8
	9	9	9	9	9	9	9	9	9	9	9	9	9	9	9	9	9	9	9	9	9	9	9	9	9	9	9	9	9	9	9	9
	A	A	A	A	A	A	A	A	A	A	A	A	A	A	A	A	A	A	A	A	A	A	A	A	A	A	A	A	A	A	A	A
	B	B	B	B	B	B	B	B	B	B	B	B	B	B	B	B	B	B	B	B	B	B	B	B	B	B	B	B	B	B	B	B
	C	C	C	C	C	C	C	C	C	C	C	C	C	C	C	C	C	C	C	C	C	C	C	C	C	C	C	C	C	C	C	C
	D	D	D	D	D	D	D	D	D	D	D	D	D	D	D	D	D	D	D	D	D	D	D	D	D	D	D	D	D	D	D	D
	E	E	E	E	E	E	E	E	E	E	E	E	E	E	E	E	E	E	E	E	E	E	E	E	E	E	E	E	E	E	E	E
	F	F	F	F	F	F	F	F	F	F	F	F	F	F	F	F	F	F	F	F	F	F	F	F	F	F	F	F	F	F	F	F

W번호→	M289	M290	M291	M292	M293	M294	M295	M296	M297	M298	M299	M300	M301	M302	M303	M304	M305	M306	M307	M308	M309	M310	M311	M312	M313	M314	M315	M316	M317	M318	M319	M320
비트 번호→	0	0	0	0	0	0	0	0	0	0	0	0	0	0	0	0	0	0	0	0	0	0	0	0	0	0	0	0	0	0	0	0
	1	1	1	1	1	1	1	1	1	1	1	1	1	1	1	1	1	1	1	1	1	1	1	1	1	1	1	1	1	1	1	1
	2	2	2	2	2	2	2	2	2	2	2	2	2	2	2	2	2	2	2	2	2	2	2	2	2	2	2	2	2	2	2	2
	3	3	3	3	3	3	3	3	3	3	3	3	3	3	3	3	3	3	3	3	3	3	3	3	3	3	3	3	3	3	3	3
	4	4	4	4	4	4	4	4	4	4	4	4	4	4	4	4	4	4	4	4	4	4	4	4	4	4	4	4	4	4	4	4
	5	5	5	5	5	5	5	5	5	5	5	5	5	5	5	5	5	5	5	5	5	5	5	5	5	5	5	5	5	5	5	5
	6	6	6	6	6	6	6	6	6	6	6	6	6	6	6	6	6	6	6	6	6	6	6	6	6	6	6	6	6	6	6	6
	7	7	7	7	7	7	7	7	7	7	7	7	7	7	7	7	7	7	7	7	7	7	7	7	7	7	7	7	7	7	7	7
	8	8	8	8	8	8	8	8	8	8	8	8	8	8	8	8	8	8	8	8	8	8	8	8	8	8	8	8	8	8	8	8
	9	9	9	9	9	9	9	9	9	9	9	9	9	9	9	9	9	9	9	9	9	9	9	9	9	9	9	9	9	9	9	9
	A	A	A	A	A	A	A	A	A	A	A	A	A	A	A	A	A	A	A	A	A	A	A	A	A	A	A	A	A	A	A	A
	B	B	B	B	B	B	B	B	B	B	B	B	B	B	B	B	B	B	B	B	B	B	B	B	B	B	B	B	B	B	B	B
	C	C	C	C	C	C	C	C	C	C	C	C	C	C	C	C	C	C	C	C	C	C	C	C	C	C	C	C	C	C	C	C
	D	D	D	D	D	D	D	D	D	D	D	D	D	D	D	D	D	D	D	D	D	D	D	D	D	D	D	D	D	D	D	D
	E	E	E	E	E	E	E	E	E	E	E	E	E	E	E	E	E	E	E	E	E	E	E	E	E	E	E	E	E	E	E	E
	F	F	F	F	F	F	F	F	F	F	F	F	F	F	F	F	F	F	F	F	F	F	F	F	F	F	F	F	F	F	F	F

W번호→	M321	M322	M323	M324	M325	M326	M327	M328	M329	M330	M331	M332	M333	M334	M335	M336	M337	M338	M339	M340	M341	M342	M343	M344	M345	M346	M347	M348	M349	M350	M351	M352
비트 번호→	0	0	0	0	0	0	0	0	0	0	0	0	0	0	0	0	0	0	0	0	0	0	0	0	0	0	0	0	0	0	0	0
	1	1	1	1	1	1	1	1	1	1	1	1	1	1	1	1	1	1	1	1	1	1	1	1	1	1	1	1	1	1	1	1
	2	2	2	2	2	2	2	2	2	2	2	2	2	2	2	2	2	2	2	2	2	2	2	2	2	2	2	2	2	2	2	2
	3	3	3	3	3	3	3	3	3	3	3	3	3	3	3	3	3	3	3	3	3	3	3	3	3	3	3	3	3	3	3	3
	4	4	4	4	4	4	4	4	4	4	4	4	4	4	4	4	4	4	4	4	4	4	4	4	4	4	4	4	4	4	4	4
	5	5	5	5	5	5	5	5	5	5	5	5	5	5	5	5	5	5	5	5	5	5	5	5	5	5	5	5	5	5	5	5
	6	6	6	6	6	6	6	6	6	6	6	6	6	6	6	6	6	6	6	6	6	6	6	6	6	6	6	6	6	6	6	6
	7	7	7	7	7	7	7	7	7	7	7	7	7	7	7	7	7	7	7	7	7	7	7	7	7	7	7	7	7	7	7	7
	8	8	8	8	8	8	8	8	8	8	8	8	8	8	8	8	8	8	8	8	8	8	8	8	8	8	8	8	8	8	8	8
	9	9	9	9	9	9	9	9	9	9	9	9	9	9	9	9	9	9	9	9	9	9	9	9	9	9	9	9	9	9	9	9
	A	A	A	A	A	A	A	A	A	A	A	A	A	A	A	A	A	A	A	A	A	A	A	A	A	A	A	A	A	A	A	A
	B	B	B	B	B	B	B	B	B	B	B	B	B	B	B	B	B	B	B	B	B	B	B	B	B	B	B	B	B	B	B	B
	C	C	C	C	C	C	C	C	C	C	C	C	C	C	C	C	C	C	C	C	C	C	C	C	C	C	C	C	C	C	C	C
	D	D	D	D	D	D	D	D	D	D	D	D	D	D	D	D	D	D	D	D	D	D	D	D	D	D	D	D	D	D	D	D
	E	E	E	E	E	E	E	E	E	E	E	E	E	E	E	E	E	E	E	E	E	E	E	E	E	E	E	E	E	E	E	E
	F	F	F	F	F	F	F	F	F	F	F	F	F	F	F	F	F	F	F	F	F	F	F	F	F	F	F	F	F	F	F	F

W번호→	M353	M354	M355	M356	M357	M358	M359	M360	M361	M362	M363	M364	M365	M366	M367	M368	M369	M370	M371	M372	M373	M374	M375	M376	M377	M378	M379	M380	M381	M382	M383	M384
비트 번호→	0	0	0	0	0	0	0	0	0	0	0	0	0	0	0	0	0	0	0	0	0	0	0	0	0	0	0	0	0	0	0	0
	1	1	1	1	1	1	1	1	1	1	1	1	1	1	1	1	1	1	1	1	1	1	1	1	1	1	1	1	1	1	1	1
	2	2	2	2	2	2	2	2	2	2	2	2	2	2	2	2	2	2	2	2	2	2	2	2	2	2	2	2	2	2	2	2
	3	3	3	3	3	3	3	3	3	3	3	3	3	3	3	3	3	3	3	3	3	3	3	3	3	3	3	3	3	3	3	3
	4	4	4	4	4	4	4	4	4	4	4	4	4	4	4	4	4	4	4	4	4	4	4	4	4	4	4	4	4	4	4	4
	5	5	5	5	5	5	5	5	5	5	5	5	5	5	5	5	5	5	5	5	5	5	5	5	5	5	5	5	5	5	5	5
	6	6	6	6	6	6	6	6	6	6	6	6	6	6	6	6	6	6	6	6	6	6	6	6	6	6	6	6	6	6	6	6
	7	7	7	7	7	7	7	7	7	7	7	7	7	7	7	7	7	7	7	7	7	7	7	7	7	7	7	7	7	7	7	7
	8	8	8	8	8	8	8	8	8	8	8	8	8	8	8	8	8	8	8	8	8	8	8	8	8	8	8	8	8	8	8	8
	9	9	9	9	9	9	9	9	9	9	9	9	9	9	9	9	9	9	9	9	9	9	9	9	9	9	9	9	9	9	9	9
	A	A	A	A	A	A	A	A	A	A	A	A	A	A	A	A	A	A	A	A	A	A	A	A	A	A	A	A	A	A	A	A
	B	B	B	B	B	B	B	B	B	B	B	B	B	B	B	B	B	B	B	B	B	B	B	B	B	B	B	B	B	B	B	B
	C	C	C	C	C	C	C	C	C	C	C	C	C	C	C	C	C	C	C	C	C	C	C	C	C	C	C	C	C	C	C	C
	D	D	D	D	D	D	D	D	D	D	D	D	D	D	D	D	D	D	D	D	D	D	D	D	D	D	D	D	D	D	D	D
	E	E	E	E	E	E	E	E	E	E	E	E	E	E	E	E	E	E	E	E	E	E	E	E	E	E	E	E	E	E	E	E
	F	F	F	F	F	F	F	F	F	F	F	F	F	F	F	F	F	F	F	F	F	F	F	F	F	F	F	F	F	F	F	F

W번호→	M385	M386	M387	M388	M389	M390	M391	M392	M393	M394	M395	M396	M397	M398	M399	M400	M401	M402	M403	M404	M405	M406	M407	M408	M409	M410	M411	M412	M413	M414	M415	M416
비트 번호→	0	0	0	0	0	0	0	0	0	0	0	0	0	0	0	0	0	0	0	0	0	0	0	0	0	0	0	0	0	0	0	0
	1	1	1	1	1	1	1	1	1	1	1	1	1	1	1	1	1	1	1	1	1	1	1	1	1	1	1	1	1	1	1	1
	2	2	2	2	2	2	2	2	2	2	2	2	2	2	2	2	2	2	2	2	2	2	2	2	2	2	2	2	2	2	2	2
	3	3	3	3	3	3	3	3	3	3	3	3	3	3	3	3	3	3	3	3	3	3	3	3	3	3	3	3	3	3	3	3
	4	4	4	4	4	4	4	4	4	4	4	4	4	4	4	4	4	4	4	4	4	4	4	4	4	4	4	4	4	4	4	4
	5	5	5	5	5	5	5	5	5	5	5	5	5	5	5	5	5	5	5	5	5	5	5	5	5	5	5	5	5	5	5	5
	6	6	6	6	6	6	6	6	6	6	6	6	6	6	6	6	6	6	6	6	6	6	6	6	6	6	6	6	6	6	6	6
	7	7	7	7	7	7	7	7	7	7	7	7	7	7	7	7	7	7	7	7	7	7	7	7	7	7	7	7	7	7	7	7
	8	8	8	8	8	8	8	8	8	8	8	8	8	8	8	8	8	8	8	8	8	8	8	8	8	8	8	8	8	8	8	8
	9	9	9	9	9	9	9	9	9	9	9	9	9	9	9	9	9	9	9	9	9	9	9	9	9	9	9	9	9	9	9	9
	A	A	A	A	A	A	A	A	A	A	A	A	A	A	A	A	A	A	A	A	A	A	A	A	A	A	A	A	A	A	A	A
	B	B	B	B	B	B	B	B	B	B	B	B	B	B	B	B	B	B	B	B	B	B	B	B	B	B	B	B	B	B	B	B
	C	C	C	C	C	C	C	C	C	C	C	C	C	C	C	C	C	C	C	C	C	C	C	C	C	C	C	C	C	C	C	C
	D	D	D	D	D	D	D	D	D	D	D	D	D	D	D	D	D	D	D	D	D	D	D	D	D	D	D	D	D	D	D	D
	E	E	E	E	E	E	E	E	E	E	E	E	E	E	E	E	E	E	E	E	E	E	E	E	E	E	E	E	E	E	E	E
	F	F	F	F	F	F	F	F	F	F	F	F	F	F	F	F	F	F	F	F	F	F	F	F	F	F	F	F	F	F	F	F

W번호→	M417	M418	M419	M420	M421	M422	M423	M424	M425	M426	M427	M428	M429	M430	M431	M432	M433	M434	M435	M436	M437	M438	M439	M440	M441	M442	M443	M444	M445	M446	M447	M448
비트 번호→	0	0	0	0	0	0	0	0	0	0	0	0	0	0	0	0	0	0	0	0	0	0	0	0	0	0	0	0	0	0	0	0
	1	1	1	1	1	1	1	1	1	1	1	1	1	1	1	1	1	1	1	1	1	1	1	1	1	1	1	1	1	1	1	1
	2	2	2	2	2	2	2	2	2	2	2	2	2	2	2	2	2	2	2	2	2	2	2	2	2	2	2	2	2	2	2	2
	3	3	3	3	3	3	3	3	3	3	3	3	3	3	3	3	3	3	3	3	3	3	3	3	3	3	3	3	3	3	3	3
	4	4	4	4	4	4	4	4	4	4	4	4	4	4	4	4	4	4	4	4	4	4	4	4	4	4	4	4	4	4	4	4
	5	5	5	5	5	5	5	5	5	5	5	5	5	5	5	5	5	5	5	5	5	5	5	5	5	5	5	5	5	5	5	5
	6	6	6	6	6	6	6	6	6	6	6	6	6	6	6	6	6	6	6	6	6	6	6	6	6	6	6	6	6	6	6	6
	7	7	7	7	7	7	7	7	7	7	7	7	7	7	7	7	7	7	7	7	7	7	7	7	7	7	7	7	7	7	7	7
	8	8	8	8	8	8	8	8	8	8	8	8	8	8	8	8	8	8	8	8	8	8	8	8	8	8	8	8	8	8	8	8
	9	9	9	9	9	9	9	9	9	9	9	9	9	9	9	9	9	9	9	9	9	9	9	9	9	9	9	9	9	9	9	9
	A	A	A	A	A	A	A	A	A	A	A	A	A	A	A	A	A	A	A	A	A	A	A	A	A	A	A	A	A	A	A	A
	B	B	B	B	B	B	B	B	B	B	B	B	B	B	B	B	B	B	B	B	B	B	B	B	B	B	B	B	B	B	B	B
	C	C	C	C	C	C	C	C	C	C	C	C	C	C	C	C	C	C	C	C	C	C	C	C	C	C	C	C	C	C	C	C
	D	D	D	D	D	D	D	D	D	D	D	D	D	D	D	D	D	D	D	D	D	D	D	D	D	D	D	D	D	D	D	D
	E	E	E	E	E	E	E	E	E	E	E	E	E	E	E	E	E	E	E	E	E	E	E	E	E	E	E	E	E	E	E	E
	F	F	F	F	F	F	F	F	F	F	F	F	F	F	F	F	F	F	F	F	F	F	F	F	F	F	F	F	F	F	F	F

W번호→	M449	M450	M451	M452	M453	M454	M455	M456	M457	M458	M459	M460	M461	M462	M463	M464	M465	M466	M467	M468	M469	M470	M471	M472	M473	M474	M475	M476	M477	M478	M479	M480
비트 번호→	0	0	0	0	0	0	0	0	0	0	0	0	0	0	0	0	0	0	0	0	0	0	0	0	0	0	0	0	0	0	0	0
	1	1	1	1	1	1	1	1	1	1	1	1	1	1	1	1	1	1	1	1	1	1	1	1	1	1	1	1	1	1	1	1
	2	2	2	2	2	2	2	2	2	2	2	2	2	2	2	2	2	2	2	2	2	2	2	2	2	2	2	2	2	2	2	2
	3	3	3	3	3	3	3	3	3	3	3	3	3	3	3	3	3	3	3	3	3	3	3	3	3	3	3	3	3	3	3	3
	4	4	4	4	4	4	4	4	4	4	4	4	4	4	4	4	4	4	4	4	4	4	4	4	4	4	4	4	4	4	4	4
	5	5	5	5	5	5	5	5	5	5	5	5	5	5	5	5	5	5	5	5	5	5	5	5	5	5	5	5	5	5	5	5
	6	6	6	6	6	6	6	6	6	6	6	6	6	6	6	6	6	6	6	6	6	6	6	6	6	6	6	6	6	6	6	6
	7	7	7	7	7	7	7	7	7	7	7	7	7	7	7	7	7	7	7	7	7	7	7	7	7	7	7	7	7	7	7	7
	8	8	8	8	8	8	8	8	8	8	8	8	8	8	8	8	8	8	8	8	8	8	8	8	8	8	8	8	8	8	8	8
	9	9	9	9	9	9	9	9	9	9	9	9	9	9	9	9	9	9	9	9	9	9	9	9	9	9	9	9	9	9	9	9
	A	A	A	A	A	A	A	A	A	A	A	A	A	A	A	A	A	A	A	A	A	A	A	A	A	A	A	A	A	A	A	A
	B	B	B	B	B	B	B	B	B	B	B	B	B	B	B	B	B	B	B	B	B	B	B	B	B	B	B	B	B	B	B	B
	C	C	C	C	C	C	C	C	C	C	C	C	C	C	C	C	C	C	C	C	C	C	C	C	C	C	C	C	C	C	C	C
	D	D	D	D	D	D	D	D	D	D	D	D	D	D	D	D	D	D	D	D	D	D	D	D	D	D	D	D	D	D	D	D
	E	E	E	E	E	E	E	E	E	E	E	E	E	E	E	E	E	E	E	E	E	E	E	E	E	E	E	E	E	E	E	E
	F	F	F	F	F	F	F	F	F	F	F	F	F	F	F	F	F	F	F	F	F	F	F	F	F	F	F	F	F	F	F	F

W번호→	M481	M482	M483	M484	M485	M486	M487	M488	M489	M490	M491	M492	M493	M494	M495	M496	M497	M498	M499	M500	M501	M502	M503	M504	M505	M506	M507	M508	M509	M510	M511	M512
비트 번호→	0	0	0	0	0	0	0	0	0	0	0	0	0	0	0	0	0	0	0	0	0	0	0	0	0	0	0	0	0	0	0	0
	1	1	1	1	1	1	1	1	1	1	1	1	1	1	1	1	1	1	1	1	1	1	1	1	1	1	1	1	1	1	1	1
	2	2	2	2	2	2	2	2	2	2	2	2	2	2	2	2	2	2	2	2	2	2	2	2	2	2	2	2	2	2	2	2
	3	3	3	3	3	3	3	3	3	3	3	3	3	3	3	3	3	3	3	3	3	3	3	3	3	3	3	3	3	3	3	3
	4	4	4	4	4	4	4	4	4	4	4	4	4	4	4	4	4	4	4	4	4	4	4	4	4	4	4	4	4	4	4	4
	5	5	5	5	5	5	5	5	5	5	5	5	5	5	5	5	5	5	5	5	5	5	5	5	5	5	5	5	5	5	5	5
	6	6	6	6	6	6	6	6	6	6	6	6	6	6	6	6	6	6	6	6	6	6	6	6	6	6	6	6	6	6	6	6
	7	7	7	7	7	7	7	7	7	7	7	7	7	7	7	7	7	7	7	7	7	7	7	7	7	7	7	7	7	7	7	7
	8	8	8	8	8	8	8	8	8	8	8	8	8	8	8	8	8	8	8	8	8	8	8	8	8	8	8	8	8	8	8	8
	9	9	9	9	9	9	9	9	9	9	9	9	9	9	9	9	9	9	9	9	9	9	9	9	9	9	9	9	9	9	9	9
	A	A	A	A	A	A	A	A	A	A	A	A	A	A	A	A	A	A	A	A	A	A	A	A	A	A	A	A	A	A	A	A
	B	B	B	B	B	B	B	B	B	B	B	B	B	B	B	B	B	B	B	B	B	B	B	B	B	B	B	B	B	B	B	B
	C	C	C	C	C	C	C	C	C	C	C	C	C	C	C	C	C	C	C	C	C	C	C	C	C	C	C	C	C	C	C	C
	D	D	D	D	D	D	D	D	D	D	D	D	D	D	D	D	D	D	D	D	D	D	D	D	D	D	D	D	D	D	D	D
	E	E	E	E	E	E	E	E	E	E	E	E	E	E	E	E	E	E	E	E	E	E	E	E	E	E	E	E	E	E	E	E
	F	F	F	F	F	F	F	F	F	F	F	F	F	F	F	F	F	F	F	F	F	F	F	F	F	F	F	F	F	F	F	F

3. 10진수 사용 M TAG MEMORY TABLE

Reference : 통신 블록 입력 시 워드 선두 번호 입력

Sr	W수	M워드 선두 번호															1
0	1	0	1	2	3	4	5	6	7	8	9	10	11	12	13	14	15
1	2	16	17	18	19	20	21	22	23	24	25	26	27	28	29	30	31
2	3	32	33	34	35	36	37	38	39	40	41	42	43	44	45	46	47
3	4	48	49	50	51	52	53	54	55	56	57	58	59	60	61	62	63
4	5	64	65	66	67	68	69	70	71	72	73	74	75	76	77	78	79
5	6	80	81	82	83	84	85	86	87	88	89	90	91	92	93	94	95
6	7	96	97	98	99	100	101	102	103	104	105	106	107	108	109	110	111
7	8	112	113	114	115	116	117	118	119	120	121	122	123	124	125	126	127
8	9	128	129	130	131	132	133	134	135	136	137	138	139	140	141	142	143
9	10	144	145	146	147	148	149	150	151	152	153	154	155	156	157	158	159
10	11	160	161	162	163	164	165	166	167	168	169	170	171	172	173	174	175
11	12	176	177	178	179	180	181	182	183	184	185	186	187	188	189	190	191
12	13	192	193	194	195	196	197	198	199	200	201	202	203	204	205	206	207
13	14	208	209	210	211	212	213	214	215	216	217	218	219	220	221	222	223
14	15	224	225	226	227	228	229	230	231	232	233	234	235	236	237	238	239
15	16	240	241	242	243	244	245	246	247	248	249	250	251	252	253	254	255
16	17	256	257	258	259	260	261	262	263	264	265	266	267	268	269	270	271
17	18	272	273	274	275	276	277	278	279	280	281	282	283	284	285	286	287
18	19	288	289	290	291	292	293	294	295	296	297	298	299	300	301	302	303
19	20	304	305	306	307	308	309	310	311	312	313	314	315	316	317	318	319
20	21	320	321	322	323	324	325	326	327	328	329	330	331	332	333	334	335
21	22	336	337	338	339	340	341	342	343	344	345	346	347	348	349	350	351
22	23	352	353	354	355	356	357	358	359	360	361	362	363	364	365	366	367
23	24	368	369	370	371	372	373	374	375	376	377	378	379	380	381	382	383
24	25	384	385	386	387	388	389	390	391	392	393	394	395	396	397	398	399
25	26	400	401	402	403	404	405	406	407	408	409	410	411	412	413	414	415
26	27	416	417	418	419	420	421	422	423	424	425	426	427	428	429	430	431
27	28	432	433	434	435	436	437	438	439	440	441	442	443	444	445	446	447
28	29	448	449	450	451	452	453	454	455	456	457	458	459	460	461	462	463
29	30	464	465	466	467	468	469	470	471	472	473	474	475	476	477	478	479
30	31	480	481	482	483	484	485	486	487	488	489	490	491	492	493	494	495
31	32	496	497	498	499	500	501	502	503	504	505	506	507	508	509	510	511
0	33	512	513	514	515	516	517	518	519	520	521	522	523	524	525	526	527
1	34	528	529	530	531	532	533	534	535	536	537	538	539	540	541	542	543
2	35	544	545	546	547	548	549	550	551	552	553	554	555	556	557	558	559
3	36	560	561	562	563	564	565	566	567	568	569	570	571	572	573	574	575
4	37	576	577	578	579	580	581	582	583	584	585	586	587	588	589	590	591
5	38	592	593	594	595	596	597	598	599	600	601	602	603	604	605	606	607
6	39	608	609	610	611	612	613	614	615	616	617	618	619	620	621	622	623
7	40	624	625	626	627	628	629	630	631	632	633	634	635	636	637	638	639
8	41	640	641	642	643	644	645	646	647	648	649	650	651	652	653	654	655
9	42	656	657	658	659	660	661	662	663	664	665	666	667	668	669	670	671
10	43	672	673	674	675	676	677	678	679	680	681	682	683	684	685	686	687
11	44	688	689	690	691	692	693	694	695	696	697	698	699	700	701	702	703
12	45	704	705	706	707	708	709	710	711	712	713	714	715	716	717	718	719
13	46	720	721	722	723	724	725	726	727	728	729	730	731	732	733	734	735
14	47	736	737	738	739	740	741	742	743	744	745	746	747	748	749	750	751
15	48	752	753	754	755	756	757	758	759	760	761	762	763	764	765	766	767
16	49	768	769	770	771	772	773	774	775	776	777	778	779	780	781	782	783
17	50	784	785	786	787	788	789	790	791	792	793	794	795	796	797	798	799
18	51	800	801	802	803	804	805	806	807	808	809	810	811	812	813	814	815
19	52	816	817	818	819	820	821	822	823	824	825	826	827	828	829	830	831
20	53	832	833	834	835	836	837	838	839	840	841	842	843	844	845	846	847
21	54	848	849	850	851	852	853	854	855	856	857	858	859	860	861	862	863
22	55	864	865	866	867	868	869	870	871	872	873	874	875	876	877	878	879
23	56	880	881	882	883	884	885	886	887	888	889	890	891	892	893	894	895
24	57	896	897	898	899	900	901	902	903	904	905	906	907	908	909	910	911
25	58	912	913	914	915	916	917	918	919	920	921	922	923	924	925	926	927
26	59	928	929	930	931	932	933	934	935	936	937	938	939	940	941	942	943
27	60	944	945	946	947	948	949	950	951	952	953	954	955	956	957	958	959
28	61	960	961	962	963	964	965	966	967	968	969	970	971	972	973	974	975
29	62	976	977	978	979	980	981	982	983	984	985	986	987	988	989	990	991
30	63	992	993	994	995	996	997	998	999	1,000	1,001	1,002	1,003	1,004	1,005	1,006	1,007
31	64	1,008	1,009	1,010	1,011	1,012	1,013	1,014	1,015	1,016	1,017	1,018	1,019	1,020	1,021	1,022	1,023

2^6=64

Reference : 2^{10} Value is 1024

Reference : 통신 블록 입력 시 워드 선두 번호 입력

Sr	W수	M워드 선두 번호															2
0	65	1,024	1,025	1,026	1,027	1,028	1,029	1,030	1,031	1,032	1,033	1,034	1,035	1,036	1,037	1,038	1,039
1	66	1,040	1,041	1,042	1,043	1,044	1,045	1,046	1,047	1,048	1,049	1,050	1,051	1,052	1,053	1,054	1,055
2	67	1,056	1,057	1,058	1,059	1,060	1,061	1,062	1,063	1,064	1,065	1,066	1,067	1,068	1,069	1,070	1,071
3	68	1,072	1,073	1,074	1,075	1,076	1,077	1,078	1,079	1,080	1,081	1,082	1,083	1,084	1,085	1,086	1,087
4	69	1,088	1,089	1,090	1,091	1,092	1,093	1,094	1,095	1,096	1,097	1,098	1,099	1,100	1,101	1,102	1,103
5	70	1,104	1,105	1,106	1,107	1,108	1,109	1,110	1,111	1,112	1,113	1,114	1,115	1,116	1,117	1,118	1,119
6	71	1,120	1,121	1,122	1,123	1,124	1,125	1,126	1,127	1,128	1,129	1,130	1,131	1,132	1,133	1,134	1,135
7	72	1,136	1,137	1,138	1,139	1,140	1,141	1,142	1,143	1,144	1,145	1,146	1,147	1,148	1,149	1,150	1,151
8	73	1,152	1,153	1,154	1,155	1,156	1,157	1,158	1,159	1,160	1,161	1,162	1,163	1,164	1,165	1,166	1,167
9	74	1,168	1,169	1,170	1,171	1,172	1,173	1,174	1,175	1,176	1,177	1,178	1,179	1,180	1,181	1,182	1,183
10	75	1,184	1,185	1,186	1,187	1,188	1,189	1,190	1,191	1,192	1,193	1,194	1,195	1,196	1,197	1,198	1,199
11	76	1,200	1,201	1,202	1,203	1,204	1,205	1,206	1,207	1,208	1,209	1,210	1,211	1,212	1,213	1,214	1,215
12	77	1,216	1,217	1,218	1,219	1,220	1,221	1,222	1,223	1,224	1,225	1,226	1,227	1,228	1,229	1,230	1,231
13	78	1,232	1,233	1,234	1,235	1,236	1,237	1,238	1,239	1,240	1,241	1,242	1,243	1,244	1,245	1,246	1,247
14	79	1,248	1,249	1,250	1,251	1,252	1,253	1,254	1,255	1,256	1,257	1,258	1,259	1,260	1,261	1,262	1,263
15	80	1,264	1,265	1,266	1,267	1,268	1,269	1,270	1,271	1,272	1,273	1,274	1,275	1,276	1,277	1,278	1,279
16	81	1,280	1,281	1,282	1,283	1,284	1,285	1,286	1,287	1,288	1,289	1,290	1,291	1,292	1,293	1,294	1,295
17	82	1,296	1,297	1,298	1,299	1,300	1,301	1,302	1,303	1,304	1,305	1,306	1,307	1,308	1,309	1,310	1,311
18	83	1,312	1,313	1,314	1,315	1,316	1,317	1,318	1,319	1,320	1,321	1,322	1,323	1,324	1,325	1,326	1,327
19	84	1,328	1,329	1,330	1,331	1,332	1,333	1,334	1,335	1,336	1,337	1,338	1,339	1,340	1,341	1,342	1,343
20	85	1,344	1,345	1,346	1,347	1,348	1,349	1,350	1,351	1,352	1,353	1,354	1,355	1,356	1,357	1,358	1,359
21	86	1,360	1,361	1,362	1,363	1,364	1,365	1,366	1,367	1,368	1,369	1,370	1,371	1,372	1,373	1,374	1,375
22	87	1,376	1,377	1,378	1,379	1,380	1,381	1,382	1,383	1,384	1,385	1,386	1,387	1,388	1,389	1,390	1,391
23	88	1,392	1,393	1,394	1,395	1,396	1,397	1,398	1,399	1,400	1,401	1,402	1,403	1,404	1,405	1,406	1,407
24	89	1,408	1,409	1,410	1,411	1,412	1,413	1,414	1,415	1,416	1,417	1,418	1,419	1,420	1,421	1,422	1,423
25	90	1,424	1,425	1,426	1,427	1,428	1,429	1,430	1,431	1,432	1,433	1,434	1,435	1,436	1,437	1,438	1,439
26	91	1,440	1,441	1,442	1,443	1,444	1,445	1,446	1,447	1,448	1,449	1,450	1,451	1,452	1,453	1,454	1,455
27	92	1,456	1,457	1,458	1,459	1,460	1,461	1,462	1,463	1,464	1,465	1,466	1,467	1,468	1,469	1,470	1,471
28	93	1,472	1,473	1,474	1,475	1,476	1,477	1,478	1,479	1,480	1,481	1,482	1,483	1,484	1,485	1,486	1,487
29	94	1,488	1,489	1,490	1,491	1,492	1,493	1,494	1,495	1,496	1,497	1,498	1,499	1,500	1,501	1,502	1,503
30	95	1,504	1,505	1,506	1,507	1,508	1,509	1,510	1,511	1,512	1,513	1,514	1,515	1,516	1,517	1,518	1,519
31	96	1,520	1,521	1,522	1,523	1,524	1,525	1,526	1,527	1,528	1,529	1,530	1,531	1,532	1,533	1,534	1,535
0	97	1,536	1,537	1,538	1,539	1,540	1,541	1,542	1,543	1,544	1,545	1,546	1,547	1,548	1,549	1,550	1,551
1	98	1,552	1,553	1,554	1,555	1,556	1,557	1,558	1,559	1,560	1,561	1,562	1,563	1,564	1,565	1,566	1,567
2	99	1,568	1,569	1,570	1,571	1,572	1,573	1,574	1,575	1,576	1,577	1,578	1,579	1,580	1,581	1,582	1,583
3	100	1,584	1,585	1,586	1,587	1,588	1,589	1,590	1,591	1,592	1,593	1,594	1,595	1,596	1,597	1,598	1,599
4	101	1,600	1,601	1,602	1,603	1,604	1,605	1,606	1,607	1,608	1,609	1,610	1,611	1,612	1,613	1,614	1,615
5	102	1,616	1,617	1,618	1,619	1,620	1,621	1,622	1,623	1,624	1,625	1,626	1,627	1,628	1,629	1,630	1,631
6	103	1,632	1,633	1,634	1,635	1,636	1,637	1,638	1,639	1,640	1,641	1,642	1,643	1,644	1,645	1,646	1,647
7	104	1,648	1,649	1,650	1,651	1,652	1,653	1,654	1,655	1,656	1,657	1,658	1,659	1,660	1,661	1,662	1,663
8	105	1,664	1,665	1,666	1,667	1,668	1,669	1,670	1,671	1,672	1,673	1,674	1,675	1,676	1,677	1,678	1,679
9	106	1,680	1,681	1,682	1,683	1,684	1,685	1,686	1,687	1,688	1,689	1,690	1,691	1,692	1,693	1,694	1,695
10	107	1,696	1,697	1,698	1,699	1,700	1,701	1,702	1,703	1,704	1,705	1,706	1,707	1,708	1,709	1,710	1,711
11	108	1,712	1,713	1,714	1,715	1,716	1,717	1,718	1,719	1,720	1,721	1,722	1,723	1,724	1,725	1,726	1,727
12	109	1,728	1,729	1,730	1,731	1,732	1,733	1,734	1,735	1,736	1,737	1,738	1,739	1,740	1,741	1,742	1,743
13	110	1,744	1,745	1,746	1,747	1,748	1,749	1,750	1,751	1,752	1,753	1,754	1,755	1,756	1,757	1,758	1,759
14	111	1,760	1,761	1,762	1,763	1,764	1,765	1,766	1,767	1,768	1,769	1,770	1,771	1,772	1,773	1,774	1,775
15	112	1,776	1,777	1,778	1,779	1,780	1,781	1,782	1,783	1,784	1,785	1,786	1,787	1,788	1,789	1,790	1,791
16	113	1,792	1,793	1,794	1,795	1,796	1,797	1,798	1,799	1,800	1,801	1,802	1,803	1,804	1,805	1,806	1,807
17	114	1,808	1,809	1,810	1,811	1,812	1,813	1,814	1,815	1,816	1,817	1,818	1,819	1,820	1,821	1,822	1,823
18	115	1,824	1,825	1,826	1,827	1,828	1,829	1,830	1,831	1,832	1,833	1,834	1,835	1,836	1,837	1,838	1,839
19	116	1,840	1,841	1,842	1,843	1,844	1,845	1,846	1,847	1,848	1,849	1,850	1,851	1,852	1,853	1,854	1,855
20	117	1,856	1,857	1,858	1,859	1,860	1,861	1,862	1,863	1,864	1,865	1,866	1,867	1,868	1,869	1,870	1,871
21	118	1,872	1,873	1,874	1,875	1,876	1,877	1,878	1,879	1,880	1,881	1,882	1,883	1,884	1,885	1,886	1,887
22	119	1,888	1,889	1,890	1,891	1,892	1,893	1,894	1,895	1,896	1,897	1,898	1,899	1,900	1,901	1,902	1,903
23	120	1,904	1,905	1,906	1,907	1,908	1,909	1,910	1,911	1,912	1,913	1,914	1,915	1,916	1,917	1,918	1,919
24	121	1,920	1,921	1,922	1,923	1,924	1,925	1,926	1,927	1,928	1,929	1,930	1,931	1,932	1,933	1,934	1,935
25	122	1,936	1,937	1,938	1,939	1,940	1,941	1,942	1,943	1,944	1,945	1,946	1,947	1,948	1,949	1,950	1,951
26	123	1,952	1,953	1,954	1,955	1,956	1,957	1,958	1,959	1,960	1,961	1,962	1,963	1,964	1,965	1,966	1,967
27	124	1,968	1,969	1,970	1,971	1,972	1,973	1,974	1,975	1,976	1,977	1,978	1,979	1,980	1,981	1,982	1,983
28	125	1,984	1,985	1,986	1,987	1,988	1,989	1,990	1,991	1,992	1,993	1,994	1,995	1,996	1,997	1,998	1,999
29	126	2,000	2,001	2,002	2,003	2,004	2,005	2,006	2,007	2,008	2,009	2,010	2,011	2,012	2,013	2,014	2,015
30	127	2,016	2,017	2,018	2,019	2,020	2,021	2,022	2,023	2,024	2,025	2,026	2,027	2,028	2,029	2,030	2,031
31	128	2,032	2,033	2,034	2,035	2,036	2,037	2,038	2,039	2,040	2,041	2,042	2,043	2,044	2,045	2,046	2,047

2^7=128

Reference : 2^{11} Value is 2048

Reference : 통신 블록 입력 시 워드 선두 번호 입력

Sr	W수	M워드 선두 번호															3
0	129	2,048	2,049	2,050	2,051	2,052	2,053	2,054	2,055	2,056	2,057	2,058	2,059	2,060	2,061	2,062	2,063
1	130	2,064	2,065	2,066	2,067	2,068	2,069	2,070	2,071	2,072	2,073	2,074	2,075	2,076	2,077	2,078	2,079
2	131	2,080	2,081	2,082	2,083	2,084	2,085	2,086	2,087	2,088	2,089	2,090	2,091	2,092	2,093	2,094	2,095
3	132	2,096	2,097	2,098	2,099	2,100	2,101	2,102	2,103	2,104	2,105	2,106	2,107	2,108	2,109	2,110	2,111
4	133	2,112	2,113	2,114	2,115	2,116	2,117	2,118	2,119	2,120	2,121	2,122	2,123	2,124	2,125	2,126	2,127
5	134	2,128	2,129	2,130	2,131	2,132	2,133	2,134	2,135	2,136	2,137	2,138	2,139	2,140	2,141	2,142	2,143
6	135	2,144	2,145	2,146	2,147	2,148	2,149	2,150	2,151	2,152	2,153	2,154	2,155	2,156	2,157	2,158	2,159
7	136	2,160	2,161	2,162	2,163	2,164	2,165	2,166	2,167	2,168	2,169	2,170	2,171	2,172	2,173	2,174	2,175
8	137	2,176	2,177	2,178	2,179	2,180	2,181	2,182	2,183	2,184	2,185	2,186	2,187	2,188	2,189	2,190	2,191
9	138	2,192	2,193	2,194	2,195	2,196	2,197	2,198	2,199	2,200	2,201	2,202	2,203	2,204	2,205	2,206	2,207
10	139	2,208	2,209	2,210	2,211	2,212	2,213	2,214	2,215	2,216	2,217	2,218	2,219	2,220	2,221	2,222	2,223
11	140	2,224	2,225	2,226	2,227	2,228	2,229	2,230	2,231	2,232	2,233	2,234	2,235	2,236	2,237	2,238	2,239
12	141	2,240	2,241	2,242	2,243	2,244	2,245	2,246	2,247	2,248	2,249	2,250	2,251	2,252	2,253	2,254	2,255
13	142	2,256	2,257	2,258	2,259	2,260	2,261	2,262	2,263	2,264	2,265	2,266	2,267	2,268	2,269	2,270	2,271
14	143	2,272	2,273	2,274	2,275	2,276	2,277	2,278	2,279	2,280	2,281	2,282	2,283	2,284	2,285	2,286	2,287
15	144	2,288	2,289	2,290	2,291	2,292	2,293	2,294	2,295	2,296	2,297	2,298	2,299	2,300	2,301	2,302	2,303
16	145	2,304	2,305	2,306	2,307	2,308	2,309	2,310	2,311	2,312	2,313	2,314	2,315	2,316	2,317	2,318	2,319
17	146	2,320	2,321	2,322	2,323	2,324	2,325	2,326	2,327	2,328	2,329	2,330	2,331	2,332	2,333	2,334	2,335
18	147	2,336	2,337	2,338	2,339	2,340	2,341	2,342	2,343	2,344	2,345	2,346	2,347	2,348	2,349	2,350	2,351
19	148	2,352	2,353	2,354	2,355	2,356	2,357	2,358	2,359	2,360	2,361	2,362	2,363	2,364	2,365	2,366	2,367
20	149	2,368	2,369	2,370	2,371	2,372	2,373	2,374	2,375	2,376	2,377	2,378	2,379	2,380	2,381	2,382	2,383
21	150	2,384	2,385	2,386	2,387	2,388	2,389	2,390	2,391	2,392	2,393	2,394	2,395	2,396	2,397	2,398	2,399
22	151	2,400	2,401	2,402	2,403	2,404	2,405	2,406	2,407	2,408	2,409	2,410	2,411	2,412	2,413	2,414	2,415
23	152	2,416	2,417	2,418	2,419	2,420	2,421	2,422	2,423	2,424	2,425	2,426	2,427	2,428	2,429	2,430	2,431
24	153	2,432	2,433	2,434	2,435	2,436	2,437	2,438	2,439	2,440	2,441	2,442	2,443	2,444	2,445	2,446	2,447
25	154	2,448	2,449	2,450	2,451	2,452	2,453	2,454	2,455	2,456	2,457	2,458	2,459	2,460	2,461	2,462	2,463
26	155	2,464	2,465	2,466	2,467	2,468	2,469	2,470	2,471	2,472	2,473	2,474	2,475	2,476	2,477	2,478	2,479
27	156	2,480	2,481	2,482	2,483	2,484	2,485	2,486	2,487	2,488	2,489	2,490	2,491	2,492	2,493	2,494	2,495
28	157	2,496	2,497	2,498	2,499	2,500	2,501	2,502	2,503	2,504	2,505	2,506	2,507	2,508	2,509	2,510	2,511
29	158	2,512	2,513	2,514	2,515	2,516	2,517	2,518	2,519	2,520	2,521	2,522	2,523	2,524	2,525	2,526	2,527
30	159	2,528	2,529	2,530	2,531	2,532	2,533	2,534	2,535	2,536	2,537	2,538	2,539	2,540	2,541	2,542	2,543
31	160	2,544	2,545	2,546	2,547	2,548	2,549	2,550	2,551	2,552	2,553	2,554	2,555	2,556	2,557	2,558	2,559
0	161	2,560	2,561	2,562	2,563	2,564	2,565	2,566	2,567	2,568	2,569	2,570	2,571	2,572	2,573	2,574	2,575
1	162	2,576	2,577	2,578	2,579	2,580	2,581	2,582	2,583	2,584	2,585	2,586	2,587	2,588	2,589	2,590	2,591
2	163	2,592	2,593	2,594	2,595	2,596	2,597	2,598	2,599	2,600	2,601	2,602	2,603	2,604	2,605	2,606	2,607
3	164	2,608	2,609	2,610	2,611	2,612	2,613	2,614	2,615	2,616	2,617	2,618	2,619	2,620	2,621	2,622	2,623
4	165	2,624	2,625	2,626	2,627	2,628	2,629	2,630	2,631	2,632	2,633	2,634	2,635	2,636	2,637	2,638	2,639
5	166	2,640	2,641	2,642	2,643	2,644	2,645	2,646	2,647	2,648	2,649	2,650	2,651	2,652	2,653	2,654	2,655
6	167	2,656	2,657	2,658	2,659	2,660	2,661	2,662	2,663	2,664	2,665	2,666	2,667	2,668	2,669	2,670	2,671
7	168	2,672	2,673	2,674	2,675	2,676	2,677	2,678	2,679	2,680	2,681	2,682	2,683	2,684	2,685	2,686	2,687
8	169	2,688	2,689	2,690	2,691	2,692	2,693	2,694	2,695	2,696	2,697	2,698	2,699	2,700	2,701	2,702	2,703
9	170	2,704	2,705	2,706	2,707	2,708	2,709	2,710	2,711	2,712	2,713	2,714	2,715	2,716	2,717	2,718	2,719
10	171	2,720	2,721	2,722	2,723	2,724	2,725	2,726	2,727	2,728	2,729	2,730	2,731	2,732	2,733	2,734	2,735
11	172	2,736	2,737	2,738	2,739	2,740	2,741	2,742	2,743	2,744	2,745	2,746	2,747	2,748	2,749	2,750	2,751
12	173	2,752	2,753	2,754	2,755	2,756	2,757	2,758	2,759	2,760	2,761	2,762	2,763	2,764	2,765	2,766	2,767
13	174	2,768	2,769	2,770	2,771	2,772	2,773	2,774	2,775	2,776	2,777	2,778	2,779	2,780	2,781	2,782	2,783
14	175	2,784	2,785	2,786	2,787	2,788	2,789	2,790	2,791	2,792	2,793	2,794	2,795	2,796	2,797	2,798	2,799
15	176	2,800	2,801	2,802	2,803	2,804	2,805	2,806	2,807	2,808	2,809	2,810	2,811	2,812	2,813	2,814	2,815
16	177	2,816	2,817	2,818	2,819	2,820	2,821	2,822	2,823	2,824	2,825	2,826	2,827	2,828	2,829	2,830	2,831
17	178	2,832	2,833	2,834	2,835	2,836	2,837	2,838	2,839	2,840	2,841	2,842	2,843	2,844	2,845	2,846	2,847
18	179	2,848	2,849	2,850	2,851	2,852	2,853	2,854	2,855	2,856	2,857	2,858	2,859	2,860	2,861	2,862	2,863
19	180	2,864	2,865	2,866	2,867	2,868	2,869	2,870	2,871	2,872	2,873	2,874	2,875	2,876	2,877	2,878	2,879
20	181	2,880	2,881	2,882	2,883	2,884	2,885	2,886	2,887	2,888	2,889	2,890	2,891	2,892	2,893	2,894	2,895
21	182	2,896	2,897	2,898	2,899	2,900	2,901	2,902	2,903	2,904	2,905	2,906	2,907	2,908	2,909	2,910	2,911
22	183	2,912	2,913	2,914	2,915	2,916	2,917	2,918	2,919	2,920	2,921	2,922	2,923	2,924	2,925	2,926	2,927
23	184	2,928	2,929	2,930	2,931	2,932	2,933	2,934	2,935	2,936	2,937	2,938	2,939	2,940	2,941	2,942	2,943
24	185	2,944	2,945	2,946	2,947	2,948	2,949	2,950	2,951	2,952	2,953	2,954	2,955	2,956	2,957	2,958	2,959
25	186	2,960	2,961	2,962	2,963	2,964	2,965	2,966	2,967	2,968	2,969	2,970	2,971	2,972	2,973	2,974	2,975
26	187	2,976	2,977	2,978	2,979	2,980	2,981	2,982	2,983	2,984	2,985	2,986	2,987	2,988	2,989	2,990	2,991
27	188	2,992	2,993	2,994	2,995	2,996	2,997	2,998	2,999	3,000	3,001	3,002	3,003	3,004	3,005	3,006	3,007
28	189	3,008	3,009	3,010	3,011	3,012	3,013	3,014	3,015	3,016	3,017	3,018	3,019	3,020	3,021	3,022	3,023
29	190	3,024	3,025	3,026	3,027	3,028	3,029	3,030	3,031	3,032	3,033	3,034	3,035	3,036	3,037	3,038	3,039
30	191	3,040	3,041	3,042	3,043	3,044	3,045	3,046	3,047	3,048	3,049	3,050	3,051	3,052	3,053	3,054	3,055
31	192	3,056	3,057	3,058	3,059	3,060	3,061	3,062	3,063	3,064	3,065	3,066	3,067	3,068	3,069	3,070	3,071

Reference : 통신 블록 입력 시 워드 선두 번호 입력

Sr	W수	M워드 선두 번호															4
0	193	3,072	3,073	3,074	3,075	3,076	3,077	3,078	3,079	3,080	3,081	3,082	3,083	3,084	3,085	3,086	3,087
1	194	3,088	3,089	3,090	3,091	3,092	3,093	3,094	3,095	3,096	3,097	3,098	3,099	3,100	3,101	3,102	3,103
2	195	3,104	3,105	3,106	3,107	3,108	3,109	3,110	3,111	3,112	3,113	3,114	3,115	3,116	3,117	3,118	3,119
3	196	3,120	3,121	3,122	3,123	3,124	3,125	3,126	3,127	3,128	3,129	3,130	3,131	3,132	3,133	3,134	3,135
4	197	3,136	3,137	3,138	3,139	3,140	3,141	3,142	3,143	3,144	3,145	3,146	3,147	3,148	3,149	3,150	3,151
5	198	3,152	3,153	3,154	3,155	3,156	3,157	3,158	3,159	3,160	3,161	3,162	3,163	3,164	3,165	3,166	3,167
6	199	3,168	3,169	3,170	3,171	3,172	3,173	3,174	3,175	3,176	3,177	3,178	3,179	3,180	3,181	3,182	3,183
7	200	3,184	3,185	3,186	3,187	3,188	3,189	3,190	3,191	3,192	3,193	3,194	3,195	3,196	3,197	3,198	3,199
8	201	3,200	3,201	3,202	3,203	3,204	3,205	3,206	3,207	3,208	3,209	3,210	3,211	3,212	3,213	3,214	3,215
9	202	3,216	3,217	3,218	3,219	3,220	3,221	3,222	3,223	3,224	3,225	3,226	3,227	3,228	3,229	3,230	3,231
10	203	3,232	3,233	3,234	3,235	3,236	3,237	3,238	3,239	3,240	3,241	3,242	3,243	3,244	3,245	3,246	3,247
11	204	3,248	3,249	3,250	3,251	3,252	3,253	3,254	3,255	3,256	3,257	3,258	3,259	3,260	3,261	3,262	3,263
12	205	3,264	3,265	3,266	3,267	3,268	3,269	3,270	3,271	3,272	3,273	3,274	3,275	3,276	3,277	3,278	3,279
13	206	3,280	3,281	3,282	3,283	3,284	3,285	3,286	3,287	3,288	3,289	3,290	3,291	3,292	3,293	3,294	3,295
14	207	3,296	3,297	3,298	3,299	3,300	3,301	3,302	3,303	3,304	3,305	3,306	3,307	3,308	3,309	3,310	3,311
15	208	3,312	3,313	3,314	3,315	3,316	3,317	3,318	3,319	3,320	3,321	3,322	3,323	3,324	3,325	3,326	3,327
16	209	3,328	3,329	3,330	3,331	3,332	3,333	3,334	3,335	3,336	3,337	3,338	3,339	3,340	3,341	3,342	3,343
17	210	3,344	3,345	3,346	3,347	3,348	3,349	3,350	3,351	3,352	3,353	3,354	3,355	3,356	3,357	3,358	3,359
18	211	3,360	3,361	3,362	3,363	3,364	3,365	3,366	3,367	3,368	3,369	3,370	3,371	3,372	3,373	3,374	3,375
19	212	3,376	3,377	3,378	3,379	3,380	3,381	3,382	3,383	3,384	3,385	3,386	3,387	3,388	3,389	3,390	3,391
20	213	3,392	3,393	3,394	3,395	3,396	3,397	3,398	3,399	3,400	3,401	3,402	3,403	3,404	3,405	3,406	3,407
21	214	3,408	3,409	3,410	3,411	3,412	3,413	3,414	3,415	3,416	3,417	3,418	3,419	3,420	3,421	3,422	3,423
22	215	3,424	3,425	3,426	3,427	3,428	3,429	3,430	3,431	3,432	3,433	3,434	3,435	3,436	3,437	3,438	3,439
23	216	3,440	3,441	3,442	3,443	3,444	3,445	3,446	3,447	3,448	3,449	3,450	3,451	3,452	3,453	3,454	3,455
24	217	3,456	3,457	3,458	3,459	3,460	3,461	3,462	3,463	3,464	3,465	3,466	3,467	3,468	3,469	3,470	3,471
25	218	3,472	3,473	3,474	3,475	3,476	3,477	3,478	3,479	3,480	3,481	3,482	3,483	3,484	3,485	3,486	3,487
26	219	3,488	3,489	3,490	3,491	3,492	3,493	3,494	3,495	3,496	3,497	3,498	3,499	3,500	3,501	3,502	3,503
27	220	3,504	3,505	3,506	3,507	3,508	3,509	3,510	3,511	3,512	3,513	3,514	3,515	3,516	3,517	3,518	3,519
28	221	3,520	3,521	3,522	3,523	3,524	3,525	3,526	3,527	3,528	3,529	3,530	3,531	3,532	3,533	3,534	3,535
29	222	3,536	3,537	3,538	3,539	3,540	3,541	3,542	3,543	3,544	3,545	3,546	3,547	3,548	3,549	3,550	3,551
30	223	3,552	3,553	3,554	3,555	3,556	3,557	3,558	3,559	3,560	3,561	3,562	3,563	3,564	3,565	3,566	3,567
31	224	3,568	3,569	3,570	3,571	3,572	3,573	3,574	3,575	3,576	3,577	3,578	3,579	3,580	3,581	3,582	3,583
0	225	3,584	3,585	3,586	3,587	3,588	3,589	3,590	3,591	3,592	3,593	3,594	3,595	3,596	3,597	3,598	3,599
1	226	3,600	3,601	3,602	3,603	3,604	3,605	3,606	3,607	3,608	3,609	3,610	3,611	3,612	3,613	3,614	3,615
2	227	3,616	3,617	3,618	3,619	3,620	3,621	3,622	3,623	3,624	3,625	3,626	3,627	3,628	3,629	3,630	3,631
3	228	3,632	3,633	3,634	3,635	3,636	3,637	3,638	3,639	3,640	3,641	3,642	3,643	3,644	3,645	3,646	3,647
4	229	3,648	3,649	3,650	3,651	3,652	3,653	3,654	3,655	3,656	3,657	3,658	3,659	3,660	3,661	3,662	3,663
5	230	3,664	3,665	3,666	3,667	3,668	3,669	3,670	3,671	3,672	3,673	3,674	3,675	3,676	3,677	3,678	3,679
6	231	3,680	3,681	3,682	3,683	3,684	3,685	3,686	3,687	3,688	3,689	3,690	3,691	3,692	3,693	3,694	3,695
7	232	3,696	3,697	3,698	3,699	3,700	3,701	3,702	3,703	3,704	3,705	3,706	3,707	3,708	3,709	3,710	3,711
8	233	3,712	3,713	3,714	3,715	3,716	3,717	3,718	3,719	3,720	3,721	3,722	3,723	3,724	3,725	3,726	3,727
9	234	3,728	3,729	3,730	3,731	3,732	3,733	3,734	3,735	3,736	3,737	3,738	3,739	3,740	3,741	3,742	3,743
10	235	3,744	3,745	3,746	3,747	3,748	3,749	3,750	3,751	3,752	3,753	3,754	3,755	3,756	3,757	3,758	3,759
11	236	3,760	3,761	3,762	3,763	3,764	3,765	3,766	3,767	3,768	3,769	3,770	3,771	3,772	3,773	3,774	3,775
12	237	3,776	3,777	3,778	3,779	3,780	3,781	3,782	3,783	3,784	3,785	3,786	3,787	3,788	3,789	3,790	3,791
13	238	3,792	3,793	3,794	3,795	3,796	3,797	3,798	3,799	3,800	3,801	3,802	3,803	3,804	3,805	3,806	3,807
14	239	3,808	3,809	3,810	3,811	3,812	3,813	3,814	3,815	3,816	3,817	3,818	3,819	3,820	3,821	3,822	3,823
15	240	3,824	3,825	3,826	3,827	3,828	3,829	3,830	3,831	3,832	3,833	3,834	3,835	3,836	3,837	3,838	3,839
16	241	3,840	3,841	3,842	3,843	3,844	3,845	3,846	3,847	3,848	3,849	3,850	3,851	3,852	3,853	3,854	3,855
17	242	3,856	3,857	3,858	3,859	3,860	3,861	3,862	3,863	3,864	3,865	3,866	3,867	3,868	3,869	3,870	3,871
18	243	3,872	3,873	3,874	3,875	3,876	3,877	3,878	3,879	3,880	3,881	3,882	3,883	3,884	3,885	3,886	3,887
19	244	3,888	3,889	3,890	3,891	3,892	3,893	3,894	3,895	3,896	3,897	3,898	3,899	3,900	3,901	3,902	3,903
20	245	3,904	3,905	3,906	3,907	3,908	3,909	3,910	3,911	3,912	3,913	3,914	3,915	3,916	3,917	3,918	3,919
21	246	3,920	3,921	3,922	3,923	3,924	3,925	3,926	3,927	3,928	3,929	3,930	3,931	3,932	3,933	3,934	3,935
22	247	3,936	3,937	3,938	3,939	3,940	3,941	3,942	3,943	3,944	3,945	3,946	3,947	3,948	3,949	3,950	3,951
23	248	3,952	3,953	3,954	3,955	3,956	3,957	3,958	3,959	3,960	3,961	3,962	3,963	3,964	3,965	3,966	3,967
24	249	3,968	3,969	3,970	3,971	3,972	3,973	3,974	3,975	3,976	3,977	3,978	3,979	3,980	3,981	3,982	3,983
25	250	3,984	3,985	3,986	3,987	3,988	3,989	3,990	3,991	3,992	3,993	3,994	3,995	3,996	3,997	3,998	3,999
26	251	4,000	4,001	4,002	4,003	4,004	4,005	4,006	4,007	4,008	4,009	4,010	4,011	4,012	4,013	4,014	4,015
27	252	4,016	4,017	4,018	4,019	4,020	4,021	4,022	4,023	4,024	4,025	4,026	4,027	4,028	4,029	4,030	4,031
28	253	4,032	4,033	4,034	4,035	4,036	4,037	4,038	4,039	4,040	4,041	4,042	4,043	4,044	4,045	4,046	4,047
29	254	4,048	4,049	4,050	4,051	4,052	4,053	4,054	4,055	4,056	4,057	4,058	4,059	4,060	4,061	4,062	4,063
30	255	4,064	4,065	4,066	4,067	4,068	4,069	4,070	4,071	4,072	4,073	4,074	4,075	4,076	4,077	4,078	4,079
31	256	4,080	4,081	4,082	4,083	4,084	4,085	4,086	4,087	4,088	4,089	4,090	4,091	4,092	4,093	4,094	4,095

2^8=256

Reference : 2^{12} Value is 4096

Reference : 통신 블록 입력 시 워드 선두 번호 입력

Sr	W수	M워드 선두 번호															5
0	257	4,096	4,097	4,098	4,099	4,100	4,101	4,102	4,103	4,104	4,105	4,106	4,107	4,108	4,109	4,110	4,111
1	258	4,112	4,113	4,114	4,115	4,116	4,117	4,118	4,119	4,120	4,121	4,122	4,123	4,124	4,125	4,126	4,127
2	259	4,128	4,129	4,130	4,131	4,132	4,133	4,134	4,135	4,136	4,137	4,138	4,139	4,140	4,141	4,142	4,143
3	260	4,144	4,145	4,146	4,147	4,148	4,149	4,150	4,151	4,152	4,153	4,154	4,155	4,156	4,157	4,158	4,159
4	261	4,160	4,161	4,162	4,163	4,164	4,165	4,166	4,167	4,168	4,169	4,170	4,171	4,172	4,173	4,174	4,175
5	262	4,176	4,177	4,178	4,179	4,180	4,181	4,182	4,183	4,184	4,185	4,186	4,187	4,188	4,189	4,190	4,191
6	263	4,192	4,193	4,194	4,195	4,196	4,197	4,198	4,199	4,200	4,201	4,202	4,203	4,204	4,205	4,206	4,207
7	264	4,208	4,209	4,210	4,211	4,212	4,213	4,214	4,215	4,216	4,217	4,218	4,219	4,220	4,221	4,222	4,223
8	265	4,224	4,225	4,226	4,227	4,228	4,229	4,230	4,231	4,232	4,233	4,234	4,235	4,236	4,237	4,238	4,239
9	266	4,240	4,241	4,242	4,243	4,244	4,245	4,246	4,247	4,248	4,249	4,250	4,251	4,252	4,253	4,254	4,255
10	267	4,256	4,257	4,258	4,259	4,260	4,261	4,262	4,263	4,264	4,265	4,266	4,267	4,268	4,269	4,270	4,271
11	268	4,272	4,273	4,274	4,275	4,276	4,277	4,278	4,279	4,280	4,281	4,282	4,283	4,284	4,285	4,286	4,287
12	269	4,288	4,289	4,290	4,291	4,292	4,293	4,294	4,295	4,296	4,297	4,298	4,299	4,300	4,301	4,302	4,303
13	270	4,304	4,305	4,306	4,307	4,308	4,309	4,310	4,311	4,312	4,313	4,314	4,315	4,316	4,317	4,318	4,319
14	271	4,320	4,321	4,322	4,323	4,324	4,325	4,326	4,327	4,328	4,329	4,330	4,331	4,332	4,333	4,334	4,335
15	272	4,336	4,337	4,338	4,339	4,340	4,341	4,342	4,343	4,344	4,345	4,346	4,347	4,348	4,349	4,350	4,351
16	273	4,352	4,353	4,354	4,355	4,356	4,357	4,358	4,359	4,360	4,361	4,362	4,363	4,364	4,365	4,366	4,367
17	274	4,368	4,369	4,370	4,371	4,372	4,373	4,374	4,375	4,376	4,377	4,378	4,379	4,380	4,381	4,382	4,383
18	275	4,384	4,385	4,386	4,387	4,388	4,389	4,390	4,391	4,392	4,393	4,394	4,395	4,396	4,397	4,398	4,399
19	276	4,400	4,401	4,402	4,403	4,404	4,405	4,406	4,407	4,408	4,409	4,410	4,411	4,412	4,413	4,414	4,415
20	277	4,416	4,417	4,418	4,419	4,420	4,421	4,422	4,423	4,424	4,425	4,426	4,427	4,428	4,429	4,430	4,431
21	278	4,432	4,433	4,434	4,435	4,436	4,437	4,438	4,439	4,440	4,441	4,442	4,443	4,444	4,445	4,446	4,447
22	279	4,448	4,449	4,450	4,451	4,452	4,453	4,454	4,455	4,456	4,457	4,458	4,459	4,460	4,461	4,462	4,463
23	280	4,464	4,465	4,466	4,467	4,468	4,469	4,470	4,471	4,472	4,473	4,474	4,475	4,476	4,477	4,478	4,479
24	281	4,480	4,481	4,482	4,483	4,484	4,485	4,486	4,487	4,488	4,489	4,490	4,491	4,492	4,493	4,494	4,495
25	282	4,496	4,497	4,498	4,499	4,500	4,501	4,502	4,503	4,504	4,505	4,506	4,507	4,508	4,509	4,510	4,511
26	283	4,512	4,513	4,514	4,515	4,516	4,517	4,518	4,519	4,520	4,521	4,522	4,523	4,524	4,525	4,526	4,527
27	284	4,528	4,529	4,530	4,531	4,532	4,533	4,534	4,535	4,536	4,537	4,538	4,539	4,540	4,541	4,542	4,543
28	285	4,544	4,545	4,546	4,547	4,548	4,549	4,550	4,551	4,552	4,553	4,554	4,555	4,556	4,557	4,558	4,559
29	286	4,560	4,561	4,562	4,563	4,564	4,565	4,566	4,567	4,568	4,569	4,570	4,571	4,572	4,573	4,574	4,575
30	287	4,576	4,577	4,578	4,579	4,580	4,581	4,582	4,583	4,584	4,585	4,586	4,587	4,588	4,589	4,590	4,591
31	288	4,592	4,593	4,594	4,595	4,596	4,597	4,598	4,599	4,600	4,601	4,602	4,603	4,604	4,605	4,606	4,607
0	289	4,608	4,609	4,610	4,611	4,612	4,613	4,614	4,615	4,616	4,617	4,618	4,619	4,620	4,621	4,622	4,623
1	290	4,624	4,625	4,626	4,627	4,628	4,629	4,630	4,631	4,632	4,633	4,634	4,635	4,636	4,637	4,638	4,639
2	291	4,640	4,641	4,642	4,643	4,644	4,645	4,646	4,647	4,648	4,649	4,650	4,651	4,652	4,653	4,654	4,655
3	292	4,656	4,657	4,658	4,659	4,660	4,661	4,662	4,663	4,664	4,665	4,666	4,667	4,668	4,669	4,670	4,671
4	293	4,672	4,673	4,674	4,675	4,676	4,677	4,678	4,679	4,680	4,681	4,682	4,683	4,684	4,685	4,686	4,687
5	294	4,688	4,689	4,690	4,691	4,692	4,693	4,694	4,695	4,696	4,697	4,698	4,699	4,700	4,701	4,702	4,703
6	295	4,704	4,705	4,706	4,707	4,708	4,709	4,710	4,711	4,712	4,713	4,714	4,715	4,716	4,717	4,718	4,719
7	296	4,720	4,721	4,722	4,723	4,724	4,725	4,726	4,727	4,728	4,729	4,730	4,731	4,732	4,733	4,734	4,735
8	297	4,736	4,737	4,738	4,739	4,740	4,741	4,742	4,743	4,744	4,745	4,746	4,747	4,748	4,749	4,750	4,751
9	298	4,752	4,753	4,754	4,755	4,756	4,757	4,758	4,759	4,760	4,761	4,762	4,763	4,764	4,765	4,766	4,767
10	299	4,768	4,769	4,770	4,771	4,772	4,773	4,774	4,775	4,776	4,777	4,778	4,779	4,780	4,781	4,782	4,783
11	300	4,784	4,785	4,786	4,787	4,788	4,789	4,790	4,791	4,792	4,793	4,794	4,795	4,796	4,797	4,798	4,799
12	301	4,800	4,801	4,802	4,803	4,804	4,805	4,806	4,807	4,808	4,809	4,810	4,811	4,812	4,813	4,814	4,815
13	302	4,816	4,817	4,818	4,819	4,820	4,821	4,822	4,823	4,824	4,825	4,826	4,827	4,828	4,829	4,830	4,831
14	303	4,832	4,833	4,834	4,835	4,836	4,837	4,838	4,839	4,840	4,841	4,842	4,843	4,844	4,845	4,846	4,847
15	304	4,848	4,849	4,850	4,851	4,852	4,853	4,854	4,855	4,856	4,857	4,858	4,859	4,860	4,861	4,862	4,863
16	305	4,864	4,865	4,866	4,867	4,868	4,869	4,870	4,871	4,872	4,873	4,874	4,875	4,876	4,877	4,878	4,879
17	306	4,880	4,881	4,882	4,883	4,884	4,885	4,886	4,887	4,888	4,889	4,890	4,891	4,892	4,893	4,894	4,895
18	307	4,896	4,897	4,898	4,899	4,900	4,901	4,902	4,903	4,904	4,905	4,906	4,907	4,908	4,909	4,910	4,911
19	308	4,912	4,913	4,914	4,915	4,916	4,917	4,918	4,919	4,920	4,921	4,922	4,923	4,924	4,925	4,926	4,927
20	309	4,928	4,929	4,930	4,931	4,932	4,933	4,934	4,935	4,936	4,937	4,938	4,939	4,940	4,941	4,942	4,943
21	310	4,944	4,945	4,946	4,947	4,948	4,949	4,950	4,951	4,952	4,953	4,954	4,955	4,956	4,957	4,958	4,959
22	311	4,960	4,961	4,962	4,963	4,964	4,965	4,966	4,967	4,968	4,969	4,970	4,971	4,972	4,973	4,974	4,975
23	312	4,976	4,977	4,978	4,979	4,980	4,981	4,982	4,983	4,984	4,985	4,986	4,987	4,988	4,989	4,990	4,991
24	313	4,992	4,993	4,994	4,995	4,996	4,997	4,998	4,999	5,000	5,001	5,002	5,003	5,004	5,005	5,006	5,007
25	314	5,008	5,009	5,010	5,011	5,012	5,013	5,014	5,015	5,016	5,017	5,018	5,019	5,020	5,021	5,022	5,023
26	315	5,024	5,025	5,026	5,027	5,028	5,029	5,030	5,031	5,032	5,033	5,034	5,035	5,036	5,037	5,038	5,039
27	316	5,040	5,041	5,042	5,043	5,044	5,045	5,046	5,047	5,048	5,049	5,050	5,051	5,052	5,053	5,054	5,055
28	317	5,056	5,057	5,058	5,059	5,060	5,061	5,062	5,063	5,064	5,065	5,066	5,067	5,068	5,069	5,070	5,071
29	318	5,072	5,073	5,074	5,075	5,076	5,077	5,078	5,079	5,080	5,081	5,082	5,083	5,084	5,085	5,086	5,087
30	319	5,088	5,089	5,090	5,091	5,092	5,093	5,094	5,095	5,096	5,097	5,098	5,099	5,100	5,101	5,102	5,103
31	320	5,104	5,105	5,106	5,107	5,108	5,109	5,110	5,111	5,112	5,113	5,114	5,115	5,116	5,117	5,118	5,119

Reference : 통신 블록 입력 시 워드 선두 번호 입력

Sr	W수	M워드 선두 번호															6
0	321	5,120	5,121	5,122	5,123	5,124	5,125	5,126	5,127	5,128	5,129	5,130	5,131	5,132	5,133	5,134	5,135
1	322	5,136	5,137	5,138	5,139	5,140	5,141	5,142	5,143	5,144	5,145	5,146	5,147	5,148	5,149	5,150	5,151
2	323	5,152	5,153	5,154	5,155	5,156	5,157	5,158	5,159	5,160	5,161	5,162	5,163	5,164	5,165	5,166	5,167
3	324	5,168	5,169	5,170	5,171	5,172	5,173	5,174	5,175	5,176	5,177	5,178	5,179	5,180	5,181	5,182	5,183
4	325	5,184	5,185	5,186	5,187	5,188	5,189	5,190	5,191	5,192	5,193	5,194	5,195	5,196	5,197	5,198	5,199
5	326	5,200	5,201	5,202	5,203	5,204	5,205	5,206	5,207	5,208	5,209	5,210	5,211	5,212	5,213	5,214	5,215
6	327	5,216	5,217	5,218	5,219	5,220	5,221	5,222	5,223	5,224	5,225	5,226	5,227	5,228	5,229	5,230	5,231
7	328	5,232	5,233	5,234	5,235	5,236	5,237	5,238	5,239	5,240	5,241	5,242	5,243	5,244	5,245	5,246	5,247
8	329	5,248	5,249	5,250	5,251	5,252	5,253	5,254	5,255	5,256	5,257	5,258	5,259	5,260	5,261	5,262	5,263
9	330	5,264	5,265	5,266	5,267	5,268	5,269	5,270	5,271	5,272	5,273	5,274	5,275	5,276	5,277	5,278	5,279
10	331	5,280	5,281	5,282	5,283	5,284	5,285	5,286	5,287	5,288	5,289	5,290	5,291	5,292	5,293	5,294	5,295
11	332	5,296	5,297	5,298	5,299	5,300	5,301	5,302	5,303	5,304	5,305	5,306	5,307	5,308	5,309	5,310	5,311
12	333	5,312	5,313	5,314	5,315	5,316	5,317	5,318	5,319	5,320	5,321	5,322	5,323	5,324	5,325	5,326	5,327
13	334	5,328	5,329	5,330	5,331	5,332	5,333	5,334	5,335	5,336	5,337	5,338	5,339	5,340	5,341	5,342	5,343
14	335	5,344	5,345	5,346	5,347	5,348	5,349	5,350	5,351	5,352	5,353	5,354	5,355	5,356	5,357	5,358	5,359
15	336	5,360	5,361	5,362	5,363	5,364	5,365	5,366	5,367	5,368	5,369	5,370	5,371	5,372	5,373	5,374	5,375
16	337	5,376	5,377	5,378	5,379	5,380	5,381	5,382	5,383	5,384	5,385	5,386	5,387	5,388	5,389	5,390	5,391
17	338	5,392	5,393	5,394	5,395	5,396	5,397	5,398	5,399	5,400	5,401	5,402	5,403	5,404	5,405	5,406	5,407
18	339	5,408	5,409	5,410	5,411	5,412	5,413	5,414	5,415	5,416	5,417	5,418	5,419	5,420	5,421	5,422	5,423
19	340	5,424	5,425	5,426	5,427	5,428	5,429	5,430	5,431	5,432	5,433	5,434	5,435	5,436	5,437	5,438	5,439
20	341	5,440	5,441	5,442	5,443	5,444	5,445	5,446	5,447	5,448	5,449	5,450	5,451	5,452	5,453	5,454	5,455
21	342	5,456	5,457	5,458	5,459	5,460	5,461	5,462	5,463	5,464	5,465	5,466	5,467	5,468	5,469	5,470	5,471
22	343	5,472	5,473	5,474	5,475	5,476	5,477	5,478	5,479	5,480	5,481	5,482	5,483	5,484	5,485	5,486	5,487
23	344	5,488	5,489	5,490	5,491	5,492	5,493	5,494	5,495	5,496	5,497	5,498	5,499	5,500	5,501	5,502	5,503
24	345	5,504	5,505	5,506	5,507	5,508	5,509	5,510	5,511	5,512	5,513	5,514	5,515	5,516	5,517	5,518	5,519
25	346	5,520	5,521	5,522	5,523	5,524	5,525	5,526	5,527	5,528	5,529	5,530	5,531	5,532	5,533	5,534	5,535
26	347	5,536	5,537	5,538	5,539	5,540	5,541	5,542	5,543	5,544	5,545	5,546	5,547	5,548	5,549	5,550	5,551
27	348	5,552	5,553	5,554	5,555	5,556	5,557	5,558	5,559	5,560	5,561	5,562	5,563	5,564	5,565	5,566	5,567
28	349	5,568	5,569	5,570	5,571	5,572	5,573	5,574	5,575	5,576	5,577	5,578	5,579	5,580	5,581	5,582	5,583
29	350	5,584	5,585	5,586	5,587	5,588	5,589	5,590	5,591	5,592	5,593	5,594	5,595	5,596	5,597	5,598	5,599
30	351	5,600	5,601	5,602	5,603	5,604	5,605	5,606	5,607	5,608	5,609	5,610	5,611	5,612	5,613	5,614	5,615
31	352	5,616	5,617	5,618	5,619	5,620	5,621	5,622	5,623	5,624	5,625	5,626	5,627	5,628	5,629	5,630	5,631
0	353	5,632	5,633	5,634	5,635	5,636	5,637	5,638	5,639	5,640	5,641	5,642	5,643	5,644	5,645	5,646	5,647
1	354	5,648	5,649	5,650	5,651	5,652	5,653	5,654	5,655	5,656	5,657	5,658	5,659	5,660	5,661	5,662	5,663
2	355	5,664	5,665	5,666	5,667	5,668	5,669	5,670	5,671	5,672	5,673	5,674	5,675	5,676	5,677	5,678	5,679
3	356	5,680	5,681	5,682	5,683	5,684	5,685	5,686	5,687	5,688	5,689	5,690	5,691	5,692	5,693	5,694	5,695
4	357	5,696	5,697	5,698	5,699	5,700	5,701	5,702	5,703	5,704	5,705	5,706	5,707	5,708	5,709	5,710	5,711
5	358	5,712	5,713	5,714	5,715	5,716	5,717	5,718	5,719	5,720	5,721	5,722	5,723	5,724	5,725	5,726	5,727
6	359	5,728	5,729	5,730	5,731	5,732	5,733	5,734	5,735	5,736	5,737	5,738	5,739	5,740	5,741	5,742	5,743
7	360	5,744	5,745	5,746	5,747	5,748	5,749	5,750	5,751	5,752	5,753	5,754	5,755	5,756	5,757	5,758	5,759
8	361	5,760	5,761	5,762	5,763	5,764	5,765	5,766	5,767	5,768	5,769	5,770	5,771	5,772	5,773	5,774	5,775
9	362	5,776	5,777	5,778	5,779	5,780	5,781	5,782	5,783	5,784	5,785	5,786	5,787	5,788	5,789	5,790	5,791
10	363	5,792	5,793	5,794	5,795	5,796	5,797	5,798	5,799	5,800	5,801	5,802	5,803	5,804	5,805	5,806	5,807
11	364	5,808	5,809	5,810	5,811	5,812	5,813	5,814	5,815	5,816	5,817	5,818	5,819	5,820	5,821	5,822	5,823
12	365	5,824	5,825	5,826	5,827	5,828	5,829	5,830	5,831	5,832	5,833	5,834	5,835	5,836	5,837	5,838	5,839
13	366	5,840	5,841	5,842	5,843	5,844	5,845	5,846	5,847	5,848	5,849	5,850	5,851	5,852	5,853	5,854	5,855
14	367	5,856	5,857	5,858	5,859	5,860	5,861	5,862	5,863	5,864	5,865	5,866	5,867	5,868	5,869	5,870	5,871
15	368	5,872	5,873	5,874	5,875	5,876	5,877	5,878	5,879	5,880	5,881	5,882	5,883	5,884	5,885	5,886	5,887
16	369	5,888	5,889	5,890	5,891	5,892	5,893	5,894	5,895	5,896	5,897	5,898	5,899	5,900	5,901	5,902	5,903
17	370	5,904	5,905	5,906	5,907	5,908	5,909	5,910	5,911	5,912	5,913	5,914	5,915	5,916	5,917	5,918	5,919
18	371	5,920	5,921	5,922	5,923	5,924	5,925	5,926	5,927	5,928	5,929	5,930	5,931	5,932	5,933	5,934	5,935
19	372	5,936	5,937	5,938	5,939	5,940	5,941	5,942	5,943	5,944	5,945	5,946	5,947	5,948	5,949	5,950	5,951
20	373	5,952	5,953	5,954	5,955	5,956	5,957	5,958	5,959	5,960	5,961	5,962	5,963	5,964	5,965	5,966	5,967
21	374	5,968	5,969	5,970	5,971	5,972	5,973	5,974	5,975	5,976	5,977	5,978	5,979	5,980	5,981	5,982	5,983
22	375	5,984	5,985	5,986	5,987	5,988	5,989	5,990	5,991	5,992	5,993	5,994	5,995	5,996	5,997	5,998	5,999
23	376	6,000	6,001	6,002	6,003	6,004	6,005	6,006	6,007	6,008	6,009	6,010	6,011	6,012	6,013	6,014	6,015
24	377	6,016	6,017	6,018	6,019	6,020	6,021	6,022	6,023	6,024	6,025	6,026	6,027	6,028	6,029	6,030	6,031
25	378	6,032	6,033	6,034	6,035	6,036	6,037	6,038	6,039	6,040	6,041	6,042	6,043	6,044	6,045	6,046	6,047
26	379	6,048	6,049	6,050	6,051	6,052	6,053	6,054	6,055	6,056	6,057	6,058	6,059	6,060	6,061	6,062	6,063
27	380	6,064	6,065	6,066	6,067	6,068	6,069	6,070	6,071	6,072	6,073	6,074	6,075	6,076	6,077	6,078	6,079
28	381	6,080	6,081	6,082	6,083	6,084	6,085	6,086	6,087	6,088	6,089	6,090	6,091	6,092	6,093	6,094	6,095
29	382	6,096	6,097	6,098	6,099	6,100	6,101	6,102	6,103	6,104	6,105	6,106	6,107	6,108	6,109	6,110	6,111
30	383	6,112	6,113	6,114	6,115	6,116	6,117	6,118	6,119	6,120	6,121	6,122	6,123	6,124	6,125	6,126	6,127
31	384	6,128	6,129	6,130	6,131	6,132	6,133	6,134	6,135	6,136	6,137	6,138	6,139	6,140	6,141	6,142	6,143

Reference : 통신 블록 입력 시 워드 선두 번호 입력

Sr	W수	M워드 선두 번호															7
0	385	6,144	6,145	6,146	6,147	6,148	6,149	6,150	6,151	6,152	6,153	6,154	6,155	6,156	6,157	6,158	6,159
1	386	6,160	6,161	6,162	6,163	6,164	6,165	6,166	6,167	6,168	6,169	6,170	6,171	6,172	6,173	6,174	6,175
2	387	6,176	6,177	6,178	6,179	6,180	6,181	6,182	6,183	6,184	6,185	6,186	6,187	6,188	6,189	6,190	6,191
3	388	6,192	6,193	6,194	6,195	6,196	6,197	6,198	6,199	6,200	6,201	6,202	6,203	6,204	6,205	6,206	6,207
4	389	6,208	6,209	6,210	6,211	6,212	6,213	6,214	6,215	6,216	6,217	6,218	6,219	6,220	6,221	6,222	6,223
5	390	6,224	6,225	6,226	6,227	6,228	6,229	6,230	6,231	6,232	6,233	6,234	6,235	6,236	6,237	6,238	6,239
6	391	6,240	6,241	6,242	6,243	6,244	6,245	6,246	6,247	6,248	6,249	6,250	6,251	6,252	6,253	6,254	6,255
7	392	6,256	6,257	6,258	6,259	6,260	6,261	6,262	6,263	6,264	6,265	6,266	6,267	6,268	6,269	6,270	6,271
8	393	6,272	6,273	6,274	6,275	6,276	6,277	6,278	6,279	6,280	6,281	6,282	6,283	6,284	6,285	6,286	6,287
9	394	6,288	6,289	6,290	6,291	6,292	6,293	6,294	6,295	6,296	6,297	6,298	6,299	6,300	6,301	6,302	6,303
10	395	6,304	6,305	6,306	6,307	6,308	6,309	6,310	6,311	6,312	6,313	6,314	6,315	6,316	6,317	6,318	6,319
11	396	6,320	6,321	6,322	6,323	6,324	6,325	6,326	6,327	6,328	6,329	6,330	6,331	6,332	6,333	6,334	6,335
12	397	6,336	6,337	6,338	6,339	6,340	6,341	6,342	6,343	6,344	6,345	6,346	6,347	6,348	6,349	6,350	6,351
13	398	6,352	6,353	6,354	6,355	6,356	6,357	6,358	6,359	6,360	6,361	6,362	6,363	6,364	6,365	6,366	6,367
14	399	6,368	6,369	6,370	6,371	6,372	6,373	6,374	6,375	6,376	6,377	6,378	6,379	6,380	6,381	6,382	6,383
15	400	6,384	6,385	6,386	6,387	6,388	6,389	6,390	6,391	6,392	6,393	6,394	6,395	6,396	6,397	6,398	6,399
16	401	6,400	6,401	6,402	6,403	6,404	6,405	6,406	6,407	6,408	6,409	6,410	6,411	6,412	6,413	6,414	6,415
17	402	6,416	6,417	6,418	6,419	6,420	6,421	6,422	6,423	6,424	6,425	6,426	6,427	6,428	6,429	6,430	6,431
18	403	6,432	6,433	6,434	6,435	6,436	6,437	6,438	6,439	6,440	6,441	6,442	6,443	6,444	6,445	6,446	6,447
19	404	6,448	6,449	6,450	6,451	6,452	6,453	6,454	6,455	6,456	6,457	6,458	6,459	6,460	6,461	6,462	6,463
20	405	6,464	6,465	6,466	6,467	6,468	6,469	6,470	6,471	6,472	6,473	6,474	6,475	6,476	6,477	6,478	6,479
21	406	6,480	6,481	6,482	6,483	6,484	6,485	6,486	6,487	6,488	6,489	6,490	6,491	6,492	6,493	6,494	6,495
22	407	6,496	6,497	6,498	6,499	6,500	6,501	6,502	6,503	6,504	6,505	6,506	6,507	6,508	6,509	6,510	6,511
23	408	6,512	6,513	6,514	6,515	6,516	6,517	6,518	6,519	6,520	6,521	6,522	6,523	6,524	6,525	6,526	6,527
24	409	6,528	6,529	6,530	6,531	6,532	6,533	6,534	6,535	6,536	6,537	6,538	6,539	6,540	6,541	6,542	6,543
25	410	6,544	6,545	6,546	6,547	6,548	6,549	6,550	6,551	6,552	6,553	6,554	6,555	6,556	6,557	6,558	6,559
26	411	6,560	6,561	6,562	6,563	6,564	6,565	6,566	6,567	6,568	6,569	6,570	6,571	6,572	6,573	6,574	6,575
27	412	6,576	6,577	6,578	6,579	6,580	6,581	6,582	6,583	6,584	6,585	6,586	6,587	6,588	6,589	6,590	6,591
28	413	6,592	6,593	6,594	6,595	6,596	6,597	6,598	6,599	6,600	6,601	6,602	6,603	6,604	6,605	6,606	6,607
29	414	6,608	6,609	6,610	6,611	6,612	6,613	6,614	6,615	6,616	6,617	6,618	6,619	6,620	6,621	6,622	6,623
30	415	6,624	6,625	6,626	6,627	6,628	6,629	6,630	6,631	6,632	6,633	6,634	6,635	6,636	6,637	6,638	6,639
31	416	6,640	6,641	6,642	6,643	6,644	6,645	6,646	6,647	6,648	6,649	6,650	6,651	6,652	6,653	6,654	6,655
0	417	6,656	6,657	6,658	6,659	6,660	6,661	6,662	6,663	6,664	6,665	6,666	6,667	6,668	6,669	6,670	6,671
1	418	6,672	6,673	6,674	6,675	6,676	6,677	6,678	6,679	6,680	6,681	6,682	6,683	6,684	6,685	6,686	6,687
2	419	6,688	6,689	6,690	6,691	6,692	6,693	6,694	6,695	6,696	6,697	6,698	6,699	6,700	6,701	6,702	6,703
3	420	6,704	6,705	6,706	6,707	6,708	6,709	6,710	6,711	6,712	6,713	6,714	6,715	6,716	6,717	6,718	6,719
4	421	6,720	6,721	6,722	6,723	6,724	6,725	6,726	6,727	6,728	6,729	6,730	6,731	6,732	6,733	6,734	6,735
5	422	6,736	6,737	6,738	6,739	6,740	6,741	6,742	6,743	6,744	6,745	6,746	6,747	6,748	6,749	6,750	6,751
6	423	6,752	6,753	6,754	6,755	6,756	6,757	6,758	6,759	6,760	6,761	6,762	6,763	6,764	6,765	6,766	6,767
7	424	6,768	6,769	6,770	6,771	6,772	6,773	6,774	6,775	6,776	6,777	6,778	6,779	6,780	6,781	6,782	6,783
8	425	6,784	6,785	6,786	6,787	6,788	6,789	6,790	6,791	6,792	6,793	6,794	6,795	6,796	6,797	6,798	6,799
9	426	6,800	6,801	6,802	6,803	6,804	6,805	6,806	6,807	6,808	6,809	6,810	6,811	6,812	6,813	6,814	6,815
10	427	6,816	6,817	6,818	6,819	6,820	6,821	6,822	6,823	6,824	6,825	6,826	6,827	6,828	6,829	6,830	6,831
11	428	6,832	6,833	6,834	6,835	6,836	6,837	6,838	6,839	6,840	6,841	6,842	6,843	6,844	6,845	6,846	6,847
12	429	6,848	6,849	6,850	6,851	6,852	6,853	6,854	6,855	6,856	6,857	6,858	6,859	6,860	6,861	6,862	6,863
13	430	6,864	6,865	6,866	6,867	6,868	6,869	6,870	6,871	6,872	6,873	6,874	6,875	6,876	6,877	6,878	6,879
14	431	6,880	6,881	6,882	6,883	6,884	6,885	6,886	6,887	6,888	6,889	6,890	6,891	6,892	6,893	6,894	6,895
15	432	6,896	6,897	6,898	6,899	6,900	6,901	6,902	6,903	6,904	6,905	6,906	6,907	6,908	6,909	6,910	6,911
16	433	6,912	6,913	6,914	6,915	6,916	6,917	6,918	6,919	6,920	6,921	6,922	6,923	6,924	6,925	6,926	6,927
17	434	6,928	6,929	6,930	6,931	6,932	6,933	6,934	6,935	6,936	6,937	6,938	6,939	6,940	6,941	6,942	6,943
18	435	6,944	6,945	6,946	6,947	6,948	6,949	6,950	6,951	6,952	6,953	6,954	6,955	6,956	6,957	6,958	6,959
19	436	6,960	6,961	6,962	6,963	6,964	6,965	6,966	6,967	6,968	6,969	6,970	6,971	6,972	6,973	6,974	6,975
20	437	6,976	6,977	6,978	6,979	6,980	6,981	6,982	6,983	6,984	6,985	6,986	6,987	6,988	6,989	6,990	6,991
21	438	6,992	6,993	6,994	6,995	6,996	6,997	6,998	6,999	7,000	7,001	7,002	7,003	7,004	7,005	7,006	7,007
22	439	7,008	7,009	7,010	7,011	7,012	7,013	7,014	7,015	7,016	7,017	7,018	7,019	7,020	7,021	7,022	7,023
23	440	7,024	7,025	7,026	7,027	7,028	7,029	7,030	7,031	7,032	7,033	7,034	7,035	7,036	7,037	7,038	7,039
24	441	7,040	7,041	7,042	7,043	7,044	7,045	7,046	7,047	7,048	7,049	7,050	7,051	7,052	7,053	7,054	7,055
25	442	7,056	7,057	7,058	7,059	7,060	7,061	7,062	7,063	7,064	7,065	7,066	7,067	7,068	7,069	7,070	7,071
26	443	7,072	7,073	7,074	7,075	7,076	7,077	7,078	7,079	7,080	7,081	7,082	7,083	7,084	7,085	7,086	7,087
27	444	7,088	7,089	7,090	7,091	7,092	7,093	7,094	7,095	7,096	7,097	7,098	7,099	7,100	7,101	7,102	7,103
28	445	7,104	7,105	7,106	7,107	7,108	7,109	7,110	7,111	7,112	7,113	7,114	7,115	7,116	7,117	7,118	7,119
29	446	7,120	7,121	7,122	7,123	7,124	7,125	7,126	7,127	7,128	7,129	7,130	7,131	7,132	7,133	7,134	7,135
30	447	7,136	7,137	7,138	7,139	7,140	7,141	7,142	7,143	7,144	7,145	7,146	7,147	7,148	7,149	7,150	7,151
31	448	7,152	7,153	7,154	7,155	7,156	7,157	7,158	7,159	7,160	7,161	7,162	7,163	7,164	7,165	7,166	7,167

Reference : 통신 블록 입력 시 워드 선두 번호 입력

Sr	W수	M워드 선두 번호															8
0	449	7,168	7,169	7,170	7,171	7,172	7,173	7,174	7,175	7,176	7,177	7,178	7,179	7,180	7,181	7,182	7,183
1	450	7,184	7,185	7,186	7,187	7,188	7,189	7,190	7,191	7,192	7,193	7,194	7,195	7,196	7,197	7,198	7,199
2	451	7,200	7,201	7,202	7,203	7,204	7,205	7,206	7,207	7,208	7,209	7,210	7,211	7,212	7,213	7,214	7,215
3	452	7,216	7,217	7,218	7,219	7,220	7,221	7,222	7,223	7,224	7,225	7,226	7,227	7,228	7,229	7,230	7,231
4	453	7,232	7,233	7,234	7,235	7,236	7,237	7,238	7,239	7,240	7,241	7,242	7,243	7,244	7,245	7,246	7,247
5	454	7,248	7,249	7,250	7,251	7,252	7,253	7,254	7,255	7,256	7,257	7,258	7,259	7,260	7,261	7,262	7,263
6	455	7,264	7,265	7,266	7,267	7,268	7,269	7,270	7,271	7,272	7,273	7,274	7,275	7,276	7,277	7,278	7,279
7	456	7,280	7,281	7,282	7,283	7,284	7,285	7,286	7,287	7,288	7,289	7,290	7,291	7,292	7,293	7,294	7,295
8	457	7,296	7,297	7,298	7,299	7,300	7,301	7,302	7,303	7,304	7,305	7,306	7,307	7,308	7,309	7,310	7,311
9	458	7,312	7,313	7,314	7,315	7,316	7,317	7,318	7,319	7,320	7,321	7,322	7,323	7,324	7,325	7,326	7,327
10	459	7,328	7,329	7,330	7,331	7,332	7,333	7,334	7,335	7,336	7,337	7,338	7,339	7,340	7,341	7,342	7,343
11	460	7,344	7,345	7,346	7,347	7,348	7,349	7,350	7,351	7,352	7,353	7,354	7,355	7,356	7,357	7,358	7,359
12	461	7,360	7,361	7,362	7,363	7,364	7,365	7,366	7,367	7,368	7,369	7,370	7,371	7,372	7,373	7,374	7,375
13	462	7,376	7,377	7,378	7,379	7,380	7,381	7,382	7,383	7,384	7,385	7,386	7,387	7,388	7,389	7,390	7,391
14	463	7,392	7,393	7,394	7,395	7,396	7,397	7,398	7,399	7,400	7,401	7,402	7,403	7,404	7,405	7,406	7,407
15	464	7,408	7,409	7,410	7,411	7,412	7,413	7,414	7,415	7,416	7,417	7,418	7,419	7,420	7,421	7,422	7,423
16	465	7,424	7,425	7,426	7,427	7,428	7,429	7,430	7,431	7,432	7,433	7,434	7,435	7,436	7,437	7,438	7,439
17	466	7,440	7,441	7,442	7,443	7,444	7,445	7,446	7,447	7,448	7,449	7,450	7,451	7,452	7,453	7,454	7,455
18	467	7,456	7,457	7,458	7,459	7,460	7,461	7,462	7,463	7,464	7,465	7,466	7,467	7,468	7,469	7,470	7,471
19	468	7,472	7,473	7,474	7,475	7,476	7,477	7,478	7,479	7,480	7,481	7,482	7,483	7,484	7,485	7,486	7,487
20	469	7,488	7,489	7,490	7,491	7,492	7,493	7,494	7,495	7,496	7,497	7,498	7,499	7,500	7,501	7,502	7,503
21	470	7,504	7,505	7,506	7,507	7,508	7,509	7,510	7,511	7,512	7,513	7,514	7,515	7,516	7,517	7,518	7,519
22	471	7,520	7,521	7,522	7,523	7,524	7,525	7,526	7,527	7,528	7,529	7,530	7,531	7,532	7,533	7,534	7,535
23	472	7,536	7,537	7,538	7,539	7,540	7,541	7,542	7,543	7,544	7,545	7,546	7,547	7,548	7,549	7,550	7,551
24	473	7,552	7,553	7,554	7,555	7,556	7,557	7,558	7,559	7,560	7,561	7,562	7,563	7,564	7,565	7,566	7,567
25	474	7,568	7,569	7,570	7,571	7,572	7,573	7,574	7,575	7,576	7,577	7,578	7,579	7,580	7,581	7,582	7,583
26	475	7,584	7,585	7,586	7,587	7,588	7,589	7,590	7,591	7,592	7,593	7,594	7,595	7,596	7,597	7,598	7,599
27	476	7,600	7,601	7,602	7,603	7,604	7,605	7,606	7,607	7,608	7,609	7,610	7,611	7,612	7,613	7,614	7,615
28	477	7,616	7,617	7,618	7,619	7,620	7,621	7,622	7,623	7,624	7,625	7,626	7,627	7,628	7,629	7,630	7,631
29	478	7,632	7,633	7,634	7,635	7,636	7,637	7,638	7,639	7,640	7,641	7,642	7,643	7,644	7,645	7,646	7,647
30	479	7,648	7,649	7,650	7,651	7,652	7,653	7,654	7,655	7,656	7,657	7,658	7,659	7,660	7,661	7,662	7,663
31	480	7,664	7,665	7,666	7,667	7,668	7,669	7,670	7,671	7,672	7,673	7,674	7,675	7,676	7,677	7,678	7,679
0	481	7,680	7,681	7,682	7,683	7,684	7,685	7,686	7,687	7,688	7,689	7,690	7,691	7,692	7,693	7,694	7,695
1	482	7,696	7,697	7,698	7,699	7,700	7,701	7,702	7,703	7,704	7,705	7,706	7,707	7,708	7,709	7,710	7,711
2	483	7,712	7,713	7,714	7,715	7,716	7,717	7,718	7,719	7,720	7,721	7,722	7,723	7,724	7,725	7,726	7,727
3	484	7,728	7,729	7,730	7,731	7,732	7,733	7,734	7,735	7,736	7,737	7,738	7,739	7,740	7,741	7,742	7,743
4	485	7,744	7,745	7,746	7,747	7,748	7,749	7,750	7,751	7,752	7,753	7,754	7,755	7,756	7,757	7,758	7,759
5	486	7,760	7,761	7,762	7,763	7,764	7,765	7,766	7,767	7,768	7,769	7,770	7,771	7,772	7,773	7,774	7,775
6	487	7,776	7,777	7,778	7,779	7,780	7,781	7,782	7,783	7,784	7,785	7,786	7,787	7,788	7,789	7,790	7,791
7	488	7,792	7,793	7,794	7,795	7,796	7,797	7,798	7,799	7,800	7,801	7,802	7,803	7,804	7,805	7,806	7,807
8	489	7,808	7,809	7,810	7,811	7,812	7,813	7,814	7,815	7,816	7,817	7,818	7,819	7,820	7,821	7,822	7,823
9	490	7,824	7,825	7,826	7,827	7,828	7,829	7,830	7,831	7,832	7,833	7,834	7,835	7,836	7,837	7,838	7,839
10	491	7,840	7,841	7,842	7,843	7,844	7,845	7,846	7,847	7,848	7,849	7,850	7,851	7,852	7,853	7,854	7,855
11	492	7,856	7,857	7,858	7,859	7,860	7,861	7,862	7,863	7,864	7,865	7,866	7,867	7,868	7,869	7,870	7,871
12	493	7,872	7,873	7,874	7,875	7,876	7,877	7,878	7,879	7,880	7,881	7,882	7,883	7,884	7,885	7,886	7,887
13	494	7,888	7,889	7,890	7,891	7,892	7,893	7,894	7,895	7,896	7,897	7,898	7,899	7,900	7,901	7,902	7,903
14	495	7,904	7,905	7,906	7,907	7,908	7,909	7,910	7,911	7,912	7,913	7,914	7,915	7,916	7,917	7,918	7,919
15	496	7,920	7,921	7,922	7,923	7,924	7,925	7,926	7,927	7,928	7,929	7,930	7,931	7,932	7,933	7,934	7,935
16	497	7,936	7,937	7,938	7,939	7,940	7,941	7,942	7,943	7,944	7,945	7,946	7,947	7,948	7,949	7,950	7,951
17	498	7,952	7,953	7,954	7,955	7,956	7,957	7,958	7,959	7,960	7,961	7,962	7,963	7,964	7,965	7,966	7,967
18	499	7,968	7,969	7,970	7,971	7,972	7,973	7,974	7,975	7,976	7,977	7,978	7,979	7,980	7,981	7,982	7,983
19	500	7,984	7,985	7,986	7,987	7,988	7,989	7,990	7,991	7,992	7,993	7,994	7,995	7,996	7,997	7,998	7,999
20	501	8,000	8,001	8,002	8,003	8,004	8,005	8,006	8,007	8,008	8,009	8,010	8,011	8,012	8,013	8,014	8,015
21	502	8,016	8,017	8,018	8,019	8,020	8,021	8,022	8,023	8,024	8,025	8,026	8,027	8,028	8,029	8,030	8,031
22	503	8,032	8,033	8,034	8,035	8,036	8,037	8,038	8,039	8,040	8,041	8,042	8,043	8,044	8,045	8,046	8,047
23	504	8,048	8,049	8,050	8,051	8,052	8,053	8,054	8,055	8,056	8,057	8,058	8,059	8,060	8,061	8,062	8,063
24	505	8,064	8,065	8,066	8,067	8,068	8,069	8,070	8,071	8,072	8,073	8,074	8,075	8,076	8,077	8,078	8,079
25	506	8,080	8,081	8,082	8,083	8,084	8,085	8,086	8,087	8,088	8,089	8,090	8,091	8,092	8,093	8,094	8,095
26	507	8,096	8,097	8,098	8,099	8,100	8,101	8,102	8,103	8,104	8,105	8,106	8,107	8,108	8,109	8,110	8,111
27	508	8,112	8,113	8,114	8,115	8,116	8,117	8,118	8,119	8,120	8,121	8,122	8,123	8,124	8,125	8,126	8,127
28	509	8,128	8,129	8,130	8,131	8,132	8,133	8,134	8,135	8,136	8,137	8,138	8,139	8,140	8,141	8,142	8,143
29	510	8,144	8,145	8,146	8,147	8,148	8,149	8,150	8,151	8,152	8,153	8,154	8,155	8,156	8,157	8,158	8,159
30	511	8,160	8,161	8,162	8,163	8,164	8,165	8,166	8,167	8,168	8,169	8,170	8,171	8,172	8,173	8,174	8,175
31	512	8,176	8,177	8,178	8,179	8,180	8,181	8,182	8,183	8,184	8,185	8,186	8,187	8,188	8,189	8,190	8,191

2^9=512

Reference : 2^{13} Value is 8192

4. 실수하기 쉬운 내용

❶ CIMON과 Master-K의 L태그 사용 시

CIMON에서 L태그를 사용하고 PLC에서는 스위치로 L태그를 사용한 경우 결국 PLC에서 L태그를 모두 수정해야 하는 경우가 생길 수 있다. (참조 : 제14장)

❷ PLC 넘버링할 때

입출력 카드를 10장 이상 사용할 때 16진수 A로 넘버링해야 할까 아니면 십진수 10으로 넘버링해야 할까 하는 경우, 넘버링을 잘못하여 작업이 진행되면 넘버링을 수정하는 데 아주 많은 공허한 대가를 지불해야 한다. (참조 : 부록)

❸ RS232/RS422 컨버터를 사용하여 RS422 통신할 때

컨버터를 사용하여 RS422 통신을 시도하는 데 콤포트는 정상 동작한다고 제어판에서 확인 했는데도 컨버터의 TX 램프에 아무런 변화가 없고 CIMON 시스템 모니터에서는 "스테이션에 데이터를 송신할 수 없습니다."라는 경고가 발생하고 통신을 하지 않는다. 컴퓨터의 콤포트가 망가졌나 아니면 컨버터가 망가졌나 그것도 아니면 디바이스의 통신 카드가 망가졌나 점검해야 하는 경우가 생길 수 있다. (참조 : 제41장)

❹ 날짜 함수 사용할 때

날짜 일련 번호를 컴퓨터에서 받아 일보용 파일 이름으로 사용할 때 강제로 1월은 31일, 2월은 28일, 3월은 31일을 일련 번호에서 뺀 뒤 해당 월의 날짜로 사용할 수 있다. 그러나 이렇게 강제로 날짜를 계산해서 사용하게 되면 4년에 한번씩 돌아오는 366일인 해에는 2월 29일 보고서가 3월 1일 날짜 보고서로, 3월 1일 보고서는 3월 2일 보고서로 하루씩 밀리는 현상을 피할 수 없게 된다. 따라서 날짜 일련 번호에서 강제 계산 후 년, 월, 일을 사용하지 않는다. CIMON의 연월일 데이터(Timestr(50)-YYYY, Timestr(51)-MM, Timestr(52)-DD) 제공 함수를 사용하여 연월일을 처리한다.

❺ 파라미터 변경 후 전원 끄고 다시 켜야 적용되는 경우

LS 통신 카드 파라미터 변경, Mitsubishi 통신 카드 파라미터 변경 등 파라미터를 변경한 뒤 통신을 시도해도 변경된 내용이 적용되지 않아 틀린 곳이 없는데 정상 동작하지 않는 경우가 있다. 이럴 때에는 파라미터 변경한 다음 파워를 끄고 다시 전원을 켜면 변경된 파라미터가 적용된다.

❻ 스크립트 작성 시 무한 루프

스크립트 중 무한 루프 스크립트를 동작시킬 때 루프1 사이클이 끝나고 다음 사이클이 시작할 때 지연 시간을 주지 않으면 리소스 사용률이 100%로 증가하여 웬만한 컴퓨터는 얼마 가지 못해 다운되어 버린다. 무한 루프를 사용해야 할 경우가 있다. 예를 들면 PLC에 시그널 전송, 통신 중계 등을 할 때이다. 이때에는 반드시 지연 시간이 들어가야 다운되는 현상을 막을 수 있다.

❼ 스크립트 작성 시 SetTagVal 사용

스크립트에서 디바이스에 데이터를 쓰기 위해서는 SetTagVal 함수를 사용한다. 수십 개의 이 함수를 사용할 때 각각 명령어 사이에 지연 시간을 주지 않으면 제대로 쓰기 명령을 처리하지 않을 수 있다. 따라서 안정적인 쓰기를 하기 위해서는 쓰기 명령 다음에 처리 완료에 필요한 시간(예 200ms)을 줘야 한다.

5. CIMON KNOW-HOW

❶ Glofa의 비트 메모리 지정 방법

Glofa는 D태그가 별도로 없고 내부 메모리 M태그 16개를 지정하면 워드 태그가 된다. 16개씩 계산해서 비트로 사용해도 가능하지만 계산해야 하는 불편이 있기 때문에 **워드의 닷트 표기**로 비트를 지정해서 사용하는 것이 좋다. 이렇게 하면 'M영역 계산기'를 사용하지 않아도 비트 표현을 할 수 있다.

순번	비트 태그	어드레스	등가 어드레스(권장 방법)
1	MX000	%MX000	%MW00. 00
2	MX001	%MX001	%MW00. 01
3	MX002	%MX002	%MW00. 02
4	MX003	%MX003	%MW00. 03
5	MX004	%MX004	%MW00. 04
6	MX005	%MX005	%MW00. 05
7	MX006	%MX006	%MW00. 06
8	MX007	%MX007	%MW00. 07
9	MX008	%MX008	%MW00. 08
10	MX009	%MX009	%MW00. 09
11	MX010	%MX010	%MW00. 10
12	MX011	%MX011	%MW00. 11
13	MX012	%MX012	%MW00. 12
14	MX013	%MX013	%MW00. 13
15	MX014	%MX014	%MW00. 14
16	MX015	%MX015	%MW00. 15
1	MX016	%MX016	%MW01. 00
2	MX017	%MX017	%MW01. 01
3	MX018	%MX018	%MW01. 02
4	MX019	%MX019	%MW01. 03
5	MX020	%MX020	%MW01. 04
6	MX021	%MX021	%MW01. 05
7	MX022	%MX022	%MW01. 06
8	MX023	%MX023	%MW01. 07
9	MX024	%MX024	%MW01. 08
10	MX025	%MX025	%MW01. 09
11	MX026	%MX026	%MW01. 10

순번	비트 태그	어드레스	등가 어드레스(권장 방법)
12	MX027	%MX027	%MW01. 11
13	MX028	%MX028	%MW01. 12
14	MX029	%MX029	%MW01. 13
15	MX030	%MX030	%MW01. 14
16	MX031	%MX031	%MW01. 15

❷ 날짜 함수 사용

컴퓨터에서 제공하는 날짜 포맷은 우리가 사용하는 YYYY-MM-DD(2008-12-12) 형식과 또는 외국에서 사용하는 MM-DD-YYYY(12-12-2008) 형식이 있다. Date$ 함수를 사용해서 날짜를 받아 끝 2자리를 읽으면 '일'정보가 되는데 YYYY-MM-DD 형식으로 제공되는 문자열에서 읽으면 맞게 읽을 수 있지만 MM-DD-YYYY 형식으로 제공되는 문자열에서 읽으면 엉뚱한 '일'정보를 읽게 된다. 컴퓨터에서 제공하는 포맷을 읽기 때문에 자신의 컴퓨터에서 프로그램을 한 뒤 다른 컴퓨터에 프로젝트를 복사하여 실행할 경우 발생할 수 있는 내용이다. 이런 발생 가능한 오류를 예방하기 위해서 다음의 시간 함수를 사용하는 것이 좋다.

㉮ 연월일 데이터 : Timestr(50)-YYYY, Timestr(51)-MM, Timestr(52)-DD

㉯ 시분초 데이터 : Timestr(53)-HH, Timestr(54)-MM, Timestr(55)-SS

❸ "키가 없거나 키정보가 일치하지 않아 데모 모드로 동작합니다. 데모 모드는 30분간 I/O 통신이 가능하며 일부 특수 모듈은 동작하지 않습니다. (2201)" 오류 메시지가 출력될 때

㉮ 자신의 컴퓨터에 편집용 키락이 장착되어 있을 때 : 키락이 있는데 프로젝트를 실행할 때 이런 오류 메시지가 나오면 데이터베이스를 열고 태그를 아무거나 편집 더블클릭하여 태그 편집창을 열어 아무런 편집도 하지 않고 등록을 클릭하여 등록시킨다. 이때 장착되어 있는 키락 정보를 읽어 저장하기 때문에 다시 프로젝트 실행 시 키락이 있다면 오류 메시지가 나오지 않는다.

㉯ 자신의 컴퓨터에 편집용 키락이 장착되어 있지 않을 때 : 프로젝트 파일 중 확장자가 '프로젝트명.dbx'로 되어 있는 파일을 복사하여 편집용 키락이 장착되어 있는 컴퓨터에서 데이터베이스를 열고 태그를 아무거나 더블클릭하여 태그 편집창을 열어 아무런 편집도 하지 않고 등록을 클릭하여 등록시킨다. 그런 다음 이 '프로젝트명.dbx'를 원래의 프로젝트 파일에 복사하여 사용하면 오류 메시지는 나오지 않는다.

❹ 데이터 수집 파일을 초기화

데이터 수집 파일을 LogFileDialog( ) 함수를 통해 텍스트 파일로 변환한 뒤 열어보면 헤더 부분에 필요로 하지 않는 헤더가 있을 때가 있다. 즉, 프로젝트 개발 도중 데이터 수집을 체크했는데 개발 완료되어 더 이상 필요로 하지 않는 경우에 해당한다. 이때에는 프로젝트 개발 완료되어 실행할 때 '도구/데이터 수집'에서 지정한 데이터 수집 경로를 모두 지우고 프로젝트를 실행하면 된다.

❺ 레포트 데이터 초기화

개발 완료된 프로젝트를 현장에서 실행할 때 개발 도중 생성되었던 레포트 데이터를 모두 지우고 시작하고 싶은 경우 프로젝트 경로에 있는 'ReportTag.dat'을 삭제하고 시작하면 된다. 레포트관련 생성 데이터는 이 파일에 저장되기 때문이다.

❻ 반복되는 태그명

태그에 이름을 줄 때 어떻게 주었느냐에 따라서 타이핑 시간이 좌우된다. 또한 복잡한 프로젝트의 경우에는 단순 노동의 시간이 있을 수도, 없을 수도 있게 된다. '한국남 사장'을 영어로 이야기 할 때 'President 한국남'이라고 하는 것처럼 태그 이름을 주면 좋은점이 많이 있다. 즉 태그 이름을 줄 때 **가능한 짧은 명칭+10진수 순번**으로 주게 되면 좋은 점은 ㉮ 스크립트에서 반복 처리를 할 수 있고, ㉯ 그림 편집 시 바꾸기 기능을 사용하여 그림 설정창을 열지 않고도 태그명을 변경할 수 있다. 또한 ㉰ 데이터베이스 편집 시 더미 그룹을 하나 만들어 편집하고자 하는 순번으로 되어 있는 태그를 복사한 뒤 이름 바꾸기를 하여 순간적으로 태그 편집을 완료할 수 있다.

아래에 좋은 태그명 예제가 있다. 태그명을 가능한 짧게 그리고 일련 번호로 생성하고 이름은 주석으로 참조하면 더 좋은 태그명이 될 수 있다. 많은 태그를 사용하기 시작하면서부터는 이름의 효과를 발휘할 수 있다.

종류	지양할 태그 이름	사용권장 태그 이름	주석
펌프	배수펌프	펌프01	배수 펌프
	순환펌프	펌프02	순환 펌프
	공급펌프	펌프03	공급 펌프
	제1에칭라인순환펌프01	펌프04	제1 에칭 라인 순환 펌프01
	제1에칭라인순환펌프02	펌프05	제1 에칭 라인 순환 펌프02
	제2박리라인탈지펌프01	펌프06	제2 박리 라인 탈지 펌프01
	정량공급펌프01	펌프07	정량 공급 펌프01
히터	ETCHINGLINE_NO1_HEATER01	HT01	ETCHINGLINE_NO1_HEATER01
	ETCHINGLINE_NO1_HEATER02	HT02	ETCHINGLINE_NO1_HEATER02
	ETCHINGLINE_NO1_HEATER03	HT03	ETCHINGLINE_NO1_HEATER03
	ETCHINGLINE_NO1_HEATER04	HT04	ETCHINGLINE_NO1_HEATER04
	ETCHINGLINE_NO2_HEATER01	HT05	ETCHINGLINE_NO2_HEATER01
	ETCHINGLINE_NO2_HEATER02	HT06	ETCHINGLINE_NO2_HEATER02
히터	ETCHINGLINE_NO2_HEATER03	HT07	ETCHINGLINE_NO2_HEATER03
	ETCHINGLINE_NO2_HEATER04	HT08	ETCHINGLINE_NO2_HEATER04
BLOWER	BLOWER	BL01	BLOWER

❼ RS232C 통신을 해야 하는 데 10m 이상일 때(예 50m 떨어진 거리에 위치)

다음과 같이 컨버터 2개를 사용하여 연결할 수 있다.

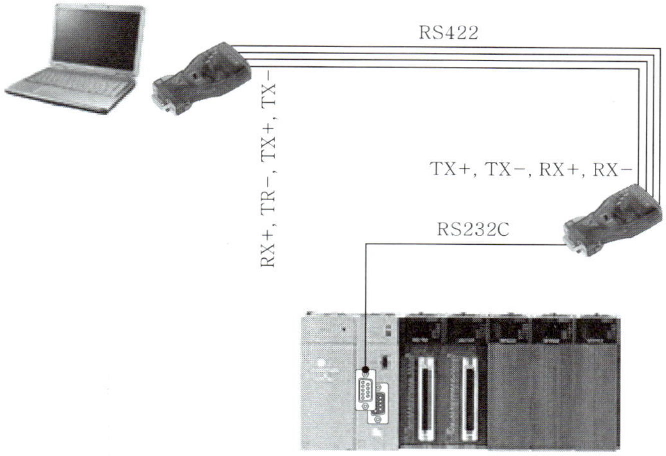

❽ RS232C 통신을 해야 하는 데 1km 이상일 때(예 10km 떨어진 거리에 위치)

다음과 같이 컨버터 1개를 사용하여 연결할 수 있다.

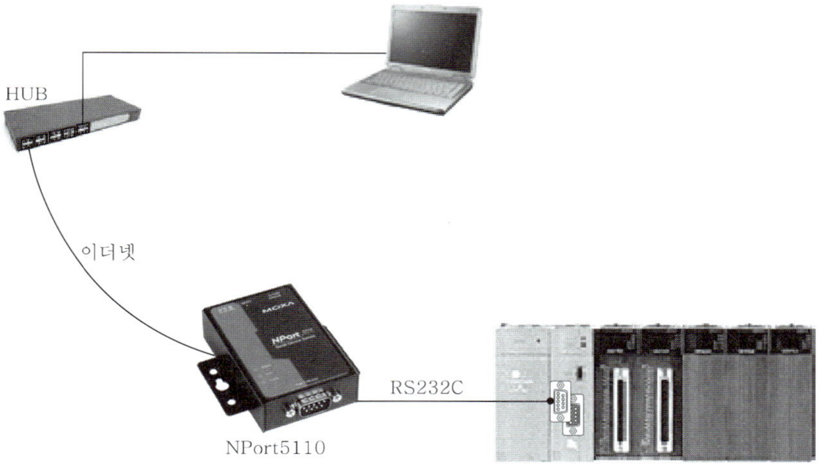

❾ 나만의 Library 활용

CIMON의 도구/라이브러리 편집에서 나만의 라이브러리를 등록한 다음 사용하면 나만의 라이브러리를 사용할 수 있다. 컴퓨터가 바뀌면 CIMON 설치 경로의(예 C:\Program Files\CIMON\UserLib) UserLib 경로에 파일을 복사해서 붙여넣기하여 사용하면 된다.

6. 연산자

<table>
<tr><th>연산자</th><th>기능</th><th>표현 방법</th><th>주석</th></tr>
<tr><td>=</td><td>대입 연산자</td><td>TAG = 3 + 4</td><td>3+4한 결과(7)를 TAG에 대입한다.</td></tr>
<tr><td>~</td><td>1의 보수</td><td>~ TAG</td><td>TAG가 00110101b인 경우, 결과는 11001010b</td></tr>
<tr><td>!</td><td>논리 NOT</td><td>! TAG</td><td>TAG가 0이면 1, 0이 아니면 0</td></tr>
<tr><td rowspan="2">+</td><td rowspan="2">더하기</td><td>TAG + 4</td><td>TAG와 4를 더한 값</td></tr>
<tr><td>"ABC" + "123"</td><td>두 문자열은 연결한 값 "ABC123"</td></tr>
<tr><td>−</td><td>빼기</td><td>TAG − 4</td><td>TAG에서 4를 뺀 값</td></tr>
<tr><td>*</td><td>곱하기</td><td>TAG * 7</td><td>TAG와 7을 곱한 값</td></tr>
<tr><td>/</td><td>나누기</td><td>TAG / 7</td><td>TAG를 7로 나눈 값</td></tr>
<tr><td>%</td><td>나머지</td><td>TAG % 7</td><td>TAG를 7로 나눈 나머지 값</td></tr>
<tr><td>&</td><td>Bitwise AND</td><td>TAG & 01401b</td><td>TAG가 0011b인 경우, 결과는 0001b</td></tr>
<tr><td>|</td><td>Bitwise OR</td><td>TAG | 0101b</td><td>TAG가 0011b인 경우, 결과는 0111b</td></tr>
<tr><td>^</td><td>Bitwise XOR</td><td>TAG ^ 0101b</td><td>TAG가 0011b인 경우, 결과는 0110b</td></tr>
<tr><td>&&</td><td>Logical AND</td><td>수식1 && 수식2</td><td>수식1과 수식2가 모두 참인 경우 1, 그 밖의 경우에는 0</td></tr>
<tr><td>||</td><td>Logical OR</td><td>수식1 || 수식2</td><td>수식1과 수식2가 모두 거짓인 경우 0, 그 밖의 경우에는 1</td></tr>
<tr><td rowspan="2"><<</td><td rowspan="2">좌측 Shift</td><td rowspan="2">TAG << 3</td><td>TAG의 값을 좌측으로 3Bit 이동한 값, 우측은 0으로 채워짐</td></tr>
<tr><td>TAG가 00110101b인 경우, 결과는 10101000b</td></tr>
<tr><td rowspan="2">>></td><td rowspan="2">우측</td><td rowspan="2">TAG >> 3</td><td>TAG의 값을 우측으로 3Bit 이동한 값, 좌측은 0으로 채워짐</td></tr>
<tr><td>TAG가 00110101b인 경우, 결과는 0000110b</td></tr>
<tr><td><</td><td>작다.</td><td>TAG < 7</td><td>TAG가 7보다 작으면 1, 아니면 0</td></tr>
<tr><td>></td><td>크다.</td><td>TAG > 7</td><td>TAG가 7보다 크면 1, 아니면 0</td></tr>
<tr><td><=</td><td>작거나 같다.</td><td>TAG <= 7</td><td>TAG가 7보다 작거나 같으면 1, 아니면 0</td></tr>
<tr><td>>=</td><td>크거나 같다.</td><td>TAG >= 7</td><td>TAG가 7보다 크거나 같으면 1, 아니면 0</td></tr>
<tr><td>==</td><td>같다.</td><td>TAG == 7</td><td>TAG가 7이면 1, 아니면 0</td></tr>
<tr><td>!=</td><td>같지 않다.</td><td>TAG != 7</td><td>TAG가 7이 아니면 1, 같으면 0</td></tr>
</table>

7. ASCII CODE TABLE

10진수	16진수	문자	내용	10진수	16진수	문자	내용	10진수	16진수	문자	내용	10진수	16진수	문자	내용
0	00	^@	NUL	32	20			64	40	@		96	60	`	
1	01	^A	SOH	33	21	!		65	41	A		97	61	a	
2	02	^B	STX	34	22	"		66	42	B		98	62	b	
3	03	^C	ETX	35	23	#		67	43	C		99	63	c	
4	04	^D	EOT	36	24	$		68	44	D		100	64	d	
5	05	^E	ENQ	37	25	%		69	45	E		101	65	e	
6	06	^F	ACK	38	26	&		70	46	F		102	66	f	
7	07	^G	BEL	39	27	'		71	47	G		103	67	g	
8	08	^H	BS	40	28	(		72	48	H		104	68	h	
9	09	^I	HT	41	29	)		73	49	I		105	69	i	
10	0A	^J	LF	42	2A	*		74	4A	J		106	6A	j	
11	0B	^K	VT	43	2B	+		75	4B	K		107	6B	k	
12	0C	^L	FF	44	2C	,		76	4C	L		108	6C	l	
13	0D	^M	CR	45	2D	–		77	4D	M		109	6D	m	
14	0E	^N	SO	46	2E	.		78	4E	N		110	6E	n	
15	0F	^O	SI	47	2F	/		79	4F	O		111	6F	o	
16	10	^P	DLE	48	30	0		80	50	P		112	70	p	
17	11	^Q	DC1	49	31	1		81	51	Q		113	71	q	
18	12	^R	DC2	50	32	2		82	52	R		114	72	r	
19	13	^S	DC3	51	33	3		83	53	S		115	73	s	
20	14	^T	DC4	52	34	4		84	54	T		116	74	t	
21	15	^U	NAK	53	35	5		85	55	U		117	75	u	
22	16	^V	SYN	54	36	6		86	56	V		118	76	v	
23	17	^W	ETB	55	37	7		87	57	W		119	77	w	
24	18	^X	CAN	56	38	8		88	58	X		120	78	x	
25	19	^Y	EM	57	39	9		89	59	Y		121	79	y	
26	1A	^Z	SUB	58	3A	:		90	5A	Z		122	7A	z	
27	1B	^[	ESC	59	3B	;		91	5B	[		123	7B	{	
28	1C	^\	FS	60	3C	<		92	5C	\		124	7C	|	
29	1D	^]	GS	61	3D	=		93	5D	]		125	7D	}	
30	1E	^^	RS	62	3E	>		94	5E	^		126	7E	~	
31	1F	^_	US	63	3F	?		95	5F	_		127	7F		DEL

8. CHARACTER SYMBOL

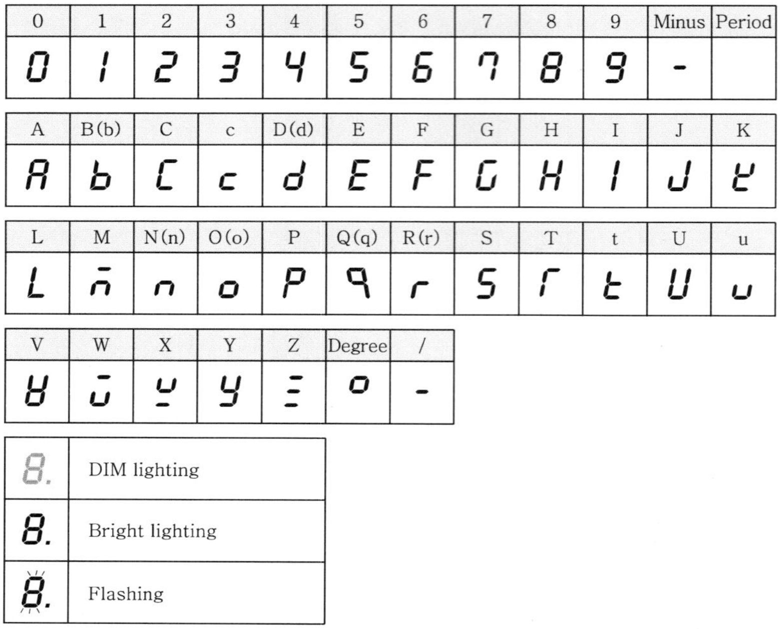
0
1
2
3
4
5
6
7
8
9
Minus
Period
A
B(b)
C
c
D(d)
E
F
G
H
I
J
K
L
M
N(n)
O(o)
P
Q(q)
R(r)
S
T
t
U
u
V
W
X
Y
Z
Degree
/
DIM lighting
Bright lighting
Flashing

CIMON PROJECT LIBRARY Ⅰ

2009. 8. 3 초판 1쇄 인쇄
2009. 8. 10 초판 1쇄 발행

지은이 | 임근호 대표 (엠에스티시스템 | limgh805@hanmail.net | http://www.mstsys.com)
조선기 교수 (한국폴리텍1대학 서울정수캠퍼스 전기과 | offjsk@kopo.ac.kr | http://www.kpc1.ac.kr)
펴낸이 | 이종춘
기획 | 최옥현
진행 | 박경희
교정·교열 | 우정미
편집 | 박혜진
표지 | 변재은
제작 | 구본철
펴낸곳 | BM 성안당
주소 | 경기도 파주시 교하읍 문발리 출판문화정보산업단지 536-3
전화 | 031) 955-0511
팩스 | 031) 955-0510
등록 | 1973.2.1 제13-12호
독자 상담 서비스 | 080-544-0511
출판사 홈페이지 | www.cyber.co.kr

ISBN | 978-89-315-5040-5 (13000)
정가 | 40,000원